Udo Kelle

Die Integration qualitativer und quantitativer Methoden
in der empirischen Sozialforschung

Udo Kelle

Die Integration qualitativer und quantitativer Methoden in der empirischen Sozialforschung

Theoretische Grundlagen
und methodologische Konzepte

2. Auflage

VS VERLAG FÜR SOZIALWISSENSCHAFTEN

Bibliografische Information der Deutschen Nationalbibliothek
Die Deutsche Nationalbibliothek verzeichnet diese Publikation in der
Deutschen Nationalbibliografie; detaillierte bibliografische Daten sind im Internet über
<http://dnb.d-nb.de> abrufbar.

1. Auflage 2007
2. Auflage 2008

Alle Rechte vorbehalten
© VS Verlag für Sozialwissenschaften | GWV Fachverlage GmbH, Wiesbaden 2008

Lektorat: Frank Engelhardt

VS Verlag für Sozialwissenschaften ist Teil der Fachverlagsgruppe Springer Science+Business Media.
www.vs-verlag.de

Das Werk einschließlich aller seiner Teile ist urheberrechtlich geschützt. Jede Verwertung außerhalb der engen Grenzen des Urheberrechtsgesetzes ist ohne Zustimmung des Verlags unzulässig und strafbar. Das gilt insbesondere für Vervielfältigungen, Übersetzungen, Mikroverfilmungen und die Einspeicherung und Verarbeitung in elektronischen Systemen.

Die Wiedergabe von Gebrauchsnamen, Handelsnamen, Warenbezeichnungen usw. in diesem Werk berechtigt auch ohne besondere Kennzeichnung nicht zu der Annahme, dass solche Namen im Sinne der Warenzeichen- und Markenschutz-Gesetzgebung als frei zu betrachten wären und daher von jedermann benutzt werden dürften.

Umschlaggestaltung: KünkelLopka Medienentwicklung, Heidelberg
Druck und buchbinderische Verarbeitung: Krips b.v., Meppel
Gedruckt auf säurefreiem und chlorfrei gebleichtem Papier
Printed in the Netherlands

ISBN 978-3-531-16144-0

Inhalt

1 Einleitung 13
   1.1 Der Methodendualismus als Krisenerscheinung der empirischen
       Sozialforschung 13
   1.2 Vom Nutzen der Methodologie für die praktische Forschung: Praxis des
       Methodengebrauchs und methodologische Programme 15
   1.3 Ein Überblick über das Buch 20

2 Qualitative vs. quantitative Forschung – die Debatte 25
   2.1 Der „Krieg der Paradigmen". Ein historischer Überblick 26
   2.2 „Inkompatibilität der Paradigmen" oder „Triangulation der Perspektiven"?
       Aktuelle Diskussionen über Methodenintegration 39
   2.3 Zusammenfassung: Einige Desiderata der Methodendiskussion 52

3 Strukturen begrenzter Reichweite als Gegenstand empirischer Forschung
   und soziologischer Theoriebildung 57
   3.1 Methodologische Programme und soziale Strukturen 58
   3.2 Der Lebenslauf als Struktur begrenzter Reichweite 63
   3.3 Handlungstheoretische Interpretationen von Strukturen begrenzter
       Reichweite 68
   3.4 Zusammenfassung: Strukturen begrenzter Reichweite als Gegenstand der
       Methodologie empirischer Sozialforschung 77

4 Die Grenzen des deduktiv-nomologischen Modells sozialwissenschaftlicher
   Erklärung 81
   4.1 Sozialwissenschaftliche Erklärung zwischen Mikro- und Makroebene ... 82
   4.2 Sozialwissenschaftliche Erklärung und hypothetische Schlussfolgerung ... 88
   4.3 Handlungserklärungen und Gesetzeserklärungen 93
   4.4 Harter Kern und Brückenhypothesen von Makro-Mikro-Makro
       Erklärungen 99
   4.5 Die „Heuristik des Alltagswissens" als Schattenmethodologie
       sozialwissenschaftlicher Erklärung 103
   4.6 Zusammenfassung: die Grenzen des hypothetiko-deduktiven
       methodologischen Programms 107

5	**Probleme des sozialwissenschaftlichen Sinnverstehens**	111
	5.1 Der ältere Methodendualismus: Verstehen durch die Teilhabe am „allgemeinen menschlichen Geist"	112
	5.2 Das „logische Verknüpfungsargument" und seine Schwächen	114
	5.3 Abduktion, kreatives Handeln und sozialer Wandel	122
	5.4 Sozialwissenschaftliche Hermeneutik und hypothetische Schlussfolgerung	128
	5.5 Die begrenzte Reichweite von Strukturen als Methodenproblem qualitativer Forschung	140
	5.6 Zusammenfassung: Fallauswahl und Geltungsreichweite als Methodenprobleme qualitativer Forschung	146
6	**Das Konzept der Kausalität in einer akteursorientierten Sozialforschung**	151
	6.1 Kausalität und sozialwissenschaftliche Handlungserklärung	152
	6.2 Das Problem der Hintergrundbedingungen und die Pluralität von kausalen Pfaden	156
	6.3 INUS-Bedingungen des Handelns	160
	6.4 Zusammenfassung: Kausale Handlungsbedingungen und empirische Sozialforschung	163
7	**Kleine Fallzahlen, (zu) weit reichende Schlussfolgerungen? Komparative Methoden in der qualitativen Sozialforschung**	165
	7.1 Die „Analytische Induktion"	166
	7.2 Die „Qualitative Komparative Analyse"	168
	7.3 Zusammenfassung: Stärken und Schwächen komparativer Verfahren in der qualitativen Sozialforschung	175
8	**Kausalität und quantitative Methoden I: Probabilistische Kausalität**	181
	8.1 INUS-Bedingungen und statistische Methoden	181
	8.2 INUS-Bedingungen und sozialwissenschaftliche Handlungserklärung	184
	8.3 Wahrscheinlichkeitstheoretische Konzepte statistischer Kausalität – die epistemische und die ontologische Interpretation des Zufalls	188
	8.4 Wahrscheinlichkeit, Entscheidungsfreiheit und Kreativität sozialer Akteure	192
	8.5 Zusammenfassung: Stärken und Schwächen probabilistischer Kausalitätskonzepte	198
9	**Kausalität und quantitative Methoden II: Das Problem von „common causes" und Scheinkausalität**	201
	9.1 Das Problem der *common causes*	202
	9.2 Der experimentelle und quasi-experimentelle Ansatz	205
	9.3 Der Kontrollvariablenansatz	210
	9.4 Zusammenfassung und methodologische Konsequenzen: die Suche nach „generativen Prozessen"	218

| 10 | Die Integration qualitativer und quantitativer Methoden in der Forschungspraxis | 227 |

10.1 Methodenprobleme und Validitätsbedrohungen der qualitativen und quantitativen Forschungstradition 227
10.2 Methodenkombination in der Forschungspraxis: fünf empirische Beispiele 231
10.3 Zusammenfassung: Methodenkombination zum Ausgleich von Schwächen monomethodischer Forschung 260

11 Ein integratives methodologisches Programm empirischer Sozialforschung....263

11.1 Der harte Kern und seine konzeptuellen Bausteine 263
11.2 Quantitative und qualitative Methoden in integrativen Designs...... 282
11.3 Zusammenfassung: Die Entwicklung und Überprüfung sozialwissenschaftlicher Erklärungen mit einem integrativen Methodenprogramm 290

12 Empirische Sozialforschung jenseits des Methodendualismus – einige Thesen 293

Literatur 301

Schlagwortregister 323

Autorenregister 327

Vorwort

Der Streit zwischen der quantitativen und der qualitativen Methodentradition der empirischen Sozialforschung hat eine langdauernde Geschichte und tief reichende historische und philosophische Wurzeln. Vor diesem Hintergrund mag es erstaunlich scheinen, wie häufig in sozialwissenschaftlichen Studien qualitative und quantitative Forschungsmethoden erfolgreich zu einem Forschungsdesign verbunden werden. In DFG-finanzierten Forschungsprojekten, Dissertationsvorhaben und in der sozialwissenschaftlichen Evaluations- und Anwendungsforschung erweist sich Methodenkombination oft als empirisch äußerst fruchtbar und theoretisch stimulierend. In den vergangenen Jahren haben solche Projekte zudem zahlreiche Methodeninnovationen (etwa im Bereich der computergestützten Auswertung qualitativer Daten) angeregt. Seit dem Ende der 1990er Jahren hat sich vor allem in den USA und Großbritannien sogar eine Bewegung für „Mixed Methods" mit eigenen Konferenzen, wissenschaftlichen Periodika und Handbüchern entwickelt. Leider wird aber die Planung und Durchführung von „Mixed Methods" Studien in vielen Fällen von pragmatischer Hemdsärmeligkeit bestimmt, bei der man methodische Konzepte wählt, die in der Praxis zu funktionieren scheinen, ohne sich allzu viele Gedanken über deren methodologische Grundlagen zu machen. Ein Grund hierfür ist sicher darin zu suchen, dass die seit vielen Jahrzehnten andauernden wissenschaftstheoretischen Kontroversen zwischen den Vertretern qualitativer und quantitativer Methoden (in denen oft noch nicht einmal Konsens darüber erzielt werden konnte, welche Phänomene eigentlich Gegenstand von Sozialforschung sein können) manchem Beobachter den Eindruck aufgedrängt haben, dass die Probleme, die einen solchen Dissens auslösen, überhaupt unlösbar seien. Ein solcher Debattenstand fördert leicht eine Sichtweise, der zu Folge Methodologie und Wissenschaftstheorie ein Feld für abseitige Diskussionen und philosophische Spezialfragen darstellen, das man in der sozialwissenschaftlichen Forschungspraxis getrost ignorieren könne.

Der Einsatz methodischer Werkzeuge ohne methodologische Grundlagenarbeit und theoretische Reflektion bleibt jedoch ein riskantes Unterfangen. Viele klassischen Fehlerquellen und Methodenprobleme der Sozialforschung lassen sich bei näherer Betrachtung auf grundlegende und klassische logische Probleme zurückführen, und die Kenntnis methodologischer und erkenntnistheoretischer Diskussionen und Ergebnisse kann Forscher vor Denkfehlern und Fehleinschätzungen empirischer Forschungsresultate bewahren. Mit der hier vorliegenden Arbeit sollen sowohl methodologische als auch soziologische handlungstheoretische Grundlagen für eine Kombination von qualitativer und quantitativer Forschung erarbeitet werden. Dies erfordert natürlich zuerst, dass Diskussionsergebnisse aus beiden Traditionen gesichtet, diskutiert und aufeinander bezogen werden. Dabei möchte ich zeigen, dass viele jener Argumente, die Methoden aus der jeweils anderen Tradition aus der Forschungspraxis verbannen wollen, auf einer sehr schwachen Grundlage stehen: so wird oft auf Denktraditionen zurückgegriffen, deren Prämissen von den Diskutanten selber gar nicht mehr geteilt werden, es werden methodologische Positionen aufrechterhalten, die mit dem Stand der sozialwissenschaftlichen Theoriendebatte nur noch ungenügend zusammen passen und neuere Entwicklungen in der Wissenschaftstheorie werden ignoriert. Das größte Problem an dem Methodenstreit in den Sozialwissenschaften besteht aber darin, dass viele Standpunkte und deren Begründungen seit Jahren nur noch wiederholt werden, ohne dass ein echter Austausch zwischen den Kontrahenten stattfindet oder sich die Positionen weiter entwickeln. Wegen des Fehlens einer echten Debatte, bei welcher Argumente, Gründe und Gegengründe ineinander greifen, wird dann auch das Potential zur methodischen Innovation, das die kritischen Argumente der jeweiligen Gegenseite oft enthalten, nicht genutzt. Eine wichtige Aufgabe dieses Buches ist es deshalb auch, die sinnvollen und potentiell innovativen Elemente des Methodenstreits herauszuarbeiten, um dadurch methodologische und theoretische Missverständnisse überwinden zu helfen. Auf dieser Basis soll ein Programm integrativer Sozialforschung formuliert werden, dass den Methodenstreit im Sinne der klassischen Dialektik „aufhebt": indem die konstruktiven Anteile der bisherigen wechselseitigen Methodenkritik bewahrt, deren unproduktiven Anteile überwunden und die sozialwissenschaftliche Methodologie insgesamt weiterentwickelt wird.

Methodologische Reflektion ist nie frei von der Gefahr, sich vom Gegenstand und von den theoretischen Diskussionen des Faches zu lösen und ein Eigenleben zu entwickeln, bis schließlich der Forschungspraxis sterile Konzepte und undurchführbare Regeln aufgenötigt werden sollen. Als Methodiker kann man diesem Risiko am besten dann begegnen, wenn man enge Kooperationen zu empirisch forschenden und theoretisch arbeitenden Kolleginnen und Kollegen aufbauen kann. Für die vielen Diskussionspartner, die die Entwicklung meiner Ideen zur Methodenintegration begleitet haben, bin ich deshalb ungemein dankbar. An erster Stelle stehen hierbei Wissenschaftler aus dem mittlerweile beendeten Sonderforschungsbereich 186, wo undogmatische Methodenforschung, Methodenentwicklung und Methodendiskussion jenseits der bekannten Gräben möglich war. Ohne die Zusammenarbeit und beständigen Diskussionen dort mit Walter Heinz, Christian Erzberger, Gerald Prein, Susann Kluge, Andreas Witzel, Birgit Geissler, Lutz Leisering, Reinhold Sackmann, Mathias Wingens, Claudia Born und vielen anderen hätte ich die hier vorgestellten Ideen sicher nicht in dieser Form entwickeln können. Besonders danken möchte ich auch Werner Dressel, dessen Diskussionsbereitschaft eine enorme Hilfe war und ohne dessen beständige praktische und moralische Unterstützung unser „Methodenbereich" am Sfb 186 sicher weder entstanden wäre noch Bestand gehabt hätte. Leider kann ich die vielen Doktorandinnen und Doktoranden und die Mitglieder empirischer Projekte in den Sozialwissenschaften, der Psychologie, der Ökonomie, der Politikwissenschaften, der Pflegewissenschaften und der Gerontologie, die mir bei meiner Tätigkeit als Methodenberater geholfen haben, meine methodologischen Ideen auf eine solide empirische Grundlage zu stellen, hier nicht persönlich und im Einzelnen nennen.

Besondere Unterstützung verdankt diese Arbeit auch den Hochschullehrern des Instituts für Gerontologie an der Vechtaer Universität, insbesondere Jürgen Howe, Heinz Wieland, Gertrud Backes und vor allem dem verstorbenen Herbert Geuss, die mir unter schwierigen hochschulpolitischen Rahmenbedingungen große Gestaltungsfreiräume für selbständige Forschung gelassen haben und damit nicht unwesentlich zum Gelingen dieser Arbeit beigetragen haben. Zentrale inhaltliche Anregungen und immer wieder Ermutigung habe ich zudem von Kollegen aus der „Mixed Methods Bewegung" erfahren, allen voran von Nigel Fielding, von Udo und Anne Kuckartz und von Peter Schmidt.

Ansgar Weymann und Wolfgang Kemnitz schließlich verdanke ich äußerst wertvolle Hinweise zu früheren Fassungen dieses Manuskripts, die zur Klärung von Konzepten wesentlich beigetragen haben und mich davor bewahrt haben, meine Gedanken in einer unreifen Form zu veröffentlichen. Was trotz dieser Unterstützung an den hier vorgestellten Überlegungen und Argumenten immer noch unreif, unausgewogen oder schlicht fehlerhaft ist, ist natürlich allein meiner eigenen Unzulänglichkeit oder Nachlässigkeit zuzuschreiben.

Wissenschaftliche Arbeit allgemein und die Erstellung einer umfangreichen Monographie im Besonderen ist manchmal nur schwer mit Erfordernissen der privaten und familiären Lebensführung vereinbar und fordert den engsten Angehörigen oft einiges ab. Ohne die Unterstützung durch meine Frau Ruth und meine Tochter Lisa, die den freizeitverschlingenden und manchmal nervenzerrenden Fortgang der Arbeit mit Rücksichtnahme, Verständnis, liebevoller Anteilnahme und großer Frustrationstoleranz begleitet haben, hätte ich dieses Buch nie schreiben können. Den Dank, den ich ihnen gegenüber empfinde, kann ich an dieser Stelle nicht beschreiben, nur andeuten.

Bremen, im Oktober 2006   Udo Kelle

1 Einleitung

Auch ein oberflächlicher Blick in die Literatur zur empirischen Sozialforschung macht deutlich, dass in den Sozialwissenschaften zwei verschiedene Forschungskulturen existieren: *Qualitative* und *quantitative* Methoden sind schon früh in der Geschichte der Sozialforschung, spätestens seit Mitte der 1920er Jahre, als zwei getrennte Traditionen wahrnehmbar. Seit dieser Zeit ist das Verhältnis zwischen ihnen spannungsreich, von wechselseitiger Abgrenzung und Kritik gekennzeichnet. Mittlerweile haben beide Traditionen spezifische Fachvokabularien und getrennte Diskursinstitutionen entwickelt, ihre Vertreter geben nicht nur jeweils eigene Zeitschriften, Hand- und Lehrbücher heraus, sie haben auch ihre organisatorischen Strukturen in Form von eigenen Arbeitsgruppen und Sektionen der Fachgesellschaften geschaffen. Vor allem aber haben sie jeweils unterschiedliche Standards und Kriterien für gute Forschung entwickelt: So definiert die quantitative Tradition die Beobachterunabhängigkeit bzw. Objektivität der Datenerhebung und -auswertung, die Theoriegeleitetheit des Vorgehens und die statistische Verallgemeinerbarkeit der Befunde als zentrale Ziele des Forschungsprozesses; Vertreter der qualitativen Tradition stellen dahingegen die Erkundung der Sinnsetzungs- und Sinndeutungsvorgänge der Akteure im Untersuchungsfeld, die Exploration kultureller Praktiken und Regeln und die genaue und tiefgehende Analyse und Beschreibung von Einzelfällen in den Mittelpunkt ihrer Forschungsbemühungen.

Diese unterschiedlichen Ziele sind forschungspraktisch oft nur schwer miteinander in Einklang zu bringen: so erfordern Objektivität und Verallgemeinerbarkeit einen hohen Grad der Standardisierung der Datenerhebung und die Notwendigkeit, große Fallzahlen zu untersuchen. Die Entdeckung und detailgenaue Deskription bislang unbekannter Sinnwelten verlangt dahingegen ein offenes, wenig standardisiertes Vorgehen. Dass die unterschiedlichen Forschungsziele und Qualitätsstandards, die im Rahmen beider Traditionen entwickelt wurden, sich nicht ohne weiteres miteinander vereinbaren lassen, hat oft eine heftige gegenseitige Kritik zur Folge gehabt. Weil diese Kritik jedoch in beiden Traditionen nur selten zum Anlass genommen wurde, mögliche Schwachstellen des *eigenen* Ansatzes zu thematisieren, hat sie bislang nur wenig konstruktive Ergebnisse gezeigt. So wurden viele Argumente oft jahrzehntelang wiederholt, aber kaum aufeinander bezogen, wobei in beiden Lagern zentrale Forschungsziele und Qualitätsstandards der anderen Tradition kaum für relevant gehalten, oft auch offen zurückgewiesen oder rhetorisch umgangen wurden.

1.1 Der Methodendualismus als Krisenerscheinung der empirischen Sozialforschung

Die mangelhafte Bereitschaft, Argumente der Gegenseite aufzunehmen und der hieraus resultierende Stillstand der Debatte wurde dadurch verstärkt, dass die jeweils eigenen Forschungsziele und Standards in beiden Traditionen durch sehr elaborierte *methodologische Programme* begründet wurden, zu deren Formulierung unterschiedliche erkenntnistheoretische Konzepte herangezogen wurden: während sich die quantitative Methodentradition auf Diskussionsergebnisse der anglo-amerikanischen Analytischen Philosophie und des Kritischen Rationalismus bezog, griff man in der qualitativen Methodentradition oftmals auf Ansätze kontinentaleuropäischer Philosophie im Umkreis von Historismus, Existenzialismus und Phänomenologie zurück. Damit fehlt einer konstruktiven Diskussion, die in beiden Methodentraditionen zur Bearbeitung von Methodenproblemen und zur Weiterentwicklung methodischer Ansätze führen könnte, bis heute ein gemeinsamer Boden.

Die Methodendebatte zwischen beiden Lagern hat gegenwärtig zwei Formen angenommen: einerseits eine offensiv-konfrontative Form, die von manchen Autoren ironisch als „Paradigmenkrieg" bezeichnet wird, und andererseits die Form des gegenseitigen Aus-dem-Weg-gehens, wobei gegenseitige Einflusssphären abgegrenzt werden, in denen man ungestört voneinander Forschungsziele, Methoden und Kriterien für gute Forschung entwickeln kann. Manche Vertreter der qualitativen Tradition haben diesen Burgfrieden auf der Grundlage konstruktivistischer und relativistischer Positionen erkenntnistheoretisch zu begründen versucht. Dieser Sichtweise zufolge führen jene „Paradigmen", die den vermeintlichen Kern der konkurrierenden methodischen Ansätze darstellen, zu gleichermaßen validen, aber trotzdem miteinander unvereinbaren Anschauungen über den Inhalt und die Funktion empirischer Forschung.

Für Sozialforscher, die zur Bearbeitung *inhaltlicher Fragestellungen* die passenden Methoden auswählen müssen, bringt dieser Debattenstand nicht unerhebliche Probleme mit sich. Denn viele sozialwissenschaftliche Forschungsfragen erfordern zu ihrer Beantwortung sowohl qualitative als auch quantitative Methoden: bestimmte gesellschaftliche Makrophänomene lassen sich nur mit quantitativen Methoden beschreiben, während die Exploration von in schwer zugänglichen Subkulturen oder Milieus verbreiteten sozialen Praktiken oft nur mit qualitativen Verfahren möglich ist. Der Versuch, solche Ziele gleichzeitig zu verfolgen, stellt Sozialforscher bei der Formulierung von Forschungsfragen, der Konstruktion von Untersuchungsdesigns und der Auswahl der Datenerhebungs- und Auswertungsverfahren vor nicht unerhebliche Probleme. Denn angesichts des in der Methodendebatte herrschenden Dualismus geht von der Methodenliteratur oder auch von einer Beratung durch Methodenexperten oft ein mehr oder weniger subtiler Druck auf Forscher aus, sich für eine der beiden Traditionen zu entscheiden. Sozialwissenschaftler geraten dann, um eine Metapher zu gebrauchen, in die Situation eines Reisenden in einer fremden Gegend, der einen Ortskundigen nach dem Weg zu einem bestimmten Ort fragt und auf eine Straße gewiesen wird, die in eine ganz andere Richtung führt. Auf beharrliche Fragen hin gibt der Methodenexperte, der keinen Weg anbieten kann, der zum gewünschten Ziel führt, zahlreiche gut nachvollziehbare Gründe, warum der Forscher niemals von dieser speziellen Straße abweichen sollte. Fragt der Empiriker dann weitere Methodenexperten, kann es ihm passieren, dass ihm eine weitere Strasse gezeigt wird, die in eine noch ganz andere Richtung führt. So verlieren manche Neulinge in der empirischen Sozialforschung, während sie zu Parteigängern methodologischer Richtungen oder Schulen sozialisiert werden, ihre ursprünglichen Forschungsziele und Fragestellungen aus den Augen und die empirischen Sozialwissenschaften geraten auf diese Weise in einen Zustand, in welchem die vorgängige Entscheidung über Forschungsmethoden dann Forschungsziele und Fragestellungen festlegt.

Dabei gibt es eine hinreichende Anzahl von Beispielen aus der Forschungspraxis, die belegen, dass zur Beantwortung zahlreicher Fragestellungen sowohl qualitative als auch quantitative Methoden notwendig sind und miteinander kombiniert werden müssen: seit den 1930er Jahren wurden – beginnend mit berühmten Klassikern der empirischen Sozialforschung wie der *Marienthalstudie* oder der *Hawthornestudie* – häufig beide Methodenstränge gemeinsam und parallel in einem Forschungsprojekt eingesetzt und damit Ergebnisse erzielt, die die sozialwissenschaftliche Theorieentwicklung nachhaltig beeinflusst haben.

Seit den 1980er Jahren ist in der Forschungspraxis eine immer stärker werdende Tendenz zu *Mixed Methods Designs* feststellbar. Allerdings haben solche Projekte oft mit großen Schwierigkeiten zu kämpfen, insbesondere was die Zusammenarbeit von Sozialforschern mit unterschiedlichem methodologischem Hintergrund angeht. Die Zusammenarbeit in solchen Forschungsteams wird bereits dadurch erheblich erschwert, dass beide Methodentraditionen divergierende Fachvokabularien hervorgebracht haben, in denen dieselben Begriffe manchmal unterschiedliches bezeichnen können, aber auch oft dieselben Sachverhalte mit verschiedenen Begriffen benannt werden. So können Vertreter der einen Methodentradition die im Kontext der anderen Tradition formulierten Forschungsziele und Fragestellungen oft nur schwer nachvollziehen. Hinzu kommt, dass die Verwendung methodenintegrativer Designs in der Methodendebatte und Methodenliteratur bislang nur wenig Niederschlag gefunden hat: die hierzu verfügbare Literatur wird in Lehrbüchern noch selten zitiert, beschränkt sich zudem oft auf eine praktische Beschreibung von Designformen und lässt wichtige tiefer gehende methodologische Fragen unberührt. So wird hier zwar häufig argumentiert, dass qualitative und quantitative Methoden jeweils für bestimmte Fragestellungen besser geeignet sind und deshalb beide Methodenstränge miteinander kombiniert werden können, um Schwächen der einen Tradition durch die jeweiligen Stärken der anderen Tradition auszugleichen. Allerdings fehlt dieser Diskussion bislang ein gemeinsamer methodologischer Bezugsrahmen oder eine einheitliche Terminologie. Vor allem ist gegenwärtig kaum Literatur verfügbar, in welcher die Frage beantwortet wird, bei *welchen* Gegenständen und Fragestellungen die verschiedenen Methodentraditionen jeweils *welche* Schwächen und Stärken aufweisen.

Für welche sozialwissenschaftlichen Untersuchungsgegenstände sind eher qualitative, für welche Forschungsfragen eher quantitative Verfahren geeignet? Welche Methodenprobleme qualitativer und quantitativer Forschung werden durch bestimmte Untersuchungsgegenstände erzeugt? Wie können Stärken beider Methodentraditionen genutzt werden, um diese Methodenprobleme zu lösen? Diese Fragen bilden den Ausgangspunkt dieses Buches; sein Ziel besteht darin, die in der Forschungspraxis stattfindende Methodenkombination durch ein methodologisches Programm zu begründen, aus dem sich Strategien der Methodenwahl und Methodenintegration für spezifische Fragestellungen und Untersuchungsbereiche ableiten lassen. Angesichts des Standes der Debatte und der erwähnten Schwierigkeiten, in der Praxis empirische Forschung und methodologische Regeln aufeinander zu beziehen, werden hiermit Fragen aufgeworfen nach dem grundsätzlichen Verhältnis zwischen sozialwissenschaftlicher Forschungspraxis und Methodenlehre bzw. nach der Funktion und dem Nutzen sozialwissenschaftlicher Methodologie für die praktische Forschung.

1.2 Vom Nutzen der Methodologie für die praktische Forschung: Praxis des Methodengebrauchs und methodologische Programme

Lenkt man den wissenschaftshistorischen Blick auf die empirische Sozialforschung, so stellt man leicht fest, dass im allgemeinen nicht logische und erkenntnistheoretische Erörterungen den Anstoß zu sozialwissenschaftlicher Methodenentwicklung geben, sondern Erfordernisse der Forschungspraxis. Das Methodenarsenal empirischer Sozialforschung ist stets bis zu einem gewissen Grad „*a collection of craft skills, driven by local and practical concerns*" (SEALE 1999, S. 26), eine Sammlung praktischer Werkzeuge, die zur Beantwortung konkreter Forschungsfragen und zur Erlangung spezifischer Erkenntnisziele dienen. Von solchen *Methoden als praktischen Forschungswerkzeugen* müssen *methodologische Programme*[1] unterschieden werden. Deren wesentliche Funktion besteht darin, Forschungshandeln zu begründen und anzuleiten, indem es in einen umfassenden erkenntnistheoretischen Kontext gestellt wird. Methodologische Programme versuchen Kriterien für „methodisch korrektes" Forschungshandeln zu definieren. Sie ermöglichen auf dieser Basis eine kritische Evaluation von Methoden und können sowohl die Auswahl vorhandener als auch die Konstruktion neuer Forschungsmethoden anleiten.

Methodologische Programme lassen sich nun auf verschiedene Weise entwickeln. Man kann etwa, ausgehend von der Wissenschaftstheorie oder Methodologie als einer allgemeinen „*Lehre von der Vorgehensweise bei der wissenschaftlichen Tätigkeit*" (SCHNELL, HILL, ESSER 1999, S. 48) erkenntnistheoretische Leitprinzipien (wie *Objektivität, Replizierbarkeit von Forschungsergebnissen, Generalisierbarkeit* usw.) formulieren und auf dieser Grundlage einzelne methodische Verfahren entwickeln, vorschlagen, auswählen und modifizieren. Bei einem solchen Vorgehen wird die Methodologie zu einer Leitdisziplin der empirischen Forschung, die die Wege beschreibt, die man in der Forschung gehen soll und vor jenen Wegen warnt, die man besser vermeidet. Methodologische Konzepte und Programme, die auf eine solche Weise entwickelt wurden, haben bedeutsame Fortschritte für die empirische Sozialforschung erbracht, etwa bei der Konstruktion von Gütekriterien für standardisierte Instrumente, bei der Entwicklung experimenteller Designs usw. Methodologische Konzepte und Programme dieser Art können aber auch zu der bereits beschriebenen Entfremdung zwischen Methodologie und Forschungspraxis führen. Denn bei einer zu starken Fokussierung auf einige wenige methodologische Leitprinzipien können andere inhaltliche Forschungsziele und Forschungsfragen aus den Augen geraten, die für das Fach von essentieller Bedeutung sind.

Um diese Gefahr zu verringern, benötigt man ein umfassenderes Verständnis von Methodenentwicklung und Methodenkritik, das sich eng an dem von Hans REICHENBACH vorgeschlagene Verfahren der „*rationalen Rekonstruktion*" (REICHENBACH 1938/1983, S.2) der Forschungspraxis orientiert. Diesem Verständnis zufolge müsste ein methodologisches Programm eine *probleminduzierte und forschungsbegleitende Methodenentwicklung* erlauben, die nicht mit der Formulierung allgemeiner methodologischer Prinzipien beginnt, sondern ansetzt an konkreten Anforderungen und Problemen empirischer Forschung. Diese wiederum ergeben sich stets aus der Existenz von *Forschungszielen* bzw. *Forschungsfragen*, die sich auf die Erklärung und das Verstehen von Phänomenen in spezifischen *Gegenstandsbereichen* beziehen. Dabei muss der Umstand im Auge behalten werden, dass sowohl Forschungsfragen als auch Gegenstandsbereiche sowohl durch praktische Erfordernisse (etwa durch bestimmte soziale Probleme), als auch durch (explizite oder implizite) theoretische Annahmen von Forschern konstituiert werden können.

Im Rahmen eines solchen methodologischen Programms versteht man methodische Verfahren als Lösungsversuche für Probleme, die entstehen, wenn inhaltliche Fragestellungen beantwortet werden müssen und nimmt Methoden gegenüber stets sowohl eine *kriti-*

---
[1] Eine ausführlichere Erläuterung dieses Begriffes erfolgt in Abschnitt 3.1.

1.2 Vom Nutzen der Methodologie für die praktische Forschung

sche als auch eine *konstruktive Funktion* ein. Die kritische Funktion besteht dabei in der *Evaluation von Methoden*, d.h. in dem Bemühen, Validitätsbedrohungen, Fehlerquellen und Irrtumsmöglichkeiten aufzudecken, die die Anwendung von Methoden in der Forschungspraxis mit sich bringen. Die konstruktive Funktion umfasst die *Methodenentwicklung*, mit deren Hilfe Validitätsbedrohungen ausgeräumt und Fehlschlüsse auf methodisch kontrollierte Weise vermieden werden können.

Sowohl Methodenevaluation als auch Methodenkonstruktion kann dabei Rückgriffe auf erkenntnistheoretische Diskussionen erfordern. Erkenntnistheorie erhält dabei die Funktion einer *Hilfswissenschaft* für die empirische Sozialforschung, mit deren Hilfe typische, in der Forschungspraxis häufig auftauchende Erkenntnisprobleme begrifflich eingeordnet, verstanden und analysiert werden können. Der hohe Grad an Spezialisierung wissenschafts- und erkenntnistheoretischer Diskurse und der dort oft gepflegte Sprachduktus hat bei vielen Sozialwissenschaftlern den Eindruck genährt, dass es sich hierbei grundsätzlich um Abhandlungen über esoterische Spezialthemen ohne Belang für die Forschungspraxis handele. Dieser Eindruck ist nicht nur falsch, sondern leistet auch einer riskanten Naivität im Umgang mit komplexen erkenntnistheoretischen Konzepten Vorschub, die empirisch forschende Sozialwissenschaftler beständig gebrauchen. Begriffe wie „Verstehen", „wissenschaftliche Erklärung", „Schlussfolgerung" oder „Kausalität" sind nicht reserviert für philosophische Debatten, sondern werden im wissenschaftlichen Alltagssprachgebrauch permanent verwendet. So ist „Kausalität", um ein Beispiel herauszugreifen, auf das im 6. Kapitel ausführlich eingegangen wird, eine allgemeine Kategorie zur Beschreibungen von Zusammenhängen, die weder im Alltagsleben noch in den empirischen Sozialwissenschaften vermieden werden kann. Ohne ein grundlegendes Verständnis von Ursache-Wirkungs-Beziehungen kann das Alltagsleben nicht bewältigt werden, weil sowohl instrumentelles, physische Objekte betreffendes als auch auf andere Akteure bezogenes soziales Handeln ein zumindest implizites Vertrauen darauf erfordert, dass von Handlungen Wirkungen auf die Umwelt ausgehen. Dasselbe gilt für die Untersuchung sozialer Phänomene: auch solche Sozialwissenschaftler, die der Kausalkategorie durch erkenntnistheoretische Selbstverpflichtungen entgehen wollen, verzichten bei der Darstellung von Forschungsergebnissen keineswegs auf die Verwendung von Ursachewörtern wie „beeinflussen", „bewirken", „nach sich ziehen" usw.

Die Kenntnis von Argumenten aus erkenntnistheoretischen Debatten, die sich um die Klärung solcher Begriffe bemühen, ist für die sozialwissenschaftliche Methodenentwicklung nicht entbehrlich. Daran ändert auch der Umstand nichts, dass die Erkenntnistheorie selber durch zahlreiche Streitfragen und Kontroversen gekennzeichnet ist, die teilweise bis auf die Antike zurückgehen und von denen manche bis heute ungelöst sind. Denn auch das Wissen, dass ein methodologisches Konzept bislang nicht gelöste philosophische Fragen und Rätsel aufwirft, kann für die Methodenevaluation und Methodenentwicklung von Bedeutung sein. Um eine bestimmte Position in einer methodologischen Kontroverse einzunehmen oder zu kritisieren, ist es nicht belanglos, ob diese Position strittige philosophische Fragen impliziert. Hinzu kommt, dass es auch in der Erkenntnistheorie und Wissenschaftsphilosophie eine Reihe von weitgehend geteilten Einsichten gibt, die von manchen Sozialwissenschaftlern ignoriert werden. Manche radikalen epistemologischen Positionen, die in den Sozialwissenschaften als Modeerscheinungen auftreten, werden in erkenntnistheoretischen Debatten seit langer Zeit nur von kleinen Minderheiten vertreten, während die sehr starken Argumente, die gegen diese Standpunkte sprechen, zum Basiswissen des Faches[2] gehören.

Problemorientierte Methodenevaluation und Methodenentwicklung beginnt nicht mit erkenntnistheoretischen Debatten und Argumenten, um dann hierin allgemeine epistemologische Grundsätze zu finden, aus denen methodologische Regeln abgeleitet werden können. epistemologische Argumente und Kontroversen stellen für eine problemorientierte Methodenentwicklung vielmehr *Ressourcen* dar, auf die zur Lösung konkreter *Erkenntnisprobleme der Forschungspraxis* zurückgegriffen werden kann. Sozialwissenschaftler können sich gegenüber erkenntnistheoretischen Problemen somit über weite Strecken hin verhalten wie Alltagsmenschen gegenüber den tiefer gehenden existenziellen und ontologischen Fragen auch: Man klammert sie aus, um das Alltagsleben zu bewältigen, wobei erst besondere Krisen (im Leben wie in der Forschungspraxis) uns zwingen, tiefgründige philosophische Überlegungen anzustellen (vgl. SEALE 1999, S. 26).

Nicht methodologische *Prinzipien* sollen also den Ausgangspunkt für ein methodologisches Programm bilden, das den Methodendualismus überwindet, sondern *Probleme*, die sich bei dem Versuch ergeben, inhaltliche Fragestellungen in konkreten Gegenstandsbereichen und Forschungsfeldern zu beantworten. Die empirischen Sozialwissenschaften haben keinen Mangel an solchen Problemen. Hubert BLALOCK fasst in seiner Darstellung der „*grundlegenden Dilemmata sozialwissenschaftlicher Forschung*" eine Reihe solcher „*complex, technical and sticky methodological problems*" (1984, S. 38) zusammen: hierzu gehörten die *Komplexität* zahlreicher sozialer Prozesse, die oft eine große Zahl an Variablen zu ihrer Erklärung benötigten, *Messprobleme,* die *Schnelligkeit sozialen Wandels*, mit dem die empirische Sozialforschung oft kaum Schritt halten könne, die oft unübersehbare *Vielfalt* heterogener Verhaltensweisen, die erklärt werden müssten und die oft anzutreffende *Unschärfe* und *mangelnde Präzision* der untersuchten Phänomene.

Diese Probleme lägen, so BLALOCK, sowohl in der Natur des Gegenstandsbereichs begründet als auch in der Beschränktheit zeitlicher und personeller Ressourcen. Hinzu käme die Tendenz „rivalisierender Schulen", die oft notwendige Beschränktheit von Konzepten, die zur Lösung dieser Probleme bislang entwickelt wurden, zum Gegenstand unproduktiver Kontroversen zu machen. Etliche jener Schwierigkeiten, die von verschiedenen Autoren als Zeichen einer fortdauernden Krise der Sozialwissenschaften gedeutet werden (vgl. etwa LUCKMANN 1973, GOULDNER 1974; KRYSMANSKI, MARWEDEL 1975; ENDRUWEIT 1982; ESSER 1989; MOUZELIS 1995; LEPSIUS 2003), etwa die „*Diffusität der beständigen Diskurskämpfe und alternativen Problemfassungen*" (LEPSIUS, VOBRUBA 2003, S. 28), oder ein drohender Zerfall des Faches in spezielle Soziologien, denen ein einheitliches theoretisches Band fehle (vgl. ESSER 1989), lassen sich als Folge der Komplexität, Wandlungsfähigkeit, Vielfalt und Unschärfe der Phänomene im Gegenstandsbereich der Sozialwissenschaften verstehen. Dies betrifft insbesondere eine häufig kritisierte Kluft zwischen empirischer Forschung und sozialwissenschaftlicher Theoriebildung, wie sie in einem bereits 1949 von Robert MERTON publizierten und später viel zitierten Aufsatz beklagt wurde: in speziellen Soziologien würden empirische Phänomene oft mit großer Detailfreude, aber ohne Verknüp-

---

2   Hierzu gehört etwa der seit den Arbeiten von SEXTUS EMPIRICUS bekannte Umstand, dass ein radikaler (im Gegensatz zu einem gemäßigten) Skeptizismus und Relativismus in unaufhebbare logische Widersprüche mündet und deshalb keine tragfähige erkenntnistheoretische Position darstellt (vgl. HAMMERSLEY 1995, S. 17; WITTGENSTEIN 1969/1990, S. 9 ff.), oder Argumentionen gegen den radikalen Empirismus, in denen deutlich gemacht wird, dass es keine empirischen Beobachtungen ohne irgendeine Form von kategorialem Vorwissen geben kann (vgl. ausführlich Kap. 11, Abschnitt 1.2).

1.2 Vom Nutzen der Methodologie für die praktische Forschung

fung zu theoretischen Konzepten der allgemeinen Soziologie analysiert, wo wiederum theoretische Debatten ohne einen ausreichenden Bezug zu empirischen Daten geführt würden.

Eine Überwindung solcher Schwierigkeiten erfordere, so BLALOCK, dass Probleme und Dilemmata, die durch die Komplexität des Gegenstands erzeugt würden, offen benannt und nicht „unter den Teppich gekehrt" oder zum Ausgangspunkt unproduktiver Kontroversen gemacht würden:

> "Unless we recognize that the problems involved are fundamental ones creating dilemmas that can be only imperfectly resolved, these difficulties become convenient pegs on which unconstructive criticisms can be hung, rather than clearly recognized obstacles to be overcome through cooperative effort." (ebd., p. 38)

Um diese Aufgabe in Angriff zu nehmen, werden in der vorliegenden Arbeit verschiedene mikrosoziologische und handlungstheoretische Ansätze herangezogen, mit deren Hilfe sich die Komplexität, die Wandelbarkeit, die Vielfalt und die Unschärfe sozialwissenschaftlicher Phänomene als Merkmale des sozialwissenschaftlichen Gegenstandsbereiches verstehen lassen, der durch ein wechselseitiges Konstitutionsverhältnis von sozialem Handeln und sozialen Strukturen gekennzeichnet ist. Durch akteursinduzierten sozialen Wandel hervorgebrachte *Strukturen begrenzter Reichweite* bringen eine Reihe von Herausforderungen für Theorienentwicklung und empirische Forschung mit sich, die beide Methodentraditionen in jeweils unterschiedlicher Weise beantwortet haben, wobei sie partielle und miteinander konfligierende Lösungen für die hiermit aufgeworfenen Probleme entwickelt haben.

Dass sich diese Teillösungen zu umfangreichen und konkurrierenden methodologischen Programmen weiterentwickelt haben, hat zu einer schwierigen Situation für die praktische Forschung geführt, weil Kernkonzepte dieser methodologischen Programme an den Erfordernissen des Gegenstandsbereichs vorbeigehen: ein nomologisch-deduktives Programm, mit dem quantitative Forschung oft begründet wird, bringt zahlreiche Probleme mit sich in einem Gegenstandsbereich, für den bislang kaum empirisch gehaltvolle Aussagen über raumzeitlich universelle *nomoi* entwickelt wurden. Aber auch jene methodologischen Programme der qualitativen Forschungstradition, die die intensive Exploration und Analyse von Einzelfällen als wesentliche Forschungsziele festlegen, geraten in Forschungsfeldern, die durch Komplexität und Heterogenität gekennzeichnet sind, in Schwierigkeiten. Die Unvereinbarkeit der methodologischen Programme erzeugt auch deswegen Probleme, weil qualitative und quantitative Methoden in der Forschungspraxis oft sinnvoll miteinander kombiniert werden können, und sich durch eine solche Methodenkombination jene Schwächen, die beide Traditionen im Umgang mit Strukturen begrenzter Reichweite zeigen, durch die Stärken der jeweils anderen Tradition ausgleichen lassen. Die methodologische Diskussion hinkt hier der Forschungspraxis mit großem Abstand hinterher.

Methodischer und methodologischer Fortschritt lässt sich nur dadurch erreichen, dass nicht weiterhin bestimmte Ziele und Standards empirischer Forschung (etwa „statistische Generalisierbarkeit", „Objektivität" oder „Entdeckung und Beschreibung von Sinnstrukturen") zugunsten anderer verabsolutiert oder indem sie einfach deswegen aufgegeben werden, weil sie nur mit großem theoretischen und empirischen Aufwand gemeinsam zu erreichen sind. Ein *integratives methodologisches Programm* der empirischen Sozialforschung darf die Probleme und Dilemmata empirischer Sozialforschung nicht vorschnell in die eine oder andere Richtung auflösen: auch solche Ziele, die in der Forschungspraxis *prima facie* nur schwer miteinander vereinbar sind, müssen, so gut es angesichts der verfügbaren Ressourcen möglich ist, weiter verfolgt werden. Dabei dürfen die mit empirischer Forschung in den Sozialwissenschaften grundsätzlich verbundenen Methodenprobleme und Erkenntnisgrenzen niemals aus den Augen verloren werden.

1.3 Ein Überblick über das Buch

In den folgenden Kapiteln werden zuerst Probleme und Grenzen methodologischer Programme darstellen, mit denen monomethodische qualitative und quantitative Forschung zurzeit begründet werden. Auf der Grundlage dieser Kritik werden dann methodologische und handlungstheoretische Grundlagen eines integrativen methodologischen Programms skizziert, mit dessen Hilfe sich Stärken qualitativer und quantitativer Methoden kombinieren lassen, um Methodenprobleme beider Traditionen zu lösen.

Im nun folgenden *Kapitel 2* wird die Debatte der vergangenen 80 Jahre über das Verhältnis zwischen qualitativer und quantitativer Forschung nachgezeichnet und es wird dargestellt, wie in beiden Traditionen jeweils unterschiedliche Forschungsziele und Qualitätsstandards zum Zentrum methodologischer Reflektion wurden. Die Argumente, die zur Begründung qualitativer und quantitativer Forschung und zur Kritik alternativer Modelle entwickelt wurden, werden in ihrem wissenschaftshistorischen Entstehungskontext referiert. Hierbei wird deutlich, aus welchen Gründen sich ein Methodenstreit entwickelt hat, in dem kritische Argumente oftmals aneinander vorbei laufen, ohne konstruktives Potential zu entfalten. Die zentralen Schwachstellen jener Argumente, mit denen eine grundsätzliche Inkompatibilität von Verfahren beider Methodentraditionen behauptet wird, werden aufgezeigt und es wird erläutert, warum bisherige Diskussionen über methodenintegrative Designs bislang nicht über die Erörterung technischer Fragen hinausgekommen sind. Ein wesentliches Problem aller Debatten über das Verhältnis qualitativer und quantitativer Methoden, unabhängig davon, ob die Diskussionsteilnehmer eine Kombination dieser Methoden für unmöglich, für wünschenswert oder auch für unverzichtbar halten, besteht darin, so wird im zweiten Kapitel deutlich werden, dass Argumente zu stark auf erkenntnistheoretische und methodologische Aspekte beschränkt werden, während zu wenig Bezug genommen wird zu substanzwissenschaftlichen und theoretischen Fragen, die den Gegenstandsbereich empirischer Forschung betreffen.

Im *dritten Kapitel* soll eine gegenstandsbezogene theoretische Grundlage entwickelt werden, auf der sich Argumente und Methodenprobleme der qualitativen und der quantitativen Tradition aufeinander beziehen lassen. Die hierzu notwendige Verbindung zwischen Methodologie und Theorie lässt sich nur durch Begriffe herstellen, die gleichzeitig in theoretischen und methodologischen Diskursen Verwendung finden können. Hierfür ist ein formaler Begriff von *sozialer Struktur*, der Regelmäßigkeiten und Ordnungen im Gegenstandsbereich ohne eine inhaltliche Festlegung auf einen bestimmten Theorieansatz der Allgemeinen Soziologie bezeichnet, in besonderer Weise geeignet, weil sich hiermit ein gemeinsamer Grund beschreiben lässt, auf dem basale Annahmen konkurrierender theoretischer und methodologischer Ansätze miteinander vergleichbar werden. Diese Ansätze lassen sich nämlich anordnen auf einem Kontinuum von Strukturiertheit, das von einer Determination sozialer Prozesse durch universelle Gesetzmäßigkeiten reicht bis zu deren nahezu vollständiger Situationsbezogenheit. Diese beiden Extrempositionen spielen jedoch in den empirischen Sozialwissenschaften kaum eine Rolle. Im Normalfall bilden weder universelle Gesetze noch rein situative Regelmäßigkeiten den Gegenstand konkreter sozialwissenschaftlicher Forschung, sondern *Strukturen begrenzter Reichweite*, die über lange Zeiträume *stabil* und doch gleichzeitig in unvorhersagbarer Weise *wandlungsfähig* sind. Die Bedeutung dieser Strukturen begrenzter Reichweite soll im dritten Kapitel anhand von Beispielen aus der Soziologie des Lebenslaufs verdeutlicht wird. Diese raumzeitliche Begrenztheit sozialer Strukturen lässt sich mit unterschiedlichen handlungstheoretischen und mikrosoziologischen Theorieansätzen verstehen als das Resultat eines wechselseitigen Konstitutionsverhältnisses von sozialem Handeln und sozialen Strukturen, welche zwar durch routinisiertes Handeln reproduziert und stabilisiert werden, aber auch einer akteursinduzierten *Pluralisierung* und Prozessen *sozialen Wandels* unterliegen.

Die methodologischen Herausforderungen, die von Strukturen begrenzter Reichweite auf die quantitative und die qualitative Forschung ausgehen, werden im vierten bis neunten Kapitel anhand der Konzepte der sozialwissenschaftlichen *Erklärung*, des *Sinnverstehens* und der *Kausalität* erörtert.

Das *vierte Kapitel* befasst sich mit dem Begriff der *Erklärung* im Kontext des hypothetiko-deduktiven und nomologischen methodologischen Programms. Hierzu wird auf aktuelle entscheidungstheoretische Diskussionen über die Struktur sozialwissenschaftlicher Handlungserklärungen und hierbei insbesondere auf das Konzept der „Makro-Mikro-Makro-Erklärung" eingegangen. Es wird gezeigt, dass diese Form der Erklärung, bei der zur Erläuterung statistischer Aggregatphänomene von der Makroebene gesellschaftlicher Phänomene auf die Mikroebene individueller Handlungen und Entscheidungen hinab gestiegen werden soll, grundsätzlich auf „hypothetische Schlussfolgerungen" zurückgreifen muss. Hypothetische Schlussfolgerungen wiederum erfordern die Kenntnis von Regeln, deren Geltung für den untersuchten Gegenstandsbereich sinnvoll unterstellt werden kann. Wie anhand neuerer Kontroversen aus dem Kontext entscheidungstheoretischer Ansätze gezeigt wird, schöpfen sozialwissenschaftliche Erklärungen im Unterschied zu den (i.a. naturwissenschaftlichen) Trivialbeispielen, mit dem die Anwendung eines nomologischen Erklärungsmodells oft demonstriert wird, ihre Erklärungskraft nicht vor allem aus universellen und empirisch gehaltvollen Gesetzmäßigkeiten, sondern wesentlich aus „Brückenhypothesen". Diese lassen sich nicht aus allgemeinen Theorien deduzieren, sondern erfordern gegenstandsspezifisches, oft lokales Handlungswissen. Die zentrale methodologische Rolle von Brückenhypothesen bleibt aber oft verborgen, weil Sozialwissenschaftler zur Formulierung von Hypothesen und zur Operationalisierung theoretischer Konzepte vielfach von einer „*Gewohnheitsheuristik des Alltagswissens*" Gebrauch machen. Bei der Untersuchung von Gegenstandsbereichen, die stark durch Strukturen begrenzter Reichweite geprägt werden, gerät diese Heuristik und damit ein *mono-methodisches*, quantitativ ausgerichtetes und hypothetiko-deduktives methodologisches Programm aber sehr schnell an Grenzen.

Das *fünfte* Kapitel befasst sich mit verschiedenen Konzepten des Sinnverstehens, die zur Begründung monomethodischer qualitativer Forschung oft benutzt werden. Sowohl anhand handlungsphilosophischer Debatten aus den letzten Jahrzehnten als auch durch eine Erörterung hermeneutischer Verfahren wird demonstriert, dass sich die Annahme einer grundsätzlichen Dichotomie zwischen „Erklären" und „Verstehen" nicht konsistent begründen lässt. Sozialwissenschaftliches Verstehen unterscheidet sich nicht formal, sondern nur hinsichtlich der Geltungsreichweite der erklärenden Argumente von den im vierten Kapitel behandelten Modellen sozialwissenschaftlicher Erklärung. Es wird erläutert, dass das hermeneutische Verstehen individueller Handlungen durch dieselben Fehlschlüsse des

Alltagswissens gefährdet ist wie die Erklärung statistischer Zusammenhänge. Es wird verdeutlicht, dass die zentrale Aufgabe qualitativer Forschung aus einer akteurstheoretischen Perspektive weit eher in einer Exploration von bislang unbekannten soziokulturellen Wissens- und Regelbeständen als in der *ex post* Interpretation von sozialem Handeln auf der Basis vorhandenen Regelwissens (wie dies prominente hermeneutische Ansätze nahe legen) gesehen werden muss. Strukturen begrenzter Reichweite erzeugen in qualitativen Studien spezifische Methodenprobleme und Validitätsbedrohungen für die Fallauswahl und für die Bestimmung der Geltungsreichweite von Forschungsergebnissen. Diese Probleme lassen sich durch monomethodische qualitative Forschung oft nicht lösen.

In Kapitel 6 bis 9 wird die Verwendung der *Kausalitätskategorie* im Kontext verschiedener – qualitativer und quantitativer – methodologischer Programme diskutiert. Hierbei wird gezeigt, dass zahlreiche der in der Methodenliteratur seit langem bekannten Probleme sozialwissenschaftlicher Kausalanalysen eine Folge der raumzeitlichen Begrenztheit sozialer Strukturen und der Handlungskompetenz bzw. *agency* sozialer Akteure sind.

Hierzu wird im *sechsten Kapitel* als Erstes die Auffassung kritisiert, dass sich diese Probleme durch einen Verzicht auf den Kausalitätsbegriff in den Sozialwissenschaften lösen lassen. Kausalität, so wird erläutert, repräsentiert einen unverzichtbaren Bestandteil der Tiefengrammatik des Handlungsbegriffs. Auch sozialwissenschaftliche Handlungserklärungen sind zumindest implizit stets auf ein elementares Verständnis von Ursache-Wirkungsbeziehungen angewiesen. Eine explizite und methodologisch reflektierte Verwendung der Kausalitätskategorie hat den Vorteil, dass sich Konzepte, die in der Erkenntnistheorie zur Analyse epistemologischer Schwierigkeiten der Kausalitätskategorie vorgeschlagen wurden, als Werkzeug einsetzen lassen, um Methodenprobleme empirischer Sozialforschung besser zu verstehen und forschungspraktisch zu bearbeiten. Dies betrifft insbesondere das Vokabular über hinreichende und notwendige Ursachen bzw. deren Verknüpfung zu sog. „INUS-Bedingungen", deren handlungstheoretische Relevanz in diesem Kapitel demonstriert wird.

Damit steht ein begriffliches Instrumentarium zur Verfügung, um Stärken und Schwächen beider Methodentraditionen im Umgang mit komplexen Kausalbeziehungen zu untersuchen. Im *siebten Kapitel* werden zuerst Verfahren der komparativen Analyse, die zur Analyse von Kausalbeziehungen in der qualitativen Forschungstradition vorgeschlagen wurden, insbesondere die „Analytische Induktion" und die „Qualitative Komparative Analyse", kritisch begutachtet. Hierbei wird deutlich, dass die Güte der auf diese Weise entwickelten Kausalaussagen entscheidend von der Auswahl der richtigen Fälle abhängt und deshalb durch einen Einbezug quantitativer Methoden zur Konstruktion von Stichprobenrahmen für die Fallkontrastierung wesentlich verbessert werden kann.

Soziales Handeln wird in der Regel durch zahlreiche nicht bekannte (und durch manche soziologisch nicht relevante) Bedingungen beeinflusst, die durch eine Vielzahl von „kausalen Pfaden" wirken können. Eine große Pluralität von kausalen Pfaden führt in der Regel dazu, dass das theoretisch begründbare Wissen über die wirksamen Kausalmechanismen beschränkt ist und kausale Modelle unvollständig werden. Probabilistische Kausalitätskonzepte und statistische Kausalmodelle stellen nun Möglichkeiten zur Verfügung, um mit einer solchen Unvollständigkeit kausalen Wissens und kausaler Modelle umzugehen. Ein wesentlicher Schwerpunkt des *achten Kapitels* ist die handlungstheoretische Bedeutung der in statistischen Kausalmodellen enthaltenen Fehlerterme bzw. der durch sie nicht erklärten Varianz. Es wird gezeigt, dass es oft nicht sinnvoll sein kann, unerklärte Varianz als

1.3 Ein Überblick über das Buch

Folge einer prinzipiellen „Zufälligkeit" bzw. Unvorhersagbarkeit des Gegenstandsbereichs bzw. einer nicht genauer beschreibbaren „Willensfreiheit" individueller Akteure zu deuten. Vielmehr ist es sowohl theoretisch als auch methodologisch oft wesentlich angemessener, unerklärte Varianz als Ausdruck des begrenzten Wissens des Untersuchers über kausale Zusammenhänge zu interpretieren, die durch unterschiedliche und oft unbekannte Handlungsgründe entstehen.

Im *neunten Kapitel* schließlich wird ein klassisches Problem statistischer Kausalanalysen – das Problem der durch *common causes* bewirkten Scheinkausalität – unter einer akteurstheoretischen Perspektive analysiert. Die Leistungsfähigkeit von Ansätzen, die zur Bearbeitung dieses Problems in der quantitativen Forschungstradition entwickelt wurden, lässt sich, wie gezeigt werden wird, durch einen Einbezug qualitativer Methoden oft wesentlich verbessern. Insgesamt macht die Diskussion des Kausalitätsbegriffs deutlich, dass zur Untersuchung kausaler Zusammenhänge in vielen Fällen weder quantitative noch qualitative Methoden ausreichen, sich aber beide Methodentraditionen mit ihren jeweiligen Stärken und Schwächen wechselseitig ergänzen können. So stellt die qualitative Forschungstradition explorative Verfahren zur Verfügung, mit deren Hilfe bislang unbekannte Kausalbedingungen entdeckt werden können. Die quantitative Tradition eröffnet dahingegen Möglichkeiten zur Analyse „schwacher" Kausalbeziehungen, mit deren Hilfe sich Hypothesen prüfen lassen, die nur einen Teil der relevanten Kausalbedingungen spezifizieren.

Im *Kapitel 10* soll anhand zahlreicher empirischer Beispiele gezeigt werden, wie verschiedene Methodenprobleme und Validitätsbedrohungen empirischer Sozialforschung durch eine Integration von qualitativen und quantitativen Methoden *in der Forschungspraxis* überwunden werden können. Methodenkombination in *Mixed Methods Designs* kann der *Erklärung überraschender statistischer Befunde* dienen, sie kann beitragen zur *Identifikation von Variablen, die bislang unerklärte statistische Varianz aufklären*, sie kann der *Untersuchung der Geltungsreichweite von qualitativen Forschungsergebnissen* dienen, sie kann *die Fallauswahl in qualitativen Studien* steuern, und sie kann bei der *Aufdeckung und Beschreibung von Methodenartefakten in qualitativen und quantitativen Studien* helfen.

Im *elften Kapitel* werden auf dieser Grundlage konzeptuelle Bausteine und Kernannahmen eines methodologischen Programms skizziert, das sowohl qualitative als auch quantitative Verfahren einbezieht. Hierzu wird zuerst geklärt, welche Bedeutung die Begriffe *Kausalität*, *Erklärung* und *Verstehen* in einem solchen Programm haben müssen. Anschließend wird das Verhältnis zwischen theoretischen Modellen und empirischen Daten im Kontext eines methodenintegrativen Programms erörtert und ein Modell des sozialwissenschaftlichen Forschungsprozesses beschrieben, welches Methodologien der Theorienprüfung mit Methodologien empirisch begründeter Theorienbildung verbindet. Abschließend werden eine Reihe von gemischten qualitativ-quantitativen Designs beschrieben und deren wesentliche Ziele und Funktionen erläutert.

Das wesentliche Ziel dieser Arbeit besteht darin, Regeln zu formulieren, die angeben, bei welchen *Fragestellungen* und zur Bearbeitung welcher *methodischer Probleme* jeweils qualitative oder quantitative Methoden eingesetzt werden können und wann sie in welcher Weise miteinander kombiniert werden müssen. Hierbei wird deutlich, dass quantitative Methoden nicht nur der Überprüfung von Hypothesen dienen, dass vielmehr eine ihrer wesentlichen Aufgaben darin besteht, *Explananda* sozialwissenschaftlicher Handlungserklärungen zu liefern. Mit qualitativen Methoden hingegen können Handlungsorientierungen und Handlungsregeln entdeckt werden und damit „generative Prozesse" und kausale Pfade identifiziert und beschrieben werden, die bestimmte Zusammenhänge auf der statistischen Aggregatebene erklärbar machen. In methodenintegrativen Designs können auf diese Weise zudem typische Schwachstellen und Grenzen beider Methodentraditionen durch Methodenkombination bearbeitet und überwunden werden.

2 Qualitative vs. quantitative Forschung – die Debatte

Im Folgenden sollen Grundlinien von Methodendebatten der vergangenen 80 Jahre im deutschen und anglo-amerikanischen Sprachraum nachgezeichnet und dabei die zentralen methodologischen Argumente diskutiert werden, mit denen Vertreter der qualitativen und der quantitativen Tradition den Wert und die Brauchbarkeit ihrer Ansätze begründet haben. Seit der (durch die wissenschaftshistorischen Arbeiten von Thomas KUHN populär gewordene) Begriff des „Paradigmas" in den 1970er Jahren in die sozialwissenschaftliche Methodendebatte eingeführt wurde, wird die Frage nach der Vereinbarkeit der beiden „methodologischen Paradigmen" diskutiert. Anhand der Diskussionen, die in den letzten 20 Jahren vor allem im englischsprachigen Raum geführt wurden, lässt sich allerdings zeigen, dass der Kuhn´sche Paradigmenbegriff ein nur sehr begrenzt taugliches Instrument zur Begründung und Abgrenzung forschungsmethodischer Ansätze ist. Das lehrt auch die Forschungspraxis der Sozialwissenschaften, denn in den vergangenen beiden Dekaden wurde sowohl in der sozialwissenschaftlichen Evaluations- als auch in der Grundlagenforschung die Verknüpfung qualitativer und quantitativer Methoden zu gemeinsamen Forschungsdesigns zunehmend populär. Die Aufarbeitung der methodologischen Grundlagen von „Mixed Methods" und „Multimethod Designs" steht jedoch noch in den Anfängen. Zwar existiert mittlerweile eine umfangreiche Literatur zu technischen, forschungspraktischen und methodischen Fragen und Problemen von methodenintegrativen Designs. Bereits bei deren Klassifikation besteht allerdings Uneinigkeit. Und grundlegende Fragen nach der methodologischen und theoretischen Begründbarkeit der Methodenintegration werden eher am Rande diskutiert und der für die Debatte zentrale Begriff der „Triangulation" erweist sich bei näherem Hinsehen als eine mehrdeutige Metapher, die eine Reihe von ganz verschiedenen Konnotationen tragen kann, wie im zweiten Abschnitt dieses Kapitels gezeigt werden soll.

Die Gründe dafür, dass verschiedene Debattenstränge über das Verhältnis zwischen qualitativen und quantitativen Methoden gegenwärtig in Sackgassen führen, sollen im Folgenden näher beleuchtet werden: Obwohl sich Argumente für die grundsätzliche Unvereinbarkeit der methodologischen „Paradigmen" bei näherem Hinsehen als brüchig erweisen, hat die Entwicklung zweier getrennter Methodendiskurse dazu geführt, dass methodologisch elaborierte Konzepte, mit denen Verfahren beider Traditionen in ein Verhältnis zueinander und zu einem gemeinsamen Gegenstandsbereich gesetzt werden können, bislang kaum existieren. Das hat zur Folge, dass sich die in der Forschungspraxis immer häufiger verwendete Kombination qualitativer und quantitativer Verfahren zu „Mixed Methods Designs" oft in einer Art methodologischem Niemandsland vollzieht.

Ein wesentliches Problem der verschiedenen Debatten über das Verhältnis zwischen qualitativen und quantitativen Verfahren besteht darin, dass dabei methodologische und erkenntnistheoretische Argumente i.d.R. nur unzureichend mit theoretischen Überlegungen über die Natur des Untersuchungsgegenstands verknüpft werden. Ein angemessenes Verständnis der Schwächen und Stärken qualitativer und quantitativer Sozialforschung und insbesondere ihrer Ergänzungsnotwendigkeiten und Kombinationsmöglichkeiten verlangt aber eben nicht nur methodologische und erkenntnistheoretische Überlegungen, sondern muss auch von Anfang an Überlegungen über die Natur des zu untersuchenden Phänomens einbeziehen und auf dieser Grundlage die Frage zu beantworten suchen, welche Untersuchungsmethoden zur Beschreibung, zur Erklärung und zum Verständnis unterschiedlicher Aspekte des untersuchten Phänomens am besten geeignet ist.

2.1 Der „Krieg der Paradigmen". Ein historischer Überblick

Die Diskussion um das Verhältnis zwischen qualitativen und quantitativen Methoden hat mehrere Phasen durchlaufen, die jeweils durch bestimmte Stile des Forschungshandelns und durch spezifische Diskurse zu seiner methodologischen Begründung dominiert wurden: nach einer Pionierzeit ethnographisch orientierter Feldforschung und dem nahezu gleichzeitig stattfindenden Aufstieg der modernen Survey-technologie in der ersten Hälfte des 20. Jahrhunderts kam es in der damals beginnenden Methodendebatte zu einem dramatischen Reputationsverlust aller jener Methoden, die den durch die quantitative Survey-methodologie entwickelten Standards für gute Forschung nicht entsprachen. Hieraus folgte eine (allerdings nur vorübergehende) wissenschaftspolitische Verdrängung qualitativer Methoden. Deren Renaissance in den 1960er und 1970er Jahren war dann begleitet von massiver Kritik an der mangelnden Gegenstandsadäquatheit quantitativer Sozialforschung und von einer breiten Diskussion über die theoretischen Grundlagen qualitativen Forschungshandelns, die die Entstehung und Etablierung eines eigenen „interpretativen Paradigmas" mit sich brachte. Qualitative Methoden konnten sich im Zuge dieser *„Paradigmenkriege"* (GAGE 1989) erneut als eine relevante Methodentradition neben dem quantitativen Mainstream etablieren, sind sogar in einigen Ländern mehr oder weniger erfolgreich dabei, quantitative Methoden aus ihrer dominanten Position zu verdrängen (vgl. HAMMERSLEY 2000; FIELDING, LEE 2002; FIELDING 2003). Damit ist gegenwärtig eine Phase wissenschaftspolitischer Koexistenz der qualitativen und der quantitativen Methodentradition eingeläutet, die sich in getrennten *scientific communities* unabhängig voneinander weiter entwickeln.

Die folgende Darstellung soll einen kurzen Überblick über verschiedene Etappen dieses Diskussionsprozesses geben (der allerdings nur einen Nachvollzug der aufeinander folgenden Argumente, nicht historiographische Genauigkeit beansprucht, da sich die hier dargestellten Phasen des Diskussionsprozesses zum Teil sehr stark überschnitten und in verschiedenen Ländern jeweils unterschiedlich lange gedauert haben).

2.1.1 Pionierzeit der Feldforschung

In der Pionierzeit sozialwissenschaftlicher Feldforschung, in den ersten vier Jahrzehnten des 20. Jahrhunderts, wurden Methoden vor allem pragmatisch, nach Maßgabe von Forschungszielen ausgewählt oder für konkrete Forschungsfragen und Gegenstandsbereiche vielfach erst *ad hoc* entwickelt. Oft wurden dabei qualitative und quantitative Methoden relativ unproblematisch nebeneinander in einem Forschungsvorhaben eingesetzt. Bekannte Beispiele empirischer Studien aus dieser Zeit liefern die Arbeiten der *Chicago School* der amerikanischen Soziologie der 1920er bis 1940er Jahren (BULMER 1984; DEEGAN 2001) oder die österreichische Marienthalstudie (JAHODA u.a. 1933). Fragen nach der methodologischen und erkenntnistheoretischen Begründbarkeit des Vorgehens und nach grundlegenden forschungsmethodischen Strategien wurden dabei nur selten ausführlich behandelt. In manchen Fällen, vor allem dann, wenn primär qualitativ geforscht wurde, herrschte methodologischen Fragen gegenüber eine Indifferenz, wie sie sich exemplarisch ausdrückt in einer Bemerkung eines der Gründungsväter der *Chicago School*, Robert PARK, die von einem seiner Schüler folgendermaßen wiedergegeben wurde: *„(...) the only instruction I recall from Park was 'Write down, only what you see, hear and know, like a newspaper reporter"* (ANDERSON 1923/1975).[3] Man muss sich hier vor Augen halten, dass PARK (zusammen mit BURGESS) die Methodenkurse am Chicagoer Department für Soziologie hielt und dass die wesentlichen Studien der *Chicago School* die Arbeiten der Doktoranden von PARK und BURGESS waren (vgl. DEEGAN 2001).

Diese frühen Feldstudien aus der Chicagoer Schule, die heute oft als der erste institutionalisierte Zusammenhang qualitativer Forscher angesprochen wird, hatten, entgegen landläufiger Auffassungen, wenig gemein mit dem, was heute unter „Qualitativer Forschung" oder unter „Teilnehmender Beobachtung" verstanden wird (vgl. ANDERSON 1975, S.XIII). Dies betraf etwa die Dokumentation des Forschungsprozesses und die Datenerhebung: zwar verbrachten die Forscher oft lange Zeiträume im Untersuchungsfeld, fertigten jedoch kaum Feldnotizen als Grundlage einer späteren Datenauswertung an. In vielen Fällen diente die informelle Teilnahme an den untersuchten sozialen Praktiken nicht einer systematischen Beobachtung und Datensammlung, sondern verschaffte nur einen Zugang zu Informanten (CRESSEY 1983). Häufig wurde es als relativ unwichtig erachtet, wer das Material zu welchem Zweck gesammelt hatte und ob es ursprünglich in mündlicher oder schriftlicher Form vorlag (vgl. PLATT 1987, S.3). Es wurden auch nur selten transkribierte qualitative Interviews verwendet, welche (wegen des Fehlens technischer Aufzeichnungsmöglichkeiten) den Einsatz teurer Stenographen erforderlich gemacht hätten (vgl. LEE 2002; KELLE 2004). Die „Datenbasis" (wobei der Begriff der qualitativen Daten erst relativ spät, in den 1950er Jahren in der Literatur auftauchte) bestand häufig aus persönlichen Niederschriften von Informanten, *„personal documents"*, in Form von Berichten und Tagebüchern, die oft nur zum Zweck der sozialwissenschaftlichen Untersuchung verfasst wurden. Oft war das Bewusstsein über die Probleme, die sich mit der Sammlung und Auswertung solcher Materialien verbinden, nur gering ausgeprägt, so dass auf eine explizite methodologische Bewertung der verwendeten Daten verzichtet wurde. Die Darstellung der Ergebnisse war dann *„realistic, or naturalistic, description. The process by which the account has been constructed remains largely hidden"* (HAMMERSLEY 1989, S.85).

Auf der Ebene erkenntnistheoretischer Begründungen und Argumente dominierte in vielen Arbeiten aus der *Chicago School*, auch in den Schriften ihrer zentralen Gründungsfiguren, eine empiristische und „naturalistische" Einstellung dem Forschungsgegenstand gegenüber. Als exemplarisch hierfür mag wieder Robert PARK gelten, der einen ausgeprägten Realismus vertrat, die Erwartung, die soziale Welt sei *„simply out there, waiting to be discovered"* (ebd., S.86), und ein Konzept der Soziologie als einer Gesetzeswissenschaft,

---

3 PARK habe, so berichten seine Schüler weiter, unter wissenschaftlicher Forschung eine direkte Beobachtung und anschließende Klassifikation verstanden, bei der die Angemessenheit von Erklärungen subjektiv, ohne eine explizite Methode der Überprüfung festgelegt werden könnte, und habe deswegen Fragen nach der richtigen Untersuchungsmethode einen untergeordneten Stellenwert zugemessen (vgl. MATTHEWS 1977, S. 179).

welche soziale Tatsachen objektiv erfassen sollte (ebd., S.74): *„Sociology (...) seeks to arrive at natural laws and generalizations in regard of human nature and society, irrespective of time and place"* (PARK, BURGESS 1969, S.11).

Ein strikter Empirismus und Szientismus als erkenntnistheoretische Begründung für Forschungshandeln bei einer gleichzeitigen Vernachlässigung methodischer und methodologischer Fragen – diese Kombination erwies sich in den methodologischen Diskussionen, die in der amerikanischen Soziologie mit dem Ende der 1920er Jahren einsetzten, als fatal für die Feldforschung der Chicagoer Schule.

2.1.2 Der Reputationsverlust qualitativer Methoden

Parallel zu der Pionierzeit der Feldforschung hatte seit der Mitte der 1920er Jahre die rasche und sehr erfolgreiche Entwicklung der quantitativen Methoden der Umfrageforschung begonnen: Hierbei stellten vor allem die durch die Arbeiten von THURSTONE, THORNDIKE, GUTTMAN und LIKERT angeregten Entwicklungen im Bereich der Einstellungsmessung (z. Bsp. THORNDIKE 1927; THURSTONE, CHAVE 1929; GUTTMAN 1941) die Möglichkeit in Aussicht, sozialwissenschaftliche Sachverhalte mit Hilfe objektiver Messinstrumente zu erfassen. Gleichzeitig etablierte die am *„American Institute of Public Opinion"* unter GALLUP seit den 1930er Jahren erfolgte Kodifizierung der Umfragetechnik und die Entwicklung von Techniken der Stichprobenziehung den *social survey* als eine der zentralen Formen sozialwissenschaftlicher Forschung. Diese Methodenentwicklungen zogen dabei nahezu zwangsläufig die Festlegung von Gütekriterien und Standards für sozialwissenschaftliche Forschung nach sich – so wurden bspw. zu jener Zeit die heute allgemein verbreiteten Begriffe zur Qualitätsbewertung quantitativer Forschung wie „Validität", „Reliabilität", „Objektivität" oder „Repräsentativität" geprägt.

Diese Entwicklungen bildeten den Hintergrund für einen starken Ansehensverlust von Methoden der soziologischen Feldforschung, Materialsammlung und teilnehmenden Beobachtung im Stil der Chicagoer Schule, für die sich erst seit den 1940er Jahren langsam der Begriff „qualitative Methoden" durchzusetzen begann. Studien, die sich dieser Verfahren bedienten, hatten aus zwei Gründen Schwierigkeiten, die im Kontext der quantitativen Forschung neu definierten methodischen Standards zu erfüllen. *Erstens* genügten die betrachteten Fälle weder hinsichtlich ihrer Anzahl noch hinsichtlich der verwendeten Auswahltechnik den Anforderungen, welche durch etablierte Verfahren der Stichprobenziehung erfüllt werden sollten. *Zweitens* ließ das von den Feldforschern gesammelte Material bei der Erhebung und mehr noch bei der Auswertung große subjektive Interpretationsspielräume. Diese Vorwürfe der mangelnden *Repräsentativität* der untersuchten Fälle einerseits und der mangelnden *Objektivität* der Datensammlung und -analyse andererseits wurden bereits 1929 von LUNDBERG in seiner Kritik an der Untersuchung von THOMAS und ZNANIECKI über den *Polish Peasant in Europe and America* in wenigen prägnanten Worten zusammengefasst:

„The scientific value of all these (studies) depends, of course, upon the validity of the subjective interpretations of the authors as well as the extent to which the cases selected are typical. Neither the validity of the sample nor of the interpretations are objectively demonstrable on account of the informality of the method." (LUNDBERG 1929/1942, S.169)

Qualitative Verfahren seien zu informell und die Deutung des Datenmaterials sei in das Belieben des Interpreten gestellt – LUNDBERG wirft den von ihm kritisierten Studien aus dem Umfeld der Chicagoer Schule mithin Pseudowissenschaftlichkeit vor, ebenso wie BAIN, der im selben Jahr zu dem scharfen Urteil gelangt: *„It is evident that most so-called 'scientific' results from the use of life documents, life stories, interviews, diaries, autobiographies, letters, journals etc. are pure poppy-cock."* (BAIN 1929, S.155f.). Die einzige annehmbare Lösung für die hier aufgeworfenen methodischen Probleme bestand sowohl für LUNDBERG als auch für BAIN in der Standardisierung des Datenmaterials und einer Formulierung von klar definierten Regeln für dessen Analyse. Auch das von den qualitativen Feldforschern gesammelte Material müsste eindeutig und umfangreich genug sein, *„so that a number of competent observers, working independently, can arrive at like conclusions both as to existence and meaning of the defined data."* (ebd.)

Eine solche Forderung nach einer Standardisierung der Datenerhebung und -auswertung geht nun aber an den Erfordernissen einer empirischen Sozialforschung vorbei, deren Ziel vor allem in der Erkundung solcher sozialer Lebensformen besteht, die dem soziologischen Beobachter zu Beginn seiner Forschungstätigkeit ebenso unbekannt sind wie der Mehrheit der Gesellschaftsmitglieder. Die bekannten Studien in den subkulturellen Milieus der *Street Corner Society* (WHYTE 1943/1981)[4], der *Taxi Dance Hall* (CRESSEY 1983), unter Angehörigen verschiedener ethnischer Minderheiten, unter Stadtstreichern, Kleinkriminellen und Prostituierten (ein Überblick bei DEEGAN 2001) wären kaum denkbar in der Form eines standardisierten Surveys. Explorative Forschung, bei der Forscher, ausgestattet mit nur rudimentärem Vorwissen über den Gegenstandsbereich sich soziale Wissensbestände, kulturelle Regeln und Praktiken einer fremden Lebensform im empirischen Feld erst mühsam und sukzessive erschließen müssen, lässt sich nur schwer vereinbaren mit der Forderung nach einer Operationalisierung zentraler Konzepte und Variablen in Form standardisierter Items, die *vor* der Datenerhebung zu erfolgen hätte. Die Beschränkung empirischer Sozialforschung auf die Verwendung hochgradig standardisierter Daten lässt aber der qualitativen Feldforschung allenfalls eine bescheidene Rolle bei empirischen Vorstudien zur Sondierung des Terrains, ein Vorgehen, das den zeitlichen und arbeitsmäßigen Ressourcen, die eine qualitative Feldstudie erfordert, kaum gerecht wird.

So ist es auf den ersten Blick überraschend, dass diese offensichtlichen Zumutungen zu Beginn dieser Debatte relativ wenig Gegenwehr von Seiten qualitativ orientierter Sozialforscher provozierten. Dem Prestigeverlust, den die Methoden der Feldforschung und der Einzelfallstudie mit *personal documents* in der amerikanischen Sozialforschung seit den dreißiger Jahren durchlebten (vgl. BERTAUX 1981, S.5), wurde an der Chicagoer Fakultät für Soziologie und Sozialanthropologie wenig entgegengesetzt. Hier war man, mit Ausnahme der Arbeiten BLUMERS (insbesondere BLUMER 1940), vorerst nicht sehr stark um eine Verteidigung der wegen ihrer „Informalität" kritisierten Verfahren der Feldforschung bemüht (vgl. HAMMERSLEY 1989, S.106). Selbst prominente Vertreter der Fakultät und der Chicagoer Schule zeigten sich, als sie vom *Social Science Research Council* um Stellungnahmen zur *personal document* Methode gebeten wurden, in vielen Fällen sogar skeptisch hinsichtlich der Leistungsfähigkeit und methodologischen Begründbarkeit qualitativer Verfahren. So kritisierte etwa Herbert BLUMER deren starke Abhängigkeit von dem Hinter-

---

4   Diese Studie wird oft zur Chicagoer Tradition gerechnet, wurde allerdings nicht am Chicagoer Department durchgeführt, sondern mit einem Stipendium der Harvard Universität in Boston. Nach der Beendigung dieser Arbeit war Whyte dann allerdings tatsächlich am Chicagoer Department für Soziologie tätig.

grundwissen und der Einsicht der Interpreten (BLUMER 1939, 47ff.) und ANGELL (1936) beklagte die wenig beeindruckende Fortentwicklung der Methode der *personal documents* seit den frühen 1920er Jahren sowie die unscharfe Formulierung von Hypothesen und theoretischen Schlussfolgerungen in empirischen Studien, die mit diesen Verfahren arbeiteten. Insgesamt wurde nicht nur die mangelnde Theoriegeleitetheit qualitativer Untersuchungen moniert und deren Beschränkung auf die Deskription von einzelnen Personen oder historischen Situationen kritisiert. Manche qualitativ orientierten Forscher vertraten ebenso wie ihre quantitativen Kollegen die Auffassung, dass qualitative Studien eine unvollkommene Vorform von quantitativen Surveys darstellten. So verkündete selbst Ernest BURGESS, der selbst einen großen Teil der berühmten Chicagoer Studien als Doktorarbeiten betreut hatte, dass qualitative Verfahren im wesentlichen eine Hilfsfunktion im Forschungsprozess besitzen würden, d.h. dass sie der quantitativen Forschung vor- bzw. untergeordnet wären (vgl. BURGESS 1945). Das Vertrauen der Forscher in ihre eigenen Methoden war oft beschränkt – als gutes Beispiel dafür kann etwa die Bemerkung SHAWs in seiner Studie über den „Jackroller" dienen, dass eines Tages standardisierte Fragebögen und Persönlichkeitsskalen den Gebrauch von *personal documents* ersetzt haben würden (SHAW 1930/1966, S.30).

Die Übereinstimmung mit dem in der quantitativen Tradition vorherrschenden methodologischen Denken, vor allem mit den dort geschätzten Standards der Standardisierbarkeit des Datenmaterials und der Verallgemeinerbarkeit von Befunden, war sehr stark, wie sich sogar in jenen (nicht sehr häufigen) Arbeiten zeigt, in denen qualitative Methoden als eigenständiger Forschungsansatz methodologisch begründet werden sollten. Fast durchgängig fehlt eine zur Begründung qualitativer Forschung heute oft verwendete Argumentationsfigur, wonach der sozialwissenschaftliche Gegenstand ein eigenes Modell empirischer Forschung erfordert, das sich deutlich unterscheiden muss von den aus den Naturwissenschaften entlehnten, an den Idealen der experimentellen Kontrolle, der Hypothesengeleitetheit und der Quantifizierung orientierten Konzepten der Forschung. Dies zeigt etwa der Blick in die erstmals 1934 erschienene Monographie über *„The Method of Sociology"* von Florian ZNANIECKI, neben William THOMAS Koautor der berühmten Studie über den *Polish Peasant*. ZNANIECKIs Werk, *„The Method of Sociology"* galt mehr als 20 Jahre lang in der amerikanischen qualitativen Forschungstradition als ein wichtiges methodologisches Standardwerk. Im Unterschied zu heute gängigen Argumentationen sah ZNANIECKI die wachsende Bedeutung quantitativer Methoden in der Soziologie nicht vor allem deswegen kritisch, weil hier *zu viel* an naturwissenschaftlichen Forschungsstrategien in den sozialwissenschaftlichen Forschungsprozess eingeführt würde, sondern deswegen, weil statistisch orientierte Forschung die naturwissenschaftliche Methode nur unvollkommen anwenden würde. Hinsichtlich des Verhältnisses zwischen Sozial- und Naturwissenschaften vertrat ZNANIECKI einen eindeutigen einheitswissenschaftlichen Standpunkt: *„The method of sociology in spite of the difference in object-matter, must be fundamentally similar to that of the natural sciences"* (ZNANIECKI 1934, S. 109). Nur erfülle gerade die statistische Methode (von ZNANIECKI in der Terminologie von MILL „enumerative Induktion" genannt) in der Soziologie diese Anforderung nicht ausreichend:

> „It is as if a physicist, instead of measuring temperature by the expansion of certain bodies, counted the bodies which expand as against those which do not, in order to find out approximately how true is the statement that bodies expand." (ZNANIECKI 1934, S. 312)

ZNANIECKI fordert unter Rückgriff auf ein an der klassischen Mechanik[5] geschultes Verständnis empirischer Forschung die Anwendung der *richtigen* naturwissenschaftlichen Methode, der Methode der „Analytischen Induktion", wie er sie nennt, deren Ziel in der Entdeckung *universeller deterministischer* Gesetze und Kausalbeziehungen besteht, und die sich deshalb nicht auf statistische Generalisierungen beschränken dürfe. Weil aber in den experimentellen Naturwissenschaften Gesetzmäßigkeiten auf der Grundlage nur weniger Fälle entdeckt werden können, seien auch in den Sozialwissenschaften fallvergleichende Studien (ggfs. mit einer sehr geringen Fallzahl) die Methode der Wahl.[6]

David SUTHERLAND (1939) versuchte die von ZNANIECKI vorgeschlagenen Prinzipien zu methodischen Regeln auszuarbeiten und empfahl die „Analytische Induktion" als ein generelles Vorgehen zur Identifikation der Ursachen von Kriminalität. Alfred LINDESMITH (1947/1968) und Donald CRESSEY (1950, 1953/71), die die „Analytische Induktion" in der Forschungspraxis umzusetzen suchten, folgten dieser Argumentation. Das Ziel sozialwissenschaftlicher Forschung bestehe demnach in der Aufstellung einer allgemeinen Theorie, die universelle kausale Zusammenhänge benennen müsse und das untersuchte Phänomen (im Fall von LINDESMITH: *Opiatabhängigkeit*; im Fall von CRESSEY: *Unterschlagung* fremden Vermögens) auf diese Weise erklärt. Das Vorgehen besteht, kurz zusammengefasst, darin, dass zu Beginn eine ungefähre Definition des untersuchten Phänomens zusammen mit einer erklärenden Hypothese formuliert wird und dass danach nach „crucial cases" gesucht wird, die (in Analogie zu einem *experimentum crucis*) Material enthalten, welches die entsprechende Hypothese bestätigen oder widerlegen kann. Wird empirische Gegenevidenz gefunden, so muss die Hypothese umformuliert oder das untersuchte Phänomen neu definiert werden, so dass der untersuchte Fall ausgeschlossen werden kann.

> „... *this procedure of examining cases, re-defining the phenomenon and re-formulating the hypothesis is continued until a universal relationship is established, each negative case calling for a re-definition or a re-formulation.*" (CRESSEY 1953/1971)

Dieses Vorgehen, dass – trotz des Namens „Analytische Induktion" – sehr stark den Idealen hypothetiko-deduktiver Forschung entsprach (vgl. KELLE 1997a, S. 273 ff.), wurde von quantitativ orientierten Methodikern allerdings sehr kritisch aufgenommen. In einer Reihe von Beiträgen, die eine Kontroverse in der Zeitschrift *American Sociological Review* entfachten (ROBINSON 1951, 1952; TURNER 1953), wurde der von ZNANIECKI, LINDESMITH und CRESSEY vertretene Anspruch, auf der Grundlage von qualitativer Feldforschung und der Untersuchung einer begrenzten Anzahl von Fällen universelle Kausalerklärungen formulieren und „strengen Tests" (so CRESSEY 1953/71, S. 157) unterziehen zu können, zurück gewiesen (zu dieser Kritik vgl. ausführlich Kapitel 7, Abschnitt 1). So fand dieser erste Versuch, qualitative Feldforschung nach einem hypothetiko-deduktiven Programm (wenn

---

5   ZNANIECKI übersieht hier allerdings die Bedeutung, die mathematische Wahrscheinlichkeitstheorie und Statistik seit dem 19. Jahrhundert in der Mechanik der Gase und Flüssigkeiten (und später im 20. Jahrhundert in der Quantenmechanik) gewonnen hatten.
6   ZNANIECKI stand mit dieser Argumentation keineswegs allein. Auch andere den statistischen Methoden gegenüber kritisch eingestellte Autoren wie Robert MACIVER oder Herbert BLUMER kritisierten bis in die frühen 1930er Jahre zwar die Tendenz zur Quantifizierung und Messbarkeit als unangemessen für sozialwissenschaftliche Gegenstandsbereiche, nicht jedoch den experimentellen Ansatz mit dem Anspruch auf die Formulierung raumzeitlich universeller Gesetzmäßigkeiten (BLUMER 1928; MACIVER 1931; vgl. auch HAMMERSLEY 1989, S. 138 ff.).

auch mit dem irreführenden Etikett „Induktion") zu konzipieren, nur wenig Unterstützung. Bei der Weiterentwicklung der qualitativen Methodenlehre, wie sie seit den frühen 1960er Jahren vor allem durch die Arbeiten von BECKER, STRAUSS und GLASER erfolgte, wurden dann auch andere Wege gegangen als die von ZNANIECKI vorgeschlagene und von SUTHERLAND, LINDESMITH und CRESSEY in der Forschungspraxis erprobte sukzessive Modifikation von Hypothesen anhand von *crucial cases*. Die Arbeit dieser Autoren und die Methode der Analytischen Induktion wurde lange Zeit in der Literatur kaum noch zur Kenntnis genommen (und erst in den 1980er Jahren wiederum diskutiert und eingesetzt, allerdings zumeist unter Verzicht auf den Anspruch der Formulierung universeller Kausalaussagen, vgl. BÜHLER-NIEDERBERGER 1991).

Zusammenfassend lässt sich also festhalten, dass die in den 1920er bis 40er Jahren existierende Forschungstradition der Chicagoer Schule der massiven Kritik quantitativ orientierter Methodiker wenig entgegenzusetzen hatte, weil einerseits in deren frühen empirischen Arbeiten eine zu ausgeprägte Tendenz zur unsystematischen Datensammlung und -auswertung und zu einer Vernachlässigung von Fragen der methodischen Kontrolle vorherrschte. Andererseits hatten Versuche, die Methoden der qualitativen Feldforschung nach damals allgemein akzeptierten Grundsätzen hypothetiko-deduktiver Forschung zu konzipieren, zu methodologisch und logisch offensichtlich problematischen Resultaten geführt, wie das Beispiel der Analytischen Induktion lehrte.

2.1.3 Die Renaissance qualitativer Methoden

In der zweiten Hälfte der 1960er Jahren ließ sich, beginnend in den USA und Großbritannien, ein wieder erwachendes Interesse an der Verwendung qualitativer Methoden beobachten, wobei allerdings Vertreter der qualitativen Forschungstradition ihre noch in den 1950er Jahren vorhandene Bereitschaft, sich den Standards quantitativer Forschung unterzuordnen, weitgehend aufgaben. Zu jener Zeit veröffentlichte methodologische Arbeiten aus der qualitativen Tradition zeigten vielmehr eine deutliche Tendenz der Abgrenzung gegenüber dem quantitativen Mainstream, dessen Methodologie (gekennzeichnet durch ein hypothetiko-deduktives methodologisches Programm und durch die Verwendung standardisierter Daten) nun von vielen qualitativen Autoren als unangemessen für den Gegenstandsbereich der Sozialwissenschaften überhaupt zurückgewiesen wurde. Ansätze zu einer solchen kritischen Bewegung hatte es zwar schon in den 1930er und 40er Jahren gegeben, vor allem in etlichen Arbeiten Herbert BLUMERs (1928, 1931, 1940, 1954), aber es hatte besonderer Entwicklungen in der Theoriebildung der Allgemeinen Soziologie bedurft, um eine neue Debatte über die richtigen Methoden der Sozialforschung anzustoßen, die von qualitativ orientierten Sozialwissenschaftlern begonnen wurde (und dann von ihnen überwiegend allein bestritten wurde, denn viele Vertreter der quantitativen Forschungstradition blieben den hier geäußerten Argumenten gegenüber ähnlich „stumm" wie zuvor qualitativ orientierte Soziologen der Kritik aus dem quantitativen Lager gegenüber, vgl. GOLDTHORPE 2000, S. 65) und in der qualitative Forscher mit einem neu gewonnenen Selbstbewusstsein auftraten.

Angeregt wurde diese Entwicklungen durch Schulen und Ansätze soziologischer Theoriebildung, die sich in Distanz und kritischer Abgrenzung zu dem in der amerikanischen Soziologie jener Zeit sehr prominenten Strukturfunktionalismus PARSONscher Prägung und der behaviouristischen Verhaltenstheorie gebildet hatten. In einem programmatischen, für die weiteren Diskussionen sehr bedeutsamen Aufsatz hatte WILSON den Begriff des „interpretativen Paradigmas" (WILSON 1981) geprägt, der in den darauf folgenden Jahren oft als ein Sammelbegriff für ein heterogenes Feld theoretischer Ansätze (wie dem symbolischen Interaktionismus, der soziologischen Phänomenologie oder der Ethnomethodologie) verwendet wurde, deren Gemeinsamkeit in der Akzentuierung der Binnenperspektiven und Interpretationsleistungen individueller Akteure bestand und die im folgenden auch unter dem Begriff der „interpretativen Soziologie" (GIDDENS 1984, SCHWANDT 2000) zusammengefasst wurde.[7] Vertreter dieser Schulen hatten in den 1960 und 70er Jahren eine enge Verbindung hergestellt zwischen den Arbeiten zweier Sozialtheoretiker, Alfred SCHÜTZ und George Herbert MEAD (die ihre grundlegenden Konzepte bereits etliche Jahre, zum Teil Jahrzehnte zuvor formuliert hatten) einerseits und den Methoden der qualitativen Feldforschung, wie sie sich in der Tradition der Chicagoer Schule entwickelt hatten und deren empirische Forschungsarbeiten ursprünglich auf einer eher eklektischen theoretischen und methodologischen Basis durchgeführt worden waren, andererseits. So hatten bspw. die Vertreter der sozialanthropologischen Feldforschung in Chicago, obwohl in der philosophischen Tradition des amerikanischen Pragmatismus fest verwurzelt, fast nirgendwo expliziten Bezug zur pragmatistischen Sozialphilosophie George Herbert MEADS genommen, der zur selben Zeit an der Chicagoer Fakultät lehrte, als die bekanntesten ihrer empirischen Studien veröffentlicht wurden (BULMER 1984, HARVEY 1987). Als aber die Arbeiten von MEAD (von denen nur einige wenige zu seinen Lebzeiten veröffentlicht worden waren, während der größere Teil in Form von Vorlesungsmitschriften kursierte) und die Werke von SCHÜTZ durch deren Schüler einem breiteren Publikum zugänglich gemacht wurden, gewannen sie eine wichtige Funktion in der neu einsetzenden Methodendebatte.

Die These von der grundlegenden Unhintergehbarkeit der Interpretationsleistungen und des Alltagswissens der Akteure lieferte ein entscheidendes Argument für die Kritik am quantitativen Mainstream und zur Rechtfertigung qualitativen Forschungshandelns. Die Verwendung von *ex ante* Hypothesen und von standardisierten Erhebungsinstrumenten beruht nämlich auf der stillschweigenden Prämisse, dass „*Beobachter und Forschungsobjekt gewöhnlich kulturelle Bedeutungen miteinander teilen*" (CICOUREL 1974, S. 29), das heißt auf dieselben Alltagswissensbestände zugreifen können, mit deren Hilfe sie relevante Symbole einheitlich und übereinstimmend interpretieren. Gerade diese Annahme eines gesellschaftlichen Konsenses über kulturelle Bedeutungen wurde aber von den Anhängern des interpretativen Paradigmas massiv in Frage gestellt. Wenn Interaktion als ein Prozess betrachtet wird, in welchem die Akteure sich den Sinn ihrer Handlungen erst wechselseitig unter Rückgriff auf geteilte Symbolsysteme und Wissensbestände verständlich machen und erschließen müssen, können Bedeutungen von Handlungen, Gesten und Symbolen immer nur unter Kenntnis eines Wissenskontextes erkannt werden, der beständigen Veränderun-

---

7 Der *symbolische Interaktionismus* versteht und analysiert soziales Handeln und soziale Interaktionen als fortlaufende Prozesse der wechselseitigen Interpretation, in denen die Akteure ihre gemeinsam geteilten Symbolwelten gleichermaßen nutzen und hervorbringen (BLUMER 1981). Die phänomenologische Soziologie richtete das Augenmerk auf die „*Beschreibung der Sinndeutungs- und Sinnsetzungsvorgänge, welche die in der Sozialwelt Lebenden vollziehen*" (SCHÜTZ 1974, S. 348). Die Entwicklung soziologischer Begriffe kann demnach nur gelingen, wenn der Sozialwissenschaftler anknüpfen kann an die Typisierungen der Alltagsmenschen, was einen Zugang zu den Wissensvorräten der in der Sozialwelt Lebenden erfordert. Dieser Zugang zu den Beständen an Alltagswissen, auf die die Mitglieder der untersuchten Sozialwelt zurückgreifen müssen, um sich den Sinn ihrer Handlungen gegenseitig verständlich zu machen, war auch für die *Ethnomethodologie* ein grundlegendes Erfordernis soziologischer Theoriebildung (WEINGARTEN, SACK 1976).

gen unterliegt. Weil kollektive soziale Wissensbestände keinen Fundus von endgültig festgelegten Bedeutungen und Interpretationsmustern darstellen, sondern in der alltäglichen Handlungspraxis dauernd reproduziert und verändert werden, stehen Sozialforscher ständig in der Gefahr, bei der Konstruktion von Hypothesen und Forschungsinstrumenten ins Leere zu greifen, wenn sie nicht einen Zugang zu den relevanten Wissensbeständen ihres Untersuchungsfeldes besitzen:

> „Sachverhalte, über die der Forscher keine Vorstellungen hat, weil er den betreffenden Wirklichkeitsbereich nicht umfassend kennt, können nämlich in seinen Hypothesen gar nicht auftauchen (...) Sind solche Sachverhalte konstitutiv für den untersuchten Bereich, bleibt die wissenschaftliche Darstellung ohne ausreichenden Bezug zur Wirklichkeit – und zwar selbst dann, wenn sie sich ausschließlich auf empirisch bestätigte Hypothesen stützen kann." (GERDES 1979, S. 5).

Die Kritik an der mangelnden Nähe der quantitativen Sozialforscher zu ihrem Gegenstandsbereich gewann dabei eine teilweise recht polemische Tönung: der Trend zur Standardisierung der Datenerhebung und die Vorherrschaft deduktiver Theoriebildung „mit ihrem Labyrinth der verschiedenen logischen, mathematischen und technischen Anhänge" sei verantwortlich dafür, so FILSTEAD (1979, S.31), dass sich in der Soziologie ein „verminderte(s) Verständnis der empirischen sozialen Welt" und eine „künstliche Auffassung von Realität" durchgesetzt hätte. Der quantitativ orientierte Sozialforscher käme nur noch „selten in Berührung mit dem, was er zu verstehen" (ebd., S.29) versuche. Das Bemühen um die Zuverlässigkeit der Datenerhebung, zentrales Motiv für die Kritik quantitativ orientierter Soziologen an qualitativen Methoden, habe zur Beschäftigung mit methodisch-statistischen Detailfragen und zur Vernachlässigung der theoretischen Relevanz und empirischen Bedeutsamkeit von Forschungsergebnissen geführt. Indem „man Zuverlässigkeit und Gültigkeit synonym definierte, (...) haben Soziologen die Frage der Gültigkeit operational wegdefiniert" (ebd.,S.34). Die Alternative hierzu bestehe, so dieser Autor weiter, in einer naturalistischen Feldforschung, bei der der Untersucher bereit ist, mit offenen Fragestellungen „nah ranzugehen an die Daten" (ebd., S.35), „die Rolle der handelnden Einheit zu übernehmen" (ebd.,S.36, 37) und dabei die „analytischen, begrifflichen und kategorialen Bestandteile der Interpretation aus den Daten selbst" zu entwickeln (ebd., S.35), um „Soziale Welten aus erster Hand" – so der Titel des Aufsatzes – zu erforschen.

Die handlungstheoretische Argumentation zur Begründung qualitativer Forschung – Sozialforscher müssen sich demnach im Forschungsprozess zuerst einen empirischen Zugang verschaffen zu den Sichtweisen, Interpretationsmustern und Wissensbeständen der Akteure – wurde breit rezipiert und diente von nun an zur Begründung eines Forschungsstils, bei dem auf *ex ante* formulierte präzise Hypothesen und eine Standardisierung der Datenerhebung verzichtet wurde und stattdessen zuerst im empirischen Feld Daten in Form von wenig strukturierten Interviews und frei formulierten Feldprotokollen gesammelt wurden, wobei man die in diesen Daten enthaltenen Informationen erst im Prozess der Auswertung (bei der auf statistische Methoden weitgehend verzichtet wurde) zu theoretischen Konzepten und Aussagen zu verdichten suchte. Diese Art der Forschung provozierte weiterhin Kritik durch quantitative Methodiker, welche der bereits in den 1930er Jahren formulierten Argumentationslinie folgte: einerseits seien die im qualitativen Forschungsprozess verwendeten Verfahren der Stichprobenziehung generell zu wenig verlässlich und der hiermit erreichte Stichprobenumfang zu klein, um verallgemeinerbare Ergebnisse zu erzielen. Andererseits sei die Interpretation qualitativer Forschungsergebnisse zu stark von der Subjektivität des Untersuchers abhängig. Diese Kritik findet sich in dieser Form bis heute in etlichen klassischen und neueren Lehrbücher der quantitativen Methodenlehre: die Zuverlässigkeit und Gültigkeit qualitativer Forschungsergebnisse, die in hohem Ausmaß von subjektiven Einflüssen und Zufälligkeiten abhängig sei, sei nicht abschätzbar (MAYNTZ, HOLM, HÜBNER 1969, S.92), weil für diese Art von Forschung letztendlich keine methodischen Standards und Gütekriterien *„jenseits subjektiver Evidenzerlebnisse formulier- und überprüfbar"* seien, wie es SCHNELL, HILL und ESSER (1999, S.335) in polemischer Schärfe formulieren.

Die Kontroverse um qualitative Forschungsmethoden wurde somit in zwei getrennte Argumentationslinien aufgespalten, die nicht aufeinander bezogen sind: Kritiker qualitativer Forschungsmethoden monieren die unkontrollierten Erhebungs- und Auswertungsprozeduren, deren Ergebnisse nicht replizierbar, nicht intersubjektiv überprüfbar und damit nicht *reliabel*, sondern in hohem Grad von der Person des Forschers abhängig seien. Zudem seien qualitative Forschungsergebnisse nicht *generalisierbar*, weil kein geregeltes Sampling-Verfahren zur Anwendung komme und deswegen nicht gesichert sei, dass die untersuchten Fälle in irgendeiner Weise „typisch" oder „repräsentativ" für den untersuchten Gegenstandsbereich seien (vgl. hierzu auch GOLDTHORPE 2000). Vertreter des interpretativen Paradigmas heben demgegenüber hervor, dass qualitative Forschung einen direkteren Zugang zu der erforschten sozialen Realität, zu den Sichtweisen der Akteure, zu deren Interpretationsmustern und Wissensbeständen ermögliche und damit *relevantere* Forschungsergebnisse erbringen könne als hypothetiko-deduktive, quantitative Forschung. Vertreter qualitativer und quantitativer Methoden stellen dabei jeweils *unterschiedliche Forschungsziele* in das Zentrum – Verallgemeinerbarkeit der Befunde, Objektivität und Wiederholbarkeit der Datenerhebung und Datenanalyse auf der einen Seite, adäquate Erfassung der Sinndeutungs- und Sinnsetzungsprozesse der Akteure und der ihnen zugrunde liegenden Wissensbestände auf der anderen Seite. Die Objektivität und Wiederholbarkeit der Datenerhebung und -auswertung sowie die Verallgemeinerbarkeit der Befunde lässt sich am besten durch eine Standardisierung erreichen, die Erfassung von (dem Forscher zuvor nicht zugänglichen) Interpretationsweisen und Wissensbeständen am besten durch ein offenes, exploratives Vorgehen. Die dabei gesammelten unstrukturierten Daten können wiederum den in der quantitativen Forschung definierten Standards „guter Wissenschaft" nur schwer genügen, weil sie nicht in einer solchen Weise replizierbar sind wie standardisierte Informationen, und weil sie nicht in einem Umfang und auf eine Art gesammelt werden können, die den in der sozialwissenschaftlichen Statistik akzeptierten Standards der Stichprobenziehung genügt, mit deren Hilfe zufällige Stichprobenfehler mathematisch beschreibbar und beherrschbar werden.

An diesem Punkt wird es offensichtlich schwierig, eine ernsthafte Diskussion über die Vor- und Nachteile qualitativer und quantitativer Forschungsmethoden fortzuführen: die Ziele qualitativer und quantitativer Forschung sind schwer miteinander zu vereinbaren, es hat den Anschein, als könnten die einen Ziele – Verallgemeinerbarkeit, Intersubjektivität – nur auf Kosten der anderen – Exploration von bislang unbekannten Sinnzusammenhängen – erreicht werden. Dies hat zur Folge, dass die Debatte zwischen Vertretern qualitativer und quantitativer Methoden seit etlicher Zeit nahezu still steht. Auf dem Feld der sozialwissenschaftlichen Methodenlehre haben sich zwei verschiedene *scientific communities* gebildet, die getrennt voneinander unterschiedliche methodologische Sprachspiele entwickelt haben.

2.1.4 Wissenschaftspolitische Koexistenz

Qualitative Methoden haben ihre Außenseiterposition in den Sozialwissenschaften schon lange überwunden. Zum gegenwärtigen Zeitpunkt hat sich die qualitative *scientific community* sowohl im anglo-amerikanischen Bereich als auch (mit deutlich geringerem Erfolg) im deutschsprachigen Raum etabliert: sie hat in wissenschaftlichen Fachgesellschaften jeweils eigene fest institutionalisierte Zusammenhänge aufgebaut – in der *Deutschen Gesellschaft für Soziologie,* der *American Sociological Association* und der *International Sociological Association* existieren etliche dauerhaft eingerichtete Arbeitsgruppen, Sektionen und Komitees mit dem Schwerpunkt Qualitative Methoden, die zu einer deutlichen Präsenz des Themas auf den entsprechenden Kongressen führt. Eine ganze Reihe von Periodika (wie *Qualitative Sociology, Qualitative Inquiry* oder *Qualitative Research*) bieten Foren an für die Präsentation von Ergebnissen qualitativer Forschung und für die Diskussion über qualitative Methoden. Zahlreiche Lehr- und Handbücher sind seit Mitte der 1990er Jahre in mehrfachen Auflagen auf dem Markt und weit verbreitet (etwa LAMNEK 1995; FLICK 1996, 1998; FLICK, KARDORFF, STEINKE 2002; DENZIN, LINCOLN 2000). Fachverlage betreuen eigene Reihen zum Thema Qualitative Forschung (etwa die Reihe „*Introducing Qualitative Methods*" des britisch-amerikanischen Sage Verlags oder die Reihe „*Qualitative Sozialforschung*" des deutschen „Verlags für Sozialwissenschaften"), es existieren qualitative Internetportale, -foren und -diskussionsgruppen, wie das „*Forum Qualitative Sozialforschung*", die „Bit.listserv.qual-rs", „QUALRS-L@uga.cc.uga.edu" u.a.m. In verschiedenen angewandten Soziologien haben qualitative Methoden eine bedeutsame Rolle, in manchen sozialwissenschaftlichen Feldern oder Disziplinen, wie der Geschlechterforschung oder den Pflegewissenschaften, haben sie sogar eine dominierende Position gewonnen. Im anglo-amerikanischen Bereich verliert die qualitative *community* zunehmend ihre Minderheiten- und Oppositionsrolle, und, wie manche Beobachter der Szene konstatieren, es sind in einigen Bereichen bereits die Vertreter der quantitativen Verfahren, die in Gefahr geraten, zu einer „gefährdeten Spezies" zu werden (HAMMERSLEY 2000, S.1).

Der Aufbau getrennter Infrastrukturen für die Methodendiskussion hat nicht nur die Etablierung der qualitativen Methodentradition gefördert, sondern auch dazu geführt, dass gegenwärtig nur noch wenige institutionelle Berührungspunkte für eine Fortführung der Debatten früherer Zeiten zwischen qualitativ und quantitativ orientierten Sozialforschern existieren. Publikationen, in denen Methoden und theoretische Grundlagen der jeweils anderen Tradition kritisch diskutiert werden, sind selten geworden. Veröffentlichungen und Foren, in denen der Methodenstreit von Vertretern beider Seiten gemeinsam und offen – d.h. durch einen Austausch von Argumenten und durch wechselseitige Kritik[8] – ausgetragen wird, existieren so gut wie nicht. Statt des offenen, manchmal aggressiven und oft polemischen Methodenstreits der früheren Jahre ist das Verhältnis zwischen beiden methodologischen Lagern heute eher von gegenseitiger Abgrenzung geprägt.[9]

---

8 In Deutschland ist der Herausgeberband über den „Positivismusstreit" (ADORNO u.a. 1969/76) die einzige derartige Publikation geblieben, die in breiteren Kreisen rezipiert wurde. Auch von den Teilnehmern dieser Diskussion wurde bereits die Kritik geäußert, dass „*keine Diskussion zustande kam, in der Gründe und Gegengründe ineinandergriffen*" (ADORNO 1969/76, 7), bzw. dass die Gegenseite „*alle möglichen Missverständnisse reproduziert, die ... schon durch die Lektüre der vorliegenden Diskussionsbeiträge hätten vermieden werden können*" (ALBERT 1969/76, 336).

9 Dies zeigt sich exemplarisch an der Gründung der Arbeitsgruppe „Qualitative Methoden" der Deutschen Gesellschaft für Soziologie vor wenigen Jahren, in der die Vertreter der qualitativen Methodenlehre sich ein

Diese Trennung wird von Seiten qualitativ orientierter Methodiker theoretisch und methodologisch oft gerechtfertigt mit der Idee, dass die Methodenlehre empirischer Sozialforschung Ort eines notwendigen Gegensatzes grundlegend verschiedener „Paradigmen" sei: qualitative und quantitative Methoden bauen demnach auf nicht zu vereinbarenden erkenntnistheoretischen Grundannahmen auf, die als „*eigenständige Positionen*" zu begreifen sind und „*notwendigerweise nur immanent beurteilt werden*" können (LAMNEK 2000, S. 27). Zur Begründung dieser Position wird jedoch nur selten auf WILSONS Arbeit aus den 1970er Jahren über das „interpretative Paradigma" zurückgegriffen (im Gegensatz zur deutschen Diskussion wird dieser Begriff in der anglo-amerikanischen Debatte so gut wie gar nicht mehr gebraucht, die dazugehörige Literatur kaum noch, außer in historischen Darstellungen zur Entwicklung qualitativer Methoden, zitiert), sondern auf eine 1985 erschienene Publikation zweier qualitativer Soziologen: In ihrer Monographie „*Naturalistic Inquiry*" stellten Yvonna LINCOLN und Egon GUBA die Entwicklung human- und sozialwissenschaftlicher Forschung als eine Abfolge mehrerer Epochen dar, beginnend mit der „prä-positivistischen Epoche" (die diesen Autoren zufolge mehr als zweitausend Jahre von Aristoteles bis HUME umfasst), die „positivistische" und die „post-positivistische Epoche". In der bis zur Zeit der Veröffentlichung von LINCOLN und GUBA andauernden positivistischen Epoche herrsche das „positivistische Paradigma" vor, eine erkenntnistheoretische Grundposition, die gekennzeichnet sei durch die Auffassung einer einheitlichen und eindeutig beobachtbaren Realität, durch einen Dualismus von Beobachter und Beobachtetem, durch das Streben nach zeit- und kontextübergreifenden, kausalen Gesetzmäßigkeiten und nach einer wertfreien Forschung. Die seit einigen Jahren anbrechende „post-positivistische Epoche" sei demgegenüber geprägt durch den Aufstieg des „*naturalistischen Paradigmas*", welches die Existenz „*multipler und konstruierter Realitäten*" und die Untrennbarkeit von Beobachter und Beobachtetem anerkennt, statt nomothetischer Verallgemeinerungen nur zeit- und kontextgebundene Arbeitshypothesen kennt, die Unmöglichkeit eingesteht, zwischen Ursachen und Folgen zu unterscheiden und eine wertgebundene Forschung betreibt. Dem positivistischen Paradigma ordneten die beiden Autoren die experimentelle Forschung, dem naturalistischen Paradigma die qualitative Sozialforschung zu (LINCOLN, GUBA 1985).

LINCOLN und GUBA haben diese erkenntnistheoretisch-historische Deutung der Entwicklung qualitativer Forschung mehrfach grundlegend modifiziert (u.a. GUBA 1987; GUBA

---

eigenes Forum aufgebaut haben, nachdem eigene jahrelange Versuche, Einfluss in der „Sektion Methoden" zu gewinnen, aufgegeben worden waren. „*Zwar hat man in der Sektion Methoden, insbesondere in neuerer Zeit, nicht prinzipiell die Legitimität qualitativer Sozialforschung bestritten*", so resümierte eine der beiden Gründungssprecherinnen der Gruppe, Christel HOPF, ihre Wahrnehmung der Situation: „*Faktisch war es jedoch so, dass in der Sektion Methoden vor allem Fragen quantitativer Forschung und Neuentwicklungen im Bereich statistischer Verfahren aufgegriffen wurden und die Diskussion qualitativer Verfahren einen relativ geringen Stellenwert haben. Für Soziologinnen und Soziologen, die sich primär in der qualitativen Sozialforschung engagierten, war daher die Mitgliedschaft in der Sektion Methoden nicht besonders attraktiv.*" (HOPF 1998, S. 41). Einem bereits zum Zeitpunkt der Gründung der Gruppe vorhandenen Unbehagen in der Allgemeinen und den Speziellen Soziologien gab Rüdiger LAUTMANN Ausdruck „*Nicht allen Beteiligten war wohl bei diesem Vorgang, der in gewisser Weise ein Schisma bedeutet.*" (LAUTMANN 1998, S. 42). Trotz einer von der Methodensektion anfänglich angebotenen Zusammenarbeit (ENGEL 1998) scheiterte die Kooperation zwischen der Methodensektion und der AG Qualitative Methoden, so dass sich die Trennung inzwischen institutionell verfestigt hat und zu der im Jahr 2003 vom Konzil der DGS verabschiedeten Verleihung des Status einer (dauerhaft institutionalisierten) Sektion an die bislang nur temporär eingerichtete „Arbeitsgruppe Qualitative Methoden". Interessant ist in diesem Zusammenhang der Umstand, dass von jeweils über 100 in der Methodensektion und in der Sektion Qualitative Methoden organisierten Soziologen nur fünf die Mitgliedschaft in beiden Gruppen besitzen.

1990; GUBA, LINCOLN 1994, 2000; MERTENS 1998, 1999) und ihre jeweils verschiedenen Fassungen werden im angloamerikanischen Sprachraum sehr häufig zitiert, wobei die Unterscheidung zwischen verschiedenen Paradigmen in der amerikanischen qualitativen Methodendiskussion nahezu kanonischen Status gewonnen hat. Eine kritische Beschäftigung mit dem Begriff des „Paradigmas" macht allerdings die Problematik dieser Konzeption deutlich: Übernommen wurde dieses Konzept aus der Wissenschaftsphilosophie, wo es v.a. durch Thomas KUHNs Arbeit zur „Struktur wissenschaftlicher Revolutionen" bekannt wurde (KUHN 1962/1989). KUHN zufolge lassen sich die unterschiedlichen theoretischen Schulen in naturwissenschaftlichen Disziplinen (während die Sozialwissenschaften noch weitgehend im „vorparadigmatischen" Zustand einer *unreifen Wissenschaft* verharren würden, so KUHN 1962/1989, S.30) anhand ihrer Paradigmen unterscheiden. Kuhn geht dabei von einer anfänglich eng definierten Bedeutung des Begriffs Paradigma aus (ein zentrales, modellhaftes Beispiel, wie es etwa KEKULÉS Benzolring oder RUTHERFORDS Atommodell repräsentiert) und erweitert diese Bedeutung stark: Paradigmen sind demnach Netzwerke zentraler theoretischer Annahmen, die die Mitglieder einer theoretischen Schule verbinden, Weltbilder der Wissenschaft[10], die Gegenstandsbereich, Probleme, Tatsachen und Methoden definieren. Paradigmen konstituieren die gemeinsame Sichtweise einer wissenschaftlichen Gemeinschaft, indem sie ihren einzelnen Mitgliedern einerseits Deutungsfolien zur Interpretation der empirischen Phänomene ihres jeweiligen Gegenstandsbereiches zur Verfügung stellen und andererseits ein *„starkes Netz von Verpflichtungen begrifflicher, theoretischer, instrumenteller und methodologischer"* Natur erzeugen (KUHN 1962/1989, S.56). In den Zeiten der *normalen Wissenschaft* wird eine gesamte Disziplin von einem einzigen Paradigma beherrscht, dessen Annahmen von Mitgliedern der betreffenden *scientific community* kaum angezweifelt werden. Dieses Paradigma bildet dann ein implizites und unproblematisiertes Hintergrundwissen für das Forschungshandeln der Wissenschaftler, die kaum in der Lage sind, seine Bedeutung und Stellenwert zu reflektieren oder gar in Frage zu stellen.

Weil Paradigmen normalerweise nicht in Zweifel gezogen werden, werden widersprechende empirische Daten lange Zeit umgedeutet oder als Anomalie ignoriert, wie KUHN anhand wissenschaftshistorischer Beispiele deutlich macht. Normalerweise erfordert es sehr umfangreiche empirische Gegenevidenz, damit die durch ein einzelnes Paradigma gekennzeichnete Normalwissenschaft in eine Krise gerät – Merkmal einer solchen Krise ist das Auftauchen alternativer Paradigmen mit dem Anspruch auf die Erklärung des Gegenstandsbereichs. Konkurrierende Paradigmen sind jeweils *inkommensurabel,* Diskussionen zwischen ihren Anhängern werden nicht durch rationale Argumentation, sondern nur durch Überredung und Bekehrung entschieden und der Wechsel eines Wissenschaftlers zu einem neuen Paradigma ist letztendlich einer religiösen Konversion vergleichbar. *„Wie die Wahl zwischen konkurrierenden politischen Institutionen erweist sich die zwischen konkurrierenden Paradigmen als eine Wahl zwischen unvereinbaren Lebensweisen der Gemeinschaft."* (ebd., S.106)

Indem sie KUHNs Paradigmenbegriff für die sozialwissenschaftliche Methodendebatte aufnehmen, gehen auch LINCOLN und GUBA von der grundsätzlichen Inkompatibilität der unterschiedlichen epistemologischen Positionen aus, die sie jeweils als Basis für quantitative oder qualitative Methoden empirischer Sozialforschung betrachten (ähnlich auch SMITH 1983; BLAIKIE 1991; LAMNEK 2000). Weil die Wahl von Forschungsstrategien aufgrund

---

10 Kuhn spricht auch im englischen Originaltext von *Weltanschauungen*.

philosophischer Grundentscheidungen getroffen wird und weil die Entscheidung für eine bestimmte philosophische Grundposition normative und dezisionistische Elemente enthält, wird die Entscheidung für oder gegen eine bestimmte Forschungsmethode als letztendlich rational nicht vollständig begründbar dargestellt. Auf diese Weise wird Forschern allerdings eine grundlegende Entscheidung zugunsten eines bestimmten Paradigmas (und damit die Zurückweisung aller anderen Paradigmen) abverlangt. Da „*one paradigm precludes the other just as surely as the belief in a round world precludes belief in a flat one*" (GUBA 1987, 31) müssen Versuche, Verfahren aus beiden Methodentraditionen zur Beantwortung einer bestimmten Fragestellung einzusetzen, sie sogar zu einem Forschungsdesign miteinander zu verbinden, besonderen Argwohn wecken: „*(...) researchers who try to combine the two methods are doomed to failure due to the inherent differences in the philosophies underlying them.*" (TASHAKKORI, TEDDLIE 2003, S. 19). Folgt man dieser Auffassung, so ist der Methodenstreit zwischen der qualitativen und der quantitativen Forschungstradition nicht entscheidbar, und es wäre sinnvoll, den Dialog zwischen beiden Lagern zu beenden, da hier ohnehin keine produktiven Ergebnisse zu erwarten seien (so etwa SMITH und HESHUSIUS 1986).

Das Konzept der inkommensurablen und inkompatiblen Paradigmen, die den verschiedenen Forschungsmethoden vermeintlich zugrunde liegen, fand vor allem im angloamerikanischen Raum starken Widerhall, wurde dort häufig zitiert und hat die Diskussion nachhaltig beeinflusst. Es liefert eine gute Begründung und Rechtfertigung zum Aufbau voneinander abgeschotteter *scientific communities,* in denen qualitative und quantitativen Methoden getrennt voneinander weiterentwickelt werden und zwischen denen ernsthafte Diskussionen nur selten stattfinden. Ein genauerer Blick auf die Diskussionen, die der Vorstellung des LINCOLN-GUBAschen Paradigmenmodells folgten und denen wir uns im Folgenden zuwenden wollen, zeigt jedoch, wie zweifelhaft und widersprüchlich seine logischen und erkenntnistheoretischen Grundlagen in Wirklichkeit sind.

2.2 „Inkompatibilität der Paradigmen" oder „Triangulation der Perspektiven"? Aktuelle Diskussionen über Methodenintegration

Die neuere Diskussion um das Verhältnis qualitativer und quantitativer Methoden ist wesentlich durch drei Diskurse gekennzeichnet, über die im Folgenden berichtet werden soll:

- Das ist einerseits der Diskurs um das von LINCOLN und GUBA eingeführte Paradigmenmodell, das die Diskussionen über das Verhältnis zwischen qualitativen und quantitativen Methoden stark beeinflusst hat, dort allerdings zunehmend seine Schwächen offenbart hat: trotz mehrfach vorgenommener Reformulierungen, Modifikationen und Erweiterungen der von LINCOLN und GUBA ursprünglich postulierten Paradigmen konnte der genaue Zusammenhang zwischen inkommensurablen erkenntnistheoretischen Grundpositionen einerseits und konkreten Forschungsmethoden andererseits nie explizit erläutert werden.
- Im Zentrum des zweiten wichtigen Diskurses steht der Begriff der „*Mixed Methods Designs*". Dieser Diskurs knüpfte an die Tatsache an, dass – entgegen der Inkompatibilitätsthese – qualitative und quantitative Methoden und Forschungsergebnisse spätestens seit den frühen 1980er Jahren in einer ständig wachsenden Zahl von empiri-

schen Untersuchungen sinnvoll miteinander verknüpft worden waren. Eine sich seit dem Ende den 1990er Jahre etablierende „Mixed Methods Bewegung" möchte der Tatsache, dass sich qualitative und quantitative Methoden in der Forschungspraxis offensichtlich miteinander vereinbaren lassen, Rechnung tragen und die „Paradigmenkriege" beenden. Diese Diskussion steckt jedoch noch in ihren Anfängen. Zwar existiert mittlerweile eine umfangreiche Literatur zu „Mixed Methods Designs", die sich jedoch auf vor allem technische Aspekte der Gestaltung von Forschungsdesigns konzentriert. Fragen nach dem Gegenstandsbezug und der theoretischen Begründung von methodenintegrativen Designs wurden bislang kaum diskutiert.

- Der dritte Diskurs bezieht sich auf den Begriff der „Triangulation", mit dem eine Verbindung unterschiedlicher Methoden und Datenquellen bezeichnet werden soll, und der von verschiedenen Autoren auf die Kombination qualitativer und quantitativer Verfahren bezogen wurde. Eine genaue Analyse zeigt jedoch, dass „Triangulation" kein wohl definiertes methodologisches Konzept, sondern eher eine vage Metapher mit einem breiten Bedeutungsfeld darstellt.

Inkompatibilitätsthese und Paradigmenmodell teilen ein grundlegendes Problem mit den verschiedenen Konzepten von *Mixed Methods Designs* und den unterschiedlichen Konzepten der Triangulation: allen diesen Konzepten fehlt ein expliziter Bezug zu *Gegenstandsverständnis* und *Theoriebildung* in den Sozialwissenschaften. Die von WILSON und anderen Vertretern des interpretativen Paradigmas unternommenen Versuche, einen Bezug zwischen substanzwissenschaftlichen, gegenstandsbezogenen theoretischen Konzepten einerseits und methodologischen Strategien andererseits herzustellen, wurde in keinem dieser drei Diskurse systematisch weiter entwickelt, im Fall des Diskurses um unterschiedliche „Paradigmen" sogar ersetzt durch eine grob vereinfachende Epistemologie, die Diskussionen und Ergebnisse der modernen Wissenschaftsphilosophie ignoriert oder in stark verkürzter Weise rezipiert.

2.2.1 Die Schwächen des Paradigmenmodells und der Inkompatibilitätsthese

Die Schwächen von LINCOLNs und GUBAs erkenntnistheoretischer Argumentation lassen sich bereits werkimmanent, anhand der Entwicklungsgeschichte ihres eigenen Paradigmenkonzepts in den letzten 25 Jahren aufzeigen, das hinsichtlich des Gebrauchs der verschiedenen Begriffe und der Systematisierung der unterschiedlichen Paradigmen voller überraschender Wendungen steckt, die einen Eindruck von Beliebigkeit nicht vermeiden können: während LINCOLN und GUBA den Terminus „naturalistisch" ursprünglich (in Übereinstimmung mit der übrigen Methodenliteratur) nur als Bezeichnung für qualitative Feldforschung in der Tradition der Chicagoer Schule verwendeten (GUBA 1978, S.1), etwas später dann allgemeiner für eine bestimmte Methode *„for getting at the truth"* (GUBA, LINCOLN 1981, S. 53), wurde der Begriff 1985 für ein eigenes Paradigma in Anspruch genommen. Während 1978 der naturalistischen Forschung die *„konventionelle Forschung (die normalerweise experimentelle Forschung ist)"* (GUBA, LINCOLN 1978, S. 11.), gegenübergestellt wurde, wurde der Naturalismus dann 1985 als eigenes *„post-positivistisches Paradigma"* mit dem „Positivismus" kontrastiert. Dieses Konzept wurde in den folgenden Jahren mehrfach erweitert und modifiziert: 1990 unterschied Guba dann in *„The Paradigm Dialog"* zwischen vier verschiedenen Paradigmen, indem er dem „*Positivismus*" das „*post-positivistische Paradigma*", das „*konstruktivistische Paradigma*" und die „*Kritische Theorie*" gegenüberstellte. Diese Vierteilung wurde 1994 in eine weitere Publikation von LINCOLN und GUBA übernommen, um dann, in einer zusätzlichen Auflage derselben Veröffentlichung im Jahr 2000 durch ein fünftes Paradigma, das „*partizipatorische Paradigma*", ergänzt zu werden.

Die fortlaufende Erweiterung, Vervielfältigung und Umbenennung der Paradigmen[11] hat zu erheblicher Unklarheit in der Debatte geführt: gegenwärtig werden sämtliche, zu verschiedenen Zeitpunkten entwickelte Konzeptionen von anderen Autoren verwendet. In der Literatur zu angewandten Forschungsmethoden werden neben den frühen Arbeiten LINCOLNs und GUBAs aus den 1980er Jahren (in denen zwei oder drei Paradigmen postuliert werden) ebenso häufig die neueren Veröffentlichungen (mit fünf bis sieben Paradigmen) zitiert.

Mit dieser Proliferation von Paradigmen fanden mehrere entscheidende Akzentverschiebungen statt: das in Thomas KUHNs wissenschaftsgeschichtlicher Konzeption angelegte Modell der Epochenbrüche durch Paradigmenwechsel (welches ohnehin nur für die Naturwissenschaften gedacht war) wurde aufgegeben: LINCOLN und GUBA revidierten stillschweigend ihre ursprüngliche Idee, dass das positivistische Paradigma in den Sozialwissenschaften gegenwärtig abgelöst würde durch ein post-positivistisches, „naturalistisches" Paradigma. In ihren neueren Konzeptionen avancierte der Post-positivismus vielmehr zu einem eigenen Paradigma, welches in etwa die erkenntnistheoretischen Grundpositionen jener (zumeist quantitativ orientierten) Sozialforscher beschreiben sollte, welche sich an einem kritischen Realismus orientieren, wie er bspw. in den Arbeiten Karl POPPERs oder Donald CAMPBELLs vertreten wurde.

Dabei gingen LINCOLN und GUBA spätestens in dem Aufsatz, der 1994 in dem von DENZIN und LINCOLN herausgegebenen „*Handbook of Qualitative Methods*" veröffentlicht wurde, dazu über, die vier (später fünf) konkurrierenden Paradigmen als mehr oder weniger gleichberechtigte Positionen zu betrachten, wobei die Inkommensurabilitätsthese aufgeweicht wurde. Dieser Prozess wurde weitergeführt in der im Jahre 2000 neu aufgelegten Version des Handbuchs, der einen völlig neuen Aufsatz der beiden Autoren enthielt. Während LINCOLN und GUBA noch 1988 der Auffassung waren, dass die Axiome der verschiedenen Paradigmen fundamental verschiedene ontologische, epistemologische und axiologische Haltungen repräsentieren – „*a call to blend or accommodate them is logically equivalent to calling for a compromise between the view that the world is flat and the view that the world is round*" (GUBA, LINCOLN 1988, S. 93), vertraten sie später den Standpunkt, dass die Paradigmen in verschiedener Weise miteinander Verbindungen eingehen können („*There is a great potential for interweaving of viewpoints, for the incorporation of multiple perspectives, and for borrowing or bricolage.*" LINCOLN, GUBA 2000, S. 167), allerdings in eingeschränktem Umfang. Diese Möglichkeit gilt nämlich nur für die Beziehung bestimmter Paradigmen untereinander: auf der einen Seite seien Positivismus und Postpositivismus untereinander kommensurabel, auf der anderen Seite könnten Kritische Theorie, Konstruktivismus und das partizipative Paradigma miteinander Verbindungen eingehen. Diese beiden Paradigmengruppen jedoch, genannt das „positivistische Modell" einer-

---

11 Andere Autoren haben für eine Reihe weiterer theoretischer und erkenntnisphilosophischer Positionen den Paradigmenstatus beansprucht: so etwa TASHAKKORI und TEDDLIE 1998 für den Pragmatismus in der Tradition von PEIRCE, JAMES und DEWEY, oder MERTENS (1998, 1999) für ein „transformativ-emanzipatorisches" Paradigma.

seits und das „interpretativistische Modell" andererseits, schließen sich weiterhin gegenseitig aus.

Die Idee, dass man verschiedene Paradigmen kombinieren kann, ist dem KUHN'schen Konzept allerdings fremd. Paradigmen sind KUHN zufolge grundsätzlich inkommensurabel, weil sie miteinander unvereinbare Lebensweisen von Forschergemeinschaften repräsentieren. Der Wechsel von einem Paradigma zu einem anderen geschieht nicht durch Neukombination verschiedener Elemente älterer Paradigmen, sondern als ein relativ plötzliches und ungegliedertes Ereignis ähnlich dem Wandel einer Wahrnehmungsgestalt, der die elementarsten theoretischen Verallgemeinerungen eines Fachgebietes betrifft und dessen Neuaufbau auf völlig neuen Grundlagen bedingt. Zumindest in dem durch Thomas KUHNS Arbeiten gesetzten Rahmen ist es also mehr als fraglich, ob man die von LINCOLN und GUBA postulierten vier bis fünf verschiedenen philosophisch begründeten Konzepte von Forschung – „*positivistisch*", „*post-positivistisch*", „*kritisch-theoretisch*", „*konstruktivistisch*" und „*partizipatorisch*" – tatsächlich als „Paradigmen" ansprechen kann.

Legt man KUHNs Konzeption zugrunde, spricht einiges dafür, dass die fortdauernde Vervielfältigung, Umbenennung und Modifikation jener „Paradigmen", die LINCOLN und GUBA zufolge sozialwissenschaftlichem Forschungshandeln zugrunde liegen sollen, Zeichen einer Krise der eigenen Konzeption ist und dass die verschiedenen vorgeschlagenen Modelle eher „wuchernde Paradigmenartikulationen"[12] als selbständige Paradigmen darstellen.

Dass der Versuch, eine grundlegende Inkompatibilität von qualitativer und quantitativer Forschung durch ein Modell konkurrierender Paradigmen zu begründen, inhaltlich nur wenig tragfähig ist, lässt sich aber nicht nur anhand dieser Wucherung der Paradigmaartikulationen zeigen. Die von LINCOLN und GUBA identifizierten „Paradigmen" eignen sich auch nicht zur Unterscheidung von unterschiedlichen methodologischen Positionen – weder lässt sich sinnvoll zeigen, dass bestimmte Methoden ein bestimmtes Paradigma als Begründung erfordern, noch, dass ein bestimmtes Paradigma die Verwendung bestimmter Methoden notwendig macht.

Das trifft besonders eindeutig auf das „positivistische Paradigma" zu. Als erkenntnistheoretische Schule war der Positivismus in den 1980er Jahren, als LINCOLN und GUBA ihre Unterscheidung bekannt gemacht hatten, bereits viele Jahrzehnte von der philosophischen Szene verschwunden: Der „logische Positivismus" des „Wiener Kreises" existierte als weltanschaulich-philosophische Bewegung bereits seit den späten 1930er Jahren nicht mehr und in den frühen 1950er Jahren zerbrach endgültig das, was als substantieller positivistischer Konsens in der Wissenschaftsphilosophie galt (SUPPE 1974). Der Positivismus erlebte einen „spektakulären Crash", um die Worte Bas VAN FRAASENs zu gebrauchen (VAN FRAASEN 1980, S.2), als sich etliche der von den Positivisten für selbstverständlich gehaltenen erkenntnistheoretischen Grundannahmen als nicht haltbar erwiesen hatten[13].

---

12   KUHN zufolge sind Krisen der Wissenschaft gekennzeichnet durch wuchernde Paradigmaartikulationen, die zum Teil aus inkonsistenten Konzeptionen bestehen, die durch Hilfshypothesen und *Ad-hoc*-Konstruktionen gegen Anomalien abgeschirmt werden und sich zunehmend vom ursprünglichen Paradigma entfernen.

13   Dies betraf vor allem das Postulat, dass Sinneserfahrungen bzw. die auf ihnen aufbauenden Aussagen („Protokoll-" bzw. „Basissätze") eine absolut sichere Basis wissenschaftlicher Erkenntnis darstellen, da mit ihrer Hilfe Theorien verifiziert werden könnten. Es waren positivistische Philosophen selber, die in den erkenntnistheoretischen Debatten des „Wiener Kreises" die Unhaltbarkeit der Annahme einer theoriefreien Beobachtungssprache und der direkten Verifikation von theoretischen Sätzen durch Beobachtungsaussagen erkannten. Der hart gescholtene Positivismus hatte also in den 1930er Jahren eine Diskussionskultur entwi-

2.2 Aktuelle Diskussionen über Methodenintegration

Entgegen der Behauptung GUBAs (1990), wonach der Positivismus gegenwärtig als das „*dominante Paradigma in den Sozialwissenschaften*" gelten kann, wurde seit langem keine Veröffentlichung über sozialwissenschaftliche Methoden mehr vorgelegt, in der der Positivismus verteidigt oder zur erkenntnistheoretischen Begründung der empirischen Sozialforschung herangezogen wurde. So bekennt sich auch kein Vertreter einer strikt quantitativen Methodenlehre gegenwärtig zum Positivismus. „Positivismus" kennzeichnet deshalb weniger einen bestimmten methodologischen Standpunkt in den Sozialwissenschaften, sondern eher einen polemischen Kampfbegriff, über dessen Gebrauch etwa HAMMERSLEY anmerkt

> „*It is only a slight exaggeration to say that all one can reasonably infer from the unexplicated usage of the term `positivism' in the social research literature is that the writer disapproves of whatever he or she is referring to.*" (HAMMERSLEY 1995, S.2).

Dass in den Sozialwissenschaften Vertreter des Positivismus ausgesprochen selten sind, zeigt sich auch daran, dass der von GUBA herausgegebene Band „*The Paradigm Dialog*", in dem Beiträge von Vertretern der verschiedenen Paradigmen erschienen, keinen Aufsatz enthält, in dem der Positivismus als erkenntnistheoretische Position verteidigt wird (GUBA 1990). Zu diesem Zeitpunkt änderte sich auch LINCOLNs und GUBAs Gebrauch des Begriffes „*Postpositivismus*": während dieser vorher eine wissenschaftshistorische Epoche markieren sollte, in der der Positivismus abgelöst wird durch ein „naturalistisches Paradigma", wird von nun an der „Postpositivismus" als ein weiteres Paradigma in eine zunehmend bunter werdende Reihe der Paradigmen eingeordnet[14].

Schließlich zeigt auch ein genauerer Blick auf Arbeiten aus der Tradition der naturalistischen Feldforschung, dass diese nicht grundsätzlich und von Beginn an als ein konsequentes Gegenmodell zu einer „positivistisch" begründeten Forschung verstanden werden kann: viele der „naturalistisch" orientierten Sozialforscher aus den 1920er und 1930er Jahren teilen grundlegende erkenntnistheoretische Grundpositionen mit den Vertretern des logischen Positivismus, insbesondere was den Stellenwert empirischer Beobachtungsaussagen als ein solides und unbezweifelbares Fundament der Erkenntnis angeht. Dass diese Auffassung das Denken naturalistischer Feldforscher noch lange über diese Zeit hinaus beeinflusste, zeigt auch die bereits zitierte Einlassung FILSTEADS, qualitative Methoden könnten einen „*direkten Kontakt zur untersuchten sozialen Welt*" verbürgen, den man einer „*künstlichen Auffassung von Realität*" (FILSTEAD 1979, S.31) entgegensetzen könne, die sich aus einer Anwendung standardisierter Verfahren ergeben würde.

Auch sehr einflussreiche methodologische Veröffentlichungen der qualitativen Forschungstradition sind keinesfalls frei von Elementen positivistischer Erkenntnistheorie. Dies gilt etwa für die Monographie "*The discovery of grounded theory*", mit der die empirisch begründete Entwicklung von Theorien als zentrales methodologisches Prinzip qualitativer Forschung erstmals umfassend methodologisch begründet wurde (GLASER, STRAUSS 1967). Theoretische Konzepte sollen, so der in diesem Buch an häufig Stellen wiederholte Ratschlag, den Daten vom Untersucher nicht aufgezwängt werden, sondern aus ihnen „*emergieren*". Der Forscher müsse sich vor allem hüten, diesen Vorgang durch sein eigenes

---

ckelt, die an Offenheit und Fähigkeit zur Selbstkritik die hier dargestellten sozialwissenschaftliche Methodendebatten um ein Vielfaches übertrifft.
14 In späteren Veröffentlichungen der beiden Autoren wurden dann allerdings positivistisches und postpositivistisches Paradigma, wie bereits erwähnt, wiedervereinigt zu einem allgemeinen „positivistischen Modell" (LINCOLN, GUBA 2000).

theoretisches Vorwissen zu behindern und damit die entstehende Theorie zu verfälschen. Daraus folgt:

> "An effective strategy is, at first, literally to ignore the literature of theory and fact on the area under study, in order to assure that the emergence of categories will not be contaminated by concepts more suited to different areas. Similarities and convergences with the literature can be established after the analytic core of categories has emerged." (GLASER, STRAUSS 1967, S.37)

Nur solche sozialwissenschaftlichen Theorien, die induktiv aus empirischen Daten entwickelt werden bzw. während der Analyse aus empirischen Daten emergieren (und nicht solche, die anhand von *ex ante* Annahmen entwickelt wurden), seien geeignet zur Erklärung und Vorhersage sozialwissenschaftlicher Phänomene (ebd., S. 3 f.). Ein solches Vorgehen könne die entsprechende Theorie sogar unwiderlegbar machen: *„Theory based on data can usually not be completely refuted by more data or replaced by another theory."* (ebd., S. 5)[15]. Solche Auffassungen unterscheiden sich nicht von Konzepten des Forschungsprozesses aus der empiristischen und positivistischen Philosophie, bei deren Anwendung der Forscher „unvoreingenommen" von theoretischen Vorüberlegungen an die Untersuchung empirischer Phänomene herangehen soll, um sicherzustellen, dass er die Realität wahrnimmt, so wie sie „tatsächlich" ist – ein *tabula rasa* Konzept menschlicher Erkenntnis, das in der modernen Erkenntnistheorie und Wissenschaftsphilosophie allenfalls ironische Kommentare provoziert, wie jener von LAKATOS, ein solches Konzept verlange eine *„besondere Psychotherapie (...) mit deren Hilfe (...) (der) Geist auf den Empfang der Gnade bewiesener Wahrheit durch mystische Kommunion"* vorbereitet werden solle (LAKATOS 1982, S.14).

Die für manche Strömungen der empiristischen und positivistischen Erkenntnistheorie zentrale Annahme, dass bestimmte Methoden empirischer Beobachtung einen direkten und unverfälschten Zugang zur Realität eröffnen können, hatte auch in der frühen Phase der naturalistischen Feldforschung eine Rolle gespielt. Sie zeigt sich in dem schon erwähnten erkenntnistheoretischen Realismus mancher Vertreter der Chicagoer Schule, der etwa Niederschlag findet in der Erwartung Robert PARKS, die soziale Welt sei *„simply out there, waiting to be discovered."* (HAMMERSLEY 1989, S.86). Ein solcher radikaler und naiver Empirismus (der mit dafür verantwortlich gewesen war, dass sich die naturalistische Feldforschung in den 1930er und 40er Jahren nur schwer behaupten konnte gegen die von quantitativen Methodikern vorgebrachte Kritik) wurde erst durch Arbeiten aus dem Kontext des interpretativen Paradigmas kritisiert und theoretisch überwunden. Dennoch haben auch manche Vertreter der interpretativen Soziologie den in der naturalistischen Feldforschung vertretenen erkenntnistheoretischen Realismus und Empirismus nicht grundsätzlich aufgegeben, so dass sich in mancher methodologischen Arbeit realistische und interpretativ-konstruktivistische Positionen unkontrolliert mischen können: so beginnt etwa Norman DENZIN seine Monographie *„Interpretive Interactionism"* mit den Worten *„Interpretive Interactionists attempt to make the world directly accessible to the reader"* (DENZIN 1989,

---

15 Während Anselm STRAUSS sich in seinen späteren Arbeiten von diesen positivistischen Konnotationen der Methode der *Grounded Theory* distanziert hat, hat Barney GLASER hieran (in scharfer, polemischer Abgrenzung zu Strauss), daran festgehalten: „*Grounded theory looks for what is, not what might be, and therefore needs no test*" (ebd., S.67). Nicht die Bildung von Hypothesen, d.h. von vorläufigen und fehlbaren Annahmen, ist, GLASER zufolge, Aufgabe einer empirischen Untersuchung, vielmehr geht es darum, die soziale Welt so zu beschreiben, wie sie tatsächlich ist: „*In grounded theory (...) everything fits, as the world is socially integrated and grounded theory simply catches this integration through emergence.*" (ebd., S.84)

S.10), um dann, eine Seite später, zu betonen, dass im sozialen Leben grundsätzlich „*alles Interpretation sei*". Es stellt sich hier die Frage, welche Bedeutung der interpretative Charakter sozialen Handelns und sozialer Interaktion für den Forschungsprozess selber haben soll. Eine konsistente Anwendung der theoretischen Postulate der interpretativen Soziologie würde nämlich verlangen, dass diese nicht nur auf die Handlungen und Interaktionen der Akteure im Untersuchungsfeld bezogen werden, sondern auch auf den Forscher selber. Dann muss aber die Idee problematisiert werden, dass qualitative Forscher grundsätzlich zuverlässige Beschreibungen empirischer Sachverhalte liefern und dass die im Forschungsfeld erhobenen qualitativen Daten eine solide und ausreichende Grundlage zur Geltungsbegründung der daraus entwickelten Konzepten und Theorien darstellen (wie dies bspw. die frühen Arbeiten von GLASER und STRAUSS nahe legen).[16]

Die qualitative Forschungstradition lässt sich also keineswegs einer bestimmten erkenntnistheoretischen Schule oder einem einzelnen „Paradigma" zuordnen. Während viele qualitative Forscher, insbesondere manche Vertreter der Chicagoer Schule der 1920er bis 1940er Jahre, und in den Jahrzehnten danach bekannte qualitative Soziologen wie GLASER, STRAUSS und DENZIN (zumindest in ihren frühen Arbeiten) einen epistemologischen Realismus vertraten, der in mancherlei Hinsicht Grundannahmen des Empirismus und Positivismus teilte, andere qualitative Soziologen wiederum eine strikt konstruktivistische Position einnehmen wie der spätere Norman DENZIN, gibt es auch ausgewiesene qualitative Methodiker, die allgemein dem Lager des „Post-positivismus" zugeordnet werden, etwa MILES, HUBERMAN oder RAGIN, oder sich ihm selber zuordnen, wie HAMMERSLEY (2000).

So argumentieren manche Autoren „*that the supposed paradigmatic unity of the area of qualitative research (...) is largely illusory and that major figures in this field hold widely divergent and conflicting views on many of the fundamental issues regarding the use of qualitative approaches*" (MAXWELL, LOOMIS 2003, 250; vgl. auch PITMAN, MAXWELL 1992). In den letzten Jahren wird die Existenz einer festen Verbindung zwischen erkenntnistheoretischen Paradigmen einerseits und den Methodentraditionen qualitativer und quantitativer Forschung andererseits zunehmend in Frage gestellt. Dass es eine solche Verbindung keineswegs in einer einfachen Form geben kann, wird auch in den Arbeiten jener Autoren deutlich, die das Modell unterschiedlicher Paradigmen entwickelt hatten und deren Inkommensurabilität nach wie vor vertreten. Zwar ging LINCOLNs und GUBAs ursprüngliche Unterscheidung zwischen „naturalistischem" und „positivistischem Paradigma" zurück auf die Differenzierung zwischen naturalistischer (qualitativer) und experimenteller, variablenorientierter (quantitativer) Forschung (vgl. TESCH 1990) und wurde in der Literatur so rezipiert, dass sich hiermit die Unterscheidung zwischen qualitativer und quantitativer Forschungstradition (jeweils verstanden als eigenes „Paradigma") verband (vgl. z.B. CRESWELL 1994, S.4). Bereits 1985 betonten LINCOLN und GUBA jedoch, dass sie hiermit eben nicht zwischen Methoden differenzieren wollten, sondern zwischen erkenntnistheoretischen Grundpositionen (die allerdings die Wahl spezifischer Methoden stark beeinflussen könnten). Beide Autoren haben dann die Verbindung zwischen Methoden und Paradigmen zu-

---

16 Diese Problematik wurde in den achtziger Jahren im englischen Sprachraum unter der Überschrift „Kritik des ethnographischen Realismus" thematisiert und eine Diskussion begonnen, in der der Konstruktionscharakter qualitativer, ethnographischer Feldforschungsberichte herausgestellt wurde. Etliche im Rahmen dieser Diskussion entstandene Forschungsarbeiten waren bemüht, die Vorstellung des neutralen ethnographischen Beobachters als eine inszenierte rhetorische Fiktion aufzudecken, die durch bestimmte Genremerkmale ethnographischer Forschungsberichte erzeugt wird (v.a. VAN MAANEN 1988, eine Übersicht bei HAMMERSLEY 1995).

nehmend gelockert. So räumten sie 1994 ein, dass Forscher, die sich am konstruktivistischen Paradigma orientieren würden, auch quantitative Daten benutzen könnten, und dass umgekehrt qualitative Forschung kompatibel sei mit unterschiedlichen erkenntnistheoretischen Paradigmen. Andere Autoren gehen sogar noch weiter, indem sie fordern, die verschiedenen Paradigmen flexibel miteinander zu kombinieren. „*A triangulation design may use several paradigms as a framework for the study*" (CRESWELL et. al. 2003, 232). Diese Vorstellung einer „*consideration of what paradigm is best given the choice of a design...*" (ebd.) ist, wie bereits diskutiert, weit entfernt von dem jenem Paradigmenbegriff, den ursprünglich Thomas KUHN in die wissenschaftsphilosophische Diskussion eingeführt hatte. Ein Paradigma im Sinne KUHNs fordert strikte Loyalität und erzeugt starke Ligaturen in einer Forschergemeinschaft. KUHN zufolge kann ein Wechsel zwischen Paradigmen nicht verstanden werden als eine freie Wahl zwischen Alternativen, die beliebig miteinander kombinierbar sind, sondern als plötzlicher und tief greifender Wandel eines gesamten Weltbildes, als ein tief beeindruckendes und schockierendes Erlebnis für die beteiligten Wissenschaftler, welches langdauernde und feste Bindungen in bestehenden *scientific communities* verändert und zerstört.

Dass der Paradigmenbegriff in diesen Diskussionen seine ursprüngliche Bedeutung weitgehend verloren hat zugunsten eines unspezifischen Verwendung des Begriffs im Sinne von „allgemeinem Ansatz" oder „Konzept", macht deutlich, dass die Idee unterschiedlicher Forschungsparadigmen, wie sie LINCOLN und GUBA in die Diskussion eingeführt haben, zur Begründung eines grundlegenden Methodendualismus kaum geeignet ist. Weder repräsentieren qualitative und quantitative Methoden unterschiedliche Paradigmen i.S. Kuhns, noch lassen sich jeweils verschiedene methodologische oder erkenntnistheoretische Paradigmen eindeutig identifizieren, die die Wahl bestimmter qualitativer oder quantitativer Methoden erfordern würden.

2.2.2 Das „Mixed Methods movement"

Auch die sozialwissenschaftliche Forschungspraxis liefert starke Argumente gegen die Inkommensurabilitätsthese: in zahlreichen empirischen Studien wurden qualitative und quantitative Methoden erfolgreich in einem gemeinsamen Forschungsdesign eingesetzt. Bereits in der ersten Hälfte des 20. Jahrhunderts sind eine Reihe von Forschungsvorhaben, die seit langem als Klassiker der empirischen Sozialforschung gelten, mit einem gemischten, qualitativ-quantitativen Design durchgeführt worden, ohne dass dies irgendwelche methodologische Kontroversen hervorgerufen hätte (vgl. hierzu MAXWELL, LOOMIS 2003; TASHAKKORI, TEDDLIE 2003, S. 5f.). Diese Untersuchungen umfassen so bekannte Projekte wie die „Marienthalstudie", die wegweisend wurde für die soziologische Erforschung des Phänomens der Arbeitslosigkeit (JAHODA, LAZARSFELD, ZEISEL 1933/1982), die „Hawthorne Study" (ROETHLISBERGER, DICKSON 1939), die die Entwicklung der Industriesoziologie stark beeinflusst hat, die Studie von FESTINGER, RIECKEN und SCHACHTER über Weltuntergangskulte (1956), das „Räuberhöhlenexperiment" von SHERIF und Kollegen (1961) sowie ZIMBARDOs bekanntes „Gefängnisexperiment" über die Folgen institutioneller Deindividuation (ZIMBARDO 1969).

Vor allem seit dem Beginn der 1980er Jahre wurden eine große Anzahl von sozialwissenschaftlichen Forschungsprojekten durchgeführt, in denen qualitative und quantitative

Methoden miteinander kombiniert wurden (vgl. etwa FRETER u.a. 1991; NICKEL u.a. 1995; KLUGE, KELLE 2001; HEINZ 2000; HEINZ, KELLE, WITZEL, ZINN 1998; ERZBERGER 1998; ERZBERGER, PREIN 1997; KELLE, ERZBERGER 1999; 2001; SCHAEPER, WITZEL 2001; BUHR, HAGEN 2001; WINGENS 1999; SACKMANN, WEYMANN 1994; SACKMANN, WEYMANN, WINGENS 2000; MOLLENKOPF, BAAS 2002; KELLE, NIGGEMANN 2002; ein Überblick über solche Studien etwa bei GREENE, CARACELLI, GRAHAM 1989, bei KLUGE, KELLE 2001 oder bei SEIPEL, RIEKER 2003). Die Existenz solcher Untersuchungen wurde oft als wesentliches Argument zugunsten einer engeren Zusammenarbeit zwischen qualitativen und quantitativen Methodikern angeführt (etwa BREWER, HUNTER 1989; PATTON 1990; KELLE, ERZBERGER 1999; TASHAKKORI, TEDDLIE 1998, 2003). Einige Autoren gehen sogar davon aus, dass diese Arbeiten eine eigene „methodologische Bewegung" repräsentieren, die die Phase der Paradigmenkriege beenden könnte (TASHAKKORI, TEDDLIE 2003).

Die Tatsache, dass qualitative und quantitative Methoden gemeinsam und erfolgreich in empirischen Studien eingesetzt worden sind, hat seit Ende der 1970er Jahre eine Reihe von methodologischen Arbeiten über Methodenintegration und Methodenmix angeregt. Vielen Autoren zufolge besteht dabei der entscheidende Vorteil einer Verbindung von qualitativen und quantitativen Methoden darin, dass auf diese Weise charakteristische Schwächen einer Methodentradition durch die Stärken der jeweils anderen Tradition ausgeglichen werden können (BREWER, HUNTER 1989, GREENE, CARACELLI 1997, CRESWELL, PLANO CLARK, GUTMANN, HANSON 2003, TASHAKKORI, TEDDLIE 2003, S. 16). Ein fundamentales Prinzip der Methodenintegration bestünde demnach darin, so etwa JOHNSON und TURNER (2003), dass Methoden auf eine Weise miteinander verknüpft werden können *„that has complementary strengths and non-overlapping weaknesses"* (JOHNSON, TURNER 2003, S. 299). Abgesehen von diesem Minimalkonsens werden in der Literatur zu Methodenintegration und Methodenmix aber sehr unterschiedliche Konzepte entwickelt und vertreten. Bereits bei der Festlegung definitorischer Begriffe herrscht keine Einigkeit, wie TASHAKKORI und TEDDLIE in der Einleitung des *„Handbook of Mixed Methods in the Social and Behavioral Sciences"* einräumen (2003, S. 8 f.). Man spricht hier von der *„Integration qualitativer und quantitativer Ansätze"* (GLIK et. al 1986/87), von *„methodologischer Triangulation"* (MORSE 1991), von *„multimethodologischer Forschung"* (HUGENTOBLER u.a. 1992), von der *„Kombination qualitativer und quantitativer Forschung"* (BRYMAN 1988), von *„mixed model studies"* (DATTA 1994) oder von *„mixed methods research"* (CARACELLI, GREENE 1993). Unter diesen Begriffen werden dann verschiedene Designs, in denen qualitative und quantitative Methoden gemeinsam eingesetzt werden, beschrieben und (auf teilweise recht unterschiedliche Weise) systematisiert. Die Autoren haben dabei eine ganze Reihe unterschiedlicher Taxonomien vorgeschlagen (häufig zitiert werden etwa die von PATTON 1990; MORSE 1991; CRESWELL 1994; TASHAKKORI und TEDDLIE 1998; ein Überblick findet sich bei CRESWELL, PLANO CLARK, GUTMANN und HANSON 2003, S. 216) und in weiteren Publikationen teilweise selber mehrfach revidiert (vgl. hierzu etwa MORSE 2003; TASHAKKORI, TEDDLIE 2003; CRESWELL u.a. 2003).

Diese unterschiedliche Konzeptualisierung von qualitativ-quantitativen Forschungsdesigns bringt Konfusion und mangelnde Präzision bei der Präsentation von Forschungsergebnissen methodenintegrativer Designs mit sich, wie DATTA bereits 1994 beklagte. Die Situation hat sich seitdem kaum geändert: *„Unquestionably, authors have yet to reach consensus on the types of designs that exist, the names for them, or how they might be represented visually"* resümieren CRESWELL und Kollegen 2003 den Diskussionsstand (2003, S.

215), der teilweise durch eine verwirrende Anzahl von Varianten verschiedener Designs gekennzeichnet sei (ebd.).

Ein wesentlicher Grund für diese Situation liegt in dem Umstand begründet, dass die Diskussion sich zu sehr entweder auf *erkenntnistheoretische Fragen* in der Tradition der Paradigmenkriege oder auf *technische Aspekte konkreter Forschungsdesigns* konzentriert (TASHAKKORI, TEDDLIE 2003, S. 35). Im Zentrum vieler Publikationen stehen oft formale Kriterien der Verbindung zwischen qualitativer und quantitativer Forschung wie *Sequentialität* (In welcher Reihenfolge sollen qualitative und quantitative Teilstudien aufeinander folgen?) oder das *relative Gewicht* der jeweiligen Methode in dem Design (Steht die qualitative oder die quantitative Untersuchung im Vordergrund?). Allerdings:

> „Very little has been written about systematically approaching the „why" of social science research, that is, systematically considering the purposes or reasons for carrying out the studies we conduct." (NEWMAN u.a. 2003, S.168).

Insbesondere der konkrete Gegenstandsbezug und substanzwissenschaftliche, theoretische Begründungen von methodenintegrativen Designs bleiben in diesen Arbeiten weitgehend ausgespart. Nun lassen sich aber in der Praxis empirischer Forschung konkrete Untersuchungsdesigns immer nur dann konstruieren, wenn Antworten gegeben werden können auf Fragen

- *erstens* nach dem Forschungsgegenstand und seiner theoretischen Konzeptualisierung,
- und *zweitens* danach, welche Methoden für den spezifischen Forschungsgegenstand und für den zu seiner Konzeptualisierung gewählten theoretischen Ansatz angemessen sind.

Bevor geklärt werden kann, wie sich Methoden und Ergebnisse qualitativer und quantitativer Forschung in der empirischen Forschungspraxis zueinander verhalten und inwieweit sie sich gegenseitig ergänzen und befruchten können, müsste, mit anderen Worten, zuerst geklärt werden, für *welche Forschungsgegenstände* und bei der Anwendung *welcher theoretischen Modelle* qualitative und quantitative Methoden besonders geeignet sind bzw. welche Stärken und Schwächen sie aufweisen bei der Untersuchung bestimmter Gegenstandsbereiche bzw. bei der Anwendung bestimmter Theorien, die zur Beschreibung und Erklärung dieser Gegenstandsbereiche verwendet werden. Genau dort liegt aber ein wesentlicher Mangel bisheriger Diskussionen über *Mixed Methods Designs – es werden zuwenig systematische Bezüge hergestellt zwischen Fragestellungen und Theorien über den Forschungsgegenstand einerseits und den verwendeten Methoden andererseits.*

Hierin mag ein wesentlicher Grund dafür liegen, dass die Literatur über *Mixed Methods* bislang noch wenig beigetragen hat zur Überwindung des grundsätzlichen Schismas zwischen der qualitativen und quantitativen Methodentradition und zur Entwicklung einer integrativen Methodenlehre. Diese Mängel zeigt auch ein anderer methodologischer Diskurs, in dem es um Fragen geht, die mit der Kombination verschiedener Methoden zusammenhängen und in dessen Mittelpunkt der Begriff der „*Triangulation*" steht.

2.2.3 Die Triangulationsmetapher

„Triangulation" bezeichnete in der Methodologie quantitativer Forschung ursprünglich eine Verbindung verschiedener Datenquellen oder Methoden. 1978 führte DENZIN den Begriff in die Diskussion um die Verbindung von qualitativer und quantitativer Forschung ein, wobei er einen Gedanken aufgriff, den WEBB und Kollegen in ihren Arbeiten über non-reaktive Messverfahren bereits 1966 entwickelt hatten: Verschiedene Formen der Datenerhebung, wie Interviews oder Feldbeobachtungen, würden jeweils eigene Formen von Verzerrungen und Validitätsbedrohungen mit sich bringen. Aus diesem Grund sei es sinnvoll, verschiedene Arten von Daten miteinander in Beziehung zu bringen, um die Validität der Ergebnisse erhöhen (WEBB 1966, S.35). Eine Aussage, die die Konfrontation mit mehreren komplementären Testverfahren überlebt habe, würde nämlich, so WEBB und Kollegen, ein höheres Maß an Validität erzielen als eine Aussage, die nur mit Hilfe eines einzigen Testverfahrens überprüft worden sei. Methodologische Triangulation bestünde demnach in einem „*complex process of playing each method off against the other so as to maximize the validity of field efforts*" (DENZIN 1978, S. 304) und würde zu einer weitgehenden Reduzierung von „*threats to internal and external validity*" (ebd., S. 308) führen.

Die Idee, dass Forschungsergebnisse, die mit verschiedenen – qualitativen und quantitativen – Instrumenten gewonnen werden, zur gegenseitigen Validierung verwendet werden können, ist im Anschluss an DENZINs Arbeit von verschiedenen Seiten angegriffen worden (vgl. v.a. FIELDING, FIELDING 1986; LAMNEK 1995; FLICK 1992). So kritisieren FIELDING und FIELDING die Annahme, dass eine bloße Übereinstimmung von Forschungsergebnissen bereits als ein Hinweis auf Validität der Methoden zu werten sei (ähnlich HAMMERSLEY, ATKINSON 1983, S.199; BRYMAN 1988, S.133) und machen auf ein Problem aufmerksam, das bereits die Anwendung jener ursprünglich von CAMPBELL und FISKE (1959) vorgeschlagenen Triangulationsverfahren kennzeichnet. Diese Autoren hatten im Kontext einer Theorie standardisierter psychologischer Tests angeregt, Ergebnisse, die mit einem Messinstrument erzielt worden waren, durch Messungen mit anderen Instrumenten zu ergänzen bzw. zu überprüfen. Hierzu sollten Korrelationsmatrizen („*multitrait-multimethod matrices*") aufgestellt werden, die Auskunft geben über den Grad der Messübereinstimmung und der Diskriminanz zwischen den verschiedenen Methoden. Zentrales Ziel dabei war die Bewertung der Gültigkeit von Testergebnissen, zentrales Kriterium die Konvergenz der Ergebnisse bzw. der Grad ihrer Übereinstimmung (CAMPBELL, FISKE 1959, S. 81).

Das Problem dieser Art von Validierung besteht aber nun darin, dass Ergebnisse von Messungen, die jeweils *ähnliche Verzerrungen* aufweisen, hohe Korrelationen aufweisen können, ohne dass dies in irgendeiner Weise die Validität der zugrunde liegenden Messverfahren belegen könnte. Diese Überlegung lässt sich natürlich auch auf die gegenseitige Validierung qualitativer und quantitativer Forschungsergebnisse beziehen: Die Konvergenz zweier Forschungsergebnisse kann zum Ausdruck bringen, dass beide Ergebnisse zutreffend sind, aber auch, dass sie jeweils den gleichen verzerrenden Einflüssen und Fehlerquellen unterliegen.

Aber auch aufgrund divergierender Ergebnisse ist eine Entscheidung über deren Validität nicht ohne weiteres zu treffen, wie LAMNEK betont, denn der Forscher muss hier eine Entscheidung darüber treffen, welches der verschiedenen Ergebnisse er als „*abgesicherter, brauchbarer, reliabler und valider gelten*" lassen will und hierbei auf wissenschaftstheoretische und methodologische Annahmen zurückgreifen (LAMNEK 1995, S.253). LAMNEK betont damit das Problem der möglichen Reaktivität von Untersuchungsverfahren: unterschiedliche Methoden erfassen nicht grundsätzlich dasselbe Phänomen, sondern jede Methode beeinflusst und konstituiert bis zu einem gewissen Grad ihren Gegenstand. FIELDING und FIELDING schließlich weisen darauf hin, dass Methoden aus unterschiedlichen *Theorietraditionen* heraus entstanden sind und deren Prämissen in den Forschungsprozess einbringen. Durch ihre Kombination könne man deshalb zwar die „Tiefe" und „Weite" von Ergebnissen, nicht aber deren Validität erhöhen:

> "Theories are generally the product of quite different traditions, so when they are combined one may get a fuller picture, but not a more 'objective' one. Similarly, different methods have emerged as a product of different theoretical traditions, and therefore combining them can add range and depth, but not accuracy. In other words, there is a case for triangulation, but not the one that Denzin makes. We should combine theories and methods carefully and purposefully with the intention of adding breadth or depth to our analysis, but not for the purpose of pursuing 'objective' truth." (FIELDING, FIELDING 1986, S. 33).

Zu ähnlichen Schlussfolgerungen kommt auch FLICK, der Konzepte von Triangulation beschreibt, die im Unterschied zu DENZINs Konzept nicht die Konvergenz qualitativer und quantitativer Forschungsergebnisse anstreben, sondern deren *Komplementarität* betonen:

> "Triangulation is less a strategy for validating results and procedures than an alternative to validation (...) which increases scope, depth and consistency in methodological proceedings." (FLICK 1998, S.230).

Zwei Lesarten von Triangulation liegen also vor: Triangulation als kumulative Validierung von Forschungsergebnissen durch eine Verwendung unterschiedlicher Methoden, und Triangulation mit dem Ziel, ein umfassenderes Bild des Gegenstandsbereichs, eine *„ganzheitliche, holistische Sicht (zu) erzielen"*, indem *„ein und dasselbe Phänomen von unterschiedlichen Perspektiven her"* betrachtet wird (LAMNEK 1995, S. 250).

Hier zeigen sich die Grenzen des Triangulationsbegriffs ebenso wie seine systematische Ambiguität. In seiner ursprünglichen Bedeutung repräsentiert dieses Konzept ein einfaches, in der Navigation und Geodäsie häufig eingesetztes Verfahren zur Bestimmung der Position eines Punktes durch Messungen von zwei anderen Punkten aus (vgl. Abbildung 2.1)[17].

---

17 Ist der Abstand c zwischen A und B bekannt, so kann die Länge der übrigen Seiten des Dreiecks mit den Ecken A, B und C mithilfe des Sinussatzes bestimmt werden, wenn die Winkel α und β feststehen.

2.2 Aktuelle Diskussionen über Methodenintegration

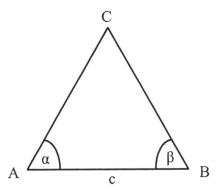

Abbildung 2.1   Triangulation als trigonometrische Operation

Begriffe wie „Position eines Ortes" oder „Entfernung zwischen zwei Punkten", die eindeutig definiert und klar verständlich sind im Kontext von Trigonometrie, Navigation und Landvermessung, können in der empirischen Sozialforschung allenfalls vieldeutige Metaphern darstellen. *„Berechnung der Position eines Ortes durch die Messung von unterschiedlichen Punkten aus"* kann hier einerseits bedeuten, dass mit verschiedenen Methoden *dasselbe soziale Phänomen* erfasst wird, oder andererseits, dass *unterschiedliche Aspekte desselben Phänomens* oder gar *unterschiedliche Phänomene* erfasst werden, deren Abbildungen sich zu einem umfassenderen Bild ergänzen können.

Nur dann, wenn sich verschiedene Methoden auf denselben Gegenstand beziehen, können sie zur wechselseitigen Validierung ihrer jeweiligen Ergebnisse eingesetzt werden, weil nur in einem solchen Fall unterschiedliche Ergebnisse als Hinweis auf Validitätsprobleme gewertet werden können. Wenn dahingegen verschiedene Methoden verschiedene Aspekte desselben Gegenstandes oder auch unterschiedliche Gegenstände erfassen, so sind natürlich auch verschiedene Ergebnisse zu erwarten, ohne dass dies den Schluss auf deren fehlende Validität erlauben würde.

Die Herkunft des Begriffs aus der Geodäsie und Navigation legt noch ein weiteres und sogar wesentlich restriktiveres Verständnis von Methodentriangulation nahe. Die trigonometrische Bestimmung des Orts eines Punktes bzw. seiner Entfernung von einem anderen Punkt ist überhaupt nur dann möglich, wenn tatsächlich Messungen von zwei Punkten aus erfolgen. Eine einzelner Messwert bzw. eine einzelne empirische Beobachtung ergibt nicht nur ein unvollständiges oder möglicherweise unrichtiges Ergebnis, sondern bezogen auf die Fragestellung („*Wie weit ist C entfernt von A und B?*") überhaupt keine Informationen. Überträgt man diese Metapher konsequent auf das Gebiet sozialwissenschaftlicher Methoden, würde das bedeuten, dass Ergebnisse qualitativer und quantitativer Untersuchungen nicht nur zu einer gegenseitigen Validierung oder zur Herstellung eines umfassenden Bildes herangezogen werden können, sondern dass bestimmte soziale Sachverhalte überhaupt nicht empirisch erfassbar sind, wenn hierzu nicht qualitative und quantitative Methoden miteinander kombiniert werden.

Welche dieser verschiedenen Lesarten des Triangulationsbegriffs ist nun theoretisch und methodologisch angemessen – Triangulation als *gegenseitige Validierung* von Methoden und Ergebnissen, Triangulation als Integration von Forschungsergebnissen zu einem *umfassenderen Bild* des sozialen Sachverhalts, oder Triangulation als Methodenkombination mit dem Ziel, den untersuchten Gegenstand *überhaupt* soziologisch zu beschreiben und zu erklären?

Ebenso wie das Paradigmenmodell und die Diskussion um „Mixed Methods Designs" leidet der Triangulationsbegriff darunter, dass der Gegenstands- und Theoriebezug der verwendeten Methoden nicht thematisiert wird. Dabei kann die Frage, ob Ergebnisse qualitativer und quantitativer Forschung zu einer gegenseitigen Validierung herangezogen werden können (weil sie sich auf denselben Gegenstand beziehen), oder ob sie sich gegenseitig ergänzen (weil sie komplementäre Sachverhalte betreffen), erst dann sinnvoll entschieden werden, wenn geklärt worden ist, *welche Gegenstandsbereiche* mit Hilfe qualitativer und quantitativer Methoden jeweils am besten untersucht werden können bzw. welche Arten von theoretischen Aussagen sich durch die Verwendung qualitativer und quantitativer Methoden empirisch begründen lassen.

2.3 Zusammenfassung: Einige Desiderata der Methodendiskussion

Die nun seit vielen Jahrzehnten andauernde Diskussion um den Stellenwert und das Verhältnis qualitativer und quantitativer Methoden zueinander hat gezeigt, dass sowohl eine Vernachlässigung methodologischer Fragen, wie sie die Frühzeit qualitativer Feldforschung kennzeichnete, als auch eine einfache Anpassung an Modelle des Forschungsprozesses, die aus der quantitativen Tradition stammen, einen erheblichen Bedeutungsverlust qualitativer Forschungsmethoden zur Folge haben muss. Die Orientierung an den Idealen einer nomothetischen, hypothetiko-deduktiv verfahrenden Forschungslogik, wie sie von manchen Vertretern der Chicagoer Schule eine Zeitlang vertreten wurde, führte dazu, dass qualitative Forschung nicht mehr angemessen gegenstandsbezogen begründet werden konnte und in eine randständige Position gegenüber der quantitativen Forschungstradition geriet.

Aus dieser Position konnte sie erst befreit werden durch die gegenstandsbezogenen und substanzwissenschaftlichen theoretischen Argumente des „interpretativen Paradigmas": Sinndeutungs- und Sinnsetzungsprozesse, die sich in sozialen Lebenswelten und Milieus vollziehen, welche dem Forscher nur ungenügend bekannt sind, lassen sich nicht adäquat mit Hilfe standardisierter Verfahren beschreiben, verstehen oder erklären, sondern verlangen eine offene, explorative Forschungsstrategie. Durch die Herstellung eines expliziten Gegenstands- und Theoriebezugs hatte das interpretative Paradigma der Diskussion um qualitative Methoden einen Ausweg aus jenen Schwierigkeiten gewiesen, in die sie durch eine Beschränkung auf rein methodologische und erkenntnistheoretische Argumente geraten war. Dennoch steckt die Debatte zwischen Vertretern der qualitativen und der quantitativen Forschungstradition bis heute in einer Sackgasse, denn die von beiden Lagern vorgebrachten Argumente laufen quasi aneinander vorbei:

Während Vertreter der quantitativen Tradition nach wie vor die mangelnde Repräsentativität der Fallauswahl in der qualitativen Forschung und die mangelhafte Objektivität der Datenerhebung und -analyse monieren, wird der quantitativen Forschung von Vertretern der anderen Seite ein mangelhafter Gegenstandsbezug und daraus folgend eine Irrelevanz ihrer Ergebnisse vorgehalten. Anhänger beider Richtungen stellen damit unterschiedliche Forschungsziele in den Vordergrund: Verallgemeinerbarkeit der Befunde und Intersubjektivität (die ein standardisiertes Vorgehen sinnvoll erscheinen lassen) auf der einen Seite, die

2.3 Zusammenfassung: Einige Desiderata der Methodendiskussion

adäquate Erfassung der Sinndeutungs- und Sinnsetzungsprozesse der Akteure und der ihnen zugrunde liegenden Wissensbestände (die eine exploratorische Forschungsstrategie erfordern) auf der anderen Seite.

In den bisherigen Diskussionen sind diese Ziele bislang nicht systematisch aufeinander bezogen worden und erscheinen deshalb unvereinbar. Wissenschaftspolitisch hat dies dazu geführt, dass mit der zunehmenden Stärkung der qualitativen Position in der *scientific community* viele Vertreter beider Lager den Methodenstreit *ad acta* gelegt haben. Damit geht aber ein äußerst wichtiges, bislang kaum genutztes Potential der Methodendebatte verloren: die wechselseitige Kritik könnte dazu genutzt werden, die Methodenprobleme und Validitätsbedrohungen, die die Verwendung der jeweiligen Methoden mit sich bringen, zu thematisieren, zu bearbeiten und (ggfs. durch Integration von Verfahren und Techniken, die der jeweils anderen Tradition entstammen) auch zu lösen: die Schwächen der einen Methodentradition könnten durch die Stärken der anderen ausgeglichen werden. Stattdessen ist inzwischen eine gewisse Tendenz in beiden Lagern unverkennbar, sich gegenseitig Reservate und Nischen zuzugestehen, in denen ungestört von der Kritik der jeweils anderen Seite Forschungsprobleme und Forschungsziele definiert, Methoden entwickelt und methodische Standards verabredet werden können.

Diese Tendenz wurde in den vergangenen 20 Jahren zusätzlich legitimiert durch wissenschaftsphilosophische Konzepte und Argumente, die sich bei näherem Hinsehen als inkonsistent und methodologisch unfruchtbar erweisen, wie in diesem Kapitel gezeigt werden sollte. Zwar trifft es sicher zu, dass empirisch forschende Sozialwissenschaftler oft *„divergierende Vorstellungen von der Beschaffenheit, der Struktur, dem Charakter, dem Wesen der Realität"* (LAMNEK 2000, S. 26) und ausgehend von substanzwissenschaftlichen und erkenntnistheoretischen Grundannahmen (die insoweit paradigmatisch im Sinne Thomas KUHNs sind, als sie von empirisch selber nicht prüfbaren Voraussetzungen ausgehen) unterschiedliche Fragestellungen entwickeln, zu deren Beantwortung jeweils verschiedene Methoden erforderlich sind. Eine starre Zuordnung von Methoden zu bestimmten erkenntnistheoretischen Grundpositionen bzw. „Paradigmen" ist aber keineswegs zwingend, wie sich an Arbeiten von Vertretern der qualitativen Forschungstradition und der interpretativen Soziologie zeigen läßt. Gleichzeitig belehrt ein Blick auf die Forschungspraxis der empirischen Sozialwissenschaften darüber, dass qualitative und quantitative Methoden nicht zwangsläufig inkommensurabel sind, sondern häufig in einem Forschungsdesign miteinander verbunden und in ihren Resultaten aufeinander bezogen werden können. Auch die verschiedenen theoretischen Ansätze der interpretativen Soziologie bzw. des interpretativen Paradigmas im Sinne WILSONs sind vereinbar mit unterschiedlichen erkenntnistheoretischen Positionen. Die methodologische Trennung zwischen „naturalistischem" bzw. „konstruktivistischem", (oder „kritisch-theoretischem" und „partizipatorischem") und „positivistischem" (bzw. „post-positivistischem") Paradigma trägt Elemente von Willkür in sich und ist für die Bearbeitung methodologischer Fragen kaum hilfreich.

In neueren Diskussionen über Forschungsparadigmen wurde nämlich eine entscheidende Akzentverschiebung vorgenommen gegenüber WILSONs Konzept des interpretativen Paradigmas (auf das LINCOLN und GUBA im Übrigen weder verweisen noch zurückgreifen). Man konzentrierte sich weitgehend auf erkenntnistheoretische Argumente über die Natur der untersuchten Realität (deren objektive Erkennbarkeit, so LINCOLN und GUBA, der Positivismus behauptet, während konstruktivistische und naturalistische Paradigmen diese Erkennbarkeit zugunsten der Anerkennung von „multiplen Realitäten" problematisieren).

WILSON dahingegen bezog sich nicht primär auf erkenntnistheoretische Konzepte, sondern auf *soziologische Theorien*: dem interpretativen Paradigma (dem sich bestimmte soziologische Theorieschulen zuordnen lassen) stellte er nicht den „Positivismus", d.h. eine erkenntnistheoretische Schule, sondern das „normative Paradigma" gegenüber, ein Bündel theoretischer Ansätze in der Tradition des amerikanischen Strukturfunktionalismus in der Nachfolge Talcott PARSONS. Die Wahl einer bestimmten Position in der soziologischen Theoriedebatte, so argumentiert Wilson, zieht spezifische erkenntnistheoretische und methodologische Konsequenzen nach sich. Vertritt man das „normative Paradigma", nämlich die Auffassung, dass soziales Handeln von allgemeinen Regeln strukturiert wird, die den Handelnden als geteiltes Universum von Bedeutungen zur Verfügung stehen, so kann man mit quantitativen und hypothetiko-deduktiven Methoden forschen. Das interpretative Paradigma jedoch definiert seinen Gegenstandsbezug in einer solchen Weise, dass die Anwendung des Modells der deduktiven Erklärung problematisch wird, weil es die Annahme eines kognitiven Konsenses der sozialen Akteure im Gegenstandsbereich in Frage stellt.

Wie dies bei einer forschungsmethodischen Anwendung von WILSONs Konzept möglich ist, nicht aber bei LINCOLN und GUBA, muss für eine sinnvolle Verwendung des Paradigmenbegriffs differenziert werden zwischen *erkenntnistheoretischen Annahmen, soziologischen Theorien* und *Forschungsmethoden*. Erkenntnisziele und Forschungsmethoden können nicht allein aufgrund erkenntnistheoretischer Voraussetzungen, sondern nur auf der Grundlage eines bestimmten theoretisch begründeten Verständnisses von der Natur des zu untersuchenden Gegenstandsbereichs sinnvoll festgelegt werden. Einen solchen Gegenstandsbezug lassen auch die Diskurse um „Mixed Methods" und über den Begriff der Triangulation vermissen. Auch Anhänger methodenintegrativer Forschungsdesigns führen – ähnlich wie viele der von ihnen kritisierten *„paradigm warriors"* – kaum Diskussionen über den konkreten Gegenstandsbezug bestimmter qualitativer und quantitativer Verfahren und können damit letztlich auch nicht die Frage beantworten, in welchen Gegenstandsbereichen und auf der Grundlage welcher theoretischer Überlegungen die verschiedenen Methoden miteinander verbunden werden können oder müssen. Wie die Vertreter des Paradigmenmodells gehen auch die Diskutanten in den Debatten über *Mixed Methods* und den Triangulationsbegriff zu stark von allgemeinen formalen und methodologischen Überlegungen aus. Dies ist ein wesentlicher Grund dafür, dass diese Diskussion sich in der Erörterung technischer Details verliert und dass sich der Begriff der Triangulation bei genauem Hinsehen nicht als ein wohl definiertes methodologisches Konzept, sondern als eine vage Metapher mit einem breiten Bedeutungsfeld erweist.

Die Diskussion um den Triangulationsbegriff hat gezeigt, dass die Kombination qualitativer und quantitativer Verfahren formal im Wesentlichen zwei Funktionen haben kann:

1. Methodenkombination kann die Möglichkeit zu einer wechselseitigen *Methodenkritik* bieten, d.h. mit Hilfe von Verfahren der einen Tradition können typische *Validitätsprobleme* und *Fehlerquellen* identifiziert werden, die sich mit der Anwendung von Methoden der anderen Tradition verbinden. Methodenkombination würde dann der Validierung von Daten, Methoden und Ergebnissen dienen.
2. Methodenkombination kann der wechselseitigen *Ergänzung von Forschungsergebnissen* dienen, d.h. mit Hilfe von Verfahren der einen Tradition können soziale Phänomene in den Blick genommen werden, die durch Methoden der anderen Tradition nicht oder nur ungenügend erfasst und beschrieben werden können, so dass die Ergebnisse

2.3 Zusammenfassung: Einige Desiderata der Methodendiskussion

qualitativer und quantitativer Forschung zusammen ein adäquates (oder auch nur umfassenderes) Bild des Untersuchungsgegenstandes ergeben.

Welche dieser beiden Möglichkeiten die Funktion der Methodenkombination angemessen beschreibt, kann nun nicht allein durch wissenschaftsphilosophische oder formal methodologischen Reflektionen geklärt werden, wie dies in den Diskussionen um konkurrierende Paradigmen oder den Triangulationsbegriff versucht wurde, sondern bedarf gegenstandsbezogener Überlegungen und theoretischer Arbeit: Welche sozialwissenschaftlichen Gegenstandsbereiche bzw. welche ihrer spezifischen Merkmale führen dazu, dass qualitative oder quantitative Methoden auf Erkenntnisgrenzen stoßen, indem sie entweder zu fehlerhaften und verzerrten oder zu unvollständigen Beschreibungen und Erklärungen der untersuchten Phänomene führen?

In den folgenden Kapiteln wird die These entfaltet, dass es vor allem solche sozialwissenschaftlichen Untersuchungsgegenstände sind, die durch Heterogenität und Wandlungsfähigkeit der untersuchten sozialen Strukturen gekennzeichnet sind, in denen die Methodeninventarien der qualitativen und die quantitativen Tradition jeweils für sich genommen nicht ausreichen. Zur Erläuterung dieser These wird im folgenden Kapitel in einem ersten Schritt das Problem der Existenz *sozialer Strukturen begrenzter Reichweite* anhand empirischer Beispiele beschrieben und theoretische Ansätze aus der Allgemeinen Soziologie herangezogen, die geeignet sind, dieses Problem theoretisch zu verstehen. Daran anschließend sollen die spezifischen methodischen und methodologischen Schwierigkeiten erläutert werden, die sich aus der Existenz solcher Strukturen für die Anwendung jener methodologischen Programme ergeben, die zur Begründung qualitativer und quantitativer Forschung jeweils entwickelt wurden.

3 Strukturen begrenzter Reichweite als Gegenstand empirischer Forschung und soziologischer Theoriebildung

Die Vorstellung unterschiedlicher methodologischer bzw. erkenntnistheoretischer Paradigmen, die qualitativer und quantitativer Forschung jeweils zugrunde liegen sollen, ist wenig tragfähig, wie im letzten Kapitel gezeigt wurde. Im Folgenden soll die Kontroverse um das Verhältnis zwischen qualitativen und quantitativen Forschungsmethoden an den sozialwissenschaftlichen Gegenstandsbereich herangeführt werden, um eine Verknüpfung zwischen gegenstandsbezogenen theoretischen Annahmen, erkenntnistheoretischen Postulaten und methodischen Strategien zu ermöglichen. Hierzu wird im ersten Abschnitt noch einmal der Begriff des methodologischen *Paradigmas* aufgegriffen, der – wegen seiner bereits diskutierten Probleme – für die folgende Diskussion ersetzt werden soll durch ein Konzept *methodologischer Programme*, welches abgeleitet ist aus dem von LAKATOS geprägten Begriff der „wissenschaftlichen Forschungsprogramme". Für die Konstruktion und die angemessene Auswahl methodologischer Programme ist die Frage von zentraler Bedeutung, in welcher Weise und in welchem Ausmaß der untersuchte Gegenstandsbereich geordnet bzw. *strukturiert* ist. Empirische sozialwissenschaftliche Forschung befasst sich häufig mit Strukturen begrenzter Reichweite, das heißt mit Struktur von übersituativer, aber dennoch raumzeitlich begrenzter Geltungsreichweite, die soziohistorisch kontingent, das heißt durch sozialen Wandel veränderbar sind. Im zweiten Abschnitt des Kapitels soll anhand von Ergebnissen der *Soziologie des Lebenslaufs* die Bedeutung solcher Strukturen exemplarisch verdeutlicht werden. Im dritten Abschnitt werden dann Befunde und Ergebnisse über die begrenzte Reichweite von Strukturen des Lebenslaufs vor einem allgemeineren handlungstheoretischen Hintergrund diskutiert: die raumzeitliche Begrenztheit sozialer Strukturen lässt sich im Kontext sehr unterschiedlicher handlungstheoretischer Ansätze als Folge der Handlungskompetenz bzw. *agency* sozialer Akteure verstehen.

Das in den letzten Jahrzehnten stark gewachsene Interesse an *agency* als handlungstheoretische Kategorie erfordert jedoch eine intensive theoretische Analyse des Verhältnisses zwischen sozialen Strukturen einerseits und den Handlungskompetenzen der Akteure andererseits, wenn nicht die Möglichkeit zur Erklärung sozialen Handelns aufgegeben werden soll zugunsten einer voluntaristischen Deutung sozialer Phänomene. Das wechselseitige Konstitutionsverhältnisses zwischen der Mikroebene sozialen Handelns und der Makroebene sozialer Strukturen wurde in verschiedenen mikrosoziologisch ausgerichteten Ansätzen thematisiert: in seiner „Theorie der Strukturierung" bezeichnet Anthony GIDDENS dieses Verhältnis als die „Dualität von Struktur", Vertreter entscheidungstheoretischer Ansätze sprechen von der „Logik der Aggregation" und der „Logik der Situation", die das Verhältnis zwischen Strukturen und Handeln regeln. Schließlich liefern Konzepte, die *agency* als eine sich in der Zeit entwickelnde Handlungskompetenz sozialer Akteure konzeptualisieren, weitere theoretische Ansatzpunkte, um sowohl die *Stabilität* als auch die *Wandlungsfähigkeit sozialer Strukturen* zu verstehen.

3.1 Methodologische Programme und soziale Strukturen

Wie sich im letzten Kapitel gezeigt hat, hat WILSONs „interpretatives Paradigma" gegenüber dem von LINCOLN und GUBA vorgeschlagenen Paradigmenmodell den Vorteil, dass hierbei Forschungshandeln begründet wird durch Annahmen über die Natur des untersuchten Gegenstandbereichs: weil demnach soziales Handeln und soziale Interaktion aus einem fortlaufenden Prozess wechselseitiger Interpretation beruht, „*in dem sich im Ablauf der Interaktion Bedeutungen ausbilden und wandeln*" (WILSON 1970/1981) und weil Gesellschaftsmitglieder beständig auf diesen sich wandelnden Bestand an Bedeutungen zurückgreifen müssen, um ihr Handeln zu verstehen bzw. einander verständlich zu machen, können Sozialforscher sich nicht auf die „Methode deduktiver Erklärung" verlassen. Diese setzt nämlich, so WILSON, voraus, dass die „*Bedeutung einer jeden Behauptung, die in das Argument eingeht, unabhängig ist von den Umständen ihres Gebrauchs*" bzw. eine „*unveränderliche Bedeutung*" besitzt (ebd., S. 63). Die Tatsache, dass die Wissensvorräte, auf die soziale Akteure bei der Zuschreibung von Bedeutungen für Handlungen und signifikante Symbole zurückgreifen, nicht unveränderlich sind, sondern kontextabhängig variiert und im Prozess der Interpretation auch modifiziert werden können, erfordert eine explorative Forschungsstrategie, bei welcher Sozialforscher sich zuerst einen Zugang zu den Wissensvorräten der untersuchten sozialen Lebenswelt verschaffen. Dies ist nur möglich, wenn zu Beginn Daten in relativ unstrukturierter Form gesammelt werden.

Zwar weist die gesamte qualitative Forschungstradition keine einheitliche theoretische Ausrichtung auf und stellt insgesamt eben nicht ein Paradigma im Sinne KUHNS, sondern eher das dar, was im Englischen als eine *broad church* bezeichnet wird, unter deren Dach sich eine große Zahl unterschiedlicher Ansätze zusammenfinden, die sich auf verschiedene philosophische Wurzeln berufen, divergierende Konzepte sozialen Handelns und sozialer Akteure vertreten und unterschiedliche Methoden der Datenerhebung und -auswertung propagieren. Das Konzept des interpretativen Paradigmas hat jedoch für jenen Teil dieser Tradition, der als interpretative Soziologie bezeichnet wird, eine gegenstands- und theoriebezogene Begründung qualitativer Forschung geliefert.

Anders die quantitative Tradition, in der eine *einheitswissenschaftliche* Orientierung dominiert, wie sie bspw. Carl Gustav HEMPEL (1942) formuliert hatte, der die Notwendigkeit betont hatte, in allen empirischen Wissenschaften dieselben methodologischen Strategien zu verfolgen. Publikationen, die quantitatives Forschungshandeln in den Sozialwissenschaften auf einer solchen einheitswissenschaftlichen Basis begründen, tun dies i.d.R. nicht unter Bezugnahme auf den Gegenstand der empirischen Forschung, sondern mit wissenschaftstheoretischen Argumenten. Gängig ist der Verweis auf das deduktiv-nomologische und das hypothetiko-deduktive Modell (z. Bsp. OPP 1970/1976; FRIEDRICHS 1973/1980; KERLINGER 1979; KROMREY 1998; PRIM, TILLMANN 1987; OPP 1987; SCHNELL, HILL, ESSER 1999; ESSER 1993, S. 39 ff., ausführlich hierzu das vierte Kapitel), Konzepte, die aus der Wissenschaftsphilosophie und nicht aus Theorien über den sozialwissenschaftlichen Gegenstandsbereich stammen. Die wesentlichen Desiderata des einheitswissenschaftlichen, hypothetiko- bzw. nomologisch-deduktiven Modells betreffen nicht den *Gegenstandsbe-*

3.1 Methodologische Programme und soziale Strukturen

reich, sondern die *Struktur von Theorien*, deren *Rolle im Forschungsprozess* und deren *Verhältnis zu empirischen Beobachtungen* bzw. Daten: Theorien sind demnach Aussagen über allgemeingültige, raum-zeitlich universelle Zusammenhänge bzw. Gesetzmäßigkeiten, die vor einer empirischen Untersuchung zu formulieren und zu überprüfen sind durch objektive empirische Daten.

Wie bereits erläutert, gehen in der Methodendebatte viele Einwände, die die Vertreter der beiden Traditionen gegeneinander vorbringen, aneinander vorbei: von Seiten des interpretativen Paradigmas wird der einheitswissenschaftlichen Position vorgehalten, dass die wechselseitige Interpretation sozialen Handelns und die Kontextgebundenheit von Bedeutungen sowohl das Konzept objektiver Messung als auch die Idee der Existenz universeller Gesetzmäßigkeiten fragwürdig erscheinen lässt. Vertreter des hypothetiko-deduktiven Modells weisen qualitative Feldforschung als unwissenschaftlich zurück, weil deren Forschungsprozess nicht theoriegeleitet sei und deren Ergebnisse nicht auf objektiven und systematisch ausgewählten Informationen beruhe. Der Austausch der Argumente kommt an dieser Stelle im allgemeinen zum Stillstand, weil jeweils unterschiedliche und schwer aufeinander zu beziehende Ziele angestrebt werden – die Exploration bislang unbekannter Deutungsmuster und Wissensbestände auf der einen Seite, Theoriegeleitetheit des Forschungsprozesses und Objektivität der Datensammlung auf der anderen Seite.

Die Diskussion könnte allerdings aus dieser Sackgasse befreit werden, wenn sich ein gemeinsamer Boden finden ließe, auf dem beide Positionen ihre Argumente aufeinander beziehen könnten. Als dieser gemeinsame Boden können Annahmen über die *Reichweite der untersuchten Strukturen* dienen. Zwar bestehen nach wie vor sehr unterschiedliche theoretische Konzeptionen sozialer Strukturen in der Allgemeinen Soziologie, in der sich eine ganze Reihe von Theorietraditionen und Schulen herausgebildet haben, die bei der Erklärung der Regelmäßigkeiten sozialen Lebens jeweils unterschiedliche Schwerpunkte setzen[18], so dass sich die Situation heute nicht von jener unterscheidet, die bereits vor fast 30 Jahren BLAU mit den Worten beschrieben hatte, dass hier „*diverse conceptual schemes and theoretical viewpoints (...) reflect the existing state of the field.*" (1975, S.1). Zusätzlich hat sich eine *empirische Verwendungsweise* des Begriffs „Sozialstruktur" eingebürgert, der sich auf einen bestimmten Typus sozialstatistischer Untersuchungen bezieht – „Sozialstrukturanalyse" bezeichnet demnach die Suche nach Differenzen zwischen Personen(gruppen) hinsichtlich soziodemographischer und sozialstatistischer Merkmale bzw. die Suche nach Kovariationen zwischen diesen Merkmalen (vgl. ZAPF 1989, S.101; GEIßLER 1996).

Um den Gegenstandsbezug qualitativer und quantitativer Methoden zu klären, reicht aber ein *formaler Strukturbegriff* ohne eine soziologisch-inhaltliche Festlegung aus. Strukturen werden dabei ganz allgemein gleichgesetzt mit Regelmäßigkeit und Ordnung, die in dem Gegenstandsbereich einer empirischen Wissenschaft dann entsteht, wenn die dort anzutreffenden Gegenstände oder Ereignisse geordnete Beziehungen zueinander aufweisen. Beispiele hierfür liefern etwa Definitionen in der folgenden Art: „*Die Sozialstruktur bezeichnet den durch das Netzwerk der Beziehungen zwischen den sozialen Elementen vermit-*

---

18 So können diese Regelmäßigkeiten erklärt werden durch den Umstand, dass Menschen Verhaltenserwartungen folgen, die andere an sie richten, dass sie je individuell ihren Vorteil suchen, dabei aber vor dem Problem stehen, ihr Verhalten aufeinander abzustimmen, dass sie bei ihren Kooperationshandlungen voneinander faire Gegenleistungen erwarten, dass sie sich mehr oder weniger gekonnt vor anderen in Szene zu setzen versuchen, dass sie einen Schatz an materiellen und immateriellen Gütern aufhäufen oder zur Anpassung an bestimmte Erfordernisse ihrer sozialen Umwelt komplexe Handlungsmuster entwickeln, die ihnen zur zweiten Natur werden u.a.m

telten bzw. bewirkten Zusammenhang des gesellschaftlichen Ganzen" (MAYNTZ 1966, S.415), oder: „*Der erkennbare, relativ kontinuierliche soziale Wirkungszusammenhang in der Gesellschaft ist ihre Sozialstruktur.*" (FÜRSTENBERG 1995, S. 23). Ein solcher formaler Begriff sozialer Strukturen ist zwar empirisch und theoretisch nur wenig informativ, bietet aber den Vorteil, das er den kleinsten gemeinsamen Nenner repräsentiert, auf den sich auch Angehörige konkurrierender theoretischer und methodologischer Ansätze verständigen können.

Vertreter der nomologisch-deduktiven Position sehen das letztendliche Ziel soziologischer Theoriebildung in der Formulierung von Aussagen über Strukturen sehr umfassender (im Idealfall: universeller) Reichweite (z.B. ALBERT 1957/1980; ESSER 1993, S. 45). Vertreter des interpretativen Paradigmas haben demgegenüber betont, dass soziale Strukturen Sinn- und Bedeutungsstrukturen darstellen, die in Mikroprozessen sozialer Interaktion konstituiert, beständig reinterpretiert und modifiziert werden. Hinsichtlich der Frage nach der Reichweite der Strukturen würden sich diese beiden Positionen auf einem Kontinuum darstellen lassen zwischen dem einen Pol einer vollständigen Strukturiertheit sozialen Handelns durch übergeschichtliche Gesetzmäßigkeiten und dem anderen Pol einer völligen Situativität sozialen Handelns, dessen Strukturen nur in einzelnen Interaktionssituationen *face-to-face* bestehen.

Letzteres stellt nun eine unrealistische Extremposition dar, wie sie in der soziologischen Theoriedebatte fast nie bezogen wird. Gegen die vollständige Situativität sozialer Strukturen spricht bereits der Augenschein der Alltagserfahrung. Die Tatsache der Strukturiertheit des sozialen Lebens ist „*unserer naiven Erfahrung ebenso zugänglich (...) wie die Naturtatsachen*" und stellt ein triviales Faktum dar, das sich täglich vor den Augen aller Gesellschaftsmitglieder abspielt – und ihnen als „*ärgerliche Tatsache der Gesellschaft*" (DAHRENDORF 1958/1973, S.17) Beschränkungen auferlegt. Dies wird nicht nur von Vertretern strukturfunktionaler Soziologie bzw. des „normativen Paradigmas" betont, sondern auch von Vertretern interpretativer Ansätze eingeräumt: aus der Sicht der Gesellschaftsmitglieder sind soziale Strukturen „*eine Lebenswirklichkeit, die man zu beachten hat, oder man bekommt die Folgen zu spüren*", wie WILSON (1982, S. 490) es formuliert. Ein individueller Akteur, der versucht, soziale Normen vollständig zu ignorieren, werden von anderen Gesellschaftsmitgliedern in der Regel „*als zu gefährlich oder desorientiert definiert, als dass man ihm die gewöhnlichen, unbeschränkten Rechte in der Gruppe zugestehen könnte*" (ebd.). Eine extreme Position, die entgegen dem Augenschein des sozialen Alltagslebens die Existenz übersituativer sozialer Strukturen überhaupt bestreiten wollte, käme zudem einer wissenschaftspolitischen Bankrotterklärung gleich: mit einem Verzicht auf der Suche nach Ordnungen oder Strukturen in dem untersuchten Gegenstandsbereich würde man gleichzeitig den Anspruch opfern, diesen überhaupt wissenschaftlich erschließen zu wollen und müsste die Soziologie als wissenschaftliches Unternehmen beenden.

Diesen Nachteil kann der andere Extrempol, die Annahme einer vollständigen Determiniertheit allen sozialen Handelns durch universell gültige Gesetzmäßigkeiten, vermeiden. Dennoch ist eine einfache und sparsame Theorie, die eine begrenzte Anzahl universeller Regeln in der Art naturwissenschaftlicher Gesetze postuliert, mit deren Hilfe sich soziales Handeln in ähnlicher Weise erklären und vorhersagen lässt wie etwa der Fall von Körpern durch das NEWTONsche Gravitationsgesetz, bislang weder formuliert worden, noch ist eine solche Theorie, legt man den gegenwärtigen Diskussionsstand in der Allgemeinen Soziologie zugrunde, in nächster Zeit zu erwarten[19].

Dieser Umstand spricht aber nicht grundsätzlich gegen die Möglichkeit der Existenz universeller sozialer Strukturgesetze, zu deren Gunsten sich das häufiger geäußerte Argument anführen ließe, dass sich die Soziologie gegenüber den Naturwissenschaften möglicherweise noch im Stadium einer „unreifen Wissenschaft" befinde. Möglicherweise haben die Sozialwissenschaften wie die Physik oder Chemie der frühen Neuzeit noch mehr oder weniger lange Zeiten der Theorieentwicklung und empirischen Forschung vor sich, bevor sie den Stand einer reifen Wissenschaft erreichen, wie MERTON es bereits in den 1940er Jahren vermutet hatte: *„Perhaps sociology is not yet ready for its Einstein because it has not yet found its Kepler-to say nothing of its Newton, Laplace, Gibbs, Maxwell or Planck."* (MERTON 1949/1968; S.47).

Dabei darf nicht die Tatsache aus den Augen verloren werden, dass die Annahme von universell gültigen Gesetzmäßigkeiten auch in den Naturwissenschaften selber nur eine Hypothese darstellt, die zwar forschungsstrategisch und heuristisch sinnvoll ist (weil sie die Theorieentwicklung und empirische Forschung anregt), die aber letzten Endes empirisch niemals vollständig gesichert werden kann. Die Frage, ob allgemein anerkannte physikalische Gesetzmäßigkeiten tatsächlich zu allen Zeiten und an allen Orten des Universums ununterbrochen gegolten haben, lässt sich aufgrund des Mangels an empirischen Daten gar nicht entscheiden. Dieser Umstand, der in der Erkenntnistheorie unter der Überschrift „Induktionsproblem" seit langem diskutiert wird, hat nicht nur philosophische, sondern auch theoretische und empirische Implikationen, wie etwa immer wieder neu ausbrechende Debatten über die universelle Geltung bestimmter Naturkonstanten in der Physik belegen (aktuell etwa: MAGUEIJO, ALBRECHT 1999; MAGUEIJO 2003; MURPHY, WEBB, FLAMBAUM 2002). Umgekehrt ist natürlich auch der Umstand, dass sich bestimmte Phänomene im Gegenstandsbereich einer Wissenschaft nicht durch vorhandene Theorien erklären lassen, für sich genommen kein Beleg dafür, dass diese Phänomene nicht doch die Folge (gegenwärtig noch unbekannter) gesetzmäßiger Zusammenhänge sind. Dementsprechend lässt sich die Frage, ob in den Sozialwissenschaften tatsächlich universelle, raumzeitlich ungebundene Gesetze existieren oder nicht, aufgrund der vorhandenen Datenlage keinesfalls entscheiden, denn der Verweis darauf, dass bislang solche Gesetze nicht formuliert worden sind, kann grundsätzlich stets damit beantwortet werden, dass die entsprechenden Gesetzmäßigkeiten (noch) nicht entdeckt worden sind.

Annahmen über eine universelle Geltungsreichweite von Gesetzmäßigkeiten stellen nicht empirisch prüfbare theoretischen Aussagen dar, sondern repräsentieren Prämissen, die weder beweis- noch widerlegbar sind, auf denen aber die Forschungsarbeit einer bestimmten Wissenschaftlergemeinschaft oder -schule aufbaut, Annahmen also, die Thomas KUHN mit dem Begriff des „Paradigmas" zu beschreiben versucht hatte. Weil dieser Begriff aber in der wissenschaftsphilosophischen Debatte nicht nur wegen seiner Vagheit, Unklarheit

---

19 Eine Diskussion über die Frage, ob soziales Handeln durch raumzeitlich allgemeingültige, „nomologische" Gesetzmäßigkeiten im Prinzip vollständig erklärbar sei, wird in jüngerer Zeit etwa im Kontext entscheidungstheoretischer Ansätze geführt (vgl. KELLE, LÜDEMANN 1995, 1996; LINDENBERG 1996a,b; OPP, FRIEDRICHS 1996). Dabei ist allgemein unbestritten, dass die bislang vorgeschlagenen Konzeptionen eines entscheidungstheoretischen „nomothetischen Kerns" der Sozialwissenschaften den Mangel aufweisen, dass sich aus ihnen keine empirisch gehaltvollen Aussagen ableiten lassen ohne zusätzliche Hilfshypothesen und „Brückenannahmen", die sich aus diesem Kern nicht selber deduzieren lassen (vgl. KELLE, LÜDEMANN 1995; 1998; KELLE 1997a, S. 103 ff, ausführlich hierzu Abschnitt 4.4).

und Bedeutungsvielfalt kritisiert[20], sondern auch durch wissenschaftsgeschichtliche Untersuchungen in Frage gestellt wurde[21], soll im Folgenden stattdessen der von Imre LAKATOS vorgeschlagene Begriff des „Forschungsprogramms" verwendet werden. LAKATOS zufolge bestehen Forschungsprogramme aus „harten Kernen" und „Schutzgürteln". Der harte Kern umfasst leitende Annahmen, die aufgrund methodologischer Entscheidungen für unwiderlegbar erklärt wurden. Falsifiziert werden können nur die den Schutzgürtel bildenden Theorien, welche auf der Basis des harten Kerns und aufgrund von methodologischen Regeln entwickelt werden, die die *„Forschungswege (beschreiben), die man vermeiden soll (negative Heuristik) (und) Wege an(geben), denen man folgen soll (positive Heuristik)"* (LAKATOS 1982, S.47). Diese Überlegungen lassen sich ohne weiteres nicht nur auf inhaltliche, gegenstandsbezogene *Forschungsprogramme* im Sinne von LAKATOS, sondern auch auf *methodologische Programme* übertragen: der harte Kern eines methodologischen Programms würde dann bestimmte grundlegende, empirisch nicht geprüfte und ggfs. auch gar nicht prüfbare gegenstandsbezogene Annahmen enthalten, und die negativen und positiven Heuristiken würden demnach Regeln zur Auswahl und den angemessenen Einsatz von Methoden repräsentieren, die angeben, bei welchen Fragestellungen und zur Bearbeitung welcher Probleme welche Methoden eingesetzt werden sollen.

Der harte Kern eines streng nomothetisch ausgerichteten methodologischen Programmes könnte das Postulat enthalten, dass alle empirisch beobachtbaren Phänomene im Gegenstandsbereich durch raumzeitlich universelle sozialwissenschaftliche Gesetzmäßigkeiten strukturiert würden. Aus dieser gegenstandsbezogenen Kernannahme wäre die positive Heuristik abzuleiten, dass nur solche Methoden zu verwenden wären, mit deren Hilfe Gesetzeshypothesen über den Zusammenhang zwischen empirischen Phänomenen deduktiv aus allgemeineren Theorien abgeleitet und dann empirisch getestet werden können.

Formuliert man stattdessen die gegenstandsbezogene Annahme, dass soziale Strukturen durch die sozialen Handlungen und Interaktionen der Akteure beständig interpretiert und modifiziert werden, würde die positive Heuristik die Verwendung von Methoden verlangen, mit deren Hilfe die beständig neu hergestellten und durch soziales Handeln sich verändernden lokalen Strukturen stets von neuem anhand empirischer Beobachtungen identifiziert und beschrieben werden können.

Die Auswahl oder die Entwicklung eines sozialwissenschaftlichen methodologischen Programmes erfordert also Überlegungen dazu, ob es sinnvoll ist, von der Existenz übersituativer und sogar raumzeitlich universeller sozialer Strukturen auszugehen oder ob der Ge-

---

20 MASTERMAN (1974, S.61) weist darauf hin, dass KUHN den Paradigmenbegriff in 21 verschiedenen Bedeutungen verwendet, und das Verhältnis zwischen einem Paradigma und den sonstigen theoretischen Auffassungen, Annahmen und Konstrukten einer Forschergemeinschaft an keiner Stelle klärt. An vielen Stellen verwendet KUHN die Begriffe Paradigma und Theorie synonym, manchmal spricht er von *Theorien als Paradigmaartikulationen* (Kuhn 1962/1989, S.96), manchmal von *Paradigmatheorien* (ebd., S.41), manchmal von *Theorien als Paradigmen* (ebd., S.43). An einigen Stellen erweckt er den Eindruck, dass Theorien Paradigmen voraussetzen, an anderen, dass Theorien sich zu Paradigmen wandeln usw.

21 Wissenschaftsgeschichtliche Untersuchungen (vgl. TOULMIN 1974, 1972/1983, LAUDAN 1977, NERSESSIAN 1984, 1989) haben KUHNs zentrale Thesen, dass die leitenden Annahmen von Forschergemeinschaften unflexible Strukturen darstellen, die weitgehend implizit sind und nur *in toto* angenommen oder verworfen werden können und dass konkurrierende Theorieprogramme hinsichtlich ihrer grundlegenden Axiome, Grundsätze und leitenden Annahmen notwendigerweise unvergleichbar sind, nahezu widerlegt. Auch die Überzeugung, dass weite Perioden der Wissenschaftsgeschichte von der Vorherrschaft eines Paradigmas gekennzeichnet waren und in diesen Zeiten keine Änderungen wesentlicher Theorien und Annahmen von *scientific communities* stattgefunden habe, lässt sich vor dem Hintergrund wissenschaftshistorischer Befunde kaum aufrecht erhalten.

genstandsbereich durch Strukturen bestimmt wird, die beständig in konkreten Situationen entstehen und verändert werden. Betrachtet man die Untersuchungsgegenstände und die Ergebnisse verschiedener empirischer und angewandter Sozialwissenschaften, so zeigt sich, dass der Gegenstandsbereich oftmals gekennzeichnet ist durch *Strukturen begrenzter Reichweite*. Das sind einerseits situationsübergreifende soziale Strukturen, die über längere Zeit relativ stabil sind, um sich dann in relativ kurzen Zeiträumen grundlegend ändern und es sind andererseits solche sozialen Strukturen, die innerhalb einer bestehenden Gesellschaft eine begrenzte Heterogenität aufweisen. Weil diese Strukturen über lange Zeit und in bestimmten Kontexten sehr stabil sein können, wäre ein methodologisches Programm, das von ihrer permanenten Veränderung ausgeht, zu ihrer Beschreibung und Erklärung nicht angemessen. Berücksichtigt man Ergebnisse handlungstheoretischer Diskussionen der jüngeren Zeit, die in den folgenden Abschnitten näher dargestellt, werden sollen, wird auch ein methodologisches Programm, das von der Existenz (bislang noch unbekannter) universeller sozialer Gesetzmäßigkeiten ausgeht, ungeeignet sein zur Analyse solcher Strukturen. Diesen handlungstheoretischen Diskussionen zufolge lässt sich nämlich deren Begrenztheit als notwendige Folge bestimmter Merkmale sozialen Handelns verstehen, die mit einem Konzept raumzeitlich universeller sozialer Strukturen inkompatibel sind.

Gute Beispiele für solche raumzeitlich begrenzten und dennoch relativ stabilen situationsübergreifenden Strukturen kann eine Disziplin liefern, die selber sehr stark durch einen Dualismus zwischen qualitativen und quantitativen Methoden gekennzeichnet ist: die Soziologie des Lebenslaufs. Im Folgenden sollen zuerst wesentliche empirische Ergebnisse der Lebenslaufforschung referiert und anschließend erläutert werden, wie sich diese Ergebnisse handlungstheoretisch als Folge der Begrenztheit sozialer Strukturen verstehen lassen, wobei diese Begrenztheit wiederum als Folge eines wechselseitigen Konstitutionsverhältnisses von *agency* und Sozialstruktur gedeutet werden kann.

3.2 Der Lebenslauf als Struktur begrenzter Reichweite

Die moderne Lebenslaufsoziologie hat in zweierlei Hinsicht die Begrenztheit und Kontingenz von Strukturen des Lebenslaufs thematisiert: zum einen wurde der *historische und kulturelle Wandel*, dem diese Strukturen unterliegen, empirisch beschrieben und mit Hilfe verschiedener theoretischer Modelle mittlerer Reichweite, insbesondere dem *Kohortenmodell* und verschiedenen *Institutionalisierungs-* und *Segmentierungstheorien* erklärt. Zum anderen hat sich die Lebenslaufsoziologie mit der Frage befasst, inwieweit sich Lebenslaufstrukturen unter den Bedingungen von gesellschaftlichen Individualisierungsprozessen auflösen, weil wachsende Handlungsspielräume zu einer zunehmenden Pluralität und Heterogenität individueller Lebensläufe führen.

3.2.1 Historischer Wandel von Lebenslaufstrukturen

Strukturen des Lebenslaufs können in zweierlei Hinsicht begrenzt sein: sie können *erstens* die Biographie von Individuen in unterschiedlicher Weise beeinflussen, und *zweitens* können diese Strukturen sich selber im Zeitverlauf ändern. Sowohl die individuelle als auch die soziohistorische Kontingenz von Lebenslaufstrukturen ist empirisch gut beschreibbar. So liefert etwa die Bildungssoziologie zahlreiche Beispiele für den historischen Wandel von Lebenslaufmustern: zwar ist in der gegenwärtigen Debatte streitig, ob sich aus den Veränderungen des Bildungswesens zwischen den 1960er und 1980er Jahren eine Öffnung oder Schließung der Sozialstruktur ablesen lässt. Bestimmte Merkmale sozialen Wandels sind jedoch nicht zu übersehen – dass etwa ein „*katholisches Arbeitermädchen vom Lande*", das in den Debatten um soziale Chancengleichheit im Bildungswesen in den 1960er Jahren zum Paradigma kumulativer Benachteiligungen wurde, eine Universität besucht, ist seit den 1970er Jahren kein seltenes Ereignis mehr. Der intergenerationelle Transfer von sozialem Status und von Bildungskapital gibt ebenfalls gute Beispiele für die Kontingenz von Lebenslaufstrukturen, denn individuelle Abweichungen von der Tatsache, dass Kinder, deren Eltern hohe formale Bildungsabschlüsse aufweisen, selber häufiger weiterführende Schulen und Universitäten besuchen, treten häufig auf.

Insbesondere das Problem des historischen Wandels von Lebenslaufstrukturen hat die Soziologie des Lebenslaufs als theoretisches und empirisches Programm (für einen Überblick vergleiche ECARIUS 1996 oder SACKMANN 1998, S.15ff.) von ihren Anfängen an beschäftigt. Noch die ältere strukturfunktionalistische Theorie des Lebenslaufs nahm an, dass in allen Gesellschaften kulturunabhängige universelle Altersnormen existieren, die das „*timing*" von Lebensereignissen beeinflussen. Dieser Ansatz lenkt unsere Aufmerksamkeit auf den Umstand, dass in menschlichen Gesellschaften angesichts der universellen Tatsache biologischen Alterns immer das Problem besteht, die Stabilität der sozialen Ordnung zu gewährleisten, wobei dem Umstand Rechnung zu tragen ist, dass Gesellschaftsmitglieder in unterschiedlichen Phasen ihres Lebens über jeweils verschiedene Fertigkeiten verfügen. Die soziale Struktur (hier verstanden als System von Statuspositionen) kann nur dann aufrechterhalten werden, wenn sichergestellt wird, dass die Akteure in bestimmten Altersperioden an jeweils unterschiedlichen gesellschaftlichen Institutionen partizipieren. Indem normativ abgestützte Altersrollen entstehen, wird chronologisches Alter zur sozialen Strukturkategorie, zum universellen Kriterium für die Zuweisung von Statusrollen (vgl. CAIN 1964, S. 272). Institutionen bereiten die Individuen auf ihre Altersrollen vor, weisen ihnen die ihrem Alter entsprechenden Rollen zu und sequenzieren damit den Lebenslauf, wobei die Übergänge zwischen den verschiedenen Altersphasen durch *rites des passages* erleichtert werden. Die Altersstrukturiertheit des Lebenslaufs stabilisiert damit die gesamte soziale Struktur einer Gesellschaft, indem sie garantiert, dass soziale Positionen mit solchen Personen besetzt werden, die sich in den hierfür passenden Lebensphasen befinden.

In einer Reihe von empirischen Lebenslaufstudien wurden die Grenzen dieses Konzeptes der universellen normativen Ordnung des Lebenslaufs aufgezeigt: Abweichungen von dem normativ postulierten Lebenslauf sind empirisch relativ häufig zu beobachten und eine große Variation in der Aufeinanderfolge von Lebensereignissen ist empirisch gut feststellbar (z.B. RINDFUSS, SWICEGOOD, ROSENFELD 1987, MARINI 1978). Auch gaben Analysen der zeitlichen Variation von Statusübergängen in verschiedenen historischen Zeiträumen Anlass zu Zweifeln an einer historisch und kulturell universellen Geltung von Altersnormen. Kohortenvergleichende Lebenslaufstudien konnten nämlich empirisch aufzeigen, dass bestimmte Statusübergänge im Lebenslauf in früheren Zeiten eine wesentlich größere zeitliche Varianz aufweisen als in modernen Gesellschaften und dass vor allem in der ersten Hälfte des zwanzigsten Jahrhunderts eine Reduktion dieser Variabilität stattgefunden hatte

(ELDER 1978; WINSBOROUGH 1979)[22]. Solche Befunde machten deutlich, dass Strukturen des Lebenslauf in starkem Ausmaß historischem und sozialem Wandel unterliegen. Dies wiederum regte theoretische Entwicklungen an, in denen nicht mehr universelle, kulturunabhängige Normen im Mittelpunkt standen, welche den Lebenslauf hinsichtlich der Existenz und des Zeitpunkts von Statusübergängen strukturieren, sondern verstärkt die Dynamik des sozialen Wandels, die zu einer Veränderung von Strukturen im Lebenslauf führen kann, thematisiert wurde.

Ein Versuch dieser Erklärung bestand darin, Kohorten, definiert als *„Aggregat(e) von Individuen ... die ein gleiches Ereignis innerhalb eines gleichen Zeitintervalls erlebt haben"* (RYDER 1965, S. 845) selber als erklärende Variablen einzuführen. Einschneidende historische Ereignisse, wie Kriege, Revolutionen, ökonomische Krisen usw. beeinflussen, so RYDER, die Mitglieder einer Geburtskohorte in einer bestimmten Phase ihres Lebenslaufs und führen dazu, dass sie durch ähnliche Erfahrungen geprägt und ihre Lebensläufe in ähnlicher Weise strukturiert werden. Durch historische Bedingungskonstellationen können dabei ganze „*Kohortenschicksale*" entstehen.

Das Kohortenmodell liefert ein formales Modell für die Erklärung der historischen Kontingenz von Lebenslaufstrukturen: die Tatsache, dass die Mitglieder bestimmter Kohorten in bestimmten Lebensphasen gemeinsame, „prägende" Erfahrungen machen, hat zur Folge, dass Angehörige derselben Geburtskohorten gleiche (oder zumindest ähnliche) Handlungs- und damit auch Lebensverlaufsmuster entwickeln. Die Abfolge von Geburtskohorten ermöglicht und erklärt sozialen Wandel. Dieses Modell ist allerdings noch kein informatives, empirisch gehaltvolles Modell der beobachtbaren historischen Veränderungen von Lebenslaufmustern, sondern nur eine allgemeine theoretische Heuristik, die empfiehlt, bei der Erklärung der Veränderung von Strukturen des Lebenslaufs nach historischen Geschehnissen zu suchen, die die gemeinsamen Sozialisationserfahrungen von Mitgliedern einer Geburtskohorte bestimmen.

Theorien zur *Segmentierung* und *Institutionalisierung* des Lebenslaufs, die in den achtziger Jahren vorgelegt wurden, stellen nun Versuche dar, solche empirisch gehaltvollen soziologischen Theorien zu formulieren, welche den allgemeinen Trend zu einer zeitlichen Vereinheitlichung bestimmter Statusübergänge während der letzten Jahrhunderte, der in historisch-demographischen Studien überzeugend nachgewiesen wurde, erklären können. Aufgrund von Differenzierungsprozessen des Wohlfahrtsstaates hat sich nämlich, so MAYER und MÜLLER (1989), der *segmentierte Lebenslauf* entwickelt. Die Auflösung der Einheit von Konsumption und Produktion in ländlichen, bäuerlichen und städtischen Handwerker- und Kaufmannshaushalten brachte den Bürger als Individuum und Wirtschaftssubjekt hervor und schuf segmentierte soziale Rollen im Lebensverlauf.

> „Diese Differenzierung ist die Voraussetzung für das, was man überhaupt Struktur des Lebensverlaufs nennen kann, im Sinne einer variablen Teilhabe in voneinander geschiedenen sozialen Rollen im Verlauf des Lebens." (MAYER, MÜLLER 1989; S. 46).

---

22 Ein gutes Beispiel hierfür liefert wiederum eine kohortenvergleichende Betrachtung des Heiratsalters: Untersuchungen der historischen Demographie weisen darauf hin, dass seit der Mitte des 19. Jahrhunderts in Deutschland eine deutliche Vereinheitlichung des Heiratsalters stattgefunden hat (IMHOF 1984, S. 183). In vergangenen historischen Epochen war offensichtlich die Zeitspanne im Lebenslauf, in welcher bestimmte biographisch relevante Ereignisse stattfinden konnten, wesentlich größer als heute.

Eine zentrale Rolle kommt dabei dem modernen Wohlfahrtsstaat zu, der „*den Übergang zwischen den entsprechenden institutionellen Segmenten des Lebensverlaufs durch Zugangsregeln und Übergangsregeln*" (ebd., S. 53) definiert. Während hierbei die Tätigkeit des *Staates*, welcher den Lebenslauf strukturiert und ordnet, die zentrale erklärende Variable für die (historisch jeweils unterschiedliche) strukturelle Ausformung von Lebensläufen in modernen Gesellschaften bildet, rückt KOHLIs Theorie der Institutionalisierung des Lebenslaufs das *industriegesellschaftliche Erwerbssystem* in den Mittelpunkt. Die Konstitution der Industriegesellschaft durch abhängige Erwerbsarbeit erzeugt den „*chronologisch standardisierten Normallebenslauf*" (KOHLI 1985, S.2): die für die moderne Gesellschaft charakteristische Unterteilung des Lebenslaufs in die Lebensphasen der Kindheit, Jugend, des aktiven Erwachsenalters und des Ruhestands ergibt sich aus einer erwerbsbezogenen Dreiteilung erstens in die Phase, in der die Individuen durch Bildung und Ausbildung auf das Erwerbsleben vorbereitet werden, zweitens in die eigentliche Aktivitätsphase, und drittens in eine Ruhephase, in der die Menschen dem Erwerbssystem nicht mehr zur Verfügung stehen.

Die Tatsache, dass die zeitliche Variation des Eintritts bestimmter Statusübergänge seit der Mitte des 19. Jahrhunderts abgenommen hat, kann durch die theoretische Annahme einer durch den Wohlfahrtsstaat und das industriegesellschaftliche Erwerbssystem erzeugten Institutionalisierung und Segmentierung des Lebenslaufs erläutert werden. Diese Theorien der Segmentierung- und Institutionalisierung des Lebenslaufs repräsentieren damit typische „*Theorien mittlerer Reichweite*" (vgl. MERTON 1949/1968, S.50 ff): sie erklären die Tatsache der historischen Kontingenz der Strukturen des Lebenslaufs für einen bestimmten, zeitlich und räumlich begrenzten Bereich.

Durch die Thematisierung dieser historischen Kontingenz unterscheiden sich sowohl das Kohortenmodell als auch der segmentations- und institutionalisierungstheoretische Ansatz von strukturfunktionalen Theorien, welche den Lebenslauf als eine durch universelle, kulturübergreifende Altersnormen geprägte Struktur konzeptualisierten. Dennoch verlangt sowohl das Kohortenmodell als auch die Theorie der Segmentation oder die Theorie der Institutionalisierung eine strukturorientierte Sichtweise. Soziales Handeln an Statusübergängen in der Biographie erscheint als strukturiert entweder durch die Mitgliedschaft in einer bestimmten Kohorte, in der der einzelne seine Sozialisationserfahrungen macht, oder durch den offenen Druck wohlfahrtsstaatlichen Regiments bzw. durch den „stummen Zwang" ökonomischer Verhältnisse. Insbesondere im Kohortenmodell RYDERs wird die „Prägung" individuellen Handelns durch eine kohortenspezifische Sozialisation betont: „*Jede neue Kohorte tritt in einen neuen Kontakt zum sozialen Erbe der Gegenwart und behält diese Prägung lebenslang*" (RYDER 1965, S. 844). Kohorten konstituieren *Makrobiographien*, denen der einzelne ebenso schwer entrinnen kann wie dem Einfluss wohlfahrtsstaatlicher Institutionen. Im Unterschied zu den von frühen strukturfunktionalistischen Ansätzen postulierten kulturübergreifenden Altersnormen handelt es sich hierbei aber um Strukturen mit begrenztem, soziohistorisch kontingentem Geltungsbereich.

3.2.2 Gesellschaftliche Individualisierung und die Pluralisierungsthese

Ein weiterer Theoriestrang, der Veränderungen in der Struktur des Lebenslaufs in modernen Gesellschaften zu erklären versucht, thematisiert eine andere Art der Begrenztheit von Lebenslaufstrukturen. Wie die Institutionalisierungs- und die Segmentierungstheorie setzen verschiedene Spielarten der *Pluralisierungsthese* an an den seit der Aufklärung im abendländischen Kulturraum stattfindenden säkulären Prozessen der Freisetzung des Individuums aus traditionalen Bindungen an Familie und Stand. Unter Rückgriff auf individualisierungstheoretische Ansätze (vgl. ECARIUS 1996; FRIEDRICHS 1998) betont die Pluralisierungsthese die Bedeutung zunehmender „Handlungsspielräume" (WEYMANN 1989) in der modernen Industriegesellschaft, die für die Akteure eine wachsende Autonomie über das eigene Leben unbeeinflusst von sozialen Strukturzwängen erzeugen. Es kommt zu Individualisierungsprozessen, in deren Verlauf Einstellungen, Normen und Handlungsmuster in immer stärkerem Maße die Folge individueller Entscheidungen und immer weniger von sozialen Herkunftsmilieus, Klassen- oder Standeszugehörigkeiten bestimmt werden (VAN DEN BROEK, HEUNKS 1994, S.72). Solche Tendenzen können sich etwa aus der Institutionalisierung des Lebenslaufs ergeben, indem die *„erfolgreiche Institutionalisierung der Normalbiographie (...) die Möglichkeit (schafft), sich individualisierend davon abzustoßen."* (KOHLI 1988, S.42). Auf einem Höhepunkt der Institutionalisierung des Lebenslaufs käme es dann, begünstigt durch die hierdurch in Gang gesetzten Individualisierungsprozesse vor allem im familiären Bereich zu dessen Destandardisierung.

Tatsächlich liefert die empirische Lebenslaufforschung eine ganze Reihe von empirischen Hinweisen für eine in den letzten Dekaden wieder zunehmende Heterogenität und Pluralität bestimmter Strukturen des Lebenslaufs. So lässt sich etwa bei jüngeren Geburtskohorten eine deutliche Zunahme der Streuung des Erstheiratsalters (DIEKMANN 1996) oder eine wachsende Varianz der weiblichen und männlichen Berufsverläufe empirisch gut nachweisen (BUCHMANN, SACCHI 1995). Die Frage jedoch, ob die Sozialstruktur der (west)deutschen Industriegesellschaft seit den siebziger Jahren einen tief greifenden Wandel durch einen neuen „Individualisierungsschub" erfährt, hat Anlass gegeben zu heftigen Kontroversen in der deutschen Soziologie. Gegen die individualisierungstheoretische Annahme einer sinkenden Bedeutung der Klassenherkunft haben etwa MAYER und BLOSSFELD (1989), gestützt auf kohortenvergleichende Studien, eingewendet, dass in vergangenen Jahrzehnten die Statuskontinuität zwischen Geburtskohorten[23] nicht ab- sondern zugenommen habe. Beide Autoren kommen zu dem Schluss, dass *„die Sozialstruktur nicht (...) zunehmend offener und mobiler (sondern ...) geschlossener und immobiler"* wird (MAYER, BLOSSFELD 1990, S. 311). Und FRIEDRICHS kommt, eine Reihe von empirischen Untersuchungen resümierend, die die faktische Pluralisierung von Lebenslaufmustern zum Gegenstand haben, sogar zu der Auffassung, dass *„die empirischen Befunde eher gegen als für die These"* zunehmender Pluralisierung sprechen (FRIEDRICHS 1998, S.11).

Insgesamt liefern die bisherigen empirischen Befunde nicht nur ein uneinheitliches Bild, sie lassen sich zudem oft unterschiedlich deuten. Eine empirisch feststellbare Veränderung von Lebenslaufmustern kann in vielen Fällen sowohl als ein Beleg für eine wachsende Pluralisierung von Lebensläufen als auch als ein Hinweis auf die Entstehung neuer Strukturen mit großer Reichweite gewertet werden, die starke Ligaturen für die Akteure erzeugen. So kann etwa eine zwischen 1950 und 1990 festgestellte sinkende Vorhersagekraft soziodemographischer Variablen für Wahlverhalten, Kirchgangshäufigkeit und Gewerkschaftsmitgliedschaft (SCHNELL, KOHLER 1998) sowohl im Sinne einer abnehmenden Prägekraft soziokultureller Milieus gedeutet werden, als auch als Folge von unbeobachteter Heterogenität, bedingt durch eine ungenügende Berücksichtigung neuer sozialer Milieus,

---

23 Empirische Grundlage für diese Argumentation bildeten vergleichende Analysen dreier Geburtskohorten: 1929-31, 1939-41 und 1949-51.

die in den Daten nicht ausreichend abgebildet werden können (MÜLLER 1998). Der empirisch beobachtbare Rückgang der Heirats- und Geburtenraten muss nicht unbedingt durch eine Pluralisierung von Lebensformen bedingt sein, sondern kann auch der Ausdruck der Ausdifferenzierung einer neuen Lebensphase im dritten Lebensjahrzehnt sein, in der die Individuen vor einer Familiengründung eine Zeitlang allein oder unverheiratet zusammen leben (BURKART 1993, 1998) usw.

Solchen Überlegungen ist wiederum entgegen gehalten worden, dass Individualisierungsprozesse nicht automatisch zu einer Pluralisierung von Handlungsmustern führen müssen, sondern gleichermaßen neue sozialen Einbindungen und als deren Folge wieder eine wachsende Strukturiertheit des Lebenslaufs erzeugen können (vgl. BECK, BECK-GERNSHEIM 1993). Individualisierung, *"verstanden als ein Abbau traditionaler normativer Verbindlichkeiten"*, muss natürlich nicht, wie HUININK und WAGNER argumentieren, *"per se eine Erweiterung der Optionsvielfalt bei der Wahl der Lebensform"* bedeuten (HUININK, WAGNER 1998, S. 103). Denn es *"kann eine Schwächung traditionaler Normen durch einen Aufbau neuer Regelungen und Institutionen abgelöst werden."* (ebd.). Bereits in seiner Monographie über die „Risikogesellschaft", die den Diskurs über die Individualisierungsthese in den 1980er Jahren stark vorangetrieben hat, vertrat Ulrich BECK die Auffassung:

> „Der einzelne wird zwar aus traditionalen Bindungen und Versorgungsbezügen herausgelöst, tauscht dafür aber die Zwänge des Arbeitsmarktes und der Konsumexistenz und der in ihnen enthaltenen Standardisierungen und Kontrollen ein. An die Stelle traditionaler Bindungen und Sozialformen (soziale Klasse, Kleinfamilie) treten sekundäre Instanzen und Institutionen, die den Lebenslauf des einzelnen prägen und ihn gegenläufig zu der individuellen Verfügung, die sich als Bewusstseinsform durchsetzt, zum Spielball von Moden, Verhältnissen, Konjunkturen und Märkten machen." (BECK 1986, S.211)

Es lässt sich also festhalten, dass in der Lebenslaufsoziologie gegenwärtig kein Konsens über die Pluralisierungsthese besteht, die Frage also weiterhin zur Debatte steht, ob gesellschaftliche Modernisierungsprozesse eine Vervielfältigung von Handlungsoptionen und -spielräumen für individuelle Akteure bewirkt haben, die zu einer zunehmenden Pluralisierung und Heterogenität von Lebenslaufmustern führen, oder ob neue Strukturen kulturell geprägt und institutionell verfestigt werden, die einer freien Entfaltung individueller Lebensläufe jenseits gesellschaftlicher Zwänge enge Grenzen setzen. Einig ist man sich allerdings darüber, dass sich Strukturen des Lebenslaufs im Übergang zwischen Industriegesellschaft und postindustrieller Gesellschaft fortgesetzt gewandelt haben und weiterhin wandeln. Seit Strukturfunktionale Erklärungsansätze in den 1970er Jahren an Attraktivität verloren haben, wurde keine allgemeine Theorie mehr formuliert, in welcher versucht wurde, Lebenslaufstrukturen und ihren Wandel auf die Wirkung universeller, kulturübergreifender sozialer Gesetzmäßigkeiten zurückzuführen.

3.3 Handlungstheoretische Interpretationen von Strukturen begrenzter Reichweite

Das Kohortenmodell, Institutionalisierungs- und Segmentierungstheorien des Lebenslaufs auf der einen Seite und die These von der Pluralisierung von Lebenslaufmustern auf der anderen Seite thematisieren die Begrenztheit von Lebenslaufstrukturen in jeweils unterschiedlicher Weise:

3.3 Handlungstheoretische Interpretationen von Strukturen begrenzter Reichweite

Das Kohortenmodell, die Institutionalisierungs- und Segmentierungstheorien konzentrieren sich auf die Erklärung des *historischen Wandels* von Lebenslaufstrukturen im Vergleich zwischen Geburtskohorten und versuchen Fakten zu erklären wie die Tatsache, dass in der Abfolge der Geburtskohorten das *durchschnittliche Heiratsalter* in der Zeit zwischen 1850 und 1950 sinkt, um danach wieder anzusteigen. Betrachtet werden dabei aggregierte Handlungsergebnisse von Bevölkerungen oder Teilen der Bevölkerung, welche durch Strukturen begrenzter Reichweite erklärt werden: Im Kohortenmodell RYDERS etwa werden Mitglieder einer Geburtskohorte durch gemeinsame Sozialisationserfahrungen in bestimmte Handlungsmuster eingeübt, die sie während ihres gesamten Lebenslaufs beibehalten. Der Wandel jener normativen Orientierungen, die den Lebenslauf strukturieren, wird dabei jedoch nicht durch eine noch allgemeinere soziologische Handlungs- oder Systemtheorie erklärt, sondern (soziologisch gesehen) durch externe Strukturgeber, wie etwa den technischen, ökonomischen oder politischen Wandel. In dieser Art von Theorie werden also soziale Prozesse beschrieben, die durch Strukturen gesteuert werden, die im Rahmen bestimmter räumlicher und zeitlicher Grenzen recht stabil sein können, aber über diese Grenzen hinaus als Strukturen soziohistorisch kontingent sind, das heißt sich in einer durch die entsprechende Theorie nicht prognostizierbaren Weise ändern können.

Die Pluralisierungsthese postuliert darüber hinaus eine (wachsende) *individuelle Kontingenz* von Lebenslaufstrukturen *innerhalb* bestimmter Kohorten, indem sie auf die prinzipielle Möglichkeit der Individuen verweist, sich zwischen verschiedenen Handlungsoptionen zu entscheiden und annimmt, dass aufgrund historischer Bedingungskonstellationen Gelegenheitsstrukturen entstanden sind, welche den Individuen die Wahl zwischen einer wachsenden Anzahl von Alternativen eröffnen.

Das Problem der Kontingenz von Lebenslaufstrukturen wirft somit die Frage nach der *Erklärung sozialen Wandels* auf, eine Frage, auf die eine Antwort durch zwei unterschiedliche Strategien der Theoriebildung gesucht werden kann (vgl. WEYMANN 1998):

- Es kann *erstens* versucht werden, nach universellen Gesetzmäßigkeiten zu suchen, die den Aufbau, die Umgestaltung und die Auflösung sozialer Institutionen steuern, und deren Kenntnis es ermöglichen würde, Prozesse sozialen Wandels umfassend zu erklären. Universelle Theorien über eine Abfolge makrosozietärer Zustände, die von allen menschlichen Gesellschaften durchlaufen werden, versuchen etwa, Prozesse zu erfassen, die sich hinter dem Rücken der handelnden Menschen mit Notwendigkeit durchsetzen. Solche theoretischen Lösungsversuche des Problems sozialen Wandels beschränken sich keineswegs nur auf geschichtsphilosophische Entwicklungstheorien des 19. Jahrhunderts (etwa die Theorien COMTES oder der „historische Materialismus" von MARX und ENGELS). Der Anspruch, durch eine „*genaue Kenntnis gesellschaftlicher Bedingungen und universaler Evolutionsdynamiken den Gang der Geschichte vorhersagen zu können*" (WEYMANN 1998, S. 98), reicht bis zu strukturfunktionalistischen Theorieansätzen in der Nachfolge PARSONS.
- Die Tatsache sozialen Wandels kann *zweitens* zum Anlass genommen werden, die Bedeutung sozialer Akteure zu thematisieren, ihre Rolle bei sozialen Veränderungsprozessen genauer zu untersuchen und ggfs. in den Mittelpunkt der Theoriebildung zu stellen. Beispiele für solche theoretischen Ansätze liefern die verschiedenen Schulen und Theorierichtungen der Mikrosoziologie, die, wie der symbolische Interaktionismus, die phänomenologische Soziologie oder die pragmatistische Sozialphilosophie,

ihren Fokus auf die Konstruktion der sozialen Wirklichkeit durch die Akteure richten. Sozialer Wandel wird dann dadurch erklärbar, dass *„gesellschaftliche Wirklichkeit (...) ununterbrochen aus fortlaufenden Interpretationen der Akteure neu und stets verändert hervor(geht)."* (WEYMANN 1998, S.35).

Die erste Alternative, die Suche nach universellen Gesetzmäßigkeiten auf der makrosozietären Ebene, hat in der Lebenslaufsoziologie (wie in vielen anderen Bereichen der Sozialwissenschaften auch) keine erklärungskräftigen und empirisch haltbaren Theorien hervorgebracht – vielmehr wurde das ursprünglich von strukturfunktionalen Ansätzen vorgetragene Postulat universeller Altersnormen, welche den Lebenslauf kultur- und gesellschaftsübergreifend in ein strukturelles Korsett zwängen, von der empirischen Forschung grundlegend relativiert. Indem Abweichungen von dem normativ postulierten Lebenslauf in verschiedenen historischen Epochen erforscht und die relativ häufig zu beobachtende Variation in der zeitlichen Aufeinanderfolge von Lebensereignissen sichtbar gemacht wurde, konnten Lebenslaufstudien relativ schnell aufzeigen, dass die Annahme universeller Strukturen des Lebenslaufs empirisch kaum zu stützen ist.

In dem Maße, wie die Existenz von soziohistorisch kontingenten Strukturen des Lebenslaufs und von Handlungsspielräumen der Akteure von der Lebenslaufforschung erkannt wurde, gewannen solche mikrosoziologischen Ansätze, die in bewusster und starker Abgrenzung zu makrosoziologisch orientierten Theorien die Entscheidungsspielräume und Wahlmöglichkeiten individueller Akteure betonen, hier an Bedeutung (vgl. HEINZ 1991, 1992, 2000; SACKMANN, WINGENS 2001).

Für die Pluralisierungsthese, d.h. für die These der zunehmenden *individuellen Kontingenz* von Lebenslaufstrukturen stellt eine *akteursorientierte Sichtweise* ohnehin eine unhintergehbare Grundlage dar. Ein akteursorientierter Ansatz kann aber auch dann eine wichtige Bedeutung erhalten, wenn die Annahme wachsender Handlungsspielräume mit (mehr oder weniger plausiblen) empirischen Argumenten bestritten wird, indem zum Beispiel darauf hingewiesen wird *„dass auch in der Vergangenheit wahrscheinlich ein höheres Maß an individueller Entscheidungsfreiheit vorhanden war, als wir häufig annehmen"* (BURKART 1998, S. 117). Entscheidungsfreiheit wäre in diesem Fall als eine handlungstheoretische Universalie zu betrachten, die die Tatsache der empirisch zu beobachtenden – mehr oder weniger großen – Varianz von Statusübergängen in allen Kulturen zu allen Zeiten erklären kann:

„(...) people of the same age do not march in concert across major events of the life course; rather they vary in pace and sequencing (...) Entry into full-time job, completion of schooling, cohabitation and marriage, childbearing – these and other events in the transition to adulthood are not experienced by all members of a birth cohort, and those who experience them do so at widely varied times in life. Even in highly constrained societies, such as Maoist China, individual agency ensures a measure of loose coupling in lived experience." (ELDER 1995, S. 110 f.)

In dieser Sichtweise wird der „endogene Kausalzusammenhang" des Lebenslaufs zu einer „lockeren Verbindung" zwischen Lebensereignissen und strukturellen Einflüssen. Die empirisch vorfindbare Kontingenz von Lebensläufen wird dabei erklärbar durch „*human agency and self regulation*". „*Agency of individuals and their life choices ensure some degree of loose coupling between social transitions and stages.*" (ELDER, O'RAND 1995, S. 457).

Diese lebenslaufsoziologischen Überlegungen konvergieren dabei mit theoretischen Entwicklungen im Bereich der Sozialisationstheorie, die die Eigentätigkeit der Akteure betonen. „*Socialization is not something that happens to children, it is a process in which children, in interaction with others, produce their own peer culture and eventually come to reproduce, to extend, and to join the adult world.*" (CORSARO 1992, S. 175). Viele neuere sozialisationstheoretische Ansätze konzipieren Sozialisation als lebenslangen Prozess, „*which goes beyond social reproduction and implies individual agency*" (HEINZ 2002, S. 44). Den Rahmen für eine *Selbstsozialisation* der Akteure, die durch „*self-initiated learning mechanisms*" (ebd. S. 55) gesteuert wird, liefert der Lebenslauf. Der Zwang zur Selbstsozialisation wird dabei immer mehr gesteigert durch säkulare makrosozietäre Entwicklungen, die charakteristisch sind für posttraditionale Gesellschaften:

> „Modern societies are characterized by the erosion of traditional ways of living which have been replaced by risky action spaces. Institutions tend to assign the responsibility for shaping one's own life to the person by making him/her accountable for biographical decisions. The life course turns into a 'biography of choice' between options which confront persons with high demands for weighing alternatives, coordinating outcomes and repairing failures." (HEINZ 2002, S. 48)

Agency, die Fähigkeit sozialer Akteure, selbständige Entscheidungen zu treffen, wird damit zu einem entscheidenden Mechanismus bei der Erklärung von Lebensläufen und ihren Strukturen.

Ein solcher Ansatz repräsentiert nun selber keine empirisch gehaltvolle Theorie über konkrete Strukturen im Lebenslauf, sondern nur eine Theorieheuristik, die Anweisungen darüber umfasst, welche Phänomene bei der Formulierung solcher Aussagen zu berücksichtigen sind. Das Konzept der *agency* wird damit zur Kernannahme eines gleichermaßen anspruchsvollen wie riskanten Forschungsprogramms, denn mit Verweis auf *agency* könnten alle Bemühungen um die Formulierung empirisch gehaltvoller Theorien über Lebenslaufstrukturen konterkariert bzw. unterhöhlt werden, weil es ja ein zentrales analytisches Merkmal dieses Konzeptes ist, wie es BHASKAR formuliert „*that the agent could have acted otherwise.*" (1979, S. 146). Jeder theoretischen Aussage über die konkrete Gestaltung von Lebenslaufstrukturen könnte unter dieser Perspektive nämlich mit dem Argument begegnet werden, dass deren Geltung ohnehin nur an den Willen und an kontingente Entscheidungen individueller Akteure gebunden sei.

Ein radikaler Voluntarismus, d.h. die Annahme einer vollständigen Kontingenz sozialen Handelns widerspricht aber zu offensichtlich jeder (auch alltäglichen) Wahrnehmung. In der soziologischen Theoriedebatte sind nun eine Reihe von Vorschlägen gemacht worden, wie die unmittelbar evidente Strukturiertheit sozialen Handelns mit der Fähigkeit menschlicher Akteure zu *agency* vermittelt werden könnten. Diese Vorschläge wurden vor allem im Kontext *mikrosoziologischer* Schulen und Ansätze formuliert, d.h. im Rahmen von Theorietraditionen, die einen ausgeprägten methodologischen Individualismus vertreten, indem sie soziale Strukturen letztendlich auf das Handeln individueller Akteure zurückführen. Hierzu gehören *erstens* interaktionistische Theorien aus dem Kontext des interpretativen Paradigmas. Eine theoretische Orientierung, die den sozialen Akteuren eine entscheidende Rolle bei der Entwicklung, Veränderung und Auflösung sozialer Strukturen zuweist, kann *zweitens* auch vor einem gänzlich anderen Hintergrund verfolgt werden: entscheidungstheoretische Modelle, mit deren Hilfe makrosozietäre Prozesse unter Rückgriff auf die Präferenzen, Entscheidungen und Handlungen individueller Akteure erklärt und beschrieben werden, verstehen soziale Strukturen ebenfalls als Produkt zielgerichteter Interaktionen sozialer Akteure, die ihr Handeln aufeinander abstimmen müssen (COLEMAN 1991).

Sowohl für die entscheidungstheoretische als auch für die interaktionistische Theorietradition stellt das Wechselverhältnis zwischen sozialen Strukturen auf der einen Seite und sozialen Akteuren auf der anderen Seite ein theoretisches Problem ersten Ranges dar, oft als *Mikro-Makro-Problem* bezeichnet (vgl. EISENSTADT, HELLE 1985; HELLE, EISENSTADT 1985; COLLINS 1987, S. 177f.; OPP 1992; S.144; MÜNCH, SMELSER 1987; ALEXANDER, GIESEN 1987; ERZBERGER 1998, S. 80 ff.). Hierbei wird davon ausgegangen, dass empirische Beschreibungen soziologisch relevanter Sachverhalte auf zwei verschiedenen Ebenen erfolgen können: auf der Mikroebene individueller Entscheidungen, Handlungen und Interaktionen sozialer Akteure[24], oder aber auf der Makroebene größerer sozialer Einheiten[25]. Diese beiden Ebenen werden in verschiedenen soziologischen Theorieansätzen unterschiedlich konzeptualisiert, und die Teilnehmer an den Debatten um das Mikro-Makro Problem haben sich bislang nicht darüber einigen können, durch welche Merkmale genau sich Mikro- und Makrotheorien sozialer Phänomene genau voneinander differenzieren lassen[26]. Die beiden Ebenen brauchen aber gar nicht von vornherein auf eine ausgearbeitete und integrierte Theorie sozialen Handelns und sozialer Strukturen bezogen zu werden, sondern sie können einfach nur als ein deskriptiver und formaler Versuch betrachtet werden, soziologische Begriffe und Aussagen durch eine Unterscheidung von Beschreibungsebenen verständlicher zu machen. Die Mikro-Makro-Unterscheidung beschreibt dann verschiedene *Gegenstandsbereiche* sozialwissenschaftlicher Theoriebildung, wobei sich diese Ebenen auch überschneiden können: bei der Untersuchung von Handlungen einflussreicher Akteure (z.B. von Regierungen, Vorständen von Großunternehmen, Parteien, Verbänden....) kann es zum Beispiel fraglich sein, ob hier Vorgänge auf der Mikro- oder der Makroebene beschrieben werden.

Sowohl im Kontext der interaktionistischen als auch der entscheidungstheoretischen Tradition wurden Vorschläge dazu entwickelt, wie das Wechselverhältnis von Phänomenen auf der Mikro- und Makroebene, zwischen sozialem Handeln und sozialen Strukturen, konzeptualisiert werden kann. Im Folgenden sollen verschiedene Modelle dieses Wechselverhältnisses diskutiert werden: *erstens* das Konzept der „*Dualität von Struktur*", welches Anthony GIDDENS, dabei unter anderem aufbauend auf Arbeiten aus der Tradition der interpretativen Soziologie, entwickelt hat, *zweitens* der Vorschlag Hartmut ESSERS, die Makroebene sozialer Strukturen mit der Mikroebene sozialen Handelns durch die „*Logik der Situation*" und die „*Logik der Aggregation*" miteinander zu verbinden, und *drittens* theore-

---

24　Empirische Sachverhalte auf dieser Beschreibungsebene könnten bspw. eine *einzelne* Scheidung, ein *einzelner* Suizid sein.

25　Empirische Sachverhalte auf einer solchen Ebene sind dann bspw. Suizid*häufigkeiten* oder Scheidungs*raten*, aber auch bestimmte verbreitete kulturelle Normen und Einstellungsmuster dem Suizid oder der Scheidung gegenüber.

26　Die Verwendungsweisen reichen dabei von eher theoretischen Unterscheidungen (Makro-Theorien beziehen sich demnach auf die Strukturen sozialer Systeme, Mikrotheorien auf die Interaktion zwischen Individuen, vgl. HELLE, EISENSTADT 1985) bis zu hin zu rein empirischen Definitionen („*We define any concept or statement referring to an aggregate of individual actors as 'macrosociological'*" (OPP 1992, S.144)). So kommen MÜNCH und SMELSER angesichts der Tatsache „*that the terms 'micro' and 'macro' have been assigned a number of diverse meanings and that these meanings are not always consistent with one another*" (MÜNCH, SMELSER 1987, S.357) zu dem Schluss, dass diese Unterscheidung nur zu *analytischen Zwecken* zu verwenden ist, in konkreter Beziehung auf einen Untersuchungsgegenstand.

tische Ansätze, die in Anknüpfung an die *pragmatistische Sozialphilosophie* DEWEYs und MEADs die *temporalen Aspekte* der Handlungskompetenz sozialer Akteure betonen.

3.3.1 Die „Dualität von Struktur"

Mit dem Begriff der „*Dualität von Struktur*" versuchte GIDDENS den Umstand zu beschreiben, dass Strukturen auf der Makroebene und soziales Handeln auf der Mikroebene in einem wechselseitigen Konstitutionsverhältnis stehen. Strukturen auf der Makroebene sind in gewisser Weise unabhängig vom Handeln individueller Akteure – soziale Strukturen „*greifen soweit in Raum und Zeit aus, dass sie sich der Kontrolle eines jeden individuellen Akteurs entziehen*", Gesellschaft ist also keine „*beliebig formbare Schöpfung menschlicher Subjekte*", wie die Phänomenologie und verschiedene hermeneutische Ansätze irrtümlich annehmen würden (GIDDENS 1988, S.78). Allerdings können soziale Strukturen wegen der *agency* der Akteure, ihrer grundsätzlichen Fähigkeit „*einen Unterschied herzustellen*" (GIDDENS 1988, S. 66) Handlungen zwar einschränken oder ermöglichen, nicht aber vollständig determinieren. Strukturen können nur insoweit wirksam werden, als sie von den handelnden Akteuren verstanden und in konkreten Interaktionssituationen reproduziert werden. „*Gemäß dem Begriff der Dualität von Struktur sind die Strukturmomente sozialer Systeme sowohl Medium wie Ergebnis der Praktiken, die sie rekursiv organisieren*" (GIDDENS 1988, S.78). Die evidente Tatsache der Stabilität von Strukturen erklärt GIDDENS mit der Ubiquität *routinisierten Handelns*. Ein zentraler Gegenstand seiner Analysen ist der Umstand, dass Akteure (obwohl sie prinzipiell die Fähigkeit zu selbständigen Handlungen und Entscheidungen besitzen) nahezu ununterbrochen in Routinen handeln und auf diese Weise soziale Strukturen und Systeme in ihrer Alltagspraxis beständig reproduzieren (vgl. BARNES 2000, S. 27). Zu diesem Zweck verfügen sie über einen umfassenden Wissensschatz „*über gesellschaftliche Konventionen, über sich selbst und über andere menschliche Wesen, das in der Fähigkeit steckt, in der Vielfalt gesellschaftlicher Kontexte sich zurechtfinden zu können*" (GIDDENS 1988, S.78). Strukturen existieren nur vermittelt durch dieses Wissen, welches kompetente Gesellschaftsmitglieder zur praktischen Durchführung ihrer sozialen Aktivitäten befähigt.

Soziale Strukturen sind also zentrale Ressourcen für die Akteure, auf die sie in ihrem Alltagshandeln beständig routinemäßig zugreifen.

> „Active agents are said to draw upon the elements of social structure and put them to use, thereby constituting the specific social system in which they live and reconstituting the social structure itself as a set of rules and resources available to be drawn upon and used." (BARNES 2000, S. 26)

Akteure besitzen allerdings die prinzipielle Fähigkeit zu *agency*, die ihnen erlaubt, externen Beschränkungen zuwider zu handeln und auf diese Weise Strukturen und Systeme zu transformieren, in denen diese Beschränkungen herrschen, auch wenn sie von dieser Möglichkeit im Strom routinisierten Alltagshandelns nur selten Gebrauch machen. Denn: „*Ein Handelnder zu sein setzt mithin die Fähigkeit voraus, eine Reihe von Kausalkräften (dauerhaft im Strom des Alltagslebens) zu entfalten (...) 'einen Unterschied herzustellen' zu einem vorher existierenden Zustand oder Ereignisablauf, d.h. irgendeine Form von Macht auszuüben*" (GIDDENS 1988, S. 66). Nach dieser Auffassung charakterisiert der Gebrauch von Macht, die Fähigkeit zur Einflussnahme, nicht spezifische Verhaltensweisen, sondern ist mit der Handlungsfähigkeit der Akteure, ihrer *agency* logisch verknüpft, auch wenn Akteure in bestimmten Situationen über unterschiedlich große Machtressourcen bzw. Handlungsspielräume verfügen oder diese Handlungsspielräume unterschiedlich nutzen.

3.3.2 Logik der Situation und Logik der Aggregation als Mikro-Makro-Verbindung

Auch im Kontext entscheidungstheoretischer Ansätze existiert eine umfangreiche Diskussion darüber, wie die *Makroebene sozialer Strukturen* mit der *Mikroebene individuellen Handelns* verknüpft werden kann (COLEMAN 1991; LINDENBERG 1981; 1991; ESSER 1993). Dabei spielt der methodologische Individualismus, der ein wesentliches heuristisches Prinzip von nutzen- und entscheidungstheoretischer Ansätze darstellt, eine wichtige Rolle – kollektive Phänomene auf der Makroebene, wie demographische Prozesse, makrosozietäre Umbrüche, sozialer und ökonomischer Wandel müssen demnach rückführbar sein auf das soziale Handeln individueller Akteure: „*Die Interaktion zwischen Individuen wird so gesehen, dass sie neu entstehende (emergente) Phänomene auf der Systemebene zur Folge hat.*" (COLEMAN 1991, S. 6). Individuelle Handlungen können dabei auf unterschiedliche Weise miteinander verbunden werden und Folgen auf der Makroebene zeitigen: Handlungen individueller Akteure können *externe Effekte* bei anderen Akteuren bewirken (wenn z.B. Menschen in einer Massenpanik einander aus dem Weg drängen), soziales Handeln kann aber auch in verschiedenen Formen *bilateralen Austausches* (wie z.B. in Tarifverhandlungen), in *Wettbewerbsstrukturen* von Märkten, in formalen kollektiven Entscheidungsregeln (wie etwa den Prozeduren für Wahlen), in formalen Organisationen, oder in Formen kollektiven, sanktionsbewehrten Rechts organisiert sein.

Diese unterschiedlichen Formen der Transformation bzw. Aggregation individueller Handlungen, durch die eine Verbindung zwischen der Mikroebene der Akteure und den kollektiven Folgen ihres Handelns auf der Makroebene hergestellt werden kann, hat Hartmut ESSER unter dem Oberbegriff der „*Logik der Aggregation*" zusammengefasst (ESSER 1993, S. 96). Strukturen werden demnach durch individuelle Akteure nicht willkürlich, sondern gebunden an eine spezifische Aggregationslogik, gemeinsam erzeugt. Weiterhin unterliegen aber auch soziale Akteure dem Einfluss von strukturellen Makrophänomenen. Deren Entscheidung für bestimmte Handlungsoptionen wird nämlich beeinflusst durch ihre „soziale Situation", die durch strukturelle Einflüsse, genauer gesagt, von den in der Situation enthaltenen Handlungsbedingungen und Handlungsoptionen, wie der Akteur sie wahrnimmt, konstituiert wird. Die Bedingungen und Chancen einer konkreten sozialen Situation, der der Akteur sich ausgesetzt sieht, werden durch die „*Logik der Situation*" beschrieben, welche die „*Erwartungen und Bewertungen des Akteurs mit den Alternativen und Bedingungen der Situation*" (ebd., S. 94) verknüpft.

Auf eine ähnliche Weise wie das Konzept der „Dualität von Struktur" beschreiben „Logik der Situation" und „Logik der Aggregation" das wechselseitige Konstitutionsverhältnis zwischen Mikro- und Makroebene soziologischer Beschreibung, zwischen sozialen Strukturen und sozialem Handeln. Die Phänomene, die auf diesen beiden Ebenen beschrieben werden, strukturelle Handlungseinflüsse und aggregierte Handlungsresultate auf der einen Seite, individuelle Handlungen und Interaktionen in sozialen Mikrozusammenhängen auf der anderen Seite, bewirken einander wechselseitig, und besitzen dabei dennoch eine

Existenz unabhängig voneinander: Einerseits werden Strukturen zwar durch gemeinsames Handeln individueller Akteure hervorgebracht (sind aber dennoch nicht beliebig veränderbar), andererseits ist auch das individuelle Handeln der Akteure nicht vollständig durch makrosozietäre Strukturen festgelegt. Strukturen legen die Handlungsbedingungen und -optionen der Akteure und damit deren (engere und weitere) Handlungsspielräume fest. Die Wahl zwischen den in der Situation enthaltenen Handlungsmöglichkeiten folgt einer eigenen „Logik der Selektion", die durch die sozialen Strukturen keineswegs vollständig bestimmt wird.

3.3.3 Agency als Handlungskompetenz im Lebenslauf

Ein weiterer Versuch, durch *agency* konstituiertes soziales Handeln in Beziehung zu sozialen Strukturen zu setzen, wird durch theoretische Ansätze gemacht, die in einer Weiterverfolgung von Überlegungen aus der *pragmatistischen Sozialphilosophie* John DEWEYs und George Herbert MEADs die *temporalen Aspekte* der Handlungskompetenz sozialer Akteure betonen. Die Realisierung von Handlungskompetenz bzw. *agency* erfordert demnach, dass Akteure in der Lage sind, sich in einem zeitlichen Bezugssystem zwischen *Vergangenheit*, *Gegenwart* und *Zukunft* zu orientieren (EMIRBAYER, MISCHE 1998, S. 971).

1. Sie müssen in der Lage sein, sich auf kreative Weise zu vergegenwärtigen, in welcher Weise verschiedene Handlungen die gegenwärtigen Strukturen des Denkens und Handelns *in der Zukunft* verändert haben werden, und in welcher Weise diese Veränderungen in Bezug zu eigenen Wünschen, Hoffnungen, Handlungsplänen und -zielen stehen.
2. Sie müssen die Fähigkeit besitzen, praktische und normative Angemessenheitsurteile zu fällen über die verschiedenen Handlungsmöglichkeiten, die in bestimmten *gegenwärtig gegebenen Situationen* liegen. Je stärker sie diese Fähigkeit zur *praktischen Evaluation* besitzen, desto eher sind sie in der Lage, bei der Verfolgung ihrer eigenen Pläne, Wünsche und Ziele die situativen Voraussetzungen ihrer Handlungen zu verändern und zu transformieren.
3. Sie müssen *in der Vergangenheit* eingeübte Denk- und Handlungsmuster selektiv reaktivieren und routinemäßig in die praktischen Aktivitäten des Alltags integrieren können, um ihre eigene Identität und die Stabilität sozialer Institutionen über die Zeit hinweg zu sichern.

In eine ähnliche Richtung weisen die an GIDDENs, ELDERs und an BALTES' Arbeiten zu „life span development" anknüpfenden Überlegungen von HEINZ zur Selbstsozialisation im Lebenslauf, deren wesentliche Voraussetzungen *erstens* in der Fähigkeit zur kognitiven Vergegenwärtigung von vergangenen Erfahrungen mit signifikanten Anderen, *zweitens* in der Auseinandersetzung mit den Imperativen der gegenwärtigen Situation und *drittens* in der Bewältigung der Konsequenzen eigener Handlungen in der Zukunft liegen (HEINZ 2002, S. 59).

In solchen Konzeptionen wird das Zusammenspiel zwischen der *reproduktiven* und der *transformativen* Dimension sozialen Handelns thematisiert. Das Handeln individueller Akteure wird einerseits beeinflusst „*by the situation and by interpretations of it, as well as by the individual's life history of experience and dispositions*" (ELDER 1995, S. 110). Sozialisatorisch geformte, habitualisierte Handlungsroutinen sind jedoch bei der Bewältigung von situativ gegebenen Gelegenheitsstrukturen oft nicht ausreichend. *„Actors encounter problematic situations requiring the exercise of imagination and judgement, they gain a reflective distance from received patterns that may (in some contexts) allow for greater imagination, choice, and conscious purpose"* (EMIRBAYER, MISCHE 1998, S. 973). Diese problematischen Situationen sind insbesondere jene *„instabilities (...) irritations and turning points"*, die an den *Übergängen* im Lebenslauf entstehen. Diese *„require the person to translate socially anchored knowledge and age-role specific action patterns into a biographical project."* (HEINZ 2002, S. 55). Insbesondere post-traditionale Gesellschaften machen das Individuum dabei zum „Architekten seines Lebenslaufs" (HEINZ 2000), der in selbst-sozialisatorischen Prozessen „doing biography" zu seinem persönlichen Projekt machen muss.

Die transformative Dimension biographischen Handelns wird bereits in jenem routinisierten Handeln sichtbar, dessen Analyse sich „Theoretiker der Praxis" wie GIDDENS widmen: Strukturen (die „Regeln" und „Ressourcen" der Akteure) existieren nur virtuell, da sie in sozialen Praktiken rekursiv aktiviert werden müssen. *„The agentic dimension of routinized action lies precisely in the recursive implementation of structures by human actors"* (EMIRBAYER, MISCHE 1998, S. 978). Die Anwendung auch universeller Regeln des Handelns unter situativen Kontingenzen ist dabei nicht ohne Kreativität möglich. Das gilt umso mehr in jenen problematischen Situationen, in denen die Akteure sich von eingeübten Handlungsschemata, *habits* und Routinen lösen müssen, um neue und bessere Antworten auf situative Anforderungen zu entwickeln.

Theoretische Ansätze, die *agency* als eine sich in der Zeit (genauer: im Lebenslauf) entwickelnde Handlungskompetenz sozialer Akteure konzeptualisieren, liefern eine Theorieheuristik, um die relative *Stabilität sozialer Strukturen* mit einer gleichzeitig gegebenen *Heterogenität von Handlungsmustern* und der permanenten *Möglichkeit sozialen Wandels* theoretisch in Einklang zu bringen:

1. Soziale Strukturen können über längere Zeit äußerst stabil sein, weil sie von (kreativen) Akteuren auch angesichts sich wandelnder situativer Gegebenheiten im Ablauf routinisierten Handelns reproduziert werden.
2. Unter makrosozietären Bedingungen, die die Akteure (etwa in bestimmten kritischen Übergangssituationen im Lebenslauf) mit Handlungsproblemen konfrontieren (wie sie etwa durch widersprüchliche Rollenanforderungen entstehen), können neue Handlungsmuster entstehen.
3. Diese neu entstandenen Handlungsmuster können durch *„communicative processes of challenge, experimentation and debate by which actors (...) engage in individual and collective change"* zu neuen (und wiederum stabilen) Strukturen sozialen Handelns werden und dadurch langfristigen soziale Wandel anstoßen.

Die hier vorgestellten Überlegungen liefern ein Verständnis sozialer Strukturen, die gleichzeitig über lange Zeiträume *stabil* und doch in unvorhersagbarer Weise *wandlungsfähig* sind, weil sie durch soziales Handeln konstituiert werden, welches sich zwar an Strukturen orientiert, aber nicht von ihnen determiniert wird.

3.4 Zusammenfassung: Strukturen begrenzter Reichweite als Gegenstand der Methodologie empirischer Sozialforschung

Die Auswahl oder Formulierung eines „methodologischen Programms" für die empirische Sozialforschung verlangt ein klares Verständnis davon, in welchem Ausmaß der Gegenstandsbereich *geordnet* bzw. *strukturiert* ist. Modelle sozialer Struktur lassen sich auf einem Kontinuum anordnen, das von der Annahme einer vollständigen Strukturiertheit und Determiniertheit sozialen Handelns durch raumzeitlich universelle Gesetzmäßigkeiten reicht bis zu einer Situativität sozialer Strukturen, die erst in konkreten Interaktionssituationen geschaffen werden. Beide Pole dieses Kontinuums repräsentieren allerdings unrealistische Extrempositionen, wobei das Postulat einer vollständigen Situativität sozialer Strukturen so stark der allgemein evidenten Tatsache sozialer Ordnung widerspricht, dass es in dieser extremen Form kaum vertreten wird. Auch wenn die andere Extremposition, die Annahme universeller sozialer Gesetzmäßigkeiten, einige Fürsprecher hat in theoretischen und methodologischen Debatten, so hat sie in den empirischen und angewandten Soziologien jedoch nur eine geringe Bedeutung. Deren Analysen konzentrieren sich in der Regel vielmehr auf solche Strukturen, die situationsübergreifend sind, ohne raum-zeitlich universelle Gültigkeit zu besitzen.

Solche Strukturen begrenzter Reichweite können relativ lange Zeit stabil sein, aber auch raschem sozialen Wandel unterliegen. Gute Beispiele hierfür liefert eine Disziplin, die methodologisch stark durch einen Dualismus zwischen qualitativer und quantitativer Methodentradition gekennzeichnet ist: die Soziologie des Lebenslaufs. Empirische Studien sowohl der qualitativ orientierten Biographieforschung als auch der quantitativen Lebensverlaufsforschung haben die Begrenztheit von Strukturen des Lebenslaufs empirisch in zweierlei Hinsicht gezeigt. Einerseits konnte der historische Wandel von Lebenslaufstrukturen durch quantitative (insbesondere historisch-demographische) Methoden gut nachgewiesen werden. Andererseits lassen sich in verschiedenen historischen Epochen (etlichen Autoren zufolge insbesondere in den letzten Jahrzehnten) mehr oder weniger starke Abweichungen von dominanten und durchschnittlichen Lebenslaufmustern bzw. eine individuelle Variation von Lebenslaufstrukturen feststellen.

Theorien, mit deren Hilfe der historische Wandel von Lebenslaufstrukturen erklärt wurde, repräsentieren typische Theorien mittlerer Reichweite, die die historische Kontingenz von Lebenslaufstrukturen nicht unter Rückgriff auf universelle soziale Gesetzmäßigkeiten erklären, sondern durch Strukturerklärungen, die für einen bestimmten, zeitlich und räumlich begrenzten Bereich Geltung besitzen. Dies gilt für die Institutionalisierungs- und die Segmentierungstheorie ebenso wie für die verschiedenen Spielarten der Pluralisierungsthese, welche die Bedeutung zunehmender Handlungsspielräume postulieren, die für die Akteure eine wachsende Autonomie über das eigene Leben unbeeinflusst von sozialen Strukturzwängen erzeugen. Eine in etlichen Studien empirisch beschriebene (allerdings auch auf der Grundlage anderer Daten bestrittene) Pluralität von Lebensläufen als Folge einer in post-traditionalen Gesellschaften wachsenden Handlungsautonomie bot Anknüpfungspunkte für die lebenslaufsoziologische Theoriediskussionen an allgemeine handlungstheoretische Überlegungen zur Bedeutung von *agency*. Mit dem Konzept der *agency* wird allerdings ein für die Soziologie riskanter Weg beschritten, denn mit dem Verweis auf Handlungsfreiheit kann jede systematische Analyse von Strukturen sozialen Handelns still gestellt werden. Soll die Berücksichtigung von Handlungskompetenz und Entscheidungsfreiheit nicht den Weg eröffnen für einen radikalen Voluntarismus, so muss das Verhältnis zwischen (den evident existierenden) sozialen Ordnungen bzw. Strukturen einerseits und *agency* andererseits theoretisch geklärt werden. Hierzu liegen eine Reihe von Arbeiten mit jeweils unterschiedlichem handlungstheoretischen Hintergrund vor, mit deren Hilfe die Beziehung zwischen der Makroebene sozialer Strukturen und der Mikroebene sozialen Handelns und sozialer Interaktion als wechselseitiges Konstitutionsverhältnis beschrieben wird: demnach entstehen und verändern sich Strukturen auf der makrosozietären Ebene durch die Aggregation individueller Handlungen in konkreten sozialen Situationen, die selber wiederum durch diese Strukturen zwar wesentlich beeinflusst, aber nicht determiniert werden. Strukturen sind damit, in den Worten von GIDDENS, gleichermaßen „Produkt" und „Reservoir" sozialen Handelns. Soziale Strukturen können durch habitualisiertes und routinisiertes Alltagshandeln über lange Zeiträume stabilisiert werden und damit den Anschein äußerster Festigkeit erhalten, sie können aber auch (vor allem dann, wenn soziale Akteure verstärkt mit problematischen situativen Gegebenheiten konfrontiert sind, die die transformativen Aspekte sozialen Handelns mobilisieren und freisetzen) durch die Akteure in Frage gestellt, modifiziert, verwandelt und transformiert werden. Dies kann dazu führen, dass die Geltungsreichweite von Strukturen eingeschränkt wird, indem sich soziale Strukturen wandeln und neue stabile und homogene Handlungsmuster entstehen oder indem Strukturen sich (etwa durch subkulturelle Fragmentierung) pluralisieren. Da strukturtransformatives Handeln die Nutzung von sozial ungleich verteilten Handlungsspielräumen bzw. Machtressourcen erfordert, ist nicht sozialer Wandel selber, sondern nur seine prinzipielle Möglichkeit ein ubiquitärer sozialer Sachverhalt. Unter einer handlungstheoretischen Perspektive, die sozialen Akteuren Handlungskompetenz bzw. *agency* unterstellt, muss jedoch mit der Möglichkeit des *akteursinduzierten sozialen Wandels* und der *Pluralisierung von Strukturen* stets gerechnet werden.

Welche Konsequenz haben diese Überlegungen über Strukturen begrenzter Reichweite und über die Bedeutung von *agency* nun aber für die Methodologie empirischer Sozialforschung? Im Kontext der *theoretischen Debatte* über das Verhältnis zwischen *agency* und sozialen Strukturen lassen sich oft nur kursorische Bemerkungen zu methodologischen Konsequenzen der dort entwickelten Überlegungen finden:

So knüpft etwa GIDDENS an an die Kritik von Thomas WILSON an den theoretischen Einseitigkeiten der „extremen qualitativen" und „extrem quantitativen" Position, welche beide die Tatsache nicht angemessen berücksichtigen würden, dass soziale Strukturen gleichzeitig objektiv und kontextabhängig seien, das heißt einerseits eine Lebenswirklichkeit darstellen, die unabhängig vom Handeln und den Wünschen der Akteure existiert, und sich andererseits nur in konkretem, situativem Handeln der Gesellschaftsmitglieder realisieren. Vertreter der extremen quantitativen Position würden einseitig den Aspekt der Objektivität betonen und den Aspekt der Kontextabhängigkeit dabei vernachlässigen, Vertreter der extrem qualitativen Position demgegenüber die Kontextabhängigkeit von Handlungsstrukturen hervorheben und dabei die *„allfälligen Regelmäßigkeiten in den Strukturen des situativen Handelns aus dem Blick"* verlieren (WILSON 1982, S. 492). Soziale Interaktion erfordert aber von den Beteiligten einen ständigen Rückgriff auf allgemeine Sinnstrukturen, die unabhängig vom konkreten Handeln und der konkreten Situation existieren. Für die Erfassung solcher *situationsübergreifenden Regelmäßigkeiten* sei die Anwendung *quantitativer* Methoden unerlässlich. Gleichzeitig seien *qualitative* Methoden erforderlich, um die *Entstehung* und die *Reproduktion dieser Strukturen* in konkreten Interaktionssituationen in den

3.4 Zusammenfassung

Blick zu nehmen: „*Quantitative Untersuchungen legen regelhafte Strukturen in situativen Handlungen bloß und liefern im wesentlichen Informationen über Häufigkeitsverteilungen; qualitative Untersuchungen beleuchten konkrete soziale Vorgänge, die bestimmte Strukturen situativer Handlungen hervorbringen.*" (ebd., S. 501). In dieselbe Richtung gehen die Argumente von GIDDENS, wonach die „*hermeneutische Rekonstruktion von Bedeutungsstrukturen*", die im Wesentlichen mit qualitativen Verfahren geleistet werden muss und die „*Bestimmung institutioneller Ordnungen*", die in vielen Fällen die Anwendung von statistischen Methoden erfordern, sich notwendigerweise ergänzen. Die beiden verschiedenen Methodentraditionen müssten deshalb „*eher als komplementäre denn als gegensätzliche Aspekte der Sozialforschung*" betrachtet werden (GIDDENS 1988, S. 390). WILSON und GIDDENS belassen es aber bei dieser grundsätzlichen und sehr knappen Darlegung einer möglichen Komplementarität qualitativer und quantitativer Methoden.

Es lassen sich also gute theoretische Argumente dafür finden, dass die Analyse von Strukturen begrenzter Reichweite die Überwindung des Methodendualismus erfordert. Die im zweiten Kapitel dargestellten Erfahrungen der *Mixed Methods Bewegung* verdeutlichen aber auch, dass Methodenintegration allein auf einer pragmatischen Grundlage, ohne Einbettung in theoretische Überlegungen und ohne ein ausformuliertes methodologisches Programm, schnell in Unübersichtlichkeit, oder noch schlimmer, in Begriffskonfusion münden kann. Weil sich die methodologischen Programme der qualitativen und quantitativen Sozialforschung in jahrzehntelanger Isolation voneinander entwickelt haben, kann die Überwindung der Trennung zwischen beiden Traditionen nicht gelingen ohne ausführliche Theoriearbeit. Dazu sollen im Folgenden zentrale konzeptuelle Bausteine der methodologischen Programme, mit denen qualitative und quantitative Methoden begründet werden, daraufhin befragt werden, welchen Strukturbegriff ihnen zugrunde liegt und ob und inwieweit sie zur Analyse von Strukturen begrenzter Reichweite geeignet sind.

Diese Analyse begrifflicher Grundlagen qualitativer und quantitativer Methodenlehre beginnt im folgenden *vierten Kapitel* mit dem einheitswissenschaftlichen Modell der *sozialwissenschaftlichen Erklärung*, das in (v.a. quantitativ orientierten) Lehrbüchern i.d.R. als zentrale methodologische Grundlage quantitativer Forschung dargestellt wird. Im *fünften Kapitel* werden verschiedene Konzepte des *Sinnverstehens*, mit denen (oft in strikter Abgrenzung zum einheitswissenschaftlichen Modell) die Eigenständigkeit der qualitativen Forschung begründet und deren Forschungslogik beschrieben werden soll, im Hinblick auf hier zugrunde liegenden Strukturbegriffe analysiert Im *sechsten bis neunten Kapitel* werden dann Konzepte von *Kausalität* und unterschiedliche Modelle der Kausalanalyse, die im Kontext der quantitativen und qualitativen Methodentradition vorgeschlagen wurden, diskutiert.

Im Folgenden wird deutlich werden, dass etliche, oft seit langem bekannte und in der vorhandenen Literatur ausführlich beschriebene *Methodenprobleme* sowohl der qualitativen als auch der quantitativen Methodentradition daraus resultieren, dass grundlegende Konzepte dieser Methodentraditionen für sich genommen nicht ausreichen, um Strukturen begrenzter Reichweite angemessen zu beschreiben und zu analysieren. Auf der Grundlage dieser Überlegungen wird dann im 10. und 11. Kapitel ein *methodologisches Programm integrativer Methodenlehre* skizziert, mit dessen Hilfe etliche der zuvor diskutierten Methodenprobleme durch eine Integration qualitativer und quantitativer Methoden bearbeitet und gelöst werden können.

4 Die Grenzen des deduktiv-nomologischen Modells sozialwissenschaftlicher Erklärung

Ich möchte die Diskussion jener Herausforderungen, die Strukturen begrenzter Reichweite für die Methodologie empirischer Sozialforschung mit sich bringen, beginnen mit jenem einheitswissenschaftlichen Programm, dass sich auf die bekannten Arbeiten von HEMPEL und OPPENHEIM zur Logik wissenschaftlicher Erklärung stützt. (vgl. etwa ESSER 1993, S. 39 ff.; SCHNELL, HILL, ESSER 1999, S. 96; NAGEL 1972, S.79). Dabei wird das „Hempel-Oppenheim Schema" der wissenschaftlichen Erklärung verbunden mit einem hypothetiko-deduktiven Modell des Forschungshandelns und auf dieser Grundlage der Anspruch begründet, dass quantitative, standardisierte Verfahren der empirischen Sozialforschung die primären (wenn nicht die einzigen) Erkenntniswerkzeuge empirisch forschender Sozialwissenschaftler darstellen müssen: Aufgabe von Sozialforschern ist es demnach, Theorien zu formulieren und hieraus deduktiv Hypothesen abzuleiten, die dann empirisch getestet werden.

Seit den 1950er Jahren wurden etliche Debatten um die Anwendbarkeit des HO-Schemas in den Sozialwissenschaften – sowohl unter stärker philosophischen Gesichtspunkten, als auch unter soziologischer Perspektive – geführt. Auf diese Diskussionen wird im Folgenden insoweit Bezug genommen, als sie für den Gang einer Argumentation von Bedeutung sind, bei der erkenntnistheoretische Konzepte mit *gegenstandsbezogenen* und *handlungstheoretischen* Überlegungen verknüpft werden. Dabei sollen im Folgenden wissenschaftsphilosophische Argumente, empirische Beispiele aus der sozialwissenschaftlichen Forschung und Ergebnisse aktueller Theoriedebatten im Kontext sozialwissenschaftlicher Handlungstheorien zusammengeführt und aufeinander bezogen werden, um die Schwierigkeiten deutlich zu machen, mit denen man sich bei der Anwendung des Programms deduktiv-nomologischer Gesetzeserklärung bei dem Versuch, Strukturen begrenzter Reichweite zu erklären, auseinandersetzen muss.

Der erste Abschnitt des Kapitels widmet sich dem Verhältnis zwischen Mikro- und Makroebene soziologischer Beschreibung bei der Erklärung statistischer Zusammenhänge. Hierbei wird gezeigt, dass der Informationsgehalt solcher Erklärungen entscheidend davon abhängt, dass Zusammenhänge auf der Makroebene auf einen (ggfs. mehr oder weniger idealisierten) *Akteurstypus* bezogen werden können. Die Konstruktion solcher Akteurstypen und deren empirische Begründung stellen die zentralen methodologischen Probleme solcher Erklärungen dar, die, wie der zweite Abschnitt deutlich macht, in der Regel *keine deduktiven Schlussfolgerungen* sein können, sondern vielmehr nach dem Schema des „hypothetischen Schlusses" bzw. der „Schlussfolgerung auf die beste Erklärung" erfolgen. Die Validität solcher Schlussfolgerungen hängt nun ganz entscheidend davon ab, wie im dritten Abschnitt gezeigt werden soll, dass Kernannahmen einer solchen Erklärung, die sich i.d.R. auf idealisierte Akteurstypen beziehen, einen ausreichenden empirischen Gehalt aufweisen. Anhand von aktuellen Diskussionen aus dem Kontext entscheidungstheoretischer Ansätze, die sich ausführlich mit der Struktur sozialwissenschaftlicher Erklärungen befassen, wird im vierten Abschnitt gezeigt, dass genau diese Voraussetzung in vielen Fällen nicht gegeben sein kann, weil die zur Erklärung herangezogenen Theorien fast immer durch Brückenhypothesen und Zusatzannahmen ergänzt werden müssen, um empirischen Gehalt zu gewinnen. Da Strategien hypothetiko-deduktiver Theoriebildung und Forschung keine Verfahren zur Verfügung stellen, um solche Brückenhypothesen empirisch begründet zu formulieren, müssen Forscher, wie im fünften Abschnitt deutlich wird, oftmals Zuflucht nehmen zu einer „Gewohnheitsheuristik des Alltagswissens", die dann scheitert, wenn Gegenstandsbereiche erforscht werden, die durch Strukturen begrenzter Reichweite, also etwa durch räumlich und zeitlich abgegrenzte soziale Milieus und (Sub-)Kulturen oder starken sozialen Wandel gekennzeichnet sind.

Eine adäquate Erklärung sozialen Handelns, das durch Strukturen begrenzter Reichweite beeinflusst wird, erfordert, dass der theoretische Kern des Explanans nicht aus *raumzeitlich universellen Gesetzmäßigkeiten* besteht, sondern aus einer Kombination von empirisch gehaltlosen Theorieheuristiken mit Konzepten begrenzter Reichweite, die sich nur auf der Basis *alltagsweltlicher Wissensbestände* formulieren lassen. Solche Explanantia lassen sich oftmals nicht allein aufgrund theoretischen Vorwissens formulieren, sondern erfordern explorative empirische Forschung als Grundlage der Theoriebildung. Hier enden aber die Möglichkeiten des hypothetiko-deduktiven methodologischen Programms und der monomethodischen quantitativen Sozialforschung – die Einbeziehung qualitativer Verfahren zur empirisch begründeten Entwicklung von theoretischen Konzepten und Hypothesen wird unumgänglich.

4.1 Sozialwissenschaftliche Erklärung zwischen Mikro- und Makroebene

Das im Kontext der Analytischen Wissenschaftsphilosophie von Carl Gustav HEMPEL und Paul OPPENHEIM (1948) vorgeschlagene Schema der *deduktiv-nomologischen Gesetzeserklärung* („HO-Schema") stellt die bislang weitestgehende Explikation eines „*covering law* Modells wissenschaftlicher Erkenntnis" (DRAY 1957/1970) aus einheitswissenschaftlicher Perspektive dar.

HEMPEL und OPPENHEIM versuchen die nomologische Erklärungsweise in der folgenden Weise zu schematisieren: Die wissenschaftliche Erklärung eines Ereignisses, das *Explanandum*, besteht aus zwei verschiedenen Arten von Aussagen, die zusammengenommen das *Explanans*, d.h. das erklärende Argument bilden: Dies sind *erstens* Aussagen, die sich auf die *Antezedensbedingungen* beziehen, die realisiert sein müssen, bevor jenes Ereignis auftritt, welches erklärt werden soll. *Zweitens* handelt es sich um solche Aussagen, die *allgemeine Gesetzmäßigkeiten* ausdrücken, wie sie etwa physikalische Gesetze in der Art des Gravitationsgesetzes darstellen. Das fragliche Ereignis ist dann wissenschaftlich erklärt, wenn gezeigt wird, dass das Ereignis in Übereinstimmung mit diesen Gesetzen aufgetreten ist, nachdem bestimmte genau spezifizierte Antezedensbedingungen vorgelegen haben.

HEMPEL und OPPENHEIM knüpfen die Anwendung dieses Schemas an eine Reihe von sog. „Adäquatheitsbedingungen": Das Explanandum muss sich *erstens* aus den im Explanans enthaltenen Informationen *logisch ableiten* lassen, das Explanans muss *zweitens allgemeine Gesetze* enthalten und es muss *drittens empirischen Gehalt* besitzen, d.h. es muss (wenigstens prinzipiell) durch Experimente oder Beobachtungen überprüft werden können. Neben diesen rein logischen Adäquatheitsbedingungen postulieren HEMPEL und OPPEN-

HEIM zusätzlich noch eine empirische Adäquatheitsbedingung: Die das Explanans konstituierenden Aussagen müssen *wahr* sein, wobei Wahrheit jedoch nicht, wie HEMPEL und OPPENHEIM betonen, gleichzusetzen ist mit dem Grad empirischer Bestätigung oder Bewährung[27].

Zusammengenommen führen diese Adäquatheitsbedingungen dazu, dass die Erklärung von Ereignissen nach dem HO-Schema als logisch gleichwertig mit deren *Prognose* betrachtet werden kann: Wenn die im Explanans enthaltenen allgemeinen Gesetze *wahr* sind und die entsprechenden Anfangsbedingungen eintreten, so kann mit Sicherheit das Eintreten der im Explanandum genannten Ereignisse erwartet werden.

HEMPEL und OPPENHEIM legen dabei ausdrücklich Wert auf die Feststellung, dass das deduktiv-nomologische Schema nicht nur zur wissenschaftlichen Erklärung von Naturphänomenen herangezogen werden kann, sondern ebenso für geschichtliche und soziale Ereignisse verwendet werden kann. In der quantitativ orientierten methodologischen Literatur werden zahlreiche didaktische Beispiele dafür gegeben, wie soziale Phänomene anhand des HO-Schemas erklärt werden können: stellen etwa Unterschiede zwischen den Selbstmordraten in verschiedenen Städten der USA das *Explanandum* dar (OPP 1970/1976, S.124 ff.), so könnte als Obersatz des Explanans ein allgemeines Gesetz in der Art „*Wenn in einer Gruppe A die soziale Isolierung stärker ist als in einer Gruppe B, dann ist auch die Selbstmordrate in der Gruppe A höher als in der Gruppe B*" formuliert werden. Wenn nun – als *Antezedensbedingung* – die soziale Isolierung in der Großstadt Baltimore stärker ist als in der Großstadt New York, so ergibt sich hieraus mit logischer Notwendigkeit der Unterschied zwischen den Selbstmordraten Baltimores und New Yorks. Ähnliche Beispiele finden sich in einem Lehrbuch der Soziologie von ESSER: Unterschiede zwischen den Scheidungsraten in ländlichem und städtischen Regionen der Bundesrepublik Deutschland, können, so ESSER, nomologisch-deduktiv erklärt werden durch die allgemeine Gesetzeshypothese, dass eheliche Streitigkeiten um so eher zur Auflösung einer Beziehung führen, je attraktiver den Partnern die verfügbaren Alternativen erscheinen und je leichter diese Alternativen erreichbar sind (ESSER 1993, S.66 ff.). In Städten sind die Antezedensbedingungen für die Auflösung von Beziehungen eher gegeben als auf dem Land, denn hier sind Alternativen zu ehelichen Beziehungen – Möglichkeiten, einen anderen Partner zu finden oder als Single zu leben – leichter verfügbar als dort.

Die Auffassung, dass das HO-Schema die zentrale Grundlage sozialwissenschaftlicher Erklärung bietet, wird gegenwärtig vor allem von Vertretern verhaltens- und entscheidungstheoretischer Ansätze vertreten, wobei die im letzten Kapitel dargestellte Differenzierung zwischen Mikro- und Makroebene soziologischer Beschreibung mit einbezogen wird: es wird argumentiert, dass jede soziologische Erklärung, auch dann, wenn die zu erklärenden Sachverhalte wie Suizid- und Scheidungsraten auf der Makroebene angesiedelt sind, grundsätzlich Bezug nehmen muss zur soziologischen Mikroebene (LINDENBERG, WIPPLER 1978; COLEMAN 1991; ESSER 1993, S.98). Im Anschluss an die Arbeiten James COLEMANs wird hierbei ein bestimmter Erklärungstypus postuliert, welcher auch als „*Makro-Mikro-Makro Erklärung*" bezeichnet wird (ESSER 1993) und der die im letzten Kapitel bereits dargestellte „Logik der Situation" und die „Logik der Aggregation" als Verbindungen zwischen Mikro- und Makroebene beschreibt. Die Erklärung eines Zusammenhangs zwischen zwei Makro-

---

27 Sonst müsste die relativistische Konsequenz gezogen werden, dass eine letztendlich falsifizierte wissenschaftliche Erklärung solange korrekt war, wie Sachverhalte, die zu ihrer Widerlegung führten, noch nicht bekannt waren.

phänomenen erfolgt demnach in drei Teilschritten: im ersten Schritt wird erklärt, in welcher Weise jenes Makrophänomen, das das andere Makrophänomen hervorruft (also etwa die *soziale Isolation*, die die Suizidrate erhöht, oder die *Region*, die die Scheidungsrate beeinflusst), auf individuelle soziale Akteure wirkt. Im ersten Erklärungsschritt wird also versucht, die *Logik der Situation* zu rekonstruieren, indem die in der Situation enthaltenen Handlungsoptionen und –beschränkungen aus der Sicht des Akteurs beschrieben werden (ESSER 1993, S. 94). Im zweiten Schritt muss dann eine Verbindung zwischen der Logik der Situation und der Logik der Aggregation gesucht werden, indem ein *Mikromodell sozialen Handelns* formuliert wird, mit dessen Hilfe erklärt werden kann, wie dieser Einfluss vom Akteur verarbeitet und in individuelles Handeln umgesetzt wird. In einem dritten Schritt wird die *Logik der Aggregation* beschrieben, indem erklärt wird, wie das interessierende Makrophänomen, welches die abhängige Größe repräsentiert (in unseren Beispielen die *Suizid-* oder *Scheidungsrate*) durch das Zusammenwirken des Handelns verschiedener Akteure zustande kommt.

In seiner Erläuterung der Logik von Makro-Mikro-Makro-Erklärungen hatte COLEMAN auf Max WEBERs Arbeiten zur „Protestantismusthese" verwiesen, um einerseits zu zeigen, dass der Rückgriff auf Sachverhalte auf der Mikroebene zur Erklärung von Makrostrukturen eine in der Soziologie seit langem geübte Praxis ist und um andererseits bestimmte Probleme zu erläutern, die dabei entstehen können (COLEMAN 1991, S. 4 ff.). WEBERs Untersuchung zur Entstehung des Kapitalismus aus der religiösen Ethik des Protestantismus nimmt ihren Ausgang von statistisch gut beschreibbaren Makrophänomenen, wie dem *„ganz vorwiegend protestantischen Charakter des Kapitalbesitzes und Unternehmertums sowohl (sic), wie der oberen Schichten der Arbeiterschaft, namentlich aber des höheren technisch oder kaufmännisch vorgebildeten Personals der modernen Unternehmungen."* (WEBER 1920/1973, S.29)

Bei statistischen Vergleichen von Regionen mit vorwiegend protestantischer und vorwiegend katholischer Bevölkerung, aber auch bei Konstanthaltung geographischer Bedingungen, d.h. bei einem Vergleich von Protestanten in überwiegend katholischen Gegenden mit den dort lebenden Katholiken zeigt sich eine stärkere Neigung der Protestanten, am kapitalistischen Erwerbsleben teilzunehmen und dort vergleichsweise hohe soziale Statuspositionen einzunehmen. Die Ursache hierfür ist, so WEBER, *„die anerzogene geistige Eigenart, (...) die durch die religiöse Atmosphäre der Heimat und des Elternhauses bedingte Richtung der Erziehung, (die) die Berufswahl und die weiteren beruflichen Schicksale bestimmt."* (ebd., S. 32)

Die Ethik, die sich im Gefolge der Reformation vor allem in calvinistisch geprägten Gegenden durchgesetzt hat, habe ein im Sinne der kapitalistischen Wirtschaftsweise *ökonomisch rationales* Verhalten bei frommen Protestanten gefördert. Verantwortlich hierfür war, so WEBER, die Ablehnung des für den Katholizismus charakteristischen Frömmigkeitstypus asketischer Weltflucht und die hohe Wertschätzung des weltlichen Berufslebens als Ort, in dem sich der Christ bewähren soll, durch die Ethik aller reformatorischen Kirchen. Im Calvinismus kam eine weitere Bedingung hinzu: rastlose Berufsarbeit wurde hier von vielen Gläubigen als Möglichkeit gewählt, um die durch CALVINs Lehre der doppelten Prädestination ausgelöste Ungewissheit und Angst den eigenen Heilsstand betreffend zu beherrschen.

WEBERs Theorie erlaubt es also, einen Zusammenhang zwischen den Makrophänomenen *Durchsetzung des Protestantismus in bestimmten Weltgegenden* einerseits und *Wachs-*

tum der kapitalistischen Gesellschaftsordnung andererseits dadurch zu erklären, dass auf die Mikroebene individueller Akteure und ihrer Handlungen, Orientierungen und Situationsdefinitionen *„hinabgestiegen"* wird (vgl. COLEMAN 1991, S. 9ff.). Auf dieser Ebene kann der berufliche Erfolg frommer Protestanten erklärt werden durch deren subjektive Überzeugungen, die ihnen eine bestimmte (methodisch disziplinierte und damit rationale) Lebensführung nahe legten. Weber konstruiert hier also ein (in seiner eigenen Terminologie als „Idealtypus" zu bezeichnendes) *„Mikromodell"* (COLEMAN) für das Handeln von sozialen Akteuren unter bestimmten Bedingungen und versucht auf diese Weise eine Erklärung für ein soziales Makrophänomen zu formulieren.

Dass COLEMAN, indem er die Bedeutung von Übergängen zwischen Mikro- und Makroebene soziologischer Beschreibung thematisiert, nicht nur entscheidungstheoretisch bedeutsame Fragestellungen aufwirft, sondern allgemeine Charakteristika soziologischer Erklärung überhaupt anspricht, kann die Beschäftigung mit Arbeiten eines anderen soziologischen Klassikers zeigen, welcher dem individuellen sozialen Handeln weitaus geringere Bedeutung zumaß als WEBER. Auch in Arbeiten Emile DURKHEIMs, der methodologische Grundregeln eines stark makrosoziologisch orientierten Forschungsprogramms vorgeschlagen hat, bei dem soziale Sachverhalte ausschließlich durch andere soziale Sachverhalte erklärt werden sollen (DURKHEIM 1895/1970, S. 182f.), wird deutlich, dass auch eine Erklärung, die *prima facie* auf der Makroebene bleiben soll, indem sie Makrostrukturen allein durch andere Makrostrukturen erklärt, nicht gelingen kann, wenn sie die Mikroebene sozialer Akteure und sozialen Handelns völlig ausblendet. Ein Beispiel soll dies deutlich machen: in seinen religionswissenschaftlichen Studien erklärt DURKHEIM spezifische gesellschaftliche Strukturen (z.B. die *Organisation eines bestimmten Clans*) durch die Strukturen religiöser Überzeugungen (z.B. der in diesem Clan üblichen *Verehrung eines Totemtieres*) auf die folgende Weise:

„Die Ideen und die Gefühle, die von einer Kollektivität beliebiger Art ausgearbeitet wurden, sind Kraft ihres Ursprunges ausgestattet mit einem Einfluss und einer Autorität, die bewirken, dass die einzelnen Mitglieder, die diese Ideen und Gefühle hegen und ihnen glauben, sie sich als moralische Kräfte vorstellen, die sie beherrschen und aufrechterhalten. Wenn diese Ideale unseren Willen bewegen, fühlen wir uns geleitet, geführt, fortgerissen durch einzigartige Energien, die offenkundig nicht aus uns selbst stammen, sondern sich uns aufzwingen und für die wir ein Gefühl der Achtung, der ehrerbietigen Furcht, aber auch der Dankbarkeit empfinden wegen des Trostes, den sie uns spenden (...) Auf der anderen Seite können aber diese kollektiven Bewusstseinszustände nur so Wirklichkeit werden, dass sie sich in materiellen Objekten darstellen, in Sachen aller Art, Figuren, Bewegungen, Tönen, Worten usw.; die sie äußerlich darstellen und symbolisieren. (...) Die Dinge, die diese Rolle spielen, nehmen notwendigerweise an denselben Gefühlen teil wie die Bewusstseinszustände, die sie darstellen und sozusagen materialisieren." (DURKHEIM 1914/1976, S. 377f.)

In einer Monographie, in der er die Argumentationsmuster WEBERS und DURKHEIMS miteinander vergleicht, macht SMELSER darauf aufmerksam, dass DURKHEIM hier, indem er auf bestimmte Wahrnehmungen und Gefühle der sozialen Akteure verweist, die deren Verhalten (die Anbetung eines Totemtieres) verstehbar machen, Aussagen über psychologische Sachverhalte einführt, um soziale Strukturen zu erklären:

„(...) Durkheim's strategy (...) is to appeal to that which is psychologically plausible: *if* society is so strong, *if* it operates so continuously on men, and *if* it provides its citizens with traditions not of their own making, then man *must* stand in awe of it." (SMELSER 1976, S.93)

Da für DURKHEIM die wesentliche Aufgabe der Soziologie aber darin besteht, allgemeine soziale Strukturen durch andere allgemeine soziale Sachverhalte zu erklären, wird man davon ausgehen können, dass die Verwendung psychologischer Faktoren zur Erklärung sozialer Sachverhalte sicher nicht in seiner Absicht lag. Vielmehr gibt er sich große Mühe, Phänomene, die sich auf das Bewusstsein individueller Akteure beziehen, durch objektivierende Formulierungen als unabhängig von diesen Akteuren auszuweisen. Einen Vorgang, den man aus der Sicht der Individuen vielleicht so schildern könnte, dass Menschen ihre Gefühle von den Werten einer Gruppe auf physische Objekte übertragen, die diese Werte versinnbildlichen, stellt er sprachlich so dar, dass *„kollektive(n) Bewusstseinszustände (dadurch ...) Wirklichkeit werden, dass sie sich in materiellen Objekten darstellen"* (s.o.). Ob DURKHEIM mit seiner Erklärung des Totemismus tatsächlich bereits eine Art von psychologischer „Lerntheorie" entwickelt, wie SMELSER dies sieht (1976, S.94), ist fraglich. Eher kann man davon ausgehen, dass man hier einen Appell an Alltagserfahrungen des Lesers vor sich hat („*Wenn ... Ideale unseren Willen bewegen, fühlen wir uns geleitet, geführt...*", s.o.). Auf jeden Fall aber wäre das Argument, mit welchem hier eine soziale Tatsache durch eine andere erklärt werden soll, nicht mehr ohne weiteres verständlich, wenn man hieraus alle Bezüge zu den Wahrnehmungen und Handlungsorientierungen von Akteuren entfernen würde. Ohne die Annahme, dass die betreffenden Mitglieder einer sozialen Gruppe (jeder für sich und alle gemeinsam) spezifische Werte ihrer Gruppe in bestimmter Weise *kennen, anerkennen* und ihnen gegenüber besondere *Empfindungen hegen*, verlören die Argumente von DURKHEIM an Überzeugungskraft – übrig bliebe dann nur das einfache Faktum, welches selber erklärt werden soll, dass nämlich Mitglieder bestimmter Gruppen bestimmten Symbolen gegenüber äußere Anzeichen von Verehrung zeigen.

Die von COLEMAN beschriebene Erklärungsstruktur hat offensichtlich auch dann eine Bedeutung, wenn die Existenz von Makrophänomenen (hier: die Existenz von besonderen, für bestimmte soziale Gruppen bedeutsamen religiösen Symbolen) ausschließlich aus dem Vorhandensein anderer Makrophänomenen abgeleitet werden soll. Auch eine solche Erklärung setzt die Existenz von Sachverhalten voraus, die sich auf die *Mikroebene* individueller Akteure beziehen, wie deren *Willen*, deren *Gefühle*, deren *Wahrnehmungen, Ideen* usw. So verfährt DURKHEIM beispielsweise bei der Erklärung des kausalen Zusammenhangs zwischen einer *gestörten sozialen Ordnung* (bzw. *„sozialer Anomie"*) in einer bestimmten Gesellschaft einerseits und der dort statistisch feststellbaren *Suizidrate* andererseits. Die menschlichen Bedürfnisse sind prinzipiell genauso unbeschränkt wie unerfüllbar, so argumentiert DURKHEIM hier. Die Gesellschaft, als allgemein akzeptierte kollektive Autorität, setzt dem potentiell unbegrenzten Streben des Menschen nach Befriedigung seiner Bedürfnisse Grenzen, indem sie bestimmte, seiner sozialen Position angemessene Ziele und damit verbundene Befriedigungsmöglichkeiten festlegt. Mit dem Bedeutungsverlust dieser Autoritäten finden die menschlichen Leidenschaften und Bedürfnisse keine Schranken mehr, es wird

„eine Begehrlichkeit entfacht, ohne dass man weiß, wo sie zur Ruhe kommen soll. Sie wird sich durch nichts beschwichtigen lassen, da die angestrebten Ziele himmelweit über allem Erreichbaren liegen (...) Es ist da ein Hunger nach neuen Dingen, nach unbekannten Genüssen, nach

Freuden ohne Namen, die aber sofort ihren Geschmack verlieren, sobald man sie kennen lernt." (DURKHEIM 1897/1973, S.292 f.)

Unter diesen Bedingungen können Menschen rastlos und unglücklich werden und beginnen, nach riskanten Situationen zu suchen: *„Notwendigerweise wachsen mit den Risiken die Rückschläge, und die Krisen häufen sich in dem gleichen Augenblick, wo sie mörderischer werden"* (ebd., S.294). Der Boden wird bereitet für permanente Unzufriedenheit und persönliche Zusammenbrüche, die schließlich in Suizide münden könnten.

Solche Erklärungen, bei denen soziale Makrophänomene erklärt werden auch unter Bezug auf Gemütszustände, Situationswahrnehmungen und Handlungsorientierungen von Akteuren, stehen *prima facie* in auffallendem Kontrast zu den an anderer Stelle geäußerten Maximen DURKHEIMs, denen zufolge soziale Sachverhalte nur aus anderen sozialen Sachverhalten, nicht aber aus individuellen psychologischen Zuständen von Individuen abgeleitet werden dürfen. Nun will DURKHEIM aber auch gar nicht einzelne Suizide erklären, sondern die *Erhöhung der Suizidrate* unter bestimmten gesellschaftlichen Bedingungen. Während der *einzelne Suizid* erklärbar sein mag durch die individuellen psychologischen Merkmale des Suizidenten, so erklärt sich die *Erhöhung der Suizidrate* unabhängig davon aus makrosozietären Prozessen, die von individuellen psychologischen Merkmalen nicht abhängig sind. So mag eine Person mit einer bestimmten psychischen Disposition unter bestimmten gesellschaftlichen Bedingungen Suizid begehen, unter anderen Bedingungen nicht. Die Verteilung von psychologischen Merkmalen bei einzelnen Individuen, die eine Gesellschaft bilden, lässt Durkheim aber als *ceteris-paribus* Bedingung außer Acht. Es geht ihm nur um die Veränderung der Suizidrate, die dann eintritt, wenn bestimmte soziale Tatsachen gegeben sind.

Und auch für WEBERS Erklärung der Durchsetzung der kapitalistischen Ökonomie ist nicht die Masse der einzelnen, mehr oder weniger frommen, protestantischen Geschäftsleute relevant, sondern nur ein bestimmter *idealisierter Akteurstypus*: der calvinistische, aus Sorge um sein Seelenheil an einer methodisch kontrollierten Lebensführung interessierte Bürger. Erklärt werden Makrophänomene also auch hier nicht durch die Motive und Handlungsstrategien *einzelner* empirischer Akteure oder durch deren statistisch feststellbare Verteilung, sondern, in WEBERS Terminologie, durch einen *Idealtypus*, durch die „*einseitige Steigerung eines oder einiger Gesichtspunkte und durch Zusammenschluss einer Fülle von diffus und diskret, hier mehr, dort weniger, stellenweise gar nicht, vorhandenen Einzelerscheinungen, die sich jenen einseitig herausgehobenen Gesichtspunkten fügen, zu einem in sich einheitlichen Gedankenbilde.*" (WEBER 1904, 1988, S. 191). Soziologische Erklärung erfordert nicht notwendigerweise die Kenntnis der subjektiven Motive, aus denen heraus einzelne Akteure gehandelt haben. Ausgehend von idealisierenden und vereinfachenden Annahmen kann der soziologische Untersucher vielmehr einen Idealtypus konstruieren, d.h. ein abstraktes Modell, welches beschreibt, was ein idealisierter Akteur mit bestimmten, ihm unterstellten Motiven unter gegebenen Bedingungen vernünftigerweise tut. Auch DURKHEIMs Erklärungsmodell des Suizids als Makrophänomen verwendet idealisierte Akteurstypen – etwa den kapitalistischen Glücksritter, der sich in der Zeit wachsender Handlungsoptionen in riskante geschäftliche Unternehmungen und einen ruinösen Lebensstil stürzt.

Die Stärke dieser Art der Erklärung durch idealisierte Akteurstypen besteht darin, dass sie spezifischen Erklärungsanforderungen der Sozialwissenschaften meist besser gerecht wird als eine Erklärung durch faktische Handlungsorientierungen und Handlungsstrategien individueller empirischer Akteure. DURKHEIMs soziologische Erklärung der Veränderung von Suizidraten erfordert offensichtlich nicht primär die Kenntnis der empirischen Verteilung von allen den Suizid disponierenden psychischen Zuständen in der gesamten Bevölkerung, sondern nur das Wissen über charakteristische Reaktionsweisen einer relativ kleinen Gruppe von Menschen auf bestimmte sozialstrukturelle Bedingungen. Und um die Entwicklung des „kapitalistischen Geistes" aus der Askese des frommen Protestanten zu erklären, ist nicht unbedingt ein genaues Wissen über die statistische Verteilung von Frömmigkeitsformen und Glaubensüberzeugungen im 17. Jahrhundert erforderlich. In beiden Fällen geht es nicht darum, Orientierungen und Handlungsmuster aller empirischen Akteure zu kennen, sondern darum, einen *typischen Akteur sozialen Wandels* zu identifizieren oder auch zu konstruieren, der empirisch möglicherweise nur selten auftritt.

Die Notwendigkeit, den empirischen Gehalt und die empirische Gültigkeit des Explanans solcher sozialwissenschaftlicher Erklärungen aufzuweisen, bleibt aber davon unberührt. Bevor nicht bspw. gezeigt werden kann, dass es tatsächlich fromme Protestanten waren, die als erfolgreiche Geschäftsleute die Entwicklung des Kapitalismus in Holland oder England vorangetrieben haben, tragen die erklärenden Argumente, die Explanantia, vorerst weitgehend *hypothetischen Charakter*.

4.2 Sozialwissenschaftliche Erklärung und hypothetische Schlussfolgerung

Diesen hypothetischen Charakter teilen diese soziologischen Erklärungsbeispiele allerdings bis zu einem gewissen Grad mit jenen naturwissenschaftlichen Alltagsbeispielen, die HEMPEL zur Illustration des deduktiv-nomologischen Schemas verwendete:

Ein Mann, der an einem kalten Wintermorgen feststellt, dass der Kühler seines Automobils gebrochen ist, kann, so HEMPEL (1942, S. 36), ausgehend von dem Wissen, dass eine bestimmte Menge Wasser beim Abkühlen an Volumen verliert, beim Übergang in einen festen Aggregatzustand sich jedoch wieder ausdehnt, schlussfolgern, dass es in der Nacht gefroren habe, dass nicht genügend Frostschutz im Kühlwasser und der Deckel des Kühlers fest verschlossen gewesen sei usw. Betrachtet man aber nun die *Reihenfolge*, mit der die einzelnen Sätze durchgegangen werden, so zeigt sich, dass hier das klassische deduktive Schlussschema (hier im *Modus Darii*) quasi auf den Kopf gestellt erscheint (vgl. Tabelle 4.1): Der Mann schließt nicht, nachdem er festgestellt hat, dass bestimmte Antezedensbedingungen bestehen oder bestanden haben („*Es hat gefroren*", „*Ich habe vergessen, Frostschutz in den Kühler zu tun*"), unter Verwendung einer allgemeinen Gesetzeshypothese („*Wasser dehnt sich beim Gefrieren aus*") auf das Ereignis, welches im Explanandum beschrieben wird (ergo: „*Mein Kühler muss geplatzt sein*"). Vielmehr schließt er, *nachdem* er das Vorliegen eines bestimmten Phänomens festgestellt hat, unter der Annahme, dass eine bestimmte Gesetzmäßigkeit gilt, auf das Vorliegen der Antezedensbedingungen.

Der nomologisch-deduktiv Schlussfolgernde beginnt hier also mit dem, was in der klassischen Syllogistik die Konklusion, also das Ergebnis, darstellt, und er endet mit der *Prämissa minor* des deduktiven Schlusses. Das bedeutet, dass er nicht etwa ausgehend von einer allgemeinen Gesetzmäßigkeit und dem konkreten Vorliegen von Antezedensbedingungen auf das Phänomen schließt, das im Explanandum beschrieben wird. Vielmehr wird unter Zuhilfenahme einer allgemeinen Gesetzesaussage vom Bestehen eines Sachverhaltes *ex post* auf dessen Antezedensbedingungen geschlossen.

4.2 Sozialwissenschaftliche Erklärung und hypothetische Schlussfolgerung

In seinen Untersuchungen über Prozesse logischer Schlussfolgerung hat Charles Sanders PEIRCE ein solches Vorgehen von Deduktion und Induktion abgegrenzt und als „Hypothese" (bzw. zu einem späteren Zeitpunkt, als „Abduktion") bezeichnet. Die Unterschiede zwischen deduktivem, induktivem und hypothetischem Schluss erläutert er anhand eines später in der PEIRCE-Rezeption häufig zitierten „Bohnenbeispiels" (PEIRCE, 2.623)[28]. Während beim deduktiven Schluss von einer allgemeinen „Regel" („*Alle Bohnen aus diesem Sack sind weiß*") und einem „Fall" („*Diese Bohnen sind aus diesem Sack*") auf ein „Resultat" („*Diese Bohnen sind weiß*") geschlossen wird, stellt die Hypothese, PEIRCE zufolge, den Schluss von einer allgemeinen Regel und einem Resultat auf einen Fall dar: „*Um eine Hypothese handelt es sich, wenn wir einen sehr seltsamen Umstand finden, der durch die Unterstellung erklärt werden kann, dass es ein Fall einer bestimmten allgemeinen Regel ist, und wenn wir daraufhin jene Unterstellung akzeptieren.*" (PEIRCE, 2.624): Jemand findet einige weiße Bohnen neben einem Sack mit ebenfalls weißen Bohnen und kommt zu dem Schluss, dass die Bohnen ebenfalls aus dem Sack stammen.

Reihenfolge der Schritte beim logischen Schließen	
Deduktives Schlussschema im Modus Darii 1. *Prämissa maior* (Gesetzmäßigkeit) 2. *Prämissa minor* (Antezedensbedingungen)	Wasser nimmt beim Gefrieren an Volumen zu. Es hat in der Nacht gefroren. Im Kühler war kein Frostschutzmittel.
3. *Conclusio*	Der Kühler ist geborsten.
Beispiel für DN-Erklärung (HEMPEL 1942):	*hypothetische Schlussfolgerung*
1. *Explanandum* 2. *Explanans 1* (Gesetzmäßigkeit)	Der Kühler ist geborsten Wasser nimmt beim Gefrieren an Volumen zu.
3. *Explanans 2* (Antezedensbedingungen)	Es hat in der Nacht gefroren. Im Kühler war kein Frostschutzmittel.

Tabelle 4.1: Unterschiedliche Reihenfolge der Sätze beim deduktiven und hypothetischen Schließen

Diese Art der Schlussfolgerung wird in aktuellen Diskussionen manchmal auch als „*Reduktion*" (BOCHENSKI 1965, S.75 ff.), „*Retrodiktion*" (STEGMÜLLER 1974, S. 164f.), „*Retroduktion*" (HANSON 1958/1965) oder „*Schlussfolgerung auf die beste Erklärung*" (ACHINSTEIN 1992) bezeichnet. HEMPELS naturwissenschaftliche und technische Trivialbeispiele für das DN-Schema stellen letztendlich eine Anwendung dieses hypothetischen Schlussschemas dar, und er verwendet es auch dort, wo er historische Ereignisse nomologisch zu erklären

---

28 Die Zitation von PEIRCE folgt der Konvention, in der der Paragraph aus der Gesamtausgabe genannt wird. Soweit das Zitat in der von Karl-Otto APEL herausgegebenen deutschen Übersetzung (PEIRCE 1991) vorhanden ist, wird diese zitiert, ansonsten aus den von HARTSHORE, WEISS und BURKS editierten *Collected Papers* (PEIRCE 1974, 1979).

versucht (z.B. HEMPEL 1970, S. 227ff): *Zuerst* wird ein Explanandum festgestellt (*Zahlreiche Gläubige nutzten im 15. Jahrhundert gegen Zahlung von Geld die Möglichkeit, die Absolution auch für schwerwiegende Sünden zu erhalten*). Danach werden eine Reihe von allgemeinen psychologischen und soziologischen Gesetzmäßigkeiten postuliert (z.B.: *Menschen versuchen, antizipierte unangenehme Erlebnisse zu vermeiden; kollektive Akteure neigen dazu, eine vorhandene kulturelle und politische Machtstellung auch ökonomisch auszunutzen*). Auf dieser Grundlage wird dann eine Schlussfolgerung auf konkrete historische Randbedingungen gezogen (*Viele Menschen im 15. Jahrhundert hatten Angst vor dem Fegefeuer; der katholische Klerus nutzte diese Angst, um ökonomische Vorteile für die eigene Organisation zu erlangen* usw.).

Bei genauerer Betrachtung erweisen sich die üblichen Beispiele, die verwendet werden, um die Anwendung des HO-Schemas in den Sozialwissenschaften zu illustrieren, nahezu sämtlich als hypothetische Schlussfolgerungen, so wenn etwa OPP zuerst einen Unterschied feststellt zwischen den Selbstmordraten in verschiedenen Städten der USA (OPP 1970/1976, S.124 ff., vgl. auch Kap. 3.1.) und anschließend zur Erklärung dieses Umstands eine „allgemeine Gesetzmäßigkeit" postuliert, wonach ein höheres Ausmaß sozialer Isolierung die Suizidraten steigen lässt. Ausgehend von dem Explanandum und dem Obersatz des Explanans, zieht er dabei einen Schluss auf bestimmte Randbedingungen, indem er folgert, dass in den verschiedenen Städten eine unterschiedlich starke soziale Isolation herrschen muss. In seinen bereits erwähnten Lehrbuchbeispielen für die Anwendung des HO-Schemas verfährt ESSER in derselben Weise: als Explanandum konstatiert er Unterschiede zwischen den Scheidungsraten in ländlichem und städtischen Regionen (ESSER 1993, S.66 ff.). Anschließend postuliert er eine allgemeine Gesetzmäßigkeit: „*Trennungen finden dann statt, wenn sich die Konflikte innerhalb der Ehe über einen bestimmten Schwellenwert hinaus entwickeln und wenn gleichzeitig mindestens einer der Partner eine Alternative zu der ehelichen Beziehung sieht.*" Diese postulierte Gesetzmäßigkeit verwendet er dann zusammen mit dem Sachverhalt, der durch das Explanandum beschrieben wird, als Prämisse, um das Bestehen bestimmter *Antezedensbedingungen* zu folgern: *In Städten entwickeln sich Konflikte in Ehen häufiger über einen bestimmten Schwellenwert hinaus als auf dem Land.* Das hypothetische Schlussschema findet schließlich auch Anwendung in Arbeiten soziologischer Klassiker, in denen statistische Zusammenhänge soziologisch erklärt werden, so etwa bei der Formulierung von WEBERs Protestantismusthese oder bei DURKHEIMs Erklärung der Veränderung von Selbstmordraten.

Die Unterscheidung zwischen Deduktion und hypothetischer Schlussfolgerung ist deswegen von großer methodologischer Bedeutung, weil eine hypothetische Schlussfolgerung im Gegensatz zu einer Deduktion nicht eine wahrheitskonservierende, sondern eine *riskante Schlussfolgerung* darstellt. Hierauf hat PEIRCE sehr deutlich mehrfach hingewiesen (PEIRCE 2.623[29]; vgl. auch ANDERSON 1987; REICHERTZ 1991; KELLE 1997a, S. 157 ff.): Hypothetische Schlussfolgerungen sind mehr oder weniger unsichere Vermutungen, manchmal sogar kühne und gefährliche Schritte (PEIRCE, 2.632), auf jeden Fall Akte „*extrem fehlbare(r) Einsicht*" (PEIRCE, 5.181).

---

[29] Bei der Zitation von Peirce orientiere ich mich an der werksspezifischen Konvention, in der der Paragraph aus der Gesamtausgabe genannt wird. Soweit das Zitat in der von Karl-Otto Apel herausgegebenen deutschen Übersetzung (PEIRCE 1991) vorhanden ist, zitiere ich diese, ansonsten aus den von Hartshore, Weiss und Burks editierten *Collected Papers* (PEIRCE 1974, 1979).

4.2 Sozialwissenschaftliche Erklärung und hypothetische Schlussfolgerung

Das lässt sich bereits daran erkennen, dass zu jedem empirischen Phänomen eine Reihe unterschiedlicher, miteinander konkurrierender Erklärungshypothesen formuliert werden können. Das ist bereits in HEMPELs naturwissenschaftlichem Trivialbeispiel der Fall, denn vielleicht ist der Autokühler in der fraglichen Nacht nicht durch Frost, sondern durch Rost – oder auch durch den Vandalismus eines bösartigen Nachbarn – zerstört worden. Auch für die bislang verwendeten sozialwissenschaftlichen Beispiele lassen sich alternative Erklärungshypothesen finden:

So ist die WEBERsche Protestantismusthese seit ihrer Entstehung Gegenstand von Kontroversen. Eine alternative Erklärung für den empirisch feststellbaren Zusammenhang zwischen protestantischer Konfessionszugehörigkeit und ökonomischem Erfolg im Mitteleuropa des 17. Jahrhunderts wurde bspw. von TREVOR-ROPER vorgeschlagen (TREVOR-ROPER 1968). Demnach waren an der im 16. und 17. Jahrhundert stattfindenden Verlagerung ökonomischer Prosperität vom Mittelmeerraum in den Nordwesten Europas zwar holländische Kaufmannsfamilien mit reformiert-protestantischen Hintergrund maßgeblich beteiligt, doch handelte es sich hierbei nur in seltenen Fällen um Vertreter der calvinistischen Orthodoxie. Eine zentrale Gemeinsamkeit dieser Familien bestand, so TREVOR-ROPER, vielmehr darin, dass es sich um wohlhabende Exilanten aus prosperierenden Finanz- und Gewerbeplätzen wie Antwerpen, Lüttich oder Florenz handelt, die sich unter dem Druck der Gegenreformation zum Exil genötigt sahen. TREVOR-ROPER sieht in ihnen weniger Anhänger CALVINs oder LUTHERs, sondern Vertreter einer sich ursprünglich an ERASMUS VON ROTTERDAM orientierenden liberaleren Bewegung, die angesichts der in der Reformation stattfindenden kirchenpolitischen Polarisierung gezwungen waren, sich einer der entstehenden protestantischen Denominationen anzuschließen. Als die reformierten Kirchen sich nach einer anfänglichen pluralistischen Phase unter dem Einfluss des Calvinismus zu dogmatischer Enge und doktrinärer Erstarrung entwickelten, wandten sich viele dieser christlichen Kaufleute Abspaltungen zu (wie etwa den holländischen Arminianern); auf jeden Fall ist es unwahrscheinlich, dass es sich hier um gläubige Anhänger der Lehre der doppelten Prädestination handelte, die sich in beständiger Besorgnis um den eigenen Heilsstand befanden.

Die Möglichkeit, alternative Erklärungen für die untersuchten sozialen Makrophänomene zu formulieren, betrifft ebenso die von OPP und ESSER verwendeten didaktischen Beispiele: Auch wenn in New York tatsächlich mehr Personen sozial isoliert leben als in Baltimore, wird die Suizidrate in beiden Städten *davon* möglicherweise nicht beeinflusst. Und die Tatsache, dass in Städten mehr Möglichkeiten zur außerehelichen Interessenverfolgung bestehen als in ländlichen Regionen, hat möglicherweise nur geringen Einfluss auf die Scheidungsrate. In beiden Fällen lassen sich die jeweiligen Explananda auch auf andere Weise erklären: der Unterschied zwischen den Suizidraten in New York und Baltimore durch verschieden stark ausgeprägte konfessionelle Bindungen in beiden Städten, Unterschiede zwischen den Scheidungsraten durch die unterschiedlich ausgeprägte soziale Kontrolle in ländlichen und urbanen Regionen usw.

Dieses Problem der Existenz zahlreicher Erklärungsalternativen ließe sich nicht nur anhand der Soziologiegeschichte oder mit Hilfe von Lehrbuchbeispielen diskutieren. Es wird überall dort virulent, wo Zusammenhänge hergestellt werden müssen zwischen verschiedenen Phänomenen auf der statistischen Aggregatebene. Solche Zusammenhänge stellen, wie BLALOCK anmerkt, letztendlich immer historische Erklärungsversuche für eine bestimmte Menge von Tatsachen dar *„and would invariably invoke either an implicit or* *explicit theory of some sort. This theory would contain a number of assumptions, many of which would be untestable with the data at hand."* (BLALOCK 1984, S. 84)

Dies lässt sich wiederum exemplarisch verdeutlichen anhand von Arbeiten aus dem Kontext der Lebenslaufsoziologie, in denen auf der Basis von statistischen Zusammenhängen zwischen soziodemographischen Merkmalen von Individuen einerseits (zum Beispiel der *Kohortenzugehörigkeit*, dem *Bildungsstatus* usw.) und Zeitpunkten von Statuswechseln andererseits (etwa dem *Zeitpunkt einer Scheidung*, der *Geburt eines Kindes* usw.) argumentiert wird. Man betrachte hierzu etwa das Problem sozialer Ungleichheit in der Bildungspartizipation. Der Zusammenhang zwischen sozialer Herkunft (in der Regel gemessen anhand bestimmter Statusmerkmale der Herkunftsfamilie) und erreichtem formalem Bildungsstatus ist seit langem ein bedeutsames Thema für die Lebenslaufforschung (vgl. SHAVIT, BLOSSFELD 1993; MÜLLER, HAUN 1994; HENZ, MAAS 1995; HENZ 1997; BRAUNS 1999). Dieser nach wie vor in zahlreichen Ländern feststellbare intergenerationelle Statustransfer kann nun mit Hilfe sehr unterschiedlicher theoretischer Modelle erklärt werden (vgl HENZ 1997), bspw. als Folge des Handelns rationaler Bildungsakteure, die die Kosten und Erträge alternativer Bildungsinvestitionen abwägen (BOUDON 1979, GOLDTHORPE 1996). Der subjektive Nutzen, d.h. die subjektiv erwarteten Kosten und Erträge der Bildungsinvestitionen, wird demnach von den Akteuren abhängig von ihrer sozio-ökonomischen Herkunft unterschiedlich eingeschätzt. Die direkten Ausgaben für Bildung und die Opportunitätskosten einer längeren Ausbildungsphase fallen für Personen aus einkommensschwächeren Familien stärker ins Gewicht. Gleichzeitig ist der subjektive Grenznutzen höherer Bildung eher erreicht als bei sozial besser gestellten Akteuren, weil hier der Wunsch, eine Platzierung im gesellschaftlichen Ungleichheitsgefüge zu erreichen, die mindestens der Beibehaltung des sozialen Herkunftsstatus dient, durch die Erreichung relativ niedrigerer Bildungszertifikate erreicht werden könne.

Der intergenerationelle Transfer von Bildungsstatus kann aber auch anders erklärt werden, etwa bedingt durch die soziale Auslesepraxis von Gatekeepern (Lehrern, schulischen Auswahlkomitees usw.), die das kulturelle Kapital (BOURDIEU 1966), welches Kinder aus Mittelschichtfamilien mitbringen, in besonderer Weise honorieren. Schließlich ließe sich auch argumentieren, dass in Mittelschichtfamilien sich Kinder besonderer Unterstützungsleistungen und eines für schulische Leistungen besonders unterstützenden Klimas erfreuen; dass Kinder aus sozial schwächeren Familien durch Erfahrungen von sozialer Deprivation und Ausgrenzung Frustrationen erfahren, die sie im Lernen behindern u.a.m. Eine besondere Pointe liegt schließlich in dem Umstand, dass die immer wieder berichteten Zusammenhänge zwischen soziodemographischen Variablen, die das Fortbestehen[30] der intergenerationellen Tradierung von Bildungsungleichheit belegen, von einem biologistisch orientierten Soziologen auch als empirisches Argument für genetische Verursachung sozialer Ungleichheit verwendet werden könnten. Weitere Beispiele für die Existenz multipler Erklärungshypothesen finden sich in zahlreichen Untersuchungsfeldern der Lebenslaufforschung[31].

---

30 Es liegen hierzu verschiedene empirische Ergebnisse vor, so dass streitig ist, ob sich diese Zusammenhänge *langsam auflösen* (MÜLLER, HAUN 1994; HENZ, MAAS 1995) oder *persistieren* (BLOSSFELD, SHAVIT 1993).
31 Ein weiteres gutes Beispiel liefert die empirisch feststellbare Bildungsabhängigkeit des Heiratsalters von Frauen (in dem Sinne, dass Frauen mit höherer Bildung in allen Geburtskohorten später heiraten; vgl. hierzu z.B. DIEKMANN 1996). Dieser Zusammenhang lässt sich bspw. mit Hilfe der familienökonomischen Theorie erklären durch die Tatsache, dass Frauen mit höherer Bildung und damit höherem Einkommenspotential weniger von der geschlechtsspezifischen Arbeitsteilung in der Ehe profitieren, unabhängiger sind und eher

Welche Möglichkeiten bestehen nun, um eine rationale Entscheidung über die Geltung dieser verschiedenen, nur teilweise miteinander kompatiblen, oftmals konkurrierenden Erklärungshypothesen zu treffen? Hypothetische Schlussfolgerungen sind, PEIRCE zufolge, riskante Vermutungen. Ihre einzige Rechtfertigung besteht darin, so PEIRCE weiter, „*dass die Deduktion aus ihrer Vermutung eine Vorhersage ziehen kann, die durch die Induktion getestet werden kann*" (5.171). Folgt man dem PEIRCE'schen Verständnis logischer Schlussfolgerung, so kommen deduktive Schlussfolgerungen also noch gar nicht bei der Formulierung des Explanans ins Spiel, wie HEMPEL und OPPENHEIM dies nahe legen, sondern erst bei dessen weiterer empirischer Überprüfung. HEMPELs Erklärungsversuch für den Bruch des Autokühlers kann erst dann als empirisch abgesichert gelten, wenn anhand unabhängiger empirischer Informationen überprüft wurde, ob es erstens in der fraglichen Nacht tatsächlich gefroren hat und ob zweitens wirklich der Frostschutz im Kühlwasser fehlte.

Dass man dann, wenn die Geltung der hypothetisch angenommenen Antezedensbedingungen erwiesen ist, die angebotene Erklärung ohne weiteres akzeptieren wird, hat allerdings eine weitere wichtige Voraussetzung: die zur Formulierung der ursprünglichen Erklärungshypothese herangezogene Gesetzmäßigkeit muss für den Untersuchungsbereich ohne weiteres als geltend angenommen werden. Dies ist in Hempels Kühlerbeispiel deswegen problemlos gegeben, weil es keinen Grund gibt, an der universellen Geltung der Gesetzmäßigkeit zu zweifeln, wonach Wasser beim Gefrieren an Volumen zunimmt. Um die Validität der ursprünglichen hypothetischen Schlussfolgerung aufzuzeigen, reicht es dann aus, zu prüfen, ob die Antezedensbedingungen vorlagen: Hat es in der fraglichen Nacht tatsächlich gefroren und enthielt der Kühler tatsächlich kein Frostschutzmittel, so ergibt sich der Bruch des Kühlers „*as a matter of course*" (PEIRCE 5.189). Eine methodisch kontrollierte hypothetische Schlussfolgerung erfordert im Fall solcher naturwissenschaftlicher Trivialbeispiele also nur die Kenntnis einiger weniger für den Gegenstandsbereich relevanter Gesetze andererseits und die Bereitschaft und Fähigkeit zur empirischen Überprüfung der durch den hypothetischen Schluss postulierten Antezedensbedingungen andererseits. In sozialwissenschaftlichen Gegenstandsbereichen sind die Anforderungen an hypothetische Schlussfolgerungen jedoch erheblich komplexer, wie im nächsten Abschnitt gezeigt werden soll.

4.3 Handlungserklärungen und Gesetzeserklärungen

Die Formulierung einer hypothetischen Schlussfolgerung nach dem HO-Schema erfordert die Kenntnis von Gesetzmäßigkeiten oder Regeln, deren Geltung für den Gegenstandsbereich problemlos unterstellt werden kann. HEMPEL und OPPENHEIM argumentieren nun, dass im Rahmen einer historischen (und wohl auch sozialwissenschaftlichen) Erklärung solche universellen Gesetzmäßigkeiten zwar existieren, aber zumeist einfach nur nicht expliziert werden. Dies sei einerseits dann der Fall, wenn die verwendeten universellen Gesetzeshypothesen trivial erscheinen, weil sie einen Bestandteil individualpsychologischen oder sozialpsychologischen Alltagswissens darstellen (wie z.B. die Aussage „*Menschen versu-*

Alternativen zur Ehe wahrnehmen können (BECKER 1974, 1981). Das vergleichsweise hohe durchschnittliche Heiratsalter von Frauen mit hohem formalen Bildungsabschluss könnte – insbesondere in den jüngeren Geburtskohorten – auch die Folge davon sein, dass diese Frauen an den betreffenden Bildungseinrichtungen bestimmte normative Orientierungen kennenlernen und übernehmen, die einer Heirat entgegenstehen (DIEKMANN 1996, S. 167).

chen, ökonomische Verluste zu vermeiden"). Andererseits gelte für solche Gesetze bei dem gegenwärtigen Stand der Sozialwissenschaften oft *„they cannot be formulated at present with satisfactory precision and generality, and therefore, the suggested explanation is surely incomplete (...)"* (HEMPEL, OPPENHEIM 1948, S. 141)

Die Tatsache, dass in den Sozial- und Geschichtswissenschaften nur sehr selten vollständige Erklärungen formuliert werden, habe, so die beiden Autoren, der methodologisch falschen Grundannahme Vorschub geleistet, dass dort keine universellen Gesetzmäßigkeiten existieren würden. Dabei würden sich solche unvollständigen Erklärungen relativ einfach zu vollständigen deduktiv-nomologischen Erklärungen umformulieren lassen: die Tatsache etwa, dass zu einem bestimmten Zeitpunkt viele der Farmer aus Oklahomas *dust bowl* nach Kalifornien emigriert sind (HEMPEL 1942, S. 40), wird normalerweise damit erklärt, dass Sandstürme ihre Existenzbedingungen gefährdeten und dass Kalifornien zu dieser Zeit bessere Lebensbedingungen bot. Fügt man zu dieser Erklärung die universelle Gesetzeshypothese hinzu *„Bevölkerungen neigen zur Emigration in Gebiete, die ihnen bessere Lebensbedingungen bieten"* würde man eine vollständige wissenschaftliche Gesetzeserklärung erhalten.

> „Analogous remarks apply to all historical explanations in terms of class struggle, economic or geographic conditions, vested interests of certain groups, tendency to conspicuous consumption, etc.: All of them rest on the assumption of universal hypotheses which connect certain characteristics of individual or group life with others; but in many cases, the content of the hypotheses which are tacitly assumed in a given explanation can be reconstructed only quite approximately." (HEMPEL 1942, S. 41)

Diese „Doktrin der impliziten Gesetzmäßigkeit" war Gegenstand einer länger dauernden Kontroverse zwischen Carl Gustav HEMPEL und dem Historiker William DRAY, der in seiner Monographie „*Laws and Explanation in History*" HEMPEL gegenüber argumentiert hat, dass jene *covering laws*, die in solchen Beispielen verwendet werden, in der Regel so allgemein und abstrakt formuliert sind, dass ihre methodologische und theoretische Funktion vollständig unklar wird (DRAY 1963/1978, S. 28 f.). Sie können nämlich ohne weiteres auch aus der Erklärung fortgelassen werden, ohne dass dieser etwas fehlt: *„The higher the altitude the more innocuous the covering law becomes from a methodological point of view, and we are bound to wonder what point is served by insisting that the historian has committed himself to anything whatever"* (DRAY 1963/1978, S. 28).

Die Trivialität der in historischen Erklärungen enthaltenen impliziten Gesetzmäßigkeiten, die auch von HEMPEL eingeräumt wird, liegt nicht nur darin begründet, so DRAY, dass jedermann diese Gesetze kennt (wie jedermann weiß, dass die allgemeine Aussage „*Wenn ein Mensch vom 100. Stockwerk eines Hochhauses springt, wird er das nicht überleben*" sicher zutrifft). Trivial sind solche Gesetzmäßigkeiten vor allem deswegen, weil sie so allgemein formuliert werden müssen, dass kaum vorstellbar ist, dass irgendetwas geschieht, das zeigen könnte, dass das Gesetz falsch ist. DRAY wirft HEMPEL also mit anderen Worten vor, dass die von ihm postulierten Gesetzmäßigkeiten *keinen empirischen Gehalt* aufweisen.

Bei dem Versuch, historische Gesetzmäßigkeiten zu formulieren, bestehen damit, folgt man DRAYs Argument, die folgenden drei Alternativen:

1. Das Gesetz wird so formuliert, dass sich ohne Mühe bereits auf der Grundlage von Schulbuchkenntnissen Gegenbeispiele finden lassen, wie es bei der folgenden Aussage

der Fall wäre: „*Bauern verlassen ihre Heimat, wenn sie in ökonomischen Schwierigkeiten sind und anderenorts bessere Lebensbedingungen herrschen.*"
2. Es werden so lange einschränkende Bedingungen eingeführt, bis keine Gegenbeispiele mehr gefunden werden können. Das Gesetz wird dann aber möglicherweise nur auf sehr wenige empirische Fälle Anwendung finden können (im Extremfall nur auf einen einzelnen Fall, z.B. auf die Auswanderung der Farmer aus Oklahomas *dust bowl*).
3. Das Gesetz wird so allgemein formuliert, dass es prinzipiell nicht mehr falsifizierbar ist. Dann ist allerdings auch sein Informationsgehalt praktisch gleich Null („*Wenn ihre ökonomischen Lebensgrundlagen vernichtet werden, neigen Menschen dazu, nach neuen Lebensgrundlagen zu suchen*").

Gegen das *Covering Law* Modell HEMPELs und OPPENHEIMs setzt DRAY nun ein alternatives Konzept historischer Erklärung: Ein Historiker, so DRAY, steht vor allem vor dem Problem, herauszufinden, aus welchem Grund Akteure bestimmte Handlungen ausgeführt haben. Warum lockerte etwa Ludwig XIV. im Sommer 1688 den militärischen Druck auf Holland gerade in dem Moment, als Wilhelm von Oranien in England intervenierte?

„Um dies verstehen zu können, sucht er (d.h. der Historiker, U.K.) einmal herauszufinden, was der Handelnde für die tatsächlichen Gegebenheiten seiner Situation hielt, einschließlich der wahrscheinlichen Resultate verschiedener ihm seiner Meinung nach vorgegebener Handlungsmöglichkeiten, und er versucht zum anderen festzustellen, was der Akteur zu erreichen wünschte: d.h. seine Zwecke, Ziele oder Motive. Verstehen ist für den Historiker dann erreicht, wenn er einsieht, dass es unter der Voraussetzung der erwähnten Überzeugungen und Zielsetzungen für einen Menschen vernünftig ist, das zu tun, was der betreffende Akteur tat." (DRAY 1963/1978; S. 154f.)

Diese Erläuterung DRAYs benennt einige wesentliche Elemente, die auch in der von COLEMAN und anderen Entscheidungstheoretikern postulierten soziologischen Erklärungsstrategie zwischen Makro- und Mikroebene enthalten sind. DRAY beschreibt hier quasi die ersten beiden Teilschritte einer „Makro-Mikro-Makro Erklärung", in denen zuerst die „Logik der Situation" aus der Sicht des Akteurs rekonstruiert werden muss, und anschließend (analog zu ESSERs „Logik der Selektion") ein Modell eines Akteurs entworfen wird, der bei gegebenen Motiven und Handlungszielen in spezifischer Weise handelt. Grundlage einer solchen „rationalen Erklärung" sind eine Reihe von Annahmen: den Akteuren werden bestimmte *Motive* unterstellt, eine bestimmte *Sicht der Situation* und dass sie sich im Hinblick auf ihre Motive *vernünftig* verhalten. In einem wichtigen Punkt besteht dabei kein Dissens zwischen DRAY und HEMPEL. Beide wollen menschliches Handeln nicht erklären durch behaviouristische Gesetzmäßigkeiten (also nur durch äußere Reize angestoßen bzw. verursacht) und legen Wert auf die Feststellung, dass eine Handlungserklärung sich von einer Erklärung von Naturphänomenen insoweit unterscheidet, als sie nicht ohne hypothetische Annahmen über „innere" Zustände und Vorgänge, d.h. über die *Motive* und *Überzeugungen* der jeweiligen Akteure auskommen kann.

Der wesentliche Unterschied besteht jedoch darin, dass für HEMPEL eine Handlungserklärung zeigen soll, dass der Akteur in den gegebenen Umständen so handeln *musste*, wie er es getan hat. DRAY dahingegen vertritt die Auffassung, dass das Ziel von geschichtswissenschaftlichen Handlungserklärungen nicht darin bestehen kann, „*zu zeigen, dass der Handelnde ein Mensch solcher Art ist, dass er in bestimmten Umständen, in denen er sich glaubte, tatsächlich immer das tun würde, was er tatsächlich tat.*" (DRAY 1963/1978; S. 156). Die Erklärung solle nur zeigen, dass die von ihm ausgeführte Handlung vom Standpunkt des Handelnden (d.h. gegeben seine Motive und Situationseinschätzungen) „sinnvoll", d.h. rational war. HEMPEL dagegen betont, dass es nicht ausreichen könne, wenn das Explanans einer Erklärung nur gute Gründe für die Behauptung liefert, dass die im Explanandum genannte Handlung für den betreffenden Akteur eine angemessene, rationale oder sinnvolle Handlung war, denn der *„Nachweis (...), dass eine Handlung unter den jeweiligen Umständen die angemessene oder rationale Handlung war, ist nicht gleich der Erklärung dafür, dass sie tatsächlich ausgeführt wurde."* (HEMPEL 1963/1978, S. 143).

Das entscheidende Problem besteht darin, so betont HEMPEL, dass ein Handlungsgrund zwar angemessen sein kann unter Bezug auf ein bestimmtes Handlungsprinzip, das man zu seiner Rechtfertigung heranziehen *könnte*, ohne dass dieser Handlungsgrund aber die fragliche Handlung in irgendeiner Weise *tatsächlich* beeinflusst. Damit hat HEMPEL aber nicht nur eine mögliche Schwachstelle von DRAYs Konzept „rationaler Erklärung", sondern ein grundlegendes Problem *aller* Handlungserklärungen benannt. Zur Rechtfertigung und Begründung von Handlungen können sich Akteure jederzeit auf Motive berufen, die nicht wirklich diejenigen sind, die zu dieser Handlung geführt haben. Dieser Vorgang kann selber eine rationale Handlung darstellen, z.B. der Versuch eines Akteurs, sein Handeln anderen gegenüber zu rechtfertigen, Sanktionen zu vermeiden oder soziale Anerkennung zu erlangen, wie der Sozialpsychologe C. Wright MILLS in seinem Essay über *situiertes Handeln und das Vokabular der Motive* erläutert: die Erklärung der eigenen oder fremder Handlungen durch Handlungsgründe oder „Motive" stellt selber soziales Handeln dar: aus sozialpsychologischer Perspektive können Motive demnach nicht primär als innere psychologische Zustände von Individuen betrachtet werden, sondern sind *„typical vocabularies having ascertainable functions in delimited societal situations."* (MILLS 1963, S. 439): *„When an agent vocalizes or imputes motives, he is not trying to describe his experienced social action. He is influencing others and himself. Often he is finding new `reasons' which will mediate action."* (ebd., S 443 f.)

Weil Handlungen in der Regel durch eine ganze Reihe von verschiedenen Handlungsgründen erklärbar sind, sind auch die rationalen Handlungserklärungen des Historikers ständig der Gefahr ausgesetzt, andere Handlungsgründe zu benennen als die, aus denen die Akteure faktisch gehandelt haben. Im Rahmen von DRAYs Konzeption erzeugt dies aber ein nicht so grundlegendes Problem wie für HEMPELs Modell sozialwissenschaftlicher Gesetzeserklärung: DRAY stellt nämlich an historische Erklärungen nur die Anforderung, dass das Handeln der Akteure *verständlich gemacht wird*, indem gezeigt wird, dass das, was der Akteur getan hatte, das war, was aus seiner Perspektive zu einem bestimmten Zeitpunkt zu tun war. Hierdurch wird die Verbindung zwischen Explanans und Explanandum zu einer *Plausibilitätsbeziehung* gelockert. Das zu erklärende Ereignis kann nun durch die im Explanans genannten Sachverhalte entweder bewirkt oder nicht bewirkt werden; das Explanandum wird damit nur als *erklärbar* dargestellt, aber nicht eigentlich erklärt, so würde HEMPEL einwenden.

HEMPEL zufolge würde bei der Anwendung des DRAYschen Erklärungsschemas ein Explanandum in der Art

„Ein Akteur A führte eine Handlung X aus"

erklärt durch

4.3 Handlungserklärungen und Gesetzeserklärungen

1. die Antezedensbedingung „*Akteur A war in einer Situation von der Art C*" und
2. ein *Handlungsprinzip* in der Art „*In einer Situation von der Art C ist X das, was zu tun ist.*" (HEMPEL 1963/1978, S. 141).

Obwohl ein solches Explanans, so HEMPEL, zwar Gründe für die Annahme liefert, dass X unter den gegebenen Umständen die von A auszuführende angemessene Handlung war, so liefert es doch keine guten Gründe für die Annahme, dass A *tatsächlich* X ausführte. Hierzu müsste das von DRAY formulierte *evaluative* bzw. *präskriptive Handlungsprinzip* in ein *deskriptives Handlungsgesetz* in der Art

Jeder rationale Akteur führt in einer Situation von der Art C ohne Unterschied (oder: mit großer Wahrscheinlichkeit) X aus.

Werden nun noch die Antezedensbedingungen um die Aussage „*A war zu der Zeit ein rationaler Akteur*" erweitert, lässt DRAYs Konzept der rationalen Erklärung, so HEMPEL, nun auch die Formulierung „vollständiger" Gesetzesaussagen in seinem Sinne zu. Die Behauptung aber, es handle sich bei der Aussage „*Jeder rationale Akteur führt in einer Situation von der Art C ohne Unterschied (oder: mit großer Wahrscheinlichkeit) X aus*" um eine *Gesetzesaussage*, kann mit guten Argumenten bestritten werden. In dieser allgemeinen Form, d.h. ohne die Spezifikation der Variablen C (für die Situation) und X (für die Handlung) ist diese Aussage mit jedem Zustand der Welt vereinbar, sie ist mit anderen Worten nicht falsifizierbar. HEMPEL sieht den Einwand voraus, dass die von ihm formulierte Gesetzmäßigkeit „*nicht eigentlich ein empirisches Gesetz des tatsächlichen Verhaltens rationaler Akteure ist, sondern eine analytische Aussage definitorischen Charakters, die teilweise angibt, was mit einem rationalen Akteur gemeint ist*" (HEMPEL 1963/1978, S.142). Diesem Argument versucht er aber zu begegnen, indem er betont, dass eine *psychologische Theorie* darüber, was *Rationalität* ist, formulierbar ist. Der Begriff des rationalen Akteurs wird demnach durch

> „umfangreiche Komplexe genereller Aussagen – sie könnten Symptomaussagen genannt werden – regiert werden (...) dabei stellt jedes Symptom eine besondere Weise dar, in welcher ein Person (...) „auf " gewisse spezifische („Stimulus"-) Bedingungen „reagieren" und „unter" diesen handeln wird." (ebd., S.143).

HEMPEL vertraut also darauf, dass in irgendeiner Form eine Liste von Aussagen aufgestellt werden kann, die spezifische Situationen $C_1....C_n$ mit bestimmten Handlungen $X_1....X_m$ verknüpft, so dass solche Personen, die in entsprechenden Situationen mit den richtigen („rationalen") Handlungen reagieren, „rationale Akteure" genannt werden können. Dieses Verständnis von Rationalität als ein Persönlichkeitsmerkmal hat allerdings, wie Donald DAVIDSON in einer Kritik an HEMPELs Auffassungen anmerkt, seine Tücken. Denn „*auch wer diesen Charakterzug nicht aufweist, ist dennoch eine handelnde Person mit Gründen und Motiven, denen entsprechend er handelt*" (DAVIDSON 1990, S. 371). Möglicherweise handelt die Person aus „irrationalen", d.h. situationsinadäquaten, Gründen, doch „*solange wir nicht imstande sind, seine Handlungen im Sinne seiner Motive zu erklären oder zu charakterisieren –, sind wir nicht in der Lage zu behaupten, die Gründe seien schlecht*" (ebd.).

In vielen Fällen kann es gelingen, für eine Handlung, die *prima facie* irrational erscheint, aufzuzeigen, dass sie aus der Sicht des Handelnden, d.h. wenn man seine Motive und Überzeugungen kennt, als das verstanden werden kann, was aus seiner Sicht vernünftigerweise getan werden musste. Die Ethnologie, die Geschichtswissenschaften und die Sozialwissenschaften sind in hohem Maße auf ein Vorgehen angewiesen, bei welchem man die Rationalität von Handlungen erst anhand einer Rekonstruktion spezifischer Motive und Überzeugungen versteht bzw. erklärt. So ist bspw. eine rationale Erklärung des Zusammenhangs zwischen protestantischer Ethik und ökonomischer Prosperität nur möglich, wenn man Kenntnis hat von den zu jener Zeit dominierenden religiösen Überzeugungen. Verfügt man über diese Kenntnisse nicht, muss das Verhalten vieler Akteure nahezu zwangsläufig den Charakter des Irrationalen annehmen. Die Aufgabe der Geschichtswissenschaften muss aber darin liegen, dieses Handeln (auch wenn es möglicherweise irrationale Elemente enthält), soweit dies möglich ist, als begründetes Handeln nachvollziehbar zu machen. Vor derselben Aufgabe steht die Ethnologie, wenn sie bestimmte kulturelle Praktiken, religiöse Bräuche usw. erklären will oder die Soziologe, die Handlungsmuster in bestimmten Subkulturen für Außenstehende verständlich machen will. Die Aufgabe kann hier nicht darin bestehen, zu prüfen, inwieweit die beobachteten Handlungsweisen einer vorab definierten Liste von rationalen Handlungen entnommen werden können. Vielmehr müssen zuerst die in der untersuchten Kultur (oder Subkultur) herrschenden Rationalitätskriterien aufgewiesen werden, an denen sich die Akteure zumindest prinzipiell orientieren konnten oder können, um dann zu untersuchen, inwieweit *diese* Rationalitätskriterien verletzt worden sind. Solche Rationalitätskriterien sind aber an die Existenz von *Strukturen begrenzter Reichweite* gebunden, d.h. an die Geltung *kulturabhängiger Wissensbestände* und *Handlungsregeln*, ohne deren Kenntnis ein Urteil darüber, ob ein Akteur rational handelte, gar nicht möglich ist. Aus diesem Grund ist die Menge der für die Anwendung von HEMPELs Ansatz notwendigen „Symptomaussagen" *erstens* historisch und kulturell kontingent und *zweitens* prinzipiell nicht abschließbar.

1. Historisch und kulturell kontingent ist sie deswegen, weil, je nach Maßgabe eines bestimmten kulturellen und historischen Kontextes jeweils andere empirisch beobachtbare Verhaltensweisen als Symptom für Rationalität gelten müssen. Bevor bspw. nicht die Aussage akzeptiert wird, dass die Erde Kugelgestalt hat, ist der Versuch, sie mit Hilfe von Schiffen zu umrunden, ein irrationales Unternehmen. Unter Bedingungen, in denen gute Gründe existieren, die Kugelgestalt der Erde zu akzeptieren, ist es demgegenüber irrational, die Möglichkeit der Erdumrundung zu leugnen.
2. Weil die Menge der „Symptomaussagen" für rationales Handeln in hohem Maße von verfügbaren Wissensbeständen abhängt, ist sie auch prinzipiell nicht abschließbar. Der Gedanke an die Vorhersagbarkeit gesellschaftlichen und kulturellen Wissens würde schließlich eine *contradictio in adiectu* darstellen – wenn sich Innovationen vorhersagen lassen könnten, wären es keine Innovationen in strengem Sinne mehr. Weil die Wissensbestände und damit die Rationalitätskriterien unter zukünftigen gesellschaftlichen Bedingungen nur sehr begrenzt im Rahmen von Gedankenexperimenten antizipierbar sind, bleibt auch die Liste der zulässigen „Symptomaussagen" für Rationalität in unvorhersagbarer Weise veränderbar.

Die Beurteilung der Rationalität sozialen Handelns, und damit die Erklärung rationalen Handelns, ist an Kriterien gebunden, die nicht kulturunabhängig formulierbar sind. Deshalb kann die grundlegende Rationalitätsannahme, die, HEMPEL und DRAY zufolge, einen Teil des Explanans einer Handlungserklärung bilden muss, selber kein universelles Gesetz mit einem raumzeitlich unbegrenzten Geltungsbereich sein, sondern nur eine zwar notwendige (denn ohne die Annahme, ein Akteur habe in irgendeiner Weise nachvollziehbar vernünftig gehandelt, ist sein Verhalten sozialwissenschaftlich überhaupt nicht mehr erklärbar), aber keineswegs hinreichende Voraussetzung für eine Handlungserklärung. *Kulturabhängige Rationalitätskriterien* müssen in das Explanans einer Handlungserklärung aufgenommen werden, damit diese empirisch gehaltvoll formuliert werden kann[32].

Die Frage, welche universelle Gesetzmäßigkeiten den Obersatz einer sozialwissenschaftlichen Handlungserklärung bilden können, beschäftigt auch aktuelle Debatten im Kontext soziologischer Handlungs- und Entscheidungstheorie, in deren Rahmen Konzepte entwickelt und Argumente gebraucht werden, die in vielerlei Hinsicht denjenigen aus der länger zurückliegenden Diskussion zwischen HEMPEL und DRAY ähneln. Auch hier erweist es sich als das zentrale Problem, wie universelle Annahmen über zweckrationales Handeln in ein Verhältnis gesetzt werden können zu kulturabhängigen Regeln und Verhaltensstandards, d.h. zu Strukturen begrenzter Reichweite, und wie diese beiden Arten erklärender Argumente in ihrer Bedeutung für eine Handlungserklärung genauer bestimmt und voneinander abgegrenzt werden können.

4.4 Harter Kern und Brückenhypothesen von Makro-Mikro-Makro Erklärungen

Das von Entscheidungstheoretikern vorgeschlagene Modell sozialwissenschaftlicher „*Makro-Mikro-Makro Erklärung*" unterscheidet, wie bereits erwähnt, drei Teilschritte (vgl. LINDENBERG, WIPPLER 1978; COLEMAN 1991; ESSER 1993, S.98):

1. Der erste Teilschritt, der die Logik der Situation betrifft, soll die Mikro- mit der Makroebene verknüpfen, indem Aussagen getroffen werden, wie die subjektive Situation beschaffen ist, in die ein (idealisierter) Akteur durch die Wirkung sozialstruktureller Einflüsse der Makroebene gerät. Im Fall der WEBERschen Protestantismusthese ließe sich ein solcher Erklärungsschritt vielleicht so formulieren: *der Calvinismus erzeugte bei seinen Anhängern Besorgnisse den eigenen Heilsstand betreffend.* DURKHEIMs Erklärung für die Erhöhung von Suizidraten würde den folgenden „Makro-Mikro-Erklärungsschritt" erfordern: *Anomie führt zu einem wachsenden Missverhältnis zwischen Bedürfnissen und den Mitteln zu ihrer Erfüllung und damit bei einigen Individuen zu Verwirrung und Verzweiflung.*
2. Im zweiten Schritt werden ein oder auch mehrere Mikromodelle formuliert, die das Handeln der Akteure erklären sollen, indem Aussagen darüber formuliert werden, wie diese die Einflüsse sozialer Strukturen verarbeiten und auf der Grundlage dieser Verarbeitungsprozesse handeln: *gläubige Protestanten nutzten innerweltliche Askese und methodisch disziplinierte Lebensführung als eine Möglichkeit, Heilsgewissheit zu erfahren; Verwirrung und Verzweiflung angesichts nicht-erfüllbarer Bedürfnisse führt einige Menschen zu der Entscheidung, ihrem Leben ein Ende zu setzen.* Durch diesen Erklärungsschritt, der die Logik der Selektion betrifft, muss erläutert werden, nach welchen Regeln der Akteur zwischen den verschiedenen durch die Situation ihm gegebenen Handlungsmöglichkeiten auswählt (ESSER 1993, S. 94).

---

32 Genau an diesem Punkt lassen sich Beziehungen herstellen zwischen dem Modell sozialwissenschaftlicher Erklärung und Konzepten des Sinnverstehens, vgl. ausführlich hierzu das folgende Kapitel.

3. Im dritten Schritt wird die Logik der Aggregation erläutert und geklärt, wie die von einzelnen Akteuren getroffenen Entscheidungen, ihre Handlungen und Interaktionen wiederum soziale Makrophänomene erzeugen: *die Tatsache, dass ein wesentlicher Teil der Bevölkerung bestimmte Muster ökonomisch-rationalen Handelns zeigte, führte zur Entstehung des kapitalistischen Wirtschaftssystems; viele einzelne Suizide kumulieren zu einer Suizidrate.*

Vertreter entscheidungstheoretischer Ansätze bringen nun jene Aussagen, die den zweiten Erklärungsschritt, also die Logik der Selektion betreffen, mit jener universellen Gesetzesaussage in Verbindung, die nach dem HO-Schema den Obersatz des Explanans bilden soll. Denn die Wahl zwischen verschiedenen durch eine soziale Situation vorgegebenen Handlungsalternativen kann, so etwa ESSER, durch eine allgemeine Handlungstheorie erklärt werden, deren theoretischer Kern folgendermaßen formuliert werden kann (vgl. auch KUNZ 1997; COLEMAN 1991; COLEMAN, FARARO 1992; OPP 1989, 1991; ESSER 1991, KELLE, LÜDEMANN 1995):

„Individuen führen solche Handlungen aus, die ihre Ziele in höchstem Maße realisieren - unter Berücksichtigung der Handlungsbeschränkungen, denen sie sich gegenüber sehen." (OPP 1989, S.105)

Eine äquivalente Formulierung dieses Theoriekerns könnte auch lauten:
Individuen wählen aus einer Menge perzipierter Handlungsalternativen jene, von deren Konsequenzen sie sich subjektiv den größten Nutzen versprechen.

Die verschiedenen Formulierungen eines solchen entscheidungstheoretischen Theoriekerns spezifizieren dabei aber nicht, *welche Handlungsziele* die Akteure haben, *welche Handlungsalternativen* ihnen zur Verfügung stehen, *welchen Handlungsbeschränkungen* sie unterliegen, *welche* Handlungsfolgen *welchen* Nutzen haben und mit *welcher* Wahrscheinlichkeit sie von den Akteuren erwartet werden. Dies wäre auch nicht sinnvoll, denn, würden „*Rational Choice*"-Theorien derartige Aussagen über ihre Antezedensbedingungen enthalten „*...würden die Individualtheorien falsch sein. Der Grund ist, dass zumindest die meisten Anfangsbedingungen nur für bestimmte Orte und Zeitpunkte gelten*" (OPP 1979, S.78). Wenn aber explizit auf die Spezifikation von Randbedingungen verzichtet wird, bleiben die Formulierungen des Theoriekerns notwendigerweise *leer* und *empirisch gehaltlos*. Dieser Umstand wird von Kritikern des RC-Ansatzes häufig moniert (vgl. PREISENDÖRFER 1985; TRAPP 1985; LAUTMANN 1986; SMELSER 1992; MÜNCH 1992), aber auch von dessen Vertretern freimütig eingeräumt. So schreibt SIMON: „*assumptions of value, expectation, and belief (...) have to be added to the models before they can yield predictions of behaviour. Authors who use rational choice models are not always conscious of the extent to which their conclusions are independent of the assumptions of those models, but depend, instead, mainly upon auxiliary assumptions.*" (SIMON 1985, S. 300). Und Siegwart LINDENBERG betont:

„Ohne systematische Annahmen über die Nutzenargumente, Präferenzänderung (bzw. -stabilität) und subjektive Wahrscheinlichkeiten, ist die Nutzentheorie wie ein leerer Sack." (LINDENBERG 1981; S. 26).

Dieser Umstand muss nun für sich genommen keineswegs als ein schwerwiegender erkenntnistheoretischer Mangel betrachtet werden, denn der „harte Kern" auch erfolgreicher wissenschaftlicher Theorieprogramme wird von den daran arbeitenden Wissenschaftlern oftmals per Konvention vor Falsifikation geschützt, indem der Pfeil des *modus tollens* zunächst nur gegen die Zusatzannahmen im Schutzgürtel des Forschungsprogramms gerichtet wird (vgl. LAKATOS 1982). Der Theoriekern entscheidungstheoretischer Ansätze führt also zu der positiven Heuristik, solche Erklärungen zu formulieren, in denen davon ausgegangen wird, dass soziale Akteure diejenigen Handlungsalternativen als Mittel zur Erreichung ihrer Handlungsziele auswählen, die ihnen hierfür am geeignetsten erscheinen. Dies ist natürlich wiederum ein nur *formales Rationalitätskonzept* (wie sie etwa die im letzten Abschnitt diskutierte allgemeinen Rationalitätsannahme DRAYs darstellt). Für sich genommen führt diese Heuristik nicht zu informationshaltigen Erklärungen sozialer Phänomene in einem konkreten Handlungsfeld. Hierzu müssten dem theoretischen Kern zusätzliche Annahmen hinzugefügt werden, die als „*Brückentheorien*" oder „*Brückenannahmen*" bezeichnet werden (LINDENBERG 1981, 1991, 1992; ESSER 1993; S. 120, 134 f.; ESSER 1998; WIPPLER, LINDENBERG 1987, S. 145; KELLE, LÜDEMANN 1995; 1998) und welche vor allem die Logik der Situation und die Logik der Aggregation beschreiben: dies betrifft etwa Fragen danach, welche Handlungsalternativen einem Akteur in einer bestimmten Situation zur Verfügung stehen, mit welchen Konsequenzen diese Handlungsalternativen jeweils verbunden sind, und mit welchen Wahrscheinlichkeiten der Akteur das Eintreten dieser Handlungsfolgen erwartet (vgl. KELLE, LÜDEMANN 1995).

Wie gelangt man nun zu Brückenannahmen? Der Grundgedanke besteht hier darin, wie LINDENBERG es formuliert, den entscheidungstheoretischen Theoriekern quasi als „*Gerippe*" zu verwenden, dem durch die Brückenannahmen zunehmend „*Fleisch angesetzt*" wird (LINDENBERG 1991, S. 55). Weil Brückenannahmen jedoch nicht aus dem Theoriekern deduktiv abgeleitet werden können, muss der durch die Zusatzannahmen erzielte Gewinn an empirischem Gehalt durch einen Verlust an Sparsamkeit und Einfachheit erkauft werden. Vor allem aus diesem Grund fordern LINDENBERG (1991, 1992) und ESSER (1993), eine geringe Anzahl möglichst allgemeiner Zusatzannahmen einzuführen, die ohne Informationen über Einzelindividuen und spezifische Situationen auskommen. An Allgemeinheit und Erklärungskraft verliert eine Erklärung insbesondere dann, wenn die antizipierten Handlungsfolgen, deren Bewertungen und subjektive Auftrittswahrscheinlichkeiten in der untersuchten Gruppe von Akteuren sehr heterogene Ausprägungen aufweisen – wenn Menschen also bspw. sehr unterschiedliche Ziele verfolgen. Deshalb wird in der Regel versucht, *überindividuelle Brückenannahmen* zu formulieren, indem etwa *fundamentale menschliche Ziele*, „*anthropologische Grundbedürfnisse*" (ESSER 1995) oder „*höchste Güter*" postuliert werden, wie etwa „*soziale Wertschätzung*", „*physisches Wohlbefinden*" oder „*Vermeidung von Verlust*" (vgl. LINDENBERG 1991, 1992), die als „*oberste Ziele*" in einer Hierarchie von Handlungszielen fungieren. Um Handlungen damit zu erklären, dass soziale Akteure versuchen, solche obersten Ziele zu realisieren, müssen dann allerdings „*instrumentelle Zwischenziele*" eingeführt werden (vgl. LINDENBERG 1991, KELLE, LÜDEMANN 1995): Um soziale Wertschätzung zu erhalten, können individuelle Akteure z.B. versuchen, Status zu erlangen. Um wiederum den eigenen Status zu maximieren, können sie sich bemühen, in den Besitz knapper Güter wie Einkommen, Macht, Einfluss oder Wissen zu gelangen usw. „Oberste Ziele" sozialer Akteure sind also mit (ggfs. unterschiedlichen) *instrumentellen Zwischenzielen* verbunden, die durch die Handlungen der Akteure zu verschiedenen *instrumentellen Ketten* verknüpft werden können. Die Annahme von konkreten obersten Zielen besitzt dabei nur sehr beschränkten empirischen Gehalt, da diese allgemeinen menschlichen Ziele durch die *verschiedensten* instrumentellen Ketten erreicht werden können. Das Postulat allgemeiner menschlicher Ziele repräsentiert im Grunde also nur eine allgemeine theoretische Heuristik in der folgenden Form:

> „Suche nach den sozialstrukturellen Umständen, unter denen eine Person systematisch physisches Wohlbefinden und soziale Wertschätzung produziert." (LINDENBERG 1991, S. 60)

Dies kann im Einzelfall sehr schwierig sein. LINDENBERG selbst erwähnt eine Vielzahl unterschiedlicher instrumenteller Ketten. So kann *soziale Wertschätzung* nicht nur durch Status, sondern auch durch die Bestätigung des eigenen Verhaltens durch signifikante Andere oder durch positive Affekte, die signifikante Andere dem Akteur entgegenbringen, produziert werden. *Positive Affekte* wiederum können durch Beziehungen zum Lebenspartner, zu Kindern, zu Freunden, zu Haustieren oder durch Kontakte zu Menschen aus anderen Gruppen hergestellt werden (LINDENBERG 1984, 1991). *Status* lässt sich durch Berufstätigkeit, durch einen demonstrativen Lebensstil, Titel, akademische Grade, oder durch Bildung produzieren (LINDENBERG 1984, 1991; VAN DE GOOR, SIEGERS 1994), *physisches Wohlbefinden* durch Nahrung, Freizeitaktivitäten, Sport, Sexualität oder Schlafen (van de GOOR, SIEGERS 1994). Es dürfte nicht schwer fallen, diese Liste möglicher „instrumenteller Ziele" oder „Zwischengüter" nahezu beliebig zu verlängern.

Die instrumentellen Ziele oder Zwischengüter werden je nach *Kultur, historischer* und *sozialer Situation* variieren, es lässt sich sogar vermuten, dass bestimmte Akteure ideosynkratische instrumentelle Ketten konstruieren, mit denen die unterschiedlichsten Zwischengüter hergestellt werden können. Die *Verknüpfungen* zwischen den verschiedenen instrumentellen Zielen bzw. Gütern, bzw. die *sozialen Produktionsfunktionen,* wie LINDENBERG (1992) sie nennt, repräsentieren also letztendlich *Strukturen begrenzter Reichweite*, nämlich die in einer bestimmten (Sub-)Kultur zu einem bestimmten historischen Zeitpunkt geltenden sozialen Regeln, die angeben, welche Handlungsalternativen Akteuren mit bestimmten (obersten oder auch instrumentellen) Zielen in einer gegebenen Situation zur Verfügung stehen und welche Konsequenzen die Befolgung dieser Handlungsalternativen nach sich ziehen. So weiß ein Wissenschaftler, dass er *soziale Anerkennung* durch Publikationstätigkeit erreichen kann, ein Politiker durch ein gutes Wahlergebnis, ein Jugendlicher durch bestimmte Kleidung und „cooles" Auftreten usw.

Im Unterschied zu den naturwissenschaftlichen Trivialbeispielen, mit dem die Anwendung des HO-Schemas oft demonstriert wird, können Sozialwissenschaftler also bei der Formulierung des Explanans von entscheidungstheoretischen Makro-Mikro-Makro Erklärungen im Kontext der „Logik der Selektion" oft nicht auf gleichermaßen universelle und empirisch gehaltvolle Gesetzmäßigkeiten zurückgreifen. Vielmehr setzt sich hier die allgemeine Gesetzesaussage, die den Obersatz des Explanans bildet, zusammen aus (weitgehend empirisch gehaltlosen) Rationalitätsannahmen einerseits und Brückenhypothesen andererseits, die sich aus dem Theoriekern einer allgemeinen Handlungs- oder Entscheidungstheorie nicht ohne weiteres deduktiv ableiten lassen. Diese Brückenhypothesen betreffen Strukturen begrenzter Reichweite, kulturelle Regeln über die in konkreten Situationen zur Verfügung stehenden Handlungsalternativen und deren wahrscheinliche Konsequenzen.

4.5 Die „Heuristik des Alltagswissens" als Schattenmethodologie sozialwissenschaftlicher Erklärung

Die Anwendung jenes *covering law* Modells, wie es HEMPEL und OPPENHEIM mit ihrem Schema deduktiv-nomologischer Erklärung formuliert haben, ist in den Sozialwissenschaften also an Bedingungen geknüpft und führt zu Schwierigkeiten, deren Bedeutung in der methodologischen Literatur leicht unterschätzt wird. Das beginnt damit, dass die klassischen didaktischen Beispiele für sozialwissenschaftliche Erklärungen nach dem HO-Schema, wie sie in Lehrbüchern der Methodenlehre und Allgemeinen Soziologie dargelegt werden, den Umstand verdecken, dass es sich bei solchen Erklärungen nicht um Deduktionen handelt, sondern um „hypothetische Schlussfolgerungen" bzw. um „Schlussfolgerungen auf die beste Erklärung": es wird nicht ausgehend von einer allgemeinen Gesetzmäßigkeit und der Beobachtung von Antezedensbedingungen auf das zu erklärende Phänomen geschlossen, sondern es wird unter Zuhilfenahme einer allgemeinen Gesetzmäßigkeit vom Bestehen eines Sachverhaltes *ex post* auf dessen Antezedensbedingungen geschlossen. Diese Form der Schlussfolgerung ist nicht nur riskant und irrtumsanfällig (und muss deshalb eine empirische Prüfung nach sich ziehen, ob denn die Antezedensbedingungen in dem konkreten Fall tatsächlich vorliegen), sie erfordert auch die Kenntnis allgemeiner Gesetzmäßigkeiten, deren Geltung für den Gegenstandsbereich problemlos vorausgesetzt werden kann.

Vertreter des deduktiv-nomologischen Erklärungsmodells argumentieren in der Regel (ausgehend von der Überlegung, dass in der über 200jährigen Geschichte der Soziologie bislang keine überzeugende Formulierung von empirisch gehaltvollen *Gesetzeshypothesen* auf der *Makroebene* gelungen sei), dass die universellen Gesetzeshypothesen, welche den Obersatz des Explanans einer sozialwissenschaftlichen Erklärung nach dem HO-Schema ausmachen sollen, einer mikrosoziologischen Handlungs- bzw. Entscheidungstheorie entnommen werden müssten. Der Theoriekern entscheidungstheoretischer Ansätze, dem zufolge soziale Akteure unter einer Menge von situativ gegebenen Handlungsalternativen diejenigen auswählen, deren Folgen sie am positivsten bewerten, kann jedoch nur sehr bedingt als eine universelle Gesetzmäßigkeit betrachtet werden, wie sowohl handlungsphilosophische als auch entscheidungstheoretische Debatten gezeigt haben: handlungstheoretische Aussagen dieser Art stellen keine empirisch gehaltvollen, raumzeitlich universellen Gesetze dar, die eine vollständige Erklärung und Prognose sozialer Phänomene erlauben würden, sondern nur „positive Theorieheuristiken". Mit ihrer Hilfe werden zwar zentrale Kategorien vorgegeben, mit denen soziales Handeln und soziale Prozesse beschrieben und erklärt werden können, diese Kategorien bleiben jedoch solange empirisch leer, bis zusätzliche Brückenhypothesen eingeführt werden, die z.B. die Logik der Situation genauer beschreiben, indem sie erläutern, welche Handlungsalternativen in einer bestimmten Situation verfügbar sind und mit welchen Konsequenzen der Akteur bei der Befolgung dieser Handlungsalternativen rechnen muss. Solche Brückenannahmen müssen aber auf kulturspezifische Regeln rekurrieren, die nicht prinzipiell universell gültig, sondern in ihrer Geltung an raumzeitlich begrenzte Handlungsfelder gebunden sind, mithin *Strukturen begrenzter Reichweite* darstellen.

Das wesentliche Problem bei der Anwendung des HO-Schemas in den Sozialwissenschaften besteht darin, dass es ursprünglich nur zur Erklärung solcher Phänomene konzipiert wurde, die als ein Produkt raumzeitlich unbegrenzt geltender Regeln und Strukturen verstanden werden können. Aus diesem Grund konnte es mit einer hypothetiko-deduktiven Forschungsstrategie verbunden werden, bei der zuerst universelle und möglichst sparsame Theorien formuliert und anschließend empirisch getestet werden. Ein solches Vorgehen ist vor allem sinnvoll bei der Erklärung von solchen Phänomenen, deren Existenz sich aus universellen Gesetzmäßigkeiten herleiten lässt, über die der Forscher sinnvolle Hypothesen auf der Basis seines bereits vorhandenen Theoriewissens formulieren kann. Wie anhand der entscheidungstheoretischen Diskussion um das Verhältnis zwischen „Theoriekern" und „Brückenhypothesen" deutlich wird, kann bei sozialwissenschaftlichen Handlungserklärungen das erklärende Argument aber in zwei Teile zerfallen. Dies ist einerseits eine universelle Rationalitätsannahme, aus der empirisch prüfbare Aussagen über konkretes Handeln von Akteuren allerdings nicht deduktiv ableitbar sind. Diese Annahme muss ergänzt werden durch Zusatzannahmen bzw. Brückenhypothesen, die sich auf Strukturen begrenzter Reichweite beziehen. Eine hypothetiko-deduktive Forschungsstrategie, bei welcher theoretische Aussagen vor dem Kontakt mit dem empirischen Untersuchungsfeld konstruiert werden, ist dabei oft nur anwendbar für den ersten Teil des erklärenden Arguments, bei einer entscheidungstheoretischen Erklärung also auf jene allgemeinen handlungstheoretischen Aussagen, die den Erklärungskern eines entscheidungstheoretischen Explanans bilden. Für die Formulierung den zweiten Teil des erklärenden Arguments, der Brückenhypothesen, können Sozialforscher aber nicht auf theoretische Konzepte mit universeller Geltung zurückgreifen, vielmehr müssen sie sich auf kulturelle Wissensbestände mit begrenztem Geltungsbereich beziehen.

Dieser Umstand bleibt nur deshalb verborgen, weil bei sozialwissenschaftlichen Erklärungen vielfach Gebrauch gemacht wird von einer „*Gewohnheitsheuristik des Alltagswissens*" (KELLE, LÜDEMANN 1995): Als Teilnehmer an verschiedenen sozialen Lebensformen, als informierte Mitglieder der Gesellschaft, in der sie leben, haben Sozialforscher oft Zugang zu solchen Wissensbeständen, die es ihnen ermöglichen, zutreffende Aussagen zu machen über die in einem bestimmten Lebensbereich geltenden Handlungsregeln, die die situativ gegebenen Handlungsalternativen und deren wahrscheinliche Folgen für die Akteure festlegen, und können auf dieser Grundlage Brückenhypothesen formulieren (und dies umso besser, je intensiver sie mit diesem Bereich vertraut sind).

Dies lässt sich wiederum zeigen anhand der Verwendung entscheidungstheoretischer Modelle zur Erklärung von Ereigniszusammenhängen im Lebenslauf, bei denen empirisch beobachtete statistische Zusammenhänge zwischen Statusübergängen und Lebensereignissen einerseits und soziodemographischen Merkmalen andererseits die Explananda für die Formulierung von entscheidungstheoretischen Erklärungshypothesen bilden (vgl. hierzu insbesondere den Sammelband von BLOSSFELD und PREIN 1998).

Als ein gutes Beispiel hierfür kann die statistische Assoziation zwischen der Dauer der beruflichen Ausbildung von Frauen und ihrem Lebensalter bei der Geburt des ersten Kindes dienen, die für viele Industriestaaten gut dokumentiert ist (z.B. BLOSSFELD, HUININK, ROHWER 1993; BLOSSFELD, JAENICHEN 1993; BURKART 1998; S.119). Eine handlungstheoretische Erklärung des statistischen Zusammenhangs zwischen *wachsender Ausbildungsdauer* und *steigendem Alter bei der Erstgeburt* unter Bezugnahme auf die Mikroebene – wobei ein *idealisierter Akteurstypus* (etwa: „*Paare, die die Entscheidung für ein Kind aufgrund ungünstiger ökonomischer Rahmenbedingungen während der Ausbildung hinausschieben*") als Ursache für diesen Zusammenhang postuliert wird – erfordert auf einer Reihe von Annahmen über:

(1) the past and present conditions under which people act, (2) the many and possible conflicting goals that they pursue at the present time, (3) the beliefs and expectations guiding the behaviour, and (4) the actions that probably will follow in the future. (BLOSSFELD, ROHWER 1995, S. 24)

Eine Operationalisierung dieser Konzepte im Rahmen einer hypothetiko-deduktiven Forschungsstrategie erfordert jeweils einen Rückgriff auf *alltagsweltliche Wissensbestände*:

1. Dies betrifft zuallererst jene soziodemographische Informationen, die (wie „Ausbildungsdauer", „Bildungsstatus" usw.) als Indikatoren für bestimmte Lebenslagen und damit *externe Handlungsbedingungen* aufzufassen sind, mit denen die Akteure konfrontiert sind („*Während der Ausbildung sind die ökonomischen Bedingungen ungünstig*").
2. Auch hinsichtlich der *Handlungsziele* der Akteure müssen alltagsweltlich begründete Annahmen getroffen werden („*eine ungünstige ökonomische Situation vermeiden*", „*die Ausbildung abschließen*" ...)
3. Das gilt auch für die *Bewertung* der in der Situation verfügbaren Ressourcen, Restriktionen und Handlungsmöglichkeiten durch die Akteure und über deren *Erwartung*, dass bestimmte antizipierte Handlungsfolgen tatsächlich eintreten.
4. Schließlich muss davon ausgegangen werden, dass Daten über Statuswechsel, also etwa über den Übergang zwischen den Zuständen „*kinderlos*" und „*Eltern eines Kindes*" als Indikatoren für *Handlungsentscheidungen* der Akteure betrachtet werden können.

Oftmals liegen empirische Informationen nur vor zu den unter (1) genannten Annahmen (in Form soziodemographischer Informationen), die in den statistischen Modellen dann als unabhängige Variablen fungieren und zu den unter (4) getroffenen Annahmen (etwa in Form von *event history* Daten), die als abhängige Variablen dienen. Die methodisch aufwändigere Erhebung von Informationen über *Handlungsziele, Erwartungen* und *Überzeugungen* unterbleibt in vielen Untersuchungen.

Somit werden in statistischen Modellen oft nur unabhängige Variablen, die *Handlungsbedingungen* abbilden, mit abhängigen Variablen, welche die Resultate von *Handlungsentscheidungen* beschreiben, verknüpft, während die Brückenannahmen über die konkreten Ziele, Erwartungen und Bewertungen der Akteure als empirisch nicht geprüfte Annahmen in das Explanans der gesamten Erklärungshypothese eingehen. Aber selbst dann, wenn die vielfältigen (zum Teil konfligierenden) Ziele, Überzeugungen und Erwartungen der Akteure zum Zeitpunkt der Entscheidung nicht in den standardisierten Daten abgebildet werden können, sind die konstruierten Mikromodelle oftmals hochgradig plausibel. Das liegt daran, dass situativ gegebene Handlungsalternativen, Handlungsrestriktionen und Handlungskonsequenzen in bestimmten Handlungsfeldern oftmals von allen Gesellschaftsmitgliedern sehr homogen eingeschätzt, beurteilt und bewertet werden. In diesen Fällen können Sozialforscher problemlos auf ihr Alltagswissen über vorhandene Handlungsmöglichkeiten und -einschränkungen und über deren allgemeine Bewertung durch die Mitglieder einer bestimmten Kultur zurückgreifen und auf dieser Grundlage Brückenannahmen entwickeln.

Dies gilt allerdings auch für eine Reihe von *alternativen* Brückenannahmen, die sich zur Erklärung des betrachteten statistischen Zusammenhangs entwickeln lassen, zum Beispiel:

Akteure schätzen den mit Kindern verbundenen Zeitaufwand so hoch ein, dass sie im Falle der Elternschaft um ihren Ausbildungsabschluss fürchten.

Akteure betrachten ihre Ausbildung als „psychosoziales Moratorium", in welchem sie Aspekte der Lebensgestaltung in den Vordergrund stellen, die nur schwer vereinbar sind mit den mit Elternschaft normalerweise verbundenen Verpflichtungen.

Das grundlegende methodologische Problem einer solchen Erklärungsstrategie besteht nicht darin, dass solche Erklärungshypothesen in manchen Fällen empirisch quasi „in der Luft hängen", weil die zur Erfassung von Situationswahrnehmungen und Handlungszielen der Akteure notwendigen Daten nicht vorliegen – dieser Umstand lässt sich grundsätzlich heilen, indem die in diesen Hypothesen enthaltenen Konzepte operationalisiert werden und dann empirisch geprüft wird, ob das hiermit postulierte Akteursmodell tatsächlich eine empirische Grundlage besitzt[33]. Ein solches Vorgehen erfordert zwar einen wesentlich höheren forschungspraktischen Aufwand als der Rückgriff auf vorhandene soziodemographische Daten und Omnibusdatensätze, auf deren Grundlage Erklärungshypothesen dieser Art oft formuliert werden, stößt aber nicht an prinzipielle methodologische Grenzen. Solche Grenzen werden vielmehr durch das in der methodologischen Debatte eng mit dem Hempel-Oppenheim-Schema verbundene *hypothetiko-deduktive Modell des Forschungshandelns* gesetzt, das die Formulierung von Hypothesen und deren Operationalisierung vor der empirischen Datenerhebung, allein auf der Basis von Theoriewissen, erfordert. Da Brückenhypothesen nicht deduktiv ableitbar sind aus allgemeinen Handlungstheorien und in ihre Formulierung alltagsweltliche Wissensbestände eingehen, müssen Sozialwissenschaftler bei der Formulierung ihrer Hypothesen dort ins Leere greifen, wo sie nicht über den Zugang zu entsprechendem lebensweltlichem Alltagswissen verfügen. Dies ist einerseits dort der Fall, wo fremde Kulturen oder Subkulturen innerhalb der eigenen Gesellschaft untersucht werden, wobei es sich bei „Subkulturen" um Gruppen handeln kann, die „nur" einer *anderen sozialen Schicht* angehören, in einem *anderen Stadtteil* wohnen, die eine *andere Bildung* besitzen, die dem *anderen Geschlecht* angehören, einen *anderen Beruf* ausüben, einer *anderen Altersgruppe* angehören, in *anderen familiären Konstellationen* leben oder einen *anderen weltanschaulichen oder religiösen Hintergrund* besitzen als die Forscher. Zum anderen dürfte dies dort der Fall sein, wo Modernisierungsprozesse zu einer zunehmenden Individualisierung, Differenzierung und Veränderung der Präferenzstrukturen der Akteure und zur Pluralisierung von Alltagswissensbeständen über Handlungsalternativen, Handlungsrestriktionen und Handlungsfolgen führen.

Die Verbindung zwischen dem Hempel-Oppenheim-Schema sozialwissenschaftlicher Erklärung und einem hypothetiko-deduktiven Modell des Forschungshandelns kann nur dort forschungspraktisch brauchbar sein und akzeptable Resultate zeitigen, wo allgemeine normative Ordnungen und Verteilungsprinzipien für Lebenschancen bzw. Handlungsoptio-

---

33 In der quantitativen Lebenslaufforschung bemüht man sich in den letzten Jahren zunehmend, neben den „klassischen" Variablen zu Statuswechseln und soziodemographischen Merkmalen zunehmend „weiche" Merkmale zu Einstellungen, Handlungszielen und Werten in die Modelle einzubeziehen (vgl. etwa BECKER 2000). Diese Strategie lässt sich jedoch nicht ohne weiteres überall einsetzen: einerseits müssen viele Lebenslaufstudien auf Sekundärdaten (etwa das GSOEP) zurückgreifen, die entsprechende Variablen für viele Fragestellungen gar nicht enthalten; andererseits können solche Informationen oft nur retrospektiv *post actu* erhoben werden und sind deshalb Verzerrungen ausgesetzt, die durch *recall* Probleme entstehen können.

nen existieren, die die in bestimmten Situationen gegebenen Handlungsalternativen, deren wahrscheinliche Konsequenzen und die Bewertung dieser Handlungsfolgen durch die Akteure (m.a.W. deren Handlungsziele) festlegen, und die den Gesellschaftsmitgliedern allgemein bekannt sind. Eine solche gesellschaftliche Konformität hinsichtlich der Erwartung und Bewertung von Handlungsoptionen und Handlungsfolgen würde zur Folge haben, dass es zur Erklärung empirischer Makro-Zusammenhänge ausreichen würde, allgemeine Handlungstheorien in Verbindung mit (manchmal impliziten) alltagsweltlichen Wissensbeständen der Forscher heranzuziehen. Unter den Bedingungen einer sich modernisierenden und subkulturell fragmentierten Gesellschaft geraten solche Konzepte sozialwissenschaftlicher Erklärung und empirischer Forschung allerdings an Grenzen. Dies liegt vor allem daran, dass sie voraussetzen, dass soziale Strukturen letztendlich durch universelle Gesetzmäßigkeiten mit raumzeitlich unbegrenztem Geltungsbereich entstehen. Dem hypothetiko-deduktiven Programm fehlen methodologische Strategien, mit deren Hilfe Strukturen begrenzter Reichweite, d.h. Ordnungen sozialen Handelns, die nicht raumzeitlich universell sind, systematisch empirisch erforscht werden können, wenn Forscher nicht bereits über empirisch gehaltvolle Hypothesen solche Strukturen betreffend verfügen.

4.6 Zusammenfassung: die Grenzen des hypothetiko-deduktiven methodologischen Programms

Mit dem Hempel-Oppenheim Schema deduktiv-nomologischer Erklärung lässt sich, vor allem, wenn es mit einem hypothetiko-deduktiven Modell des Forschungsprozesses kombiniert wird, auf den ersten Blick ein hochgradig geschlossenes methodologisches Programm begründen. Demnach würde die Aufgabe der Sozialwissenschaften darin bestehen, soziales Handeln durch raumzeitlich universelle Gesetzesaussagen zu erklären. Diese Gesetzesaussagen müssten in Form von Hypothesen über beobachtbare Zusammenhänge zwischen messbaren Variablen (im Fall einer entscheidungstheoretischen Erklärung etwa eine Operationalisierung von Konzepten wie *Handlungszielen, Handlungsalternativen, Erwartungen* und *Bewertungen von Handlungsfolgen* usw.) formuliert und dann durch die Erhebung von Daten und deren statistische Analyse geprüft werden. Die Aufgabe empirischer Forschung bestünde demnach im Wesentlichen nur in der Überprüfung von *ex ante* formulierten Theorien, wobei man sich im Wesentlichen auf den Einsatz von Methoden zur Erhebung und Auswertung quantitativer, d.h. standardisierter Daten beschränken könnte.

In Gegenstandsbereichen, die durch Strukturen begrenzter Reichweite gekennzeichnet sind, führt ein solches, zwar hochgradig konsistentes und vordergründig plausibles Modell des sozialwissenschaftlichen Forschungsprozesses jedoch in Probleme. Es konfligiert nämlich sowohl mit den realen Notwendigkeiten sozialwissenschaftlicher Theoriebildung als auch mit zentralen Erfordernissen der Operationalisierung bestimmter theoretischer Konzepte.

Die Tatsache, dass Erklärungen nach dem Hempel-Oppenheim-Schema letztendlich keine deduktiven Schlussfolgerungen im *Modus Barbara* oder *Modus Darii*, sondern „Schlussfolgerungen auf die beste Erklärung" bzw. „hypothetische Schlussfolgerungen" darstellen, führt dort, wo man zur Erklärung empirischer Phänomene nicht – wie in vielen naturwissenschaftlichen Gegenstandsbereichen – auf einen umfangreichen Fundus von universellen Gesetzesaussagen mit hohem empirischen Gehalt zurückgreifen kann, notwendigerweise zu *unvollständigen Erklärungen*, die zur Entwicklung empirisch gehaltvoller Hypothesen und zur Operationalisierung standardisierter Variablen nicht ausreichen. Dies wurde etwa deutlich in den dargestellten Diskussionen um sozialwissenschaftliche Makro-Mikro-Makro Erklärungen: so stellen etwa handlungs- und entscheidungstheoretische Ansätze nicht empirische gehaltvolle universelle Gesetzeshypothesen dar, sondern repräsentieren allenfalls Theorieheuristiken, aus denen sich Hypothesen über konkrete Ziele und Handlungen empirischer Akteure in spezifischen Situationen nicht direkt, das heißt ohne weitere Zusatzannahmen ableiten lassen. Nicht nur DRAYs Rationalitätsannahme oder der Theoriekern entscheidungstheoretischer Ansätze liefern Beispiele für solche empirisch gehaltlosen Universalaussagen. Auch aus den Kernannahmen anderer handlungstheoretischer (rollentheoretischer, austauschtheoretischer usw.) Ansätze lassen sich kaum empirisch gehaltvolle Sätze über konkrete Handelnde ableiten (vgl. hierzu auch Kapitel 11, Abschnitt 1.3), wenn das Gerüst der entsprechenden Theorieheuristik nicht durch zusätzliche informative Zusatzannahmen oder „Brückenhypothesen" aufgefüllt wird.

Das Explanans einer sozialwissenschaftlichen Handlungserklärung enthält deshalb neben universellen Aussagen über soziales Handeln immer auch Brückenhypothesen über Strukturen begrenzter Reichweite – im Rahmen entscheidungstheoretischer Ansätze sind dies bspw. Informationen über konkrete Handlungsregeln und -prinzipien, das heißt Informationen darüber, welche Handlungsalternativen in welchen Situationen zu welchen Handlungskonsequenzen führen. Solche Informationen sind (zumindest impliziter) Bestandteil praktischen Alltagswissens, so dass eine sozialwissenschaftliche Handlungserklärung in der Regel Bezug auf soziale Wissensbestände des untersuchten Handlungsfeldes nehmen muss. Dass empirisch überprüfbare Handlungserklärungen nicht allein aus einer universellen Handlungstheorie strikt deduziert werden können, bleibt oft nur deswegen verborgen, weil das in die Erklärungshypothesen einfließende Alltagswissen sowohl für die Sozialforscher, die eine Erklärung formulieren, als auch für die Rezipienten sozialwissenschaftlicher Forschungsberichte trivial (das heißt: in dem soziokulturellen Kontext, in dem sie sich normalerweise bewegen, allgemein bekannt) ist.

Weil die Aufstellung von Erklärungshypothesen und die Operationalisierung der in ihnen enthaltenen Konzepte in Form messbarer Variablen die Verfügbarkeit von Wissensbeständen verlangt, die für das untersuchte Handlungsfeld relevant sind, ist das hypothetiko-deduktive methodologische Programm nur dort problemlos einsetzbar, wo Wissensbestände und Regelbestände zeitlich stabil und relativ homogen, d.h. allen Gesellschaftsmitgliedern und damit auch Sozialforschern für die Hypothesenbildung ohne weiteres zugänglich sind. Das hypothetiko-deduktive Programm kann m.a.W. seine wesentlichen Stärken nur bei der Untersuchung relativ *stabiler sozialer Strukturen* entfalten. Wenn dagegen Lebens- und Praxisformen den Untersuchungsgegenstand bilden, deren Wissensbestände dem Sozialforscher nicht zugänglich und bekannt sind, ist die Gefahr groß, dass er unzureichende und unzutreffende Erklärungshypothesen auf der Grundlage der ihm aus eigenen Handlungskontexten bekannten Regeln formuliert. Er unterstellt den Akteuren dann möglicherweise Handlungsziele, die diese gar nicht haben, er interpretiert externe Handlungsbedingungen ganz anders als die Akteure selber und berücksichtigt Handlungsregeln nicht, die im untersuchten Gegenstandsbereich Geltung besitzen, weil er sie nicht kennt.

Besonders anfällig für solche *Fehlschlüsse des Alltagswissens* sind *erstens* empirische Untersuchungen, bei denen Gegenstandbereiche erforscht werden, in denen räumlich und zeitlich abgegrenzte soziale Milieus und (Sub-)Kulturen eine Rolle spielen. Die Erfor-

4.6 Zusammenfassung: die Grenzen des hypothetiko-deduktiven methodologischen Programms

schung jugendlicher Subkulturen und von deviantem Verhalten sowie berufs- und organisationssoziologische Untersuchungen, um nur einige Beispiele zu nennen, finden oft in Handlungsfeldern statt, in denen spezifische, für Außenstehende nur schwer erschließbare Handlungsregeln gelten. Mitglieder der untersuchten (Sub-)Kultur besitzen dann wesentliche größere Kompetenzen zur Erklärung der Handlungen anderer sozialer Akteure als ein sozialwissenschaftlicher Untersucher, denn sie verfügen über jenes praktische Wissen, das benötigt wird, um empirisch gehaltvolle Hypothesen darüber zu formulieren, welche Handlungsziele und Situationswahrnehmungen ein bestimmtes Handeln rational erklärbar machen. Des Weiteren können Fehlschlüsse des Alltagswissens auch leicht in solchen Untersuchungsfeldern auftreten, die durch mehr oder weniger raschen sozialen Wandel gekennzeichnet sind.

In solchen Fällen erfordert die Konstruktion brauchbarer und empirisch gehaltvoller Erklärungshypothesen, dass der Untersucher sich *vor* der Hypothesenformulierung und Variablenoperationalisierung einen empirischen Zugang zu alltagsweltlichen Wissensbeständen der handelnden Akteure erschließt. Das hypothetiko-deduktive methodologische Modell lässt eine solche Möglichkeit allerdings nicht oder in so eingeschränkter Weise zu, dass sie methodologisch keine Bedeutung gewinnen kann. Verfahren einer empirisch angeleiteten und „datenbegründeten" Entwicklung von theoretischen Konzepten werden in der entsprechenden methodologischen Literatur nämlich entweder grundsätzlich zurückgewiesen (vgl. etwa OPP 1970/1976, S.302; OPP 1987, S.61ff.; LINDENBERG 1996a; SCHNELL, HILL, ESSER 1999, S. 335) oder es wird deren grundsätzlich nicht-methodischer, „*impressionistischer*" Charakter behauptet (so etwa FRIEDRICHS 1973/1980, S.52). Weil hier die seit den 1960er Jahren laufenden wissenschaftstheoretischen Diskussionen über Fragen der Methodisierbarkeit und Rationalisierbarkeit des *context of discovery* und den Stellenwert „*rationaler Heuristiken*" im Forschungsprozess (vgl. FISCHER 1983; DANNEBERG 1989; KELLE 1997a; vgl. ausführlich hierzu Abschnitt 11.1.4) nicht zur Kenntnis genommen werden, fehlen dem hypothetiko-deduktiven Programm Verfahren für eine empirisch begründete Konstruktion von Kategorien, theoretischen Konzepten und Hypothesen, wie sie im Kontext der *qualitativen Forschungstradition* entwickelt wurden und unverzichtbar sind für eine Exploration lebensweltlicher und lokaler Wissensbestände.

Quantitative Methoden können zur Entwicklung und Überprüfung von Handlungserklärungen zwar wichtige Funktionen übernehmen, ihre Anwendung reicht jedoch in vielen sozialwissenschaftlichen Untersuchungsfeldern nicht aus, um soziales Handeln zu untersuchen, zu erklären und zu verstehen.

Quantitative Verfahren können im Wesentlichen zwei zentrale Funktionen im Forschungsprozess ausfüllen

- Weil Zusammenhänge zwischen statistischen Aggregatphänomenen nur mit Hilfe statistischer Verfahren sichtbar gemacht werden können, können viele *Explananda* sozialwissenschaftlicher Erklärungen (etwa: *die Abhängigkeit des erreichten Bildungsstatus von Merkmalen des familiären Hintergrundes, eine sinkende Geburtenrate unter Akademikerinnen, eine erhöhte Delinquenzbelastung unter Jugendlichen mit bestimmten soziodemographischen Merkmalen* u.v.a.m.) nur mit Hilfe quantitativer Methoden identifiziert und beschrieben werden.
- Erklärungshypothesen, die für solche Explananda entwickelt wurden, können mit Hilfe quantitativer Methoden *empirisch überprüft* werden, falls diese Hypothesen so exakt

spezifiziert werden, dass die in ihnen enthaltenen Konzepte problemlos operationalisiert werden können, d.h. für Verfahren zur Erhebung standardisierter Daten brauchbar sind.

In Gegenstandsbereichen, die durch Strukturen begrenzter Reichweite gekennzeichnet sind und in denen die Entwicklung von Erklärungshypothesen nicht allein auf der Grundlage theoretischen Vorwissens erfolgen kann, sondern auf der Grundlage einer Exploration von Handlungswissen des Feldes, stößt ein *mono-methodisches*, quantitativ orientiertes und hypothetiko-deduktives methodologisches Programm auf Grenzen. Hier muss die *empirisch begründete Konstruktion von Erklärungshypothesen*, die einen zentralen Teil des gesamten Forschungsprozesses darstellt, durch qualitative Methoden erfolgen.

5 Probleme des sozialwissenschaftlichen Sinnverstehens

Ein methodologisches Programm, das einen quantitativen Methodenmonismus durch einen nomologisch-deduktiven Erklärungsbegriff und ein hypothetiko-deduktives Modell des Forschungsprozess begründet, führt bei der Untersuchung von Strukturen begrenzter Reichweite also in Probleme. Lassen sich diese Probleme nun dadurch vermeiden, dass auf eine einheitswissenschaftliche Sichtweise und die Anwendung des HO-Schemas in den Sozialwissenschaften grundsätzlich verzichtet wird? Seit dem Methodenstreit in der deutschen Nationalökonomie und Soziologie an der Wende vom 19. zum 20. Jahrhundert wurden durch eine Gegenüberstellung von *erklärenden* Naturwissenschaften und *verstehenden* Geistes- und Sozialwissenschaften verschiedene Versuche unternommen, methodologische Programme vorzuschlagen, die eine eigene erkenntnistheoretische Grundlage für die Sozialwissenschaften begründen sollten.

Mit den hierzu vorgetragenen Argumenten wurde oft die These der Gegensätzlichkeit und Unvereinbarkeit qualitativer und quantitativer Methoden (vgl. hierzu etwa LAMNEK 1995, S. 219; einen Überblick über solche Argumente auch bei ERZBERGER 1998, S. 84f.) durch einen angeblichen Dualismus zwischen „Erklärung" und „Verstehen" begründet.

Der Verlauf der Kontroversen um Erklären und Verstehen, in denen zwar einige substantielle Fortschritte gemacht wurden, die aber ungefähr Mitte der 1980er Jahre in einer Art von Pattsituation endeten, in welcher sich keiner der beiden Parteien vollständig durchsetzen konnte, ist an anderer Stelle ausführlich dargestellt und nachgezeichnet worden (vgl. etwa STEGMÜLLER 1987, S. 103 ff.; ein Überblick über die Argumente bei KELLE 1997, S. 57 – 94). Im Folgenden sollen nur knapp einige der Grundlinien dieser Diskussionen dargestellt werden, mit einem besonderen Fokus darauf, welche Rolle *Regeln*, *Strukturen* und *Gesetzmäßigkeiten* in Konzepten des *sozialwissenschaftlichen Sinnverstehens* spielen. Sowohl anhand handlungsphilosophischer Diskussionen als auch anhand von Ansätzen der sozialwissenschaftlichen Hermeneutik lässt sich zeigen, dass Konzepte sozialwissenschaftlichen Sinnverstehens bestimmte Probleme des deduktiv-nomologischen Erklärungsmodells teilen, Probleme, die in Gegenstandsbereichen auftreten, die durch Strukturen begrenzter Reichweite gekennzeichnet sind, welche zur großen Varianz der untersuchten Handlungsmuster und zu akteursinduziertem sozialem Wandel führen.

In den beiden ersten Abschnitten dieses Kapitels soll gezeigt werden, dass die Annahme einer grundsätzlichen Dichotomie zwischen Erklären und Verstehen auf einem durch philosophische Debatten überholten Verständnis dieser Begriffe beruht. Grundkonzepte sozialwissenschaftlichen Verstehens, wie sie mit „praktischen Syllogismen" beschreibbar sind, unterscheiden sich nicht grundsätzlich, sondern nur hinsichtlich der Geltungsreichweite der erklärenden Argumente vom HO-Schema. Sinnverstehen und sozialwissenschaftliche Handlungserklärung (beide Begriffe lassen sich synonym verwenden) beruht auf hypothetischen Schlussfolgerungen, die nicht möglich sind ohne Rückgriff auf übergreifende Strukturen, wie im dritten Abschnitt dieses Kapitels gezeigt wird. Im vierten Abschnitt werden dann zwei unterschiedliche Verständnisse von Sinnstrukturen kontrastiert und ihre Bedeutung in der Praxis hermeneutischer Sozialforschung diskutiert, wobei ein besonderes Augenmerk auf die „Objektive Hermeneutik" gerichtet wird. Dabei wird gezeigt, welche Bedeutung die akteursinduzierte Pluralität und Wandelbarkeit sozialer Strukturen für hermeneutische Verfahren hat. Ein methodologisches Programm, das sich ausschließlich auf einzelfallorientierte qualitative Verfahren stützt, kann zur Untersuchung solcher Strukturen nicht ausreichen. Jene Argumente, mit denen sich ein hypothetiko-deduktives Modell des Forschungsprozesses und die Beschränkung auf quantitative Methoden kritisieren lässt und mit deren Hilfe die Notwendigkeit der Anwendung explorativer, qualitativer Verfahren begründet werden kann, lassen keineswegs einen grundsätzlichen Verzicht auf quantitative Verfahren zu. Im Gegenteil: qualitative Verfahren können in solchen Gegenstandsbereichen, die durch Strukturen mit begrenztem Geltungsbereich gekennzeichnet sind, manchmal nur in Verbindung mit quantitativen Verfahren adäquat eingesetzt werden.

5.1 Der ältere Methodendualismus: Verstehen durch die Teilhabe am „allgemeinen menschlichen Geist"

Argumente für eine Position, die für die Sozial- und Kulturwissenschaften eine eigene erkenntnistheoretische Begründung und ein eigenes methodologisches Programm fordert, wurden erstmals im Kontext einer Tradition vorgebracht, die noch unter dem Einfluss des *Deutschen Idealismus* stand. In einem ersten Methodenstreit traten zum Ende des 19. Jahrhunderts Vertreter des Neokantianismus und Historismus dem Versuch entgegen, historische, nationalökonomische und sozialwissenschaftliche Forschung in Analogie zu den Naturwissenschaften zu konzeptualisieren. Jene Wissenschaften, die sich mit kulturellen Phänomenen befassen, würden einen besonderen, nicht-naturwissenschaftlichen Zugangsweg zu ihrem Gegenstand benötigen. So argumentierte der Philosoph Heinrich RICKERT (1902/1929), dass die objektive Erkenntnis in den Geschichtswissenschaften nicht wie in den Naturwissenschaften in der Suche nach *allgemeinen* Begriffen und Sätzen bestehen könne, die die Mannigfaltigkeit der Erscheinungen unter einfache Gesetzmäßigkeiten subsumieren, sondern in der möglichst erschöpfenden Darstellung jener Elemente eines einzelnen Phänomens, die seine *Besonderheit* ausmachen. Das hierzu in den Geschichts- und Kulturwissenschaften notwendige Verständnis des Singulären erfordere, so Wilhelm DILTHEY, nicht nur die äußere Beobachtung, sondern ebenso einen *inneren Nachvollzug* des Gegebenen. Die Untersuchung fremden Daseins müsse zwar beginnen mit der Betrachtung von dessen äußeren Aspekten – *„Sinnestatsachen, (...) Gebärden, Lauten und Handlungen"* (DILTHEY 1924, S.318). Die durch die Beobachtung gegebenen Fakten müssten allerdings danach *„mit einem Inneren ergänzt werden"* durch eine *„Nachbildung dessen, was dem Forscher durch die einzelnen Zeichen in die Sinne fällt"*, wozu er aus seiner eigenen *„inneren Lebendigkeit"* schöpfen muss. *„Wir nennen den Vorgang, in welchem wir aus Zeichen, die von außen sinnlich gegeben sind, ein Inneres erkennen: Verstehen"* (ebd., S.334).

Dieses empathische Verstehen durch „inneren Nachvollzug" ist allerdings gebunden an bestimmte grundlegende innere Übereinstimmungen zwischen dem Interpreten und dem, was interpretiert wird:

5.1 Der ältere Methodendualismus

"Die Bedingung, an welche diese Möglichkeit gebunden ist, liegt darin, dass in keiner fremden individuellen Äußerung etwas auftreten kann, dass nicht auch in der auffassenden Lebendigkeit enthalten wäre. Dieselben Funktionen und Bestandteile sind in allen Individualitäten (...)" (DILTHEY 1924, S.334)

Diese Übereinstimmung wird aber erst dadurch ermöglicht, dass ein Konzept von höchster Allgemeinheit eingeführt wird – der geschichts- und sozialwissenschaftliche Interpret kann kulturelle Hervorbringungen nur deswegen verstehen, weil er und das Interpretierte an dem gleichen *allgemeinen menschlichen Geist* partizipieren: *„Aus Steinen, Marmor, musikalisch geformten Tönen, aus Gebärden, Worten und Schrift, aus Handlungen, wirtschaftlichen Ordnungen und Verfassungen spricht derselbe menschliche Geist zu uns und bedarf der Auslegung"* (ebd., S.318f.). Der empathische Nachvollzug fremder geistiger Akte kann DILTHEY zufolge durch die Anwendung einer *hermeneutischen Kunstlehre* deswegen zur Objektivität erhoben werden, weil der Interpret und diejenigen, deren kulturelle Hervorbringungen er interpretiert, mit dem menschlichen Geist über denselben Zugang zu den gemeinsamen Grundlagen des Verstehens verfügen. Die *idiographische*, der Beschreibung des Einzelfalles dienende Methode ist letztlich nicht möglich ohne die Bezugnahme auf ein universelles Phänomen.

Die von den Vertretern des Historismus und Neokantianismus postulierte Dichotomie zwischen naturwissenschaftlichem, nomothetischem Erklären und geisteswissenschaftlichem, idiographischem Verstehen kann somit von ihrer philosophischen Grundlage nicht getrennt werden. Ohne einen Bezug zu der im Deutschen Idealismus herausgebildeten Vorstellung eines allgemeinen menschlichen Geistes bricht das Konzept einer gleichermaßen verstehenden und objektiven Methode zusammen, weil dann eben „*in fremden individuellen Äußerungen etwas auftreten kann, das nicht ... in der auffassenden Lebendigkeit enthalten*" (s.o.) ist, der Interpret den inneren Nachvollzug also nicht mehr leisten kann. In dem Maße, wie mit dem Aufstieg von Lebensphilosophie, Existenzialismus und Phänomenologie zu Beginn des 20. Jahrhunderts die Bedeutung des Deutschen Idealismus verblasste, verlor auch die Konzeption eines allgemeinen Geistes seinen Bezugsrahmen. Dennoch wurde das Problem, das die idealistisch begründete Hermeneutik zu lösen versuchte, auch in neueren Konzepten des Sinnverstehens virulent: ein Verständnis der Bedeutung von kulturellen Artefakten (*„Steinen, Marmor, musikalisch geformten Tönen"* s.o.), Symbolen (*„Worten und Schrift, Handlungen"*) oder Institutionen (*„wirtschaftlichen Ordnungen und Verfassungen"*), ist unmöglich ohne einen *Rückgriff auf eine gemeinsame Grundlage des Verstehens*. Nichtidealistische Konzeptionen des Verstehens führen hier Begriffe ein wie „Lebenswelt", „Lebensform" oder „Alltagswissen", um jene Strukturen zu bezeichnen, die sowohl die Entwicklung und Verwendung von Artefakten, Symbolen und Institutionen als auch deren Interpretation erst ermöglichen. Mit dem Bedeutungsverlust der Konzeption eines „allgemeinen menschlichen Geistes" wird aber ein hermeneutisches Grundproblem offenbar: Wie ist Verstehen möglich, wenn es nicht mehr *prima facie* als gesichert gelten kann, dass der Interpret auf *dieselben Wissensgrundlagen* zurückgreifen kann wie diejenigen, die die betreffenden Artefakte, Symbole und Institutionen hervorgebracht haben und verwenden?

5.2 Das „logische Verknüpfungsargument" und seine Schwächen

Die Debatte über die Notwendigkeit einer eigenen verstehenden Methode für die Gesellschaftswissenschaften wurde etwa in der Mitte des 20. Jahrhunderts auf einer neuen erkenntnistheoretischen Grundlage, der Analytischen Sprachphilosophie, wieder aufgenommen (vgl. v.a. ANSCOMBE 1957/1986; WINCH 1966; VON WRIGHT 1974). Anders als bei den Neukantianern spielte hier nicht die begriffliche Unterscheidung zwischen (empathischem) „Verstehen" und gesetzmäßiger „Erklärung" die entscheidende Rolle, sondern Überlegungen zum Wesen (oder besser: zur „Tiefengrammatik") menschlichen Handelns. Zentraler Bezugspunkt der Erörterung des Verhältnisses zwischen naturwissenschaftlichen und sozialwissenschaftlichen Aussagen bildete die *Sinnhaftigkeit, Motiviertheit, Zielorientierung* bzw. *Intentionalität* sozialen Handelns, die die Akteure befähigt, prinzipiell selbstreflexiv zu handeln, d.h. Handlungen auf Entscheidungen zu gründen. Sozialwissenschaftliches Verstehen bedeutet hier die Erklärung von Handlungen auf der Grundlage kulturell vermittelter Sinnbezüge. Der Gegensatz zwischen „Verstehen" und „Erklären" wird dabei ersetzt durch eine Gegenüberstellung von Erklärungen *intentionalen Handelns* einerseits und Erklärungen *naturwissenschaftlicher, kausaler Phänomene* andererseits und hieraus eine handlungsphilosophische Kritik an einheitswissenschaftlichen Programmen entwickelt.

Argumente, die auf dieser Grundlage für einen Dualismus von Sozial- und Naturwissenschaften optierten, wurden später oft als Begründung für interpretative und qualitative Methoden verwendet (vgl. etwa GIDDENS 1984). Die Gegenüberstellung von sozial- und naturwissenschaftlichen Erklärungen wurde dabei manchmal durch eine sprachliche Unterscheidung zwischen „*Gründen*" („*reasons*") und „*Ursachen*" („*causes*") zu verdeutlichen versucht: während der Begriff *Ursachen* Verwendung finden solle bei äußerlich beobachtbaren Zusammenhängen (etwa bei den vom *Behaviourismus* beschriebenen Beziehungen zwischen „Reizen" und „Reaktionen"), würden *Gründe* auf eine Ebene des *inneren Erlebens* und *Entscheidens* verweisen. So wäre es zwar möglich, wie RYAN argumentiert, bei der Betrachtung des Straßenverkehrs

> „Bewegung und Stillstand (*von Fahrzeugen, Fußgängern*) als Wirkung grünen und roten Lichts (zu) beschreiben, obgleich es uns einige Schwierigkeiten machen würde, uns die Art der hier wirkenden Kausalbeziehungen vorzustellen. Aber auf dieser Ebene des Nachdenkens würden wir nicht wissen, was uns tatsächlich klar ist, dass es nämlich Verkehrsregeln gibt, so dass das Aufleuchten roten Lichts nicht eine *mechanische Ursache* dafür ist, dass das Auto zum Stehen kommt, sondern dass es – in Anbetracht der geltenden Verkehrsregeln – für den Fahrer als *Grund* wirkt, den Wagen anzuhalten." (RYAN 1970/1973, S. 182, Hervorhebung U.K.)

Akzeptiert man diese sprachliche Unterscheidung, ließe sich die Streitfrage, um die sich die Kontroverse zwischen einheitswissenschaftlicher und methodendualistischer Position dreht, auf den folgenden kurzen Nenner bringen: *Können die Gründe von Handlungen auch deren Ursachen sein?*

Die Verneinung dieser Frage bzw. die Auffassung, wonach menschliches Handeln nicht als (kausal) verursacht betrachtet werden kann, weil es sinnhaft, zielgerichtet und intentional ist, wurde mit einem *logischen Verknüpfungsargument* begründet. Demnach können, weil Handlungen und Handlungsgründe bereits logisch miteinander verknüpft sind, Handlungsgründe nicht kausale Ursachen von Handlungen darstellen (vgl. VON WRIGHT 1974, WINCH 1966, MISCHEL 1963/1981). Das „Verstehen" bzw. die „Erklärung" menschlicher Handlungen sollte demnach eher als eine logische Analyse von Bedeutungszusammenhängen denn als eine empirische Analyse von kausal miteinander verbundenen Ereignissen betrachtet werden. So bemühte sich Peter WINCH, das logische Verknüpfungsargument anhand der Beziehung zwischen Befehl und Gehorsam zu verdeutlichen: Die Beschreibung einer Handlung als „Befolgung eines Befehls" setzt, so WINCH, nämlich einen Kontext voraus, in dem Befehl und Gehorsam logisch miteinander verbunden sind, weil nicht sinnvoll von der Befolgung eines Befehls gesprochen werden kann, ohne dass impliziert wird, ein solcher sei (in welcher Form auch immer) gegeben worden. Die Verbindung zwischen Handlungen („Gehorsam") einerseits und Handlungsgründen („Befehl") andererseits sei deshalb etwas grundsätzlich anderes als eine kausale Verbindung zwischen zwei Naturereignissen:

> „Das Ausführen solcher Handlungen ist selbst die wesentliche Manifestation der Verfügung über solche Begriffe. Ein Akt des Gehorsams enthält selber als wesentliches Element die Anerkennung des Vorausgegangen als eines Befehls. Aber es wäre natürlich sinnlos anzunehmen, dass ein Donnerschlag irgendein Anerkennen des Vorausgegangenen als einer elektrischen Entladung einschlösse." (WINCH 1966, S.159)

Das logische Verknüpfungsargument wurde zumeist verbunden mit der Auffassung, dass Handlungserklärungen der *Intentionalität* des Handelns Rechnung tragen müssten. Intentionalität setzt voraus, so Elisabeth ANSCOMBE (1957/1986) in ihrem Essay „*Intention*", dass der Akteur (wenigstens prinzipiell) in der Lage ist, die Frage nach dem „Warum" seiner Handlungen mit der Erläuterung von Gründen zu beantworten. Handlungserklärungen, die ein äußerer Beobachter formuliert, sind dabei logisch jenen Begründungen gleichwertig, die der Handelnde selber für sein eigenes Handeln abgeben kann: es sind nicht *Erklärungen durch Ursachen,* sondern *Erklärungen durch Gründe* (MISCHEL 1963/1981, S. 12). ANSCOMBE, und im Anschluss daran Georg Henrik VON WRIGHT, griffen dabei auf das Aristotelische Konzept des *praktischen Syllogismus* (s. Tabelle 5.1) zurück, um zu verdeutlichen, was eine Handlungserklärung ist. Die *prämissa maior* bzw. der *Obersatz der Prämissen* eines praktischen Syllogismus beschreibt die Intention eines Akteurs, die *prämissa minor* bzw. der *Untersatz der Prämissen* dessen Wissen über eine mögliche Handlung, die dieser Intention dient. Die Konklusion umfasst dann die Feststellung, dass der Akteur diese Handlung ausführt (VON WRIGHT 1974, S.102).

Zwischen Prämissen und Konklusion des praktischen Syllogismus existiere keine *kausale,* d.h. empirische Relation, sondern nur eine *logische* Beziehung, weil, so VON WRIGHT, Prämissen und Konklusion nicht unabhängig voneinander empirisch prüfbar sind. Jeder Versuch, die in der Konklusion enthaltene empirische Aussage zu prüfen, muss nämlich in irgendeiner Weise Bezug auf eine Intention nehmen; weil diese aber bereits in den Prämissen enthalten ist, würde dies einen Zirkelschluss nach sich ziehen.

Praktischer Syllogismus (nach ANSCOMBE und VON WRIGHT)	
PRÄMISSEN	*Von jetzt an beabsichtigt (ein Akteur) A, (einen Zustand) p zum Zeitpunkt t herbeizuführen.* *Von jetzt an glaubt A, dass er p zum Zeitpunkt t nur dann herbeiführen kann, wenn er (die Handlung) a nicht später als bis zum Zeitpunkt t' tut.*
CONCLUSIO	*Folglich macht sich A nicht später als zu dem Zeitpunkt daran, a zu tun, wo er glaubt, dass der Zeitpunkt t' gekommen ist – es sei denn, er vergisst diesen Zeitpunkt oder er wird gehindert.*

Tabelle 5.1: Praktischer Syllogismus

Die Gültigkeit des *logischen Verknüpfungsarguments* wird vor allem damit begründet, dass ausschließlich *behaviourale Beschreibungen* nicht ausreichend seien zur Erklärung von Handlungen. Gegen eine Beschränkung von Handlungsbeschreibungen auf die beobachtbare Verhaltensebene wird eingewendet, dass dann auch ein rein versehentliches oder zufälliges Verhalten (*A lehnt sich versehentlich gegen das Fenster und fällt hinaus*) identifiziert werden müsste mit einer geplanten Handlung (*A stürzt sich aus dem Fenster, um Selbstmord zu begehen*). VON WRIGHT zufolge reicht es deshalb keineswegs aus, äußerlich wahrnehmbare Resultate der Handlungen eines Akteurs A zu beschreiben, um diese Handlungen zu erklären oder zu verstehen:

„Wir müssen auch nachweisen, dass das, was stattgefunden hat, von A's Seite her etwas Intentionales war und nicht etwas, was er nur zufällig, irrtümlicherweise oder gegen seinen Willen herbeiführte. Wir müssen zeigen, dass das Verhalten von A, die Bewegung, die wir seinen Körper durchlaufen sehen, intentional unter der Beschreibung 'a tun' ist." (ebd., S. 103).

Auch die in den Prämissen des praktischen Syllogismus enthaltene Aussage über eine Intention von A lässt sich nicht empirisch überprüfen, ohne dass dabei Bezug genommen wird auf die zu dieser Intention gehörige Handlung, denn ob der Akteur A tatsächlich a wollte, lässt sich nur dann feststellen, wenn er auch a tut. Dieses Problem lässt sich auch nicht lösen durch den Hinweis auf die Möglichkeit, A über seine Absichten zu befragen – die Antwort auf eine Frage nach einer Absicht stellt selber eine intentionale Handlung dar, die wiederum die Frage nach einer empirischen Überprüfung aufwirft (denn A kann eine Absicht schließlich auch vortäuschen).

Eine Stärke des logischen Verknüpfungsarguments, die auch von dessen Kritikern wie DAVIDSON, TOUMELA oder BECKERMANN konzediert wurde, besteht darin, dass hiermit ein bestimmtes sprachlogisches Missverständnis, auf das bereits WITTGENSTEIN in seinen „*Philosophischen Untersuchungen*" aufmerksam gemacht hatte, vermieden wird, das Missverständnis nämlich, dass Intentionalität etwas „hinter" oder „außerhalb" des Verhaltens sei (WITTGENSTEIN 1952/1984, S. 343). Weil jede Beschreibung eines Verhaltens als einer Handlung die Annahme einer entsprechenden Intention voraussetzt, stellen Absichten nicht unabhängig von Handlungen bestehende *mentale Akte* dar, sondern *Merkmale des Handelns* selber. Der Begriff der *Absicht* (des Wollens, der Entscheidung etc.) ist mit dem Begriff der *Handlung* logisch verknüpft – weder eine Wahl, noch ein Wollen, Intendieren oder Versuchen ist, so DAVIDSON,

5.2 Das „logische Verknüpfungsargument" und seine Schwächen

„plausiblerweise die Ursache einer Handlung; derartige 'Dinge' betreffen normalerweise die Art und Weise, wie die gewählte, gewollte, intendierte oder versuchte Handlung charakterisiert wird. Es sind keine Beschreibungen weiterer Handlungen, Ereignisse und Zustände" (DAVIDSON 1990, S.147).

Mit der Angabe von Intentionen wird der Feststellung, dass eine bestimmte Handlung ausgeführt wurde, nichts hinzugefügt. Ein bestimmtes Verhalten „*unter einer Intention beschreiben*" (ANSCOMBE) bedeutet also, dass dem Handelnden eine bestimmte Absicht zugeschrieben wird. Das wird leicht deutlich, wenn man Sätze vergleicht wie (I.) „*Er fiel aus dem Fenster*" und (II.) „*Er sprang aus dem Fenster*". Beide Äußerungen betreffen denselben physikalischen Vorgang, Äußerung (II.) beschreibt ihn jedoch unter einer bestimmten Intention. Diese Feststellung ist logisch verknüpft mit der Unterstellung einer Absicht; der Satz „Er sprang aus dem Fenster" impliziert, dass der Akteur nicht versehentlich fiel, sondern springen wollte.

Trotzdem lassen sich kritische Einwände gegen das logische Verknüpfungsargument auch dann vorbringen, wenn man die Verwendung von Kategorien wie „Sinnhaftigkeit" und „Intentionalität" bei der Erklärung menschlichen Verhaltens nicht (in behavioristischer Weise) ausschließen möchte, sondern ein Konzept *intentionalen* Handelns vertritt.

Handlungserklärungen umfassen nämlich nicht nur die mit einer bestimmten Handlungsbeschreibung *logisch verbundenen Intentionen* – dann wären nämlich nur tautologische Handlungserklärungen in der Art „A hat p getan, weil er zuvor p zu tun beabsichtigte" möglich. Wenn auf die Frage „*Warum sprang A aus dem Fenster?*" geantwortet würde „*Weil A aus dem Fenster springen wollte*" so lässt sich das schwerlich als eine *Erklärung* bezeichnen. Vollständige Handlungserklärungen, die einen Fragenden zufrieden stellen würden, wären vielmehr Aussagen wie „*Weil A Suizid begehen wollte*", „*Weil das Haus brannte, und der Fluchtweg versperrt war*" oder „*Weil es sich um eine Mutprobe handelte und sich das Fenster im 1. Stock befand*" usw.

Die Prämissen einer sinnvollen Handlungserklärung umfassen in der Regel nicht nur die unmittelbare Absicht des Handelnden zur Durchführung einer Handlung, sondern solche inneren Dispositionen, die als Wünsche, Motive, Neigungen und moralische Überzeugungen die Erreichung eines bestimmten *Handlungsziels* wünschenswert erscheinen lassen. DAVIDSON (1990) nennt die Gesamtheit dieser Dispositionen *Pro-Einstellungen*. Akteure verfügen über zahlreiche Pro-Einstellungen, von denen die meisten nur selten und viele nie zu einer konkreten Absicht führen und damit handlungsrelevant werden. Pro-Einstellungen sind ebenso wie Absichten als Gründe von Handlungen zu betrachten; im Gegensatz zu Absichten sind sie jedoch logisch unabhängig von der eigentlichen Handlung und können deshalb, so DAVIDSON, auch als deren *kausale Ursachen* betrachtet werden.

Das Problem des logischen Verknüpfungsarguments besteht also darin, dass der Begriff „Intention" offensichtlich in unterschiedlicher Weise verwendet werden kann:

- Einerseits kann dieser Begriff dazu dienen, ein Verhalten *unter einer bestimmten Intention* als eine spezifische Handlung zu *beschreiben*. Auf die Frage, was eine Person tat, die aus dem dritten Stock eines Hauses sprang, lässt sich antworten „sie beging Suizid". In diesem Fall trifft das logische Verknüpfungs-Argument offensichtlich zu – logisch ist es unmöglich, eine Handlung als Suizidversuch zu beschreiben, ohne implizit davon auszugehen, dass hierbei die Absicht eine Rolle gespielt hat, aus dem Leben zu scheiden.

- Andererseits kann der Begriff der Absicht dazu dienen, ein Verhalten als ein Glied in einer *instrumentellen Kette* zu erklären. Wenn man erklärt, *„A beging Selbstmord, weil er dem Verlust sozialen Ansehens entgehen wollte, in die ihn die Aufdeckung seiner finanziellen Machenschaften gestürzt hätte"*, dann sind beide Sachverhalte, einerseits der Wunsch, das Erlebnis von Beschämung und Bloßstellung zu vermeiden und andererseits das Bedürfnis, Suizid zu begehen, logisch keineswegs notwendig miteinander verbunden. Weder impliziert ein Suizid, dass der Suizident eine Bloßstellung vermeiden wollte, noch begeht jeder, der eine solche Bloßstellung vermeiden will, einen Suizid.

Dennoch stimmten die Kritiker und die Vertreter des logischen Verknüpfungsarguments miteinander überein hinsichtlich der Bewertung eines bestimmten Tatbestandes, der für die Sozialwissenschaften erhebliche Bedeutung besitzt: *Wissenschaftliche Handlungserklärungen müssen auf dieselben begrifflichen Muster zugreifen können wie es der Handelnde bei seinen Alltagserklärungen auch tut (brauchen aber natürlich nicht notwendigerweise bei Alltagserklärungen stehen bleiben).*

„Wenn wir einem Handelnden eine Überzeugung, einen Wunsch, ein Ziel, eine Absicht oder etwas Gemeintes zuschreiben, operieren wir mit Notwendigkeit innerhalb eines Begriffssystems, das zum Teil durch die Struktur der Überzeugungen und Wünsche des Handelnden selbst determiniert ist." (DAVIDSON 1990, S.322)

Der Versuch, eine ausschließlich behaviourale, d.h. nur auf die Beobachtung äußerer Vorgänge beruhende Sprache zur Beschreibung von Handlungen zu konstruieren, muss deshalb, so DAVIDSON, in einen definitorischen Regress[34] münden. Soziologische Handlungserklärungen können demnach nicht formuliert werden, ohne (zumindest implizit) auf Absichten, Überzeugungen, Erwartungen und Bewertungen der jeweiligen Akteure Bezug zu nehmen, die in solcher oder ähnlicher Form auch von den Akteuren selber zur Begründung und damit zur Erklärung ihrer Handlungen herangezogen werden.

Sozialforscher brauchen sich dabei nicht, wie das logische Verknüpfungsargument nahe legt, auf die Rekonstruktion solcher „praktischen Syllogismen" zu beschränken, welche auch die Handelnden zur Explikation ihrer Handlungsgründe verwenden würden. Sie müssen diese aber, wenn auch nur implizit, in die von ihnen formulierten Modelle sozialen Handelns einbauen. Die zentrale Voraussetzung für eine solche Rekonstruktion von Handlungsgründen aus der Sicht der Akteure ist allerdings nicht unbedingt ein empathischer Nachvollzug psychischen Geschehens. Das Verstehen des Sinns einer sozialen Handlung kann eher mit dem Verstehen einer Sprache verglichen werden als mit der Einfühlung in eine andere Person. Hierbei müssen bestimmte Ereignisse nach Regeln bestimmten Kategorien zugeordnet werden. Die sinnvolle Beschreibung und Erklärung von Handlungen ist nur

---

34 *„Angenommen, wir versuchen, ohne irgendwelche mentalistischen Begriffe zu verwenden, anzugeben, was es heißt, jemand glaube, es gebe Leben auf dem Mars. Folgendes wäre eine Möglichkeit: Sobald in Anwesenheit des Betreffenden ein bestimmtes Geräusch ('Gibt es Leben auf dem Mars?') erzeugt wird, bringt er ein anderes Geräusch hervor ('Ja'). Dies zeigt natürlich nur dann, dass er glaubt, es gebe Leben auf dem Mars, wenn er Deutsch versteht, wenn er seinen Laut absichtlich ausgestoßen hat, wenn dies eine Erwiderung auf die anderen Laute war, insofern diese auf Deutsch eine bestimmte Bedeutung haben, usw. Für jeden Mangel, der entdeckt wird, fügen wir eine neue Klausel hinzu. Doch wie sehr wir auch an den nichtmentalen Bedingungen herumflicken und -probieren, immer wieder stoßen wir auf die Notwendigkeit, eine weitere Bedingung mentalen Charakters hinzuzufügen (vorausgesetzt, dass er merkt, dass er es <u>versteht</u>, usw.)."* (ebd., S. 305)

5.2 Das „logische Verknüpfungsargument" und seine Schwächen

möglich, wenn der Beschreibende sich die Regeln verfügbar macht, denen die Handelnden bei der Hervorbringung ihrer Handlungen folgen, wobei diese Regeln zur Kennzeichnung sozialen Handelns untrennbar verbunden sind mit denjenigen Regeln, nach denen die Handelnden den Sinn ihres eigenen Handelns beurteilen. Die Formulierung zumindest einfacher Handlungserklärungen ist also eine praktische Fertigkeit, über die die Handelnden notwendigerweise verfügen müssen, um in sozialen Kontexten eben diese Handlungen hervorbringen oder bei anderen beurteilen und verstehen zu können. Sowohl beim alltäglichen als auch beim wissenschaftlichen Verstehen sozialen Handelns kommt es dabei auf die Fähigkeit an, soziale Handlungen „*zusammen mit den sie begleitenden Überzeugungen und Meinungen – in einen weiteren kulturabhängigen Rahmen von Zielen, Werten und Normen und anderen Standards*" zu stellen (TOUMELA 1978, S. 52). Handlungsbeschreibungen und -erklärungen müssen auf „*das von einer Gesellschaft internalisierte (...) System von Begriffen, allgemeinen begrifflichen Regeln und bestimmten Grundannahmen*" (ebd., S. 54) gegründet sein.

Als Gesellschaftsmitglied lernen natürlich auch Sozialwissenschaftler (zuerst unreflektiert) die Formulierung von sozialen Handlungsbeschreibungen und -erklärungen als eine alltagspraktische Fertigkeit. Bei den zur Illustration des logischen Verknüpfungsarguments verwendeten Trivialbeispielen können jene soziale Regeln, auf die man bei der Formulierung von entsprechenden Handlungserklärungen zurückgreifen muss, deshalb ohne weiteres stillschweigend als bekannt vorausgesetzt werden. Diese Regeln bleiben implizit und damit wird der Eindruck erzeugt, es handele sich bei der Erklärung von Handlungen um eine rein begrifflich-analytische Tätigkeit. Dies lässt sich etwa gut zeigen an einer Argumentation von MISCHEL zur Begründung des logischen Verknüpfungsarguments:

> „Jemand, der sagt 'Ich werde ein Taxi nehmen, weil es regnet', *sagt* nicht *voraus*, was er tun wird, er rechtfertigt, was er zu tun beabsichtigt, als die im Hinblick auf ein Ziel richtige Handlung. Wenn wir also eine Handlung dadurch erklären, dass wir sie als die vom Standpunkt des Handelnden aus richtige darstellen, dann ist die 'Verknüpfung' zwischen der Handlung und den Gründen, die sie erklären, keine 'empirische Verknüpfung'. Wir brauchen keine empirischen Wissenschaftler zu sein, um zu wissen, dass es vernünftig ist, ein Taxi zu nehmen, wenn es regnet (MISCHEL 1963/1981, S. 17).

Natürlich führt MISCHEL hier quasi „unter der Hand" empirisches Wissen ein über in unserer Kultur allgemein akzeptierte *Handlungsmaximen* der folgenden Art: *Wenn es regnet, man zu einem bestimmten Zeitpunkt einen bestimmten weiter entfernt liegenden Ort in der Stadt aufsuchen möchte und man nicht nass werden möchte, man über genügend Geld verfügt, ist es sinnvoll, ein Taxi zu benutzen.* Dass es sich, anders als MISCHEL meint, bei dem dargestellten Zusammenhang zwischen situativen Handlungsbedingungen („*Regen*"), Handlungszielen („*Ortsveränderung zu einer bestimmten Uhrzeit*", „*nicht nass werden*") und einer Handlung („*Benutzung eines Taxis*") tatsächlich aber um einen empirisch-kontingenten (und nicht nur um einen logisch-begrifflichen) Zusammenhang handelt, kann man sich verdeutlichen, indem man sich vor Augen führt, dass es *erstens* Zeiten und Kulturen gab bzw. gibt, in denen Taxis nicht unmittelbar verfügbar sind und *zweitens* auch in unserer Kultur sich nicht jedermann ein Taxi bestellt, wenn er während eines Regenschauers einen bestimmten Ort in einer Stadt erreichen möchte. Natürlich hat MISCHEL recht, wenn er betont, dass die Beziehung zwischen Handlungen und Handlungsgründen „*eher eine der Relevanz als der Regelmäßigkeit*" darstellt (ebd., S. 18), nur ist es offensichtlich nicht eine logisch-begriffliche, sondern eine empirische Frage, welche Handlungsgründe in einer bestehenden Kultur als relevant für welche Handlungen angesehen werden – die Vorstellung, dass ein Verband von Taxiunternehmern eine empirische Studie in Auftrag gibt, um festzustellen, bei welchen Personen zu welchen Tageszeiten Regenschauer die Bereitschaft fördern, ein Taxi zu benutzen, wäre schließlich nicht abwegig.

Eine solche Möglichkeit, sich die für Handlungserklärungen bedeutsamen Handlungsmaximen durch empirische Untersuchungen zugänglich zu machen, sieht das logische Verknüpfungsargument aber nicht vor. Als Voraussetzung für die Fähigkeit, Handlungen zu erklären und zu verstehen, bliebe dann nur die Teilnahme an einer bestimmten Praxis, die Sozialisation in eine bestimmte Kultur, denn nur auf diese Weise könne man all jene Regeln kennen lernen, denen die Handelnden bei der Hervorbringung ihrer Handlungen folgen. Dieser Auffassung nähert sich etwa WINCH als ein Vertreter des logischen Verknüpfungsarguments an, wenn er meint:

„Darum ist es prinzipiell verfehlt, die Tätigkeit von jemandem, der eine Form gesellschaftlichen Verhaltens erforscht, etwa mit derjenigen eines Ingenieurs zu vergleichen (...). Wenn wir den Sozialforscher mit einem Ingenieur vergleichen wollen, tun wir besser daran, ihn mit einem in der Ausbildung begriffenen Ingenieur zu vergleichen, der studiert, worum es sich bei der Tätigkeit des Ingenieurs handelt." (WINCH 1966, S.114)

Wie für DILTHEY die Partizipation am *allgemeinen menschlichen Geist* die zentrale Voraussetzung des Verstehens bildet, so ist hier für WINCH die Teilnahme an *sozialen Lebensformen* Grundlage sozialwissenschaftlicher Handlungserklärungen. Ein Untersucher, der nicht in irgendeiner Form als Laie in diese sozialen Lebensformen einbezogen und in sie hineinsozialisiert wurde, ist, so könnte man diese Überlegung fortführen, nicht in der Lage, sinnvolle Beschreibungen der dort stattfindenden sozialen Handlungen und Interaktionen abzugeben.

Wie *fremde soziale Lebensformen,* in denen Handlungsmaximen gelten, die dem Sozialforscher nicht bekannt sind, untersucht und das soziale Handeln der Akteure in ihnen beschrieben und erklärt werden sollen, bleibt dabei aber offen. WINCHs Bemerkung über die Analogie zwischen dem Sozialforscher und dem Ingenieur legt die Vorstellung nahe, dass eine angemessene soziologische Forschungspraxis die unmittelbare Teilnahme des Untersuchers am Leben der untersuchten Lebensform verlangt. Die Bedeutung sozialer Praktiken könnte demnach nur „am eigenen Leibe" bzw. durch eigenes Handeln, erfahren werden, und der Forscher müsste stets die Rolle eines Akteurs im Untersuchungsfeld annehmen. Ein solches Vorgehen wird allerdings nicht einmal bei solchen empirischen soziologischen oder ethnologischen Studien verfolgt, die einen engen Kontakt des Untersuchers mit dem Forschungsfeld im Rahmen *teilnehmender Beobachtung* erfordern. Auch dort gewinnt der Forscher in aller Regel seine Kenntnisse nicht nur dadurch, dass er mit den Untersuchten *zusammenlebt* und sich an ihrer sozialen Lebenspraxis *beteiligt,* sondern auch dadurch, dass er Beobachtungen macht, Interviews mit Informanten durchführt und Daten verschiedener Art sammelt.

Damit werden die Grenzen des logischen Verknüpfungsarguments, wonach Handlungserklärungen ausschließlich auf der logischen Analyse von Sätzen beruhen müssten, vollends deutlich. Anwendbar ist dieses Argument zwar ohne weiteres auf die zahlreichen trivialen Alltagsbeispiele, die in den entsprechenden philosophischen Debatten gern aus didaktischen Gründen verwendet werden. Die empirische Erforschung (bislang nicht bekannter) kulturell

5.2 Das „logische Verknüpfungsargument" und seine Schwächen

bedeutsamer Handlungsregeln und Handlungsmaximen jedoch wird hiermit methodologisch überhaupt nicht erfassbar, und Methoden des Fremdverstehens würden sich beschränken auf die logische Analyse von Bedeutungen, bei der ein Mitspieler in einem Sprachspiel sich und anderen kompetenten Teilnehmern die Bedeutung von Handlungssätzen durch eine Explikation von implizit gewussten Sprachkonventionen erläutert.

Der Schluss, den Vertreter des logischen Verknüpfungsarguments aus dem *lebensweltlichen Charakter von Handlungserklärungen* ziehen, das heißt aus der Tatsache, dass Regeln zur Kennzeichnung sozialen Handelns immer untrennbar verbunden sind mit denjenigen Regeln, nach denen die Handelnden selber den Sinn ihrer Handlungen beurteilen, zwingt keinesfalls zu der Annahme, dass Handlungserklärungen notwendigerweise analytische Aussagen darstellen (vgl. hierzu auch TOUMELA 1978, S. 50ff.). Aus zwei Gründen muss die Untersuchung der Beziehungen zwischen Handlungsgründen und Handlungen nicht auf eine sprachlogische und begriffliche Analyse beschränkt bleiben, sondern kann genuin empirischen Charakter aufweisen:

- Erstens muss der begrifflichen Rahmen, den eine Kultur für die Erklärung von Handlungen zur Verfügung stellt, *von außen* dadurch erschlossen werden, dass die *dort faktisch geltenden Handlungsregeln oder -maximen*, d.h. die begrifflichen Zusammenhänge zwischen Werten und Zielen einerseits und Praktiken andererseits, empirisch untersucht werden.
- Zweitens müssen auch die *sozialen, politischen und psychologischen Kontextbedingungen*, die das Handeln der Akteure im konkreten Fall beeinflussen, durch empirische Untersuchungen spezifiziert werden. Die in einer bestimmten Kultur geltenden Handlungsmaximen beschreiben nämlich nur *idealisierte Akteure*[35], nicht jedoch individuelle Akteure in konkreten Situationen.

Handlungserklärungen sind somit als empirische (im Gegensatz zu logisch-begrifflichen, tautologischen) Aussagen zu betrachten, denn sie müssen sich auf zwei Arten von Sachverhalten beziehen, die in jedem Fall empirischen Charakter tragen: Das sind einerseits *Handlungsmaximen*, die die in konkreten soziokulturellen Kontexten akzeptierte Verbindungen zwischen Handlungszielen und den zu ihrer Erreichung notwendigen Mittel beschreiben. Und es sind andererseits *situative, externe (d.h. nicht in der Person des Handelnden liegende) Handlungsbedingungen*, die die Grundlage für die Umsetzung der Handlungsmaximen durch die einzelnen Akteure bilden, indem sie deren Zugang zu Handlungsressourcen (das Wissen über Handlungsmaximen, die Verfügbarkeit der erforderlichen Mittel usw.) festlegen.

Insbesondere die Bedeutung von *externen Handlungsbedingungen* für die Erklärung von Handlungen wird durch die Vertreter des logischen Verknüpfungsarguments unterschlagen, und dies, obwohl eine Erklärung durch äußere Handlungsbedingungen eine ebenso häufige Form der Handlungserklärung im Alltag darstellt wie eine Erklärung durch Motive. Das lässt sich etwa an MISCHELs Beispiel gut verdeutlichen, denn dort wird eine Taxifahrt durch eine äußere Handlungsbedingung („*Es regnete*") erklärt, nicht aber durch ein Motiv („*Ich wollte nicht nass werden*").

---

35 Dieser Umstand wurde schon in Arbeiten soziologischer Klassiker für die Formulierung von soziologischen Handlungserklärungen genutzt. Max WEBER hat diesen Umstand durch das Konzept des „erklärenden Verstehens" durch „Idealtypen" Rechnung getragen (vgl. hierzu ausführlich Kapitel 4.1, 5.5 und vor allem 10).

Was die trivialen Alltagsbeispiele aus den philosophischen Debatten um das logische Verknüpfungsargument eher verdecken als verdeutlichen, ist, dass Handlungserklärungen unter Verweis auf unterschiedliche Sachverhalte (abhängig von ihrer Funktion in einer konkreten Interaktionssituation) erfolgen können: Handlungen können nicht nur durch die Motive (oder „Pro-Einstellungen") des Handelnden erklärt werden, sondern auch durch die situativen Handlungsbedingungen, schließlich aber auch durch Verweis auf Handlungsregeln oder Handlungsmaximen, die beschreiben, was angesichts bestimmter externer Handlungsbedingungen und gegebener Handlungsziele „zu tun ist".

5.3 Abduktion, kreatives Handeln und sozialer Wandel

Da die für sprachphilosophische Beispiele relevanten Handlungsmaximen zumeist trivial (i.S. von *in unserer Kultur allgemein bekannt*) sind, kann auf ihre Explikation verzichtet werden. Deshalb kann leicht übersehen werden, dass Handlungserklärungen nicht nachvollziehbar sind, wenn die ihnen zugrunde liegenden Handlungsmaximen nicht zumindest implizit bekannt sind – ein Umstand, der weniger bei der Erörterung trivialer Alltagsbeispiele deutlich wird als bei der Betrachtung von Schwierigkeiten, die entstehen können, wenn soziales Handeln in fremden Kulturen erklärt werden muss.

Der praktische Syllogismus, wie ihn ANSCOMBE und VON WRIGHT beschreiben, trägt der Existenz von Handlungsmaximen durch die Formulierung einer der Prämissen des Schlusses nur implizit Rechnung: der Glauben eines Akteurs „*dass er p zum Zeitpunkt t nur dann herbeiführen kann, wenn er (die Handlung) a (...) tut.*" (VON WRIGHT 1974, S.102) erfordert die Kenntnis einer Regel, die ein Handlungsziel p mit einer Handlung a verbindet. Expliziert man solche Handlungsmaximen, auf die sich gleichermaßen soziale Akteure und Sozialwissenschafter in ihren Handlungserklärungen zumindest unausgesprochen beziehen müssen, lassen sich praktische Syllogismen formal nach demselben Muster formulieren, dass HEMPEL und OPPENHEIM verwenden: das *Explanandum* einer solchen Handlungserklärung würde die *Handlung* eines individuellen Akteurs bezeichnen. Das Explanans müsste dann aus zwei verschiedenen Arten von Aussagen bestehen:

- der Obersatz (die *prämissa maior* im klassischen Syllogismus bzw. die „allgemeine Gesetzmäßigkeit" i.S. von HEMPEL und OPPENHEM) würde eine allgemeine Handlungsmaxime zum Ausdruck bringen, welche eine Verknüpfung beschreibt zwischen *Handlungszielen* (Wünschen, „Pro-Einstellungen"...), denjenigen *Handlungen*, die zu ihrer Erreichung notwendig sind, und *externen Handlungsbedingungen*, die gegeben sein müssen, damit diese Handlungen gewählt werden können.
- der Untersatz (die *prämissa minor* im klassischen Syllogismus bzw. die „Antezedensbedingungen" des HO-Schemas) würde dann konkrete *Handlungsbedingungen* des Akteurs sowie seine *Handlungsziele* beschreiben.

Dass die von Vertretern des Methodendualismus vorgeschlagenen Darstellungen der logischen Form sozialwissenschaftlichen Verstehens formal dem HO-Schema ähneln, haben nun Anhänger einheitswissenschaftlicher Positionen oftmals betont (vgl. etwa ABEL 1948; ABEL 1983; STEGMÜLLER 1987, S. 103 ff.; BECKERMANN 1985; S. 48ff.). Anhand der vorangegangenen Ausführungen ist aber bereits deutlich geworden, dass die methodologisch

5.3 Abduktion, kreatives Handeln und sozialer Wandel

entscheidende Frage nach dem logischen Stellenwert sozialwissenschaftlicher Handlungserklärungen nicht die Frage ist, inwieweit sich Handlungserklärungen formal nach einem bestimmten Erklärungsschema darstellen lassen, sondern ob die „Gesetzmäßigkeiten" des Explanans einer Erklärung sozialen Handelns *erstens* gleichzeitig *universell und empirisch gehaltvoll* sind, und ob es sich *zweitens* tatsächlich um eine *deduktive Schlussfolgerung* handelt.

Hinsichtlich der ersten Frage hat sich bei der Diskussion des logischen Verknüpfungsarguments gezeigt, dass zwar auch sozialwissenschaftliche Handlungserklärungen nicht ohne einen Rekurs auf allgemeinere Regeln des Handelns auskommen können, dass aber bislang vorliegende handlungstheoretische Ansätze bzw. deren theoretische Kernaussagen nicht beanspruchen können, gleichermaßen universelle und empirisch gehaltvolle Handlungserklärungen zu repräsentieren. Bezüglich der Frage, ob es sich hier um deduktive Schlussfolgerungen handelt, wurde in Kapitel 4.2 erläutert, dass sozialwissenschaftliche Handlungserklärungen hinsichtlich der Reihenfolge der Argumente nicht dem deduktiven Schlussschema gehorchen, sondern *hypothetische Schlussfolgerungen* darstellen, riskante Schlüsse von einem beobachteten Phänomen auf die bestmögliche (oder auch nur eine gute) Erklärung. Insbesondere die Bedeutung allgemeiner Handlungsmaximen für das sozialwissenschaftliche Verstehen, die sich in der Diskussion um das logische Verknüpfungsargument gezeigt hat, macht deutlich, dass das HO-Schema eine universelle Argumentationsstruktur beschreibt, die das Verhältnis von allgemeinen Aussagen zu beobachteten Einzelphänomenen in den Sozialwissenschaften ebenso wie in den Naturwissenschaften darstellt (was sich auch bereits in der formalen Ähnlichkeit zwischen HO-Schema und den Schemata der klassischen Syllogistik zeigt). Streitig sein kann demgegenüber nur die *Reichweite* der verwendeten Allgemeinaussagen bzw. die Frage, ob bei der Formulierung sozialwissenschaftlicher Erklärungen auf raumzeitlich universelle Gesetzesaussagen zurück gegriffen werden muss oder kann.

Verstehen und Erklären stellen somit nicht gegensätzliche Formen wissenschaftlicher Argumentation dar, die nur für jeweils unterschiedliche Gegenstandsbereiche geeignet sind. Vielmehr können diese Begriffe synonym verwendet werden und repräsentieren dieselbe Form der Schlussfolgerung, den von PEIRCE beschriebenen hypothetischen Schluss bzw. den Schluss auf die beste Erklärung. Ein solcher hypothetischer Schluss wird gezogen, *„wenn wir einen sehr seltsamen Umstand finden, der durch die Unterstellung erklärt werden würde, dass es ein Fall einer bestimmten allgemeinen Regel ist, und wenn wir daraufhin jene Unterstellung akzeptieren"* (PEIRCE, 2.624). Hier muss nun eine wichtige Fallunterscheidung getroffen werden, die sich auf die Frage bezieht, ob die *„allgemeine Regel"* (HEMPELS und OPPENHEIMS „allgemeine Gesetzmäßigkeit"), durch die der *„sehr seltsame Umstand"* (das „Explanandum" des HO-Schemas) erklärt wird, bereits bekannt ist, oder ob diese Regel erst im Prozess des hypothetischen Schließens selber entdeckt bzw. entwickelt wird.

Die Notwendigkeit einer solchen Unterscheidung lässt sich gut begründen anhand einer werkgeschichtlichen Analyse des PEIRCE´schen Konzepts des hypothetischen Schlussfolgerns (vgl. REICHERTZ 1991, 2003; KELLE 1997a, S. 144 ff.). In seinen Frühschriften, aus denen das schon in Abschnitt 4.2 dargestellte Bohnenbeispiel entnommen ist, betrachtet er eine Schlussfolgerung, die einen (i.d.R. überraschenden) Sachverhalt erklärt, indem sie ihn unter eine bereits bekannte Regel subsumiert, weder als eine Induktion, noch als eine Deduktionen, sondern bezeichnet sie als „Hypothese", Die Hypothese *„in dieser Deutung – ordnet Wahrgenommenes in bereits vorliegende Ordnungen ein, sie erklärt Singuläres,* *indem sie erklärt, es sei der Fall einer bereits bekannten Klasse"* (REICHERTZ 2003, S. 36). In der Terminologie des HO-Schemas wird hierbei, ausgehend von einem Explanandum und dem Wissen um eine allgemeine Gesetzmäßigkeit auf das Vorliegen jener Antezedensbedingungen geschlossen, die der Gesetzmäßigkeit zufolge das Explanandum bewirken müssten. HEMPELS schon dargestelltes Beispiel des gebrochenen Autokühlers (HEMPEL 1942, S.36) liefert hierfür ein gutes Beispiel: zur Erklärung des zuerst „sehr seltsamen Umstandes" eines plötzlichen Motorschadens wird hier eine allgemein bekannte physikalische Gesetzmäßigkeit herangezogen.

In seinen späteren Schriften bezeichnet PEIRCE diese Art der Schlussfolgerung auch als „qualitative Induktion" bzw. „Induktion von Merkmalen", während er eine andere Form des hypothetischen Schließens *Abduktion* nennt. Bei einer Abduktion wird das gesamte Explanans, einschließlich der allgemeinen erklärenden Regel, durch die Schlussfolgerung entworfen, wobei oftmals die Geltung von bislang als sicher gehaltenen Regeln in Frage gestellt wird.

> „The surprising fact, C is observed.
> But if A were true, C would be a matter of course.
> Hence there is a reason to suspect that A is true." (PEIRCE, 5.189)

Abduktionen nehmen ihren Ausgang von unerwarteten und überraschenden Phänomenen, von *Anomalien*, die sich mit dem bisherigen Theoriewissen nicht in Einklang bringen lassen. Hypothesen, die das Ergebnis abduktiver Schlussfolgerungen darstellen, sind Hypothesen über die Geltung einer (bislang unbekannten und durch den abduktiven Schluss formulierten) Regel, die diese Anomalien erklären würden. Als paradigmatisches Beispiel hierfür dient PEIRCE die Entdeckung der elliptischen Planetenbahnen durch den Astronomen Johannes KEPLER, deren Ausgangspunkt eine mangelnde Übereinstimmung zwischen der Kopernikanischen Theorie, die Kepler anhand seiner Daten zu belegen versuchte und seinen empirischen Daten bildete. KEPLER stand den empirischen Befunden, die der von ihm favorisierten Theorie widersprachen, solange ratlos gegenüber, bis er bereit war, die bislang nicht angezweifelte astronomische Annahme aufzugeben, dass sich Himmelskörper grundsätzlich auf Kreisbahnen umeinander bewegen. In dem Moment, in dem KEPLER bereit war, Teile der Kopernikanischen Theorie in Zweifel zu ziehen und bestimmte Elemente dieser Theorie zu revidieren, war die Grundlage für die Formulierung einer neuen Gesetzmäßigkeit geschaffen, die die bislang nicht erklärbaren Daten zu verstehen half.

Im seinem Spätwerk rückt PEIRCE das Abduktionskonzept in das Zentrum seiner Wissenschaftslehre, die sich auf die Frage konzentriert, wie wissenschaftlicher Fortschritt und Theoriewandel vor sich geht. Dabei beschäftigt ihn der Umstand in besonderer Weise, dass *„jedes einzelne Stück wissenschaftlicher Theorie, das heute fest gegründet dasteht, (...) der Abduktion zu verdanken ist"* (PEIRCE, 5.172): Abduktion wird zu einem Brückenkonzept zwischen Wissenschaftsphilosophie und pragmatistischer Handlungstheorie. Denn zwischen Forschern, die ein wissenschaftliches Problem durch eine neue Erklärung zu lösen versuchen, und Alltagsmenschen, die ihre praktischen Handlungsprobleme bearbeiten, bestehen keine grundsätzlichen, sondern nur graduelle Unterschiede. *„Wenn Sie die Frage des Pragmatismus sorgfältiger Prüfung unterwerfen, werden Sie sehen, dass sie nichts anderes als die Frage nach der Logik der Abduktion ist"* (PEIRCE, 5.196). Die Problemlösungskompetenz sowohl des Wissenschaftlers als auch des Alltagsmenschen basiert auf deren Fähigkeiten zu erfolgreichen abduktiven Schlussfolgerungen, d.h. auf deren Bereit-

5.3 Abduktion, kreatives Handeln und sozialer Wandel

schaft, bisher „sichere", fraglos akzeptierte Erklärungen zugunsten neuer Einsichten aufzugeben.

Der wissenschaftslogische Begriff der Abduktion ist somit fest verbunden mit der allgemeinen Handlungstheorie des Pragmatismus. Ausgangspunkt abduktiver Schlussfolgerungen bildet das, was DEWEY eine „problematische Situation" genannt hatte, die einen Akteur unter Handlungsdruck setzt, indem sie den fortlaufenden Strom der von (sozial vermittelten) kognitiven Mustern gesteuerten routinisierten und habitualisierten Tätigkeiten („habits") unterbricht (DEWEY 1929/1998). Handlungsprobleme führen dazu, dass die selbstverständlichen Gegebenheiten und erfolgreichen Gewohnheiten, in denen alles Handeln verankert ist und *„die mit (...) (ihnen) verknüpften Handlungsroutinen (...) zusammen (brechen) (...) die Handlungsgewohnheiten prallen an der Widerständigkeit der Welt ab."* (JOAS 1996, S. 190)

Probleme, zu deren Lösung bisherige Handlungsmuster nicht ausreichen, oder durch die Konflikte zwischen verschiedenen solcher Muster provoziert werden, lösen spontan und impulsiv die kognitive Suche nach einer Problemlösung aus:

> „Die Wahrnehmung muss neue und andere Aspekte der Wirklichkeit erfassen; die Handlung muss an anderen Punkten der Welt ansetzen oder sich selbst umstrukturieren. Diese Rekonstruktion ist eine kreative Leistung des Handelnden. Gelingt es, durch die veränderte Wahrnehmung die Handlung umzuorientieren und damit wieder fortzufahren, dann ist etwas neues in die Welt gekommen; eine neue Handlungsweise, die sich stabilisieren und selbst wieder zur unreflektierten Routine werden kann. Alles menschliche Handeln wird so im Blick der Pragmatisten in der Spannung zwischen unreflektierten Handlungsgewohnheiten und kreativen Leistungen gesehen." (ebd.)

Das von PEIRCE, DEWEY und von MEAD vertretene pragmatistische Handlungskonzept stellt eine *„Theorie situierter Kreativität"* dar, die ihren Ausgangspunkt in Handlungsproblemen hat, die entstehen, weil Handlungsziele angesichts gegebener Handlungsbedingungen nicht erreichbar sind, Handlungsbedingungen sich plötzlich in unerwarteter Weise ändern oder weil sich die bislang unreflektiert befolgten Handlungsmaximen als ungeeignet zur Erreichung von Handlungszielen erweisen. Dabei enthält jede Situation einen Horizont von Möglichkeiten, der allerdings zumeist erst in einer Krise erschlossen wird, die durch auftauchende Handlungsprobleme entsteht. Dazu müssen Handlungsmaximen gefunden werden, die neue, bislang unbekannte Verbindungen zwischen Handlungsbedingungen und Handlungszielen repräsentieren. Die *logische Form*, die dieser Vorgang im Alltagsleben und in der Wissenschaft annimmt, ist der abduktive Schluss. Abduktive Schlussfolgerungen erfordern Kreativität, Offenheit und ein Verzicht auf dogmatisches Beharrungsvermögen. Der „abduktive Schließer" muss in der Lage sein, sein gesamtes bisheriges Wissen zu hinterfragen – je größer seine Bereitschaft ist, alte Gewissheiten kritisch zu betrachten, zu verwerfen und neue, kühne Annahmen zu formulieren, desto größer wird auch sein Erfolg bei der Lösung von Problemen sein. Neue Handlungsmaximen und neue wissenschaftliche Hypothesen entstehen dabei keineswegs aus dem Nichts: Zur Formulierung der KEPLERschen Gesetze über die Planetenbahnen etwa mussten vorhandene Kenntnisse neu geordnet und neu zusammengesetzt werden, indem Wissen über Merkmale geometrischer Körper mit der Kopernikanischen Theorie der Planetenbewegungen verbunden wurde. Die Fähigkeit zu guten abduktiven Schlussfolgerungen hängt also entscheidend von dem bisherigen Wissen des Akteurs ab, das es ihm ermöglicht, eine Anomalie als solche wahrzunehmen und das als Material für die Formulierung von neuen Erklärungen oder neuen Handlungsregeln dient.

Die „Logik des Handelns" bei der Befolgung bestehender Handlungsmaximen und auch die mehr oder wenige kreative Konstruktion neuer Handlungsmöglichkeiten, die die Akteure in solchen Problemsituationen vornehmen können, lässt sich ohne große Schwierigkeiten mit Hilfe der von PEIRCE beschriebenen logischen Schlussformen darstellen: der einfachen Regelbefolgung entspricht formal der deduktive Schluss, der Lösung eines Handlungsproblems eine hypothetische oder abduktive Schlussfolgerung. „Deduktives" Regelbefolgen nimmt dabei seinen Ausgang von der Geltung einer allgemeinen Handlungsregel bzw. -maxime, die sich als Obersatz der Prämissen eines deduktiven Schlusses so formulieren lässt:

In einer gegebenen Situation S_i führt von allen verfügbaren Handlungsalternativen H_1 ... H_n die Handlungsalternative H_i mit der höchsten Wahrscheinlichkeit dazu, dass eine bestimmte Menge von Handlungskonsequenzen $C_1...C_n$ realisiert wird.

Der Untersatz der Prämissen bzw. die Antezedensbedingungen würden singuläre Aussagen umfassen in der Art:

Ein Akteur A möchte eine bestimmte Menge von Handlungskonsequenzen $C_1...C_n$ realisieren und befindet sich in einer Situation S_i.
Die Konklusion würde lauten:
A tut H_i.

Wenn nun die erwarteten Handlungskonsequenzen $C_1...C_n$ (die als Teilmenge die Handlungsziele des Akteurs A enthält) nicht eintreten, so würde diese für den Akteur unerwartete Situation nicht nur die Falsifikation seiner Annahme darstellen, dass er in der gegebenen Situation $C_1...C_n$ am wahrscheinlichsten erreicht, indem er H_i tut, sondern auch ein *Handlungsproblem* darstellen, das ihn unmittelbar zwingt, eine Lösung zu suchen.

Diese Lösung kann *erstens* darin bestehen, dass er seine Einschätzung der Situation oder seine Handlungsziele revidiert. In diesem Fall würde er die Antezedensbedingungen ändern, und sich anschließend daran machen, nach einer anderen, ihm bekannten Handlungsmaxime zu suchen, die für die (von ihm umdefinierte) Situation oder für seine veränderten Ziele angemessen ist. Dieser Vorgang entspräche der ersten der beiden oben dargestellten Formen hypothetischen Schließens, die von PEIRCE zuerst „Hypothese" und später „qualitative Induktion" genannt wurde. Der nächste Schritt der Handlungssequenz wäre dann wiederum deduktiv – der Akteur würde gemäß der zweiten Handlungsmaxime handeln und feststellen, ob er seine (ggfs. geänderten) Ziele nun erreicht.

Eine Lösung kann *zweitens* aber auch dadurch gesucht werden, dass ein Akteur, der sowohl an seiner Situationsdefinition als auch an seinen Zielen festhält, sein bisheriges Wissen über die für eine solche Situation angemessenen Handlungsmaximen modifiziert, verändert oder sogar ganz aufgibt und neue, aus seiner Sicht bessere, situationsangemessenere Handlungsmaximen entwickelt. Dieser Vorgang stellt einen abduktiven Schluss dar, dessen Ergebnis wiederum deduktiv „getestet" werden könnte, indem der Akteur prüft, ob er seine Ziele mit Hilfe der neu entwickelten Handlungsmaximen nun erreichen kann.

5.3 Abduktion, kreatives Handeln und sozialer Wandel

Das Konzept des abduktiven Schlusses beschreibt hier also ein *Lernen durch (Miss)-erfolg* und kann damit ohne weiteres eingefügt werden in jene bereits diskutierten handlungstheoretischen Ansätze, die die Entwicklung von Handlungskompetenz als „selbstsozialisatorischen" Prozess im Lebenslauf konzeptualisieren, als einen „*self-initiated learning mechanism that mediates between social structure and personality development*" (HEINZ 2002, S. 55; vgl. auch Anschnitt 3.3). *Übergänge im Lebenslauf* wären einer solchen lebenslauftheoretischen Konzeption zufolge die zentralen Gelegenheiten für die Entstehung jener *Anomalien*, die zu Handlungsproblemen führen, die sich mit habitualisierten Handlungsroutinen nicht mehr lösen lassen und damit einen Anlass zur abduktiven Entwicklung neuer Handlungsstrategien geben.

Ein pragmatistisches Verständnis sozialen Handelns kann zudem deutlich machen, wie individuelle *agency* eine Grundlage für *akteursinduzierten sozialen Wandel* bildet: Handlungsstrategien, die kreative „abduktive Schließer" als individuelle Lösungen für Handlungsprobleme entwerfen, werden von anderen Akteure, die mit denselben oder ähnlichen Handlungsproblemen konfrontiert sind, übernommen – es entwickeln und etablieren sich neue Formen sozialer Praxis. Unter dieser Perspektive entsteht und wandelt sich soziale Ordnung durch die Fähigkeit sozialer Akteure zur kreativen Bewältigung von Handlungsproblemen, die zur abduktiven Entwicklung neuer Handlungsmaximen in umgrenzten sozialen Handlungsfeldern und zu deren Verallgemeinerung durch soziale Diffusion, Nachahmung u.ä. führen.

Kulturell vermittelte Handlungsmaximen repräsentieren dabei Strukturen begrenzter Reichweite, die, mit den Worten von GIDDENS, gleichermaßen „Produkt" und „Reservoir" sozialen Handelns darstellen: als Reservoir sozialen Handelns bilden sie den Ausgangspunkt von Handlungsproblemen, aber auch die Grundlage für die Formulierung guter abduktiver Schlussfolgerungen, die zu einer Verwerfung, Modifikation oder Neukombination von Handlungsregeln führen. Abduktiv generierte Handlungsmaximen können zu neuen Strukturen mittlerer Reichweite werden, wenn sie von der Mikroebene individueller (interagierender) Akteure zu makrosozietären Strukturen transformiert werden. Handlungsmaximen haben als Strukturen mittlerer Reichweite eine zentrale Bedeutung im wechselseitigen Konstitutionsverhältnisses der Mikroebene sozialen Handelns und der Makroebene sozialer Strukturen, wie es durch GIDDENS Konzept der „Dualität von Struktur" oder mit den Begriffen „Logik der Situation" und „Logik der Aggregation" beschrieben wird. Im Kontext von GIDDENS Konzeption würden solche Handlungsmaximen „*soziale Spielregeln*" repräsentieren, „*die Techniken oder verallgemeinerbaren Verfahren ... die in der Ausführung/Produktion sozialer Praktiken angewendet werden*" (GIDDENS 1988, S.73), wobei viele dieser Regeln stillschweigend funktionieren, aber dennoch dem reflektierenden Bewusstsein nicht unzugänglich sind. Ebenso wie das Postulat von GIDDENS, wonach diese Regeln „*in Interaktionszusammenhängen produziert und reproduziert werden*" und in den „*Handlungen situierter Akteure (gründen), die sich in den verschiedenen Handlungskontexten jeweils auf Regeln und Ressourcen beziehen*" (ebd., S.77), betont ein pragmatistisches Abduktionskonzept die Entscheidungsspielräume, die es den Individuen ermöglichen, diese Strukturen mittlerer Reichweite im Rahmen des Alltagshandelns nicht nur zu reproduzieren, sondern auch abzuändern. Sozialer Wandel auf der Makroebene lässt sich damit aus der Mikroebene sozialen Handelns und Entscheidens ableiten.

Die Verwendung eines an der WITTGENSTEINschen Sprachanalyse geschulten Regelbegriffs, wie ihn GIDDENS gebraucht, verliert nun aber auch nicht die gesellschaftlichen

Grenzen individueller Entscheidungsspielräume aus dem Blick: Zwar können Akteure individuelle Handlungsmaximen entwerfen, deren Transformation zu Strukturen mittlerer Reichweite erfordert jedoch stets Prozesse sozialer Interaktion. Genauso wenig wie die Regeln eines Spiels von einem der Spieler verändert werden können, ohne dass die anderen Spieler dies zumindest stillschweigend ratifizieren, können soziale Strukturen begrenzter Reichweite außer Kraft gesetzt werden, ohne dass andere Gesellschaftsmitglieder hieran mittelbar oder unmittelbar beteiligt sind. Der Versuch, Strukturen abzuändern oder neu einzuführen, kann durchaus von anderen Gesellschaftsmitgliedern als Verstoß betrachtet und entsprechend sanktioniert werden. In diesen Prozessen spielen Macht- und Wissensressourcen eine entscheidende Rolle, wobei Akteure, die hiermit reichlich ausgestattet sind, soziale Strukturen leichter als andere individuell oder in kollektiven Bezügen beeinflussen können.

5.4 Sozialwissenschaftliche Hermeneutik und hypothetische Schlussfolgerung

PEIRCES Konzept des hypothetischen Schlusses hat mittlerweile einen anerkannten Stellenwert in wissenschaftsphilosophischen Diskussionen über die Bedeutung des *context of discovery* gewonnen (vgl. KELLE 1997, S. 111 ff.). Seine Bedeutung für die Erklärung bzw. das Verstehen sozialen Handelns wird bislang kaum in der quantitativen Methodenliteratur, wohl aber häufiger in der qualitativen Methodendiskussion thematisiert (vgl. REICHERTZ 1991, 1999, 2002; KELLE 1997a, 2003). In Deutschland wurde das PEIRCEsche Abduktionskonzept in den 1970er Jahren durch den Philosophen Karl Otto APEL bekannt gemacht und in der damals entstandenen qualitativ-hermeneutischen Bewegung in den Sozialwissenschaften rezipiert. Manche hermeneutisch orientierte Sozialwissenschaftler wie Ulrich OEVERMANN sahen in dem Begriff „Abduktion" die wesentliche logische Grundlage sozialwissenschaftlichen Verstehens. Mit dem Begriff, der schon lange kein „Geheimtipp" mehr innerhalb der qualitativen Sozialforschung ist, wie Jo REICHERTZ anmerkt *„(verbindet sich) bei vielen Nutzern (...) eine große wissenschaftstheoretische Hoffnung: nämlich die auf eine regelgeleitete, reproduzierbare und auch gültige Produktion neuen wissenschaftlichen Wissens"* (REICHERTZ 2002, S.9).

Jene von REICHERTZ kritisierten Versuche, das Konzept in Anspruch zu nehmen, um die Validität von Forschungsergebnissen zu verbürgen und um „Autorität zu inszenieren" (ebd., S.10), beruhen auf einem grundlegenden Missverständnis: Das Konzept der Abduktion beschreibt nicht eine *Methode der Forschung*, sondern nur eine *Form der Schlussfolgerung*. Die Feststellung, Erkenntnisse aus einer hermeneutisch orientierten Studie seien mit Hilfe abduktiver Schlussfolgerungen gewonnen worden, sagt über die Vertrauenswürdigkeit von Forschungsergebnissen nichts aus, weil sie letztlich ähnlich informativ oder auch nichts sagend ist wie die Feststellung, man habe statistische Erkenntnisse „auf induktivem Wege" (d.h. durch eine Zusammenfassung von an Einzelfällen gewonnenen Beobachtungen) gewonnen.

Das Konzept der hypothetischen Schlussfolgerung kann jedoch dazu verwendet werden, um zu untersuchen, in welcher Weise sich Strukturen begrenzter Reichweite mit hermeneutischen, sinnverstehenden Methoden der empirischen Sozialforschung untersuchen lassen. Nun liegen gegenwärtig (trotz des umfassenden Anspruchs, der mit einer „abduktiven Forschungslogik" oft verbunden wird) nur wenige Arbeiten vor, die die Zusammenhänge zwischen hypothetischer Schlussfolgerung und hermeneutischer Textinterpretation detailliert beschreiben (vgl. dazu REICHERTZ 1991; 2002; KELLE 1997a; 2003). Mit hermeneutischen Verfahren werden Handlungen sozialer Akteure, die ihren Niederschlag in Texten wie Interaktionsprotokollen oder sozialwissenschaftlichen Interviews gefunden haben, durch einen Rückgriff auf allgemeinere Regeln des Handelns einerseits und auf konkrete situative Bedingungen andererseits erläutert. Unterscheidet man dabei die bereits dargestellten zwei Formen der hypothetischen Schlussfolgerung – „qualitative Induktion" und „Abduktion" – muss die Frage einbezogen werden, ob die zum Verständnis des betrachteten Handelns herangezogenen Handlungsregeln bekannt sind oder nicht. Es muss also differenziert werden zwischen

- hypothetischen Schlussfolgerungen aufgrund vorhandenen Regelwissens (*qualitative Induktionen* bzw. *Induktionen von Merkmalen* i.S. von PEIRCE),
- hypothetischen Schlussfolgerungen zur Konstruktion von Regelwissen („*Abduktionen*" i.e.S.)

Im Folgenden soll die „Objektive Hermeneutik" als eine Methode des hermeneutischen Sinnverstehens diskutiert werden, bei der die Interpretation und Erklärung sozialen Handelns im Wesentlichen durch qualitative Induktionen unter Rückgriff auf als geltend unterstellte allgemeine „latente Sinnstrukturen" erfolgt. Es wird gezeigt, dass sich „objektiv hermeneutisches" Verstehen in seiner Logik nicht von der bereits diskutierten Anwendung des Hempel-Oppenheim-Schemas zur sozialwissenschaftlichen Handlungserklärung unterscheidet und deshalb ebenso wie die „nomologisch-deduktive" Erklärung sozialen Handelns nach dem HO Schema durch Fehlschlüsse des Alltagswissens gefährdet ist. Es wird im Folgenden deutlich werden, dass in Gegenstandsbereichen, die durch Strukturen begrenzter Reichweite gekennzeichnet sind, das Sinnverstehen sowohl individuellen als auch kollektiven (d.h. auf der statistischen Aggregatebene darstellbaren) Handelns nicht primär ein qualitativ-induktives Verstehen von Einzelfällen, sondern die *Exploration von Handlungsregeln mit begrenzter Geltungsreichweite* erforderlich macht. Aus diesem Grund ist die Rekonstruktion handlungsleitender Wissensbestände durch eine direkte Befragung von Akteuren im Untersuchungsfeld für die empirischen Sozialwissenschaften oft von weitaus größerer methodologischer Bedeutung als die Interpretation von Handlungen *ex post* aufgrund bekannten Regelwissens.

5.4.1 Verstehen als Anwendung von Regelwissen am Beispiel der „Objektiven Hermeneutik"

Der Gebrauch qualitativer Induktionen zur Handlungserklärung lässt sich gut illustrieren anhand jener Beispiele, mit denen Theodore ABEL in einem 1948 erschienenen Aufsatz eine Analyse der „*Operation called Verstehen*" (ABEL 1948) aus einer einheitswissenschaftlichen, nomologisch-deduktiven Perspektive versucht:

An einem kühlen Frühjahrstag beobachtet er, wie ein Nachbar Holz hackt und wenig später ein Feuer im Kamin entzündet. Dieser Vorgang kann, so ABEL, als eine Bemühung verstanden werden, sich angesichts der kühlen Witterung zu wärmen. ABELs Erklärung umfasst (mit anderer Terminologie) die schon mehrfach erläuterten Elemente einer Handlungserklärung: die Handlung als Explanandum („*Feuer im Kamin entzünden*"), eine allgemeine Handlungsmaxime („*Wenn man friert, muss man eine Heizeinrichtung betätigen*") und die Antezedensbedingungen („*Der Nachbar friert*"). Auch hier handelt es sich um eine hypothetische Schlussfolgerung, d.h. um eine „*fehlbare Einsicht*" (PEIRCE 1903, 5.181), die die Erklärungshypothese liefert, dass das beobachtete Phänomen *möglicherweise* die Folge der zur Erklärung herangezogenen Regel ist. Auch dann, wenn die Geltung der zur Erklärung herangezogenen Handlungsmaximen problemlos unterstellt werden kann, sind die entsprechenden konkreten Antezedensbedingungen möglicherweise nicht gegeben. So lassen sich ohne weiteres verschiedene alternative Erklärungen für den beobachteten Sachverhalt finden: Vielleicht friert der Nachbar nicht, sondern erwartet Besuch, den er durch ein Feuer in seinem Kamin beeindrucken möchte. Vielleicht erfüllt er den Wunsch seiner Frau. Die hypothetische Schlussfolgerung selbst erlaubt keine Entscheidung darüber, welche dieser Handlungserklärungen zutrifft. Jede Forschungsstrategie, die sich hypothetischer Schlussfolgerungen bedient, ist somit auf zusätzliche *Verfahren methodischer Kontrolle* angewiesen, mit denen die so entwickelten Hypothesen weiter geprüft werden können.

Eine Strategie einer solchen methodischen Kontrolle bestünde in der Formulierung von möglichst vielen plausiblen konkurrierenden Erklärungshypothesen und in der sukzessiven Prüfung der durch diese Hypothesen postulierten Antezedensbedingungen. Ein solches Vorgehen wurde als ein wesentlicher Bestandteil der von Ulrich OEVERMANN entwickelten „Objektiven Hermeneutik" in der qualitativen Sozialforschung populär (OEVERMANN u.a. 1979; OEVERMANN u.a. 1980; OEVERMANN 1986). Bei diesem Vorgehen werden für die in Interaktionsprotokollen[36] beschriebenen Handlungen gedankenexperimentell verschiedene „Lesarten" konstruiert, die eine Verbindung herstellen zwischen der betrachteten Handlung und einem möglichen Kontext (m.a.W. den *Antezedens- bzw. Handlungsbedingungen*), in welchem Bedingungen vorliegen, die diese Handlung als sinnvoll (m.a.W. als von *nachvollziehbaren Handlungsmaximen* geleitet) erscheinen lassen. Bei der Auswahl dieser möglichen Kontexte muss der Interpret sein implizit vorhandenes Regelwissen explizieren:

„In Begriffen eines explizierten Regelsystems, über dessen Wissen wir zumindest intuitiv als Mitglieder derselben oder einer verschiedengradig verwandten Lebenswelt verfügen (...) und das wir als für die handelnde Person geltend voraussetzen können (...) entwerfen wir in einem ersten Interpretationsschritt gewissermaßen gedankenexperimentell, was vernünftigerweise, d.h. nach Geltung des unterstellbaren Regelsystems (...) ein individuiertes Handlungssystem, z.B. eine Person mit bestimmten Merkmalen, in einem spezifizierten Kontext bei Konfrontation mit einem spezifizierten Handlungsproblem tun könnte und tun sollte." (OEVERMANN u.a. 1980, S.23)

Weil es im Allgemeinen verschiedene Gründe geben kann, warum eine Person eine bestimmte Handlung ausführt, lässt sich stets eine mehr oder weniger große Anzahl von möglichen Lesarten formulieren. Die Summe aller möglichen Lesarten bzw. der Kontexte, in denen eine gegebene Handlung „*pragmatisch angemessen, sozial akzeptabel oder vernünftig gelten kann*" (OEVERMANN u.a. 1979, S. 414) stellt die „*latente Sinnstruktur*" dieser

---

36 Die Methode in ihrer ursprünglichen Form diente der Analyse von Sequenzen familialer Interaktion, die den Interpreten in der Form schriftlicher Protokolle vorlagen. Später wurde das Verfahren von OEVERMANN und anderen auf verschiedene andere Formen schriftlichen Materials, z.B. auf biographische Interviews (OEVERMANN u.a. 1980), Kontaktanzeigen (NAGLER, REICHERTZ 1986), Material aus Fernsehsendungen (LENSSEN, AUFFENANGER 1986), Gedichte (OEVERMANN 1982) usw. ausgedehnt.

5.4 Sozialwissenschaftliche Hermeneutik und hypothetische Schlussfolgerung

Handlung dar. Dass die Interpreten diese latente Sinnstruktur bereits kennen, ist eine notwendige Voraussetzung für die Anwendung des Verfahrens, dass *„sich nicht prinzipiell erkenntnislogisch von den Verfahren des Alltagswissens"* (ebd., S.391) unterscheidet, denn schließlich muss man auch im Alltag dazu in der Lage sein, sich die Handlungen anderer Menschen dadurch verständlich zu machen, dass man sich vergegenwärtigt, welche Bedingungen diese Handlungen vernünftig erscheinen lassen. Während das Alltagsverstehen aber unter den Bedingungen *„praktischen Handlungsdrucks"* steht und deshalb *„abkürzende Verfahren"* benötigt, um aus der Vielzahl praktisch möglicher Handlungskontexte die wahrscheinlichsten auszuwählen, kann der Interpret, der das Verfahren der objektiven Hermeneutik anwendet, entlastet von solchen Zwängen, eine große Anzahl (auch unwahrscheinlicher) Lesarten formulieren. Neben diesem *„Prinzip der extensiven Auslegung des Sinns von Interaktionstexten"* sollen drei weitere zusätzliche Bedingungen sicherstellen, dass die latente Sinnstruktur einer Textstelle möglichst vollständig erfasst wird: Die Interpreten müssen umfassend sozialisierte Gesellschaftsmitglieder sein, deren Fähigkeit zur intuitiv angemessenen Primärerfassung sozialer Sachverhalte nicht durch ausgeprägte Neurosen behindert wird[37]. Weiterhin soll die Interpretation in einer Gruppe stattfinden, in der sich alle Interpreten bemühen sollen, die verschiedenen von ihnen entwickelten Lesarten *„geradezu streitsüchtig (...) möglichst lange mit Argumenten gegen Einwände aufrecht(zu)erhalten"* (OEVERMANN u.a. 1979, S.393)

So können bspw. für die in einem Interaktionsprotokoll auftauchende Äußerung *„Mutti, wann krieg ich denn endlich mal was zu essen, ich hab so Hunger."* in einem ersten Schritt eine Reihe von pragmatisch sinnvollen Handlungskontexten konstruiert werden (ebd., S.415): ein kleines Kind, das nicht in der Lage ist, sich selber zu versorgen und Hunger hat, spricht seine Mutter an; ein berufstätiger Ehemann, der seine Ehefrau mit „Mutti" anredet, beschwert sich, weil ihm zur üblichen Abendbrotzeit noch kein Essen zur Verfügung steht usw.

Es werden also hypothetisch Antezedensbedingungen der Handlung, d.h. mögliche situative Bedingungen und Handlungsziele der Akteure postuliert, in denen die Anwendung einer den Interpreten geläufigen Handlungsmaxime die entsprechende Handlung nach sich ziehen würde. Nachdem die Interpretengruppe anhand ihres intuitiven Regelwissens alle möglichen Kontexte, in denen die Handlung auf diese Weise sinnvoll erscheint, nahezu vollständig zusammengetragen hat, wird versucht, bei einem weiteren, strikt sequentiellen Durchgang durch das empirische Material *„sukzessive Inkonsistenzen und falsche Interpretationsansätze auszuschließen"* (ebd., S.401), das heißt, es wird nach empirischen Hinweisen gesucht, die gegen die Geltung der hypothetisch angenommenen Antezedensbedingungen sprechen. In diesem Vorgehen sehen OEVERMANN und Kollegen das *„hermeneutische Analogon zur Popperschen Idee der Falsifikation"* (ebd., S. 391). *Falsifikation* soll in diesem Zusammenhang bedeuten: eine zu Beginn formulierte Lesart wird als ungültig zurückgewiesen, weil im Verlauf der Analyse empirische Informationen entdeckt worden sind, die im Widerspruch stehen zu dem durch die Lesart angenommenen Handlungskontext.

Die Möglichkeit, durch eine solche extensive Produktion und Überprüfung von Lesarten zutreffende Interpretationen bzw. Erklärungen sozialer Handlungen zu formulieren,

---

[37] OEVERMANN und Kollegen räumen allerdings ein, dass der Neurotizismus der Interpreten im Einzelfall wohl schwer zu prüfen sein wird. Und es würde auch kaum zu verhindern sein, dass besonders neurotische Menschen die von ihnen vorgeschlagene Methode einsetzen. Man könne also *„immer nur hoffen, daß besonders neurotisch veranlagte Menschen sich dieses Arbeitsgebiet nicht auswählen."* (OEVERMANN u.a. 1979, S. 393)

hängt nun davon ab, dass diese Handlungen Regeln folgen, die *erstens* hinreichend *allgemein* sind und die *zweitens* anhand des (zumindest implizit vorhandenen Alltags)Wissens der Interpreten rekonstruiert werden können. Die These der Existenz *universeller latenter Sinnstrukturen* erweist sich dabei als die Achillesferse des gesamten Verfahrens, denn OEVERMANN und Kollegen räumen ein, dass die meisten dieser postulierten universellen Regeln nicht explizit formuliert werden können. Die Interpreten müssen also

> „davon ausgehen, dass vermittelt über unsere Kompetenz als Subjekte des Alltagshandelns uns diejenigen Regeln, die die linguistische Pragmatik dereinst als unsere Kompetenz in Wahrheit ausmachend explizieren wird, schon jetzt faktisch intuitiv zur Verfügung stehen und unsere Interpretation ʻrichtigʻ vorstrukturieren." (ebd, S.397).

Die Annahme universeller latenter Sinnstrukturen, in der sich OEVERMANN gestützt sieht durch CHOMSKYs Sprachtheorie (vgl. OEVERMANN 1986, S. 24), repräsentiert also nicht eine empirisch bewährte Theorie, sondern eine allgemeine theoretische Heuristik, deren Gültigkeit hilfsweise mit dem Argument gestützt wird, dass die materiale Geltung solcher Regeln „*nicht kritisierbar ist, weil diese Regeln als Bedingung der Möglichkeit sprachlichen Ausdrückens zugleich auch die Bedingung der Möglichkeit der Kritik darstellen.*" (ebd., S.26) Natürlich ist OEVERMANN insoweit zuzustimmen, dass eine Kritik (einer Handlung, einer Behauptung, eines Zustands und auch einer Regel) in bestimmter Weise als ein Rekurs auf allgemeine Regeln verstanden werden kann, die der Kritiker als geltend annimmt. Damit ist aber nun keineswegs gesagt, dass die dabei als geltend unterstellten Regeln auch *gattungsgeschichtlich universell* sein müssen. Möglicherweise gilt diese Universalität für bestimmte Strukturen (z.B. für logische oder „universalgrammatische" Strukturen i.S. CHOMSKYs). Die von der Methode in Anspruch genommenen „*universalen Strukturen des sprachlichen, logischen und moralischen Bewusstseins*" werden aber von OEVERMANN und Kollegen weder beschrieben noch genau inhaltlich abgegrenzt von Strukturen mit eingeschränkterem Geltungsbereich.

Das von OEVERMANN vorgeschlagene Verfahren beruht also auf sehr starken, angreifbaren Annahmen über die Natur sozialen Handelns, die in der Rezeptionsdebatte über die objektive Hermeneutik mehrfach heftige Kritik herausgefordert haben. So wirft etwa REICHERTZ nach einer umfassenden Darstellung und Diskussion von OEVERMANNs Strukturbegriff (vgl. REICHERTZ 1986, 1988) der objektiven Hermeneutik vor, sie vertrete auf der Basis einer „*Metaphysik der Strukturen*" eine „*verstehende Soziologie ohne Subjekt*":

> „In der dritten Welt Oevermanns regiert die Strukturierungsgesetzlichkeit des objektiven Geistes (...) Strukturen tummeln sich ungesehen (...) aber dennoch von sozialen Gebilden (=Menschen o.ä.) getragen, auf dem Spielplatz der Geschichte. Sie entwickeln sich, sie lernen und werden historische Subjekte. Sie spielen ihren irdischen Trägern zum Tanz auf, derweil diese (...) sich als Herren ihrer Lebenspraxis wähnen. (...) Der Strukturhimmel ist nicht Produkt menschlichen Geistes oder Handelns; erschaffen und auf seinen Platz gehalten von der Naturgeschichte kennt er nicht seine Bestimmung, noch ärger: er hat keine. Der objektive Geist wird nie zu sich selbst kommen. Das ist entzauberter oder desillusionierter Platonismus, auf jeden Fall Idealismus und Metaphysik. Metaphysik deshalb, weil kein Weg angegeben werden kann, wie sich diese Ontologie der Strukturen überprüfen ließe." (REICHERTZ 1988, S. 215)

Tatsächlich stellt die objektive Hermeneutik keine Möglichkeit zur Verfügung, um die Existenz und Geltung der latenten Sinnstrukturen anhand des Datenmaterials zu überprüfen

5.4 Sozialwissenschaftliche Hermeneutik und hypothetische Schlussfolgerung

– die Annahme universeller latenter Sinnstrukturen wird im Rahmen der objektiven Hermeneutik als eine nicht-falsifizierbare theoretische und methodologische Heuristik verwendet, die den harten Kern von OEVERMANNs Forschungsprogramm darstellt. Dieser Umstand muss nicht von vornherein gegen dieses Programm einer gleichzeitig radikal strukturalistischen und einzelfallorientierten Methodologie sprechen, denn komplexe Theorie-, Forschungs- und auch Methodenprogramme enthalten stets einen harten Kern von Aussagen, die gegen Falsifikation geschützt werden (vgl. LAKATOS 1982, s. auch Abschnitt 3.1). Auch Jo REICHERTZ räumt in seiner Kritik ein, dass nicht nur die Objektive Hermeneutik, sondern auch eine Zurückweisung der strukturalistischen Annahmen OEVERMANNs auf empirisch letztlich nicht prüfbaren, „metaphysischen" Annahmen aufbaut: „*Die Frage ist also nicht, ob Metaphysik oder nicht, sondern ob die Oevermannsche Sichtweise für die Sozialwissenschaften Nutzen bringt.*" (REICHERTZ 1988, S.215).

Inwieweit können sich aber die von OEVERMANN vorgeschlagenen Methoden und Verfahren als brauchbar erweisen im Kontext eines methodologischen Programms, dessen gegenstandsbezogene Kernannahmen die Existenz von Strukturen begrenzter Reichweite annehmen, die durch das Handeln kreativer Akteure konstituiert und modifiziert werden können? Auch OEVERMANN und seine Kollegen räumen ein, dass Regeln eine unterschiedliche „Geltungsreichweite" besitzen können. Jene hypothetisch angenommenen, aber nicht explizierten „*universalen Strukturen des sprachlichen, logischen oder moralischen Bewusstseins*", die das Wesen der Gattung Mensch ausmachen, „*treten empirisch nie in reiner Form auf, sondern immer amalgamiert mit historisch-konkreten spezifischen Ausformungen, die sie generiert haben und in denen sie sich ausdrücken*" (OEVERMANN 1986, S.33). Universelle Sinnstrukturen können sich zu soziohistorisch, lebenswelt- oder sogar einzelfallspezifischen Regeln „transformieren" und müssen deshalb unterschieden werden von „*soziohistorisch und lebensweltlich spezifische(n) Normen, Typisierungen und Deutungsmustern*" (OEVERMANN u.a. 1979, S. 389). Weiterhin existieren Regeln noch geringerer Reichweite, die als fallspezifische Regeln die konkrete Lebenspraxis eines Individuums oder einer sozialen Gruppe bestimmen, etwa spezifische Regeln, die die Interaktionen in konkreten Familien steuern.

Dabei thematisiert OEVERMANN durchaus die methodologischen Tücken, die sich aus der Existenz von Regeln unterschiedlicher Reichweite ergeben können. In dem Maße, wie der objektive Hermeneut die einem empirisch gegebenem Handeln zugrunde liegenden Handlungsregeln begrenzter Reichweite nicht oder nur ungenügend kennt, wächst die Gefahr von Fehlinterpretationen, weil „*die problemlose Inanspruchnahme von intuitiven Urteilen der Angemessenheit in dem Maße problematisch wird, in dem dahinter nicht mehr universale Strukturen (...) stehen, sondern soziohistorisch und lebensweltlich spezifische Normen*" (OEVERMANN u.a. 1979, S. 389). Irrtümer über die Geltung solcher Regeln könnten umso leichter auftreten, je mehr die untersuchte Lebenswelt sich von derjenigen der Hermeneuten unterscheidet.

Jene Verfahren methodischer Kontrolle, die OEVERMANN vorschlägt, um mit diesem Problem umzugehen, orientieren sich allerdings strikt an seinen theoretischen Kernannahmen der Determiniertheit individuellen Handelns durch universale Sinnstrukturen – auch fallspezifische Besonderheiten können im Kontext der objektiven Hermeneutik stets als nur als „*historisch-konkrete spezifische Ausformungen*" und Transformationen universaler Strukturen zu fallspezifischen Regeln verstanden werden, welche selber wiederum strikt regelgeleitet sind. Als einziges „*empirisches Korrektiv*" für mögliche Fehlinterpretationen kann deshalb nur das „*mit als geltend unterstellten Regeln und Normen arbeitende hermeneutisch-fallanalytische Vorgehen selbst*" (ebd.) dienen. Hierzu muss sich der Interpret, ausgehend von seinem (zumindest implizit vorhandenem) Wissen über allgemeine sprachgrammatische und pragmatische Strukturen, welche den „externen Kontext" der betrachteten Handlungen ausmachen, den „internen Kontext" erschließen, welcher die soziohistorisch, lebenswelt- und fallspezifischen Regeln umfasst. Dies geschieht durch die schon beschriebene *Sequenzanalyse* mit dem Ziel des *Ausscheidens von Lesarten* und der Kumulation von Wissen über fallspezifische Regeln, die durch eine regelgeleitete Transformation aus den universalen Strukturen entstanden sind.

Werden einfachere Hypothesen über mögliche Handlungskontexte falsifiziert, müssen, so OEVERMANN und Kollegen, fallspezifisch besondere Regeln unterstellt werden, welche das einem kompetenten Mitglied unserer Sprachgemeinschaft *prima facie* unverständliche Handeln erklären. Die Kenntnis der universalen latenten Sinnstrukturen, die bereits als geltend vorausgesetzt werden, dient dabei stets als das zentrale Mittel zur Aufdeckung jener fallspezifischen „Individuierungsprozesse" und „Besonderheiten" (also fallspezifischer Regeln bzw. Sinnstrukturen) deren Geltung aufgrund der sequenzanalytischen Falsifikation der anfangs formulierten (einfacheren und allgemeineren) Lesarten hypothetisch angenommen werden muss.

Dieses Vorgehen führt zu einer Interpretationsstrategie, die OEVERMANN auch als „*klinische Soziologie*" bezeichnet hat: es werden Analysen vorgelegt, bei denen nicht die Befolgung universeller Regeln bzw. die allgemeine Geltung der unterstellten latenten Sinnstrukturen anhand des Fallmaterials dargestellt wird, sondern – oftmals unter Zuhilfenahme tiefenpsychologischer Argumentationsfiguren – Abweichungen von dem, was nach Auffassung der Interpreten „*vernünftigerweise, d.h. nach Geltung des unterstellbaren Regelsystems (...) ein individuiertes Handlungssystem, z.B. eine Person mit bestimmten Merkmalen, in einem spezifizierten Kontext bei Konfrontation mit einem spezifizierten Handlungsproblem tun könnte und tun sollte*" (s.o.).

In der mittlerweile mehr als 25-jährigen Geschichte der Objektiven Hermeneutik haben deren Vertreter zwar eine große Menge solcher klinisch-soziologischer Einzelfallanalysen, nicht aber die zu Beginn dieser Entwicklung in Aussicht gestellte allgemeine Sozialisationstheorie vorgelegt, zu deren empirischen Begründung bislang auch nur beschränkte Ansätze auf der Basis objektiv-hermeneutischer Analysen existieren. Dabei wurde das methodologische Programm der Objektiven Hermeneutik ursprünglich als eine Art von methodologischer Prolegomena zu einer noch zu formulierenden Sozialisationstheorie vorgestellt und mit dem Anspruch versehen, „*ein allgemein geltendes forschungslogisches Programm*" für die Soziologie zu präsentieren (vgl. OEVERMANN u.a. 1979; 1986). Während die Objektive Hermeneutik die qualitative Sozialforschung nachhaltig beeinflusst hat (als Ansatz dort aber auch stark umstritten geblieben ist), sind vor ihr keine nachhaltigen Impulse zur Entwicklung der Allgemeinen Soziologie und der Sozialisationstheorie ausgegangen[38].

Dies ist sicher nicht die Folge einer nur ungenügenden Explikation der theoretischen Kernannahmen und des methodischen Vorgehens. Der große Verdienst des Kreises um

---

38 So stellt sich die Frage, ob das Forschungsprogramm der Objektiven Hermeneutik eher als ein „degenerierendes" denn als ein prosperierendes „theoretisch progressives Forschungsprogramm" anzusehen ist, welches „*zur Antizipation theoretisch neuartiger Tatsachen im Verlauf seines Wachstums*" (LAKATOS 1982, S.48) in der Lage wäre.

5.4 Sozialwissenschaftliche Hermeneutik und hypothetische Schlussfolgerung

OEVERMANN liegt gerade darin, dass hier die Methodik einer einzelfallorientierten hermeneutischen Analyse von Texten detailliert beschrieben und exemplarisch dargestellt wurde, dass dabei manche Vorgehensweisen expliziert wurden, die zuvor eher in den Bereich einer mündlich tradierten Folklore hermeneutischer Verfahren gehörten und dass die Bedeutung der methodischen Kontrolle hypothetischer Schlussfolgerungen im hermeneutischen Prozess verdeutlicht wurde, insbesondere was die Exhaustation von Lesarten, deren Diskussion in einer Interpretengruppe und ihre sukzessive Modifikation anhand des Textdatenmaterials angeht.

In OEVERMANNs Ansatz einer Objektiven Hermeneutik wird das zentrale *forschungslogische Problem sozialwissenschaftlicher Handlungserklärungen* ein weiteres Mal deutlich sichtbar: jede Interpretation sozialen Handelns, unabhängig davon, ob Handlungserklärungen von Laien in der sozialen Alltagswelt oder von Sozialwissenschaftlern im Kontext empirischer Forschung formuliert werden, erfordert den Rückgriff auf *Alltagswissensbestände* über das, was ein unter jeweils gegebenen Handlungsbedingungen angemessenes, „richtiges" bzw. „vernünftiges" Handeln darstellt. Die Deutung einer bestimmten Handlung kann deshalb nur dann zutreffend sein, wenn der Interpret die diese Handlung leitenden Regeln und Handlungsmaximen kennt, mit denen situative Handlungsbedingungen mit den Zielen der Handelnden auf „richtige", „angemessene" oder „vernünftige" Weise verbunden werden. Auch bei der Anwendung von qualitativ-hermeneutischen Verfahren wird also jenes methodologische Problem virulent, dessen Bedeutung bereits bei der Analyse von Erklärungen statistischer Zusammenhänge deutlich wurde: die Formulierung von Handlungserklärungen durch hypothetische Schlussfolgerungen verführt zur Anwendung der *Gewohnheitsheuristik des Alltagswissens*, unabhängig davon, ob es um statistisch beschreibbares soziales Handeln größerer Menschengruppen auf einer makrosozietären Ebene geht oder um sorgsam protokollierte Handlungen und Interaktionen individueller Akteure.

Das Konzept der „latenten Sinnstrukturen", die Idee einer objektiven Realität universell gültigen Regelwissens, stellt den Versuch dar, eine theoretische Voraussetzung für die Objektivität von Deutungen zu schaffen. Wie schwierig diese Voraussetzung einzulösen ist, zeigt sich allerdings immer wieder in der Interpretationspraxis: anstatt universelle Regeln sozialen Handelns explizieren zu können, ist der Objektive Hermeneut sogar oftmals gezwungen auf (auch noch unzutreffende) Annahmen über (historisch kontingente!) statistische Fakten zurückzugreifen.[39]

Dass die Objektive Hermeneutik sich in zahlreichen empirischen Arbeiten als ein brauchbares Verfahren soziologischer Einzelfallanalyse erwiesen hat, ohne dass jedoch das ehrgeizige theoretische Programm der empirisch begründeten Erarbeitung einer allgemeinen Sozialisationstheorie über seine Anfänge hinaus gelangt ist, kann seinen Grund entweder darin haben, dass die untersuchten sozialen Phänomene in wesentlich geringerem Maße von universellen sozialen Gesetzmäßigkeiten bzw. „latenten Sinnstrukturen" determiniert

---

39 Hierzu ein Beispiel aus einer objektiv hermeneutischen Analyse eines biographischen Interviews mit einer Fernstudentin: Der Umstand, dass die Betreffende erst 19 Jahre nach ihrem 1957 abgelegten Abitur ein Fernstudium aufgenommen hat, stellt für OEVERMANN und Kollegen einer erklärungsbedürftige Abweichung von einer universellen Regel dar, weil „*zu jener Zeit über 90% der Abiturienten ein Studium aufgenommen haben.*" (OEVERMANN u.a. 1980, S.32). Ein Blick in das statistische Jahrbuch für das Jahr 1956 („*normalitätskonstituierend für 1957*", so REICHERTZ, 1986) belehrt jedoch darüber, dass zu dieser Zeit nur etwa 40% aller weiblichen Abiturienten direkt nach dem Abitur ein Studium aufnahmen – es wäre demnach also eher erklärungsbedürftig gewesen, falls die Interviewte damals tatsächlich ein Studium aufgenommen hätte.

werden, als dies in den theoretischen Kernannahmen dieses methodologischen Programms vorausgesetzt wird oder aber darin, dass nicht einfach davon ausgegangen werden kann, dass diese universellen Strukturen, wenn sie existieren, den Interpreten zumindest implizit bekannt sind.

Forderungen nach einer stärkeren Berücksichtigung sozialer Akteure, ihrer Entscheidungsfähigkeit und Kreativität, wurden aber bereits früh in der Diskussion um die Objektive Hermeneutik erhoben[40]. Wenn man davon ausgeht, dass soziale Akteure aus einer bestimmten Situation zwar nicht „alles mögliche" lernen können, aber dennoch über bestimmte Spielräume verfügen, neue Strukturen zu generieren, stellt sich die Frage, welche Bedeutung das Konzept der hypothetischen Schlussfolgerung im Kontext eines methodologischen Programms gewinnen kann, welches explizit von der begrenzten Reichweite von Strukturen ausgeht, die durch kreative Akteure in sozialen Handlungen und Interaktionen konstituiert und modifiziert werden können.

5.4.2 Verstehen als Exploration bislang unbekannter Sinnstrukturen

Die Einzelfallanalysen der Objektiven Hermeneutik, bei denen ausgehend von im Datenmaterial repräsentierten Handlungen und Interaktionen unter Rückgriff auf die den Interpreten bekannten Handlungsregeln auf fallspezifische Handlungskontexte geschlossen wird, beruhen nicht auf abduktiven Schlussfolgerungen, sondern – in der Terminologie des späten PEIRCE – auf „qualitativen Induktionen" (vgl. auch REICHERTZ, 1986, S. 109 ff.; KELLE 1997a, S. 171f.; KELLE 2003). In diesem Punkt folgt die Objektive Hermeneutik demselben Grundmodell logischer Schlussfolgerung, das auch das Hempel-Oppenheim Schema beschreibt: ausgehend *erstens* von einem Explanandum (das entweder – wie bei der Objektiven Hermeneutik – individuelles Handeln auf der Mikroebene oder auch, beim Einsatz des HO-Schemas in der quantitativen Sozialforschung, kollektives soziales Handeln durch statistische Aggregatdaten beschriebt) und *zweitens* von bekannten, allgemeinen Regeln wird eine Hypothese über die konkreten Antezedensbedingungen der betrachteten Handlungen formuliert.

Solche durch hypothetische Schlussfolgerungen formulierten *ex post* Erklärungen müssen streng unterschieden werden von einem deduktiven Vorgehen, das bei einer *empirischen Überprüfung* von Hypothesen und Theorien zur Anwendung kommt. Karl POPPER bringt diese Unterscheidung zwischen deduktiv vorgehender und hypothetisch schlussfolgernder Forschung durch eine Differenzierung zwischen „Theoretikern" und „Historikern" gut auf den Punkt:

> „Der Theoretiker ist daran interessiert, allgemeine Gesetze zu finden und zu überprüfen. (...) Der Historiker ist daran interessiert, Anfangsbedingungen, das heißt Beschreibungen von Tatbeständen in gewissen endlichen, singulären raum-zeitlichen Gebieten zu finden und zu überprüfen. Dabei verwendet er, wie der Theoretiker, alle möglichen Gesetze, meist trivialer Art, die zu seinem Erwartungshorizont gehören (...)" (POPPER 1972/1993, S. 368)

---

40 So gab bspw. bereits 1982 Heinz BUDE zu bedenken, dass möglicherweise nicht jeder Lernprozess eines Familiensystems durch die zu einem bestehenden Zeitpunkt vorliegende Systemstruktur determiniert sei, sondern nur „*die Varianz möglicher Lernprozesse*" (BUDE 1982, S. 139).

Diese Differenzierung impliziert nun keinesfalls eine methodendualistische Trennung zwischen naturwissenschaftlichen „Theoretikern" einerseits und Geistes- bzw. sozialwissenschaftlichen „Historikern" andererseits. Denn Wissenschaftler werden überall dort als „Historiker" tätig, wo sie nicht Theorien über universelle Gesetzmäßigkeiten aufstellen und (experimentell) testen, sondern singuläre, in natürlichen Settings vorkommende Ereignisse auf der Basis vorhandenen Theorienwissens zu verstehen und zu erklären versuchen (wenn sie also das tun, was Hempel in seinem Kühlerbeispiel beschreibt). In diesem Sinne gibt es auch naturwissenschaftliche „Historiker", etwa *Astronomen, Klimaforscher* oder *Paläontologen*. Was bedeuten aber nun „*alle möglichen Gesetze, meist trivialer Art*" im Kontext sozialwissenschaftlicher Fragestellungen? Wie in Abschnitt 4.4 diskutiert wurde, erfordern sozialwissenschaftliche Handlungserklärungen einen Zusammenschluss von allgemeinen heuristischen Theorieaussagen (etwa: dem theoretischen Kern von *Rational Choice Theorien*) mit „Brückenhypothesen", mit deren Hilfe diese Konzepte dergestalt auf einen konkreten Gegenstandsbereich bezogen werden können, dass empirisch gehaltvolle Propositionen über konkretes Handeln formulierbar werden. Brückenhypothesen wiederum müssen Bezug nehmen zu kulturspezifischen Handlungsmaximen, d.h. zu Alltagswissensbeständen über konkrete Verknüpfungen zwischen Handlungsbedingungen und Handlungen. Solche Handlungsmaximen lassen sich tatsächlich in gewissem Sinne als „Gesetze trivialer Art" (auch wenn POPPER diese Bedeutung wohl nicht intendiert hat) verstehen, weil sie einen festen Bestandteil eines (i.d.R. unproblematisierten) Hintergrundwissens der Akteure im Untersuchungsfeld bilden. Dieses Wissen kann aber Angehörigen einer anderen, vielleicht nur geringgradig verschiedenen Lebenswelt verschlossen sein. Für einen Jugendlichen mögen bspw. die Regeln trivial sein, durch deren Beachtung er sich soziale Anerkennung in seiner Clique verschaffen und sichern kann, nicht aber für den Sozialforscher, der die entsprechende Jugendkultur untersucht.

In dem Explanans einer sozialwissenschaftlichen Handlungserklärung werden also Gesetzmäßigkeiten, die zwar universell, nicht jedoch empirisch gehaltvoll sind (wie etwa DRAYs Rationalitätsannahme oder der Theoriekern eines entscheidungstheoretischen Ansatzes), verbunden mit solchen Aussagen, die zwar empirisch gehaltvoll (d.h. in einem beschränkten Gegenstandsbereich prüfbar), nicht jedoch universell sind. Gesetze mit einem raum-zeitlich beschränkten Geltungsbereich, welche sich auf kulturell und historisch veränderbare Regelmäßigkeiten beziehen, lassen sich auch, einem Vorschlag von Hans ALBERT folgend, als *Quasigesetze* bezeichnen. (ALBERT 1957/1980, S. 131). Da quasigesetzliche Handlungsmaximen durch soziales Handeln veränderbar sind, sind sie sowohl räumlich als auch zeitlich begrenzt: räumlich auf den geographischen Bereich, auf welchen sich derjenige soziale Interaktionszusammenhang (die entsprechende Kultur oder Subkultur) erstreckt, in dem die betreffenden Quasigesetze Gültigkeit haben, und zeitlich auf die Dauer ihrer Gültigkeit. Diese wiederum ist, folgt man den im letzten Abschnitt angestellten Überlegungen zur Kreativität des Handelns, abhängig einerseits von den externen Handlungsbedingungen für die Akteure, die die Grundlage bilden sowohl für deren *Handlungsprobleme* als auch die Basis für jene Findigkeit und Kreativität, mit der die Akteure gegebene Ressourcen zur Bewältigung dieser Probleme einsetzen. Ein gehäuftes Auftreten von Handlungsproblemen kann Akteure in einem bestimmten soziokulturellen Handlungsfeld zur Suche nach neuen Problemlösungen anregen – diese bestehen möglicherweise in neuen Handlungsmaximen, mit deren Hilfe sich bestimmte Handlungsziele besser erreichen lassen als durch die bislang dort bekannten und akzeptierten Handlungsregeln. Werden die geschaffenen Handlungsmaximen auch von anderen Akteuren angewendet, etablieren sich neue Formen sozialer Praxis, durch die Änderung der Quasigesetze findet m.a.W. sozialer Wandel statt.

Als Vertreter einer nomologisch-deduktiven Position hält ALBERT nun eine einfache Beschränkung des Geltungsbereichs von Quasigesetzen, deren „Historisierung", für nicht ausreichend. Die betreffenden „quasitheoretischen" Aussagen müssten vielmehr „nomologisiert" werden, so dass ihr Raum-Zeit-Bezug eliminiert werden kann, ohne dass ihr empirischer Gehalt vermindert werden muss. Eine solche Nomologisierung von Quasigesetzen würde dabei erfordern, dass

> „die betreffenden quasitheoretischen Aussagen auf empirische Bedingungen, die den in ihnen ausgesagten Sachverhalten zugrunde liegen, bezogen, also strukturell, d.h. empirisch relativiert werden. Das führt zu einer Eliminierung ihres Raum-Zeit-Bezuges unter Aufrechterhaltung ihres empirischen Gehalts. Aus den Quasi-Gesetzen werden dadurch Gesetze klassischen Stils, aus der betreffenden Quasitheorie eine Theorie, die dem klassischen Modell entspricht." (ALBERT 1957/1980, S. 133)

Die Umsetzung dieser Forderung würde bedeuten, dass empirische Bedingungen identifiziert werden, bei deren Geltung raum-zeitlich universell (d.h. immer, unter allen möglichen Umständen) bestimmte Handlungsmaximen in Kulturen gelten oder entstehen oder stabilisiert werden oder sich auflösen. Im Rahmen der von ALBERT vertretenen kritisch-rationalen Wissenschaftsauffassung gerät die Idee der Nomologisierung sozialwissenschaftlicher Quasigesetze aber in Widerspruch zu dem auch von ALBERT vertretenen kritisch-rationalen Handlungskonzept, wie es seinen Ausdruck findet in einem Modell des wissenschaftlichen Forschungshandelns, das auf der Vorstellung eines Akteurs (hier: eines Forschers) beruht, der *„in der Lage ist, die Randbedingungen des Geschehens in einem Objektbereich so zu beeinflussen, dass die daraus entstehenden Wirkungen mehr oder weniger den eigenen Zwecken entsprechen."* (ALBERT 1957/1980, S. 130). Forscher können dieser Auffassung zufolge kompetent auf einen wissenschaftlichen Objektbereich Einfluss nehmen und hierbei kreativ neue Theorien und Hypothesen formulieren und anwenden. Nun gibt es keinen Grund, den Akteuren im Gegenstandsbereich sozialwissenschaftlicher Forschung eine solche Fähigkeit zu kreativen Problemlösungen, die Wissenschaftler offensichtlich aufweisen, abzusprechen. Ebenso wie der sozialwissenschaftliche Untersucher muss auch der Alltagsmensch Lösungen für Handlungsprobleme in der Form neuer Handlungsoptionen finden, mit deren Befolgung er die *„Randbedingungen des Geschehens in einem Objektbereich"* so beeinflussen kann, *„dass die daraus entstehenden Wirkungen (...) eigenen Zwecken entsprechen"*. Solche Lösungen könnten etwa in der Entwicklung von neuen Handlungsmaximen bestehen, die von anderen Akteuren übernommen werden, also zu soziokulturellen „Quasigesetzen" verallgemeinert werden.

Unter der Maßgabe aber, dass soziale Akteure bei der Bewältigung von Handlungsproblemen kreativ alte Handlungsmaximen weiterentwickeln und verändern bzw. neue Handlungsmaximen entwickeln, muss ein Modell der sozialwissenschaftlichen Handlungserklärung bzw. des Handlungsverstehens, dass auf qualitative Induktionen, das heißt auf schon bekanntes Regelwissen, zurückgreift, in eine Krise geraten. Dies gilt sowohl für jenes regelgeleitete Einzelfallverstehen, wie es im Rahmen der Objektiven Hermeneutik praktiziert wird, als auch für die Interpretation statistischer Befunde unter Rückgriff auf

5.4 Sozialwissenschaftliche Hermeneutik und hypothetische Schlussfolgerung

alltagsweltlich bekannte Handlungsregeln[41]. In beiden Fällen kann es mehr oder weniger häufig geschehen, dass die *Gewohnheitsheuristik des Alltagswissens* jene Regeln nicht zu erkennen vermag, die in dem konkreten Handlungsfeld eine Verbindung herstellen zwischen bestimmten Handlungsbedingungen und beobachteten Handlungen. Dann werden sozialwissenschaftliche Statistiker bestimmte Zusammenhänge im Datenmaterial nicht mehr erklären können und sozialwissenschaftliche Hermeneutiker werden das in Interaktionsprotokollen dargestellte individuelle soziale Handeln falsch oder unzulänglich interpretieren.

Wenn soziale Innovationen durch kreatives Handeln sozialer Akteure zustande kommen und formal auf der Logik des abduktiven Schlusses beruhen, sind sie nicht mit der Logik der qualitativen Induktion erschließbar, weil dies erfordern würde, dass das bisherige Vorwissen über soziale Strukturen und Handlungsregeln in Frage gestellt, modifiziert, teilweise aufgegeben und neu kombiniert wird. Zu diesem Zweck müssen Sozialforscher die von POPPER erwähnte Rolle des „Historikers", welcher Gesetze „meist trivialer Art" zur Erklärung individueller Phänomene heranzieht, zumindest zeitweise verlassen und zu „Theoretikern" werden, die *„daran interessiert (sind), allgemeine Gesetze zu finden und zu überprüfen"* (s.o.), wobei allerdings eine Art von Theoriebildung betrieben werden muss, die durch das an einer naturwissenschaftlich-experimentellen Forschung orientierte hypothetiko-deduktive Programm nur unzureichend beschrieben wird, weil dieses Programm nicht berücksichtigt, dass das zur Konstruktion von Brückenhypothesen notwendige Wissen über für das Untersuchungsfeld relevante („quasi-nomologische") und dem Untersucher möglicherweise unbekannten Handlungsregeln oft nur auf empirischem Wege erworben werden kann.

Ähnlich Personen, die die Regeln eines (ganz oder teilweise) unbekannten Spiels lernen wollen, stehen auch Sozialforschern prinzipiell drei Wege zur Verfügung, um solche Handlungsregeln empirisch zu erfassen: Sie können *erstens* die Handlungen verschiedener Akteure über eine längere Zeit beobachten, und daraus Verallgemeinerungen ableiten. Sie können sich *zweitens* die Regeln von einem geübten Spieler erläutern lassen. Oder sie können sich *drittens* selber an dem Spiel beteiligen, und dadurch die Regeln kennen lernen, dass sie eigene Spielzüge ausprobieren, die ggfs. von anderen Spielern korrigiert werden.

Bei der Anwendung von Verfahren explorativer, qualitativer Forschung wie der *teilnehmenden Beobachtung* und des *offenen* oder *halbstrukturierten Interviews* lassen sich diese drei Methoden in verschiedener Weise miteinander kombinieren: Handlungen und Interaktionen können beobachtet werden oder sie können von den befragten Akteuren in Form von Erzählungen in narrativen oder episodischen Interviews erhoben werden. Forscher können als beobachtende Teilnehmer selber zu „Mitspielern" der zu erforschenden Lebenswelt werden und dabei Informanten bitten, zentrale Handlungsregeln zu explizieren

---

41 Dass das Verstehen bzw. die Erklärung einzelner Handlungen und das Verstehen bzw. die Erklärung von Aggregatphänomenen derselben Logik folgen, machte bereits ABEL in seinem Aufsatz „The Operation called Verstehen" (ABEL 1948) anhand etlicher Beispiele deutlich. Der für agrarisch geprägte Gesellschaften häufig beobachtete demographische Zusammenhang zwischen der jährlichen Agrarproduktion an Feldfrüchten und der Heiratsrate in ländlichen Gegenden lässt sich etwa erklären unter Rückgriff auf eine allgemeine Verhaltensregel, die sich formulieren ließe: *„Wenn eine Verschlechterung der eigenen Situation zu erwarten ist, sollte die Übernahme von persönlichen Verpflichtungen vermieden werden"*. Wird diese Handlungsmaxime als gültig angenommen (d.h. wird davon ausgegangen, dass die Akteure diese Handlungsmaxime kennen und anwenden) so können hypothetische Schlussfolgerungen hinsichtlich der geltenden Antezedensbedingungen so formuliert werden: Viele Bewohner ländlicher Gebiete, in denen die Heiratsrate nach Missernten sank, definierten ihre Situation als potentiell ökonomisch unsicher.

und zu erläutern. Im Gegensatz zu dem methodologischen Programm der Objektiven Hermeneutik handelt es sich hierbei um Forschungsstrategien, die nicht primär einer *ex post* Interpretation sozialen Handelns auf der Basis von vorhandenem Regelwissen dienen, sondern um Verfahren, die einen Zugang zu neuen, soziokulturell kontingenten Wissensbeständen in begrenzten Handlungsfeldern ermöglichen sollen.

5.5 Die begrenzte Reichweite von Strukturen als Methodenproblem qualitativer Forschung

Unter einer handlungstheoretischen Perspektive, der zufolge Handlungsmaximen und Handlungsbedingungen durch habitualisiertes Handeln der Akteure reproduziert, aber auch angesichts von Handlungsproblemen abduktiv erweitert und modifiziert werden, sind qualitative Forschungsmethoden zur Identifikation handlungsleitender Regeln begrenzter Reichweite notwendig. Solche empirischen Studien schaffen die Voraussetzung für die Erklärung sowohl des Handelns individueller Akteure als auch von kollektiven Explananda, d.h. von statistischen Aggregatphänomenen.

Makrosozietäre Entwicklungen, die zu einer wachsenden Pluralität und einem raschen Wandel von Handlungsmaximen führen, stellen eine solche explorative Forschung allerdings vor zwei Fragen:

1. Wie lassen sich die Handlungsfelder und Fälle identifizieren, in denen sich *gesellschaftlich relevante* Strukturen begrenzter Reichweite untersuchen lassen?
2. Wie kann die *Geltungsreichweite* der im Untersuchungsfeld gefundenen Handlungsregeln und -strukturen festgestellt werden?

Beide Fragen, die Frage nach der adäquaten Fallauswahl und die Frage nach der Geltungsreichweite der Befunde verweisen auf dasselbe Problem: wie kann sichergestellt werden, dass durch explorative Studien nicht etwa nur ideosynkratische und randständige Handlungsmuster und -regeln beschrieben werden?

Qualitative Sozialforscher geraten in heterogen strukturierten Untersuchungsfeldern leicht in die Gefahr, sich in einer theoretisch wenig fruchtbaren Analyse von Einzelfällen zu verlieren, deren Relevanz nicht einschätzbar ist. Hier zeitigt die strikte Trennung zwischen den beiden Methodentraditionen wiederum äußerst problematische Folgen, weil der Methodendualismus einen selbstverständlichen Rückgriff auf die quantitative Methodentradition erschwert, in der in den letzten 200 Jahren Werkzeuge zur Beschreibung von Verteilungen und Variationen von Strukturen entwickelt wurden. Im Folgenden soll verdeutlicht werden, wie sich die beiden Probleme der *adäquaten Fallauswahl* und der *Überprüfung der Geltungsreichweite von Strukturen* durch eine Einbeziehung quantitativer Methoden bearbeiten lassen.

5.5.1 Das Problem der Fallauswahl

Je größer die Handlungsspielräume sozialer Akteure und je flexibler die sich daraus ergebenden sozialen Strukturen, desto schwieriger wird die Identifikation typischer Hand-

5.5 Die begrenzte Reichweite von Strukturen als Methodenproblem qualitativer Forschung

lungsmuster anhand nur weniger Fälle. Dieser Umstand wurde bereits von Begründern der interpretativen Soziologie erkannt, ist dann aber in späteren Diskussionen nahezu in Vergessenheit geraten. Bereits 1928 hatte Herbert BLUMER gegenüber Vertretern der Chicagoer Schule, die mit Florian ZNANIECKI die Überlegenheit von Einzelfallstudien gegenüber statistischen Verfahren damit zu begründen versuchten, dass die statistische „enumerative Induktion" nicht in der Lage sei, „universelle Gesetzmäßigkeiten" zu erforschen (vgl. auch Abschnitt 2.1.2), eingewandt, dass die statistische Methode

> „(is) interested in securing a `correlation´ in the activity of the aggregate, and not a `universal´ holding true in all instances, (it) tacitly recognizes a complexity, variability or uniqueness of the instances. When used as a final form of understanding, it must be regarded as a way of meeting the condition of uniqueness by attempting to secure propositions about the aggregate and not about the individual members." (BLUMER 1928, S.47f.)

Im Gegensatz zu einer Suche nach soziologischen Universalien durch die Analyse von Einzelfällen stellt die statistische Methode, so argumentiert BLUMER hier, die „Komplexität, Variabilität und Einzigartigkeit" sozialer Phänomene und damit die von der interpretativen Soziologie betonte Wandelbarkeit und Flexibilität sozialer Sinnstrukturen wenigstens stillschweigend in Rechnung. Blumer stellt dies gegenüber jenen Vertretern der Chicagoer Feldforschung klar, die das Ziel qualitativer Forschung in der Entdeckung raumzeitlich universeller Gesetze sahen. Allerdings erzeugen grundlegende Prämissen der interpretativen Soziologie eben auch ein grundlegendes „Dilemma der qualitativen Sozialforschung", wie HAMMERSLEY anhand von BLUMERS Überlegungen herausarbeitet:

> „(...) on the basis of symbolic interactionism's emphasis on the indeterminism of human action one could make a plausible case for the importance of statistical analysis, certainly as against the search of universal laws. By contrast, it is not at all clear that symbolic interactionism provides a strong justification for the study of individual cases as a basis for constructing theories, since it offers no grounds for generalizing from such cases." (HAMMERSLEY 1989, S. 219)

Wenn man davon ausgeht, dass soziales Handeln und soziale Interaktion einen fortlaufenden Prozess der wechselseitigen Interpretation darstellt, bei dem die Akteure zwar auf kulturell vorgegebene Symbolsysteme zurückgreifen, dabei jedoch mehr oder weniger große Spielräume zur Verfügung haben, muss man auch in Rechnung stellen, dass durch eine Nutzung von Interpretations- und Handlungsspielräumen sich beständig neue Formen sozialer Praxis entwickeln und eine permanente Differenzierung und Pluralisierung sozialer Strukturen bewirkt wird. Je größer aber die Diversität, Pluralität und Wandlungsfähigkeit der für das untersuchte Handlungsfeld relevanten Strukturen, umso größer wird die Gefahr, dass Einzelfallanalysen auf der Basis einer überschaubaren Anzahl qualitativer Interviews oder teilnehmender Beobachtung in einem kleinen Interaktionsfeld ein nur fragmentarisches Bild des Gegenstandbereichs erzeugen. Das bedeutet, dass auch eine explorative Forschungsstrategie, die auf die Identifikation bislang unbekannter Strukturen und Regeln mittlerer Reichweite zielt, eine heterogene empirische Verteilung dieser Strukturen in Rechnung stellen muss und auf Verfahren angewiesen ist, mit deren Hilfe eine solche Heterogenität empirisch erfassbar wird.

Wie lässt sich das Problem einer Variation von Handlungsregeln innerhalb von und zwischen untersuchten Handlungsfeldern lösen?[42] Oft wird kritisiert, dass Probleme der Stichprobenziehung in der qualitativen Methodenliteratur nur wenig thematisiert[43] und in vielen Fällen „salopp beiseite geschoben" werden (FLECK 1992, S. 758). Dabei bieten zwei bekannte Verfahren der Fallkontrastierung aus der qualitativen Forschungstradition Anknüpfungspunkte, um das Problem zu bearbeiten, auch wenn es sich hiermit oft nicht vollständig beherrschen lässt:

Mit der Suche nach *crucial cases*, die im Kontext der „Analytischen Induktion" vorgeschlagen wurde (dort allerdings nicht systematisch und vollständig ausgearbeitet wurde, vgl. dazu ausführlich Abschnitt 7.1), werden Hypothesen sukzessive anhand von Gegenbeispielen weiterentwickelt und modifiziert. Mit dem von GLASER und STRAUSS vorgestellten Verfahren des *Theoretical Sampling*, das auf der Analytischen Induktion aufbaut, wird eine sequentielle Auswahl von Fällen im Forschungsprozess anhand von Kategorien vorgenommen, die in einer interpretativen Analyse der ersten Fälle entwickelt wurden. Dabei wird das qualitative Sample nach den Prinzipien der *minimalen* und *maximalen Variation* schrittweise vergrößert (GLASER, STRAUSS 1967; KELLE 1997a, S. 296f.), wobei eine Formulierung spezifischer Hypothesen zu Beginn des Forschungsprozesses, wie sie die Analytische Induktion fordert, nicht erforderlich ist. So würde es für eine kontrastierende Fallauswahl nach der Methode des *Theoretical Sampling* ausreichen, wenn ein Forscher bestimmte Handlungen, Handlungsbedingungen und Handlungsziele im Laufe seiner Untersuchungen als relevant entdeckt, um anhand dieser Kriterien Fälle miteinander zu vergleichen.

Diese Verfahren zeigen ebenso wie andere Methoden des qualitativen Sampling, bei denen versucht wird, durch eine kontrastierende Fallauswahl der Heterogenität eines Untersuchungsfeldes Rechnung zu tragen (MERKENS 2000; GERHARDT 1986, S. 69; 1999; S. 179 ff.; PATTON 1990, S. 169 ff.), jedoch bestimmte Grenzen. *Analytische Induktion* und *Grounded Theory* empfehlen die Suche nach solchen Fällen, die bisherigen Hypothesen widersprechen oder zu einer erhöhten Heterogenität des Fallmaterials führen, geben aber keine

---

42 Solche Fragen sind für Ansätze, die wie die Objektive Hermeneutik von der Existenz universeller latenter Sinnstrukturen ausgehen, welche ihren Niederschlag in jeder einzelnen Handlung oder Interaktion finden, ohnehin nicht von großem theoretischem Interesse. Aber auch Ansätze, die eine solche starke (und wie gezeigt, auch äußerst angreifbare) theoretische Kernannahme nicht enthalten, wie etwa sozialanthropologische und ethnographische Verfahren gehen mit ihrer Tendenz, sich stark auf Informationen einzelner „*key informants*" und „*local authorities*" zu stützen, oft zumindest implizit von der Voraussetzung aus, dass die untersuchten Kulturen „monolithisch" sind und die Akteure dort hochgradig konform handeln, wie etwa COHEN (1984, S. 223 f.) kritisch anmerkt. Eine Reihe von Beispielen dafür, wie eine einseitige Fallauswahl in ethnographischen Studien zu einer Vernachlässigung der Variation von Handlungsmustern im Untersuchungsfeld und damit letztendlich zu verzerrten Resultaten führen kann, gibt GOLDTHORPE (2001): so führt etwa die Aufmerksamkeit, die WILLIS (1977) in seiner Untersuchung über britische Arbeiterjugendliche in einer englischen Gesamtschule auf Angehörige einer devianten Gegenkultur legte, zu einer systematischen Vernachlässigung jener *peer groups*, deren Mitglieder institutionelle Normen sehr weitgehend akzeptierten. Seiner Schlussfolgerung, dass in der qualitativen Sozialforschung „*still almost everything remains to be done*", (ebd., S.76) was die Entwicklung von Verfahren methodologischer kontrollierter Stichprobenziehung angeht, muss jedoch mit Hinblick auf die verschiedenen Strategien einer systematischen qualitativen Fallauswahl, die in der qualitativen Methodendiskussion in den letzten 40 Jahren vorgeschlagen wurden, widersprochen werden.

43 Diese Tatsache findet ihren Ausdruck etwa in dem Umstand, dass, wie MERKENS in einem Überblicksartikel über dieses Thema resümiert „*auch neuere Handbücher zu qualitativen Methoden keine Artikel zu diesem Problem, sondern den Hinweis enthalten, dass bei qualitativen Studien wenig Wert auf die Bestimmung des Rahmens der jeweiligen Stichprobe gelegt werde*" (MERKENS 2000, S. 290).

5.5 Die begrenzte Reichweite von Strukturen als Methodenproblem qualitativer Forschung

systematische Strategien an, wie festgestellt werden kann, ob solche Fälle im Untersuchungsfeld tatsächlich existieren. Gerade in Gegenstandsbereichen, die durch eine große Heterogenität von Handlungsmustern, -bedingungen, -zielen und -regeln gekennzeichnet sind, können aber bei einer unsystematischen Suchstrategie Gegenbeispiele und kontrastierende Fälle leicht übersehen werden. In solchen Situationen kann das von GLASER und STRAUSS vorgeschlagene Kriterium der „theoretischen Sättigung" schnell erreicht werden, ohne dass die tatsächliche Heterogenität des Handlungsfeldes tatsächlich abgebildet wurde.

Eine systematische Analyse typischer und kontrastierender Fällen und von Gegenbeispielen würde es in vielen Fällen dahingegen erforderlich machen, dass *erstens* die faktische Heterogenität des untersuchten Handlungsfeldes bezogen auf bestimmte Merkmale im Untersuchungsfeld beschrieben werden kann und dass *zweitens* ein *Stichprobenrahmen* existiert, der es ermöglicht, dass *typische* oder *kontrastierende Fälle* und *negative instances* nicht nur postuliert, sondern ihre empirischen Realisierungen wirklich identifiziert werden können. Diese Aufgabe lässt sich letztendlich aber nur mit den in der quantitativen Sozialforschung entwickelten Verfahren einer systematischen Ziehung von hinreichend großen (geschichteten) Zufallsstichproben bewältigen.

Bei einer solchen Einbeziehung quantitativer Methoden können bspw. Informationen über statistische Assoziationen zwischen Handlungsbedingungen und Handlungsmustern dazu verwendet werden, um qualitative Untersuchungen anzuleiten, mit deren Hilfe jene Handlungsregeln identifiziert werden können, durch die der auf der statistischen Aggregatebene beobachtete Zusammenhang zustande kommt. So kann bspw. die anhand quantitativer Stichproben gemachte Beobachtung, dass Personen mit bestimmten soziodemographischen Merkmalen gehäuft bestimmte Handlungsmuster zeigen, eine Grundlage bieten für eine qualitative Analyse kultureller Wissensbestände und Handlungsregeln anhand *durchschnittlicher* bzw. *typischer Fälle,* die sich im quantitativen Datenmaterial identifizieren lassen. Quantitative Untersuchungen können weiterhin die Auswahl von *kontrastierenden Fällen* anregen: nachdem etwa durch eine Analyse typischer Fälle relevante Handlungsmaximen gefunden wurden, können in einem weiteren Schritt solche Fälle untersucht werden, die diesen Mustern zuwiderhandeln. Hierbei können externe situative Handlungsbedingungen und Handlungsziele identifiziert werden, die eine Abweichung von typischen und häufigen Handlungsmustern herbeiführen, oder es können abweichende Handlungsmaximen entdeckt werden, die Ausdruck subkultureller Fragmentierung oder beginnenden sozialen Wandels sind. Schließlich können statistische Informationen über Konstellationen von Handlungsbedingungen (bzw. über deren Verteilung im Untersuchungsfeld) auch zu einer Identifikation von möglichen Handlungsproblemen und damit zur Auswahl von Fällen in solchen Handlungsfeldern führen, die durch einen besonderen Innovationsdruck gekennzeichnet sind.

Schließlich liefern quantitative Studien nicht nur Informationen über statistische Verteilungen von Handlungsmustern und Handlungsbedingungen, sondern können auch die qualitative Fallauswahl und Fallkontrastierung forschungspraktisch unterstützen, indem sie einen Stichprobenrahmen für das qualitative Sampling zur Verfügung stellen. Das 10. Kapitel enthält eine Reihe von Beispielen für eine solche Einbeziehung quantitativer Methoden in qualitative Studien, wobei aus großen quantitativen Stichproben qualitative Subsamples gezogen werden.

5.5.2 Das Problem der Geltungsreichweite qualitativer Ergebnisse

Eine intensive, qualitative Analyse von Einzelfällen kann unter einer akteurstheoretischen Perspektive nicht das eigentliche Ziel einer sozialwissenschaftlichen Untersuchung, sondern immer nur ein Mittel zur Analyse allgemeinerer Strukturen bilden. Zwar müssen sich sozialwissenschaftliche Handlungserklärungen nicht immer und grundsätzlich auf allgemein verbreitete, häufige oder typische Zusammenhänge beziehen. Wenn aber die Existenz von Strukturen begrenzter Reichweite und von akteursinduziertem Wandel in Rechnung gestellt wird, stellt sich stets die Frage nach der *Geltungsreichweite* und damit der makrosozietären Relevanz auch seltener und untypischer Phänomene.

Vor allem dann, wenn hermeneutische Methoden nicht nur zur (qualitativ induktiven) Erklärung individueller Handlungen auf der Grundlage vorhandenen Regelwissens eingesetzt werden, sondern als Verfahren zur Exploration bislang unbekannter Sinnstrukturen, wird der Blick auf soziale bzw. kollektive Phänomene gerichtet, wie die in einem bestimmten Handlungsfeld geltenden Handlungsmaximen, die zur Erklärung von Zusammenhängen zwischen Handlungsbedingungen und Handlungsmustern herangezogen werden können. Solche Handlungsmaximen stellen Handlungen in einen Sinnzusammenhang, indem diese durch Mikromodelle sozialen Handelns erklärt werden, welche beschreiben, was idealisierte Akteure mit bestimmten, ihnen unterstellten Motiven unter gegebenen situativen Bedingungen vernünftigerweise getan hätten. Solche Handlungserklärungen beschreiben nicht individuelle Akteure in konkreten Situationen, sondern *idealisierte Akteure* und schöpfen ihre Erklärungskraft nicht aus der Kenntnis der Motive bzw. Ziele bestimmter Individuen, sondern aus dem Wissen darüber, welche Ziele in bestimmten Handlungsfeldern im allgemeinen existieren und akzeptiert sind und welche anerkannten Mittel bzw. Handlungsalternativen zur Verfügung stehen, um diese Handlungsziele zu erreichen. Die Erklärung eines kollektiven Explanandums, wie sie die relative Häufigkeit darstellt, mit der Angehörige bestimmter Berufsgruppen weitere Bildungsbemühungen unternehmen (vgl. Abschnitt 10.2.1) erfordert demnach, dass ein idealisierter Akteur mit bestimmten Handlungszielen und -optionen postuliert wird, und das auf Wissen darüber zurück gegriffen werden kann, welche Handlungen (z.B. Bemühung oder Verzicht auf Weiterqualifikation) hier zur Erreichung welcher Handlungsziele (z.B. Verbesserung der ökonomischen Situation, soziale Anerkennung, Erhaltung des Arbeitsplatzes, gute Arbeitsbedingungen...) führen. Solche Verknüpfungen zwischen Handlungen und Handlungszielen können sich sehr stark zwischen verschiedenen Handlungsfeldern unterscheiden: so mag Weiterqualifikation in manchen Berufsfeldern eine notwendige Bedingung für soziale Anerkennung sein, anderswo die ökonomische Situation nur wenig verbessern, dafür aber zu erhöhter Arbeitsplatzunsicherheit führen usw.

Weil solche Zusammenhänge oft anhand lokaler Wissensbestände der Akteure im untersuchten Handlungsfeld rekonstruierbar sind (und nicht deswegen, weil universelle Gesetzmäßigkeiten soziales Handeln im Detail determinieren würden), kann eine beschränkte Menge von Daten, wie sie etwa in Interviews mit nur wenigen Personen gesammelt werden können, ausreichen, um zutreffende Handlungserklärungen zu formulieren. Die Betonung liegt hier auf „kann", denn unter den Bedingungen pluralisierter und sich wandelnder Strukturen kann die Identifikation von Handlungsregeln mit Hilfe explorativer Studien auch dann nicht vollständig deren faktische Geltung im gesamten Untersuchungsfeld sichern, wenn die Fallauswahl aufgrund von detaillierten Kenntnissen über die Verteilung von

5.5 Die begrenzte Reichweite von Strukturen als Methodenproblem qualitativer Forschung

Handlungsbedingungen und Handlungsmustern erfolgte. Handlungserklärungen dieser Art bleiben in jedem Fall hypothetische Schlussfolgerungen, das heißt mehr oder weniger riskante Vermutungen. Deren Überprüfung und Absicherung muss auf verschiedenen Wegen erfolgen, abhängig davon, ob die Geltung der zur Erklärung herangezogenen Handlungsregeln für den Untersuchungsbereich unterstellt werden kann oder nicht.

Bei einer Erklärung, die einen konkreten Sachverhalt durch eine Regel erklärt, deren Geltung *problemlos unterstellt werden* kann, muss nur geprüft werden, ob die Anwendungsbedingungen dieser Regel tatsächlich gegeben waren. Die Sequenzanalyse der Objektiven Hermeneutik, mit deren Hilfe Lesarten aussortiert werden, zu denen sich im weiteren Datenmaterial empirische Gegenevidenz findet, stellt eine solche Überprüfungsstrategie bei der Erklärung *individuellen Handelns* dar[44]. Auch die Erklärung *kollektiver Explananda* (etwa die Handlungsmuster von Angehörigen einer bestimmten Berufsgruppe) durch eine berufskulturelle Maxime, deren Geltung als sicher unterstellt werden kann, erfordert *prima facie*, dass geprüft wird, ob die durch die Handlungsmaxime postulierten *Handlungsbedingungen* tatsächlich vorliegen.[45] Nun kann aber die Geltung solcher Handlungsregeln, die ja Strukturen begrenzter Reichweite darstellen, nicht immer grundsätzlich als sicher unterstellt werden. Es ist, um auf das Beispiel der Untersuchung berufsbiographischer Handlungsmuster zurückzugreifen, durchaus möglich, dass berufskulturelle Handlungsmaximen, die sich durch eine beschränkte Anzahl von qualitativen Interviews beschrieben werden können, nur Bedeutung in einer kleinen Anzahl von Betrieben oder Branchen besitzen. Es ist auch möglich, dass berufstypische Handlungsmuster auf der statistischen Aggregatebene nicht durch berufskulturelle Regeln wesentlich beeinflusst werden, sondern etwa durch die Tatsache, dass viele Angehörige dieses Berufs einen besonderen sozialen oder familiären Hintergrund aufweisen. Um die *Geltungsreichweite* durch die Erklärungshypothese postulierten Regeln und Strukturen zu untersuchen, muss also auch untersucht werden, ob die Handlungsmaximen, die anhand einer Befragung nur weniger Akteure gefunden wurden, tatsächlich von

---

44 Allerdings darf hier nicht außer Acht gelassen werden, dass der Forscher bei der systematischen Suche nach empirischer Evidenz dann stark eingeschränkt ist, wenn zusätzliches Material über die untersuchte Situation nur schwer gesammelt werden kann. In diesem Zusammenhang ist die Praxis der Objektiven Hermeneutik, jeweils nur sehr kurze Texte (etwa: eine einzelne Interaktionssequenz, die ersten zwei Absätze eines Interviews o.ä.) zu analysieren, methodologisch äußerst kritisch zu sehen: ein kreativer Interpret vermag durch hypothetische Schlussfolgerungen zahlreiche Deutungshypothesen, Lesarten und Theorien zu schaffen, zu denen sich kaum Falsifikationsmöglichkeiten in einem gegebenen (und hinsichtlich seines Umfangs sehr beschränkten) empirischen Material finden lassen. Ein solches Vorgehen lässt sich auch nicht mit Karl POPPERS Modell des Theorienfortschritts durch „strenge deduktive Tests" methodologisch adäquat begründen (wie dies von Vertretern der „Objektiven Hermeneutik" versucht wird). Wenn die Wahrscheinlichkeit für das Auftauchen empirischer Gegenevidenz wegen des geringen Umfangs des vorliegenden Datenmaterials ohnehin sehr klein ist, kann eine nicht falsifizierte Hypothese nicht sinnvoll als empirisch überprüft bzw. als „vorläufig bestätigt" gelten. Die Überprüfung von Deutungshypothesen erfordert demgegenüber, dass ausreichendes Datenmaterial vorliegt, so dass nach zusätzlicher empirischer Evidenz für hypothetisch formulierte Lesarten gesucht werden kann. Erst das Vorhandensein solcher Evidenz (und nicht etwa nur das Fehlen von Gegenevidenz) kann sinnvoll als eine zusätzliche Stützung von Deutungshypothesen interpretiert werden.

45 Kann also die Geltung der Handlungsmaxime, dass bestimmte Handlungsziele (bspw. *eine qualifizierte Tätigkeit auszuüben*) angesichts bestimmter Handlungsbedingungen (wie *bestimmten Prüfungsnoten, einer mangelnden Verfügbarkeit qualifizierter Arbeitsmöglichkeiten auf der erreichten Stufe der Erwerbsbiographie* usw.) nur durch Weiterbildungsbemühungen erreicht werden können, problemlos für das Untersuchungsfeld unterstellt werden, so wird die Erklärungshypothese dadurch geprüft, dass gezeigt wird, dass die Akteure, die sich weiterbilden, tatsächlich bestimmte Prüfungsnoten hatten, ihnen qualifizierte Arbeitsmöglichkeiten nicht zur Verfügung standen usw.

einer nennenswerten Anzahl von Akteuren im Untersuchungsfeld angewendet werden. Zu diesem Zweck kann die Ziehung einer umfangreichen Stichprobe und die Verwendung quantitativer Verfahren notwendig sein.

In Untersuchungsfeldern, die durch Strukturen begrenzter Reichweite gekennzeichnet sind, sind also qualitative Methoden nützlich, um empirisch begründete Handlungserklärungen für statistische Zusammenhänge zu formulieren, mit denen „Fehlschlüsse des Alltagswissens" vermieden werden. Die Validität solcher Handlungserklärungen hängt dabei davon ab, dass Verfahren einer systematischen Fallauswahl und Fallkontrastierung oftmals zur Anwendung kommen. Je nachdem, wie umfangreich oder heterogen das untersuchte Handlungsfeld aber ist, kann die Geltung dieser Erklärungen durch eine qualitative Studie nur teilweise empirisch gesichert werden, so dass eine Untersuchung ihrer Geltungsreichweite durch quantitative Methoden erforderlich werden kann. Eine solche *Überprüfung der Geltungsreichweite* von Aussagen über Strukturen begrenzter Reichweite darf allerdings nicht verwechselt werden mit der „Testung" einer raumzeitlich universellen Hypothese (vgl. hierzu auch Kapitel 10).

5.6 Zusammenfassung: Fallauswahl und Geltungsreichweite als Methodenprobleme qualitativer Forschung

In den zurückliegenden beiden Kapiteln wurden die Probleme des hypothetiko-deduktiven methodologischen Programms, das zur Begründung einer einheitswissenschaftlichen Grundlegung und „monomethodischer" quantitativer Forschung verwendet wird, ebenso diskutiert wie die Schwierigkeiten des Methodendualismus, der einen methodologischen Sonderweg der Sozialforschung durch die Unterscheidung zwischen „Erklärung" und „Verstehen" begründen soll.

Dabei zeigte sich einerseits, dass das hypothetiko-deduktive Programm zur Begründung sozialwissenschaftlichen Forschungshandelns dann unzureichend ist, wenn keine hinreichend allgemeinen Theorien zur Verfügung stehen, aus denen empirisch gehaltvolle Hypothesen über das untersuchte Handlungsfeld deduktiv abgeleitet werden können, wie dies der Fall ist in Untersuchungsfeldern, die durch Strukturen begrenzter Reichweite gekennzeichnet sind. Dass hiermit tatsächlich ein sozialwissenschaftlich und forschungsmethodisch relevantes Problem angesprochen wird, machen die in Kapitel 4 dargestellten Debatten um die Bedeutung von Brückenhypothesen in entscheidungstheoretischen Handlungserklärungen deutlich.

Andererseits zeigte sich anhand der Diskussionen um das „logische Verknüpfungsargument", dass „Erklärung" und „Verstehen" nicht zwei grundlegend verschiedene Zugangswege zum empirischen Gegenstandsbereich der Sozialwissenschaften darstellen – beide Konzepte sind miteinander kompatibel und formal ineinander überführbar. Konzepte des Sinnverstehens, wie sie mit dem „praktischen Syllogismus" beschreibbar sind, unterscheiden sich formal nicht vom HO-Schema und teilen dessen Probleme: Die Erklärung individuellen sozialen Handelns beruht ebenso wie die Erklärung statistischer Explananda auf *hypothetischen Schlussfolgerungen*, welche stets implizit oder explizit Bezug nehmen zu soziokulturellen Handlungsregeln. Wie riskant solche hypothetischen Schlussfolgerungen sind, und auf welche Weise die so formulierten Erklärungshypothesen überprüft werden müssen, hängt davon ab, welchen raumzeitlichen Geltungsbereich die Handlungsregeln aufweisen, auf die zur Erklärung zurückgegriffen werden muss.

Eine hypothetische Handlungserklärung stellt dann, wenn diese Regeln stabile Strukturen repräsentieren, deren Geltung für den Gegenstandsbereich ohne Einschränkung und problemlos angenommen werden kann, in der Terminologie von PEIRCE eine regelgeleitete „qualitative Induktion" dar. Wenn aber davon ausgegangen wird, dass Handlungsregeln als soziale Strukturen begrenzter Reichweite gleichermaßen Ressourcen wie Produkte sozialen Handelns sind, das heißt, von den Akteuren in den Routinen der Alltagspraxis reproduziert, aber auch durch die Nutzung von Handlungs- und Interpretationsspielräumen erweitert und modifiziert werden können, wird ein Validitätsproblem sozialwissenschaftlicher Handlungserklärungen virulent, das die Interpretation von statistischen Zusammenhängen nach dem HO-Schema ebenso betrifft wie das Verstehen von Einzelfällen auf der Basis vorhandenen Regelwissens, wie es etwa die Objektive Hermeneutik postuliert. Wird der untersuchte Gegenstandsbereich geprägt durch sich wandelnde und heterogene Handlungsregeln und Wissensbestände, so greifen quantitative Sozialwissenschaftler, die zur Erklärung sozialen Handelns abstrakte Theoriekonzepte verbinden müssen mit alltagsweltlichem Regelwissen, bei dem Versuch, die Gewohnheitsheuristik des Alltagswissens einzusetzen, ins Leere. Qualitative Sozialforscher dahingegen sind in solchen heterogen strukturierten Untersuchungsfeldern in Gefahr, sich in einer theoretisch wenig fruchtbaren Analyse von Einzelfällen zu verlieren.

Trotzdem sind die Herausforderungen, die von Strukturen begrenzter Reichweite ausgehen, prinzipiell zu bewältigen: Das Postulat der Existenz von Handlungsstrukturen, die durch Akteure beeinflussbar sind, bedeutet ja keineswegs, dass grundsätzlich alle sozialwissenschaftlichen Untersuchungsfelder empirisch durch eine beständige Auflösung und Verwandlung der in ihnen wirksamen Strukturen gekennzeichnet sind. Die Ubiquität sozialer Ordnungen ist ein empirisch leicht feststellbares Faktum: Strukturen begrenzter Reichweite können einen weiten Geltungsbereich besitzen und über lange Zeiten stabil sein. Aus den hier skizzierten Kernannahmen eines pragmatistischen Handlungskonzepts folgt nicht nur die Wandelbarkeit von Strukturen sozialen Handelns, sondern auch deren potentielle (wenn auch begrenzte) Stabilität. Handlungsregeln stellen demnach nämlich den Niederschlag von Problemlösungen dar, die sich nur dann verfestigen können zu überdauernden Strukturen, wenn sie einer effektiven Bewältigung von Handlungsproblemen dienen. Auf der Basis eines solchen Handlungskonzepts ist die Auflösung und Veränderung von Handlungsstrukturen kein zufälliger und willkürlicher, das heißt ein prinzipiell unerklärlicher und nicht verstehbarer Prozess; er lässt sich vielmehr *rational rekonstruieren*. Hierbei ist von großer Bedeutung, dass die ursprünglich abduktiv entwickelten Regeln, sofern sie soziale Bedeutung als erfolgreiche Problemlösungen erlangen, Bestandteil lokaler Wissensbestände in umschriebenen Handlungsfeldern werden.

Der Sozialforscher, welcher unbekannte Handlungsregeln erkunden will, ist deswegen nicht darauf beschränkt, diese Regeln in hermeneutischen Prozessen zu rekonstruieren, indem er dieselben abduktiven Schlussfolgerungen vollzieht wie jene Akteure, die die ursprünglichen Handlungsprobleme lösen mussten. Eine hypothetisch schlussfolgernde Interpretation von in Handlungs- und Interaktionsprotokollen oder Interviews beschriebenen Handlungen ist nämlich nur eine von mehreren möglichen Strategien einer qualitativen Forschung, deren Ziel darin besteht, Zugang zu relevanten Wissensbeständen des Untersuchungsfeldes zu erhalten. In der Regel ist dieses Forschungsziel auf einfachere Weise durch einen Wissenstransfer zu erreichen, bei dem kompetente Akteure bspw. in qualitativen Interviews gebeten werden, Handlungsmaximen zu explizieren. Das Alltagswissen der Akteure kann weiterhin auch als eine zentrale Ressource im Forschungsprozess genutzt werden, um eigene hypothetische Schlussfolgerungen zu überprüfen, die in Interviews mit den Akteuren zur Diskussion gestellt oder bei der teilnehmenden Beobachtung im Handlungsfeld praktischen Tests unterzogen werden können (indem etwa Sozialforscher hypothetisch angenommene Handlungsregeln selbst im Feld erproben).

Das bedeutet, dass eine beschränkte Menge von Daten, wie sie bspw. in Interviews mit nur wenigen Personen gesammelt werden können, ausreichend sein kann, um für das Untersuchungsfeld relevante Handlungsmaximen zu identifizieren. Das zentrale Problem, mit dem die qualitative Sozialforschung angesichts einer möglicherweise beschränkten Geltungsreichweite der untersuchten Strukturen konfrontiert ist, besteht also nicht darin, dass hier (im Unterschied zur Verwendung standardisierter Befragungen mit einer großen Zahl von Teilnehmern) grundsätzlich eine zu kleine Anzahl von Fällen untersucht und eine zu beschränkte Menge von Daten gesammelt werden, sondern darin, dass die *für das untersuchte Handlungsfeld relevanten Fälle* (etwa: Akteure mit Zugängen zu zentralen Wissensbeständen) identifiziert werden müssen.

Unter gesellschaftlichen Bedingungen, die durch einheitliche Wissensbestände, fest gefügte normative Ordnungen und eine große Konformität des Handelns gekennzeichnet sind, hat dieses Problem nur geringe Bedeutung: es ist dann relativ einfach, durch eine Befragung nur weniger Akteure über geltende Handlungsbedingungen, über allgemein akzeptierten Handlungsziele und Handlungsregeln etwas zu erfahren (falls der Forscher nicht ohnehin schon als Gesellschaftsmitglied über einen Zugang zu solchen Wissensbeständen verfügt). In dem Maße jedoch, wie sich unter den Bedingungen gesellschaftlicher Modernisierung und Individualisierung Handlungsoptionen und Handlungsziele vervielfältigen und Handlungsmaximen pluralisieren, wird es erforderlich, dass die Geltungsreichweite und die Geltungsgrenzen der in qualitativen Untersuchungen gefundenen Strukturen bestimmt wird. Qualitative Verfahren zur Exploration von Handlungsstrukturen begrenzter Reichweite anhand einer beschränkten Auswahl von Fällen müssen dann durch quantitative Methoden ergänzt werden, um erstens Kriterien zu identifizieren, anhand derer relevante Fälle identifiziert werden können und um zweitens die Reichweite der durch die qualitativen Daten entdeckten Strukturen zu untersuchen.

Statistische Verfahren können wichtige Informationen liefern, die *zu Beginn, während* und *nach* einer qualitativen Untersuchung genutzt werden können:

1. *Zu Beginn einer qualitativen Studie* kann Wissen über statistische Assoziationen zwischen Handlungsbedingungen und Handlungsmustern dazu dienen, Handlungsfelder voneinander abzugrenzen, in denen offensichtlich unterschiedliche Handlungsregeln gelten. Auf diese Weise wird eine gezielte Fallauswahl in diesen Feldern ermöglicht. Eine quantitative Studie kann darüber hinaus einen *Stichprobenrahmen* für die qualitative Studie liefern, die die Fallauswahl auch in praktischer Hinsicht wesentlich erleichtert. Zudem können Informationen über Konstellationen von Handlungsbedingungen und über deren Verteilung dabei helfen, Handlungsfelder zu identifizieren, in denen spezifische Handlungsprobleme akteursinduzierten sozialen Wandel potentiell auslösen können.

2. *Während einer qualitativen Untersuchung* können Informationen über die Verteilung und Kovariation von Handlungsmustern und Handlungsbedingungen notwendig sein, um festzustellen, ob solche Bedingungskombinationen, die bei der kontrastierenden Fallauswahl (etwa bei der Suche nach widersprechenden Fällen oder beim *theoretical sampling*) postuliert werden, tatsächlich im Untersuchungsfeld realisiert sind. Auch hier kann ein qualitativer Stichprobenrahmen, wie er durch eine quantitative (Vor)Studie geliefert wird, die praktische Durchführung der qualitativen Fallauswahl wesentlich unterstützen.
3. *Im Anschluss an eine qualitative Studie* ermöglichen es quantitative Methoden, die Geltungsreichweite der gefundenen Strukturen begrenzter Reichweite zu untersuchen und damit den Geltungsbereich der in qualitativen Studien identifizierten Strukturen und Regeln näher zu bestimmen.

Ein methodologisches Programm, das die Begrenztheit und Heterogenität sozialer Strukturen in Rechnung stellt, benötigt also einerseits Methoden zur Erhebung qualitativer Daten mit dem Ziel der Exploration von bislang unbekannten Strukturen. Es muss andererseits auch den Einsatz solcher Verfahren zulassen, die Aussagen über die Reichweite der so identifizierten Strukturen zulassen. Aussagen über allgemeinere Strukturen des Handelns, die durch die qualitative Analyse einer nur beschränkten Fallzahl gewonnen wurden, werden dann kombiniert mit Aussagen über die statistische Verteilung dieser Strukturen.

Im 10. Kapitel wird eine solche Kombination qualitativer und quantitativer Methoden anhand von empirischen Beispielen aus der Forschungspraxis dargestellt werden.

6 Das Konzept der Kausalität in einer akteursorientierten Sozialforschung

Gegenstand der nun folgenden Kapitel 6 bis 9 bildet ein Konzept, das nicht nur in methodologischen Debatten, sondern auch in der Praxis empirischer Sozialforschung zahlreiche Probleme erzeugt: das Konzept der *Kausalität*. Im Folgenden wird deutlich werden, dass zahlreiche der in der Methodenliteratur bereits seit längerem diskutierten Probleme, mit denen die Anwendung dieses Konzeptes sowohl in der qualitativen als auch in der quantitativen Forschung zu kämpfen hat, letztendlich eine Folge der Handlungskompetenz sozialer Akteure sind, die die Pluralität sozialer Strukturen und akteursinduzierten sozialen Wandel zur Folge hat.

Qualitative und quantitative Methoden haben jeweils spezifische Stärken im Umgang mit Kausalität: während nur quantitative Methoden geeignet sind, um „schwache" Kausalbeziehungen mit Hilfe probabilistischer Modelle abzubilden, können unbekannte kausale Bedingungen und *common causes* oft nur durch qualitative Forschung gefunden werden. Bei der Analyse von Kausalbeziehungen haben aber sowohl qualitative als auch quantitative Methoden unter spezifischen Methodenproblemen zu leiden: die in der qualitativen Forschung notwendige Begrenzung von Fallzahlen führt dazu, dass schwache Kausalbeziehungen oft fehlinterpretiert werden oder unentdeckt bleiben, wie im siebten Kapitel anhand von RAGINs Konzept der „Qualitativen Komparativen Analyse" gezeigt wird. Kausalanalysen mit quantitativen Daten erfordern wiederum, dass die relevanten Kausalbedingungen bekannt sind und spezifiziert werden können, eine Forderung, die sich in vielen Handlungsfeldern nicht ohne weiteres realisieren lässt, wie im achten Kapitel erläutert wird. Im neunten Kapitel wird anhand des Problems der *common causes* gezeigt, dass die Fähigkeit sozialer Akteure, relevante Kausalbedingungen zu beeinflussen, sowohl für experimentelle als auch für nichtexperimentelle quantitative Methoden der Kausalanalyse Validitätsprobleme erzeugen kann, welch oft erst durch eine eingehende qualitative Exploration des untersuchten Handlungsfeldes entdeckt und beschrieben werden können.

Die folgende Diskussion um Kausalität soll verdeutlichen, dass dieses Konzept ebenso wie „Erklärung" und „Sinnverstehen" nicht die Festlegung auf eine bestimmte Methodentradition erforderlich macht, sondern unter einer akteurstheoretischen Perspektive die Notwendigkeit mit sich bringt, Verfahren aus beiden Methodentraditionen miteinander zu kombinieren und aufeinander zu beziehen – quantitative noch qualitative Methoden reichen zur Untersuchung kausaler Zusammenhänge häufig nicht aus, können sich aber mit ihren jeweiligen Stärken und Schwächen oftmals wechselseitig ergänzen.

Zuvor muss jedoch einem Argument entgegengetreten werden, das vor allem im Kontext des Methodendualismus vertreten wird: demnach kann Kausalität nur in den („erklärenden") Naturwissenschaften, nicht jedoch in den („sinnverstehenden") Sozialwissenschaften eine Bedeutung haben. Gegen die Verbannung des Kausalitätskonzepts aus den Sozialwissenschaften sprechen sehr ernsthafte Gründe, die in den folgenden Abschnitten erläutert werden. Sozialwissenschaftliche Handlungserklärungen lassen sich nicht sinnvoll vom Begriff der Kausalität lösen, denn das Kausalitätskonzept bildet einen elementaren und unverzichtbaren Bestandteil der „logischen Tiefengrammatik" der Kategorie des Handelns.

Der Rückgriff auf klassische erkenntnistheoretische Fragestellungen und Diskussionen um Kausalität kann sogar helfen, typische Probleme sozialwissenschaftlicher Handlungserklärungen besser zu verstehen, nämlich die Probleme der *Hintergrundbedingungen* und der *Pluralität von kausalen Pfaden*. Die erkenntnistheoretische Debatte stellt mit dem von J.L.MACKIE ausgearbeiteten Modell der „INUS-Bedingungen" ein formales Werkzeug zur Verfügung, um diese Probleme sowohl in der qualitativen als auch in der quantitativen empirischen Forschungspraxis so zu beschreiben, dass Wege zu ihrer methodologischen Bearbeitung deutlich werden. Es zeigt sich dabei auch, dass eine Reihe guter Argumente gegen die vielerorts populäre Annahme spricht, wonach die Konzepte der Kausalität und der Handlungsfreiheit einen unvereinbaren Gegensatz erzeugen. Das Kausalitätskonzept lässt sich durchaus verbinden mit einer handlungstheoretischen Perspektive, die der kreativen Handlungskompetenz sozialer Akteure und deren Möglichkeiten zur Beeinflussung sozialer Strukturen Raum lässt.

6.1 Kausalität und sozialwissenschaftliche Handlungserklärung

Der Begriff der Kausalität besitzt für die quantitative und die qualitative Methodendiskussion eine jeweils unterschiedliche Bedeutung. In der *quantitativen Methodenliteratur* wird er in der Regel als ein wichtiges, wenn nicht als die zentrale methodologische Grundlage sozialwissenschaftlicher Handlungserklärung betrachtet – oft wird die Auffassung vertreten, dass sozialwissenschaftliche (Gesetzes)hypothesen grundsätzlich und immer (SCHNELL, HILL ESSER 1999, S. 56) oder jedenfalls sehr häufig (z.B. BORTZ, DÖRING 1995, S. 12 ff.) Kausalhypothesen seien. Spätestens seit den 1950er Jahren nehmen die Erörterung von Techniken der kausalen Modellbildung mit standardisierten Daten (vgl. bspw. LAZARSFELD 1955; SIMON 1954, 1957, 1968; HEISE 1975; BLALOCK 1985; ENGEL, STROHE 1997; PEARL 1998) und Diskussionen über deren methodologische Grundlagen und Konsequenzen (vgl. bspw. LIEBERSON 1985; RAGIN 1987; HOLLAND 1988; HAGE, MEEKER 1988; FREEDMAN 1991; ARMINGER 1995; BLOSSFELD, ROHWER 1995; SOBEL 1996; IRZIK 1996; GOLDTHORPE 2001, ARJAS 2001; PÖTTER, BLOSSFELD 2001; COX, WERMUTH 2001, 2003) in der quantitativen Methodentradition einen breiten Raum ein.

Die *qualitative Methodenliteratur* meidet dahingegen den Begriff der Kausalität[46], was sich etwa daran zeigt, dass Standardlehr- und -handbücher wie FLICK (1996), BOHNSACK (1991) oder DENZIN und LINCOLN (2000) den Begriff überhaupt nicht in ihrem Index aufführen, viele auf das Konzept nur *passager*, etwa bei der Gegenüberstellung von „Erklären" und „Verstehen" eingehen (vgl. bspw. LAMNEK 1995, S. 74) – abgesehen von zwei prominenten Ausnahmen, auf die im Folgenden noch eingegangen wird: der „Analytischen Induktion" und der „Qualitativen Komparativen Analyse". In der qualitativen Methodenliteratur wird dabei oft argumentiert, von Kausalität könne man nur im Rahmen naturwissenschaftlicher Erklärungen sinnvoll sprechen, für den Bereich sozialwissenschaftlich-

---

46 Einige wenige Autoren, die sich als interaktionistische Soziologen mit einem expliziten pragmatistischen Hintergrund verstehen – als prominentester unter ihnen vielleicht Anselm STRAUSS – verwenden den Kausalitätsbegriff aber gelegentlich (vgl. STRAUSS, CORBIN 1990, S. 101).

hermeneutischen Verstehens sei das Konzept irrelevant. In eine ähnliche Richtung geht auch LINCOLNs und GUBAs Überlegung, dass Kausalität nur erkenntnistheoretische Bedeutung für das „positivistische" oder „postpositivistische Paradigma", nicht jedoch für die Anwendung des „konstruktivistischen Paradigmas" in der qualitativen Forschung habe (LINCOLN, GUBA 2000, S. 166).

Wie problematisch aber die Zuordnung von Forschungsmethoden zu erkenntnistheoretischen „Paradigmen" ist, wurde bereits ausführlich im 2. Kapitel diskutiert und die Tücken einer methodendualistischen Trennung zwischen naturwissenschaftlicher Erklärung einerseits und geisteswissenschaftlichem Verstehen andererseits sind im letzten Kapitel ausführlich dargelegt worden. Die sehr ausführliche Debatte über Handlungserklärung und Kausalerklärung, auf die dort Bezug genommen wurde, wird in der qualitativen Methodenliteratur jedoch so gut wie nie rezipiert. Wie schon im fünften Kapitel deutlich wurde, hatte diese Kontroverse, was die zugrunde liegende Streitfrage betrifft („*Werden Handlungen durch Absichten verursacht?*"), zwar letztendlich keine Einigkeit erbracht zwischen den Vertretern des „finalistischen" bzw. „teleologischen" Standpunktes, wie ihn VON WRIGHT und WINCH vertreten hatten, einerseits, und den Anhängern einer „kausalistischen" Position, wie sie etwa von DAVIDSON eingenommen wurde, andererseits. Die Debatte konnte jedoch auch deutlich machen, dass die jeweils „extremen" bzw. „starken" Versionen der beiden Positionen nicht haltbar sind – sowohl die Behauptung, dass Handlungserklärungen letztlich universelle Gesetzeserklärungen im Sinne von HEMPEL und OPPENHEIM darstellen, als auch die Auffassung, dass sie sich grundlegend von Kausalerklärungen unterscheiden, münden in Widersprüche. Die Tatsache, dass Begriffe, die zur Kennzeichnung von Handlungen verwendet werden, die Intentionalität des Handelns bereits logisch implizieren, bedeutet nicht, dass Handlungen mit ihren sämtlichen Handlungsgründen logisch verknüpft sind oder dass Handlungen und Handlungsgründe nicht unabhängig voneinander empirisch untersucht werden können, wie die Vertreter des „logischen Verknüpfungsarguments" ursprünglich argumentiert hatten. Handlungen können nicht nur durch einen Verweis auf die die Handlung direkt kennzeichnenden Intentionen, sondern auch aufgrund einer ganzen Reihe anderer Sachverhalte (etwa durch übergreifende Ziele der Handelnden oder externe Handlungsbedingungen) erklärt und verstanden werden. Übergreifende Handlungsziele der Akteure können dabei mit jenen Intentionen, welche durch die Handlungsbegriffe logisch impliziert werden, durch längere instrumentelle Ketten verbunden werden, die erst durch kulturspezifisches Wissen über Handlungsmaximen hergestellt werden können, welche Handlungen mit allgemeinen Zielen der Handelnden und mit externen Handlungsbedingungen verknüpfen. Sind diese Handlungsmaximen zumindest implizit bekannt, kann die Erklärung einer Handlung durch die Erläuterung ihrer Gründe die Form einer sprachlichen Analyse des verwendeten Handlungsbegriffs annehmen – dies ist der Grund, warum sich das logische Verknüpfungsargument in handlungsphilosophischen Diskussionen so leicht anhand trivialer Alltagsbeispiele plausibilisieren lässt. Nicht-triviale Fälle jedoch, wie sie leicht auftreten, wenn Akteure Handlungsregeln aus einem unbekannten kulturellen Kontext folgen, erfordern empirische Untersuchungen, in denen dieser Kontext anhand von Beobachtungen oder durch eine Befragung kompetenter Akteure rekonstruiert werden muss. Das logische Verknüpfungs-Argument in seiner „starken Version", die besagt, dass zwischen Handlungsgründen und Handlungen nur eine sprachlogische und nicht eine empirisch-kausale Beziehung besteht, führt dazu, dass genau diese empirischen Aspekte von Handlungserklärungen systematisch vernachlässigt werden.

Allerdings haben auch Autoren, die das logische Verknüpfungsargument in der Debatte um Handlungserklärung und Kausalerklärung zurückgewiesen und einen „kausalistischen" Standpunkt eingenommen hatten, ein anderes Verständnis von Handlungskausalität vertreten als die Anhänger des deduktiv-nomologischen Modells. Wie bereits im vierten Kapitel deutlich wurde, können Handlungserklärungen eine zentrale Bedingung für die Anwendung dieses Modells nicht erfüllen – es lassen sich keine *universellen* und gleichermaßen *empirisch gehaltvollen Gesetze* formulieren, die allgemeingültige Verknüpfungen zwischen intentionalen Handlungsgründen und Handlungen beschreiben. Um Handlungserklärungen von raumzeitlich universellen nomologischen Sätzen abzugrenzen, hat deshalb TOUMELA hierfür den Begriff „singuläre Kausalaussagen" (1978) verwendet.

Ein nicht-nomologisches Verständnis von Kausalität bringt jedoch nicht zu übersehende Schwierigkeiten bei seiner empirischen Umsetzung mit sich: wie können „singuläre Kausalaussagen", die sich nur auf einen einzigen Fall beziehen, empirisch geprüft werden? Angesichts solcher Schwierigkeiten drängt sich die Frage auf, ob Sozialwissenschaftler nicht tatsächlich auf andere, nicht-kausale Formen der Beschreibung und Erklärung ausweichen sollten.

Hiergegen lassen sich jedoch gute Einwände vorbringen: der vollständige Verzicht auf die kausale Interpretation sozialer Phänomene würde nämlich wesentlich weiterreichende Folgen haben, als es der Verzicht auf den Gebrauch des Wortes in methodologischen Diskussionen vermuten lässt. Kausalität ist nämlich nicht nur ein abstraktes philosophisches Konstrukt, sondern eine zentrale Kategorie des Alltagshandelns. Mehr noch als die Beschreibung von Zusammenhängen zwischen empirischen Ereignissen im Kontext wissenschaftlicher Erkenntnisgewinnung verlangt alltägliches Handeln ein Konzept von Ursache-Wirkungs-Beziehungen. Denn sowohl instrumentelles, physische Objekte betreffendes als auch auf andere Akteure bezogenes soziales Handeln erfordert ein zumindest implizites Vertrauen des Akteurs darauf, dass von seinen Handlungen Wirkungen auf die ihn umgebende Welt ausgehen. Auf diesen Umstand haben vor allem Vertreter einer pragmatistischen Handlungstheorie verwiesen:

„Back to all our conscious activity, whether we think things or do things, lies some concept of causation. Some philosophers (...) have denied that we have any valid ground for the attribution of cause and effect; but there has been no one who did not at every turn act and think, live and breathe, as though that ground existed. (...) Whenever we set about any task we assume causation.." (MACIVER 1942, S. 5)

Ein festes Vertrauen in das Kausalitätsprinzip ist eine notwendige Bedingung für die Möglichkeit eines auch nur minimal bewussten und reflektierten menschlichen Handelns *„implicit in our practical life before it becomes explicit in our reflection."* (MACIVER 1942, S. 34). Jedes (natur- oder sozial)wissenschaftliche Verständnis von Kausalität stellt letztendlich eine Fortentwicklung eines *handlungspraktischen* Konzepts dar. Diese Überlegung bringt John DEWEY mit den folgenden Worten auf den Punkt:

„The first thinker who proclaimed that every event is effect of something and cause of something else, that every particular existence is both conditioned and condition, merely put into words the procedure of the workman, converting a mode of practice into a formula." (DEWEY 1926, S. 84)

6.1 Kausalität und sozialwissenschaftliche Handlungserklärung

Zahlreiche in der Erkenntnistheorie geläufige Konzepte, die zu einer philosophischen oder methodologischen Analyse des Kausalitätsbegriffs verwendet werden, werden mehr oder weniger routinemäßig oder auch reflektiert vom Alltagsmenschen eingesetzt, etwa das Konzept des „irrealen Konditionalsatzes", wie es von GOODMAN beschrieben wurde (vgl. GOODMAN 1947; STEGMÜLLER 1974, S.283 ff.). Demnach impliziert eine singuläre Kausalaussage in der Art „*Das Ereignis Y zum Zeitpunkt t_1 ist durch das Ereignis X zum Zeitpunkt t_0 verursacht wurden*" grundsätzlich einen irrealen Konditionalsatz der Art „*Wäre zum Zeitpunkt t_0 nicht das Ereignis X eingetreten, so wäre das Ereignis Y zum Zeitpunkt t_1 nicht zustande gekommen*". Die Aussage: „Der Wagen kam zuerst ins Schleudern und brach dann durch die Leitplanke, weil der Fahrer in betrunkenem Zustand mit nicht angepasster Geschwindigkeit gefahren war" impliziert die Annahme, dass dies (bei ansonsten gleichen Bedingungen) so nicht passiert wäre, wäre der Fahrer nüchtern gewesen. Unter jenem praktischen alltagsweltlichen Handlungsdruck, der durch einen Zeitstrom erzeugt wird, der die Unwiderruflichkeit alles faktischen Geschehens mit sich bringt, ist die Frage danach, ob Handeln gegenüber dem Unterlassen einen Unterschied in der Umwelt des Handelnden erzeugt, das entscheidende Kriterium für Kausalität.

> „Our experience has the finality that belongs not to mere change, but to irrevocable change. As an ancient Greek poet said, even God cannot make undone the things that have been done. Hence our experience must always assume the character of a causal nexus. There is no escape from the web of cause and effect." (MACIVER 1942, S. 7)

Weil dieses „Netz von Ursache und Wirkung" alle Lebensbereiche durchdringt, steht eine umfangreiche Klasse von Ursachewörtern zur Verfügung (wie „beeinflussen", „bewirken", „nach sich ziehen", „führen zu" u.v.a.m.), um kausale Vorgänge zu kennzeichnen. Daneben weisen eine große Anzahl von Verben zumindest implizit auf Ursache-Wirkungsbeziehungen hin: „*Whenever we use an active verb we postulate a cause, and whenever we use a passive one, we postulate an effect.*" (MACIVER 1942, S.6). Spätestens in der Praxis empirischer Forschung holt die Notwendigkeit zur Verwendung kausaler Begriffe auch jene Sozialforscher ein, die sich explizit gegen ein kausales Verständnis sozialer Prozesse wenden, wie sich anhand (nahezu willkürlich herausgegriffener) Beispiele aus bekannten ethnographischen Untersuchungen gut zeigen lässt (vgl. SEALE 1999, S. 39). Das folgende Beispiel etwa für eine kausale Hypothese über den Zusammenhang zwischen regionaler Herkunft und sozialem Status stammt aus William WHYTEs klassischer ethnographischer Untersuchung über die *Street Corner Society*:

> „The general region from which the immigrant came was also important in the organization of Cornerville life. The North Italians, who had greater economic and educational opportunities, always looked down upon the southerners, and the Sicilians occupied the lowest position of all." (WHYTE 1981, S. XVII)

Und Clifford GEERTZ beschrieb (obwohl er die These einer kausalen Funktion von Ritualen an anderer Stelle explizit zurückgewiesen hatte) die Funktion von balinesischen Hahnenkämpfen mit folgenden Worten:

> „Der Hahnenkampf ist, wie wir sahen, am aussagekräftigsten im Hinblick auf die Statusverhältnisse (...) Wo man hinschaut auf Bali (...) überall wird Prestige als eine todernste Angelegen-

heit betrachtet. Die Hierarchie des Ehrgefühls, eine eigenartige Verschmelzung polynesischer Titelränge und hinduistischer Kasten bildet das geistige Rückgrat der Gesellschaft. Doch nur im Hahnenkampf werden die Gefühle, auf denen die ganze Hierarchie beruht, in ihrer natürlichen Färbung enthüllt. Während sie ansonsten in den Dunst der Etikette (...) gehüllt sind, werden sie hier, durch die Tiermaske kaum verstellt, zum Ausdruck gebracht. (...) Neid gehört ebenso zu Bali wie Ausgeglichenheit, Eifersucht ebenso wie Wohlwollen, Brutalität ebenso wie Charme, doch ohne den Hahnenkampf hätten die Balinesen ein viel weniger sicheres Bewußtsein davon (...) " (GEERTZ 1983, S. 251)

Weitere Beispiele aus bekannten qualitativen Studien, die ebenfalls deutlich machen, dass der erklärte Wille, auf das Konzept der Kausalität zu verzichten, kaum umzusetzen ist, ließen sich anschließen. Aber auch dort, wo standardisierte Daten verwendet werden, hätte der grundlegende Verzicht auf das Kausalitätskonzept weit reichende Folgen: statistische Zusammenhänge könnten dann nur noch empirisch beschrieben, aber nicht mehr erklärt oder theoretisch interpretiert werden. Die Funktion der empirischen Sozialwissenschaften würde dann auf eine (ggfs. technisch sehr elaborierte) Sammlung und statistische Aggregation von Daten beschränkt, auf eine deskriptive Soziodemographie, die sich auf Aussagen beschränkt in der Art, dass bspw. parallel zu einem politischen oder ökonomischen Systemwandel ein Rückgang der Fertilität beobachtbar ist, ohne dass eine Theorie darüber formulierbar wäre, wie ein soziokultureller und politischer Transformationsprozess den Rückgang von Geburten bewirkt oder beeinflusst. Die Erklärung der Ursachen solcher statistischer Zusammenhänge müsste dem vorwissenschaftlichen Alltagsverstand überlassen bleiben, der keine Rücksicht auf erkenntnistheoretische Verdikte zu nehmen braucht, die den Gebrauch von Begriffen über kausale Zusammenhänge untersagen.

Würde man auf das Kausalitätskonzept ernsthaft verzichten (und nicht nur in methodologischen Schriften einen solchen Verzicht rhetorisch erklären, ihn in der Forschungspraxis jedoch dann nicht umsetzen), müssten ganze Bereiche sozialwissenschaftlicher Forschung und Theoriebildung eingestellt werden. Demgegenüber kann, wie sich im Folgenden zeigen wird, eine explizite Beschäftigung mit diesem Konzept durch eine genaue Analyse seiner logischen und erkenntnistheoretischen Probleme einerseits und durch eine Untersuchung von verschiedenen Verwendungsweisen des Kausalitätskonzeptes in der Forschungspraxis andererseits helfen, Methodenprobleme empirischer Sozialforschung besser zu verstehen.

6.2 Das Problem der Hintergrundbedingungen und die Pluralität von kausalen Pfaden

Hierzu soll der Kausalitätsbegriff zuerst von seiner erkenntnistheoretischen Seite beleuchtet und einige der wissenschaftsphilosophischen Probleme betrachtet werden, die die Entwicklung des Begriffs seit der Antike begleiten und immer wieder von Neuem zu Kontroversen geführt haben (vgl. u.a. BUNGE 1987, FRANK 1988, STEGMÜLLER 1974, S. 428 ff.; HACKING 1997, S.35), wobei diese Kontroversen und das Verständnis dieser Probleme durch die Entwicklung der empirischen Wissenschaften immer wieder neue Impulse erhalten haben.

So war die erste systematische Lehre über Kausalität, welche ARISTOTELES in seiner *Metaphysik* entwickelte, stark durch den Umstand beeinflusst, dass die antike Naturphilosophie und Naturforschung die uns heute geläufige Unterscheidung zwischen den Zielen und Zwecken von Akteuren einerseits und natürlichen Ursachen andererseits nicht kannte.

Der antiken Vorstellungswelt gemäß war der natürliche Kosmos ebenso wie die soziale und politische Welt teleologisch, d.h. zielorientiert und sinnvoll geordnet. In der Kausalitätslehre des ARISTOTELES hatte jedes Ding gleichermaßen eine *causa efficiens*, die seine „Wirkursache" bzw. seinen äußeren Antrieb repräsentiert und eine *Zweckursache (causa finalis)*, die seinen Zweck beschreibt (sowie zusätzlich eine *causa materialis*, die den passiven Stoff beschreibt, auf den die übrigen Ursachen einwirken und eine *causa formalis*, die das Wesen, die Idee oder die Qualität des betreffenden Gegenstands betrifft).

ARISTOTELES' Lehre, von der Scholastik im Hochmittelalter wieder entdeckt und dann Jahrhunderte lang in steriler Form konserviert, blieb bis zur Renaissance die herrschende Doktrin. In dem Maße aber, in dem sich in den neuzeitlichen Naturwissenschaften die Vorstellung unpersönlicher Naturgesetze durchsetzte, verschwanden aus den zu jener Zeit neu formulierten Kausalitätskonzepten, die sich vor allem auf experimentell kontrollierbare naturwissenschaftliche Phänomene bezogen, die Aristotelischen Formal-, Final- und Materialursachen nahezu vollständig. Von der Lehre des ARISTOTELES blieb nur die *causa efficiens*, die Wirkursache, übrig. Galileo GALILEI gab 1623 die für die weitere Entwicklung des Kausalitätsbegriffs maßgebende Definition, *„dass nur das und nichts anderes Ursache genannt wird, auf dessen Vorhandensein stets die Wirkung folgt, während nach ihrem Verschwinden auch die Wirkung aufhört"* (vgl. BUNGE 1987, S.36f.). Stärker noch als GALILEI beeinflussten David HUMEs Überlegungen die weitere Diskussion. Dem zentralen Grundsatz einer empiristischen Epistemologie folgend, stellte HUME das Postulat auf, dass Behauptungen über Kausalbeziehungen letztendlich nur durch einen Verweis auf Sinneserfahrungen zu rechtfertigen sind. Sinneserfahrungen können aber nur Informationen über das gemeinsame Auftreten von Ereignissen liefern, nicht über deren notwendige Verknüpfung. Das grundlegende Problem, in das Versuche führen, Aussagen in der Art „C verursacht E" allein durch empirische Beobachtungen zu begründen, stellt HUME, angeregt durch Probleme der klassischen Mechanik am Beispiel von aufeinander treffenden Körpern dar[47]. Ursache-Wirkungs-Beziehungen lassen sich demnach nie direkt beobachten. Wenn ein kausaler Zusammenhang unterstellt wird, sind vielmehr empirisch immer nur drei Sachverhalte feststellbar: erstens räumliche und zeitliche Berührung – *contiguity*, zweitens zeitliche Aufeinanderfolge – *succession*, und drittens ein konstanter Zusammenhang der beobachteten Ereignisse – *constant conjunction*. Den Ursprung unserer *Vorstellungen von Kausalität* müssen wir deshalb, so HUME, in uns selber zu suchen – Kausalität bezeichnet eine psychologische Tendenz unseres Erkenntnisapparats, kein den realen Erscheinungen zukommendes Attribut. Gewohnt, bestimmte Sequenzen von Ereignissen immer in der gleichen Weise zu beobachten, interpretiert der Mensch diese Zusammenhänge als Verknüpfungen zwischen Ursachen und Wirkungen.

Dieser später so genannten „*Regularitätstheorie der Kausalität*" fehlen allerdings die Ressourcen zur Darstellung *nichtdeterministischer Regelmäßigkeiten* (vgl. IRZIK 1996, S.249). Von einer kausalen Verbindung zwischen C und E darf unter einer regularitätstheoretischen Perspektive nämlich nur dann gesprochen werden, wenn auf ein Ereignis C das Ereignis E *immer* und *ohne Ausnahme* folgt.

---

47 *„Auf dem Tisch hier liegt eine Billardkugel; eine zweite bewegt sich mit einer gewissen Geschwindigkeit auf die erste zu. Sie stoßen zusammen, und die Kugel, die zuerst in Ruhe war, wird nun in eine gewisse Bewegung versetzt. Hier haben wir, nach allem, was wir durch Wahrnehmung kennen oder uns denken mögen, ein Musterbeispiel für die Beziehung zwischen Ursache und Wirkung (...)."* (HUME 1740/1980, S. 19ff)

Diese Forderung kann die Formulierung von Kausalaussagen nahezu unmöglich machen, weil kaum ein Phänomen auf ein isoliertes Ereignis zurückgeführt werden kann, sondern, wie John Stuart MILL in seiner Weiterentwicklung der Regularitätstheorie betont, die Ursache eines Phänomens im Sinne HUMEs als eine „*assemblage of conditions*" verstanden werden muss (MILL 1843/1973, S.327). Da Erklärungen normalerweise darauf beruhen „*to single out one only of the antecedents under the denomination of a cause*" (ebd.), wird leicht übersehen, dass sich die Wirkungen bestimmter Ereignisse stets nur unter weiteren Bedingungen einstellen. So führt, um ein triviales Beispiel zu nennen, die Betätigung eines Schalters zu der Inbetriebnahme eines elektrischen Geräts – abgesehen von den Fällen, in denen das Gerät defekt oder nicht an das Stromnetz angeschlossen ist, das Kabel unterbrochen wurde, sich die Sicherung ausgeschaltet hat, das Elektrizitätswerk keinen Strom mehr liefert usw. Von Kausalität im Sinne der HUMEschen Regularitätstheorie dürfte aber streng genommen nur dann gesprochen werden, wenn entweder alle Hintergrundbedingungen *immer* konstant sind (also das Stromnetz nie versagt, die Glühbirne nie defekt ist usw.) oder wenn alle variierenden Bedingungen eines Ereignisses zusammen als Ursache benannt werden.

Dieser Umstand wird auch als das *Problem der Hintergrundbedingungen* (DAVIS 1988, S.133) bezeichnet: es existieren stets eine mehr oder weniger große Anzahl von Faktoren, die zusammen genommen ein Ereignis hervorrufen, wobei das Fehlen eines dieser Faktoren jeweils dazu führt, dass das Ereignis nicht eintritt. Ein Ereignis E (bspw. „*der Tod eines Patienten*") kann beispielsweise durch das Zusammenwirken der beiden Bedingungen C_1 („*Infektion mit einem Grippevirus*") und C_2 („*schwache körperliche Konstitution*") ausgelöst werden, nicht aber durch das Auftreten von C_1 oder C_2 allein. In einer formalen aussagelogischen Schreibweise ließe sich dieser Umstand in der folgenden Form ausdrücken

$$C_1 \wedge C_2 \Rightarrow E \tag{6.1}$$
$$C_1 \wedge \neg C_2 \Rightarrow \neg E \tag{6.2}$$
$$\neg C_1 \wedge C_2 \Rightarrow \neg E \tag{6.3}$$

Folgt man der Regularitätstheorie HUMEs, so kann C_1 für sich genommen nicht als Ursache von E betrachtet werden, sondern nur in der Konjunktion mit C_2. Das Problem der Hintergrundbedingungen führt also dazu, dass die Regularitätstheorie nur einen äußerst restriktiven Gebrauch des Kausalitätsbegriffs zulässt. Einzelne Hintergrundbedingungen dürfen in diesem Rahmen nämlich nur vernachlässigt werden, wenn sie stets konstant sind (wobei auch dann eine Kausalaussage nur unter der stillschweigenden Annahme einer *ceteris paribus* Klausel Geltung beanspruchen kann). Eine plötzliche Veränderung von bislang unbekannten Hintergrundbedingungen kann deshalb dazu führen, dass kausale Zusammenhänge regularitätstheoretisch nicht mehr erkannt und beschrieben werden können. Falls das Ereignis E also noch von einer weiteren, unbekannten Bedingung C_3 abhängt, so dass gilt

$$C_1 \wedge C_2 \wedge C_3 \Rightarrow E \tag{6.4}$$
$$C_1 \wedge C_2 \wedge \neg C_3 \Rightarrow \neg E \tag{6.5}$$

und falls diese unbekannte Bedingung C_3 im empirischen Datenmaterial variiert, also in einigen Fällen vorliegt, in anderen nicht, so können C_1 und C_2 bei Verwendung eines regularitätstheoretischen Kausalitätsbegriffs nicht mehr als kausal relevant erkannt werden: Die

6.2 Das Problem der Hintergrundbedingungen und die Pluralität von kausalen Pfaden

Infektion mit einem Grippevirus und eine schwache körperliche Konstitution könnten dann, weil sie nicht ohne Ausnahme zusammen den Tod von Patienten herbeiführen, weder für sich allein noch zusammen als eine echte Todes*ursache* gelten.

Hinzu kommt ein weiteres Problem, auf das ebenfalls MILL aufmerksam gemacht hat und das man als das Problem der *Pluralität kausaler Pfade* bezeichnen könnte:

> „It is not true that one effect must be connected with only one cause, or assemblage of conditions; that each phenomenon can be produced only in one way. There are often several independent modes in which the same phenomenon could have originated. One fact may be the consequent in several invariable sequences; it may follow, with equal uniformity, any one of several antecedents, or collection of antecedents. Many causes may produce mechanical notion; many causes may produce some kind of sensation; many causes may produce death. A given effect may really be produced by a certain cause, and yet be perfectly capable of being produced without it." (MILL 1843/1973, S.435)

Unterschiedliche Bedingungsbündel bzw. „kausale Pfade" können jeweils für sich genommen und unabhängig voneinander ein Ereignis E bewirken: der Tod eines Patienten kann nicht nur durch den Ursachenkomplex $C_1 \wedge C_2$, sondern auch unabhängig davon durch den Ursachenkomplex $C_3 \wedge C_4$ (bspw. einen „*chirurgischen Eingriff*" in Verbindung mit „*Herzinsuffizienz*") herbeigeführt werden, so dass gilt

$$(C_1 \wedge C_2) \vee (C_3 \wedge C_4) \Rightarrow E \tag{6.6}$$

Würden keine weiteren Bedingungen existieren, die für das Auftreten des Ereignisses E verantwortlich sind, würde der zusammengesetzte Term

$$(C_1 \wedge C_2) \vee (C_3 \wedge C_4) \tag{6.7}$$

eine Bedingung repräsentieren, die sowohl *notwendig* als auch *hinreichend* für das Auftreten für E ist. Die Konjunktionen $(C_1 \wedge C_2)$ sowie $(C_3 \wedge C_4)$ sind dann Bedingungen, die für sich genommen *hinreichend*, aber nicht notwendig sind, wobei die einzelnen Elemente der jeweiligen Konjunktionen, also etwa C_1 oder C_2, jeweils für sich genommen *notwendig*, aber nicht hinreichend sind dafür, dass die einzelne Konjunktion als Ursache wirksam wird.

STOVE (1973) und im Anschluss daran MACKIE (1974) haben zur Kennzeichnung der Elemente solcher komplexen Ursachenbündel das Akronym „*INUS-conditions*" eingeführt: Jede der vier Bedingungen C_1, C_2, C_3 und C_4 sei „*an insufficient but non-redundant part of unnecessary but sufficient condition*" für das Ereignis E (MACKIE 1974, S.62). INUS-Bedingungen sind keine Ursachen im Sinne der HUMEschen Regularitätstheorie der Kausalität und aus HUMEs Theorie lassen sich auch keine methodologischen Regeln für einen Umgang mit INUS-Bedingungen ableiten. Das, was HUMEs Regularitätstheorie gemäß die Ursache eines Ereignisses darstellt, ist die *Gesamtheit aller Kombinationen von INUS-Bedingungen*, die zu diesem Ereignis führen kann: „*The real cause, is the whole of these antecedents...*" (MILL 1843/1973, S.328). HUMEs Regularitätstheorie zufolge ist es zur Formulierung einer kausalen Aussage notwendig, die Gesamtheit aller Bedingungen für das Ereignis aufzuführen, das die Wirkung darstellt. Die Forderung, ausschließlich vollständige Ursachenbeschreibungen in diesem Sinne abzugeben, würde aber dazu führen, dass jede Kausalaussage eine ungeheure Menge von Bedingungen enthalten muss, die normalerweise als *irrelevant* betrachtet würden. Nun sind aber selbst einfachste physikalische Vorgänge, auf die ein solches deterministisches Kausalitätskonzept am ehesten anwendbar ist, nicht nur abhängig von der Geltung bestimmter Naturgesetze, sondern ebenso von zahlreichen kontingenten Bedingungen.

Das empiristische regularitätstheoretische Kausalitätskonzept HUMEs ist also, weil es sehr restriktive Anforderungen an die Formulierung von Kausalaussagen stellt, selber nur begrenzt als methodologische Grundlage für die Untersuchung kausaler Zusammenhänge geeignet. In den Diskussionen um die Probleme der Regularitätstheorie wurden jedoch mit den Konzepten der *Hintergrundbedingungen,* der *Pluralität kausaler Pfade* und der *INUS-Bedingungen* wichtige Werkzeuge zum Verständnis und zur Bearbeitung der mit Kausalaussagen verbundenen Schwierigkeiten entwickelt. Insbesondere das Konzept der INUS-Bedingungen liefert eine Grundlage für eine forschungspraktisch umsetzbare Methodologie zur Untersuchung kausaler Zusammenhänge. Empirisch forschende Wissenschaftler sind in der Regel nämlich nur selten interessiert an umfassenden „HUMEschen Ursachen", das heißt an den möglicherweise äußerst komplexen Kombinationen von Bedingungen, die ein Phänomen immer und unter allen möglichen Umständen bewirken. Von Interesse sind zumeist nur verschiedene (einzelne oder kombinierte) INUS-Bedingungen, die auch isoliert voneinander betrachtet werden können. In der Regel erfordert bereits der Umstand, dass kausale Zusammenhänge in der Regel unter der Perspektive einer besonderen wissenschaftlichen Disziplin untersucht werden, dass nur ein Teil der vorhandenen INUS-Bedingungen in den Blick genommen wird. Weiterhin können auch aus praktischen Gründen immer nur Teile der wirksamen INUS-Bedingungen analysiert werden. So ist man im allgemeinen darauf angewiesen, einen großen Teil von möglichen Hintergrundbedingungen unproblematisiert zu lassen und sich auf einige wenige für eine bestimmte Fragestellung und eine Disziplin relevante INUS-Bedingungen zu konzentrieren. Insbesondere die Sozialwissenschaften liefern wegen der Komplexität ihrer Untersuchungsgegenstände gute Beispiele hierfür: deviantes Verhalten, erwerbsbiographisch relevantes Handeln, Fertilität, Heirats- und Scheidungsverhalten u.v.a.m. ist im Einzelfall abhängig von zahlreichen sozialen, psychologischen, medizinisch-biologischen und geographischen Sachverhalten[48].

6.3 INUS-Bedingungen des Handelns

Mit den Konzepten der *Hintergrundbedingungen* und der *Pluralität kausaler Pfade* werden erkenntnistheoretische Probleme angesprochen, die für alle möglichen Arten von (natur- und sozialwissenschaftlichen) Kausalaussagen Bedeutung haben. Wie lassen sich diese in einem wissenschaftsphilosophischen Rahmen entwickelten Überlegungen nun aber für einen sozialwissenschaftlichen und handlungstheoretischen Kontext konkretisieren?

Sprachgeschichtlich und sprachphilosophisch ist der Kausalitätsbegriff mit dem Konzept des Handelns eng verbunden. Der starke philosophiegeschichtliche Einfluss, der vom empiristischen Kausalitätskonzept HUMEs mit seiner starken Orientierung an den experi-

---

48 Der Versuch, bspw. bei der Suche nach den Ursachen devianten Verhaltens stets die „gesamte Situation" zu berücksichtigen und das Verhalten in jedem Einzelfall als die Folge eines komplexen Zusammenspiels einer nahezu unendlichen Menge von Faktoren darzustellen (Vererbung und sozialisatorisch erworbene Persönlichkeitsmerkmale und soziale Desintegrationserfahrungen und wohnortspezifische Gelegenheiten und Peergruppeneinfluss und mangelnde berufliche Integration und ...), führt offensichtlich in die Irre.

mentellen Naturwissenschaften ausging, hat oft verdeckt, dass der Begriff ursprünglich in *sozialen Kontexten* gebraucht und erst dann als eine Metapher auf die Mechanik übertragen wurde, wie R. G. COLLINGWOOD in seiner Untersuchung des Kausalitätskonzepts verdeutlicht, in der er drei verschiedene Gebrauchsweisen diese Begriffs herausarbeitet. Dabei wurden so COLLINGWOOD, Gebrauchsweisen, die heute oft zur Beschreibung von naturwissenschaftlichen Phänomenen verwendet werden, zu Beginn der neuzeitlichen Naturwissenschaften aus früheren Gebrauchsweisen abgeleitet, die sich auf *Handlungen von freien Akteuren* bezogen:

1. In der ersten dieser drei Verwendungsweisen von Ursachenwörtern wie „bewirken", „verursachen", „auslösen" usw. ist das, was verursacht, bewirkt bzw. ausgelöst wird, eine freie und intendierte Handlung eines bewussten und verantwortlichen Akteurs. Das, was sein Handeln „veranlasst", „bewirkt" oder „nach sich zieht" versieht ihn mit einem Motiv, welches ihn in einer bestimmten Weise handeln lässt (ohne dass er allerdings im Wortsinne „gezwungen" wäre, so zu handeln):

    „A headline in the newspaper in 1936 ran 'Mr. Baldwin's speech causes adjournment of House' This did not mean that Mr. Baldwin's speech compelled the Speaker to adjourn the House whether or not that event conformed with his own ideas and intentions; it meant that on hearing Mr. Baldwin's speech the Speaker freely made up his mind to adjourn." (COLLINGWOOD 1937/38, S.87).

    Diese Begriffsverwendung von Ursachewörtern ist COLLINGWOOD zufolge historisch die ursprüngliche: sowohl die griechische „$\alpha\iota\tau\iota\alpha$", wie die lateinische „*causa*" wurden ursprünglich in dieser Bedeutung verstanden und gebraucht. Eine Ursache in diesem Sinne besteht aus zwei Elementen, der *causa ut* und der *causa quod*. Die *causa ut* ist eine bestimmte Absicht eines Akteurs, die *causa quod* eine bestimmte Situation oder ein bestimmter Sachverhalt.

2. Auch in der *zweiten* der drei Verwendungsweisen wird Verursachung in Relation zu menschlichen Handlungen verstanden – nur repräsentieren die Handlungen hier die *Ursachen* für Veränderungen in der *physikalischen Welt*. Die Ursache eines Naturereignisses in diesem Sinne „*is the handle ... by which we can manipulate it.*" (ebd., S. 89). Die Frage: „*Welches ist die Ursache eines Ereignisses der Art y?*" bedeutet in diesem Sinne dasselbe wie „*Wie lässt sich ein Ereignis der Art y willentlich herbeiführen oder verhindern?*" Eine „Ursache" in diesem Sinne „*is an event or state of things which it is in our power to produce or prevent, and by producing or preventing which we can produce or prevent that whose cause it is said to be.*" (ebd.)

    Für unterschiedliche Akteure können verschiedene Bestandteile (bzw. INUS-Bedingungen) eines gesamten Ursachenkomplexes die Ursache eines bestimmten Ereignisses sein, und zwar stets solche Bestandteile, auf die sie Einfluss nehmen können, für die die Akteure, mit anderen Worten, *verantwortlich* sind. COLLINGWOOD nennt dies die *Relativität von Ursachen* „*for any given person, the cause of a given thing is that one of its conditions which he is able to produce or prevent*" (ebd., S. 92). Wenn ein Kraftfahrzeug in der Kurve einer Landstraße zu schleudern beginnt, so ist die Ursache hierfür aus Sicht des Fahrers überhöhte Geschwindigkeit, aus Sicht der Straßenmeisterei die Unebenheit des Straßenbelags, aus Sicht der Automobilfirma die ungünstige Straßenlage des Wagens usw.

3. Die *dritte* Verwendungsweise des Kausalitätsbegriffs, diejenige der neuzeitlichen Naturwissenschaften, welche auch dem HUMEschen Kausalitätskonzept zugrunde liegt, ist, so argumentiert COLLINGWOOD, historisch die jüngste und entstanden durch eine *metaphorische Übertragung* der ersten beiden Verwendungsweisen:

„The cause-effect terminology conveys an idea not only of one thing's leading to another, but of one thing's forcing another to happen or exist, an idea of power or compulsion or constraint." (ebd., S. 95)

Die Übertragung von Ursachenworten, die ursprünglich das Handeln freier Akteure implizierten, auf natürliche Phänomene habe nahe gelegen, weil für die antike Vorstellungswelt animistische Sichtweisen von Naturereignissen selbstverständlich waren. Autoren der Renaissance, die einen wichtigen Einfluss hatten auf die Entwicklung der modernen Wissenschaftssprache, hätten aus der antiken, insbesondere der Platonischen Philosophie einen Sprachgebrauch übernommen, der ursprünglich einem animistischem Verständnis von Naturvorgängen entstammte. Die Einwirkung des Menschen auf das, was wir heute als anorganische Natur bezeichnen würden, wäre dabei in Analogie zur Beeinflussung anderer Akteure gesehen worden. Diese Vorstellung von Kausalität hätte sich anhand von Erfahrungen sozialer Einflussnahme entwickelt, anhand von Situationen, in denen Akteure andere gezwungen haben, sich in bestimmter Weise zu verhalten, indem sie sie in Situationen versetzen konnten, in denen sie die Handlungsziele, die sie ihnen zu Recht unterstellt hatten, nur auf diese Weise erreichen konnten (oder anhand von Erfahrungen, bei denen die Akteure selber das „Opfer" solcher Zwänge wurden).

Ohne dass damit ein deterministisches Verständnis menschlichen Handelns bzw. ein Gegensatz zwischen einem „kausalen Determinismus" und der „menschlichen Willensfreiheit" angenommen werden muss, kann soziales Handeln problemlos im Sinne der unter 1.) genannten Verwendungsweise als beeinflusst, bewirkt oder verursacht angesehen werden: bestimmte Situationsmerkmale (als *causa quod*) auf der einen Seite und die Ziele und Absichten des Akteurs (als *causa ut*) auf der anderen Seite veranlassen ihn, sich zu einer bestimmten Handlung zu entschließen. Handlungserklärungen können deshalb ganz allgemein, wie auch die Diskussion im zweiten Abschnitt des fünften Kapitels gezeigt hat, sowohl unter Verweis auf die *Ziele* (bzw. „Motive" oder „Absichten") des Handelnden als auch unter Bezug auf *externe situative Handlungsbedingungen* formuliert werden. Beide Arten von INUS-Bedingungen sind bei jeder Handlung gegeben, werden aber in kausalen Handlungserklärungen nicht immer vollständig expliziert.

Ein Mann, der seinen Broker bittet, ein Aktienpaket abzustoßen, mag hierzu durch Berichte über die schwierige Liquiditätssituation der betreffenden Aktiengesellschaft (als *causa quod* der externen, situativen Handlungsbedingungen) veranlasst worden sein. Aber diese Berichte hätten den Verkauf nicht bewirkt, wenn der Akteur seine Verwicklung in die Folgen eines möglichen Konkurses (als *causa ut* seiner Handlungsziele) nicht hätte vermeiden wollen. In vielen Fällen werden Akteure, wenn sie ihr Handeln erklären wollen, entweder nur auf externe Handlungsbedingungen oder nur auf ihre eigenen Ziele verweisen, weil sich das jeweils andere für den Zuhörer trivialerweise ergibt. „*Ich habe die Aktien verkauft, weil ich gehört habe, dass es der Firma schlecht geht*" ist eine ausreichende Antwort auf die Frage nach den Gründen dieser Handlung, weil jede Person mit nur minimalem Wissen über Aktienmärkte sofort daraus schließen wird, dass der Gefragte beabsichtigte, finanzielle Verluste zu vermeiden. Handlungserklärungen explizieren also in der Regel immer nur einen Teil der INUS-Bedingungen des Handelns; welche das sind, hängt davon ab, welcher Teil für denjenigen, der die Handlungserklärung abgibt oder für die Adressaten der Erklärung interessant und welche aufgrund des vorhandenen Vorwissens der Interaktionspartner trivial sind. Abhängig davon, welche der kausal relevanten INUS-Bedingungen zur Erklärung der Handlung herangezogen werden, werden also andere zu unthematisierten Hintergrundbedingungen. Die Person aus dem Zitat von MISCHEL im fünften Kapitel etwa, die die Frage, warum sie für einen bestimmten Weg ein Taxi benutzt hat, mit Verweis auf regnerisches Wetter als situative Handlungsbedingung beantwortet, impliziert damit ihren eigenen Wunsch, nicht nass zu werden, als eine stillschweigende und triviale Hintergrundbedingung ihres Handelns.

6.4 Zusammenfassung: Kausale Handlungsbedingungen und empirische Sozialforschung

Jene kulturgebundenen Handlungsmaximen, die einen Zusammenhang herstellen zwischen Handlungszielen der Akteure und Merkmalen der Situation, werden, ebenso wie Handlungsziele der Akteure in alltagsweltlichen Konversationen zumeist nicht explizit angesprochen, denn Aussagen wie *„Ich bin mit dem Taxi gekommen, weil es regnete, ich nicht nass werden wollte und ich weiß, dass, wenn es regnet, man nicht nass werden möchte und einen bestimmten, entfernt liegenden Ort erreichen möchte, ein Taxi nehmen muss"* würden die meisten Zuhörern in einem gegebenen kulturellen Kontext als hochgradig redundant empfinden.

Eine solche im Alltag redundanzreduzierende Unvollständigkeit der relevanten INUS-Bedingungen kann jedoch bei *sozialwissenschaftlichen Handlungserklärungen* problematisch sein, welche grundsätzlich einen Zugang zu Alltagswissensbeständen über potentielle Handlungsziele und soziokulturell kontingente Handlungsmaximen erfordern. Oft beschreiben sozialwissenschaftliche Daten nur einen kleinen Teil der relevanten INUS-Bedingungen des untersuchten sozialen Handelns, etwa externe situative Handlungsbedingungen, die durch „Proxy-variablen" wie Geschlecht, Schichtzugehörigkeit, Bildungsstatus usw. abgebildet werden. Sozialwissenschaftliche Erklärungen werden deshalb oft mit Hilfe der Gewohnheitsheuristik des Alltagswissens um empirisch nicht beobachtete INUS-Bedingungen ergänzt, die die Handlungsziele der Akteure und relevante Handlungsmaximen betreffen. Diese Strategie führt dort zu unzureichenden Kausalerklärungen, wo in lokal begrenzten Handlungsfeldern besondere und ideosynkratische Handlungsmaximen gelten oder wo diese einem raschen sozialen Wandel unterliegen, das Geflecht der INUS-Bedingungen des Handelns also durch kompetente Akteure verändert wird.

Die Sozialforschung muss also stets mindestens drei verschiedene Typen von INUS-Bedingungen sozialen Handelns[49] empirisch in den Blick nehmen:

---

[49] Hierbei handelt es sich vor allem um solche INUS-Bedingungen des Handelns, die unter der disziplinären Perspektive der Soziologie von Bedeutung sind. Unter einem anderen disziplinären Blickwinkel kämen andere INUS-Bedingungen in den Aufmerksamkeitsfokus: unter einer sozialpsychologischen und psychologischen Perspektive etwa die (kognitiven u.a.) *Kompetenzen* der individuellen Akteure, mit deren Hilfe sie sich Wissen über Handlungsregeln verschaffen und externe Bedingungen als Ressourcen nutzbar machen.

1. *externe Bedingungen* des Handelns, die jene Situationsumstände des Handelnden festlegen, die in verschiedenen handlungstheoretischen Ansätzen unterschiedlich bezeichnet werden, bspw. als „weil-Motive" (SCHÜTZ) oder in entscheidungstheoretischer Terminologie als Optionen und *constraints*, die die „Logik der Situation" festlegen;
2. die *Ziele des Handelnden* (bzw. seine „um-zu-Motive" (SCHÜTZ), oder, in entscheidungstheoretischer Begrifflichkeit „Nutzenargumente" bzw. „Bewertungen von Handlungskonsequenzen", oder attributionstheoretisch, „Einstellungen"...);
3. jene soziokulturell kontingenten, mehr oder weniger lokalen *Handlungsregeln bzw. -maximen*, die Handlungsziele und Handlungsbedingungen zu sinnvollen Handlungsstrategien verknüpfen.

Dass diese INUS-Bedingungen, und dabei insbesondere die Handlungsziele der Akteure sowie die lokalen Handlungsregeln, denen sie folgen, in unterschiedlichen Maß variieren können, weil soziale Akteure prinzipiell Einfluss auf sie nehmen können, stellt nun sowohl die qualitative als auch die quantitative Sozialforschung vor Herausforderungen. Es bedeutet nämlich, dass man bei der kausalen Modellierung von Zusammenhängen mit der Möglichkeit zu rechnen hat, dass Hintergrundbedingungen, die eine lange Zeit konstant waren (und deshalb zu Recht vernachlässigt wurden) von einem bestimmten Zeitpunkt an kausal relevant werden.

Im Kontext der qualitativen und der quantitativen Methodentradition wurden jeweils verschiedene methodische Strategien zur Analyse kausaler Beziehungen entwickelt, die mit der Tatsache, dass Handlungsbedingungen durch soziales Handeln selber veränderbar sind, in unterschiedlicher Weise umgehen. Diese Strategien können, wie im Folgenden gezeigt werden soll, dabei jeweils unterschiedliche Probleme lösen, die sich aus veränderbaren Hintergrundbedingungen sozialen Handelns ergeben.

7 Kleine Fallzahlen, (zu) weit reichende Schlussfolgerungen? Komparative Methoden in der qualitativen Sozialforschung

Im Folgenden sollen Probleme, welche sich für die qualitative Forschungstradition aus der Tatsache ergeben, dass soziale Akteure INUS-Bedingungen sozialen Handelns beeinflussen können, ebenso diskutiert werden wie die besondere Stärke qualitativer Forschung im Umgang mit Kausalbeziehungen, die in deren Möglichkeiten begründet liegen, in die Analyse von kausalen Bedingungsgefügen bislang (noch) unbekannte INUS-Bedingungen einzuführen, die durch Exploration des untersuchten Handlungsfeldes identifiziert wurden. Stärken und Schwächen qualitativer Methoden lassen sich natürlich am besten anhand solcher Arbeiten darstellen, mit denen explizite Modelle der Kausalanalyse für die qualitative Forschung vorgeschlagen wurden. Wegen der schon beschriebenen Zurückhaltung der qualitativen Methodenlehre dem Kausalbegriff gegenüber haben sich nicht sehr viele Autoren hieran versucht – selbst Vertreter einer pragmatistischen Tradition wie Anselm STRAUSS, die den Begriff verwenden (vgl. STRAUSS, CORBIN 1990, S. 100f.), erläutern ihr Verständnis qualitativer Kausalanalyse nicht im Detail. Die weitestgehenden Explikationsversuche dessen, was Kausalanalyse in der qualitativen Forschung bedeuten kann, wurden bislang mit den Arbeiten zur „Analytischen Induktion" und zur „Qualitativen Komparativen Analyse" vorgelegt. Beide Strategien lassen sich letztlich auf Verfahren des Fallvergleichs zurückführen, die bereits im 19. Jahrhundert von John Stuart MILL beschrieben worden waren. Ausgehend von der einfachen Grundregel, dass bei einem kausalen Prozess eine Veränderung jener Variablenkombination, die die Ursache repräsentiert, einen Veränderung jener Variablen, die die Wirkung beschreiben sollen, zur Folge hat, stellt MILL (1843/1973, S. 430) verschiedene Möglichkeiten dar, um durch eine Untersuchung von Ähnlichkeiten und Unterschieden kausal relevante Bedingungen für ein Ereignis zu identifizieren:

- Bei der Anwendung der *Methode der Übereinstimmung* werden verschiedene Fälle, in denen ein Phänomen auftritt, miteinander verglichen: die Bedingungen, die stets vorhanden sind, wenn das Phänomen auftritt, stellen *notwendige Bedingungen* für sein Auftreten dar.
- Bei der Verwendung der *Methode der Differenz* vergleicht man Fälle, in denen das Phänomen auftritt, mit solchen Fällen, in denen es fehlt. Solche Bedingungen, die stets vorhanden sind, wenn das Phänomen auftritt und nicht vorhanden sind, wenn es fehlt, werden als *hinreichende Bedingungen* für das Phänomen angesehen.

Die Methode der Differenz kann, so MILL, allerdings nur als *experimentelle Methode* korrekt eingesetzt werden, denn

"(...) it is very seldom that nature affords two instances, of which we can be assured that they stand in this precise relation to one another. In the spontaneous operations of nature (...) we are so ignorant of a great part of facts which really take place, and even those of which we are not ignorant are so multitudinous, and therefore so seldom exactly alike in any two cases, that a spontaneous experiment, of the kind required by the Method of Difference, is commonly not to be found." (MILL 1843/1973, S.392f.)

Das bereits erwähnte Problem der Hintergrundbedingungen lässt sich also durch experimentelle Untersuchungen am besten beherrschen. Für nicht-experimentelle Forschung empfiehlt MILL nun, beide Verfahren zu verbinden zur *kombinierten Methode der Übereinstimmung und Differenz*, die er auch als indirekte *Methode der Differenz* bezeichnet. Hierbei werden Fälle miteinander verglichen, in denen das Phänomen auftritt und in denen es nicht auftritt. Nur solche Bedingungen, die *immer* dann vorhanden sind, wenn das untersuchte Phänomen auftritt, kommen somit in nichtexperimentellen Beobachtungsstudien als Ursachen in Betracht.

Mit der „Analytischen Induktion" und der „Qualitativen Komparativen Analyse" wurden Strategien zur Kausalanalyse in der qualitativen Sozialforschung vorgeschlagen, die letztendlich aus diesen MILLschen Komparationsverfahren abgeleitet sind. Im Folgenden sollen verschiedene logische Probleme diskutiert werden, die bei deren Anwendung entstehen können. Die Verwendung komparativer Methoden in nicht-experimentellen Kontexten kann, so soll gezeigt werden, zu krassen Fehleinschätzungen kausaler Zusammenhänge führen, wenn die Fallauswahl nicht sorgfältig vorgenommen wird bzw. nicht alle relevanten INUS-Bedingungen einbezogen werden. Eine Bearbeitung dieser Risiken, die besonders dann bedeutsam werden, wenn im Untersuchungsfeld relevante INUS-Bedingungen des Handelns in einer schwer vorhersagbaren Weise variieren, erfordert, dass komparative Methoden in der qualitativen Forschung stets kombiniert werden mit Verfahren einer systematischen Fallauswahl und mit Methoden zur Exploration bislang unbekannter INUS-Bedingungen.

7.1 Die „Analytische Induktion"

Die „Analytische Induktion", ursprünglich von ZNANIECKI als Alternative zur Anwendung der statistischen Methoden in der Sozialforschung vorgeschlagen und dann in den 1940er und 50er Jahren von LINDESMITH und CRESSEY für die Praxis der qualitativen Feldforschung weiterentwickelt (vgl. auch Abschnitt 2.1.2) soll die Formulierung von Kausalaussagen auf der Grundlage kleiner Fallzahlen erlauben. Kontrastierende Fälle, sog. „*crucial cases*" (später auch häufig „*negative instances*" genannt, vgl. SEALE 1999, S. 6) stellen potentielle Falsifikatoren dar, die zur Modifikation einer Hypothese, welche aufgrund der empirischen Untersuchung eines Einzelfalles entwickelt wurde oder zur Einschränkung ihres Geltungsbereichs führen sollen. In der Forschungspraxis wurde dieses Verfahren so umgesetzt, dass systematisch nach solchen Fällen gesucht wurde, die das untersuchte soziale Phänomen (im Fall von LINDESMITH Suchtmittelabusus, in CRESSEYs Studie finanzielle Veruntreuung) beschreiben, ohne dass die in den ersten Hypothesen angenommenen Ursachen beobachtet werden können.

1953 hatte Ralph TURNER in einem später häufig zitierten Aufsatz die zentrale Schwäche dieses Vorgehens kritisiert: sowohl LINDESMITH als auch CRESSEY würden nur MILLS

7.1 Die „Analytische Induktion"

Methode der Übereinstimmung, nicht jedoch seine *Methode der Differenz* verwenden und deshalb nur in der Lage sein, *hinreichende*, nicht aber *notwendige Ursachen* für die von ihnen untersuchten Phänomene zu identifizieren. Tabelle 7.1 überträgt diese Kritik in eine Wahrheitstafel, die alle vier möglichen Kombinationen zweier Ereignisse C und E enthält, wobei der Wert „1" ausdrückt, dass das betreffende Ereignis auftritt, der Wert „0" das Nichtauftreten das Ereignisses symbolisiert.

Ein kausaler Zusammenhang zwischen C (als Ursache) und E (als Wirkung) erfordert, dass das Auftreten von C und E (*Kombination 1*) beobachtet werden kann. Ist C eine *notwendige Bedingung* für E, so darf die Kombination 2, bei der das Ereignis E, aber nicht C auftritt, nicht realisiert werden. Ist C eine *hinreichende Bedingung* für E, so ist die Kombination 3, bei der zwar C auftritt, nicht aber E, empirisch nicht möglich.

Kombination	C	E	C → E
1	1	1	1
2	0	1	0
3	1	0	0
4	0	0	0

Tabelle 7.1: Wahrheitstafel; C als notwendige und hinreichende Bedingung für E
„0" bedeutet: das Ereignis liegt nicht vor, „1" bedeutet: das Ereignis liegt vor

Weil LINDESMITH und CRESSEY mit ihrer Auswahl von Fällen nur die Kombinationen 1 und 2 empirisch in den Blick nehmen würden, das heißt nur solche Fälle untersuchen, in denen das interessierende Phänomen (also die Wirkung) auftritt (LINDESMITH befragt ausschließlich Suchtstoffabhängige und CRESSEYs Interviewpartner haben ohne Ausnahme Geld unterschlagen), seien beide Autoren gar nicht in der Lage, festzustellen, ob Kombination 3 im Untersuchungsfeld empirisch realisiert ist, das heißt, ob Fälle auftreten können, in denen zwar die von ihnen angenommenen Ursachen vorhanden sind, die Wirkung aber nicht. *Crucial cases* bzw. *negative instances* für die kausale Hypothese CRESSEYs, wonach „nicht mitteilbare finanzielle Probleme" (zusammen mit einer Reihe anderer Faktoren) die Veruntreuung fremden Vermögens nach sich ziehen, sind aber nicht nur solche Fälle, in denen Personen, die eine *Unterschlagung begangen* haben, *keine finanzielle Probleme* hatten (Kombination 2). Falsifizierbar wäre eine solche Hypothese vor allem durch solche Fälle, in denen Personen, die nicht mitteilbare finanzielle Probleme haben, *keine Unterschlagung* begehen. Da solche *crucial cases* aber gar nicht systematisch gesucht wurden, waren die Vertreter der Analytischen Induktion auch nicht in der Lage, so TURNERs Argumentation, den selbst gestellten Anspruch auf die Entdeckung universeller kausaler Gesetzmäßigkeiten zu erfüllen, weil die von ihnen formulierten Kausalaussagen keine *Prognosen* zulassen würden.

Sollen zur Begründung kausaler Hypothesen komparative Methoden verwendet werden, ist es erforderlich, dass untersucht wird, welche der logisch möglichen Kombinationen der angenommenen Ursache- und Wirkungsereignisse tatsächlich realisiert werden. Hierzu muss nicht nur (unter Verwendung von MILLs *Methode der Übereinstimmung*) geprüft werden, ob dem interessierenden Phänomen immer die hypothetisch angenommene Ursache vorausgeht, sondern auch (mit der *Methode der Differenz*, oder im nicht-experimentellen Fall mit der *kombinierten Methode der Übereinstimmung und Differenz),* ob das Ursachenereignis stets die Wirkung nach sich zieht.

Die Analytische Induktion verwendet also eine *unzureichende Fallbasis,* um die Hypothese eines kausalen Zusammenhangs wirklich überprüfen zu können. Unter einer akteurstheoretischen Perspektive ist dieser Mangel besonders bedauerlich, weil die Möglichkeit in Rechnung gestellt werden muss, dass Akteure im Untersuchungsfeld unterschiedliche Wege finden, um bspw. mit jenen Handlungsbedingungen umzugehen, die der Hypothese CRESSEYs zufolge zu einer Unterschlagung führen. Die Überprüfung und Weiterentwicklung der ursprünglichen Hypothese müsste also auch eine systematische Suche nach negativen Fällen umfassen, in denen diese Handlungsbedingungen zwar vorhanden sind, der Betreffende aber nicht zum Mittel der Unterschlagung greift, um mit diesen Bedingungen umzugehen.

7.2 Die „Qualitative Komparative Analyse"

Die in den 1950er Jahren stattgefundene kritische Diskussion um die „Analytische Induktion" (TURNER 1953; ROBINSON 1951; vgl. auch Abschnitt 2.1.2 und 2.1.3) hat dazu geführt, dass in späteren Veröffentlichungen, die auf diese Methode eingehen (etwa BLOOR 1976; BÜHLER-NIEDERBERGER 1991; HAMMERSLEY, ATKINSON 1983; HAMMERSLEY 1995), der Anspruch, das Verfahren stelle eine Möglichkeit der Kausalanalyse zur Verfügung, durchgängig kritisch gesehen wird, zum Teil als ein Versuch, qualitative Methoden durch die Anwendung einer hypothetiko-deduktiven und nomologisch orientierten Methodologie „hoffähig" zu machen.

In den 1980er Jahren wurde ein wesentlich elaborierteres Verfahren der komparativen Analyse vorgestellt, das ebenfalls beansprucht, die Formulierung von kausalen Aussagen auf der Grundlage kleiner Fallzahlen und qualitativer Methoden zu ermöglichen, sich aber dabei nicht, wie die Analytische Induktion, nur auf die Anwendung der MILLschen „Methode der Übereinstimmung" beschränkt: die „Qualitative Komparative Analyse" (RAGIN 1987) bzw. deren „probabilistischen" und „fuzzy-theoretische" Weiterentwicklungen (RAGIN 2000). Dieses Verfahren wurde zwar vor allem für die Analyse von *Makrophänomenen* in der kultur- und ländervergleichenden politikwissenschaftlichen Forschung vorgeschlagen und genutzt. Für die hier eingenommene handlungstheoretische und mikroanalytische Perspektive ist das Verfahren trotzdem aus zwei Gründen von Bedeutung:

- *Erstens* wird es mittlerweile auch häufig (u.a. von seinem Entwickler Charles RAGIN) für fallvergleichende Analysen auf der Mikroebene individueller Akteure eingesetzt (siehe etwa RAGIN 2000, S. 82 ff.; SAGER, LEDERMANN 2004).
- *Zweitens* stellt die Qualitative Komparative Analyse das technisch am weitesten entwickelte formale komparative Verfahren dar, anhand dessen sich die allgemeinen logischen Prinzipien einer kausalen Analyse mit kleinen Fallzahlen ebenso diskutieren lassen wie die Schwierigkeiten, die entstehen, wenn man *„aus kleinem n große Schlussfolgerungen"* (LIEBERSON 1992/2000) ziehen möchte.

RAGIN formalisiert mit seiner Methode ein Vorgehen, dass Forscher häufig bei einer vergleichenden Analyse komplexer Bedingungsgefüge anwenden (s. auch RAGIN 1987, S.

7.2 Die „Qualitative Komparative Analyse"

13f.). Ein gegebenes soziales Phänomen kann in der Regel durch verschiedene (für sich genommen jeweils ausreichende) Konstellationen von Ereignissen ausgelöst werden. So ist es möglich, dass *Revolten in Agrargesellschaften* (E) ausgelöst werden durch eine rasche *Kommerzialisierung der Landwirtschaft* (C_1), aber auch unabhängig davon durch *Landhunger* (C_2)[50]

$$C_1 \vee C_2 \Rightarrow E \qquad (7.1.)$$

Es wäre aber auch denkbar, dass Revolten immer nur dann ausgelöst werden, wenn jeweils eine *Kommerzialisierung der Landwirtschaft* zusammen mit *Landhunger* auftritt, dass also gilt

$$C_1 \wedge C_2 \Rightarrow E \qquad (7.2)$$

Nun können bei der Analyse von empirisch stattgefundenen Revolten in Agrargesellschaften noch zahlreiche weitere Ereignisse $C_3 \ldots C_n$ gefunden werden, die möglicherweise ebenfalls kausale Bedingungen für diese Revolten darstellen und die durch die Operatoren „$\wedge$" und „$\vee$" zu mehr oder weniger komplexen Bedingungsgefügen verbunden werden können. Durch die Anwendung bestimmter logischer Regeln – RAGIN spricht von „*Boole'scher Minimierung*" (RAGIN 1987, S. 93) – sollen aus dieser großen Anzahl von Ereignissen nach folgendem Prinzip jene Bedingungen isoliert werden, die das interessierende Ereignis logisch implizieren und die damit tatsächlich als kausal relevante Bedingungen für E gelten können:

> „If two Boolean expressions differ in only one causal condition yet produce the same outcome, then the causal condition that distinguishes the two expressions can be considered irrelevant and can be removed to create a simpler, combined expression." (RAGIN 1987, S.93)

Diese Regel lässt sich ohne weiteres so umformulieren, dass sie die Anwendung von MILLS kombinierter Methode der Übereinstimmung und Differenz für nicht-experimentelle Daten beschreibt: Werden Fälle, in denen ein bestimmtes Phänomen (der „*outcome*" E) realisiert wurden, paarweise miteinander verglichen, kommen jene Bedingungen, die in allen Fällen konstant vorliegen, als kausale Bedingungen in Betracht, wohingegen jene Bedingungen, die hierbei variieren, als kausale Bedingungen ausgeschlossen werden können.

Die Anwendung dieser Methode ist jedoch, wie sich zeigen lässt, an äußerst restriktive Bedingungen und Vorannahmen gebunden, deren Verletzung schwerwiegende Folgen haben kann:

1. Die *Fallbasis muss ausreichen*, d.h. für alle Bedingungskombinationen, die im Untersuchungsfeld tatsächlich (auch nur gelegentlich) auftreten, muss wenigstens ein Fall in die empirische Untersuchung einbezogen werden. Werden einzelne Bedingungskombinationen nicht einbezogen, werden bestimmte kausale Pfade übersehen.

---

50 Zur Darstellung solcher Zusammenhänge verwendet RAGIN nicht die hier verwendete Notation, sondern eine etwas andere formale Darstellungsweise. Die hier angestellten Überlegungen werden davon aber nicht berührt.

2. *Alle kausal relevanten Bedingungen müssen spezifiziert werden*, das heißt die Menge der Ereignisse $C_1...C_n$, die als mögliche Bedingungen für das Ereignis E in den Blick genommen werden, muss *entweder sämtliche* Bedingungen als Teilmenge *enthalten*, die einen kausalen Einfluss auf E haben können, *oder* solche kausal relevante Bedingungen, die nicht einbezogen werden, dürfen im Gegenstandsbereich *nicht variieren*. Wird diese Bedingung nicht eingehalten, können unbeobachtete und variierende Hintergrundbedingungen zu Fehlschlüssen führen.

Ähnlich wie bereits im Fall der Analytischen Induktion zeigt auch die Betrachtung der beiden Grundprobleme der *Qualitativen Komparativen Analyse*, dass die Validität von kausalen Schlussfolgerungen, die anhand einer begrenzten Anzahl von Fällen gezogen werden, entscheidend von dem für die Fallkontrastierung verwendeten Auswahlrahmen und dem angewendeten Auswahlmodus beeinflusst wird.

7.2.1 Die Pluralität kausaler Pfade und das Problem der unvollständigen Fallauswahl

Das von RAGIN vorgeschlagene Verfahren erfordert in allen seinen verschiedenen Versionen, dass zuerst mögliche Bedingungen für ein bestimmtes Ereignis (z.B. *„Agrarrevolten"*, *„ethnische politische Mobilisierung"*, *„soziale Revolutionen"*) aufgelistet werden, damit geprüft werden kann, welche Kombinationen dieser Bedingungen empirisch auftreten. Durch einen Vergleich empirisch auftretender Bedingungskombinationen sollen dann kausal wirksame Bedingungen durch logische Implikationsregeln identifiziert werden. Dabei können, abhängig von der jeweiligen Spielart des Verfahrens, einzelne oder eine sehr kleine Anzahl von Fällen, die eine (empirisch mögliche, aber bislang nicht vom Untersucher beobachtete) Bedingungskombination enthalten, die daraus entwickelten Kausalaussagen grundlegend verändern, wenn sie neu in das Modell einbezogen werden.

Dies lässt sich leicht anhand eines einfachen Beispiels erläutern: angenommen, es gilt die Implikation 7.1 ($C_1 \vee C_2 \Rightarrow E$), das heißt *Agrarrevolten* (E) können sowohl durch die Bedingung *„Kommerzialisierung der Landwirtschaft"* (C_1), als auch, ggfs. unabhängig davon, durch die Bedingung *„Landhunger"* (C_2) bewirkt werden (vgl. RAGIN 1987, S. 107)[51]. Hierdurch ergeben sich die folgenden vier logisch möglichen Konstellationen, die in Tabelle 7.2 in einer Wahrheitstafel dargestellt werden: Wenn weder Landhunger noch eine rasche Kommerzialisierung der Landwirtschaft auftreten, kommt es auch nicht zu Revolten (*Kombination 1*), Revolten entstehen vielmehr dann, wenn Landhunger oder wenn eine rasche Kommerzialisierung jeweils alleine realisiert werden (*Kombinationen 2 und 3*) und dann, wenn beides gleichzeitig vorkommt (*Kombination 4*).

---

51 Das Beispiel wurde hier aus Darstellungsgründen vereinfacht: statt, wie vier (wie bei RAGIN) werden hier nur zwei kausale Bedingungen verwendet.

7.2 Die „Qualitative Komparative Analyse"

Kombination	C_1	C_2	E
1	0	0	0
2	1	0	1
3	0	1	1
4	1	1	1

Tabelle 7.2: Wahrheitstafel.

Wenn nun jene Fälle von Revolten, die das Datenmaterial des Untersuchers bilden, den empirisch möglichen (in der Tabelle grau unterlegten) Fall 3 nicht umfassen (entweder weil noch nie eine Agrargesellschaft existiert hat, in der eine Kommerzialisierung der Landwirtschaft aufgetreten ist, ohne dass auch gleichzeitig Landhunger existierte, oder weil der Untersucher einen solchen Fall einfach übersehen hat), so muss die Anwendung der Methode der logischen Minimierung zu einem *Fehlschluss* über den kausalen Zusammenhang zwischen den drei Phänomenen führen. Die „logische Minimierung" der dann im Datenmaterial vorliegenden Kombinationen 1, 2 und 4 (bzw. die Anwendung der kombinierten Methode der Übereinstimmung und Differenz) ergibt nämlich das Ergebnis, dass E nur kausal abhängig ist von C_1, wohingegen C_2 keine kausale Relevanz besitzt. Bei einem paarweisen Vergleich der Kombinationen 2 und 4 unterscheiden sich diese beiden Kombinationen nämlich „*in only one causal condition* (nämlich C_2) *yet produce the same outcome*" (s.o.) und deshalb muss Landhunger als „irrelevant" aus der Betrachtung ausgeschlossen werden. Der Untersucher muss hier also bei Anwendung der logischen Minimierungsregeln auf sein Datenmaterial zu dem Schluss kommen, dass nur die *Kommerzialisierung der Landwirtschaft* eine Revolte auslöst, Revolten von dem Auftreten von *Landhunger* aber völlig unabhängig sind. In Bezug auf die kausale Bedingung C_2 begeht er damit einen Fehlschluss analog zu dem „Fehler zweiter Art" in der Inferenzstatistik – aufgrund einer beschränkten Fallauswahl kann er einen tatsächlich vorhandenen Zusammenhang nicht erkennen. Ein solcher Fehlschluss wird nur dann vermieden, wenn dem Untersucher auch empirische Informationen zu Kombination 3 vorliegen. In der ursprünglichen, 1987 vorgestellten Version des Verfahrens wäre es hierzu erforderlich, dass mindestens *ein Fall* in den Vergleich einbezogen wird, in dem keine Kommerzialisierung, wohl aber Landhunger vor einer Revolte auftritt. In späteren Versionen empfiehlt RAGIN die Festlegung eines Schwellenwertes, der bspw. bei *zwei Fällen* liegen kann (RAGIN 2000, S. 137). Als Alternative hierzu schlägt er zusätzlich eine *probabilistische* Spielart des Verfahrens vor (ebd., S. 107), bei der der Schwellenwert in Abhängigkeit von der Anzahl von Ereignissen festgelegt wird, bei denen die betreffende Bedingungskombination beobachtet wird: so kann man etwa festlegen, dass jede der Bedingungskombinationen nur dann als kausal relevant in den Prozess der logischen Minimierung einbezogen wird, wenn in wenigstens 80% der Fälle das Ereignis auftritt und wenn diese Abweichung statistisch signifikant ist.

Für die Formulierung adäquater Kausalaussagen ist es also erforderlich, dass jede Bedingungskombination, die empirisch beobachtet werden kann, in ausreichender Anzahl im Datenmaterial vorhanden ist (bei der ursprünglichen qualitativen komparativen Analyse mit einem Fall, in der fuzzy-set theoretischen Variante mit einer nach bestimmten Kriterien festgelegten Minimalzahl). Nur dann könnte durch Anwendung der logischen Minimierungsregeln in dem hier verwendeten Beispiel die zutreffende Schlussfolgerung gezogen werden, dass Revolten dann auftreten, wenn eine Kommerzialisierung der Landwirtschaft oder Landhunger oder beide Bedingungen gemeinsam vorliegen.

Die Berücksichtigung aller empirisch möglichen Bedingungskombinationen wird durch drei Umstände weiter erschwert: *erstens* können die Bedingungskombinationen nicht experimentell hergestellt werden, *zweitens* wurde die Methode ursprünglich für solche Gegenstandsbereiche entwickelt, in denen die betrachteten Bedingungskombinationen und Ereignisse (zumeist makrosozietäre Phänomene) nicht sehr häufig sind, und *drittens* wächst mit der Anzahl der Bedingungen die Häufigkeit der möglichen Bedingungskombinationen exponientell. In der einfachen, auf der klassischen Boole'schen Algebra beruhenden Version des Verfahrens (bei welcher die Bedingungen dichotome, kategoriale Variablen darstellen, die die Ausprägungen „vorhanden" und „nicht vorhanden" aufweisen), führen n Bedingungen zu einer Anzahl von 2^n Kombinationen. Bei 2 Bedingungen müssen also 4 Kombinationen untersucht werden, bei 3 Bedingungen 8 Kombinationen, bei 4 Bedingungen 16 usw. Da die untersuchten Zusammenhänge in der Regel komplex sind (d.h. bei den von RAGIN verwendeten Beispielen wenigstens vier Bedingungen umfassen), können dann, wenn die Fallzahl zu klein wird (weil etwa historisch zu wenig Beispiele für die untersuchten Makrophänomene, etwa Bauernrevolten, existieren), nicht mehr alle möglichen Bedingungskombinationen besetzt werden. In solchen Fällen lassen sich (insbesondere, wenn die probabilistische Spielart des Verfahrens verwendet wird und hohe Schwellenwerte festgelegt werden) die Anzahl der kausal relevanten Bedingungen aus rein formalen Gründen grundsätzlich und immer auf wenige Bedingungen „logisch minimieren". Das bedeutet, ein solches Verfahren liefert, wenn damit komplexe Kausalrelationen mit einer zu geringen Anzahl von Fällen untersucht werden, immer *irgendwelche* Ergebnisse, die aber *unzuverlässig* sind.

7.2.2 Das Problem der unerkannten Hintergrundbedingungen und der unbeobachteten Heterogenität

Ein weiteres Problem entsteht dann, wenn *Hintergrundbedingungen*, das heißt solche Bedingungen, die nicht in den Vergleich einbezogen worden sind, variieren. Zur Erläuterung dieses Problems soll erneut auf das Beispiel zurückgegriffen werden. Angenommen, das Datenmaterial des Untersuchers enthält nicht nur solche Fälle von Bauernrevolten, in denen *Landhunger* und eine *Kommerzialisierung der Landwirtschaft* gemeinsam auftreten (*Kombination 4*), sondern auch solche in der Tabelle 7.3 als Kombination 5 grau unterlegte Fälle, in denen zwar Landhunger und Kommerzialisierung zu beobachten sind, daraufhin aber keine Revolte erfolgt, bei der das Auftreten von C_1 und C_2 also mit dem Nichtauftreten des Ereignisses E zusammentrifft:

7.2 Die „Qualitative Komparative Analyse"

Kombination	C_1	C_2	E
1	0	0	0
2	1	0	1
3	0	1	1
4	1	1	1
5	1	1	0

Tabelle 7.3

Aus diesem Datenmaterial lassen sich nun mit Hilfe der von RAGIN 1987 verwendeten Methode logischer Minimierung überhaupt keine kausalen Schlussfolgerungen bezogen auf die Bedingungen C_1 und C_2 mehr ziehen, weil diesem Verfahren die Mittel fehlen, um den evidenten Widerspruch zu lösen, dass Landhunger in Verbindung mit Kommerzialisierung Revolten einmal auslöst und einmal nicht auslöst (RAGIN 1987, S. 113 f.). Das liegt daran, dass mit dem Verfahren nicht geprüft wird, *ob* bestimmte Bedingungen kausal relevant sind, sondern nur, *in welcher Kombination* sie kausal auf das Ereignis E wirken[52]. Aus einem Beispiel wie in Tabelle 7.3 müssten unter Anwendung dieser Methode deshalb die logisch unverträglichen Schlussfolgerungen gezogen werden, dass die Konjunktion $C_1 \wedge C_2$ das Ereignis E gleichzeitig erzeugt und auch nicht erzeugt. Diesen Widerspruch räumt RAGIN in späteren Versionen des Verfahrens durch die Festlegung von Schwellenwerten zumindest für kleine Fallzahlen aus: Eine Bedingungskombination wird nur dann in den Vergleich einbezogen, wenn mindestens zwei oder mehr Fälle existieren, die diese Kombination aufweisen (s.o.; RAGIN 2000, S. 137). In der probabilistischen Version des Verfahrens wird die notwendige Fallzahl durch die verwendeten Signifikanztests weiter erhöht (ebd., S. 107 f.). Hierdurch wird das zugrunde liegende Problem allerdings nicht gelöst, denn je höher die festgelegten Schwellenwerte und Signifikanzniveaus sind, desto weniger Bedingungskombinationen können in die logische Minimierung einbezogen werden, und desto wahrscheinlicher wird es, dass durch die logische Minimierung irgendein (beliebiges) Ergebnis erzielt wird (s.o.).

Hier führt aber ein anderer Vorschlag methodologisch weiter, den RAGIN bereits in seiner 1987 erschienenen Monographie gemacht hat, um den Widerspruch zwischen den *prima facie* unverträglichen Kausalkombinationen zu lösen: für den Fall, dass solche Widersprüche auftreten, schlägt er vor, dass der Untersucher dann, wenn er die Kontradiktion nicht durch eine nachträgliche Klärung von Begriffen oder durch eine Umdefinition der beobachteten Ereignisse ausräumen kann, die Wirkung einer weiteren, zusätzlichen Bedingung annimmt, die mit den anderen Bedingungen in einer bestimmten Weise kombiniert ist (RAGIN 1987, S. 114 ff.). Hiermit kann das Problem der *Hintergrundbedingungen* einbezo-

---

[52] Die einfache, in den MILLschen Vergleichsverfahren durchaus angelegte Möglichkeit, ein solches Ergebnis so zu deuten, dass E völlig unabhängig sowohl von C_1 als auch von C_2 auftreten, dass also gar keine Kausalrelation vorliegt, schließt RAGIN aus, denn „*in order to use the truth table approach presented above, it is necessary to determine an output value for each row (that is, a 1 or 0 for every combination of causes that exist in the data).*" (RAGIN 1987, S. 113). Das bedeutet, dass die Anwendung der Methode auf der (impliziten) Voraussetzung beruht, dass jeweils *wenigstens eine* der in die Betrachtung einbezogenen Bedingungen kausal relevant ist.

gen werden. Denn der in Tabelle 7.3 dargestellte empirische Sachverhalt kann durch die Wirkung einer Hintergrundbedingung C_3 zustande gekommen sein, die bei den Kombinationen *eins* bis *vier* realisiert war, *nicht* jedoch bei der Kombination *fünf* (vgl. Tabelle 7.4)

Kombination	C_1	C_2	C_3	E
1	0	0	1	0
2	1	0	1	1
3	0	1	1	1
4	1	1	1	1
5	1	1	0	0

Tabelle 7.4

C_3 könnte z.B. in bestimmten agrarischen Gesellschaften allgemein geteilte normative Orientierungen repräsentieren, bei deren Nichtvorhandensein keine Revolten stattfinden. Werden diese normativen Orientierungen durch den Untersucher richtig den entsprechenden Fällen zugeordnet, so führt dann die logische Minimierung der Kombinationen eins bis fünf zu dem Ergebnis, dass nicht Landhunger bzw. Kommerzialisierung jeweils für sich genommen, sondern stets nur in Verbindung mit der Hintergrundbedingung C_3 das Ereignis E auslösen, dass also gilt

$$(C_1 \wedge C_3) \vee (C_2 \wedge C_3) \Rightarrow E \qquad (7.3)$$

C_1, C_2 und C_3 entsprechen den von STOVE und MACKIE so genannten „INUS-bedingungen": es sind *nicht hinreichende*, aber *notwendige* Elemente der Bedingungskombinationen ($C_1 \wedge C_3$) und ($C_2 \wedge C_3$), die wiederum für die Realisierung des Ereignisses E jeweils *nicht notwendig*, aber *hinreichend* sind.

Das Problem der unbekannten und variierenden Hintergrundbedingungen führt dazu, dass komparative Verfahren, wie sie RAGINs Methode der qualitativen komparativen Analyse repräsentieren, nur dann sinnvoll einsetzbar sind, wenn alle faktisch kausal relevanten *INUS-Bedingungen* in der Menge jener Bedingungen enthalten sind, die in die Betrachtung mit eingehen. Oder mit anderen Worten: durch diese Verfahren können kausale Zusammenhänge stets nur in einem *geschlossenen System von Bedingungsvariablen*[53] und für eine *Menge von gegebenen Beobachtungen* logisch begründet nachgewiesen werden, die die tatsächliche Variation der Bedingungen im Untersuchungsfeld auch abbilden,. Unerkannte und variierende INUS-Bedingungen können leicht dazu führen, dass kausal wirksame Bedingungen als irrelevant aus dem Modell ausgeschlossen werden müssen. Angenommen etwa, dem Untersucher, der den Zusammenhang zwischen Revolten, Landhunger und der Kommerzialisierung der Landwirtschaft untersucht, der die INUS-Bedingung C_3 aber nicht

---

53 Obwohl RAGIN seinen „fallorientierten Ansatz" von der „konventionellen, variablenorientierten Sozialforschung" abgrenzen will, sind die von ihm verwendeten Bedingungen natürlich Variablen im mathematischen Sinne: veränderliche Größen mit kategorialen oder (im Fall der „Fuzzy-set theoretischen" Erweiterung seines Ansatzes) kontinuierlichen Ausprägungen.

einbezieht, liegt eine etwas andere Auswahl von Fällen vor, wie sie in Tabelle 7.5 dargestellt ist.

Kombination	C_1	C_2	C_3	E
1	0	0	1	0
2	1	0	1	1
4	1	1	1	1
6	0	1	0	0

Tabelle 7.5

Unter Verwendung der logischen Minimierungsregeln müsste man hier wie auch in dem in der Wahrheitstafel 7.2 dargestellten Fall zu dem Schluss gelangen, dass nur Kommerzialisierung der Landwirtschaft zu Revolten führt, während Landhunger keinen kausalen Einfluss hat. Solche Fehler treten nur dann nicht auf, wenn alle INUS-Bedingungen, die im Modell nicht berücksichtigt wurden, konstante Hintergrundbedingungen darstellen, die im Fallmaterial nicht variieren, wenn mit anderen Worten, hinsichtlich aller nicht berücksichtigten Bedingungen *ceteris paribus* Annahmen gemacht werden können.

7.3 Zusammenfassung: Stärken und Schwächen komparativer Verfahren in der qualitativen Sozialforschung

Die Kausalanalyse mit Techniken des Fallvergleichs, die, wie die Analytische Induktion und die Qualitative Komparative Analyse (einschließlich ihrer fuzzy-theoretischen und probabilistischen Weiterentwicklungen) auf den ursprünglich von MILL beschriebenen komparativen Verfahren aufbauen und diese weiterentwickeln, ist aus logischen Gründen (und unabhängig davon, ob hiermit die kausalen Beziehungen zwischen Makro- oder Mikrophänomenen untersucht werden) mit zwei wesentlichen Validitätsbedrohungen belastet:

1. Die erste Validitätsbedrohung betrifft die Möglichkeit, dass eine im untersuchten Handlungsfeld vorhandene *Pluralität der kausalen Pfade* nicht angemessen erkannt und beschrieben wird. Bei der Analytischen Induktion tritt dieses Risiko auf, weil hier bei der Untersuchung einer kausalen Hypothese nicht systematisch nach solchen Fällen gesucht wird, in denen zwar die jeweiligen Bedingungen, nicht aber die hypothetisch angenommenen Wirkungen vorliegen (weil, in der Terminologie von Kausalitätsbegriffen, also nur *notwendige*, nicht aber *hinreichende* Bedingungen untersucht werden). Bei der kausalen Analyse sozialen Handelns lassen sich aber notwendige Bedingungen oft nicht identifizieren, weil zahlreiche (wenn nicht die meisten) sozialen Handlungen durch unterschiedliche kausale Pfade (d.h. durch jeweils unterschiedliche Kombinationen von INUS-Bedingungen) zustande kommen können. Beschränkt man etwa die Untersuchung von *Heiraten* oder *Scheidungen* nur auf solche Bedingungen, die bei jeder Heirat oder jeder Scheidung notwendigerweise vorliegen müssen, wird man kaum zu einer soziologisch aufschlussreichen Analyse gelangen. Die Qualitative Komparative Analyse vermeidet zwar diese Beschränkung der Analytischen Indukti-

on. Die logische Struktur des gesamten Vergleichsverfahrens bringt es aber mit sich, dass eine beschränkte Fallauswahl, die auch nur zu kleineren Lücken im Fallmaterial führt, zur Folge haben kann, dass bestimmte kausale Pfade vollständig aus der Betrachtung ausgeschlossen bleiben.

2. Das zweite Risiko bei der Anwendung komparativer Methoden besteht darin, dass unerkannte und variierende Hintergrundbedingungen dazu führen können, dass kausal relevante Bedingungen übersehen werden, oder aber dazu, dass kausal nicht relevante Bedingungen irrtümlich für kausal relevant gehalten werden. So erfordert etwa eine zutreffende Spezifikation von kausalen Zusammenhängen durch deren „logische Minimierung", dass die Menge jener Bedingungen, die logisch minimiert werden, alle kausal relevanten INUS-Bedingungen bereits als Teilmenge enthält oder dass kausal relevante und nicht in das Modell einbezogene INUS-Bedingungen konstante Hintergrundbedingungen darstellen, die als echte *ceteris paribus* Bedingungen vernachlässigt werden können.

Komplexe kausale Aussagen, die durch den Einsatz komparativer Verfahren gewonnen wurden, sind also möglicherweise instabil: denn wenn im Fallmaterial nur eine einzige Bedingungskombination fehlt, die im empirischen Untersuchungsfeld tatsächlich vorliegt, kann der kausale Einfluss, der von den betrachteten Bedingungen ausgeht, grundlegend falsch eingeschätzt werden. In der ursprünglichen, den Prinzipien der klassischen Boole'schen Algebra folgenden Konzeption der Qualitativen Komparativen Analyse kann ein einzelner abweichender Fall, der neu einbezogen wird, dazu führen, dass sich das ganze kausale Bedingungsgefüge grundlegend ändert. (Bei den späteren probabilistischen und „fuzzy-theoretischen" Weiterentwicklungen können, wie bereits erläutert, Schwellenwerte festgelegt werden: hierbei wird eine größere Anzahl von Fällen in einer Bedingungskombination notwendig, damit diese Kombination als kausal relevant erachtet wird, vgl. RAGIN 2000, S. 132 f.).

Da es sich bei der Qualitativen Komparativen Analyse um die bislang weitestgehende Explikation und Elaboration der Kausalanalyse durch komparative Verfahren handelt, gilt also ganz allgemein: bei der Anwendung komparativer Verfahren mit kleinen Fallzahlen ist das Risiko von Fehlschlüssen durch eine einseitige Fallauswahl hoch. So gilt auch hier, was BLALOCK kritisch gegenüber der Analytischen Induktion anmerkt: „*In practice this selection is likely to be based on such criteria as the availability of data, the investigator's specialized knowledge, or perhaps some judgement as to appropriateness*" (BLALOCK 1984, S. 96). Dieser Umstand, so BLALOCK weiter, eröffne Tür und Tor für Manipulationsmöglichkeiten:

> „The specialist or expert is in an excellent position to mislead naive readers through the initial selection of cases to be studied or facts to be reported. (...) The investigator selects for them and then draws the inevitable conclusions." (ebd., S. 136)

Komparative Methoden können nur dann zu validen Kausalaussagen führen, wenn sichergestellt werden kann, dass das Fallmaterial die faktische Heterogenität der kausalen Bedingungen im Untersuchungsfeld auch tatsächlich abbildet. Auch RAGIN betont mehrfach, dass eine *begrenzte Diversität* des Datenmaterials ein erhebliches Problem für die Methode darstellt und sich auf die Möglichkeit auswirkt, kausale Schlussfolgerungen zu ziehen. Jene makrosozietären Phänomene, für die die Methode ursprünglich entwickelt wurde, seien allerdings *notwendigerweise* und aus gutem Grund in ihrer Variation beschränkt, denn

7.3 Zusammenfassung

„The fact that there are no non-Catholic South American countries is both meaningful and historically interpretable; it is not an unfortunate accident that confounds the work of scholars who study Latin America." (RAGIN 1987, S. 104)

Obwohl man an dieser Stelle RAGIN zustimmen wird, so wird doch das eigentliche Problem durch dieses Argument gar nicht berührt. Denn verwendet man die Methode der logischen Minimierung, um kausale Wirkungen des Katholizismus auf lateinamerikanische Gesellschaften zu identifizieren, so wird man zwangsläufig jene Merkmale, die *allen* lateinamerikanischen Ländern *gemeinsam sind* und die in die Analyse einbezogen wurden, als *kausale Wirkung* des Katholizismus betrachten müssen. Die Frage, ob diese Merkmale nicht auch in einem *nicht-katholischen* lateinamerikanischen Land beobachtbar wären, ließe sich natürlich erst dann beantworten, wenn ein solches Land existiert.

Das Argument, wonach der Umstand, dass Bedingungskombinationen empirisch bislang nicht aufgetreten sind, als Indikator dafür betrachtet werden kann „*that they combine incompatible elements and therefore are unlikely ever to exist, much less experience revolts*" (RAGIN 1987, S.109) muss schließlich aus einer handlungstheoretischen Perspektive, die die Kreativität von Akteuren bei der Veränderung sozialer Strukturen in Rechnung stellt, noch kritischer gesehen werden. Denn unter einem solchen Blickwinkel können soziale Akteure bislang nicht beachtete Hintergrundbedingungen durch abduktive Schlüsse in ihren Relevanzhorizont rücken und variieren, indem sie etwa neue Handlungsziele oder neue Handlungsmaximen entwickeln. Auch wenn solche kreativen Lösungsversuche von Handlungsproblemen nur gelegentlich unternommen werden und auch nur selten zu allgemein akzeptierten und weit verbreiteten sozialen Praktiken werden, muss man doch davon ausgehen, dass akteursinduzierter sozialer Wandel in vielen Fällen das komplexe Geflecht der INUS-Bedingungen für ein bestimmtes Phänomen umgestalten kann. Soziale Akteure können, um noch einmal das Beispiel der ländlichen Revolten zu strapazieren, neue soziale Praktiken einführen, mit deren Hilfe sie Landhunger und eine Kommerzialisierung der Landwirtschaft in einer Weise bewältigen, die nicht zu Revolten führt. Das Spektrum solcher Innovationen kann reichen von der Schaffung neuer ökonomischer Grundlagen über die Emigration bis hin zu religiösen Erweckungen, die ein bedrückendes Schicksal subjektiv erträglicher machen. Solche Innovationen sind unter einer akteurstheoretischen Perspektive nur selten antizipierbar, oft gelangen sie erst durch explorative empirische Untersuchungen in den Blick des Untersuchers.

Diese Probleme werden verschärft, wenn, wie dies in den letzten Jahren häufiger geschehen ist, das Verfahren nicht zur Analyse makrosozietärer Phänomene, sondern zur Untersuchung mikrosozialer Prozesse genutzt wird (etwa bei RAGIN 2000, S. 82 ff. oder bei SAGER, LEDERMANN 2004), weil man dann (insbesondere unter Bedingungen wachsender Handlungsspielräume) die Variation von Handlungsmustern und kausalen Pfaden noch stärker in Rechnung stellen muss. Das Falsifikationsverfahren, mit dessen Hilfe mit der Qualitativen Komparativen Analyse kausal vermeintlich irrelevante Bedingungen aussortiert werden, kann, wenn nicht alle variierenden INUS-Bedingungen einbezogen wurden (etwa weil der Forscher einige der relevanten Bedingungen gar nicht kennt), kausale Zusammenhänge verdecken: Die Hypothese, dass eine bestimmte Handlungsbedingung (etwa: bestimmte Erfahrungen sozialer Deprivation) in Kombination mit anderen Bedingungen kausal relevant ist für eine bestimmte Form sozialen Handelns (etwa: deviantes Verhalten im Jugendalter), würde bei der Anwendung dieser Methode zurückgewiesen, wenn nur ein einziger Fall (im Fall der probabilistischen Erweiterungen der qualitativen komparativen

Analyse: einige Fälle) im Datenmaterial gefunden werden, in dem diese Bedingung nicht Bestandteil der gesamten Bedingungskonstellation ist. Es ist aber ohne weiteres möglich, dass weitere INUS-Bedingungen existieren, deren gemeinsames Auftreten mit Erfahrungen sozialer Deprivation deviantes Verhalten verhindert. Solche INUS-Bedingungen können zum Beispiel Handlungsstrategien von beteiligten Akteuren (etwa: *Eltern, Sozialarbeitern, Jugendlichen* ...) sein, die Mittel und Wege finden, bestimmte Deprivationserfahrungen abzumildern und zu verarbeiten. Eine Anwendung der komparativen Methode mit dem Ziel, diese kausalen Zusammenhänge abzubilden, erfordert aber, dass *alle* kausal relevanten Handlungsbedingungen in die Analyse auch mit einbezogen werden.

Aus einer handlungstheoretischen Perspektive, die mit einer Pluralität von Handlungsmustern, einer Diversität kausaler Pfade sowie mit der Möglichkeit eines akteursinduzierten sozialen Wandels rechnet, der zur Variation bislang nicht berücksichtigter Handlungsbedingungen führen kann, muss man aber davon ausgehen, dass Forscher nicht immer auch *alle* kausal relevanten INUS-Bedingungen (d.h. alle relevanten *externen Handlungsbedingungen, Ziele der Handelnden* und *Handlungsmaximen*) kennen. Zur Untersuchung solcher Handlungsfelder, zu deren Wissensbestände Sozialforscher (noch) keinen Zugang haben, sind Strategien erforderlich, mit deren Hilfe es möglich ist, auch solche Handlungsbedingungen in kausale Modelle einzubeziehen, die nicht *unter allen möglichen anderen Bedingungen* ihre Wirkung entfalten. Es werden m.a.W. Möglichkeiten zur empirischen Untersuchung *unvollständiger Kausalaussagen* benötigt, mit deren Hilfe etwa zum Ausdruck gebracht werden kann, dass „*soziale Deprivation*" zwar eine wesentliche Bedingung für deviantes Verhalten darstellt, aber nicht ausnahmslos zu deviantem Verhalten führt, weil weitere Bedingungen auftauchen können, die die Wirkung sozialer Deprivation einschränken oder abmildern können. Es ist nun weder möglich noch wünschenswert, diese zusätzlichen Bedingungen sämtlich in die Kausalanalyse einzubeziehen: ein Teil dieser Bedingungen ist soziologisch nicht relevant, ein anderer Teil (noch) gar nicht bekannt, insbesondere dann, wenn unter einer akteurstheoretischen Perspektive damit gerechnet werden kann, dass bislang invariante Hintergrundbedingungen von sozialen Akteuren verändert und damit zu relevanten INUS-Bedingungen kausaler Modelle werden können. Methoden zur Analyse *schwacher Kausaleinflüsse* sind deshalb ein unabdingbarer Bestandteil des sozialwissenschaftlichen Methodeninstrumentariums. Für diesen Zweck sind *statistische Verfahren* und *wahrscheinlichkeitstheoretische Konzepte* aber wesentlich besser geeignet als komparative Methoden, wie im folgenden Kapitel ausführlich gezeigt werden soll.

Der Umstand, dass unter akteurstheoretischer Perspektive sozialwissenschaftliche Kausalbeziehungen *Strukturen begrenzter Reichweite* darstellen, weil die INUS-Bedingungen des Handelns durch soziale Akteure selber umgestaltet werden können, macht es weiterhin erforderlich, dass dieses Methodeninstrumentarium auch Verfahren zur *Exploration von bislang noch unbekannten INUS-Bedingungen* enthält. In diesem Kontext nun haben Komparationsverfahren, wie sie die Analytische Induktion oder die Qualitative Komparative Analyse darstellen, eine wichtige Funktion. Sie können nämlich *als Heuristiken bei der Suche nach kontrastierenden Fällen zur Identifikation neuer Bedingungsvariablen (d.h. bislang unbekannter INUS-Bedingungen)* eingesetzt werden. Diese Möglichkeit, die in Schriften zur komparativen Methodik eher selten explizit diskutiert wird, tritt noch am deutlichsten hervor bei der Analytischen Induktion, die ursprünglich als ein *sequentielles Vorgehen* beschrieben wurde, bei dem kausale Hypothesen auf der Grundlage der bereits analysierten Fälle formuliert werden, welche dann eine Suche nach *crucial cases* bzw. nach *negative instances* anleiten. Dieses Prinzip der sequentiellen und kontrastierenden Fallauswahl wurde in der qualitativen Forschungstradition v.a. durch die Arbeiten von GLASER und STRAUSS zum *Theoretical Sampling* bewahrt (unter Verzicht auf die falsifikationslogische Begründung, die es in der Analytischen Induktion erfahren hatte).

Auch RAGIN geht mehrfach auf die Notwendigkeit ein, die Fallbasis, auf deren Basis kausale Schlüsse gezogen werden, jederzeit und sukzessive erweitern zu können. Sein Verfahren bietet gegenüber der Analytischen Induktion zudem noch den Vorteil, dass hiermit die Suche nach *negative instances* systematischer als bei der Analytischen Induktion durchgeführt werden kann, weil einerseits die Rolle komplexer Bedingungs*kombinationen* expliziert werden kann und andererseits nicht nur notwendige, sondern auch hinreichende Bedingungen einbezogen werden können. Diese Möglichkeit zu einer heuristischen Verwendung der Qualitativen Komparativen Analyse, die eine sukzessive Erweiterung der Fallbasis zur beständigen Fortentwicklung der kausalen Hypothesen und Modelle des Forschers ermöglicht, rückt jedoch gerade in RAGINs neueren Arbeiten in den Hintergrund. So sind die in den probabilistischen und „fuzzy-theoretischen" Versionen des Verfahrens enthaltenen Strategien der Definition von Schwellenwerten für eine solche heuristische Verwendung kontraindiziert: hierdurch werden nämlich Bedingungskombinationen als kausal irrelevant aus der Betrachtung ausgeschlossen, die nur wenige Fälle betreffen. Bei einer *heuristischen* Verwendung des Verfahrens könnten solche Bedingungskombinationen aber gerade dazu führen, dass neue, bislang unbekannte INUS-Bedingungen und kausale Pfade entdeckt und in die Betrachtung mit einbezogen werden.

Die späteren probabilistischen und „fuzzy-theoretischen" Weiterentwicklungen der Qualitativen Komparativen Analyse (RAGIN 2000) nähern sich sogar statistischen Methoden an, die primär als Methoden zur Beschreibung von kausalen Zusammenhängen zwischen einer Menge von vorab definierten Variablen sowie zur empirischen Prüfung von Kausalaussagen und nicht zur *Entdeckung* bislang unbekannter kausaler Bedingungen dienen. Das in der komparativen Methode enthaltene Potential zur *Exploration* bislang unbekannter kausaler Bedingungen bleibt hierbei aber ungenutzt, denn bei einer explorativen Forschungsstrategie dürften auch einzelne *widersprechende Einzelfälle* nicht unter den Tisch fallen – die Identifikation von einzelnen *crucial cases*, in denen etwa soziale Deprivation nicht zu deviantem Verhalten führt, hätte bei einem explorativen Vorgehen nicht die Funktion, soziale Deprivation als möglichen Kausalfaktor auszuschließen, sondern würde dazu dienen, durch eine weitere interpretative Analyse des Falls potentielle INUS-Bedingungen zu identifizieren, die unter den Bedingungen sozialer Deprivation Devianz verhindern könnten.

Die Verbindung von zu explorativen Zwecken genutzten komparativen Verfahren mit Methoden quantitativer Sozialforschung kann in Handlungsfeldern, die durch eine große Pluralität von Handlungsmustern und sozialen Wandel gekennzeichnet ist, aus zwei Gründen sinnvoll sein:

1. Die logische Systematisierung von Merkmalen durch Fallvergleich kann immer nur dazu dienen, Bedingungskombinationen zu identifizieren, die ein hypothetisches Gegenbeispiel, einen *crucial case* bzw. *negative instance* prinzipiell auszeichnen würden, nicht dazu, herauszufinden, ob ein solcher Fall tatsächlich im untersuchten Handlungsfeld existiert. *Negative instances* tatsächlich zu finden und in eine qualitative Stichpro-

be einzubeziehen, kann mit hohem forschungspraktischen Aufwand verbunden sein, wenn kein Stichprobenrahmen vorhanden ist. Dieses Manko hatte bereits der Analytischen Induktion berechtigte Kritik eingebracht. Es spricht allerdings einiges dafür, dass es auch forschungspraktische Gründe waren, die LINDESMITH und CRESSEY daran gehindert haben, nicht nur hinreichende, sondern auch notwendige Bedingungskonstellationen zu identifizieren: LINDESMITH, der Opiatabhängige befragt hatte, hätte nur mit größten Schwierigkeiten einen Zugang zu Personen erhalten können, die die von ihm beschriebene Kombination kausaler Handlungsbedingungen der Opiatsucht erlebt hatten, aber nicht von dem Suchtstoff abhängig geworden sind. CRESSEY, der sich für die Bedingungen interessierte, unter denen sich Personen, die Zugang zu fremden Vermögen hatten zu einer Unterschlagung des ihnen anvertrauten Geldes entschlossen, konnte Interviewpartner befragen, die wegen diesem Delikt in amerikanischen Staatsgefängnissen einsaßen. Es wäre ihm aber kaum möglich gewesen, Personen, die einerseits „nicht-mitteilbare finanzielle Probleme" aufwiesen und andererseits eine Vertrauensstellung einnahmen, in der sie treuhänderisch fremdes Geld verwalteten, überhaupt nur zu finden und dann auch noch für ein Interview zu gewinnen. Auch dort, wo es nicht um solche *sensitive topics* geht, ist die systematische Suche nach *crucial cases* ohne die praktische Verfügbarkeit eines entsprechenden Stichprobenrahmens nur schwer zu bewältigen. Die Konstruktion eines solchen qualitativen Stichprobenrahmens ist wiederum in heterogenen Handlungsfeldern ohne eine umfangreiche und nur mit quantitativen Methoden durchführbare Datenerhebung nicht möglich.

2. Auch durch ein sequentielles Ziehungsverfahren wie die Analytische Induktion oder das *Theoretical Sampling* kann die *Geltungsreichweite* von in explorativen Studien gefundenen Strukturen begrenzter Reichweite oft nicht hinreichend untersucht werden. Dies gilt natürlich insbesondere für solche Handlungsfelder, die durch eine große Vielfalt an Handlungsmustern und kausalen Pfaden gekennzeichnet sind. Werden neue Strategien relevanter Akteure im Umgang mit Handlungsproblemen (wie sie sich bspw. aus der Erfahrung sozialer Deprivation ergeben) anhand kleiner Fallzahlen in qualitativen Studien identifiziert, so wird sich oft die Frage anschließen, wie *verbreitet* solche Strategien sind. Mit einem sequentiellen Ziehungsverfahren, das seine Stärken bei der Untersuchung beschränkter Fallzahlen hat, lässt sich diese Frage nur in relativ begrenzten und homogenen Handlungsfeldern beantworten, so dass ergänzende Untersuchungen mit größeren Fallzahlen zur Untersuchung der Geltungsreichweite der gefundenen Strukturen notwendig werden können.

Unter einer akteurstheoretischen Perspektive können durch komparative Verfahren komplexe Kausalaussagen weder angemessen entwickelt noch geprüft werden, wenn diese Verfahren auf der Grundlage einer Auswahl nach ungeklärten Kriterien, einer beschränkten Anzahl von Fällen und auf der Basis eines *geschlossenen Systems von Bedingungsvariablen* verwendet werden. Werden komparative Methoden aber im Kontext einer explorativen Forschungsstrategie als *heuristische Werkzeuge zur Bestimmung von Kriterien der Fallauswahl und Fallkontrastierung* mit dem Ziel der Entdeckung bislang nicht berücksichtigter Handlungsbedingungen eingesetzt – und zudem bei Bedarf mit Verfahren quantitativer Datenerhebung und -auswertung kombiniert – so sind sie unverzichtbare Werkzeuge der empirischen Sozialforschung.

8 Kausalität und quantitative Methoden I: Probabilistische Kausalität

Die durch Strukturen begrenzter Reichweite erzeugten schwachen Kausalbeziehungen setzen einer vollständigen Kausalanalyse durch komparative Verfahren enge Grenzen. Die Verfahren der „Analytischen Induktion" und der „Qualitativen Komparativen Analyse" sind fehleranfällig, wenn nicht alle im Untersuchungsfeld relevanten Bedingungen und Bedingungskombination in den Fallvergleich mit eingehen. Weil in sozialwissenschaftlichen Handlungserklärungen nicht alle INUS-Bedingungen, die soziales Handeln beeinflussen, berücksichtigt werden können, werden methodische Werkzeuge benötigt, um Bedingungen zu identifizieren, die nicht immer, sondern nur unter bestimmten (nicht weiter spezifizierten, ggfs. sozialwissenschaftlich irrelevanten) weiteren Bedingungen eine Wirkung entfalten. In diesem Kapitel werden statistische und wahrscheinlichkeitstheoretische Konzepte und Verfahren diskutiert, mit deren Hilfe *unvollständige Kausalaussagen* formuliert und *schwache Kausaleinflüsse* identifiziert und beschrieben werden können. Im Mittelpunkt der folgenden Erörterungen stehen allerdings nicht formale und technische Aspekte kausaler statistischer Modellbildung, sondern deren handlungstheoretische Relevanz. Dabei wird vor allem die in den letzten Jahren in der Literatur des Öfteren aufgeworfene Frage nach dem Zusammenhang zwischen *Zufall*, *Wahrscheinlichkeit* und *Handlungsfreiheit* intensiver behandelt.

Weiterhin soll in diesem Kapitel gezeigt werden, dass unter einer akteurstheoretischen Perspektive komplexe statistische Verfahren multivariater Kausalanalyse zur Analyse von Strukturen begrenzter Reichweite in vielen Fällen *allein* nicht ausreichen – vielmehr müssen solche Verfahren oftmals mit qualitativen Methoden zur Identifikation von bislang nicht in die Modelle einbezogenen kausalen Pfaden und Handlungsbedingungen kombiniert werden.

8.1 INUS-Bedingungen und statistische Methoden

Die Variation unbeobachteter und nicht berücksichtigter Hintergrundbedingungen hat, wenn große Stichproben mit statistischen Methoden untersucht werden, weitaus weniger gravierende Konsequenzen als bei dem Einsatz komparativer Methoden bei kleinen Fallzahlen. Denn mit Hilfe statistischer Verfahren können bestimmte INUS-Bedingungen isoliert betrachtet und irrelevante INUS-Bedingungen (etwa solche, die aus der disziplinären Perspektive des Forschers nicht von Bedeutung sind) außer Acht gelassen werden.

Dies lässt sich leicht zeigen an dem bereits in Wahrheitstafel 6.2 dargestellten Kausalzusammenhang, bei dem das Ereignis E nur dann auftritt, wenn eine Bedingung C_1 in Verbindung mit einer weiteren Bedingung C_2 gegeben ist, wenn also gilt

$$C_1 \wedge C_2 \Rightarrow E \qquad (8.1)$$

Angenommen, ein Untersucher betrachte jeweils 50 Fälle, in denen die Bedingung C_1 vorliegt und 50 Fälle, in denen sie nicht vorliegt, wobei in der Hälfte der Fälle, in denen C_1 realisiert wurde, auch die Hintergrundbedingung C_2 vorliegt (vgl. Tabelle 8.1).

Kombination	C_1	C_2	E	Häufigkeit
1	$c_{11}=1$	$c_{21}=1$	$e_1 = 0$	25
2	$c_{12}=1$	$c_{22}=0$	$e_2 = 1$	25
3	$c_{13}=0$	$c_{23}=1$	$e_3 = 0$	25
4	$c_{14}=0$	$c_{24}=0$	$e_4 = 0$	25

Tabelle 8.1

Bei der Anwendung der von MILL beschriebenen und von RAGIN weiter ausgearbeiteten komparativen Verfahren würde ein Untersucher, der die Bedingung C_2 nicht berücksichtigt[54] zwangsläufig zu dem Schluss gelangen, dass C_1 keine kausale Bedingung für E darstellt – in den Fällen, in denen C_1 realisiert wurde, lässt sich nämlich nicht immer auch E beobachten. Falls also seine Theorie die Bedeutung von C_2 (z.B. „*Ressourcen zur Bewältigung sozialer Deprivation*") nicht berücksichtigt, muss er dann die vorliegenden Daten so interpretieren, dass auch C_1 (z.B. „*Erfahrung sozialer Deprivation*") keinen kausalen Einfluss auf E (z.B. „*deviantes Verhalten*") hat. Bei einer Verwendung komparativer Verfahren führt nämlich, wie bereits erläutert, schon ein einzelner beobachteter Fall, in dem zwar C_1, nicht aber E auftritt, dazu, dass ein kausaler Zusammenhang zwischen C_1 und E ausgeschlossen wird. Dies liegt daran, dass die auf MILLs Methoden der Übereinstimmung und der Differenz zurückgehenden Vergleichsverfahren letztendlich auf dem deterministischen Kausalitätsbegriff HUMEs beruhen, bei dessen Anwendung nur dann von Ursachen gesprochen werden kann, wenn das gesamte Gefüge von variierenden INUS-Bedingungen in die Betrachtung einbezogen wird.

Bei einem statistischen Vorgehen jedoch, d.h. bei der Betrachtung der *Häufigkeiten*, mit denen die vier verschiedenen Ereigniskombinationen auftreten, kann C_1 auch dann als kausale Bedingung identifiziert werden, wenn C_2 (als unbeobachtete Hintergrundbedingung) außer Acht gelassen wurde: dann, wenn die Kombinationen 1 oder 2 realisiert wurden, d.h. in der *Hälfte* jener Fälle, in denen C_1 vorliegt, wurde auch E realisiert. Dahingegen tritt *immer dann*, wenn C_1 *nicht* vorliegt (d.h. dann, wenn die Kombinationen 3 oder 4 vorliegen), auch das Ereignis E *nicht* auf. Die „Erfahrung sozialer Deprivation" führt also nicht *immer* zu „deviantem Verhalten"; „deviantes Verhalten" tritt nur *häufiger* in solchen Fällen auf, in denen eine „Erfahrung sozialer Deprivation" vorliegt als in solchen Fällen, in denen diese Bedingung nicht vorhanden ist.

Eine Betrachtung von Häufigkeiten kann also (im Gegensatz zu komparativen Methoden) auch dann, wenn C_2 nicht beobachtet und deshalb auch nicht berücksichtigt werden kann, einen Hinweis darauf geben, dass C_1 in irgendeiner Form Einfluss auf E hat. Was RAGIN, wie schon ZNANIECKI vor ihm, als eine Schwäche statistischer Verfahren kritisiert,

---

54 Vielleicht weil diese Bedingung in seinen theoretischen Vorannahmen keine Rolle spielt, oder er sie für eine konstante Hintergrundbedingung hält, oder weil ihm die in Tabelle 8.1 grau unterlegten Informationen darüber, ob C_2 in den untersuchten Fällen vorliegt, nicht zur Verfügung stehen.

dass nämlich mit ihrer Hilfe oft nur *partielle Erklärungen* formuliert und dabei die Komplexität zahlreicher Phänomene nicht hinreichend erfasst werden könne (z.B. RAGIN 1987, S.54) erweist sich dann, wenn nicht alle kausal relevanten Bedingungen bekannt sind, als Vorteil. Denn die Komplexität von Phänomenen lässt sich *dann und nur dann* mit Hilfe komparativer Verfahren erfassen, wenn *alle* kausalen Bedingungen für dieses Phänomen in die Untersuchung einbezogen werden. Durch die Betrachtung statistischer Aggregatzahlen lassen sich demgegenüber auch Modelle *schwacher Kausalität* bzw. *partielle, unvollständige Kausalmodelle* konstruieren, die nur einen Teil der INUS-Bedingungen berücksichtigen.

Mit Hilfe von Regressionsverfahren, wie sie die Grundlage bilden für Methoden „kausaler Modellierung" (vgl. SIMON 1954, 1957, 1968; HEISE 1975; BLALOCK 1985; ENGEL, STROHE 1997), lassen sich mathematische Modelle formulieren, die einen Zusammenhang zwischen dem Ereignis E und C_1 auch bei einer Unkenntnis über C_2 beschreiben. Solche statistischen Verfahren würden das Auftreten des Ereignisses E nicht mit Sicherheit vorhersagen, sondern nur die Werte einer Variable Π, wobei zwischen den vorhergesagten Werten von Π und den tatsächlich empirisch realisierten Werten von E eine mehr oder weniger große Differenz (im Folgenden bezeichnet mit dem Buchstaben „U") bestehen kann:

$$\Pi = f(C_1) \qquad (8.2)$$
$$E = \Pi + U \qquad (8.3)$$

Die empirisch realisierten Werte der *outcome*-Variable E für alle vier in Tabelle 8.1 dargestellten Kombinationen e_1, e_2, e_3 und e_4 lassen sich also für jedes der beiden Modelle additiv zerlegen in Werte π_1, π_2, π_3 und π_4 der Variablen Π, die unter den jeweiligen Modellannahmen erwartet werden können, und in Residualwerte u_1, u_2, u_3 und u_4, die Realisationen einer Zufallsvariablen U darstellen:

$$e_i = \pi_i + u_i \qquad (8.4)$$

Wird der funktionale Zusammenhang zwischen E und C_1 in Form einer Funktionsgleichung spezifiziert und werden auf dieser Grundlage Regressionskoeffizienten geschätzt[55], so kann

---

55 Da es sich bei der abhängigen Variablen um eine dichotome Variable handelt (E kann zwei Werte annehmen – „0" bedeutet: das Ereignis tritt nicht auf, „1" bedeutet, dass das Ereignis realisiert wird), ist das Regressionsmodell, durch das dieser Zusammenhang am besten dargestellt werden kann, ein *binäres Logitmodell* (vgl. SOBEL 1995b, S. 266ff.). Die Funktionsgleichungen würden dann die folgende Form annehmen:
$$\log(\Pi/1-\Pi) = \alpha + \beta * C_1 \qquad (8.5)$$
Bei einer *Maximum-likelihood* Schätzung für die in Tabelle 8.1 wiedergegebene fiktive Datenmatrix ergibt sich für den Regressionskoeffizienten der Wert $\beta = 18,2$ und für α der Wert -18,2. Wenn die Bedingung C_1 vorliegt, erhält man durch Einsetzen in die Gleichung (8.5) und durch Umformung
$$\log(\pi_i/1-\pi_i) = \alpha + \beta * C_1 \qquad (8.6)$$
$$\pi_i = 0,5 \qquad (8.7)$$
Durch Einsetzen in (8.4) erhält man den Fehler u_{1j}, den man bei einer Schätzung eines realisierten outcomes e_j unter der Bedingung, dass C_1 den Wert 1 annimmt macht. Dies betrifft die in Tabelle 8.1 enthaltenen Kombinationen 1 und 2, also
$$e_1 = \pi_1 + u_1 \qquad (8.8)$$
$$u_1 = e_1 - \pi_1 = 0 - 0,5 = -0,5 \qquad (8.9)$$
$$u_2 = e_2 - \pi_2 = 1 - 0,5 = 0,5 \qquad (8.10)$$

mit jeweils einem bestimmten Fehler (der durch die Werte u_i repräsentiert wird) vorhergesagt werden, welche Werte von E bei der Variation der Bedingung C_1 zu erwarten sind. Dieses Modell kann also die Variation der Werte der Variablen E in den vorliegenden Daten nicht vollständig, aber zumindest teilweise erklären. In der Literatur zur kausalen Modellierung werden im allgemeinen (unter der Bedingung, dass die unabhängigen Variablen untereinander und mit dem Fehlerterm nicht korreliert sind, vgl. SIMON 1954, S.12; JAMES, MULAIK, BRETT 1982, S. 45; SOBEL 1995, S.27; IRZIK 1996, S.254, kritisch hierzu PEARL 1998) Regressionskoeffizienten als Stärke des kausalen Zusammenhangs interpretiert (vgl. SIMON 1954; PEARL 1998, S.237).

Die Zufallsvariable U, deren Werte mit wachsenden Regressionskoeffizienten kleiner werden, repräsentiert die Abweichungen zwischen beobachteten Werten der abhängigen Variablen einerseits und den Werten, die sich aufgrund des jeweiligen Modells ergeben würden. Diese Zufallsvariable ist aber nun nicht einfach nur ein Ausdruck für die Existenz irrelevanter, „zufälliger" Einflüsse, wie es der Ausdruck „Fehlerterm" nahe legen würde. Abweichungen zwischen den empirisch realisierten und den unter den Modellannahmen erwarteten Werten können vielmehr durch weitere, bislang nicht in das Modell aufgenommene Bedingungen zustande kommen, die unabhängig von C_1 wirken. Im Fehlerterm U können also weitere unabhängige Bedingungen für das zu erklärende Phänomen „versteckt" sein – in dem vorliegenden Beispiel würde eine solche Bedingung bspw. durch die Variable C_2 repräsentiert. Durch Berücksichtigung weiterer Einflüsse könnte die Erklärungskraft des Modells erhöht werden[56], allerdings wird eine vollständige Varianzaufklärung der abhängigen Variablen selten angestrebt oder erreicht, weil hierzu i.d.R. so viele Variablen erforderlich wären, die das gesamte Modell übermäßig komplex machen würden, soweit deren Erfassung nicht auch empirisch aussichtslos wäre (vgl. BLALOCK 1984, S. 56).

8.2 INUS-Bedingungen und sozialwissenschaftliche Handlungserklärung

Die mit der Anwendung statistischer Methoden gegebene Möglichkeit, nur einen Teil der für soziale Phänomene relevanten INUS-Bedingungen in die Betrachtung einzubeziehen, ist für die Formulierung sozialwissenschaftlicher Erklärungen hilfreich, wenn nicht unerlässlich. Trotz des weit fortgeschrittenen technischen Stands, den die Anwendung statistischer Methoden in den Sozialwissenschaften heute erreicht hat, ist man sich der methodologischen und theoretischen Bedeutung dieses Umstands gegenwärtig oft weit weniger bewusst als zu Beginn der Entwicklung der modernen Soziologie und Sozialstatistik.

In seiner Theorie des Selbstmords hatte bspw. Emile DURKHEIM explizit darauf hingewiesen, dass eine Beschränkung der kausalen Erklärung auf nur wenige Bedingungen unerlässlich ist für eine echte *soziologische Theorie*. Ein einzelner Suizid könne ganz offensichtlich durch zahlreiche, voneinander unabhängige Ereignisse ausgelöst werden, die, wollte man *vollständige kausale Erklärungen* von Suiziden geben, ohne Ausnahme benannt werden müssten. Eine soziologische Theorie des Selbstmords sollte aber nicht jene Bedingungen thematisieren für den „*Entschluss des Selbstmörders, (die) in seinem Temperament,*

Bei der Vorhersage der Werte e_1 und e_2 aufgrund der Modellgleichung (8.5) unter der Bedingung, dass C_1 den Wert 1 annimmt, beträgt also der Fehler u_i stets 0,5.

56 In dem fiktiven Beispiel würde die Varianz der abhängigen Variablen E vollständig durch den Interaktionseffekt von C_1 und C_2 aufgeklärt.

seinem Charakter, den Ereignissen seines privaten Lebens und in seiner persönlichen Entwicklung" (DURKHEIM 1897/1973; S.30) liegen. Eine solche Theorie muss statt individueller Selbstmorde und der nicht beherrschbaren Heterogenität ihrer möglichen Ursachen das Aggregatphänomen der *Häufigkeit von Selbstmorden* bzw. der „*sozialen Suizidrate*" in den Mittelpunkt der Betrachtung stellen:

> „Unsere Absicht ist es nicht; eine möglichst vollständige Liste aller Bedingungen zusammenzustellen, die zur Genese der jeweiligen Selbstmorde beitragen mögen, sondern wir wollen nur diejenigen untersuchen, von denen jene Tatsache abhängt, die wir die *soziale Selbstmordrate* genannt haben." (DURKHEIM 1897/1973, S.35)

Unter Bedingungen, in denen soziale Ordnungen sich auflösen, so DURKHEIM, erhöht sich diese Rate, weil die Begehrlichkeit der Gesellschaftsmitglieder keine Schranken mehr findet in von kollektiven Autoritäten gesetzten und allgemein akzeptierten Normen der sozialen Angemessenheit menschlicher Bedürfnisse. Die Leidenschaften verselbständigen sich dann und treiben immer mehr Individuen zu riskantem Verhalten und in einen Zustand dauernder Anspannung und Unzufriedenheit. Weil DURKHEIM hiermit nur einen kleinen Teil jener kausalen Bedingungen benennt, die einen Suizid herbeiführen können, muss die Erklärung *einzelner Suizide* dabei notwendigerweise unvollständig bleiben. Denn ob gesellschaftliche Anomie bei einzelnen Menschen jene Gefühlszustände, Handlungsorientierungen und Verhaltensweisen bewirkt, die DURKHEIM zufolge den Suizid auslösen können, ist abhängig von zusätzlichen, mitunter stark variierenden Bedingungen: dies können individuelle psychologische Merkmale, Aspekte der sozialen Lebenssituation, Zufälle u.a.m. sein. Eine *soziologische* Theorie braucht aber nicht, so lässt sich der Gedanke weiterführen, eine vollständige kausale Erklärung individueller Selbstmorde zu ermöglichen und kann deshalb diese INUS-Bedingungen außer Acht lassen.

Diese Vernachlässigung individueller Aspekte ist nun weniger der speziellen methodologischen und theoretischen Position DURKHEIMS, sondern dem soziologischen Gegenstand selber geschuldet. Das zeigt sich etwa daran, dass auch Max WEBER, der von anderen methodologischen und theoretischen Prämissen ausgeht als DURKHEIM, in ganz ähnlicher Weise verfuhr, als er Aggregatziffern zur Entwicklung und Stützung seiner These des Zusammenhangs zwischen kapitalistischer Wirtschaftsweise und protestantischer Moral verwendete. Der durchschnittlich größere ökonomische Erfolg von Protestanten gegenüber Katholiken sowie die Tatsache, dass Protestanten häufiger höhere soziale Statuspositionen in Gewerbe und Industrie besetzen, erklärt WEBER durch verschiedene Modelle religiös motivierten Handelns. Solche Erklärungen funktionieren aber nur bezogen auf statistische Aggregate, weil sie nicht alle relevanten INUS-Bedingungen ökonomischen Erfolgs benennen (können) – der geschäftliche Erfolg eines Kaufmanns des 17. Jahrhunderts beruhte natürlich auf einer Vielzahl von Bedingungen, die nicht-religiösen Charakter trugen und bei deren Nichtvorliegen auch fromme Kaufleute ökonomisch scheitern konnten. Der Umstand, dass nicht *alle* Protestanten dieser Zeit geschäftlich erfolgreich waren, hat natürlich keine Auswirkung auf die Gültigkeit von WEBERs Argument, welches sich ja nicht auf einzelne Personen bezieht, sondern auf Kollektive, deren Verhalten anhand idealtypischer Vertreter beschrieben wird. Wie bei DURKHEIMs Erklärung des Selbstmords müssen auch bei WEBER zahlreiche INUS-Bedingungen des betreffenden Handelns vernachlässigt werden, weil sonst Erklärungen formuliert werden müssten, in denen *soziologische Faktoren* unter einer Fülle von unterschiedlichen Handlungsgründen der Akteure verschwinden.

Solche sozialwissenschaftlichen Kausalerklärungen beziehen sich also auf Strukturen, die nur auf der Ebene von Aggregaten sichtbar werden, nicht jedoch bei einer Untersuchung und dem Vergleich von Einzelfällen. Die Arbeiten WEBERs und DURKHEIMs entstanden in einer Zeit, in der statistisch begründete kausale Argumentationen relativ neu waren. In den Jahrzehnten zuvor war eine Frage heftig diskutiert worden, die für die handlungstheoretische Interpretation statistischer Zusammenhänge eine erhebliche Bedeutung aufweist: sind statistische Regelmäßigkeiten eher als ein Ausdruck (deterministischer) *sozialer Gesetzmäßigkeiten* oder als eine Folge *individueller Willensfreiheit* zu betrachten? In seiner Begründung einer *physique sociale* hatte noch Alphonse QUETELET argumentiert, dass die Bildung von Durchschnittswerten die Sozialwissenschaften zu einer exakten Gesetzeswissenschaft führen würde. Heirats-, Verbrechens- und Suizidraten würden dann die „*Gewohnheiten jenes konkreten Wesens, das wir Volk nennen*" (QUETELET 1847, S. 142, vgl. GIGERENZER u.a. 1999, S. 65) repräsentieren. Die von QUETELET gebrauchten Beispiele griff BUCKLE in seiner *History of Civilization* auf und verwendete sie als Beleg für die Existenz *universeller geschichtlicher Gesetzmäßigkeiten*. Die Frage, wie statistische Aggregatphänomene mit Handlungen individueller Akteure zusammenhingen, führte jedoch bald zu Kontroversen – während QUETELET Regelmäßigkeiten hinsichtlich der Häufigkeit von Straftaten als Ausdruck der „Neigung" („*penchant*") des „Durchschnittsmenschen" („*homme moyen*") zu abweichendem Verhalten deutete (die von QUETELET jedem Menschen zugeschrieben wurde, bei den meisten jedoch latent bleiben würde), so wies DROBISCH 1867 darauf hin, dass Verbrechen zumeist nur von einem bestimmten Teil der Bevölkerung verübt wurden. Massive Kritik an der Sichtweise, wonach sich in den Durchschnittswerten der Sozialstatistik soziale Gesetzmäßigkeiten abbilden würden, wurde 1859 auch von CAMPBELL geübt, der empirisch zeigen konnte, dass die von QUETELET und im Anschluss daran von BUCKLE berichteten sozialstatistischen Regelmäßigkeiten tatsächlich instabiler waren als Zufallsreihen. Weitere Untersuchungen dieser Art machten deutlich, dass viele der von den Sozialstatistikern postulierten Regelmäßigkeiten weit weniger zeitlich stabil waren als ursprünglich angenommen (u.a. LEXIS 1877, 1903). 1874 argumentierte JEVONS, dass gerade der Mangel an Wissen über Gesetzmäßigkeiten zu statistischen Verallgemeinerungen Anlass gebe, dass also statistische Durchschnittsbildungen eher den *Mangel an Wissen über deterministische Gesetzmäßigkeiten der Gesellschaft* aufzeigten als solche Gesetze beschreiben könnten.

Der schärfste Angriff gegen den Determinismus wurde allerdings von einem Physiker geführt, von MAXWELL, der seine kinetische Theorie der Gase mit mathematischem Werkzeug entwickelt hatte, das er vom Sozialstatistiker QUETELET bezogen hatte (vgl. GILLISPIE 1963; BRUSH 1976; PORTER 1981). In Auseinandersetzung mit den Arbeiten BUCKLEs entwickelte MAXWELL eine alternative Sichtweise der Bedeutung statistischer Regelmäßigkeiten: diese würden nicht etwa die umfassende Determiniertheit des Geschehens in Natur und Gesellschaft zeigen, sondern gerade seine (partielle) *Indeterminiertheit*. Gegenüber der These der Existenz sozialstatistischer Gesetzmäßigkeiten drückte MAXWELLs Position einen Paradigmenwechsel aus, der zu dieser Zeit von zahlreichen Nationalökonomen ebenfalls vollzogen wurde: Die statistische Vernachlässigung von Einzelereignissen wurde nun als Ausdruck einer *notwendigen Unvollständigkeit* wissenschaftlicher Erklärungen betrachtet. Zahlreiche Autoren, unter ihnen MAXWELL und Vertreter der historischen Schule der Nationalökonomie betrachteten den hiermit geschaffenen „Raum des Unwissens" als Ausdruck menschlicher *Willensfreiheit*.

Nun werden in neueren Diskussionen über das Verhältnis zwischen individueller Handlungskompetenz bzw. *agency* einerseits und statistisch beschreibbaren Regelmäßigkeiten sozialen Handelns andererseits sehr ähnliche Argumente und Denkfiguren verwendet, wie in dieser bereits im 19. Jahrhundert geführten Debatte. In seiner Monographie über Korrelation und Kausalität entgegnet etwa KENNY (1979) Kritikern kausaler Modellierung, die hinter kausalen Modellen ein Bild „*menschlicher Marionetten*" erblicken, die an „*unsichtbaren Fäden universeller Gesetze*" hängen würden:

> „Although we cannot deny that human behaviour is caused, our intuitions and traditions are still correct in telling us that people are free. Even highly developed causal models do not explain behaviour very well. A good rule of thumb is that one is fooling oneself if more than 50% of the variance is predicted. It might then be argued that the remaining unexplained variance is fundamentally unknowable and unexplainable. *Human freedom may then rest in the error term.*" (KENNY 1979, S.9)

Ähnlich argumentieren BLOSSFELD und ROHWER:

> „(...) if it is people who are doing the acting, then causal inference must also take into account the free will of individuals. This introduces an essential element of indeterminacy into causal inferences." (BLOSSFELD, ROHWER 1995, S. 24)

KENNYs Argumentation lässt sich so verstehen, dass die Modellierung des kausalen Einflusses unabhängiger Variablen (die bestimmt Handlungsbedingungen repräsentieren) auf abhängige Variablen (die die Ergebnisse sozialen Handelns abbilden) in Form mathematischer Funktionsgleichungen immer unvollständig bleiben muss. Denn in nichttrivialen sozialwissenschaftlichen Anwendungsbeispielen wird die Variation der Ausprägung der abhängigen Variablen fast nie vollständig (meist sogar nur zu einem geringen Teil) durch die Kombination der unabhängigen Variablen erklärt. Die Differenz, die regelmäßig zwischen den durch das kausale Modell vorhergesagten und den tatsächlich beobachteten Werten besteht (und die durch den „Fehlerterm" der Regressionsgleichung modelliert wird), ließe sich demzufolge als Ausdruck menschlicher Entscheidungsfreiheit verstehen, als eine Folge der Tatsache, dass die sozialen Akteure in vielen Fällen dem Druck sozialer Struktureinflüsse nicht folgen (wollen).

Während KENNY sich auf die Begriffe „Fehlerterm" und „unerklärte Varianz" bezieht, ziehen BLOSSFELD und ROHWER das Konzept des *Zufalls* aus dem Kontext der mathematischen Wahrscheinlichkeitstheorie heran, um dem Umstand Rechnung zu tragen, dass menschliche Akteure über Handlungsfreiheit verfügen:

> „This means that in sociological applications *randomness* has to enter as a defining characteristic of causal models. We can only hope to make sensible causal statements about how a given (or hypothesized) change in variable Xt in the past affects the *probability* of a change of Variable Yt′ in the future." (BLOSSFELD, ROHWER 1995, S. 25)

Was bedeuten solche Überlegungen nun für die *Praxis der empirischen Sozialforschung*? Hier kann in jeder empirischen Untersuchung die Tatsache, dass statistische Zusammenhänge in der Regel nur unvollständige Kausalaussagen zulassen, mit deren Hilfe *individuelle* Phänomene und Ereignisse nicht vollständig erklärt und sicher vorhergesagt werden können, die Frage aufwerfen, was genau sich hinter den individuellen Abweichungen,

„Fehlertermen" und den durch die unabhängigen Variablen nicht erklärten Varianzen verbirgt. Vor dem Hintergrund der hier referierten Positionen lassen sich hierauf zwei verschiedene Antworten geben:

1. Solche Abweichungen sind *Ausdruck weiterer kausaler Bedingungen*, die einen von den untersuchten Variablen unabhängigen Einfluss auf das untersuchte Phänomen ausüben. (Das müssen nicht immer unbedingt Kausalbedingungen sein, die für einen soziologischen Untersucher relevant sind – Abweichungen können auch die Folge (soziologisch) irrelevanter Einflüsse sein, denen einzelne Individuen unterliegen und die bei der Betrachtung von Aggregatinformationen vernachlässigt werden können, sogar vernachlässigt werden müssen, damit die Aufmerksamkeit auf soziologisch relevante Bedingungen für das untersuchte Phänomen gerichtet werden kann.)
2. In Abweichungen, Fehlertermen und nicht erklärten Varianzen kann sich *eine prinzipielle Entscheidungsfreiheit* der Akteure ausdrücken.

Beide Erklärungen – unerklärte Varianz als eine Folge von unbekannten Kausalbedingungen oder als Resultat von individueller Freiheit – widersprechen sich zwar nicht prinzipiell: eine durch ein kausales Modell nicht erklärbare Variation kann sowohl durch weitere (soziologisch relevante oder irrelevante) kausale Einflüsse erklärt werden als auch als Folge individueller Entscheidungsfreiheit. Beide Einflüsse könnten miteinander interagieren oder unabhängig voneinander additiv wirken. Und dennoch können diese Erklärungen in der Forschungspraxis leicht miteinander in Konflikt geraten: denn mit dem Verweis auf Entscheidungsfreiheit der Akteure ließe sich die Suche nach weiteren Handlungsbedingungen jederzeit abbrechen. Auf diese Weise wäre es möglich, den Versuch, weitere Bedingungen zu finden, die die Erklärungskraft von Kausalmodellen erhöhen können zu jedem Zeitpunkt *ad hoc* still zu stellen.

Diese Gefahr wird durch die konzeptuelle Verknüpfung von Entscheidungsfreiheit mit einem wahrscheinlichkeitstheoretischen Begriff von Zufall noch erhöht. Im Folgenden sollen deshalb die handlungstheoretischen Implikationen des Zufallsbegriffs der mathematischen Stochastik diskutiert werden. Dabei soll gezeigt werden, dass unter einer akteursorientierten Perspektive wahrscheinlichkeitstheoretische Begriffe nicht selber als Erklärungen für statistische Variation und schwache Kausalbeziehungen verwendet werden dürfen, sondern nur Mittel darstellen, um mit unvollständigen Kausalaussagen (das heißt mit Kausalaussagen, die auf einer unvollständigen Kenntnis aller relevanten Handlungsbedingungen beruhen) operieren zu können.

8.3 Wahrscheinlichkeitstheoretische Konzepte statistischer Kausalität – die epistemische und die ontologische Interpretation des Zufalls

Ein wahrscheinlichkeitstheoretisches Verständnis von Kausalität führt zu einer Abschwächung der strengen Kriterien der deterministischen Regularitätstheorie, auf welcher die im letzten Kapitel diskutierten komparativen Methoden beruhen. Es wurde bereits gezeigt, dass es eine statistische Betrachtungsweise (im Gegensatz zu deterministischen komparativen Verfahren) ermöglicht, auch einen *schwachen kausalen Einfluss* zu identifizieren, das heißt solche Bedingungen zu analysieren, die nicht immer und in allen Fällen ein Ereignis bewirken, wohl aber seine Auftretenshäufigkeit erhöhen.

Ersetzt man den Begriff der Häufigkeit an dieser Stelle durch den Begriff der Wahrscheinlichkeit[57], erhält man damit schon den Kern jener Konzepte *stochastischer* oder *probabilistischer Kausalität*[58], die in wissenschaftstheoretischen Arbeiten der 1940er und 50er Jahren erstmalig als Alternative zur deterministischen Regularitätstheorie der Kausalität vorgeschlagen und dann vor allem in den 1970er und 1980er Jahren im Kontext der analytischen Wissenschaftsphilosophie ausgearbeitet wurden (vgl. z.B. LEIBER 1996, S.345f.; DAVIS 1988; FETZER 1988; SOBEL 1995, S.10 ff.). Hierbei wird HUMES Kriterium der regelmäßigen Aufeinanderfolge („*constant conjunction*") von Ereignissen ersetzt durch das der *positiven statistischen Relevanz* (vgl. SUPPES 1970; FETZER 1988; DAVIS 1988): Bei Vorliegen von Bedingungen, die als probabilistisch kausale Ursache für ein Ereignis betrachtet werden, tritt dieses Ereignis nicht *immer*, sondern nur *häufiger* auf als in solchen Fällen, in denen das Ursachenereignis nicht vorliegt. Oder, in wahrscheinlichkeitstheoretischer Terminologie ausgedrückt: das Auftreten eines Ursachenereignisses C_1 erhöht die *Wahrscheinlichkeit* des Auftretens eines Wirkungsereignisses E gegenüber dem Auftreten von $\neg C_1$, bzw. die *bedingte Wahrscheinlichkeit* eines Ereignisses E, gegeben ein Ereignis C_1 ist größer als die Wahrscheinlichkeit von E, unter der Bedingung, dass C_1 nicht aufgetreten ist[59]:

$$P(E|C_1) > P(E|\neg C_1) \qquad (8.12)$$

oder allgemeiner

$$P(E|C_1) > P(E)^{60} \qquad (8.13)$$

---

57 In dem in Abschnitt 8.1 dargestellten formalen Beispiel lassen sich die Werte für Π natürlich auch als (bedingte) Wahrscheinlichkeiten interpretieren, bei Vorliegen (oder Nichtvorliegen) der Bedingung C_1 das Ereignis E zu realisieren, also:
$\Pi = P(E=1| C_1 = c_i)$ (8.11)
Diese Wahrscheinlichkeit beträgt dann, wenn C_1 den Wert 1 annimmt, 0,5.

58 In der sozialwissenschaftlichen Methodendiskussion wurde diesen wahrscheinlichkeitstheoretischen Konzepten, die in der analytischen Wissenschaftsphilosophie seit den 1970er Jahren als eines der Hauptmotive für die philosophische und naturwissenschaftliche Wiederbelebung des Kausalitätsthemas erwiesen (vgl. LEIBER 1996, S. 345) allerdings nur beschränkte Aufmerksamkeit zuteil (Ausnahme: SOBEL 1995, 1996; JAGODZINSKI 1998).

59 Ich orientiere mich hier an der von SUPPES (1970) (dem bekanntesten Vertreter einer probabilistischen Theorie von Kausalität) vorgelegten Fassung eines stochastischen Kausalitätsbegriffs, wobei ich aber die Notation von DAVIS (1988) verwende. Andere, neuere Fassungen, wie die von GIERE (1980) oder von CARTWRIGHT (1979) unterscheiden sich nicht wesentlich von SUPPES' Formulierung im Hinblick auf die folgende Argumentation, die die Relevanz solcher Konzepte für die Sozialwissenschaften betrifft, (vgl. hierzu die Überblicksarbeiten von DAVIS (1988) und von SOBEL (1995)).

60 Als ein weiteres Kriterium für eine Kausalbeziehung legt SUPPES fest, dass kein anderes Ereignis Z=1 existiert, für das gilt:
$P(E=1| C_1=1 \cap Z=1) = P(E=1| C_1=1)$
Hiermit soll dem Problem scheinbarer Kausalbeziehungen Rechnung getragen werden. Ausführlich wird hierauf in Abschnitt 9.1 eingegangen.

Inwieweit lässt sich dieses Konzept nun beziehen auf soziales Handeln? Lässt sich soziales Handeln sinnvoll als durch stochastische Kausalbedingungen verursacht verstehen und erklären?

Hierzu muss als erstes der Begriff der *Wahrscheinlichkeit* genauer betrachtet werden. Dieser ist aber selber seit langem Gegenstand von Kontroversen, so dass sich eine Reihe von unterschiedlichen Konzeptionen eines (objektiven) Wahrscheinlichkeitsbegriffs unterscheiden lassen (vgl. WEATHERFORD 1982, HOWSON 1995, GIGERENZER u.a. 1999):

1. Die *klassische Wahrscheinlichkeitstheorie*, ursprünglich entwickelt von den BERNOULLIs und von LAPLACE und entstanden aus der Beschäftigung mit physikalischen „Zufallsexperimenten", die zumeist dem Bereich des Glücksspiels entstammen, definiert Wahrscheinlichkeit als das Verhältnis zwischen der Anzahl der einem Ereignis günstigen Ausgänge und der Anzahl der überhaupt möglichen Ausgänge eines solchen Experiments. Damit werden alle möglichen Ausgänge, da ansonsten nichts über sie bekannt ist, als gleich wahrscheinlich betrachtet (LAPLACE 1820/1995, S.6f.). Ein solches Wahrscheinlichkeitskonzept kann das Verhalten regelmäßiger Körper (Münzen, Würfel usw.) sehr gut voraussagen, versagt jedoch in zahlreichen anderen Gegenstandsbereichen.
2. *Logische Theorien* der Wahrscheinlichkeit, vorgeschlagen von KEYNES und CARNAP, erweitern deshalb den klassischen Wahrscheinlichkeitsbegriff, indem sie *a priori Wahrscheinlichkeiten* einführen und eine Wahrscheinlichkeit nicht als ein Verhältnis zwischen Ereignissen, sondern als eine Beziehung zwischen Aussagen interpretieren. Wahrscheinlichkeit entspricht hierbei dem Ausmaß einer *gerechtfertigten rationalen Überzeugung*, dass ein Ereignis eintreten wird und beruht auf *a priori* angenommenen Wahrscheinlichkeiten, die sich entweder auf die Evidenz gut begründeter theoretischer Annahmen oder auf bisherige Beobachtungen stützen. Dass die Wahrscheinlichkeit, mit einem unverfälschten Würfel eine sechs zu werfen, 1/6 beträgt, kann sich demnach aus theoretischen Annahmen über die geometrische Struktur des Würfels ebenso ergeben wie aus der Beobachtung der Häufigkeit des Auftretens der Zahl sechs bei zahlreichen Würfen. Wenn eine theoretisch begründete Formulierung von *a priori Wahrscheinlichkeiten* nicht möglich ist, so müssen diese Wahrscheinlichkeiten auf der Grundlage von vorliegender empirischer Evidenz festgelegt werden.
3. Diese Möglichkeit wird auch bei *frequentistischen Konzepten von Wahrscheinlichkeit* gewählt (wie sie REICHENBACH und VON MISES und im Anschluss daran DAWID und POPPER ausführlich beschrieben haben), denen zufolge eine Wahrscheinlichkeit die relative Häufigkeit einer Merkmalsausprägung innerhalb einer bestimmten Population darstellt, die sich dementsprechend durch (prinzipiell unendlich viele) Ziehungen von Fällen aus dieser Population ermitteln lässt. Die Wahrscheinlichkeit für das gemeinsame Auftreten zweier Ereignisse entspräche also dem Grenzwert der beobachteten relativen Häufigkeit für dieses gemeinsame Auftreten, wenn die Anzahl der Beobachtungen gegen unendlich geht (vgl. REICHENBACH 1949, S.68f.). Diese Verknüpfung von beobachteter Häufigkeit und Wahrscheinlichkeit zu einem Konzept, das zur empirischen Überprüfung von statistischen Gesetzmäßigkeiten nutzbar ist, setzt allerdings die Geltung von *Bernoullis Theorem der großen Zahlen* zwingend voraus: Obwohl der Ausgang eines einzelnen Zufallsexperiments prinzipiell unvorhersagbar ist (jeder regelmäßige Würfel wird bei einem einmaligen Wurf mit gleicher Wahrscheinlichkeit

irgendein Ergebnis zwischen „1" und „6" zeigen) folgt die Häufigkeitsverteilung von solchen Würfen einer *statistischen Gesetzmäßigkeit*: mit der steigenden Anzahl der Würfe strebt der relative Anteil des Ergebnisses „6" auf einen bestimmten Betrag zu – ist der Würfel tatsächlich regelmäßig, wird er auf lange Sicht bei einem Sechstel der Würfe das Ergebnis „6" zeigen. Für den *Grenzfall einer unendlichen Anzahl* von Würfen drückt BERNOULLIs Theorem dabei bezogen auf eine *Verteilung von Ereignissen* eine *deterministische Gesetzmäßigkeit* aus. Die Anwendung der Wahrscheinlichkeitstheorie ermöglicht es damit, *unvorhersagbare Phänomene auf der Mikroebene* mit annähernd *deterministischen Phänomenen auf einer Aggregat- bzw. Makroebene* in Einklang zu bringen. Grundlage hierfür ist das bei klassischen mechanischen Zufallsexperimenten feststellbare Phänomen, dass sich bei genügend häufiger Wiederholung dieser Experimente *stabile Muster* zeigen. Nur durch die Kenntnis dieser Muster wird der Zufall, genauer gesagt, die Wahrscheinlichkeit zufälliger Ereignisse, berechenbar.

Die im letzten Abschnitt aufgeworfene Frage nach der Bedeutung jener Fehlerterme, individuellen Abweichungen bzw. unerklärten Varianzen, mit denen man es bei einer statistischen Analyse von Zusammenhängen zwischen sozialwissenschaftlichen Variablen grundsätzlich zu tun hat, wird im Kontext der Wahrscheinlichkeitstheorie zur Frage, wie die prinzipielle Unvorhersagbarkeit einzelner Realisationen von Zufallsexperimenten interpretiert werden muss: Ist sie eine Folge *ungenügenden Wissens* des Untersuchers über alle relevanten kausalen Bedingungen, welche ein gegebenes Phänomen erzeugen? Oder ist sie die Folge einer in bestimmten Grenzen vorhandenen *prinzipiellen Indeterminiertheit* der untersuchten empirischen Phänomene.

Unvorhersagbarkeit bzw. „Zufälligkeit" von Ereignissen kann grundsätzlich *epistemisch* oder *ontologisch* interpretiert werden. Autoren, die gegenüber einem ontologischen Zufallskonzept an einem deterministischen Verständnis von Kausalität festhalten, haben stets darauf hingewiesen, dass Wahrscheinlichkeitsaussagen als Ausdruck der *Unvollkommenheit des vorhandenen Wissens* verstanden werden müssen (STEGMÜLLER 1974, S. 453 f.). NAGEL fasst diese Position folgendermaßen zusammen:

> „The point I want to stress is that we seldom have enough information to state explicitly the full set of sufficient conditions for the occurrence of concrete events. The most we can hope to accomplish in such situations is to state what are at best only „important" indispensable conditions, such that if they are realized the occurrence of the designated events is made „probable"; and we thereby take for granted that the remaining conditions essential for the occurrence are also realized, even when we don't know what these remaining conditions are." (NAGEL 1965, S.15)

Die Debatte um einen (möglichen) Determinismus der empirischen Welt ließe sich aber erst im positiven Sinne für den Determinismus entscheiden, wenn es gelänge, Theorien zu formulieren, die alles empirische Geschehen exakt vorhersagen. Das Fehlen solcher Theorien ist zwar ein gutes, aber kein schlagendes Argument gegen den Determinismus, weil prinzipiell die Möglichkeit nie ausgeschlossen werden kann, dass solche Theorien eines (mehr oder weniger fernen) Tages formuliert werden. Das bedeutet, dass die epistemische und die ontologische Interpretation des Wahrscheinlichkeitsbegriffs bis auf weiteres „harte Kerne" von Forschungsprogrammen im Sinne von LAKATOS darstellen, nicht empirisch entscheidbare theoretische Aussagen. Die Entscheidung für oder gegen die epistemische oder die ontologische Interpretation ist deshalb eine Entscheidung für oder gegen eine bestimmte *Heuristik empirischer Forschung*.

1. Folgt man einer Heuristik, die auf einer *epistemischen Interpretation* beruht, müssen probabilistische Erklärungen als *unvollständige Erklärungen* betrachtet werden, die es erfordern, nach weiteren, bislang unbekannten INUS-Bedingungen zu suchen, auch wenn diese Suche oft aus praktischen und forschungspragmatischen Gründen nicht durchgeführt werden kann oder braucht.
2. Bei der Anwendung einer auf der *ontologischen Interpretation* des Zufalls basierenden Heuristik muss davon ausgegangen werden, dass der Erkenntnis eine bestimmte unaufhebbare Grenze gesetzt ist: nicht jeder Vorgang ist demnach vollständig erklärbar.

Dennoch sollte der Gebrauch des ontologischen Indeterminismus als erklärendes Argument für Fehlerterme und unerklärte Varianz in den Sozialwissenschaften mit äußerster Vorsicht erfolgen. Denn die ontologische Interpretation des Wahrscheinlichkeitsbegriffs setzt dem Bemühen um Erkenntnisgewinnung eine unaufhebbare Grenze und lässt sich jederzeit als *ad hoc* Argument für unzureichende Erklärungen einführen. Da es ohnehin nicht möglich ist, die Gültigkeit einer ontologischen Interpretation des Wahrscheinlichkeitsbegriffs empirisch aufzuzeigen, ist es stets sinnvoll, so lange wie möglich an einer epistemischen Interpretation festzuhalten, weil nur so die Möglichkeit offen gehalten wird, bislang unbekannte kausale Bedingungen für ein untersuchtes Phänomen zu identifizieren. Insbesondere in solchen Untersuchungsfeldern, die durch veränderbare Strukturen begrenzter Reichweite gekennzeichnet sind, ist die Anwendung einer auf der epistemischen Interpretation beruhenden Forschungsheuristik sinnvoller als die Verwendung einer ontologischen Heuristik, weil sonst die Suche nach neuen INUS-Bedingungen, die erst im Rahmen von sich verändernden Strukturen kausal relevant werden, oft vorschnell beendet werden müsste.

8.4 Wahrscheinlichkeit, Entscheidungsfreiheit und Kreativität sozialer Akteure

Die Einführung eines wahrscheinlichkeitstheoretischen Verständnisses von Kausalität in den Sozialwissenschaften wirft also die folgenden Fragen auf: ist die damit in die Modellen akzeptierte partielle Unvorhersagbarkeit und „zufällige" Variation der Daten (die statistisch als Fehlerterm bzw. unerklärte Varianz modelliert werden kann) die Folge beschränkten Wissens über alle relevanten kausalen Bedingungen, oder ist sie das Resultat einer prinzipiellen Indeterminiertheit sozialer Phänomene? Und wie verhält sich dieses Problem zu dem Postulat der Entscheidungsfreiheit sozialer Akteure?

Das probabilistische Kausalitätskonzept hat gegenüber komparativen Verfahren, die auf dem HUME'schen regularitätstheoretischen Kausalitätsbegriff beruhen, einen wesentlichen Vorteil: es erlaubt, solche INUS-bedingungen, die nur einen (sehr) schwachen Einfluss auf das Handeln der Akteure haben, in den Blick zu nehmen. Nur auf der Grundlage eines wahrscheinlichkeitstheoretischen Verständnisses von Kausalität lassen sich deshalb solche Aussagen über *schwache Kausalbeziehungen* formulieren, die in den Sozialwissenschaften äußerst häufig sind, etwa Aussagen, mit denen festgestellt wird, dass bestimmte sozialstrukturelle Handlungsbedingungen (etwa: die Schichtzugehörigkeit des Eltern) nicht mit Sicherheit, sondern nur mit einer bestimmten Wahrscheinlichkeit ein bestimmtes Han-

8.4 Wahrscheinlichkeit, Entscheidungsfreiheit und Kreativität sozialer Akteure

deln (etwa: den Besuch der Schule einer bestimmten Schulform) zur Folge haben. Darüber hinaus bietet die statistische Betrachtungsweise den Vorteil, dass die *Stärke* kausaler Einflüsse durch Wahrscheinlichkeitsmaße (als bedingte Wahrscheinlichkeit einer Handlung, gegeben bestimmte Handlungsbedingungen), durch statistische Assoziationskoeffizienten, Regressionsgewichte usw. ausgedrückt werden kann.

Die hiermit akzeptierte Unvorhersagbarkeit individueller Handlungen kann nun, wie im vorherigen Abschnitt deutlich wurde, entweder epistemisch (als Folge ungenügenden Wissens) oder ontologisch (als Folge einer prinzipiell unaufhebbaren Kontingenz des Gegenstands) interpretiert werden. Dabei scheint die ontologische Interpretation *prima facie* leicht verbindbar zu sein mit dem Konzept der *Entscheidungsfreiheit* – Handlungen wären demnach nicht mit vollständiger Sicherheit, sondern nur mit einer bestimmten Wahrscheinlichkeit prognostizierbar, weil Akteure sich gelegentlich dazu entscheiden, dem Druck bestimmter Handlungsbedingungen nicht nachzugeben.

Inwieweit ist ein solches auf den ersten Blick plausibles Verständnis des Wahrscheinlichkeitsbegriffs (vgl. etwa BLOSSFELD, ROHWER 1995, S. 24 f.) aber nun kompatibel mit den verschiedenen im letzten Abschnitt diskutierten (klassischen, logischen und frequentistischen) Interpretationen des Wahrscheinlichkeitsbegriffs?

Mit dem auf die BERNOULLIs und LAPLACE zurückgehenden *klassischen Wahrscheinlichkeitskonzept* ist es nur schwer zu vereinbaren, denn hierbei wird bspw. die Unvorhersagbarkeit einzelner Würfe eines Würfels keineswegs als Folge der Tatsache betrachtet, dass der Würfel bei jedem Wurf „frei" ist, eines von sechs verschiedenen Ergebnissen zu zeigen. Die Variation der Ausgänge von Zufallsexperimenten wird vielmehr als Folge des Einflusses verschiedener, nicht genau bekannter Kausalbedingungen betrachtet. Die Festlegung einer bestimmten Wahrscheinlichkeit beruht auf der Annahme, dass diese Bedingungen bei zahlreichen Würfen einmal in die eine Richtung, ein anderes Mal in die andere Richtung wirken und sich dabei auf lange Sicht ausgleichen, d.h. mit wachsender Anzahl der Würfe zu einer stabilen Verteilung der Ergebnisse führen. Nur unter dieser Annahme ist es möglich, das Verhalten solcher Objekte „auf lange Sicht" oder „in großer Zahl" recht sicher vorherzusagen, wenn unterstellt wird, dass die betreffenden Einzelereignisse mit jeweils einer bestimmten Wahrscheinlichkeit realisiert werden. Wie bereits erörtert, lassen sich den Ausgängen von Zufallsexperimenten, die die klassischen Paradigmen der Wahrscheinlichkeitstheorie bilden (Würfel – und Münzwürfe, Ziehung von Kugeln aus einer „Urne" mit und ohne Zurücklegen usw.) solche Wahrscheinlichkeiten relativ problemlos zuordnen: deswegen ist es sinnvoll, davon zu sprechen, dass ein regelmäßiger Würfel die Wahrscheinlichkeit von 1/6 „besitzt", bei einem einmaligen Wurf das Ergebnis 6 zu realisieren. Die Festlegung dieser Wahrscheinlichkeiten muss aber entweder durch Überlegungen über die Natur des betreffenden Gegenstands (wie dies die klassische Interpretation des Wahrscheinlichkeitsbegriffs fordert), anhand anderer *a priori* Überlegungen (wie in logischen Konzepten des Wahrscheinlichkeitsbegriffs), oder frequentistisch (als Folge der immer neu wiederholten Beobachtung der bspw. beim Werfen von Münzen oder Würfeln erzielten Häufigkeiten der einzelnen Ausgänge) gerechtfertigt werden.

Die klassischen und logischen Konzepte des Wahrscheinlichkeitsbegriffs, die die Festlegung von Wahrscheinlichkeiten aufgrund theoretischer Überlegungen *a priori* erfordern, haben nun kaum eine praktische Bedeutung für die Sozialwissenschaften, weil die Festlegung konkreter Wahrscheinlichkeiten für das Auftreten bestimmter sozialer Phänomene allein aufgrund theoretischer Vorüberlegungen, ohne empirisches Wissen über die Verteilung von Häufigkeiten dieser Phänomene kaum je möglich ist. Entsprechend wird in der Praxis der statistischen Modellbildung in aller Regel nur die Form der entsprechenden Funktionsgleichungen *a priori* festgelegt[61], während deren Parameter normalerweise aufgrund der vorhandenen empirischen Daten geschätzt werden müssen. Sozialwissenschaftliche Wahrscheinlichkeitsaussagen lassen sich also am ehesten durch ein frequentistisches Wahrscheinlichkeitskonzept begründen.

Bei klassischen mechanischen Zufallsexperimenten lassen sich nun frequentistisch begründete Wahrscheinlichkeitsaussagen relativ problemlos durch den Verweis auf relative Häufigkeiten der betreffenden Ereignisse in genügend langen Versuchsreihen rechtfertigen. Unter dieser Bedingung ist die Festlegung von Wahrscheinlichkeiten für die Realisation von individuellen Ereignissen aber nur dann zulässig, wie POPPER, GIERE und SUPPES in ihren *Propensity-Theorien* der statistischen Wahrscheinlichkeit verdeutlichen (vgl. HOWSON 1995, S.21; STEGMÜLLER 1973, S.245 f.), wenn die Wahrscheinlichkeit des Auftretens einer Merkmalsausprägung als Grenzwert ihrer relativen Häufigkeit bei einer unendlich wiederholten Folge von Ziehungen bzw. Beobachtungen unter den *gleichen experimentellen Bedingungen* betrachtet werden kann. Nur dann lässt sich eine Wahrscheinlichkeit als *propensity* („*Tendenz*" oder „*Neigung*") einer einzelnen Untersuchungseinheit verstehen, ein bestimmtes Verhalten zu zeigen.

Inwieweit lässt sich aber ein solches frequentistisches Wahrscheinlichkeitskonzept sinnvoll auf sozialwissenschaftliche Fragestellungen anwenden? Vertreter einer mittlerweile weitgehend vergessenen Tradition angewandter sozialwissenschaftlicher Statistik[62] hatten bereits in den 1920er Jahren auf die Grenzen einer solchen Interpretation von Wahrscheinlichkeiten hingewiesen, die anhand der Beobachtung relativer Häufigkeiten festgelegt werden, und damit die logischen Probleme thematisiert, die sich bei einer unkritischen Anwendung des „Gesetzes der großen Zahl" in den Sozial- und Wirtschaftswissenschaften ergeben müssen (vgl. FLASKÄMPER 1929, 1934; BLIND 1953; MENGES 1972). Wollte man nämlich – analog zu den Würfel- und Münzbeispielen der Stochastik – Wahrscheinlichkeiten semantisch als Eigenschaften oder Handlungstendenzen individueller sozialer Akteure interpretieren, so müsste man annehmen, wie FLASKÄMPER, einer der Vertreter der „Frankfurter Statistikschule" anmerkt, dass, „*da in Deutschland nach der Zählung von 1925 32,4% Katholiken und 64,1% Protestanten gezählt wurden, in jedem Deutschen eine entsprechend große Wahrscheinlichkeit, katholisch bzw. protestantisch zu sein, wirksam wäre*" (FLASKÄMPER 1929, S.221).

Eine ähnliche Argumentation wird auch in aktuellen Diskussionen über methodologische und wissenschaftstheoretische Grundlagen statistischer Kausalanalyse in den Sozialwissenschaften vorgetragen. Die Anwendung des Konzeptes der *propensity* in sozialwissenschaftlichen Kontexten lässt völlig außer Acht, so ARJAS (2001, S. 62), dass individuelle Akteure in einer Weise bewusste, selbständige und reflektierte Entscheidungen treffen können, die in den Daten i.d.R. nicht expliziert werden kann. Ein Propensity-Konzept wird also gerade dann problematisch, wenn man die Entscheidungsfreiheit und die Fähigkeit der

---

61 Und auch dies geschieht in der Regel nicht aufgrund gegenstandsbezogener theoretischer Überlegungen, wie in der methodologischen Literatur häufig moniert wird. (FREEDMAN 1991; MARINI, SINGER 1988).

62 Es handelt sich hierbei um die „Frankfurter Statistik-Schule", eine Gruppe von Sozialstatistikern (deren bekannteste BLIND, FLASKÄMPER und MENGES waren), die trotz der Namensverwandtheit keine inhaltlichen und personellen Beziehungen zur „Frankfurter Schule" der Sozialtheorie hatten, sondern ursprünglich in der Tradition der historizistisch orientierten Nationalökonomie stehend Konzepte der Mathematisierung der Volkswirtschaftslehre und Sozialwissenschaften kritisiert hatten.

8.4 Wahrscheinlichkeit, Entscheidungsfreiheit und Kreativität sozialer Akteure

Akteure zu bewusstem Handeln in Rechnung stellen will. Würde man den Gebrauch, den individuelle soziale Akteure von ihrer Entscheidungsfreiheit machen, im Rahmen solcher Analogien verstehen, so müsste man annehmen, dass in einer bestimmten Population jedem Individuum eine feststehende Wahrscheinlichkeit für eine bestimmte Merkmalsausprägung (wie „Konfession" oder „Familienstand") zu eigen wäre. Diese könnten die Akteure durch freie Entscheidungen zwar beeinflussen, es müsste sich aber stets *in the long run* (d.h. bei der „Ziehung" zahlreicher Einheiten) eine stabile Häufigkeitsverteilung herausbilden. Der freie Willen müsste also – wie der Zufall beim Werfen von Münzen – einmal in die eine Richtung und einmal in die andere Richtung wirken, so dass stets auf Dauer eine bestimmte erwartete Verteilung der interessierenden Ereignisse beobachtet werden kann. Die Abweichung einer größeren Zahl von Akteuren von einer erwarteten Verteilung eines bestimmten Merkmals müsste dann aber ebenso mit einer bestimmbaren Wahrscheinlichkeit gegen die Annahme sprechen, dass sich diese Akteure *gemeinsam und aus freier Entscheidung* für dieses Merkmal entschieden haben, wie die 100malige Realisierung des Ergebnisses „6" bei dem Werfen eines fairen Würfels gegen die Annahme sprechen würde, dass es sich hier um zufällige Ergebnisse handelt.

Entscheidungsfreiheit ist also nicht gleichzusetzen mit einem wahrscheinlichkeitstheoretischen Verständnis von Zufall, denn eine freie Entscheidung muss keineswegs zufällig im Sinne von regellos, „willkürlich" oder unerklärlich sein. Autonomes Handeln etwa auf der Grundlage bestimmter Wertvorstellungen und ethischer Überzeugungen ist nicht zufällig, sondern regelgeleitet, verstehbar und auch vorhersagbar, wenn die Ideen und Überzeugungen der Akteure, die die Voraussetzungen für deren Handlung darstellen, als Handlungsbedingungen berücksichtigt werden. Eine Willensentscheidung ist in diesem Falle – zumindest aus der Sicht des Akteurs, der sie trifft – wohlbegründet und ableitbar aus einer bestimmten Menge von Prämissen, die dieser Akteur anerkennt. Was sie zu einer freien Entscheidung macht, ist nicht Regellosigkeit, sondern die Abwesenheit von (äußerem und innerem) Zwang. Nur für einen äußeren Beobachter, der nicht in der Lage ist, alle Handlungsgründe des Akteurs nachzuvollziehen und der nicht alle Handlungsbedingungen kennt, kann diese Handlung tatsächlich zufällig im Sinne von unerwartet und unvorhersagbar erfolgen. Während es für den Handelnden selber einen erheblichen Unterschied bedeuten würde, ob er die Handlung aufgrund von Überlegungen trifft oder nachdem er eine Münze geworfen hat, muss ein (sozialwissenschaftlicher) Beobachter, der die Handlungsbedingungen des Akteurs nicht vollständig kennt, sich manchmal damit zufrieden geben, dessen Entscheidungen wie einen Münzwurf zu modellieren.

Die Berücksichtigung der potentiellen Entscheidungsfreiheit sozialer Akteure durch probabilistische Konzepte von Kausalität ist also besser mit einer epistemischen als mit einer ontologischen Interpretation des Wahrscheinlichkeitsbegriffs vereinbar.

Das Zufallselement, dem Wahrscheinlichkeitsaussagen, die sich auf soziales Handeln beziehen, Rechnung tragen, ist nicht notwendigerweise Folge einer Regellosigkeit sozialen Handelns, sondern kann sich ebenso aus der mangelnden Fähigkeit sozialwissenschaftlicher Untersucher ergeben, alle in einem Einzelfall wirksamen INUS-Bedingungen zu identifizieren, d.h. aus ihrer beschränkten Kenntnis über die für jeden individuellen Akteur relevanten externen Handlungsbedingungen und Handlungsziele sowie über die in diesem Handlungskontext anzuwendenden Regeln. So wie bei der klassischen wahrscheinlichkeitstheoretischen Interpretation von Zufallsexperimenten angenommen wird, dass jene Vorgänge, die eine regelmäßige Münze einmal auf die eine, ein anderes Mal auf die andere Seite fallen lassen, prinzipiell geordnet und damit beschreibbar sind (auch wenn nicht in jedem Fall alle notwendigen Informationen vorliegen, um das Ergebnis eines einzelnen Zufallsexperiments vorherzusagen), so wird auch das unvorhersagbare (bzw. „zufällige") Verhalten individueller Akteure als Folge von Handlungsbedingungen verstanden, die der sozialwissenschaftliche Beobachter nicht berücksichtigen kann (oder auch aus Sparsamkeitsgründen nicht berücksichtigen will).

Eine *ontologische Interpretation* des Zufallselements probabilistischer Kausalaussagen müsste demgegenüber auf der Annahme beruhen, dass soziales Handeln im Einzelfall in bestimmten Grenzen prinzipiell unvorhersagbar (im Sinne von „unberechenbar" oder auch „irrational") ist und dass sich diese unberechenbaren Handlungstendenzen im statistischen Aggregat wieder ausgleichen. Im Unterschied dazu kann eine *epistemische Interpretation* der Existenz solcher Handlungen Rechnung tragen, bei denen Akteure kreativ handeln und auf lokales Handlungswissen zurückgreifen, zu dem der sozialwissenschaftliche Beobachter keinen Zugang hat. In diesem Fall können nämlich auch hochgradig rationale und damit erklärbare Handlungen für einen externen Beobachter, der (noch) nicht in der Lage ist, die Handlungsgründe der Akteure nachzuvollziehen, unverständlich und damit unvorhersagbar sein. Eine epistemische Interpretation des Wahrscheinlichkeitsbegriffs öffnet damit den Blick auf potentiell veränderbare Hintergrundbedingungen des Handelns. Unter einer handlungstheoretischen Perspektive, die der Existenz lokaler Wissensbestände und der kreativen Kompetenz sozialer Akteure Rechnung trägt, muss davon ausgegangen werden, dass diese prinzipiell in der Lage sind, eigenständig Lösungen für ihre Handlungsprobleme zu finden, indem sie solche INUS-Bedingungen des Handelns (d.h. externe Handlungsbedingungen, Handlungsziele oder Handlungsregeln) verändern, die bislang stabile Hintergrundbedingungen waren und deshalb vom sozialwissenschaftlichen Beobachter zu Recht als kausal irrelevant angesehen wurden.

Solche Prozesse werden bei einer ontologischen Interpretation probabilistischer Kausalbeziehungen leichter übersehen als bei einer epistemischen Interpretation, bei der die Tatsache, dass bestimmte, aus der Sicht eines probabilistischen Kausalkonzepts „zufällige" Handlungen durch vorhandene unabhängige Variablen nicht erklärt werden können, als Ausdruck unvollständigen Wissens über die vorhandenen INUS-Bedingungen des Handelns gedeutet wird. Eine epistemische Sichtweise auf probabilistische Kausalbeziehungen liefert damit eine Heuristik für die Suche nach unbekannten variierenden Handlungsbedingungen, mit deren Hilfe bislang unerklärte Varianz aufgeklärt und sozialwissenschaftliche Handlungserklärungen verbessert werden können, wohingegen eine ontologische Interpretation des Zufallsaspekts in probabilistischen Kausalerklärungen die Gefahr mit sich bringt, dass Sozialforscher sich mit begrenzten Erklärungen und niedrigen erklärten Varianzen zufrieden geben. Eine solche Heuristik, die die Suche nach bislang nicht erkannten INUS-Bedingungen sozialen Handelns anregt, ist besonders deswegen notwendig, weil unter einer akteurstheoretischen Perspektive Veränderungen von Handlungsbedingungen nicht nur auf der individuellen Ebene stattfinden. Veränderungen von lokalen Handlungsregeln können vielmehr als umfassende soziale Innovation wirksam werden und damit die Handlungsbedingungen zahlreicher individueller Akteure grundlegend ändern.

Gerade die Orientierung an jenen einfachen physikalischen Zufallsexperimenten, die als Lehrbuch-Paradigmen des klassischen Wahrscheinlichkeitsbegriffes dienen, verstellt leicht den Blick auf dynamische Prozesse sozialen Wandels, weil solche physikalischen Zufallsprozesse zwar eine große Variation von Ereignissen auf der Mikroebene, aber eine extreme Stabilität von Verteilungen auf der Makroebene aufweisen. Dabei ist bereits der klassische Wahrscheinlichkeitsbegriff durch die Tatsache, dass nicht unendliche, sondern nur endliche Reihen von Beobachtungen faktisch realisiert und untersucht werden können, mit einem prinzipiellen logischen Problem belastet. Denn es gilt

> „the value of a relative frequency established by any finite sub-sequence is compatible with any value whatsoever of the limit of the relative frequency in the entire infinite sequence (...) the `final´ value of the relative frequency could be anything at all, no matter what we have observed in relatively insignificant sample – and any finite sample of an infinite collection is always relatively insignificant!" (WEATHERFORD 1982, S. 202).

Um eine bestimmte Wahrscheinlichkeit p für den Ausgang eines Zufallsexperiment (etwa p=½ im Beispiel des einfachen Wurfes einer unverfälschten Münze) rechtfertigen zu können, müssten faktisch endlose Beobachtungsreihen vorliegen. Da dies nirgendwo der Fall sein kann, operiert man bei Anwendung von BERNOULLIs Theorem mit der impliziten *ceteris paribus* Annahme des „*immer so weiter*". Es handelt sich hier um die wahrscheinlichkeitstheoretische Fassung des klassischen HUMEschen Induktionsproblems (HUME 1739/ 1964), dessen logische Implikationen nur deswegen nicht beunruhigend erscheinen, weil es im Fall einfacher physikalischer Zufallsexperimente aus rein praktischen Gründen vernachlässigbar ist. Hinsichtlich des Werfens von Münzen oder Würfeln oder hinsichtlich des Ziehens von Kugeln aus Urnen wäre es realitätsfern, aus dem HUME´schen Induktionsproblem eine Einschränkung für die Geltung des Gesetzes der großen Zahlen abzuleiten, denn bezogen auf solche Vorgänge liegen große, kaum messbare Mengen von Beobachtungen vor, so dass bspw. die Annahme, dass bei dem Wurf unverfälschter Münzen auch in Zukunft in der Hälfte der Fälle die eine Seite, in der anderen Hälfte die andere Seite der Münze oben liegen wird, *sinnvoll* als *statistische Gesetzmäßigkeit* betrachtet werden kann. Erkenntnislogisch beruhen stochastische Kausalaussagen aber grundsätzlich auf nicht vollständig prüfbaren Annahmen – bei der Verwendung eines *Propensity*-Begriffs sind dies Annahmen über *stabile Wahrscheinlichkeiten von Einzelereignissen* und beim Gebrauch einer frequentistischen Interpretation sind es Annahmen über *stabile Parameter prinzipiell unendlicher Populationen*. Hinsichtlich der klassischen mechanischen Zufallsexperimente erscheinen kaum Zweifel angebracht, was die Stabilität solcher Wahrscheinlichkeiten bzw. Populationsparameter angeht. Hier lassen sich Abweichungen nur bei der Beobachtung individueller Ereignisse beobachten, deren relative Häufigkeit (der „Stichprobenfehler") aber mit wachsender Anzahl der Beobachtungen bzw. mit zunehmender Stichprobengröße aber erwartbar kleiner wird.

Wie problematisch die Annahme individueller *Propensities* bzw. die Annahme stabiler Parameter von Wahrscheinlichkeitsverteilungen im Hinblick auf soziales Handeln sein kann, zeigt ein einfacher Blick auf empirische Ergebnisse der Soziodemografie und quantitativen Lebenslaufforschung (vgl. auch Abschnitt 3.2). Für die Tendenz individueller Akteure, in bestimmten Situationen bestimmte Bildungsabschlüsse zu erwerben und spezielle Berufe zu ergreifen, zu heiraten, sich scheiden zu lassen, Kinder zu zeugen usw. lassen sich in Abhängigkeit von räumlich-geografischen und zeitlich-historischen Kontexten auf der Grundlage empirisch beobachtbarer Häufigkeitsverteilungen eine Vielzahl verschiedener Schätzungen von Parametern der jeweiligen Wahrscheinlichkeitsverteilungen abgeben. Unter einer akteurstheoretischen Perspektive, bei der davon ausgegangen wird, dass sozialer Wandel (in diesem Falle also das Absinken oder der Anstieg von Heirats-,

Scheidungs- und Fertilitätsraten in bestimmten historischen Situationen) selber Folge sozialen Handelns ist, kann das nicht verwundern, denn unter diesem Blickwinkel sind Strukturen begrenzter Reichweite und damit raum-zeitlich *instabile Wahrscheinlichkeitsverteilungen und Populationsparameter*[63] zu erwarten.

Unter einer akteurstheoretischen Perspektive wäre es demnach eine zentrale Aufgabe der Sozialforschung, Veränderungen von Handlungsbedingungen und die daraus resultierenden Änderungen von Wahrscheinlichkeiten und Populationsparametern zu identifizieren und zu beschreiben. Diese Aufgabe zerfällt in zwei Teile:

1. Einerseits müssen *Veränderungen der bedingten Wahrscheinlichkeiten von Handlungsmustern*, gegeben bestimmte Handlungsbedingungen (bzw. der Parameter von Populationen, die einem bestimmten Bedingungsgefüge unterliegen) beschrieben werden.
2. Andererseits müssen Hintergrundbedingungen, die im Zuge sozialen Wandels zu *neuen kausal relevanten INUS-Bedingungen* sozialen Handelns werden, identifiziert werden.

Die erste Aufgabe lässt sich nur mit quantitativen Methoden und mit Fallzahlen bewältigen, die die umfassende Untersuchung eines bestimmten Handlungsfeldes ermöglichen. Werden im Verlauf sozialen Wandels aber neue INUS-Bedingungen relevant, so verlieren die aufgrund bislang bekannter Handlungsbedingungen entwickelten Modelle ihre Erklärungskraft. Neue erklärungshaltige Modelle können nur dann entwickelt werden, wenn die zweite zentrale Aufgabe, die Exploration bislang nicht berücksichtigter INUS-Bedingungen nicht vernachlässigt wird. Hierzu bedarf es qualitativer Forschungsmethoden.

8.5 Zusammenfassung: Stärken und Schwächen probabilistischer Kausalitätskonzepte

Die in diesem Kapitel angestellten Überlegungen zu probabilistischen Kausalitätskonzepten lassen sich folgendermaßen zusammenfassen:

Unter einer handlungstheoretischen Perspektive, die der Entscheidungsfähigkeit und Kreativität sozialer Akteure Rechnung trägt, hat die Verwendung probabilistische Kausali-

---

[63] Wollte man die Metaphern der fairen Würfel und Münzen auf akteursinduzierten sozialen Wandel übertragen, so müsste man das Modell eines sozialen Systems von „Würfelakteuren" entwickeln, von denen einige Wege und Mittel finden, um häufiger ein bestimmtes Ereignis (etwa das Ergebnis „6") zu realisieren. Diese Strategien würden in manchen Fällen von anderen Würfelakteuren übernommen, so dass eine neue, nun wiederum für einen bestimmten Zeitraum stabile Wahrscheinlichkeitsverteilung entstünde, bei der der Ausgang „6" nicht mehr, wie bisher, in einem Sechstel, sondern nun in einem Drittel aller Fälle realisiert wird usw. Das bedeutet keineswegs, dass ein objektiver Wahrscheinlichkeitsbegriff zur Analyse sozialen Handelns nicht geeignet ist. Die mit der Festlegung von Wahrscheinlichkeiten implizierte prinzipiell unendliche Wiederholbarkeit von Vorgängen unter *exakt denselben Bedingungen* bezieht sich ohnehin nur auf fiktive Populationen, da eine unendliche Anzahl von Wiederholungen praktisch ohnehin nie realisierbar ist. Wenn sich also INUS-Bedingungen des Handelns (etwa durch soziales Handeln selber) verändern, wird dadurch eine neue, wiederum fiktive „Inferenzpopulation" konstituiert. Die Schätzung von Wahrscheinlichkeiten und Populationsparametern aufgrund empirischer Daten ist also bei Strukturen begrenzter Reichweite nicht unsinnig, sondern steht unter konkreten Geltungsvorbehalten: probabilistische Kausalaussagen gelten unter *ceteris paribus Klauseln*. Da aber soziale Strukturen über lange Zeiträume äußerst stabil sein können, können probabilistische Kausalaussagen ggfs. einen großen (aber eben nicht *universellen*) empirischen Geltungsbereich aufweisen.

tätskonzepte einen entscheidenden Vorteil gegenüber (den im vorigen Kapitel diskutierten) komparativen Verfahren: mit Hilfe statistischer und probabilistischer Verfahren können aus einem komplexen Bedingungsgefüge einzelne kausal relevante Bedingungen isoliert werden und deren eingeschränkter bzw. „schwacher" Kausaleinfluss auf das untersuchte Phänomen untersucht werden. Die Analyse großer Fallzahlen mit statistischen Verfahren liefert also ein robustes und unverzichtbares Instrument, um bestimmte (soziologisch nicht relevante oder nicht bekannte) INUS-Bedingungen vernachlässigen zu können.

Das gilt insbesondere für voneinander unabhängige (linear-additive) kausale Einflüsse und Bedingungen, deren Existenz durch (die in komparativen Verfahren nicht vorgesehenen) Fehlerterme in statistischen Modellen Rechnung getragen wird. Aber auch bei solchen INUS-Bedingungen, die einen bestimmten kausalen Einfluss nur gemeinsam erzeugen, sind komparative Methoden den üblichen Verfahren statistischer kausaler Modellbildung nicht wirklich überlegen: Die von RAGIN an zahlreichen Stellen wiederholte Kritik, dass variablenorientierte Ansätze *Interaktionseffekte* vernachlässigen würden (z.B. RAGIN 2000, S. 33), trifft zwar für weite Teile der *Praxis kausaler Modellbildung* zu, ein Umstand der auch in der anspruchsvolleren Literatur zur kausalen Modellbildung immer wieder moniert wird. Eine gegenstandsbezogene und theoretisch begründete Spezifikation von Modellen (einschließlich ihrer möglichen Interaktionseffekte) unterbleibt in der Forschungspraxis zwar häufig (vgl. FREEDMAN 1991, S. 303; MARINI, SINGER 1988), ist bei einer *lege artis* Anwendung klassischer Methoden der Modellbildung aber ohne weiteres möglich.

Die Abschwächung der starken Forderungen des HUME'schen Regularitätstheorie durch eine „probabilistische Kausalitätstheorie" ist gerade in den Sozialwissenschaften unumgänglich, weil hier nicht ständig alle relevanten (und sich ändernden) INUS-Bedingungen sozialen Handelns bei der kausalen Modellierung berücksichtigt werden können.

Methodologische Probleme, die durch akteursinduzierte Diversität von Handlungsmustern und sozialen Wandel erzeugt werden, lassen sich aber trotzdem mit statistischen und probabilistischen Konzepten *allein* nicht lösen. Die Frage, was sich hinter unerklärten Varianzen, Fehlertermen und der Unvorhersagbarkeit von Einzelereignissen in stochastischen Kausalmodellen verbirgt, lässt sich mit dem Verweis auf Handlungs- und Willensfreiheit nicht hinreichend beantworten. Wahrscheinlichkeitstheoretische Konzeptionen von *Zufall* sind zwar hilfreich, um Handlungen, die auf freien Entscheidungen beruhen, in statistische Modelle einzubeziehen, wenn nicht genügend Informationen über die Gründe der Handelnden bzw. über deren Handlungsbedingungen vorliegen. Theoretisch lässt sich menschliche Entscheidungsfreiheit aber keinesfalls durch ein (wahrscheinlichkeitstheoretisches) Konzept von Zufall substituieren. In handlungstheoretischer Hinsicht sind Handlungsfreiheit und Zufall eher Gegensätze, denn eine Entscheidung, die durch einen *Zufall* erzeugt wurde, lässt sich kaum sinnvoll als *freie* Entscheidung bezeichnen[64].

Entscheidungsfreiheit sozialer Akteure ist also weitaus besser mit einer *epistemischen* Interpretation von Wahrscheinlichkeit als mit einer *ontologischen* Sichtweise vereinbar. Weil auch ein Handeln, das auf freien Entscheidungen beruht, begründet werden kann, Regeln folgt und deswegen *rational rekonstruierbar* (wenn auch oft nicht prognostizierbar)

---

64 Natürlich werden manche Entscheidungen für oder gegen eine Handlungsalternative (z.B. Entscheidungen unter Unsicherheit und Zeitnot) tatsächlich zufällig getroffen. Die freie Entscheidung bezieht sich dann aber natürlich nicht auf die Handlungsalternative selber (deren Wahl legt ja der Zufall, also etwa ein Münzwurf, fest), sondern nur darauf, ob die Entscheidung frei getroffen wird oder dem Zufall (und damit, wenn diese Selbstbindung eingehalten wird, letztendlich einem äußeren Zwang) überlassen wird.

ist, stellt das Konzept des Zufalls oftmals nur einen „Lückenbüßer" für das unvollständige Wissen eines sozialwissenschaftlichen Untersuchers über die faktischen *Handlungsgründe* der sozialen Akteure dar. Soll Entscheidungsfreiheit nicht als *ad hoc* Argument missbraucht werden, das Forscher bei Bedarf für fehlspezifizierte Modelle mit niedriger erklärter Varianz dispensieren kann, muss die Tatsache im Auge behalten werden, dass Fehlervarianz in kausalen Modellen den Einfluss von relevanten, aber bislang nicht bekannten INUS-Bedingungen zum Ausdruck bringen kann.

Will man auf die kausale Erklärung sozialen Handelns nicht verzichten (und es sprechen, wie im sechsten Kapitel dargelegt, gute Gründe gegen den Verzicht auf einen sozialwissenschaftlichen Kausalitätsbegriff), so reicht die Verwendung eines statistischen Instrumentariums, das *Abweichungen von hypothetisch postulierten kausalen Zusammenhängen* als Fehler toleriert und damit die Modellierung nicht-deterministischer Zusammenhänge erlaubt, nicht aus. Zusätzlich müssen Werkzeuge zur Verfügung stehen, mit denen bislang unbekannte kausale Pfade und INUS-Bedingungen identifiziert und beschrieben werden können, die in kausalen Modellen von Sozialwissenschaftlern deswegen nicht auftauchen, weil sie keinen Zugang zu dem sich ändernden Handlungswissen der Akteure haben.

Insbesondere in solchen Handlungsfeldern, die durch eine Pluralität von Handlungsmustern und kausalen Pfaden und durch sozialen Wandel gekennzeichnet sind, erfordert die empirische Untersuchung kausaler Zusammenhänge die Kombination quantitativer und qualitativer Methoden. Quantitative Verfahren dienen dabei zur Entwicklung von Modellen schwacher Kausalität und qualitative Methoden zur Entdeckung bislang unbekannter Handlungsbedingungen, durch deren Einbeziehung die quantitativen Modelle an Erklärungskraft gewinnen können.

9 Kausalität und quantitative Methoden II: Das Problem von „*common causes*" und Scheinkausalität

Ein empirisch beobachtbarer Zusammenhang zwischen zwei Ereignissen kann fälschlich als kausaler Zusammenhang interpretiert werden, wenn eine gemeinsame Ursache, der beide Ereignisse ihre Existenz verdanken, übersehen wird. Dies ist in wenigen Worten das „*common cause*" Problem kausaler Erklärung. Um die hieraus erwachsenden Probleme von „Scheinkorrelationen" zu bearbeiten, wurden eine ganze Reihe von Verfahren und Techniken entwickelt, die sich zu zwei grundlegenden Ansätzen zusammenfassen lassen:

- Bei der Anwendung des *experimentellen Ansatzes*, der auf einem interventionistischen Kausalitätsverständnis beruht, versucht man, solche INUS-Bedingungen, die potentielle gemeinsame Ursachen für die hypothetisch unterstellten Ursachen- und Wirkungsereignisse repräsentieren, durch Interventionen des Untersuchers und durch Randomisierung konstant zu halten.
- Eine Konstanthaltung jener Bedingungen, die als *common causes* in Frage kommen, lässt sich auch *ex post facto* durch eine statistische Kontrolle aller Variablen, die solche Bedingungen repräsentieren, bewerkstelligen. Dieser „*Kontrollvariablenansatz*" – dessen Basis in den 1950er Jahren mit den Arbeiten von LAZARSFELD, SIMON und BLALOCK gelegt wurde – wurde in den 1970er und 1980er Jahren zu großer methodologischer Elaboration fortentwickelt und ist heute fester Bestandteil des Handwerkszeugs statistischer Modellbildung.

Diese beiden Ansätze sollen in dem folgenden Kapitel ausführlich dargestellt und sowohl unter einer methodologischen als auch unter einer akteurstheoretischen Perspektive diskutiert werden. Hierbei werden die Grenzen beider Ansätze bei der Lösung des *common cause* Problems deutlich, die sich aus der Fähigkeit sozialer Akteure ergeben, ihre Handlungsbedingungen zu beeinflussen. Eine akteurstheoretische Herangehensweise an das Problem weist aber auch einen Weg zu methodologischen Strategien, mit deren Hilfe die im experimentellen und Kontrollvariablenansatz enthaltenen Möglichkeiten besser genutzt und erweitert werden können: in vielen Fällen verlangt der Einsatz experimenteller und statistischer Kontrolloperationen die Verfügbarkeit handlungstheoretischer Konzepte und eines gegenstandsbezogenen Wissens, wie es nur mit Hilfe qualitativer Verfahren erlangt werden kann.

9.1 Das Problem der *common causes*

Der HUMEschen Regularitätstheorie der Kausalität zufolge ist die Annahme einer Kausalbeziehung zwischen zwei Ereignissen empirisch nur nachweisbar anhand der konstanten Verbindung, der zeitlichen Sukzession und der raum-zeitlichen Kontiguität dieser beiden Ereignisse. Nun lassen sich ohne größere Schwierigkeiten zahlreiche Beispiele für Phänomene finden, die regelmäßig und mit geringem raum-zeitlichen Abstand aufeinander folgen, ohne dass zwischen ihnen eine direkte Ursache-Wirkungsbeziehung bestünde: auf die Nacht folgt regelmäßig der Tag, ohne dass die Nacht den Tag verursachen würde, auf die Lichterscheinung des Blitzes folgt der Donner, ohne von der Lichterscheinung verursacht zu sein usw. Solche Gegenbeispiele für die Regularitätstheorie (vgl. auch MACKIE 1974, S.81 ff., DAVIES 1988, S.134) weisen sämtlich die logische Struktur einer bestimmten „kausalen Verzweigung" auf: ein Ereignis X (die Nacht bzw. die Lichterscheinung eines Blitzes) und ein Ereignis Y (der Tag bzw. der Donner) werden durch ein drittes Ereignis Z (die Erdrotation bzw. eine atmosphärische Entladung) hervorgerufen, das die gemeinsame Ursache sowohl von X als auch von Y darstellt, skizziert in der Grafik 9.1[65]:

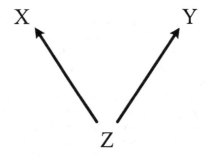

Grafik 9.1: gemeinsame Ursachen

Für eine empirische Überprüfung stochastischer Kausalerklärungen sozialer Handlungen (also von Hypothesen über einen probabilistisch kausalen Zusammenhang zwischen Handlungsbedingungen und Handlungen) bedeutet dies: Der Nachweis einer statistischen Assoziation zwischen unabhängigen Variablen, die Handlungsbedingungen repräsentieren, und abhängigen Variablen, die die Handlungen bzw. deren Resultate abbilden, ist für sich genommen nicht ausreichend, um eine kausale Hypothese zu stützen. Denn die statistische Assoziation kann ebenso durch bislang unbekannte, im Modell nicht berücksichtigte *common causes* zustande kommen, die eine gleichzeitige Veränderung sowohl der unabhängigen als auch der abhängigen Variablen bewirken.

---

[65] Dieses lineare Diagramm ist natürlich stark vereinfacht – andere Bedingungen werden mit Z verknüpft sein, um X zu erzeugen, und wiederum andere, um Y zu bewirken; Z ist in den meisten Fällen nicht die gesamte Ursache, sondern nur eine unter vielen INUS-Bedingungen sowohl für X als auch für Y (vgl. MACKIE 1974, S. 83)

9.1 Das Problem der common causes

Hierzu ein einfaches empirisches Beispiel: Eine kausale Erklärung von Suizidraten[66] lässt in der Regel verschiedene alternative kausale Erklärungen zu, bei denen der beobachtete statistische Zusammenhang als Wirkung einer weiteren, bislang unbekannten gemeinsamen Ursache gedeutet werden kann. Zu potentiellen Kausalfaktoren von Suiziden liegt mittlerweile eine sehr umfangreiche Forschungsliteratur vor (z.b. BJARNASON 1994; BILLIE-BRAHE, WANG 1985; BREAULT 1986; GOULD u.a. 1990; STACK 1982, 1991; VIELAND u.a. 1991). Betrachtet man bspw. empirische Befunde, bei denen das gemeinsame gehäufte Auftreten der Merkmale *mangelhafte soziale Unterstützung durch die Familie* und *Suizidneigung bei Jugendlichen* als empirischer Beleg für die Kausalhypothese angesehen wird, dass mangelhafte soziale Unterstützung durch die Familie ein erhöhtes Suizidrisiko bei Jugendlichen *bewirkt*, so lassen sich sofort Fragen anschließen in der Art: ist mangelnder familialer *social support* eine primäre kausale Bedingung für Suizidneigung von Jugendlichen oder wird dieser statistische Zusammenhang durch eine dritte Variable (etwa: *bestimmte Persönlichkeitsmerkmale der Jugendlichen, die sowohl zu erhöhter Suizidneigung als auch zu erhöhter Zurückweisung durch die Familie führen*) erzeugt? Oder ist die letztendliche Ursache für Unterschiede im Suizidrisiko soziale Ungleichheit, wobei sozial benachteiligte Familien sowohl weniger soziale Unterstützung gewähren als auch (unabhängig davon) ein höheres Suizidrisiko tragen müssen? usw.

Im deutschen Sprachraum wird häufig der missverständliche Ausdruck „Scheinkorrelation"[67] (als Übersetzung des von SIMON geprägten Begriffs der „*spurious correlation*", SIMON 1954) für solche statistische Assoziationen verwendet, die durch eine gemeinsame Ursache erzeugt werden und einen *scheinbaren Kausalzusammenhang* vorspiegeln. Mit diesem Problem haben sich etliche prominente sozialwissenschaftlichen Statistiker, Ökonometriker und Wissenschaftstheoretiker (u.a. LAZARSFELD, BLALOCK, SIMON, SUPPES, GOOD und GRANGER) befasst. Unterschiedliche Strategien statistischer Kausalanalyse wurden vorgeschlagen, die der möglichen Existenz von gemeinsamen Ursachen Rechnung tragen und die sich in einem wesentlichen Punkt entsprechen: Ein Zusammenhang zwischen zwei Variablen C und E kann diesen Überlegungen zufolge erst dann als kausal bezeichnet werden, wenn zwischen ihnen eine „robuste Abhängigkeit" (GOLDTHORPE 2001) besteht, das heißt, wenn eine bestehende statistische Assoziation zwischen C und E sich auch dann nicht ändert, wenn weitere Variablen $B_1, B_2 \ldots B_n$ in die Betrachtung einbezogen werden, die selbst einen nachweislichen Einfluss auf C besitzen.

SUPPES' bedingte Wahrscheinlichkeitstheorie der Kausalität etwa konzeptualisiert diese robuste Abhängigkeit folgendermaßen: ein Ereignis X verursacht ein anderes Ereignis Y genau dann, wenn einerseits die bedingte Wahrscheinlichkeit von Y, gegeben X, größer ist als die unbedingte Wahrscheinlichkeit von Y (wenn also Y und X voneinander stochastisch abhängig sind), so dass gilt

---

[66] welche oft als didaktisches Beispiel zur Erläuterung der Struktur sozialwissenschaftlicher Erklärungen herangezogen wird, vgl. OPP 1970/1976, S. 124 ff. oder auch Abschnitt 4.2.

[67] Der Begriff „Scheinkorrelation" ist deswegen missverständlich, weil eine „Korrelation" eben keinen kausalen, sondern nur einen arithmetisch beschreibbaren statistischen Zusammenhang zwischen zwei Variablen bezeichnet. Ein solcher statistischer Zusammenhang kann stark sein – wenn bspw. hohe Werte der einen Variablen gehäuft zusammen mit hohen Werten der anderen Variablen auftreten –, schwach sein oder gar nicht bestehen, aber keinesfalls nur „zum Schein" existieren. Berücksichtigt man diese Bedeutungsdifferenz zwischen den Begriffen „Korrelation" und „Kausalität", so muss man statt von „Scheinkorrelationen" von *scheinbaren Kausalzusammenhängen* sprechen, die durch eine tatsächlich vorhandene Korrelation erzeugt werden.

$P(Y|X) > P(Y)$ (9.1)

und wenn zusätzlich kein weiterer Faktor Z existiert, der das Ereignis X von Y *abschirmt*, so dass gelten würde

$P(Y|X \cap Z) = P(Y|Z)$ (9.2)

Die Lichterscheinung eines Blitzes verursacht deswegen nicht den Donner, so schlägt SUPPES damit vor, weil die elektrische Entladung einen solchen *Abschirmfaktor Z* darstellt. Oder auf das hier verwendete sozialwissenschaftliche Beispiel bezogen: *social support* ist nur dann eine kausal relevante Bedingung für die Erhöhung bzw. Reduktion des Suizidrisikos Jugendlicher, wenn sich die Wahrscheinlichkeit für einen Suizid bei Jugendlichen durch soziale Unterstützung unabhängig von potentiellen Abschirmfaktoren wie „mangelnde soziale Kompetenz" oder „Schichtzugehörigkeit" verringert (auch wenn diese Abschirmfaktoren einen unabhängigen Beitrag zur Erhöhung des individuellen Suizidrisikos leisten).

Dennoch sind die von SUPPES für probabilistische Kausalaussagen genannten Bedingungen zu restriktiv, um alle möglichen Arten von Kausalbeziehungen zu erfassen. So macht HESSLOW (1976) darauf aufmerksam, dass eine bestimmte Ursache X auch die Wahrscheinlichkeit der Wirkung Y senken kann, wenn nämlich X die Wahrscheinlichkeit anderer effektiver Ursachen senkt[68]. Dieser Einwand lässt sich, so CARTWRIGHT, nur dann entkräften, wenn die Bedingung „Es existiert kein weiterer Abschirmfaktor" so modifiziert wird, dass sie *für jeden alternativen kausal relevanten Faktor* gilt, denn

"All the counter examples I know to the claim that causes increase the probability of their effects work in this same way. In all cases, (...) the cause is correlated with some other causal factor which dominates in its effects. This suggests that the condition as stated is too simple. A cause must increase the probability of its effects – but only in situations where such correlations are absent. The most general situations in which a particular factor is not correlated with any other causal factors are situations in which all other causal factors are held fixed (...)" (CARTWRIGHT 1979, S.423)

In eine ähnliche Richtung führen Überlegungen, die MACKIE (1974, S.173-182) im Kontext eines deterministischen und regularitätstheoretischen Kausalitätsverständnisses anstellt. Die Regularitätstheorie der Kausalität verliert etliche ihrer logischen und erkenntnistheoretischen Probleme, so argumentiert MACKIE, wenn nicht eine *regelmäßige Aufeinanderfolge* bzw. *zeitliche Sukzession* als die zentralen Merkmale von Kausalbeziehungen betrachtet werden, sondern die *Festlegung* („*fixity*") aller relevanten Kausalbedingungen. Die Behauptung, eine Veränderung einer Variable X führe kausal zu der Veränderung einer Variable Y impliziert demnach, dass, sobald feststeht, dass die Veränderung von X stattgefunden hat, auch feststeht, dass Y sich verändern wird.

---

68 HESSLOW verwendet dazu das folgende Beispiel: sowohl die Einnahme von Ovulationshemmern als auch eine Schwangerschaft können bei einer Frau eine Thrombose verursachen. Die Wahrscheinlichkeit für eine Thrombose unter der Bedingung, dass eine Schwangerschaft vorliegt, ist dabei möglicherweise höher als die Wahrscheinlichkeit für eine Thrombose, wenn Ovulationshemmer eingenommen worden sind. Da aber Ovulationshemmer die Wahrscheinlichkeit für eine Schwangerschaft vermindern, ist die Wahrscheinlichkeit für eine Thrombose, gegeben eine Einnahme von Ovulationshemmern tatsächlich geringer als die Wahrscheinlichkeit einer Thrombose, gegeben keine Einnahme dieser Mittel (vgl. hierzu auch ausführlich Abschnitt 9.3.2 über „Simpsons Paradoxon")

Diese methodologische Forderung nach einer Festlegung bzw. Kontrolle von möglicherweise relevanten kausalen Bedingungen lässt sich nun auf zwei Arten methodisch umsetzen:

1. durch eine direkte und praktische Intervention in Form einer *experimentellen Kontrolle*
2. oder durch eine *ex post* durchgeführte *statistische Kontrolle* von potentiell kausal relevanten INUS-Bedingungen.

Beide Vorgehensweisen werden in empirischen Wissenschaften reichlich genutzt und haben zur Entwicklung elaborierter methodologischer und methodischer Techniken geführt. Deren Anwendung ist wiederum spezifischen Risiken der Fehleinschätzung von Kausalbeziehungen ausgesetzt, die in der methodologischen Literatur als Bedrohungen der internen und externen Validität, als „Simpsons Paradoxon" oder als Gefahr von „Pseudokontrollen" seit längerem diskutiert werden. Der folgende Abschnitt 9.2 referiert kurz jene Methodenprobleme, mit denen Sozialforscher bei der Anwendung des „experimentellen bzw. quasi-experimentellen Ansatzes" konfrontiert sind, und Abschnitt 9.3. ist jenen Risiken gewidmet, die mit der Anwendung des „Kontrollvariablenansatzes" verbunden sind. Es gibt mehrere Möglichkeiten, wie mit diesen Problemen umgegangen werden kann: man kann versuchen, sie durch immer bessere technische Verfeinerungen statistischer und experimenteller Kontrollprozeduren zu lösen; oder man kann nach Alternativen zur Methodologie der (experimentellen oder statistischen) Kontrolle von INUS-Bedingungen suchen, wie man sie in anderen nicht-experimentellen Wissenschaften (z.B. in der Evolutionsbiologie, vgl. LIEBERSON, LYNN 2002) finden kann. In Abschnitt 9.4 soll jedoch eine weitere Möglichkeit vorgestellt werden: Methodenprobleme kausaler Modellierung, die in konkreten empirischen Studien in unterschiedlichem Ausmaß auftreten können, sind aus handlungstheoretischer Perspektive als Resultat von *agency* zu verstehen. Eine immer weitere technische Elaboration des statistischen und experimentellen Instrumentariums der empirischen Sozialforschung reicht zur Bearbeitung dieser Methodenprobleme nicht aus, vielmehr ist eine akteurstheoretische Perspektive gefordert, deren methodologische Konsequenz in der Notwendigkeit von qualitativer Sozialforschung zur Exploration von *common causes* liegt.

9.2 Der experimentelle und quasi-experimentelle Ansatz

Die experimentelle Kontrolle von *common causes* beruht methodologisch auf einem „interventionistischen" Kausalitätskonzept (vgl. z.B. HACKING 1997). Die Hypothese einer Kausalbeziehung soll hierbei nicht, wie in den auf HUME zurückgehenden empiristischen Ansätzen, nur durch eine wiederholte passive Beobachtung, sondern durch eine aktive Intervention geprüft werden. Die Möglichkeit, dass eine gemeinsame Ursache Z gleichzeitig eine Veränderung von X und Y kausal hervorruft und damit die Veränderung von X als (unechte) Ursache der Veränderung von Y erscheinen muss, soll in diesem Fall dadurch ausgeschlossen werden, dass Veränderungen von Y gezielt durch die Manipulation von X erzeugt werden: „*We said that X is causally prior to Y where, if an intervention had been applied to X, Y would have been different*" (MACKIE 1974, S.181).

Interventionistische Kausalitätskonzepte kommen der bereits dargestellten sprachlogischen Verknüpfung von „Handlung" und „Kausalität" entgegen. Eine Folge davon ist, dass ein interventionistisches Konzept von Kausalität, wie SOBEL schreibt

"(...) clearly reveals the type of assumptions most social and behavioural scientists implicitly make when using data from (experimental and observational) studies to make causal inferences. This is because most social scientists, without respect to the study design, use experimental language when interpreting empirical results (...)" (SOBEL 1995, S.18)

Der experimentellen Methode liegt ein Konzept aktiven Handelns zugrunde, das mit akteursorientierten Handlungstheorien gut zu vereinbaren ist. Nimmt man aber eine solche akteursorientierte Sichtweise ein, so dürfen nicht nur die Experimentatoren, sondern müssen auch die anderen Beteiligten, insbesondere die Versuchspersonen, prinzipiell als Akteure betrachtet werden. Bei einer konsequenten Beachtung dieses Umstands werden die Erkenntnisgrenzen der experimentellen Methode deutlich; es eröffnen sich aber auch Wege, um diese Probleme zu bearbeiten.

Hierzu müssen wir jene *Handlungslogik* näher betrachten, welche experimentellen Designs zugrunde liegt: Interventionistische Kausalitätskonzepte betonen die Bedeutung *irrealer Konditionalsätze* für die Formulierung kausaler Behauptungen. (vgl. GOODMAN 1947; STEGMÜLLER 1974, S.283 ff.; LIEBERSON 1985, S. 45 f.). Eine kausale Interpretation des statistischen Zusammenhangs zwischen familialem *social support*, den Jugendliche erfahren, einerseits und dem suizidalen Verhalten, welches diese Jugendliche zeigen, andererseits, beruht demnach auf der impliziten Annahme, dass zumindest einige der suizidalen Jugendlichen sich nicht umgebracht hätten, wäre der familiale Support in diesen Fällen größer gewesen. In einer formalen und abstrakteren Ausdrucksweise lässt sich dieser Umstand so beschreiben: eine singuläre Kausalaussage in der Art *„Das Ereignis E zum Zeitpunkt t_2 ist durch C_1 zum Zeitpunkt t_1 verursacht wurden"* impliziert einen irrealen Konditionalsatz der Art *„Wäre zum Zeitpunkt t_1 nicht C_1 vorhanden gewesen, so wäre das Ereignis E zum Zeitpunkt t_2 nicht zustande gekommen"*. Weil Ereignisse durch verschiedene kausale Pfade zustande kommen können, würde die Überprüfung dieser irrealen Konditionalaussage aber erfordern, dass alle Bedingungen, die zum Zeitpunkt t_1 vorhanden waren, exakt wiederhergestellt werden (mit Ausnahme natürlich der Bedingung C_1, deren kausale Relevanz geprüft werden soll). Weil aber eine solche Überprüfung zu einem anderen Zeitpunkt als t_1 stattfinden muss, kann stets eine weitere, unbekannte Bedingung $C_2,....,C_n$ eingetreten sein, die Einfluss nimmt auf E. Vor allem HOLLAND (1986) hat die Bedeutung dieses philosophischen Problems für die Sozialwissenschaften verdeutlicht: Die Überprüfung eines irrealen Konditionalsatzes erfordert einen *idealen Vergleich* bzw. eine strenge *ceteris paribus* Regel, deren Einhaltung wegen der Unilinearität der Zeit nicht möglich ist.

Methoden *experimenteller Intervention* lassen sich nun als Verfahren verstehen, um einem solchem idealen Vergleich so weit wie möglich nahe zu kommen: das Grundprinzip der experimentellen Prüfung einer kausalen Hypothese besteht darin, durch eine *Handlung* des Untersuchers die INUS-Bedingung C_1, deren kausale Relevanz geprüft werden soll, zu beeinflussen, und dabei *alle anderen INUS-Bedingungen* $C_2,....,C_n$, die einen potentiellen Einfluss auf E haben können, konstant zu halten. Die Konstanthaltung des Großteils aller INUS-Bedingungen ist nun zwar bei einfachen physikalischen und chemischen Experimenten noch möglich, in solchen Gegenstandsbereichen jedoch, in denen

9.2 Der experimentelle und quasi-experimentelle Ansatz

- nicht alle zusätzlichen INUS-Bedingungen $C_2,...,C_n$, die auf das Zielereignis E einwirken, bekannt sind,
- die Bedingungen $C_2,...,C_n$, stark variieren
- und diese Variation nicht vollständig durch den Untersucher beeinflusst werden kann,

ist diese Forderung nur äußerst schwer zu erfüllen.

Diese Umstände treffen auf alle Wissenschaften zu, die komplexe und spontan ablaufende Prozesse untersuchen, auf die der Untersucher nur begrenzt Einfluss nehmen kann: neben den Sozialwissenschaften also auch auf den gesamten Bereich der *life sciences*, wie der Biologie, Medizin usw., in denen es häufig der Fall ist, dass die Werte einer abhängigen Variablen unter natürlichen Bedingungen eine große Variationsbreite aufweisen, weil eine Reihe unterschiedlicher, kaum zu kontrollierender Einflüsse auf sie wirken können.

Eine allgemein verwendete Strategie, um die Heterogenität unbekannter INUS-Bedingungen zu berücksichtigen, geht auf Arbeiten Ronald FISHERS in den 1920er und 30er Jahren über den Zusammenhang zwischen experimenteller Methode und statistischer Analyse zurück (FISHER 1935/1966; vgl. auch GIGERENZER 1999 u.a., S.93 ff.). Das ursprüngliche forschungspraktische Problem, dessen Lösung FISHER seine Arbeit widmete, bestand darin, dass bei agrarwissenschaftlichen Versuchen die Wirkung der durch den Untersucher gesetzten INUS-Bedingungen (bspw. ein neuer Dünger) überlagert werden kann durch eine ganze Reihe anderer kausal relevanter Bedingungen (wie der Beschaffenheit des Bodens, den Witterungsverhältnissen, dem Vorhandensein von Nützlingen und Schädlingen usw.), die ebenfalls auf die abhängige Variable (etwa: das Wachstum bestimmter Pflanzen) wirken können. Mit der Methode der Varianzanalyse entwickelte FISHER ein Verfahren, mit dessen Hilfe eine Unterscheidung getroffen werden konnte zwischen der Variation der abhängigen Variablen, die durch die experimentellen Bedingungen erzeugt wird, und der Fehlervarianz, die durch andere, nicht-kontrollierte Bedingungen zustande kommt. Zentrale Voraussetzungen für die Anwendbarkeit der Varianzanalyse sind, FISHER zufolge, allerdings bestimmte Techniken der Versuchsplanung: einerseits die *Replikation* von Beobachtungen (d.h. eine Erhöhung der Zahl der untersuchten Fälle) und andererseits die *Randomisierung*, d.h. die zufällige Zuteilung von Untersuchungseinheiten auf experimentelle Bedingungen (FISHER 1935/1966, § 22). Eine zufällige Aufteilung der Untersuchungsgruppe generiert Kombinationen von INUS-Bedingungen, die sich von denjenigen unterscheiden, die sich bei einer willkürlichen Aufteilung durch den Experimentator (die möglicherweise durch dessen Vorannahmen beeinflusst werden) ergeben würden. Das Ziel der Randomisierung ist, dass „*eben die Ursachen, die unsere tatsächlichen Fehler* (d.h. die durch zusätzliche, z.T. unerkannte INUS-Bedingungen entstehenden Abweichungen der Werte der abhängigen Variablen, U.K.) *produzieren, auch das Rohmaterial zu deren Abschätzung liefern*" (FISHER 1935/1966, § 20).

FISHERs Konzept der Randomisierung gilt als einer seiner wesentlichsten Beiträge zur Praxis des wissenschaftlichen Experiments (vgl. FINNEY 1964, S. 327; NEYMAN 1976, S. 263; GIGERENZER u.a. 1999, S.97): Im Unterschied zu einer gezielten Kontrolle relevanter INUS-Bedingungen, die immer nur die Einflüsse bestimmter, *ex ante* angenommener zusätzlicher Bedingungen berücksichtigen kann, ermöglichen es randomisierte Experimente, die Wirkung von bislang nicht bekannten *common causes* zu kontrollieren und damit jenes Problem *praktisch* zu lösen, welches SUPPES durch das Konzept der „Abschirmfaktoren" beschreibt (PAPINEAU 1994, S. 446): dadurch, dass Untersuchungseinheiten der experimentellen Bedingung C_1 per Zufall zugeteilt werden, kann (abgesehen von der Möglichkeit von Zufallsfehlern, deren Wahrscheinlichkeit aber kalkulierbar ist und sich bei größer werdender Fallzahl verringert) ausgeschlossen werden, dass das Ereignis E, welches der Kausalhypothese zufolge durch C_1 bewirkt wird, mit anderen Bedingungen $C_2,....,C_n$ korreliert: „*For when we assign the treatment to subjects at random, we ensure that all such influences, whatever they may be, are probabilistically independent of the treatment.*" (ebd., S.441).

Auch wenn sozialwissenschaftliche Experimente oft aus *praktischen oder ethischen Gründen*[69] nicht durchführbar sind, behält der interventionistische, experimentelle Ansatz (wegen der schon diskutierten engen Verknüpfung von Kausalität und Handeln) eine große Bedeutung für methodologische Argumente, denn auch dann, wenn eine Kontrolle aller INUS-Bedingungen durch experimentelle Parallelisierung und Randomisierung nicht möglich ist, kann es hilfreich sein, sozialwissenschaftliche Untersuchungen in Analogie zu Experimenten zu verstehen. CAMPBELL und STANLEY haben den Begriff des *Quasi-experiments* vorgeschlagen für Untersuchungen, in denen der Forscher „nicht-äquivalente Kontrollgruppen" bilden muss, weil er nicht alle kausal relevanten Bedingungen durch Randomisierung kontrollieren kann (CAMPBELL, STANLEY 1963, S. 34). Quasi-Experimente sind

> "experiments that have treatments, outcome measures, and experimental units, but do not use random assignments to create the comparisons from which treatment-caused change is inferred. Instead the comparisons depend on non-equivalent groups that differ from each other in many ways other than the presence of a treatment whose effects are being tested." (COOK, CAMPBELL 1979; S. 6)

Quasi-Experimente können zum Beispiel sozialpolitische Maßnahmen sein, die in bestimmten Organisationen (den „Quasi-Versuchsgruppen"), nicht aber in anderen (den „Quasi-Kontrollgruppen") eingeführt werden. In jenen Bereichen, in denen nicht aus sozialen, forschungspraktischen und handlungsethischen Gründen auf die Durchführung sozialwissenschaftlicher Experimente oder auf Quasi-Experimente verzichtet werden muss, zeigt sich nun, dass der Akteursstatus der Beteiligten erhebliche methodologische Implikationen hat: Soziale Akteure können, oft ohne dass die Experimentatoren dies in irgendeiner Weise voraussehen oder verhindern können, die durch die experimentelle Situation geschaffenen Handlungsbedingungen beeinflussen und verändern. Dies wurde bereits in klassischen sozialwissenschaftlichen Experimentalstudien deutlich, wie etwa in der von MAYO und

---

69 Unter einer handlungstheoretischen Perspektive bedeutet ein Experiment, dass bestimmte Akteure (die Experimentatoren) nach einem von ihnen festgelegten Versuchsplan Handlungsbedingungen für andere Akteure (die Versuchspersonen) festsetzen. Zwar ist es ein Merkmal sozialer Interaktion, dass soziale Akteure einseitig oder wechselseitig Handlungsbedingungen füreinander festlegen können. Dieser Prozess beruht aber in der Regel auf normativ geregelten sozialen Beziehungen und findet (zumindest in westlichen Gesellschaften) in mehr oder weniger engen juristischen und ethischen Grenzen statt. In diesen Gesellschaften ist die Zuschreibung eines Akteursstatus in der Regel damit verbunden, dass eine Reihe von Pflichten auferlegt und Rechte zugestanden werden, die es ausschließen, dass Handlungsbedingungen völlig willkürlich durch andere Akteure verändert werden können. Im Kontext jener kulturellen, politischen, philosophischen und juristischen Traditionen, die einen solchen, an Anrechte, Verpflichtungen und Verantwortlichkeiten geknüpften Akteursbegriff geprägt haben, ist bspw. ein Experiment kaum vorstellbar, bei welchem Jugendliche nach dem Zufallsprinzip auf Familien mit sehr ausgeprägtem oder sehr geringem Unterstützungsverhalten verteilt werden, um festzustellen, ob sich nach einer bestimmten Anzahl von Jahren die Suizidrate in beiden Gruppen signifikant unterscheidet. Dies ist der handlungstheoretische Hintergrund dafür, dass häufig davon gesprochen wird, dass „*most sociological research is not – and, for both practical and ethical reasons cannot be – experimental in character.*" (GOLDTHORPE 2000, S. 5).

Kollegen zwischen 1927 und 1933 durchgeführten „*Hawthorne* Studie" (vgl. ROETHLISBERGER, DICKINSON 1939): Bei einer Reihe von experimentellen Veränderungen der Arbeitsbedingungen für die Beschäftigten des untersuchten Standorts der „Western Electric Company" zeigte sich, dass gemessene Effekte (etwa: die Verbesserung der Arbeitsleistung) nicht nur durch die experimentellen Bedingungen (wie die Verbesserung der Beleuchtungssituation, die Veränderung der Arbeitszeit, der Entlohnung usw.) bewirkt wurden, sondern ebenso durch die unterschiedliche Art, wie Versuchspersonen diese durch die Experimentatoren gesetzten externen situativen Bedingungen verarbeiteten und zu jeweils unterschiedlichen Handlungsbedingungen weiterentwickelten. So konnte bspw. in einigen Fällen eine im Verlauf der Untersuchung entstehende Konkurrenz zwischen „Versuchs-„ und „Kontrollgruppe" den durch die experimentellen Bedingungen intendierten Einfluss fast vollständig kompensieren.

Aus der klassischen Perspektive der experimentellen Methodologie sind solche Phänomene zuerst einmal als *Bedrohungen der Validität* bzw. als *Quelle von Verzerrungen* von Experimenten zu verstehen (vgl. etwa CAMPBELL, STANLEY 1963, S. 16ff.; oder COOK, CAMPBELL 1979, S. 51 ff.). Unter einer akteurstheoretischen Perspektive jedoch müssen Einflussnahmen der Versuchspersonen auf das experimentelle Design als soziale Prozesse angesehen werden, die empirisch untersucht und deren kausale Relevanz für das untersuchte soziale Handeln geklärt werden muss. Denn etliche der *Validitätsbedrohungen* und *Fehlerquellen*, die in der mittlerweile klassischen Literatur zur experimentellen und quasi-experimentellen Methode beschrieben werden, lassen sich als Konsequenzen des Umstands verstehen, dass soziale Akteure ihre Handlungsbedingungen durch kreatives, zielgerichtetes, interessenorientiertes und „selbstsozialisatorisches" (HEINZ 2002) Handeln beeinflussen können. Dies betrifft einerseits Effekte, die bereits 1963 von CAMPBELL und STANLEY beschrieben wurden, nämlich *Effekte der Testung*, die dadurch entstehen, dass Versuchspersonen im Verlauf einer Untersuchung lernen können, mit dem Erhebungsinstrument besser umzugehen, und *Selektionseffekte*, die dadurch erzeugt werden, dass Versuchspersonen sich ihren Interessen entsprechend selber der Versuchs- oder Kontrollgruppe zuordnen bzw. die Versuchs- oder Kontrollgruppe ggfs. verlassen können (CAMPBELL , STANLEY 1963, S.5).

Auch zahlreiche jener Bedrohungen der internen Validität experimenteller und quasi-experimenteller Designs, die von COOK und CAMPBELL (1979, S. 51ff.) diskutiert wurden, lassen sich als Folge der Handlungskompetenz sozialer Akteure interpretieren:

1. Wenn Akteure aus der Versuchs- und Kontrollgruppe sich über die experimentellen Einflüsse austauschen, so dass die Kontrollgruppe bestimmte Elemente der experimentellen Bedingungen aus der Versuchsgruppe übernimmt oder nachahmt, kann es zu einer „*Diffusion oder Imitation des treatments*" kommen.
2. Wenn Mitglieder der Versuchsgruppe bestimmte begehrte Güter oder Dienstleistungen erhalten (bspw. um deren Wirkung auf die Effizienz der betreffenden Organisationen zu prüfen), ist es möglich, dass entscheidungsmächtige soziale Akteure alles daran setzen, den Kontrollgruppen ebenfalls Zugang zu diesen Gütern zu verschaffen; ein Vorgang, der als „*kompensatorische Angleichung der treatments*" bezeichnet wird und regelmäßig in experimentellen und quasi-experimentellen Studien im Schulwesen beobachtet wird.

3. Ebenfalls wurde im Rahmen erziehungswissenschaftlicher und organisationssoziologischer Experimente häufig eine „*kompensatorische Rivalität durch Befragte, die ein weniger erwünschtes treatment erhalten*" festgestellt.[70]
4. Auch der entgegengesetzte Effekt wurde beobachtet: die Kontrollgruppe kann durch eine subjektiv empfundene Benachteiligung gegenüber der Versuchsgruppe verärgert und demoralisiert werden. So kann es dann geschehen, dass die Kontrollgruppe (etwa in einer Untersuchung im industriellen Kontext oder im Bildungswesen) „Vergeltung" übt durch eine Senkung ihrer Leistungen.

Zur Untersuchung der kausalen Wirkung eines – experimentell durch einen sozialwissenschaftlichen Untersucher oder quasi-experimentell durch administrative Maßnahmen erzeugten – *treatments* reicht ein hypothetiko-deduktives Vorgehen, bei dem *treatment* und *outcome*-Variablen zu Beginn der Untersuchung definiert, die Versuchspersonen dann auf die verschiedenen Faktorstufen der *treatment*-Variablen verteilt und anschließend die Werte der *outcome*-Variablen zwischen den Faktorstufen verglichen werden, oft nicht aus. Vielmehr ist eine sozialwissenschaftliche Experimentalstudie in Gefahr, ein unzureichendes Bild der faktisch ablaufenden kausalen Prozesse zu liefern, wenn nicht parallel untersucht wird, in welcher Weise die beteiligten Akteure die von außen gesetzten experimentellen Bedingungen zu eigenen Handlungsbedingungen umformen. Wird das Handeln von Akteuren untersucht, die in die durch das Experiment oder Quasi-experiment gesetzten Handlungsbedingungen aktiv, zielgerichtet und selbständig eingreifen können, ist experimentelle Forschung nicht ohne den zumindest ergänzenden Einsatz qualitativer Methoden sinnvoll.

9.3 Der Kontrollvariablenansatz

Die Idee, Variablen, die als *common causes* einen nur scheinbaren kausalen Zusammenhang erzeugen, statistisch *ex post* zu kontrollieren[71] und auf diese Weise ein *Analogon* zur experimentellen Konstanthaltung von Bedingungen gefunden zu haben, war seit den Anfängen der quantitativen Sozialforschung ein wichtiges Motiv für die Fortentwicklung statistischer Methoden. So schrieb schon BURGESS 1929:

"Yet it is quite as necessary in the social as in the physical sciences to make observations and comparisons of behaviour under controlled conditions. One method of obtaining control in the social science laboratory is, first, to determine the significant factors, or variables, which influence behaviour, and then to find out for each its quantitative value in extent or degree. In this

---

70 SARETSKY (1972) hat beschrieben, wie sich dieser Prozess bei der experimentellen Einführung von leistungsbezogener Vergütung von Lehrkräften an Schulen ergab. Die Verbesserung der Performanz der Schüler sowohl in der Versuchs- als auch in der Kontrollgruppe führte SARETSKY dabei zurück auf Befürchtungen der Lehrkräfte, dass die Einführung des veränderten Systems der Vergütung persönliche Nachteile für sie mit sich bringen könnte. SARETSKY spricht hier von dem *„John Henry Effekt"* unter Bezugnahme auf den Arbeiter John Henry, der, als er erfuhr, dass seine Arbeitsleistung mit der einer neu eingeführten Maschine verglichen wurde, seine Arbeitsleistung so erhöhte, dass er die der Maschine überrunden konnte und dabei ums Leben kam.
71 Wird der statistische Zusammenhang zwischen *social support* und *Suizidneigung von Jugendlichen* letztendlich durch deren *Schichtzugehörigkeit* hergestellt, wird dieser Zusammenhang verschwinden, wenn er getrennt für Angehörige jeweils verschiedener sozialer Schichten untersucht wird, wenn, mit anderen Worten, die Drittvariable *Schichtzugehörigkeit* statistisch konstant gehalten wird.

way, where it is possible, the social sciences obtain what is an approximation of the controlled experiment in the method of the physical sciences." (BURGESS 1929, S. 47)

Eine frühe formale Explikation eines solchen Vorgehens lieferte die LAZARSFELDsche *Elaboration*, mit deren Hilfe geprüft werden kann, ob ein statistischer Zusammenhang zwischen zwei Variablen X und Y unabhängig vom Einfluss einer dritten Variable Z besteht. Hierzu wird für jede Ausprägung der Variable Z eine Tabelle erzeugt, und der Zusammenhang zwischen den Variablen X und Y getrennt in diesen Tabellen untersucht (KENDALL, LAZARSFELD 1950; LAZARSFELD 1955). Dieser Kontrollvariablenansatz wurde in statistisch anspruchsvollerer Form durch Arbeiten von SIMON, WRIGHT und BLALOCK fortentwickelt, die Verfahren vorschlugen, um in einer gegebenen Menge von Variablen jene zu identifizieren, zwischen denen zu Recht kausale Zusammenhänge angenommen werden können (z.B. WRIGHT 1921, 1960; SIMON 1954, 1957, 1968; BLALOCK 1961, 1962, 1985). Auf dieser Grundlage ist in den dann folgenden Jahren ein Korpus statistischer Techniken entstanden, mit deren Hilfe auch komplexe Netzwerke kausaler Beziehungen zwischen einer größeren Menge von Variablen in statistischen Datensätzen analysiert werden können.

Wie DAVIS (1985) oder auch CLOGG und HARITOU (1997) gezeigt haben, beruht das *grundlegende Verständnis von Kausalität*, das solchen Verfahren kausaler Modellierung zugrunde liegt, ungeachtet ihrer zahlreichen methodisch-technischen Verfeinerungen[72], letztendlich auf demselben Konzept, welches auch der LAZARSFELDschen Tabellenanalyse zugrunde liegt: Für die Annahme einer kausalen Beziehung zwischen zwei Variablen X und Y (die ggfs. aus einer größeren Menge weiterer Variablen stammen, die unabhängig davon ebenfalls auf X und Y kausalen Einfluss haben, bzw. von X und Y kausal beeinflusst werden können) müssen drei Voraussetzungen erfüllt sein (vgl. BLALOCK 1964; COOK, CAMPBELL 1979; LAZARSFELD 1955; SIMON 1954; ZEISEL 1970):

1. es muss eine *statistische Assoziation* zwischen X und Y bestehen, die, je nach der Art des angewendeten Verfahrens, durch unterschiedliche Koeffizienten beschrieben werden kann,
2. das durch die Ausprägung von X beschriebene Ereignis muss jenem Ereignis *zeitlich vorangehen*, das durch die Ausprägung von Y beschrieben wird,
3. und die statistische Assoziation zwischen X und Y darf nicht verschwinden, wenn der Einfluss dritter Variablen, die X und Y kausal vorangehen, kontrolliert wird.

Statistische Kontrolle bedeutet dabei, SIMONS grundlegendem Aufsatz über die kausale Interpretation von *„spurious correlations"* (1954) zufolge, die Identifikation solcher zusätzlicher Variablen, die sowohl mit den unabhängigen als auch mit der abhängigen Variab-

---

[72] Für die Analyse der statistischen Zusammenhänge zwischen Variablen mit diskreten Ausprägungen sind die auf dem „allgemeinen linearen Modell" beruhenden, mittlerweile klassischen multiplen Regressionsverfahren (ARMINGER 1995) weiter entwickelt worden zu Methoden, die durch die Formulierung komplexer Gleichungssysteme die Güte verschiedener Hypothesen über die Gestalt kausaler Netzwerke (wobei sowohl die „Richtung" der Kausalität als auch „latente Variablen" berücksichtigt werden können) anhand einer Menge gegebener Daten prüfen sollen (BLALOCK 1985; HEISE 1975; ENGEL, STROHE 1997). Für den Bereich der kategorialen Daten lassen sich log-lineare Modelle, die die Darstellung und Analyse von Zusammenhängen zwischen mehreren kategorialen Variablen in mehrdimensionalen Tabellen gestatten, für kausale Analysen nutzen (HAGENAARS 1990; ANDREß, HAGENAARS, KÜHNEL 1998).

le korreliert sind.[73] Wenn solche Variablen *common causes* repräsentieren, ermögliche es deren statistische Konstanthaltung, scheinbare Kausalbeziehungen aufzudecken: Wenn die Partialkorrelation zwischen den unabhängigen und abhängigen Variablen unter Einbeziehung einer solchen Drittvariablen auf einen Wert nahe 0 reduziert werden kann, ist die Korrelation erklärt durch die (kausale) Wirkung dieser Drittvariable, die natürlich auch wiederum Folge eines weiteren *common cause* sein kann.

Im Kontext ökonometrischer Zeitreihenanalysen hatte 1969 GRANGER ähnliche Überlegungen angestellt, die breit rezipiert wurden und als Konzept der *„Granger-Kausalität"* in die Literatur eingingen: eine Variable X wirkt dann *„Granger-kausal"* auf Veränderungen einer anderen Variable Y, wenn die Werte von X nach Berücksichtigung aller anderen verfügbaren Informationen einen zusätzlichen Beitrag zur Vorhersage der Werte von Y leisten kann. Granger-Kausalität lässt sich, wie HOLLAND (1986) zeigt, im wesentlichen dadurch feststellen, dass Variablen, die *common causes* repräsentieren können, untersucht werden: X ist dann *nicht* Granger-kausal für Y, wenn bei der Einbeziehung einer Drittvariable Z eine Korrelation zwischen X und Y verschwindet.

Der Kontrollvariablenansatz, die Nutzung von Partialkorrelationen zum Ausschluss von Scheinkausalität und zur Überprüfung von Granger-Kausalität könnten es auf den ersten Blick als sinnvoll erscheinen lassen, bei einer multivariaten Modellierung kausaler Zusammenhänge so viele Variablen wie möglich in die betreffenden Modelle einzubeziehen. Denn je mehr Variablen (von denen jede eine potentielle gemeinsame Ursache für die bereits entdeckten statistischen Zusammenhänge verkörpern könnte) berücksichtigt würden, desto mehr scheinbare Kausalbeziehungen könnten auf diese Weise aufgedeckt werden. Zwar würden auf diese Weise nicht *alle* potentiellen kausalen Einflüsse berücksichtigt, weil die Anzahl der Variablen, für die Messwerte existieren, stets beschränkt ist (also nicht alle potentielle INUS-Bedingungen in Form messbarer Variablen operationalisiert werden können). Dennoch würde man sich durch eine statistische Konstanthaltung zumindest *aller vorhandenen* Variablen approximativ der Darstellung der tatsächlichen kausalen Zusammenhänge nähern, oder zumindest (wenn die Koeffizienten der neu in das Modell aufgenommenen Variablen sehr niedrig sind) sich auf diese Weise nicht von einem zutreffenden Modell der untersuchten kausalen Zusammenhänge entfernen. Einer solchen Sichtweise zufolge würden kausale Hypothesen durch immer neue Kontrolloperationen immer besser abgesichert.

Tatsächlich werden multivariate Analysen in der Forschungspraxis oft in dieser Weise durchgeführt: zahlreiche erklärende Variablen werden in die betreffenden Modelle aufgenommen und dann aufgrund formaler Kriterien, d.h. in der Regel dann, wenn sich die Koeffizienten nicht signifikant von Null unterscheiden, als offensichtlich nicht am kausalen

---

73 Zu diesem Zweck lassen sich – wie dies beispielsweise bei *Pfadanalysen* geschieht – Partialkorrelationskoeffizienten einsetzen: Hierbei wird die Korrelation zwischen den Variablen X und Y um den Einfluss einer dritten Z Variable „bereinigt", indem zuerst die Regressionsgleichungen für X und Y jeweils mit der Variable Z als Regressor bestimmt, und anschließend die hierbei entstehenden Residualwerte miteinander korreliert werden. Eine nur statistisch vorhandene, in ihrer inhaltlichen Bedeutung jedoch scheinbare Beziehung zwischen X und Y gilt demnach als aufgedeckt, wenn diese Korrelation der Residuen den Wert 0 annimmt. In diesem Fall wird angenommen, dass die Variable Z die gemeinsame Ursache für die durch die Ausprägungen von X und Y repräsentierten Ereignisse darstellt und deshalb den statistischen Zusammenhang zwischen diesen beiden Variablen erzeugt. Die folgenden Überlegungen zu Partialkorrelationen lassen sich aber ohne weiteres auch auf andere Verfahren, wie *Strukturgleichungsmodelle, Log-lineare Modelle* usw. beziehen, die zu einer Modellierung kausaler Zusammenhänge verwendet werden können (auch wenn letztere die Unterscheidung zwischen unabhängigen und abhängigen Variablen nicht kennen).

Prozess beteiligt aus dem Modell ausgeschlossen. Ein solches, von den Entwicklern des Kontrollvariablenansatzes ursprünglich nicht intendiertes, in der Praxis der Modellbildung aber häufig geübtes Vorgehen hat in der methodologischen Literatur zu Kausalmodellen wachsende Unzufriedenheit und Kritik provoziert (z.B. FREEDMAN 1991; LIEBERSON 1985; IRZIK 1996; GOLDTHORPE 2001). Denn die Untersuchung von Kausalität wird auf diese Weise beschränkt auf eine technisch ausgefeilte Analyse von empirischen Regelmäßigkeiten, ohne dass hierbei ausreichend gegenstandsbezogene, theoretische Überlegungen in die Modellbildung eingehen, wie etwa GOLDTHORPE moniert:

> „If causation is viewed in this way, then it would appear, establishing causation becomes *entirely* a matter of statistical inference, into which no wider considerations need enter. Causation can be derived directly from the analysis of empirical regularities, following principles that are equally applicable across all different fields of inquiry, and without the requirement of any 'subject-matter' input in the form of background knowledge or, more crucially, theory." (GOLDTHORPE 2001, S. 3)

Mit bestimmten formalen Überlegungen lässt sich leicht zeigen, dass eine solche rein statistisch-technische und empiristische Anwendung des Kontrollvariablenansatzes sehr leicht zu fehlerhaften Kausalanalysen führen kann, weil sie auf drei kritisierbaren Annahmen beruht (vgl. IRZIK 1996, S.253; PAPINEAU 1993, S.241), nämlich

I. dass, wenn zwischen zwei Variablen X und Y *keine stochastische Abhängigkeit* (bzw. eine *Korrelation von 0*) besteht, diese Variablen auch *nicht kausal* miteinander verknüpft sind;
II. dass zwei Variablen X und Y dann *direkt kausal miteinander verknüpft* sind, wenn (bei Kontrolle anderer möglicher Faktoren) die Partialkorrelation zwischen ihnen ungleich 0 ist;
III. dass, wenn die Partialkorrelation zwischen zwei miteinander korrelierten Variablen X und Y (gegeben einen dritten Faktor Z) gleich 0 ist, *Z entweder eine gemeinsame Ursache* für X und Y *oder eine intervenierende Ursache* zwischen X und Y darstellt.

Gegen diese Annahmen lassen sich nun zwei wesentliche Einwände ins Feld führen: *erstens* sagen Korrelationen grundsätzlich nichts über die *Richtung* eines kausalen Zusammenhangs aus und *zweitens* bedeutet stochastische Unabhängigkeit bzw. Unkorreliertheit zwischen zwei Variablen keinesfalls, dass kein kausaler Zusammenhang zwischen jenen Ereignissen besteht, die durch Werte dieser Variablen beschrieben werden.

Die Berücksichtigung beider Einwände führt, wie im Folgenden erläutert wird, zu der Einsicht, dass sehr leicht ein „Zuviel an statistischer Kontrolle" möglich ist. Weil dieselbe statistische Korrelation durch zahlreiche unterschiedliche kausale Pfade zustande kommen kann, und auch die Anwendung des Kontrollvariablenansatzes keinesfalls immer mit Sicherheit den richtigen kausalen Pfad zu identifizieren vermag, kann dieser Ansatz das Problem der *common causes* sogar verschlimmern, indem hierdurch scheinbare Kausalzusammenhänge nicht aufgedeckt, sondern erst hergestellt werden. Die folgende Diskussion über kausale Pfade, über *SIMPSONs Paradoxon* und über das Risiko von Pseudokontrollen zeigt, dass diese Gefahr besonders in solchen Untersuchungsfeldern groß ist, in denen soziale Akteure bestimmte sozialstrukturelle und sozialtechnologische kausale Einflüsse überkompensieren.

9.3.1 Korrelationen, Partialkorrelation und kausale Pfade

Korrelationen drücken grundsätzlich nicht die *Richtung eines kausalen Zusammenhangs* aus und können nichts darüber aussagen, welche der korrelierenden Variablen eine Ursache und welche eine Wirkung darstellen. Eine Partialkorrelation von 0 zwischen zwei Variablen X und Y, gegeben eine dritte Variable Z, kann nicht nur dadurch erzeugt werden, dass Z eine gemeinsame Ursache für Veränderungen von X und Y ist, oder dadurch, dass Z als intervenierende Variable zwischen X und Y tritt, sondern auch dann auftreten, wenn Z eine *gemeinsame Wirkung* zweier Variablen X und Y darstellt, welche miteinander kausal verknüpft sind.

Die Folgen dieses Umstands lassen sich anhand eines Beispiels leicht verdeutlichen. Angenommen, es wurden anhand einer Stichprobe drei Merkmale Jugendlicher erhoben: deren *schulische Performanz* (X), deren *Delinquenzbelastung* (Y) sowie den *social support* (Z), den diese Jugendlichen durch ihre Familien erfahren. Alle drei Variablen seien nun korreliert miteinander: schlechte schulische Performanz ist dabei statistisch assoziiert sowohl mit geringem *social support* als auch mit hoher Delinquenzbelastung und häufiges delinquentes Verhalten korreliert negativ mit familiärer Unterstützung. Angenommen, ein Untersucher geht aus von der These, dass mangelnder *social support* durch die Familie ein *common cause* darstellt sowohl für die erhöhte Delinquenzrate der Jugendlichen als auch für deren schlechte schulische Performanz. Er könnte dann versuchen, eine bestehende negative Korrelation zwischen *schulischer Performanz* und *Delinquenzbelastung* als „Scheinkorrelation" aufzudecken, indem er prüft, ob die Partialkorrelation zwischen „*schulischer Performanz*" und „*Delinquenz*", gegeben die Variable „*soziale Unterstützung*", Null beträgt.

Wie sich formal zeigen lässt (IRZIK 1996, S.269 f.), kann eine solche Korrelation nun aber drei verschiedene Gründe haben[74]:
1. mangelnde familiäre Unterstützung ist die *gemeinsame Ursache* sowohl für schlechte schulische Performanz als auch für eine erhöhte Delinquenz,
2. mangelnde familiäre Unterstützung ist ein *intervenierender Faktor* zwischen einer schlechten schulischen Performanz und einer erhöhten Delinquenz, d.h. schlechte schulische Leistungen verringern die familiäre Unterstützung, was wiederum das Delinquenzrisiko erhöht,
3. mangelnde familiäre Unterstützung ist die *gemeinsame Wirkung* sowohl von schlechter schulischer Performanz als auch von Delinquenzverhalten, wobei Delinquenzverhalten auch von der mangelnden schulischen Performanz kausal beeinflusst wird.

In formaler Hinsicht lässt sich die vorliegende Korrelationsstruktur (es bestehen bivariate Korrelationen zwischen allen drei Variablen und die Partialkorrelation $r_{xy \bullet z}$ ist gleich 0) mit jeder dieser drei kausalen Interpretationen vereinbaren. Insbesondere der Fall 3.) erzeugt einen deutlichen Widerspruch zu der Annahme, dass durch eine Kontrolle von Drittvariablen die *Nichtexistenz kausaler Beziehungen* zwischen X und Y nachgewiesen werden könnte.

---

74 Die formale Ableitung hierfür findet sich bei IRZIK (1996, S.270). Die Tatsache, dass gemeinsame Wirkungen eine Korrelation zwischen ihren Ursachen verdecken können, wurde aber bereits von einem der Begründer der Pfadanalyse, WRIGHT, beschrieben (vgl. hierzu IRZIK, MEYER 1987).

"Indeed, partial correlations can be very misleading in the absence of explicit causal assumptions. That is why causal modellists insist that a factor should not be controlled for unless one has good reason to think that that factor is not the effect of still further factors." (IRZIK 1996, S. 256 f.)

In Fall 3.) ist *familiäre Unterstützung* ein solcher Faktor, weil diese Variable sowohl durch *schulische Performanz* als auch durch *Delinquenzverhalten* kausal beeinflusst wird. Eine *statistische Kontrolle von kausal abhängigen Variablen* kann also zu irreführenden Resultaten führen, weil hiermit eine Korrelation zwischen den sie kausal beeinflussenden Variablen zum Verschwinden gebracht werden kann.

Auch durch die Kontrolle und statistische Konstanthaltung von Variablen, die als potentielle *common causes* in Frage kommen, kann also nicht in jedem Fall entschieden werden, welcher kausale Prozess eine empirisch gegebene Struktur von Korrelationen hervorbringt, welche grundsätzlich immer mehrere kausale Interpretationen zulässt.

Diese formalen Überlegungen erhalten eine besondere handlungstheoretische Bedeutung, wenn die unabhängigen Variablen der kausalen Modelle Handlungsbedingungen darstellen und die abhängigen Variablen soziales Handeln und seine Resultate repräsentieren. Soziale Akteure können auf bestimmte Handlungsbedingungen so reagieren, dass sie *unterschiedliche kausale Pfade* entwickeln und nutzen, um ihre Handlungsziele zu erreichen. Das wiederum kann dazu führen, dass ein kausal relevanter Faktor durch eine *kausale Verzweigung* einen widersprüchlichen Einfluss auf eine Zielvariable ausübt, ein Umstand, der auch als SIMPSONs Paradoxon bezeichnet wird.

9.3.2 „SIMPSONs Paradoxon"

SIMPSONs Paradoxon führt zur Verletzung der ersten der drei weiter oben dargestellten zentralen Annahmen des Kontrollvariablenansatzes, wonach die stochastische Unabhängigkeit bzw. Unkorreliertheit zweier Variablen ein Beleg für die nicht vorhandene Kausalbeziehung zwischen diesen Variablen darstellt. Wenn zwei miteinander korrelierte unabhängige Variablen nämlich in unterschiedliche Richtung auf die abhängige Variable wirken, kann dies dazu führen, dass beide Korrelationen sich gegenseitig aufheben. Zwei tatsächlich vorhandenen kausalen Einflüssen entspricht dann keine messbare statistische Assoziation mehr (SIMPSON 1951).

Wenn also bspw. schulische Misserfolge (X) das Risiko von delinquentem Verhalten (Y) erhöhen, familiäre Unterstützung (Z) dieses Risiko aber vermindert (r_{zy} = -0,5), in einer bestimmten Population aber Jugendliche mit schulischen Misserfolgen mehr familiäre Unterstützung erhalten (r_{xz} = 0,5), so kann der statistische Zusammenhang zwischen schulischen Misserfolgen und delinquentem Verhalten in einem Bereich zwischen -0,5 < r_{xy} < 1 liegen, d.h. vollständig verschwinden oder sich sogar umkehren. Solche gegenläufigen kausalen Einflüsse können in sozialwissenschaftlichen Gegenstandsbereichen als Effekte von *Kompensations-* bzw. *Überkompensationshandlungen sozialer Akteure* auftreten, die nach einem ähnlichen Prinzip funktionieren wie die im Kontext experimenteller Methoden möglichen kompensatorischen Angleichungen zwischen Versuchs- und Kontrollgruppen. Beispiele hierfür liefern etwa *Überkompensationseffekte angesichts von Benachteiligung und Diskriminierung*, wie sie manchmal bei ethnischen Minoritäten (der jüdischen Bevölkerungsminorität in Europa seit dem Spätmittelalter bis in das 20. Jahrhundert oder gegenwärtig bei chinesischen Bevölkerungsminoritäten in manchen asiatischen Staaten) zu beobachten sind. Trotz einer gesetzlichen Diskriminierung kann es einer ethnischen Minorität (bspw. durch die Besetzung von Nischen in der entsprechenden Volkswirtschaft) gelingen, ökonomisch erfolgreich zu sein. Die Dominanz chinesischer Familien in bestimmten Segmenten der Ökonomie asiatischer Länder ist deshalb nicht der Gegenbeweis zu einer faktisch stattfindenden Diskriminierung dieser Bevölkerungsgruppe, wie dies oft im politischen Diskurs in den entsprechenden Ländern behauptet wird. Ein (Über)Kompensationseffekt dieser Art kann den Einfluss einer unabhängigen Variablen (soziale Diskriminierung) auf eine abhängige Variable (ökonomischer Erfolg) auf 0 oder sogar darunter reduzieren, so dass der paradoxe Eindruck entstehen kann, dass soziale und juristische Diskriminierung wirtschaftlichen Erfolg erzeugt.

9.3.3 Statistische und experimentelle Pseudokontrollen

Weil soziale Akteure unter dem Druck externer situativer Handlungsbedingungen neue kausale Pfade finden können, um bestimmte Handlungsresultate (etwa ihr ökonomisches Überleben bzw. ökonomischen Erfolg) zu erreichen (und deswegen eine externe kausale Bedingung wie Diskriminierung manchmal widersprüchliche Effekte zeitigen kann, indem sie das ökonomische Handeln sowohl behindert als auch kompensatorisches Handeln anregt), kann eine Kausalanalyse, bei der eine nicht vorhandene statistische Assoziation als Zeichen dafür gedeutet wird, dass *kein* kausaler Zusammenhang besteht, zu schwerwiegenden Fehlschlüssen führen.

Es ist sogar in bestimmten Fällen möglich, „Scheinkorrelationen" durch Prozeduren zu erzeugen, mit denen sie eigentlich aufgedeckt werden sollen. In seiner Kritik an einer unkritischen, rein technischen Anwendung des Kontrollvariablenansatzes gibt LIEBERSON 1985 etliche Beispiele für solche *„Pseudokontrollen"*, mit deren Hilfe Fehlschlüsse über kausale Zusammenhänge nicht nur nicht vermieden werden, sondern die sogar erst Anlass zu solchen Fehlschlüssen geben.

Ein gutes Beispiel hierfür liefern etwa Vergleiche der Schulleistungen von Schülern, die Schulen unterschiedlicher Schulformen besuchen (vgl. LIEBERSON 1985, S.21 ff.), Vergleiche, wie sie etwa mit dem Ziel unternommen werden, die Frage zu beantworten, ob Kinder, die Privatschulen besuchen, im Durchschnitt eine bessere schulische Performanz aufweisen als Kinder, die in staatlichen Schulen unterrichtet werden. Stellt sich hierbei heraus, dass Schüler staatlicher Schulen im Durchschnitt schlechtere Leistungen aufweisen als Schüler von Privatschulen, böte es sich angesichts der Tatsache, dass sich Schüler von staatlichen und privaten Schulen hinsichtlich ihrer sozialen Herkunft systematisch unterscheiden, an, die Variable *Schichtzugehörigkeit* Z_1 statistisch zu kontrollieren. Diese statistische Kontrolle führt jedoch, wie LIEBERSONs Argumentation zeigt, bei der Suche nach den tatsächlichen kausalen Zusammenhängen nicht unbedingt weiter. Zwar ließe sich auf diese Weise feststellen, ob Kinder aus Mittelschichtsfamilien, die Privatschulen besuchen, im Durchschnitt bessere Leistungen aufweisen als Kinder aus derselben Schicht, die öffentliche Schulen besuchen. Die Frage, ob es der Besuch der Privatschule ist, welcher die bessere schulische Performanz „bewirkt", ist damit jedoch noch nicht beantwortet. Dies lässt sich leicht verdeutlichen, indem man jenen irrealen Konditionalsatz betrachtet, der durch diese Kausalhypothese impliziert wird: *Würden Kinder aus Mittelschichtsfamilien, die an der Privatschule gute schulische Leistungen erbringen, schlechtere Leistungen zeigen, wenn sie eine staatliche Schule besuchen würden?* Falls sich Kinder, die eine Privatschule besuchen, durch ein weiteres Merkmal, dass die schulische Performanz positiv beeinflusst, von Kindern an staatlichen Schulen unterscheiden würden, müsste diese Frage verneint werden.

In einem experimentellen Versuchsplan könnte diese Möglichkeit zwar durch eine randomisierte Verteilung von Schülern auf die verschiedenen Schulformen ausgeschlossen werden. Ein zentrales Merkmal der hier untersuchten sozialen Prozesse ist es aber gerade, dass diese Verteilung in der Realität eben nicht durch einen Zufallsprozess, sondern durch die *Entscheidungen sozialer Akteure* (der Eltern, der Schulen, die eine Auswahl ihrer Schüler vornimmt usw.) erfolgt. Diese Akteure können alle möglichen Merkmale (etwa die räumliche Nähe der Schule zur Wohnung der Familie, die Motivation der Kinder, deren Leistungsfähigkeit usw.) bei ihrer Entscheidung berücksichtigen, unter anderem auch ihre Annahmen, welches Leistungsniveau ihr Kind in der Schule einer bestimmten Schulform erreichen wird. In dem Ausmaß, wie dann diese antizipierte Schulleistung nicht von den Merkmalen der Schule, sondern von Merkmalen der Schüler (ihrer Begabung, Motivation, Leistungsfähigkeit, elterlicher Unterstützung usw.) abhängig sind, wäre die *Richtung des kausalen Zusammenhangs* tatsächlich eine ganz andere als ursprünglich angenommen – d.h. nicht die (Wahl der) Schulform wirkt kausal auf die zukünftige Schulleistung, sondern umgekehrt die (Antizipation der zukünftigen) Schulleistung auf die Wahl der Schulform. Methoden der kausalen statistischen Modellierung können bei einer Differenzierung zwischen solchen unterschiedlichen Prozessen und kausalen Pfaden nur von begrenztem Nutzen sein. Eine statistische Kontrolle der Variable *Schichtzugehörigkeit* kann vielmehr sogar dazu führen, dass Prozesse, die durch die Antizipationen der relevanten Akteure kausal gesteuert werden, eher verdeckt werden. Falls Schichtzugehörigkeit selber mit jenen weiteren Merkmalen korreliert ist, die mit der Verteilung der Schüler auf die verschiedenen Schulformen assoziiert sind (also bspw. mit der Variable *Antizipation des Schulerfolgs*), etwa in dem Sinne, dass Mittelschichteltern häufiger eine Auswahl der Schulform für ihr Kind auf der Grundlage von Annahmen über dessen schulische Leistungsfähigkeit vornehmen, stellt die statistische Kontrolle der Variable *Schichtzugehörigkeit* eine Pseudokontrolle dar, die notwendigerweise zu einem Fehlschluss über einen bestimmten Interaktionseffekt führen muss („*Nur Kinder aus Mittelschichtfamilien profitieren von Privatschulen*", während in unserem fiktiven Beispiel tatsächlich nur solche Kinder aus Mittelschichtfamilien Privatschulen besuchen, die nach der Einschätzung ihrer Eltern die dortigen Leistungsanforderungen auch bewältigen).

Soziale Prozesse sind oftmals hochselektiv. Organisationen, denen ein kausaler Einfluss auf das Handeln von Akteuren unterstellt werden kann, wählen sich diese Akteure zum Teil selber aus bzw. werden von ihnen ausgewählt. Unbeobachtete Selektivität, die dadurch zustande kommt, dass Untersuchungseinheiten nicht durch einen Experimentator, sondern durch die sozialen Akteure im Untersuchungsfeld den Ausprägungen der unabhängigen Variablen und Kontrollvariablen (nach Maßgabe von möglicherweise unbekannten Kriterien) zugeordnet werden, ist durch die Anwendung von statistischen Kontrollen allein nicht beherrschbar (vgl. LIEBERSON 1985, S.29f.). Auch lassen sich solche Selektionsprozesse in der Regel nicht experimentell beeinflussen; und falls sie doch beeinflusst werden können, wird hierdurch möglicherweise der untersuchte soziale Prozess selber massiv verändert. Ein experimentelles Design, welches Kinder unterschiedlicher Schichten nach dem

Zufallsprinzip auf Schulen unterschiedlicher Schulformen verteilen würde, würde an soziologisch entscheidenden Fragen (z.B. an der Frage, wie der intergenerationelle Transfer sozialer Ungleichheit durch das Handeln sozialer Akteure reproduziert wird) vorbei experimentieren.

Das Problem der gemeinsamen Ursachen lässt sich nicht in allen Fällen durch technische (seien es experimentelle, seien es statistische) Kontrollprozeduren beherrschen. Die Einführung immer neuer und zusätzlicher Variablen, die statistisch oder experimentell kontrolliert werden, kann sogar dazu führen, dass kausale Einflüsse, die das Handeln der Akteure im untersuchten Handlungsfeld strukturieren, ausgeblendet werden. Ein angemessener Einsatz statistischer und experimenteller Kontrollen erfordert nicht nur methodische Expertise, sondern auch adäquates gegenstandsbezogenes Wissen. In solchen Handlungsfeldern, in denen soziale Akteure verschiedene kausale Pfade entwickeln und nutzen, um Einfluss auf ihre Handlungsbedingungen und ihre jeweiligen Handlungsziele zu nehmen, erfordert der angemessene Einsatz statistischer Kontrolloperationen und die Vermeidung von Pseudokontrollen Informationen über INUS-Bedingungen, die als *common causes* in Betracht kommen und über potentielle kausale Pfade im Untersuchungsfeld. Die Gefahr von Pseudokontrollen wächst vor allem dann, wenn alle möglichen potentiellen Bedingungen in die Modelle einbezogen werden; sie kann aber durch gegenstandsbezogene Kenntnisse über die im Handlungsfeld allgemein akzeptierten Handlungsziele, über Handlungsbedingungen, wie sie sich aus der Sicht der Akteure darstellen und durch angemessenes Wissen über lokale Handlungsregeln vermindert werden. Eine Analyse der Kausalbeziehungen zwischen der Wahl der Schulform, der Schichtzugehörigkeit und der schulischen Performanz etwa würde Informationen erfordern über kulturelle Praktiken und Handlungsmaximen, die das Handeln von Mittelschichteltern bei der Wahl der für ihr Kind angemessenen Schulform beeinflussen.

9.4 Zusammenfassung und methodologische Konsequenzen: die Suche nach „generativen Prozessen"

Weil Korrelationen immer durch unbekannte *common causes* zustande kommen können, erfordert die Prüfung kausaler Hypothesen eine Kontrolle jener Variablen, die solche gemeinsamen Ursachen repräsentieren können. Ein solche Prüfung lässt sich auf zwei Wegen bewerkstelligen: entweder durch direkte experimentelle Interventionen oder durch die *ex post* durchgeführte statistische Konstanthaltung möglicher konfundierender Variablen. Die in diesem Kapitel bislang referierten Beispiele und Überlegungen machen jedoch deutlich, dass man bei der Verwendung experimenteller oder statistischer Kontrollen sehr leicht zu viel des Guten tun kann. Denn durch eine Konstanthaltung der falschen Variablen können faktisch vorhandene kausale Zusammenhänge verdeckt werden. Durch experimentelle Interventionen oder durch statistische Kontrollen wird dann ein Bild kausaler Strukturen erzeugt, dass mit der Realität nicht mehr viel zu tun hat. Kinder mit unterschiedlichem sozialen Hintergrund, die nicht durch die in einer konkreten Gesellschaft stattfindenden sozialen Prozesse, sondern durch Zufallsgeneratoren verschiedenen Schulformen zugeteilt würden (s.o.), würden ein gutes Beispiel für solche methodologisch produzierten Scheinkausalitäten liefern.

9.4 Zusammenfassung und methodologische Konsequenzen

Eine missbräuchliche Anwendung des Kontrollvariablenansatzes, bei der so viele Variablen wie möglich in kausale Modelle einbezogen werden in der irrigen Annahme, dass man sich durch die Vervielfachung von Kontrolloperationen immer besser den faktisch gegebenen kausalen Zusammenhängen annähern kann, hat seit den 1980er Jahren immer wieder kritische Stellungnahmen provoziert (vergleiche etwa LIEBERSON 1985; IRZIK 1996; FREEDMAN 1991, 1992, 1997; BLOSSFELD, ROHWER 1995; MCKIM, TURNER 1997; CLOGG, HARITOU 1997; GOLDTHORPE 2001; PÖTTER, BLOSSFELD 2001; ARJAS 2001; COX, WERMUTH 2003). In diesen Arbeiten wurde betont, dass kausale Analysen vor allem dann zu fehlerhaften Ergebnissen führen, wenn sie sich nur auf statistische Verfahren und Schlussfolgerungen stützen „*without (...) any `subject-matter' input in the form of background knowledge or more crucially, theory.*" (GOLDTHORPE 2001, S. 3). Weil die Wahl der richtigen Variablen und ihrer funktionalen Beziehungen zur Konstruktion eines adäquaten Kausalmodells stets abhängt von „*the analyst's subjective choices about what variables would be meaningful in the considered context*" erhält die Frage nach dem *gegenstandsbezogenen Wissen* des Forschers eine zentrale Bedeutung (ARJAS 2001, S. 62). Sollen statistische Assoziationen als Argumente für kausale Aussagen verwendet werden, so stehen Sozialwissenschaftler stets vor dem Problem, dass sie die Lücke überwinden müssen „*between where the statistical analysis left them and the achievement of a causal conclusion. Sound arguments for doing this are then essentially contextual, based on the analyst's knowledge about the subject-matter*" (ARJAS 2001, S. 60).

Auch FREEDMAN (1992; 1997) oder CLOGG und HARITOU (1997) machen in ihrer Kritik an der Art, wie kausale Pfadanalysen in empirischen Studien oft eingesetzt werden, deutlich, dass kausale Modellierung *erstens* immer einen „theoretischen Input" erfordert, um jene Variablen, die in das Modell eingehen und die Art ihrer funktionalen Beziehungen festzulegen und dass *zweitens* in dem Maße, wie die hierzu verwendete Theorie die untersuchten empirischen Prozesse nicht angemessen abbildet, statistische Analysen irreführende Resultate liefern. Schließlich muss *drittens* die verwendete Theorie dazu ausreichen, Modelle zu konstruieren, deren Parameter hinreichend stabil sind, so dass eine Änderung der unabhängigen Variablen (wie sie in sozialwissenschaftlichen Untersuchungsfeldern bspw. durch sozialpolitische Maßnahmen bewirkt werden kann) tatsächlich die durch das kausale Modell vorhergesagte Änderung der abhängigen Variablen zur Folge hat.

Gerade diese Voraussetzung wird bei vielen Kausalmodellen oft nicht erfüllt, weil die den beobachteten Variablen und ihren Zusammenhängen *zugrunde liegenden sozialen Prozesse und Kräfte* nur unzureichend erfasst werden. Das ist vor allem dann der Fall, wie die Analysen LIEBERSONs deutlich machen, wenn der untersuchte kausale Zusammenhang im Grunde durch die *abhängigen Variablen* und nicht durch die unabhängigen Variablen kontrolliert wird, wie dies im Gegenstandsbereich der Sozialstrukturanalyse und der Ungleichheitsforschung oftmals der Fall ist.

"In the area of race relations, a black-white difference with respect to some dependent variable (say, occupational composition) is usually analyzed by taking into account a wide variety of other factors that seem to have an influence (age, education, residence etc.). The question usually posed, in one form or another, is: How much of the occupational gap can be explained by these factors? (...) But this type of analysis does not lead us to ask whether the outcome is partially determining the set of „causes", that appear. Rarely does one ask whether the immediate causal factors may exist at least in part because they have certain consequences. In other words, there is a strong possibility that the presence (magnitude) of these factors and their observed causal linkages is actually generated by the underlying forces driving towards the observed outcome." (LIEBERSON 1985, S. 164)

Diese „*underlying forces*" können bspw. in sozialen Exklusionsmechanismen bestehen, mit deren Hilfe sich eine soziale Gruppe (etwa ein weißer Bevölkerungsanteil) einen privilegierten Zugang zu gesellschaftlichen Positionen sichert. Die Aussagekraft kausaler multivariater Analysen wird durch die Existenz solcher grundlegenden sozialen Prozesse beschränkt, weil die Möglichkeit zu einer irrealen Konditionalaussage (die als eine wesentliche Voraussetzung für die Gültigkeit einer kausalen Aussage betrachtet werden muss) nicht gegeben ist: so führt der Abbau von Bildungsunterschieden zwischen Schwarzen und Weißen dann nicht zur Verringerung von Einkommensunterschieden, wenn Angehörige der weißen Bevölkerungsschichten danach neue Mittel und Wege finden, um ihre Einkommensvorteile zu sichern. Eine direkte Beeinflussung bestimmter vermeintlich unabhängiger Variablen bspw. durch eine sozialpolitische Intervention würde dann keine oder nur eine sehr geringe Veränderung auf Seiten der abhängigen Variablen nach sich ziehen. Ein Abbau von Bildungsungleichheit etwa führt dann nicht zur Verringerung von Einkommensunterschieden, wenn Akteure neue kausale Pfade nutzen, um diese Unterschiede immer wieder von neuem herzustellen: der Versuch bspw., Einkommensungleichheiten zwischen bestimmten Bevölkerungsgruppen durch eine Vergrößerung der Chancengleichheit im Bildungswesen zu beeinflussen, kann dadurch konterkariert werden, indem etwa Personen für bestimmte berufliche Positionen gezielt nach Kriterien wie Hautfarbe oder sozialer Herkunft ausgewählt werden. Auch dann, wenn eine höhere Anzahl von Mitgliedern zuvor benachteiligter Gruppen einen höheren Bildungsabschluss erhalten, würden dann doch nicht mehr von ihnen in eine berufliche Position mit höheren Einkommenschancen gelangen. Der untersuchte soziale Prozess würde in diesem Fall durch die abhängige Variable „Einkommensungleichheit" wesentlich besser erklärt als durch solche zeitlich vorangehende Ereignisse, welche durch die unabhängigen Variablen wie etwa den Bildungsstatus, repräsentiert werden. Das Ergebnis dieses Prozesses wird dann letztendlich nicht durch die beobachteten, „oberflächlichen" Kausalmuster erzeugt, sondern durch unbeobachteten Faktor, der eine ganze Reihe verschiedener kausaler Pfade nutzen kann.

LIEBERSON plädiert deshalb dafür, die kausale Modellierung mit sozialstatistischen Daten stets zu ergänzen durch eine „*Outcome*-Analyse", mit deren Hilfe die tieferliegenden Kausalprinzipien für statistisch beschreibbare „oberflächliche Kausalmuster" erklärt werden. Allerdings gibt er nur kursorische Hinweise darauf, wie diese Kausalprinzipien inhaltlich und theoretisch zu konzeptualisieren sind. Diese Hinweise deuten zudem darauf hin, dass er solche erklärenden kausalen „treibenden Kräfte" oder „Prinzipien" vor allem auf der Makroebene sozialer Systeme und nicht auf der Mikroebene handelnder Akteure ansiedelt. LIEBERSON verweist kurz auf den MARXschen Ansatz als mögliches Paradigma einer solchen kausalen Erklärung (ebd., S. 217) oder auf NAGELs Konzept der *teleologischen Erklärung*, welches als erkenntnistheoretische Grundlage für strukturfunktionalistische Ansätze dienen kann.

Ein methodologischer Kollektivismus dieser Art kann aber problematisch sein, wenn, wie es in den von LIEBERSON verwendeten Beispielen der Fall ist, jene kausalen Einflüsse („*Diskriminierung*", „*soziale Exklusion*" usw.), die die „oberflächlichen Kausalmuster" erklären sollen, nicht direkt beobachtbar sind. Dies ist dann, wenn kausale Zusammenhänge zwischen soziodemographischen Variablen, etwa im Kontext der Sozialstrukturanalyse und der Ungleichheitsforschung, analysiert werden, sehr häufig der Fall. Das kausale Agens bzw. die eigentlich erklärenden INUS-Bedingungen können dann nur sehr indirekt durch Proxy-Variablen erfasst werden. Ein gutes Beispiel hierfür liefert das bereits mehrfach angesprochene Problem sozialer Ungleichheit in der Bildungspartizipation. Der Zusammenhang zwischen sozialer Herkunft (in der Regel gemessen anhand bestimmter Statusmerkmale der Herkunftsfamilie) und erreichtem formalem Bildungsstatus (vgl. SHAVIT, BLOSSFELD 1993; MÜLLER, HAUN 1994; HENZ, MAAS 1995; HENZ 1997; BRAUNS 1999) kann durch eine ganze Reihe unterschiedlicher Kausalhypothesen erklärt werden, welche jeweils verschiedene INUS-Bedingungen (kulturelle Traditionen der Bildungsferne in bestimmten Familien, subtil wirkende soziale Exklusionsmechanismen in Bildungseinrichtungen, genetische Unterschiede u.a.m.) und kausale Pfade postulieren, die empirisch oftmals nicht direkt beobachtbar sind.

Solange aber solche postulierten INUS-Bedingungen nicht anhand konkreten Handelns und konkreter, empirisch fassbarer Merkmale individueller Akteure beschrieben werden können, hängt die von LIEBERSON vorgeschlagene Strategie der *outcome* Analyse in der Luft und bringt das Risiko mit sich, dass man sozialstatistische Zusammenhänge als Produkt nicht genau definierter und empirisch nicht beobachtbarer „gesellschaftlicher Kräfte" interpretiert.

Diese Gefahr ist wesentlich geringer, wenn man die Mikroebene sozialer Akteure und sozialen Handelns systematisch einbezieht bei der Suche nach „Tiefenerklärungen" von oberflächlichen Kausalbeziehungen, die durch soziodemographische Variablen abgebildet werden (SEN 1986, S. 14; ESSER 1991; GOLDTHORPE 2001, S. 3). Gute Beispiele und Analogien für eine solche Suche nach „generativen Prozessen" auf der Mikroebene, mit deren Hilfe statistische Zusammenhänge auf der Makroebene erklärt werden können, liefert, so GOLDTHORPE, die Epidemiologie: der kausale Zusammenhang zwischen Nikotinabusus und dem Risiko für Bronchialkarzinome wurde nicht empirisch aufgewiesen anhand experimenteller Untersuchungen mit Personen, die randomisiert auf Versuchsgruppen und Kontrollgruppen verteilt wurden, sondern durch den Nachweis einer empirischen Korrelation zwischen Zigarettenkonsum und dem Auftreten von Bronchialkarzinomen, der verbunden wurde mit einer genauen Beschreibung der *„underlying, generative processes"* (ebd., S. 9), die diese Korrelationen herstellen. Dies geschah, indem der kausale Prozess auf der Mikroebene durch eine Kette von Indizien (durch die Isolierung der bekannten Karzinogene im Zigarettenrauch, durch histopathologische Evidenz aus dem Bronchialepithel von Rauchern usw.) plausibilisiert wurde.

In den Sozialwissenschaften erfordert eine solche Analyse generativer Prozesse, die als Explanantia für statistische Aggregatphänomene dienen können „*a crucial subject-matter input*" (ebd., S. 11), der sich auf die Handlungen und Interaktionen individueller Akteure bezieht.

> „In effect a *narrative of action* (Hervorhebung U.K.) must be provided that purports to capture the central tendencies that arise within the diverse courses of action that are followed by particular actors in situations of a certain type: i.e. situations that can be regarded as sharing essential similarities in so far as actor's goals and the nature of the opportunities and constraints that condition their action in pursuit of these goals are concerned. And, in turn, a case must be made to show how these central tendencies in action would, if operative, actually give rise (…) to the regularities that constitute the *explananda*." (GOLDTHORPE 2001, S. 12)

Solche generativen Prozesse würden sich, GOLDTHORPE zufolge, nur angemessen beschreiben lassen auf der Grundlage einer echten Handlungstheorie, im Idealfall einer Theorie, die soziales Handeln durch solche Bedingungen kausal erklären kann, die auch für die Akteure gute Gründe „*in terms of perceived costs and benefits*" für ihre Handlungen darstellen. Eine solche Theorie repräsentiere „*a uniquely attractive end-point for any sociological explanation to reach*" (ebd., S. 12). Diese Überlegungen entsprechen weitestgehend den bereits im vierten Kapitel ausführlich diskutierten, von Vertretern entscheidungstheoretischer Ansätze vorgeschlagenen Strategie der „*Makro-Mikro-Makro Erklärung*", mit deren Hilfe Zusammenhänge auf einer statistischen Aggregatebene in drei Teilschritten erklärt werden: im ersten Teilschritt, der die „Logik der Situation" betrifft, würde erklärt, in welcher Weise eine bestimmte soziale *Situation* zentrale Handlungsbedingungen der Akteure, d.h. deren „*opportunities, constraints and goals*" beeinflusst. Im zweiten Schritt müssten *Mikromodelle sozialen Handelns* (die von GOLDTHORPE so genannten „*narratives of action*") konstruiert werden, mit deren Hilfe die „Logik der Selektion" erläutert wird, indem gezeigt wird, wie Akteure angesichts gegebener Handlungsmöglichkeiten und *constraints* ihre Ziele zu erreichen suchen. Im dritten Schritt, die die „Logik der Aggregation" beschreibt, würde aufgezeigt, wie die aus den situativ gegebenen Handlungsbedingungen sich ergebenden Handlungen bzw. deren Resultate jene statistischen Regelmäßigkeiten hervorbringen, die die Explananda einer Makro-Mikro-Makro Erklärung bilden.

Bei einer solchen Erklärungsstrategie haben, so GOLDTHORPE, auch ethnographische, qualitative Verfahren eine Funktion als ein „*essential complement to survey research*", denn „*such explanations, in the forms of narratives of action, will be open to most direct test through precisely the kind of intensive, `context-embedded' study in which ethnographers engage*" (GOLDTHORPE 2000, S. 87). GOLDTHORPE weist jedoch die Möglichkeit zurück, dass ethnographische Verfahren nicht nur zur *Überprüfung* solcher Tiefenerklärungen, sondern auch zur *Entdeckung* der erklärenden generativen Prozesse dienen könnten, weshalb bei ihm ein zentrales methodologisches Problem von Mikro-Makro-Mikro Erklärungen nicht gelöst werden kann. Denn jene dreischrittige Erklärung, mit der Makrophänomene durch die Konstruktion von Mikromodellen sozialen Handelns erklärt werden, lässt sich, wie bereits im vierten Kapitel erläutert, nicht direkt und alleine aus einer allgemeinen Theorie (rationalen) Handelns entwickeln. Eine allgemeine Handlungstheorie stellt stets nur einen Theoriekern bzw. eine positive Heuristik zur Verfügung, mit deren Hilfe etwa postuliert werden kann, dass soziale Akteure stets jene Handlungsmöglichkeiten auswählen, die unter gegebenen Bedingungen bestimmte Handlungsziele am ehesten zu erreichen helfen. Weil hiermit nicht spezifiziert werden kann, *welche Handlungsziele* Akteure in konkreten Situationen haben, *welche Handlungsalternativen* ihnen zur Verfügung stehen, *welchen Handlungsbeschränkungen* sie unterliegen, *welche* Handlungsfolgen *welchen* Nutzen haben und mit *welcher* Wahrscheinlichkeit sie von den Akteuren erwartet werden, ist ein solcher entscheidungstheoretischer Theoriekern ohne *empirische Zusatzannahmen* bzw. *Brückenannahmen* „*wie ein leerer Sack*" (LINDENBERG 1981, S. 26). Brückenannahmen wiederum lassen sich im Wesentlichen auf zwei Wegen entwickeln (vgl. hierzu auch Abschnitt 4.5): durch eine *Heuristik des Alltagswissens* oder durch die systematische Anwendung explorativer Methoden, wie sie die qualitative Sozialforschung zur Verfügung stellt.

Bei der Anwendung einer Heuristik des Alltagswissens greifen Sozialforscher zurück auf Wissensbestände, die ihnen als informierte Gesellschaftsmitglieder zur Verfügung stehen über die für bestimmte Situationen relevanten Handlungsmaximen, welche die situativ

9.4 Zusammenfassung und methodologische Konsequenzen

gegebenen Handlungsoptionen und deren wahrscheinliche Folgen für die Akteure festlegen und allgemein akzeptierte Handlungsziele beschreiben sowie die Mittel, wie diese Ziele erreicht werden können usw. Die *Heuristik des Alltagswissens* lässt sich aber nur dann sinnvoll einsetzen, wenn Forscher mit dem untersuchten Handlungsfeld sehr gut vertraut sind. In Gegenstandsbereichen, die durch eine große Heterogenität von Handlungsmaximen, Handlungsoptionen und Handlungszielen und durch akteursinduzierten sozialen Wandel gekennzeichnet sind, haben Sozialforscher *prima facie* keinen Zugang zu den für das Handlungsfeld relevanten Wissensbeständen der Akteure. Hier versagt die Heuristik des Alltagswissens und der Einsatz *explorativer, qualitativer Methoden* der empirischen Sozialforschung bildet eine unabdingbare Voraussetzung für die Formulierung vollständiger und valider Handlungserklärungen.

Unter einer akteursorientierten handlungstheoretischen Perspektive ist es nicht ausreichend, auf allgemeine theoretische Ansätze zurückzugreifen, um jenes gegenstandsbezogene Wissen (bzw. *„subject-matter knowledge"*, vgl. GOLDTHORPE 2001; ARJAS 2001) zu erlangen, das Sozialwissenschaftler benötigen, um angemessene „Tiefenerklärungen" (SEN 1986; ESSER 1991) zu formulieren, die die „grundlegenden sozialen Prozesse" (LIEBERSON 1985; LIEBERSON, LYNN 2002) beschreiben, die statistischen Korrelationen zugrunde liegen. Sozialforscher benötigen vielmehr umfangreiches *lokales Wissen* aus dem und über das untersuchte Handlungsfeld als eine direkte Voraussetzung zur Identifikation von Variablen, die die untersuchten kausalen Prozesse steuern.

Welche Folgen haben diese Überlegungen für die Behandlung des *common cause* Problems? Dieses repräsentiert zwar ein *universelles erkenntnislogisches Problem*, das für alle Wissenschaften, in denen kausale Erklärungen formuliert werden, bedeutsam ist, stellt sich jedoch in den Sozialwissenschaften und unter einer akteurstheoretischen Perspektive (das heißt wenn die Fähigkeit sozialer Akteure zur Beeinflussung ihrer Handlungsbedingungen in Rechnung gestellt wird) in einer ganz besonderen Weise. Die im naturwissenschaftlichen Kontext entwickelten experimentellen Techniken zur Lösung dieses Problems (etwa die ursprünglich von FISHER im Kontext der Biologie und Agrarwissenschaften vorgeschlagenen Strategien) beruhen auf der grundlegenden Idee einer Konstanthaltung jener INUS-Bedingungen, die als *common causes* in Frage kommen. Diese experimentelle Konstanthaltung bzw. deren statistisches Analogon, die *ex post* Kontrolle von Variablen, erfordert aber gut begründete Hypothesen über die möglichen kausalen Pfade, die ein bestimmtes Ereignis erzeugen können. Gegenstandsbezogenes Wissen, das zur Formulierung solcher Hypothesen verwendet wird, kann nicht ersetzt werden durch eine Vervielfachung von Kontrollprozeduren, mit denen alle *irgendwie bedeutsamen* Variablen in Modelle einbezogen werden in der Hoffnung, dass hierbei die faktisch kausal relevanten Bedingungen nicht übersehen wurden. Dies kann nämlich leicht dazu führen, dass durch „Pseudokontrollen" tatsächlich vorhandene kausale Beziehungen und besondere kausale Verzweigungen verdeckt werden.

Sollte man deshalb, wie dies etwa LIEBERSON und LYNN (2002, S.1) vorschlagen, vollständig auf interventionistische Kausalitätskonzepte, auf experimentelle Metaphern (und damit auch auf den gesamten, von CAMPBELL und STANLEY entwickelten *quasi-experimentellen* Ansatz) verzichten, weil sich diese Konzepte zu eng an Standards orientieren, die ursprünglich aus der klassischen Physik kommend für eine nicht-experimentelle Wissenschaft völlig unangemessen sind? LIEBERSON und LYNN weisen zu Recht darauf hin, dass auch in vielen Naturwissenschaften theoretische Einsichten anhand nichtexperimenteller Daten entwickelt und untermauert werden. Das trifft nicht nur für die von beiden Autoren als Beispiel herangezogene Evolutionsbiologie, sondern bspw. für weite Teile der Astronomie und der Astrophysik zu. Nur sollte man hier nicht aus den Augen verlieren, dass jene *generativen kausalen Prozesse*, die in diesen Wissenschaften zur *ex post* Erklärung von empirischen Zusammenhängen herangezogen werden, zumindest teilweise experimentell geprüft werden können: zwar lässt sich die Evolution ganzer Arten nicht beliebig im Labor herstellen, es kann aber zumindest experimentell gut gezeigt werden, dass genetische Mutationen zu einer veränderten Adaption von Organismen führen.

In den Sozialwissenschaften lassen sich Experimente zwar vielfach aus praktischen und ethischen Gründen nicht einsetzen; dennoch stellt das experimentelle Denken ein bedeutsames methodologisches Werkzeug dar, mit dessen Hilfe Methodenprobleme empirischer Sozialforschung besser verstanden werden können: anhand einer experimentellen Terminologie lassen sich typische *Bedrohungen der internen Validität* beschreiben, denen sozialwissenschaftliche Kausalaussagen auch in nicht randomisierten („quasi-experimentellen") Studien ausgesetzt sein können durch geschichtliche Einflüsse, Testungs- und Reifungseffekte u.a.m.. Diskussionen um die Grenzen des Kontrollvariablenansatzes, der sich ebenfalls aus dem experimentellen Denken ableitet, führen zur Entdeckung und Beschreibung von Gefahren kausaler Fehlschlüsse, wie sie sich aus SIMPSONs *Paradoxon* oder aus einer Anwendung von „Pseudokontrollen" ergeben können.

Solche bekannten und in empirischen Untersuchungen gut dokumentierten Methodenprobleme sind aus einer handlungstheoretischen Perspektive verstehbar als Folge von *agency*: weder in experimentellen noch in nicht-experimentellen Untersuchungsdesigns reagieren soziale Akteure nur passiv auf jene situativen Bedingungen, die durch die unabhängigen Variablen beschrieben werden. Vielmehr können sie ihre Handlungsbedingungen bis zu einem gewissen Grad selber wählen, sie beeinflussen, verändern und gestalten, ihnen entgehen oder sie sogar abschaffen. Von besonderem Interesse für den experimentellen und den Kontrollvariablenansatz sind dabei Überkompensationseffekte, die entstehen, wenn Akteure auf experimentell oder sozialpolitisch gesetzte Handlungsbedingungen quasi mit „Gegenmaßnahmen" reagieren und dabei neue kausale Pfade entwickeln, mit denen sie ihre Handlungsziele auch bei veränderten Handlungsbedingungen weiter verfolgen können. Überkompensationseffekte liefern das klassische Beispiel für jene Rückkoppelungsmechanismen, bei welchen Variablen, die in kausalen Modellen oft nur als abhängige Variablen fungieren, nämlich Handlungsresultate, selber in gewisser Weise den kausalen Prozess steuern: Akteure versuchen ihre Handlungsbedingungen oft vor dem Hintergrund ihrer Einschätzung und Antizipation von Handlungsfolgen zu verändern, und das natürlich vor allem dann, wenn die Handlungsfolgen ihren Handlungszielen nicht mehr entsprechen.

Die sozialwissenschaftliche Forschungsliteratur enthält prominente Beispiele für solche Prozesse, etwa jene Versuche zur *„racial desegration"* des Schulwesens betreffend, die in den USA von den 1970er Jahren an heftige wissenschaftliche und politische Kontroversen erzeugt haben (vgl. COLEMAN 1976, 1977; COLEMAN u.a. 1966; HAGE, MEEKER 1988, S.27 ff.). Gestützt durch statistische Evidenz gingen Schulreformer davon aus, dass die Tatsache, dass schwarze Schüler vor allem in sozial und bezogen auf die Hautfarbe homogenen Schulen unterrichtet wurden, eine wesentliche kausale Bedingung für deren relativ schlechte schulische Performanz darstellte. Nachdem durch sozialtechnologische Interventionen (etwa durch die Politik des „busing", bei der Schulkinder manchmal länger als eine Stunde von der elterlichen Wohnung zu ihrer Schule transportiert wurden) Einfluss ge-

9.4 Zusammenfassung und methodologische Konsequenzen

nommen wurde auf diese Bedingung mangelnden Schulerfolgs farbiger Schüler, reagierten viele weiße Mittelschichteltern mit Migration und Schulflucht. In einigen Städten führten die erwähnten sozialpolitischen Maßnahmen schließlich nicht zu einer Reduktion von sozialer Ungleichheit, sondern sogar zu deren Verstärkung. Die sozialtechnologische Hypothese *„Durch eine Umschulung an Schulen mit einem höheren Anteil weißer Schüler kann die schulische Performanz farbiger Schüler verbessert werden"* war also gebunden an die unspezifizierte Hintergrundbedingung *„unter der Bedingung, dass der Anteil von weißen Schülern aus Mittelschichtfamilien nicht wesentlich absinkt."* Da weiße Mittelschichteltern auf diese Hintergrundbedingung Einfluss nehmen konnten, und einen neuen kausalen Pfad zur Erreichung ihres Handlungsziels entwickelten, indem sie ihre Kinder in einem sozial homogenen Umfeld zur Schule schickten, hierzu umzogen oder Privatschulen gründeten usw., blieb der Erfolg der sozialtechnologischen Bemühungen beschränkt.

Prozesse dieser Art schränken zwar einerseits die Gültigkeit bestimmter Kausalaussagen ein, lassen sich aber andererseits mit den Mitteln empirischer Sozialforschung beschreiben und analysieren. Hierzu müssen Verfahren zum Einsatz kommen, mit deren Hilfe die Veränderung der kausalen Beziehungen zwischen Handlungsbedingungen und Handlungsmustern und die Entstehung neuer kausaler Pfade empirisch untersucht werden können. Das erfordert einen Zugang zu lokalen, das heißt für ein bestimmtes Handlungsfeld relevanten Wissensbeständen.

Die Tatsache, dass soziale Akteure Einfluss nehmen können auf ihre Handlungsbedingungen, muss also keinesfalls dazu führen, dass auf eine kausale Erklärung sozialer Aggregatphänomene verzichtet werden muss. Adäquate kausale Mikromodelle, die auf der Basis sozial relevanter Wissensbestände formuliert werden, sind eine notwendige Bedingung für die Konstruktion von Kausalmodellen sozialen Handelns, indem sie es ermöglichen, potentielle *common causes* zu identifizieren und angemessen in statistische Modelle einzubeziehen. Hierbei lassen sich auch solche Fälle identifizieren, in denen *Simpsons Paradoxon* wirkt, in denen also Akteure (sozialstrukturell gegebene oder sozialtechnologisch gesetzte) Handlungsbedingungen durch neue kausale Pfade (über)kompensieren. Das bedeutet: Die Anwendung von experimentellen, quasi-experimentellen und statistischen Kontrollprozeduren ist dort, wo soziale Akteure Einfluss nehmen auf ihre Handlungsbedingungen, keineswegs überflüssig oder verfehlt. In vielen Gegenstandsbereichen können solche Techniken allerdings nur auf der Grundlage eines gegenstandsbezogenen, lokalen Wissens adäquat eingesetzt werden. Gerade qualitative Methoden können bei der Beschaffung eines solchen Wissens in vielen Fällen hilfreich, oft sogar unersetzlich sein.

10 Die Integration qualitativer und quantitativer Methoden in der Forschungspraxis

Im Folgenden sollen noch einmal die wesentlichen Methodenprobleme und Validitätsbedrohungen zusammenfassend dargestellt werden, die sich für die beiden Methodentraditionen aus der Existenz von (durch die *agency* von sozialen Akteuren konstituierten) Strukturen begrenzter Reichweite ergeben. Daran anschließend wird gezeigt, wie solche Methodenprobleme durch eine Integration von qualitativen und quantitativen Methoden überwunden werden können – anhand von Beispielen aus konkreten empirischen Forschungsprojekten wird beschrieben, wie die Stärken qualitativer und quantitativer Verfahren in methodenintegrativen Untersuchungsdesigns genutzt werden können, um Schwächen der jeweils anderen Tradition und die dort auftretenden Methodenprobleme zu bearbeiten: durch die Kombination qualitativer und quantitativer Verfahren können schwer interpretierbare statistische Befunde erklärbar werden, Methodenkombination kann zur Identifikation von Variablen führen, die unerklärte Varianz aufklären, sie kann zur Untersuchung der Geltungsreichweite und Verallgemeinerbarkeit von qualitativ entwickelten Kategorien und Typologien dienen, sie kann die Fallauswahl und Fallkontrastierung in qualitativen Studien anleiten und zur Aufdeckung von Messproblemen und Methodenartefakten in quantitativen Studien führen.

10.1 Methodenprobleme und Validitätsbedrohungen der qualitativen und quantitativen Forschungstradition

Das fortbestehende Schisma zwischen der qualitativen und der quantitativen Tradition empirischer Sozialforschung hat, wie bereits im zweiten Kapitel dargelegt, dazu geführt, dass in der Methodendiskussion zwischen beiden Lagern die wechselseitige (und oftmals sinnvolle) Kritik nur unzureichend aufeinander bezogen wird. Weil die Kritik der jeweiligen Gegenseite kaum je zum Anlass genommen wird, über die Schwächen und Methodenprobleme der eigenen Tradition zu reflektieren und nach Wegen zu suchen, wie diese Schwächen überwunden und die Probleme bearbeitet werden können, bleibt eine der zentralen Funktionen kritischer Argumente ungenutzt, nämlich die Thematisierung von Problemen, deren Lösung methodischen und theoretischen Fortschritt erzeugen würde. Stattdessen lässt sich ein Rückzug in methodologische „Camps" beobachten, in denen ungestört von der Kritik der jeweils anderen Seite Forschungsprobleme und Forschungsziele definiert, Methoden entwickelt und methodische Standards verabredet werden können.

Der vor allem mit den Arbeiten von LINCOLN und GUBA popularisierte Versuch, diesen unbefriedigenden Zustand wissenschaftsphilosophisch zu überhöhen durch das Postulat inkommensurabler Paradigmen, war zwar rezeptionsgeschichtlich erfolgreich, inhaltlich jedoch nur wenig tragfähig, wie ebenfalls im zweiten Kapitel gezeigt wurde. Zwar trifft es zu, dass empirisch forschende Sozialwissenschaftler oft divergierende Vorstellungen von der Beschaffenheit und Struktur ihres Gegenstandsbereichs entwickeln und ausgehend von substanzwissenschaftlichen und erkenntnistheoretischen Grundannahmen unterschiedliche Fragestellungen entwickeln, deren Beantwortung jeweils verschiedene Methoden erfordert. Eine starre Zuordnung von Methoden zu erkenntnistheoretischen Grundpositionen bzw. „Paradigmen" ist aber keineswegs zwingend, wie sich an Arbeiten von Vertretern der qualitativen Forschungstradition und der interpretativen Soziologie gut zeigen ließ.

Starke Argumente gegen die Inkommensurabilitätsthese und den Methodendualismus lassen sich auch aus der Forschungspraxis beziehen: in vielen sozialwissenschaftlichen Studien wurden bislang qualitative und quantitative Methoden erfolgreich in einem gemeinsamen Forschungsdesign eingesetzt, um Methodenprobleme zu bearbeiten und Validitätsbedrohungen zu begegnen. Methodenintegration lässt sich deshalb pragmatisch gut begründen, bislang existiert hierzu jedoch kein ausformuliertes *methodologisches Programm* in der Art, wie es etwa der hypothetiko-deduktive Ansatz für die quantitative Sozialforschung darstellt. Die Zurückhaltung, die Diskussion über ein solches Programm zu beginnen ist nach jahrzehntelangen fruchtlosen Kontroversen verständlich, nichtsdestotrotz problematisch, weil diese Zurückhaltung zu einer von vielen Vertretern der *Mixed Methods Bewegung* kritisierten begrifflichen Konfusion führt, was die Arten und Funktionen von methodenintegrativen Forschungsdesigns angeht (vgl. dazu etwa DATTA 1994; TASHAKKORI, TEDDLIE 2003). Die Einsicht dieser Autoren, dass Methodenkombination die Schwächen einzelner Methoden ausgleichen kann, indem sie miteinander auf eine Weise verknüpft werden „*that has complementary strengths and non-overlapping weaknesses*" (JOHNSON, TURNER 2003, S. 299), kann solange nicht für die Formulierung eines methodologischen Programms genutzt wird, wie ungeklärt bleibt, *welche* Schwächen und Stärken bestimmte Verfahren nicht nur in einzelnen konkreten Forschungsprojekten, sondern im allgemeinen aufweisen. Zu diesem Zweck muss die Methodendebatte aber näher herangeführt werden an die empirischen Befunde und aktuellen theoretischen Diskussionen der Sozialwissenschaften, als dies bislang der Fall war: Bevor geklärt werden kann, wie Methoden und Ergebnisse qualitativer und quantitativer Forschung genutzt werden können, damit ihre Stärken die Schwächen der jeweils anderen Tradition ausgleichen kann, muss zuerst die Frage beantwortet werden, für *welche Forschungsgegenstände* und bei der Anwendung *welcher theoretischen Modelle* qualitative und quantitative Methoden *allgemein* Stärken und Schwächen aufweisen.

Einen sinnvollen Anknüpfungspunkt für einen solchen Gegenstands- und Theoriebezug (der den Debatten um „*Mixed Methods*" und „*Triangulation*" ebenso fehlt wie der Kontroverse zwischen qualitativen und quantitativen Methodikern) bildet, wie in Kapitel drei gezeigt wurde, der *Grad der Strukturiertheit des Gegenstandsbereichs*. Strukturen sozialen Handelns lassen sich im Prinzip auf einem Kontinuum anordnen von der Annahme einer vollständigen Determiniertheit durch universelle Gesetzmäßigkeiten bis hin zu einer Situativität sozialer Strukturen, die sich erst in konkreten Interaktionssituationen heraus bilden. Bei einer Berücksichtigung vorliegender Befunde der angewandten Soziologien verlieren allerdings die extremen Pole dieses Kontinuums an Bedeutung: die Vorstellung einer vollständigen Situationsabhängigkeit von Strukturen sozialen Handelns widerspricht zu stark der evidenten Tatsache sozialer Ordnung und die Hypothese der Existenz universeller sozialer Gesetzmäßigkeiten wird zwar in allgemeinen theoretischen Debatten immer wieder verwendet; ihr fehlt aber die forschungspraktische Relevanz, solange keine gleichermaßen

10.1 Methodenprobleme und Validitätsbedrohungen

allgemeinen und empirisch gehaltvollen Theorien existieren, die solche Gesetzmäßigkeiten beschreiben. Arbeiten der empirischen Soziologie beschreiben demgegenüber Strukturen, die situationsübergreifend sind, ohne raum-zeitlich universelle Gültigkeit zu besitzen, *Strukturen begrenzter Reichweite*, welche manchmal lange Zeit relativ stabil sind, aber auch raschem sozialen Wandel unterliegen können.

Eine solche Flexibilität und Wandelbarkeit von Strukturen wird häufig als Folge einer in post-traditionalen Gesellschaften wachsenden Handlungsautonomie individueller Akteure betrachtet. Auf jeden Fall bietet dieser Umstand einen Anknüpfungspunkt an handlungstheoretische Überlegungen zur Bedeutung von *agency* als soziologischer Kategorie. Wenn aber die empirisch vorfindbare Kontingenz sozialer Tatsachen erklärt werden soll durch *agency* und Selbstregulation, wird ein für die Soziologie als Wissenschaft riskanter Weg beschritten, denn mit dem Verweis auf Handlungsfreiheit kann jede systematische Analyse von Strukturen sozialen Handelns still gestellt werden. Im Kontext mikrosoziologischer Theorietraditionen wurden jedoch eine Reihe von Konzepten formuliert, die solche voluntaristischen Konsequenzen vermeiden. Sowohl bestimmte entscheidungstheoretische Ansätze (mit ihrer Trennung zwischen einer „Logik der Aggregation" und einer „Logik der Situation"), als auch GIDDENS' Konzept der „Dualität von Struktur" (in dem Strukturen gleichermaßen als 'Produkt' und 'Reservoir' sozialen Handelns verstanden werden) verbinden die evidente Tatsache der Strukturiertheit sozialen Handelns mit einer (mehr oder weniger begrenzten) Fähigkeit menschlicher Akteure zu selbstbestimmtem Handeln. Diese Ansätze machen deutlich, dass sich die Beziehung zwischen der Makroebene sozialer Strukturen und der Mikroebene sozialen Handelns am besten als ein wechselseitiges Konstitutionsverhältnis verstehen lässt: Strukturen auf der makrosozietären Ebene entstehen und verändern sich durch die Aggregation situationsbezogener individueller Handlungen, die selber wiederum durch diese Strukturen zwar beeinflusst, aber nicht völlig determiniert werden. Im Kontext der Lebenslaufsoziologie lässt sich *agency* als eine sich im Lebenslauf entwickelnde Handlungskompetenz verstehen, so dass auch hier die relative *Stabilität von Strukturen sozialen Handelns* mit der empirisch gegebenen *Heterogenität von Handlungsmustern* und der permanenten *Möglichkeit sozialen Wandels* theoretisch durchaus vereinbar ist. In Anknüpfung an das von PEIRCE und DEWEY entwickelte pragmatistische Konzept „*situierter Kreativität*", die ihre Wirkung in problematischen Situationen entfaltet, welche durch habitualisierte Handlungsroutinen nicht bewältigt werden können, lassen sich strukturtransformierende Folgen „selbst-sozialisatorischen" (HEINZ 2000) Handelns in den Blick nehmen. Dabei erleichtern jene Instabilitäten, die in post-traditionalen Gesellschaften an Übergängen im Lebenslauf auftreten, die Loslösung der Akteure von eingeübten Handlungsschemata, *habits* und Routinen – die zunehmende Kontingenz und Wandelbarkeit von Strukturen begrenzter Reichweite ist also selbst ein historisch kontingentes Phänomen.

Die in verschiedenen handlungstheoretischen Kontexten entwickelte Überlegung, dass die Heterogenität, Pluralität und Wandelbarkeit sozialer Strukturen rückführbar ist auf die Mikroebene sozialen Handelns, und dass soziale Strukturen prinzipiell beeinflussbar sind durch *agency*, bringt, wie sich in den vergangenen Kapiteln gezeigt hat, weit reichende methodologische Implikationen mit sich. Die Existenz von Strukturen, die oft eine große Geltungsreichweite, manchmal aber auch nur lokale Relevanz haben und in vielen Fällen zwar über lange Zeiträume stabil sind, sich aber auch rasch wandeln können, bringt es mit sich, dass Erklärungshypothesen über soziales Handeln auf der individuellen und auf der statistischen Aggregatebene nicht allein auf der Grundlage von *ex ante* formulierten theoretischen Annahmen über allgemeine soziologische Gesetze formuliert werden können, sondern stets auch ein Wissen über die in mehr oder weniger begrenzten Handlungsfeldern geltenden Handlungsregeln erfordern. Die Bedeutung lokalen Wissens bei der Erklärung sozialen Handelns fällt oft nur deswegen nicht ins Gewicht, weil Sozialforscher auf eine *Gewohnheitsheuristik des Alltagswissens* zurückgreifen, die ihren Dienst aber in subkulturell fragmentierten oder sich rasch wandelnde Handlungsfeldern versagt. Hiervon ist nun sowohl das klassische hypothetiko-deduktive Programm der quantitativen Sozialforschung betroffen als auch verschiedene Ansätze des Sinnverstehens, die zur Begründung qualitativer Methoden entwickelt wurden:

Bei einer strikten Beschränkung auf das hypothetiko-deduktive Modell führt eine mangelnde Verfügbarkeit von Alltagswissensbeständen über die im untersuchten Handlungsfeld relevanten Strukturen begrenzter Reichweite zu schwerwiegenden Problemen bei der *Hypothesenentwicklung* und *Operationalisierung* der Variablen in der quantitativen Sozialforschung, wie im vierten Kapitel gezeigt wurde: lokales Wissen über Handlungsbedingungen (Handlungsregeln, Handlungsziele und Optionen) in spezifischen kulturellen Kontexten lässt sich nämlich aus Theoriebeständen der allgemeinen Soziologie, etwa aus allgemeinen Handlungstheorien kaum je ableiten. Wenn die Wissensbestände des Handlungsfeldes, mit deren Hilfe die notwendigen „Brückenhypothesen" formuliert werden können, nicht zugänglich sind, besteht ein hohes Risiko, dass die Forscherhypothesen und die zur Erhebung von empirischen Daten entwickelten Instrumente soziologisch relevante Variablen nicht berücksichtigen. Folgen davon können sein

1. eine *mangelhafte Varianzaufklärung*, wenn relevante Kausalbedingungen des untersuchten Handelns nicht empirisch erfasst und in den Daten beschrieben wurden. Dies kann auch solche empirischen Studien betreffen, die als erfolgreich gelten, weil ihre wesentlichen Hypothesen empirisch bestätigt wurden. Da statistische Kausalanalysen in den Sozialwissenschaften wegen einer (grundsätzlich vorhandenen, wenn auch oft begrenzten und partiellen) Handlungsfreiheit der Akteure nie eine vollständige Varianzaufklärung erbringen, fällt eine mangelhafte Ausschöpfung der Erklärungsmöglichkeiten (d.h. die Tatsache, dass eine Reihe weiterer Variablen die Varianzaufklärung erheblich verbessern würden, wenn sie denn nur gemessen würden) in vielen Fällen gar nicht auf.

2. Des Weiteren erhöht sich das *Risiko kausaler Fehlinterpretation von statistischen Zusammenhängen*, wenn nur beschränkt Zugang besteht zu den für das untersuchte Feld relevanten Wissensbeständen. Jene nicht in die Datenerhebung und in die statistische Modellierung einbezogenen Handlungsbedingungen sind nämlich oft nicht nur solche Variablen, die statistisch unabhängig sind von den anderen erklärenden Variablen (und damit zwar im Fehlerterm „versteckt" sind, die Interpretation des kausalen Einflusses der bekannten Handlungsbedingungen aber nicht wesentlich beeinträchtigen). Es kann sich auch um viel „gefährlichere" konfundierende Variablen handeln, die einerseits als *common causes* scheinbare kausale Zusammenhänge erzeugen oder auch andererseits faktische kausale Prozesse verdecken. Wie anhand der Diskussion um *SIMPSONS Paradoxon* gezeigt wurde, kann insbesondere die Fähigkeit sozialer Akteure, extern gesetzte Handlungsbeschränkungen zu kompensieren, dazu führen, dass Kausaleinflüsse externer sozialstruktureller Bedingungen auf soziales Handeln stark abgeschwächt oder sogar vollständig konterkariert werden.

Die Achillesferse der *qualitativen Sozialforschung* im Umgang mit Strukturen begrenzter Reichweite liegt demgegenüber in einer hier forschungspragmatisch notwendigen Beschränkung der Fallzahlen: Zwar kann eine beschränkte Menge von Daten, wie sie bspw. durch umfangreiche qualitative Interviews gesammelt werden, ausreichend sein, um für das Untersuchungsfeld relevante Wissens- und Regelbestände zu explorieren. In dem Maße jedoch, wie sich unter den Bedingungen gesellschaftlicher Modernisierung und Individualisierung Handlungsoptionen und Handlungsziele vervielfältigen und Handlungsmaximen pluralisieren, wird es wahrscheinlicher, dass die in qualitativen Untersuchungen gefundenen Strukturen nur eine beschränkte Geltungsreichweite besitzen: die Identifikation von *typischen Fällen* in der qualitativen Sozialforschung ist ebenso wie die Hypothesenbildung im hypothetiko-deduktiven Forschungsprozess unter gesellschaftlichen Bedingungen, die einheitliche Wissensbestände, fest gefügte normative Ordnungen und eine große Konformität des Handelns mit sich bringen, problemloser zu bewältigen als in Feldern, die durch eine Pluralisierung von Handlungsmustern und akteursinduzierten sozialen Wandel gekennzeichnet sind. Auch äußerst elaborierte Verfahren der Fallkontrastierung und des Fallvergleichs, die in der qualitativen Sozialforschung entwickelt wurden, reichen dann möglicherweise nicht mehr aus, um die Heterogenität des untersuchten Handlungsfeldes zu erfassen.

Solche Methodenprobleme sowohl der hypothetiko-deduktiven, quantitativen Sozialforschung als auch der explorativen, qualitativen Methodentradition, die durch Strukturen begrenzter Reichweite erzeugt werden, nämlich

1. eine *mangelnde Verfügbarkeit von lokalem Wissen*, mit dessen Hilfe in der quantitativen Sozialforschung allgemeine theoretische Konzepte zu empirisch gehaltvollen Hypothesen und messbaren Variablen weiterentwickelt werden können,
2. eine *unzureichende Varianzaufklärung*, weil relevante kausale Bedingungen bei der Hypothesenformulierung, der Variablendefinition und Instrumentenkonstruktion nicht berücksichtigt werden können,
3. das Problem der *fehlerhaften kausalen Interpretation von statistischen Zusammenhängen*, weil relevante Kausalbedingungen nicht in die Modelle einbezogen werden können,
4. die *Schwierigkeit* in der qualitativen Forschung, *relevante Fälle auszuwählen*, die einen Zugang zu den für das untersuchte Handlungsfeld relevanten Wissensbeständen liefern,
5. und die *ungeklärte Geltungsreichweite* und möglicherweise *beschränkte Verallgemeinerbarkeit* der in qualitativen Studien an kleinen Fallzahlen gewonnenen Befunde,

lassen sich nun in vielen Fällen bearbeiten durch einen Einsatz von Methoden, die der jeweils anderen Forschungstradition entstammen. Ich möchte dies im Folgenden anhand einer Reihe von Beispielen aus empirischen Forschungsprojekten zeigen, in denen methodenintegrative Designs genutzt wurden.

10.2 Methodenkombination in der Forschungspraxis: fünf empirische Beispiele

In der im zweiten Kapitel ausführlich dargestellten Debatte um *Mixed Methods Designs* und um den Begriff der *Triangulation* konnte keine Einigkeit darüber erzielt werden, ob eine Methodenkombination eher die Möglichkeit eröffnet zu einer wechselseitigen *Metho-*

denkritik, bei der typische *Validitätsprobleme* und *Fehlerquellen* aufgedeckt und korrigiert werden, oder ob Methodenkombination vor allem zu einer *Ergänzung von Forschungsergebnissen* führt. Beide Positionen reflektieren unterschiedliche Vorstellungen darüber, wie sich die Gegenstände qualitativer und quantitativer Forschung zueinander verhalten. Während die eine Position, der zufolge Methodenkombination vor allem der gegenseitigen Validierung dienen soll, davon ausgeht, dass mit qualitativen und quantitativen Methoden *dieselben sozialen Phänomene* erfasst werden, beruht der andere Standpunkt auf der Annahme, dass qualitative Methoden jeweils *unterschiedliche Aspekte derselben Phänomene* oder gar *unterschiedliche Phänomene* beschreiben, deren Abbildungen sich allenfalls zu einem umfassenderen Bild ergänzen können, nicht aber zu einer wechselseitigen Kritik von Methoden und Ergebnissen einsetzbar sind.

Falls man die erste der beiden Positionen für angemessen hält, so wird man bei einem gemeinsamen Einsatz qualitativer und quantitativer Methoden erwarten, dass die Ergebnisse aus beiden Methodensträngen entweder *konvergieren* (und damit einen Hinweis auf die Validität der verwendeten Methoden geben) oder aber *sich widersprechen* (was den Schluss zulässt, dass zumindest eine der beiden Methoden keine validen Resultate erbracht hat). Neigt man der zweiten Position zu, so wird man bei der Methodenkombination *komplementäre Resultate* erwarten.

Eine genaue und systematische Untersuchung von empirischen Studien, in denen *Mixed Methods Designs* eingesetzt werden, zeigt nun aber, dass alle diese genannten Möglichkeiten in der Forschungspraxis tatsächlich realisiert werden (vgl. auch PREIN, KELLE, KLUGE 1993; ERZBERGER 1998; KELLE, ERZBERGER 1999):

1. in vielen Fällen *konvergieren* qualitative und quantitative Forschungsergebnisse,
2. in anderen Forschungsvorhaben beziehen sich qualitative und quantitative Forschungsergebnisse auf verschiedene Gegenstände und verhalten sich dabei *komplementär* zueinander bzw. ergänzen sich gegenseitig,
3. in manchen Fällen *widersprechen* sich qualitative und quantitative Forschungsergebnisse allerdings auch.

Im Folgenden werde ich Beispiele aus der Forschungspraxis[75] für diese drei möglichen Ausgänge der Methodenkombination präsentieren, die deutlich machen, dass sowohl die Funktion der gegenseitigen Validierung als auch die der Ergänzung von Forschungsergebnissen dort, wo methodenintegrative Designs eingesetzt werden, eine wichtige Rolle spielen. Beide Funktionen lassen sich grundsätzlich nicht gegeneinander ausspielen. Indem Methodenkombination zur wechselseitigen Aufdeckung von Validitätsbedrohungen, zur Bearbeitung von Methodenproblemen und zur Überwindung von Erkenntnisgrenzen ge-

---

75 Die Mehrzahl der Beispiele entstammt aus Forschungsprojekten des von 1988 bis 2001 von der DFG geförderten Sonderforschungsbereiches 186 „Statuspassagen und Risikolagen im Lebensverlauf" der Universität Bremen, dessen Teilprojekte die Strukturierung von Lebensläufen im Deutschland der 1980er und 1990er Jahre untersuchten, wobei Statusübergänge in vier Lebensbereichen analysiert wurden: Übergänge vom Ausbildungs- in das Erwerbssystem, Statuspassagen zwischen Reproduktions- und Erwerbsarbeit, Statuspassagen innerhalb der Erwerbsarbeit und Übergänge zwischen Erwerbssystem und sozialer Sicherung (vgl. u.a. WEYMANN, HEINZ 1996; LEISERING, LEIBFRIED 1999; HEINZ 2000; SACKMANN, WINGENS 2001; BORN, KRÜGER 2001; LEISERING, MÜLLER, SCHUMANN 2001). Durch einen parallelen Einsatz quantitativer und qualitativer Erhebungs- und Auswertungsverfahren sollten in etlichen Teilprojekten sowohl die Momente objektiver Sozialstruktur als auch die subjektiven Deutungsmuster und Interpretationsleistungen der Akteure in den Blick genommen werden. (vgl. auch KLUGE, KELLE 2001; KELLE 2001).

nutzt wird, kann sie dazu führen, dass Forschungsergebnisse als problematisch oder gar fehlerhaft ausgewiesen werden. Oft erreicht man aber durch eine Kombination qualitativer und quantitativer Verfahren auch ein komplementäres und umfassenderes Bild des Gegenstandsbereichs.

Im Einzelnen kann die Kombination von qualitativen und quantitativen Erhebungs- und Auswertungsverfahren in *Mixed Methods Designs* die folgenden Erfordernisse erfüllen, auf die ich im Folgenden ausführlich eingehe:

- sie kann der *Erklärung überraschender statistischer Befunde* dienen,
- sie kann beitragen zur *Identifikation von Variablen, die bislang unerklärte statistische Varianz aufklären* können,
- sie kann der *Untersuchung der Geltungsreichweite von qualitativen Forschungsergebnissen* dienen,
- sie kann *die Fallauswahl in qualitativen Studien* steuern,
- und sie kann bei der *Aufdeckung und Beschreibung von Methodenartefakten in qualitativen und quantitativen Studien* helfen.

10.2.1 Methodenkombination zur Erklärung überraschender statistischer Befunde

Die Verwendung qualitativer Daten kann es ermöglichen, dass (überraschende) statistische Befunde dadurch erklärt werden, dass neue, bislang nicht in Betrachtung einbezogene Bedingungen sozialen Handelns identifiziert werden.

Dies läßt sich etwa verdeutlichen anhand einer am Sonderforschungsbereich 186 durchgeführten Panelstudie über die berufliche Entwicklung einer Kohorte junger Facharbeiter und Angestellter (vgl. HEINZ 1996; HEINZ u.a. 1998; KELLE, ZINN 1998; SCHAEPER u.a. 1999), bei der Angehörige sechs verschiedener Ausbildungsberufe (Kfz-Mechaniker, Maschinenschlosser, Bürokaufleute, Friseurinnen, Bankkaufleute und Einzelhandelskaufleute) in standardisierten postalischen Befragungen (in der ersten Welle n=2230, davon in der vierten Welle noch n = 989 auswertbare Fragebögen) um Informationen zu ihrem beruflichen Werdegang gebeten wurden. Zeitgleich mit dieser standardisierten Befragung wurde mit einer Teilstichprobe (in der ersten Welle n=198, in der vierten und letzten Welle n=92) leitfadengestützte qualitative Interviews durchgeführt. Das Ziel der Forschungsbemühungen galt der Beschreibung und Erklärung von Handlungen, die auf die Gestaltung der Erwerbsbiographie gerichtet sind, wie bspw. der Wechsel von Arbeitsstellen oder des Berufes, Fortbildungsbemühungen oder der Besuch von Bildungseinrichtungen.

Mit Hilfe der standardisierten Fragebögen wurden Erwerbs- und Berufsverläufe vom Ausbildungsabschluss bis zu den jeweiligen Befragungszeitpunkten kalendarisch erfasst. Auf diese Weise ließen sich Einflüsse von Arbeitsmarkt und Bildungssystem auf die Erwerbsbiographie der Befragten statistisch abbilden. Dabei zeigten sich bereits vier Jahre nach Abschluss der Ausbildung deutliche berufsspezifische Unterschiede zwischen erwerbsbiographischen Verläufen (WITZEL, HELLING, MÖNNICH 1996; KELLE, ZINN 1998; HEINZ u.a. 1998):

Bankkaufleute arbeiteten vorwiegend in ihrem ursprünglichen Ausbildungsberuf oder qualifizierten sich durch ein Universitätsstudium fort, *Bürokaufleute* dahingegen unternahmen relativ selten weitere Bildungsanstrengungen, sondern blieben in der Mehrzahl im gelernten Beruf oder wechselten in andere Berufsfelder, *Einzelhandelskaufleute, Friseurinnen* und *Kfz-Mechaniker* waren relativ häufig in ausbildungsfremden Berufsfeldern tätig, *Maschinenschlosser* qualifizierten sich vergleichsweise häufig durch Schulbesuch und anschließendes Hochschulstudium fort (s. Tabelle 10.1). Insbesondere hinsichtlich ihrer weiteren *Bildungsbemühungen* unterschieden sich die Absolventen der verschiedenen Berufsausbildungen deutlich voneinander: 31,9% der Bankkaufleute und 14,1% der Maschinenschlosser besuchten vier Jahre nach Beendigung ihrer Berufsausbildung eine (Fach)hochschule, während diese Tendenz zu Weiterbildungsbemühungen bei den anderen Berufsgruppen weit weniger ausgeprägt war.

Die Tendenz zu weiteren Bildungsanstrengungen ist natürlich stark abhängig von bereits vorhandenen Bildungsressourcen: Befragte mit einer (fachgebundenen) Hochschulreife zeigten eine wesentlich höhere Weiterbildungsneigung als ehemalige Hauptschüler oder Realschüler. So kann die hohe Bildungsbeteiligung der *Bankkaufleute* vor allem auf die hohe Anzahl von Abiturienten in diesem Beruf zurückgeführt werden. Von den *Bankkaufleuten* hatten ursprünglich 54% Abitur und 2% einen Hauptschulabschluss (während von den *Kfz-Mechanikern* 57% ihre Ausbildung mit einem Hauptschulabschluss begonnen hatten, und nur 2% ursprünglich Abiturienten waren). Allerdings sind es nicht nur die Befragten mit hohen formalen Bildungsqualifikationen, die weitere Bildungskarrieren anschließen. Insbesondere Maschinenschlosser neigten dazu, weitere Bildungsabschlüsse *unabhängig von vorhandenen Bildungsressourcen* anzustreben: Wie sich anhand multivariater Analysen zeigen ließ, war in dieser Berufsgruppe die Weiterbildungsneigung unabhängig vom Schulabschluss am größten (vgl. KELLE, ZINN 1998).

	im gelernten Beruf	ausbildungsfremd	Schulbesuch	FH/ Universität
Bankkaufleute (229)	53,7% (123)	9,6% (22)	0,4% (1)	*31,9%* (73)
Bürokaufleute (319)	*60,2%* (192)	22,6% (72)	0,3% (1)	6,9% (22)
Maschinenschl. (177)	40,7% (72)	23,2% (41)	*10,2%* (18)	*14,1%* (25)
Kfz-Mechaniker (103)	37,9% (39)	*37,9%* (39)	1% (1)	5,8% (6)
Friseurinnen (80)	42,5% (34)	33,8% (27)	2,5% (2)	1,3% (1)
Einzelhandelskfl. (130)	43,8% (57)	36,2% (47)	0	5,4% (7)
☐	49,8% (517)	23,9% (248)	2,2% (23)	12,9% (134)

Tabelle 10.1: Tätigkeit vier Jahre nach Abschluss der Berufsausbildung.
Zur Erhöhung der Übersichtlichkeit wurde die Residualkategorie (Arbeitslosigkeit, Krankheit, Schwangerschaft, Erziehungsurlaub, Haftstrafen, Auslandsaufenthalt, Wehr- oder Zivildienst, Umschulung, Weiter- und Fortbildung umfassend) weggelassen. Die Zeilenprozente addieren sich deswegen nicht auf 100%.

10.2 Methodenkombination in der Forschungspraxis: fünf empirische Beispiele

Wie läßt sich dieser besondere Befund nun erklären? Eine soziodemographische Variable wie „Ausbildungsberuf" stellt nur einen sehr groben Indikator für eine ganze Berufswelt mit ihren spezifischen externen Handlungsbedingungen dar. Auch *Schulbildung* ist als kausal erklärende Variable nur deswegen relevant, weil sie auf einen spezifischen beruflichen Kontext hinweist, der externe situative Handlungsbedingungen enthält, die bestimmte berufsbiographische Entscheidungen fördern oder erschweren. Das bedeutet, dass statistische Zusammenhänge hier kaum verständlich sind ohne eine ganze Reihe von Zusatzinformationen, die aus anderen Quellen als den quantitativen Daten beschafft werden müssen.

Etliche dieser Zusatzinformationen können durch einen unproblematischen Rückgriff auf allgemein zugängliche (Alltags)wissensbestände über verbreitete erwerbsbiographische Handlungsregeln beschafft werden – so ist die erkennbare Neigung der Abiturienten, nach ihrer Lehre ein Studium aufzunehmen, *erstens* zurückzuführen auf die Tatsache, dass das Abitur die Hochschulzugangsberechtigung enthält und *zweitens* darauf, dass mit einem abgeschlossenem Studium Karriere- und Einkommenschancen verbunden sind, die einen solchen Weg als besonders attraktiv erscheinen lassen. Die hohe Bildungsbeteiligung der *Bankkaufleute* ist auf diese Weise relativ leicht zu erklären, nicht aber die Tendenz von *Maschinenschlossern*, das berufliche Feld zu verlassen und weitere formale Qualifikationen im Bildungssystem zu erwerben. Diese Tendenz lässt sich auch nicht darauf zurückführen, dass Maschinenschlosser nach ihrer Lehre keinen Job finden würden – im Gegensatz zu Kfz-Mechanikern oder Friseurinnen hatte ein großer Teil der Maschinenschlosser des untersuchten Samples nämlich nach der Berufsausbildung ein Übernahmeangebot des Ausbildungsbetriebs erhalten.

Dieses berufsbiographische Verhalten, bei dem zeitaufwendige Umwege in Kauf genommen wurden, um Bildungsabschlüsse nachzuholen, wird erst verständlich, wenn lokales Wissen über berufskulturelle Muster von Handlungsbedingungen, Handlungszielen und Handlungsregeln herangezogen wird, zu dem die Forscher einen Zugang erhielten durch die qualitativen Leitfadeninterviews: die Maschinenschlosser, die ihre Ausbildung in speziellen Lehrwerkstätten mittlerer oder größerer Unternehmen des Maschinen- und Anlagenbaus erhalten hatten, erlebten dort eine berufliche Kultur, in der Berufsidentität an ein ausgeprägtes Facharbeiterbewusstsein gebunden ist. Viele der Befragten, die unter diesen Bedingungen Aspirationen auf eine qualifizierte Facharbeitertätigkeit entwickelt hatten, wurden aber nach der Ausbildung nahezu zwangsläufig enttäuscht, als ihre Ausbildungsfirmen, bedingt durch ökonomische Rahmenbedingungen zu Beginn der 90er Jahre, nur Arbeitsplätze mit einem eingeschränkten Qualifikationsprofil anbieten konnten. Dieses Zusammenspiel zwischen einer Berufskultur und einer schwierigen ökonomischen Situation konnte erklären, warum so viele Maschinenschlosser ihr berufliches Feld verließen: vor die Wahl gestellt, eine wenig qualifizierte Tätigkeit als Arbeiter in der Produktion auszuführen oder ihre Bildungsbiographie ggfs. auch mit hohem Aufwand fortzuführen entschieden sich Mitglieder dieser Berufsgruppe häufig für die zweite Möglichkeit.

Auch in einem anderen Forschungsprojekt, das den Zusammenhang zwischen Erwerbsbiographie und Delinquenz bei Jugendlichen untersuchte (vgl. DIETZ u.a. 1997; PREIN, SEUS 1999), wurden statistische Zusammenhänge durch zusätzliches qualitatives Datenmaterial interpretierbar. In dieser Langzeitstudie wurde eine Kohorte von Schulabgängern aus Haupt- und Sonderschulen der Stadt Bremen untersucht, die in mehreren Wellen zwischen 1989 und 1997 mit einem standardisierten Instrument befragt wurden. Auch hier wurde aus der größeren, quantitativen Stichprobe ein kleineres Subsample für ein Panel qualitativer Interviews gebildet[76]: diese Jugendlichen wurden ebenfalls mehrmals mit Hilfe offener, qualitativer Leitfadeninterviews befragt.

Eine der Fragestellungen des Projekts bezog sich auf die Kausalbeziehung zwischen dem Scheitern bzw. dem Erfolg in Ausbildung und Beruf einerseits und delinquentem Handeln der Jugendlichen andererseits. Quantitative Analysen des Zusammenhangs zwischen der aktuellen Erwerbstätigkeit bzw. der Art der beruflichen Einmündung einerseits und der Delinquenzbelastung mit verschiedenen Arten krimineller Delikte andererseits ergaben (vgl. PREIN, SEUS 1999), dass nur eine langdauernde Erwerbslosigkeit empirisch nachweisbar die Delinquenzbelastung erhöhte. Die kurzfristig Arbeitslosen und auch diejenigen, die nicht erfolgreich ins Berufsbildungssystem und Berufssystem eingemündet waren, wiesen eher eine niedrigere Delikthäufigkeit als jene Interviewten, die gut in das Erwerbssystem integriert waren. Diese nicht bzw. nur für langdauernde Erwerbslosigkeit nachweisbare Kausalbeziehung zwischen beruflichem Status und Delinquenz stellte ein Ergebnis dar, welches nicht nur alltagspragmatischen Annahmen widerspricht *„wonach benachteiligte, deprivierte Jugendliche aus wirtschaftlicher Not zu illegalen Mitteln der Geldbeschaffung greifen"* (PREIN, SEUS 1999, S. 18), sondern auch solchen anomietheoretischen Ansätzen, die soziale Desintegration als wesentlichen kausalen Faktor für Delinquenzbelastung ansehen.

Auch in diesem Fall konnten Analysen der qualitativen Interviews Erklärungen für den statistischen Befund liefern. Anhand des qualitativen Datenmaterials ließ sich nämlich ein Handlungstypus identifizieren, den die Untersucher als *„Doppelleben"* bezeichneten: dies waren Jugendliche, die einen *„direkten problemlosen Einstieg in das Berufsbildungssystem im angestrebten Wunschberuf"* erreicht hatten, zufrieden mit dem gewählten beruflichen Weg und hoch motiviert waren, die Ausbildung abzuschließen, und deshalb eine *„hohe Anpassungsbereitschaft an die Erwartungen in Bezug auf Leistung und Arbeitsmoral"* zeigten (ebd.).

> „Die während der Woche angepassten und hochmotivierten Auszubildenden waren in der Freizeit und am Wochenende auf Spaß und *action* aus, was sich häufig an kriminalisierbarem Verhalten niederschlug. (...) Delinquente Aktivitäten dienten nicht der Kompensation von Versagenserlebnissen im beruflichen Alltag oder der Frustration durch Erwerbslosigkeit. Sie standen für action, Spaß, Nervenkitzel, für Handlungen, mit denen sich die jungen Männer teilweise vom Erwachsenwerden abgrenzten." (ebd., S.18/19)

Kontakte, die diese Jugendlichen zu sozialen Kontrollinstanzen wie Polizei und Justiz hatten, führten dabei nicht zu einer dauerhaften Marginalisierung und Kriminalisierung. Die Vertreter dieser Instanzen, ebenso wie die Ausbilder in den Betrieben, bewerteten die durch Qualifikationsbemühungen und Erwerbstätigkeit gezeigte Disziplin und Arbeitsmoral nämlich durchgängig positiv im Sinne einer Prognose für einen erwartbaren Rückgang des delinquenten Verhaltens. Dass solche Deutungsmuster für das Handeln der Kontrollinstanzen eine wesentliche Bedeutung hatten, war zumindest gerichtserfahrenen Jugendlichen auch durchaus bewusst, wie PREIN und SEUS anhand von Interviewauszügen wie dem folgenden illustrieren:

> *„Na, ich schätz' mal, wenn einer Arbeit hat, den schicken sie nicht so schnell in'n Bau wie einer, der keine Arbeit hat. Weil einer, der keine Arbeit hat, der hängt den ganzen Tage auf der*

---

76 Das Bruttosample der standardisierten Befragung umfasste 732 Personen, von denen in der letzten Welle noch 370 Personen antworteten, das qualitative Mikropanel umfasste 60 Personen.

10.2 Methodenkombination in der Forschungspraxis: fünf empirische Beispiele

Straße 'rum, der baut wieder Scheiße. Und einer, der Arbeit hat, der arbeitet tagsüber und hat halt nicht mehr soviel Gelegenheit, Scheiße zu bauen." (ebd.)

Auch in diesem Beispiel kann ein Befund auf der Ebene von Aggregatdaten erklärt werden durch lokales Handlungswissen, das für das interessierende Handlungsfeld relevant ist und das durch qualitative Verfahren rekonstruiert werden kann. Jenes soziale Handeln, welches durch den Handlungstypus „Doppelleben" beschrieben wird, ist schließlich nur deshalb empirisch realisierbar, weil die in dem Untersuchungsfeld handelnden Akteure ihr kulturspezifisches Alltagswissen einsetzen: bei den Vertretern sozialer Kontrollinstanzen sind dies sozialpsychologische Alltagstheorien, bei den Jugendlichen das Wissen über die Relevanz solcher Deutungsmuster für das Handeln von Kontrollinstanzen.

Beide Beispiele folgen einem bestimmten Muster bei der Entwicklung einer sozialwissenschaftlichen Handlungserklärung: am Beginn steht ein statistischer Zusammenhang, bei dem spezifische erklärende Variablen (in dem einen Fall der gelernte Erstberuf, in dem anderen Erwerbstätigkeit bzw. Art der Einmündung ins Berufssystem) die Varianz der abhängigen Variablen bis zu einem gewissen Grad erklären oder auch nicht erklären können, wobei dieser statistische Befund aber *prima facie* nur schwer interpretierbar ist. Diese Interpretationsschwierigkeiten sind nun offensichtlich eine Folge davon, dass mit den erklärenden Variablen nur einzelne externe Handlungsbedingungen aus dem Komplex der tatsächlich wirksamen INUS-Bedingungen des Handelns betrachtet werden, wobei etliche soziologisch relevante Bedingungen nicht in die erklärenden Argumente einbezogen werden konnten. Dies konnte erst dann gelingen, als mit Hilfe qualitativer Methoden, in diesem Fall offener Leitfadeninterviews, spezifische Handlungsbedingungen für die Weiterführung der Bildungsbiographie der betroffenen Maschinenschlosser einerseits und für das Delinquenzhandeln der erwerbstätigen und beruflich erfolgreichen Jugendlichen andererseits genauer in den Blick genommen wurden: in dem einen Fall förderten die während der beruflichen Sozialisation übernommenen Aspirationen auf eine qualifizierte Tätigkeit und die mangelnde Gelegenheit hierzu nach Abschluss der Berufsausbildung die Bereitschaft, weitere Bildungsbemühungen anzuschließen. Und im anderen Fall führte das Bedürfnis, für Konformität im Arbeitsalltag quasi als Ausgleich am Wochenende Nervenkitzel und *action* zu produzieren zusammen mit dem Wissen über bestimmte Handlungsmaximen von Kontrollinstanzen die Bereitschaft, „über die Stränge zu schlagen" bzw. „Scheiß' zu bauen". Schließlich ist in diesem Zusammenhang noch von Bedeutung, dass der qualitative Befund einer vorschnellen Falsifikation gängiger Devianztheorien durch die empirischen (quantitativen) Daten vorbeugt. Das qualitative Material legt nämlich einen *zusätzlichen kausalen Pfad* offen, durch den Delinquenz entstehen kann, ohne dass andere kausale Pfade (etwa die Entstehung von Delinquenz durch soziale Desintegration) damit ausgeschlossen sein müssen – in dem quantitativen Datenmaterial muss diese Differenzierung aber als unbeobachtete Heterogenität verborgen bleiben.

10.2.2 Methodenkombination zur Identifikation von Variablen, die bislang unerklärte Varianz erklären

Bei der Betrachtung der Beispiele darf nicht übersehen werden, dass das qualitative Datenmaterial jeweils nur dazu diente, *idealisierte Akteure* zu konstruieren, die einen *Teil der Variation* des empirisch vorfindbaren Handelns erklären können: sowohl der Typus des

Maschinenschlossers, der aktive Bemühungen zur Fortführung seiner Bildungsbiographie unternimmt, als auch der erwerbstätige und beruflich erfolgreiche Jugendliche mit dem Typus Doppelleben beschreiben nur einen Ausschnitt aus der empirischen Vielfalt von Handlungsmustern. So kann etwa die Frage „*Aus welchen Gründen passt ein nennenswerter Anteil der Berufsgruppe seine beruflichen Aspirationen den Gegebenheiten an und akzeptiert niedrig qualifizierte Tätigkeiten?*" hierdurch nicht beantwortet werden.

Hierzu ist eine weitere, tiefer gehende Analyse des qualitativen Datenmaterials notwendig. In der Studie über die Erwerbsbiographien junger Facharbeiter und Angestellter wurden hierzu aus den Leitfadeninterviews Informationen über situationsübergreifende Muster von Handlungszielen, Handlungsregeln und Handlungen extrahiert, die von den Autoren als „*berufsbiographische Gestaltungsmodi*" bezeichnet wurden (HEINZ u.a. 1998; WITZEL, KÜHN 1999). Diese stellen das Ergebnis von Selbstsozialisationsprozessen dar, in deren Verlauf die Akteure Erfahrungen ihrer beruflichen Entwicklung verarbeiten und situationsübergreifende Umgangsweisen mit externen situativen Handlungsbedingungen entwickeln (HEINZ 1988; HEINZ, WITZEL 1995). Anhand der in mehreren Wellen durchgeführten qualitativen Interviews wurde eine Typologie von sechs verschiedenen *berufsbiographischen Gestaltungsmodi* entwickelt, durch welche „*Orientierungen und Handlungen zur Erweiterung und Nutzung gegebener Handlungsspielräume oder zur Unterordnung unter restriktive Gelegenheitsstrukturen bezogen auf Arbeitstätigkeit, Qualifikation, Karriere, Einkommen und Betrieb*" (SCHAEPER, WITZEL 2001, S. 224) erfasst werden sollten. Von den aus dem qualitativen Interviewmaterial entwickelten sechs Gestaltungsmodi „*Betriebsidentifizierung*", „*Lohnarbeiterhabitus*", „*Laufbahnorientierung*", „*Chancenoptimierung*", „*Persönlichkeitsgestaltung*" und „*Selbständigenhabitus*" sind in diesem Kontext vor allem die Gestaltungsmodi „*Lohnarbeiterhabitus*" und „*Chancenoptimierung*" von Bedeutung:

- Beim *Lohnarbeiterhabitus* stehen materielle Aspekte der Berufstätigkeit im Zentrum – Befragte mit diesem Gestaltungsmodus sehen Arbeit vor allem unter dem Blickwinkel „*der Notwendigkeit zur materiellen Reproduktion, als Aufwand, der ins Verhältnis gesetzt wird zum finanziellen Ertrag*" (ebd., S. 225). Sie sind in der Regel allenfalls zu Anpassungsweiterbildungen bereit und verzichten auf weitere Qualifikationsbemühungen, wenn diese einen hohen Aufwand erfordern. Entscheidungen darüber, ob angebotene Arbeitsstellen mit niedrigem Qualifikationsniveau angenommen werden, werden nicht aufgrund arbeitsinhaltlicher Interessen und unter Statusaspekten getroffen, sondern vor allem im Hinblick auf materielle Anreize. Akteure mit diesem Gestaltungsmodus sind deshalb eher bereit, auch niedrig qualifiziert als Produktionsfacharbeiter zu arbeiten (wobei sie ggfs. mit dem Ziel besserer Arbeitsbedingungen oder eines höheren Einkommens den Betrieb wechseln).
- Befragte mit dem Gestaltungsmodus *Chancenoptimierung* suchen demgegenüber in ihrer beruflichen Tätigkeit vor allem Herausforderungen und Erfahrungsgewinn. Bei der Wahl einer Arbeitsstelle sind Handlungs- und Gestaltungsspielräume und die Möglichkeit zur Verantwortungsübernahme von hoher Bedeutung. Hoch entwickelte Karriereaspirationen und der Wunsch danach, stets berufliche Alternativoptionen zur Verfügung zu haben, führen diese Akteure dazu, sich um eine sukzessive Kumulation neuer Qualifikationen und um eine breite Entwicklung von Kompetenzen zu bemühen. Eine Festlegung auf eine niedrig qualifizierte Berufstätigkeit beantworten sie deshalb

in der Regel mit verstärkten Bemühungen, sich für höherwertige und interessantere Arbeitsplätze zu qualifizieren.

Diese Gestaltungsmodi, die eine Verknüpfung von Handlungszielen mit Handlungsstrategien, Handlungsregeln und Handlungsmustern zu allgemeineren Akteurstypen darstellen, können genutzt werden, um solche Handlungsbedingungen zu identifizieren, mit deren Hilfe die Varianz berufsbiographischen Handelns weiter aufgeklärt werden kann. Die Bildungsbeteiligung der jungen Facharbeiter ist demzufolge abhängig einerseits von den bereits beschriebenen externen Bedingungen (dem schulischen und beruflichen Hintergrund), die sich mit bestimmten (berufs-)kulturellen Handlungsregeln verbinden und andererseits durch die in Selbstsozialisationsprozessen entstandenen erwerbsbiographischen Gestaltungsmodi. Somit werden die durch quantitative Methoden festgestellten Zusammenhänge zwischen soziodemographischen Merkmalen von Akteuren einerseits und deren Statusübergängen im Lebensverlauf andererseits soziologisch erklärbar, indem mit Hilfe qualitativer Methoden jene Prozesse auf der Mikroebene sozialen Handelns beschrieben werden, die durch externe situative Bedingungen (für die die soziodemographischen Variablen als allerdings nur sehr grobe Indikatoren dienen) in Gang gebracht werden. Durch die qualitativen Methoden können hierbei zusätzliche INUS-Bedingungen identifiziert werden, durch die weitere Varianzanteile des erwerbsbiographischen Handelns aufgeklärt werden können, welche sich auf die anfangs verwendeten soziodemographischen Variablen nicht zurückführen lassen.

10.2.3 Methodenkombination zur Beschreibung der Geltungsreichweite von qualitativ entwickelten Kategorien und Typologien

Hier muss nun eine wichtige Einschränkung bezüglich der Verallgemeinerbarkeit solcher Befunde gemacht werden: Mit Hilfe qualitativer Methoden können Akteurstypen und kausale Pfade entdeckt werden (wie sie etwa durch die berufsbiographischen Gestaltungsmodi beschrieben wurden) – die Relevanz solcher Mechanismen kann in qualitativen Studien aufgrund der bekannten forschungspragmatischen Beschränkungen immer nur für eine kleine Anzahl von Fällen gezeigt werden.

An eine Beschreibung von Akteurstypen auf der Grundlage qualitativer Daten kann sich also die Frage anknüpfen, ob die Varianz der betrachteten Handelns auch in *umfangreichen Populationen* und dort bei einem nennenswerten Anteil der Akteure tatsächlich durch die qualitativ beschriebenen kausalen Pfade und neu entdeckten INUS-Bedingungen bzw. Variablen zustande kommt. In welchem Ausmaß werden also jene Maschinenschlosser, die weitere Bildungsbemühungen unternehmen, tatsächlich durch eine Kombination der beschriebenen Handlungsbedingungen (das heißt durch ihre berufskulturelle Sozialisation und die Aussichten auf eine niedrig qualifizierte Tätigkeit bzw. durch einen bestimmten erwerbsbiographischen Gestaltungsmodus) veranlasst ihre Bildungskarriere fortzuführen? Und inwieweit sind jene Jugendlichen, die dem Typus „Doppelleben" zugeordnet werden können, tatsächlich durch ihren Wunsch nach Ausgleich für berufliche Konformität in der Freizeit und durch ihr Wissen um die vorsichtige Reaktion von Kontrollinstanzen motiviert worden?

Zur Beantwortung solcher Fragen stellt die quantitative Methodentradition Werkzeuge zur Verfügung, mit denen Grenzen der Verallgemeinerbarkeit von qualitativen Ergebnissen überwunden werden können. So könnte die faktische Erklärungskraft von in qualitativen Untersuchungen entwickelten Erklärungen und Variablen durch eine anschließende umfangreiche quantitative Studie geprüft werden, indem *erstens* untersucht würde, wie häufig die im qualitativen Material beschriebenen kausalen Pfade in einer wesentlich größeren Stichprobe realisiert werden und ob diese *zweitens* mit den betrachteten Handlungen dort tatsächlich korrelieren.

Nun wird in der quantitativ orientierten Methodenliteratur seit langem betont, dass qualitative Verfahren eine (allerdings beschränkte) Funktion zur Entwicklung von Hypothesen im Vorfeld quantitativer Studien haben könnten (vgl. etwa FRIEDRICHS 1973/1980, S.52 ff.; MAYNTZ, HOLM, HÜBNER 1969, S.93; DIEKMANN 1996, S. 163; KROMREY 1998, S. 103; BORTZ, DÖRING 1995, S. 49f.). Aus einer akteursorientierten handlungstheoretischen Perspektive muss ein solch begrenztes Verständnis von Methodenkombination (vgl. KELLE, ERZBERGER 2000, S. 300f.) allerdings kritisch gesehen werden und bedarf der Modifikation und Ergänzung, denn es

1. beschreibt das *relative Gewicht der qualitativen und quantitativen Methoden* bei deren Kombination nur unzureichend und unterschätzt dabei die Bedeutung qualitativer Forschung,
2. es berücksichtigt die oft *divergierenden Gegenstandsbezüge qualitativer und quantitativer Methoden* nicht angemessen und stellt damit nicht in Rechnung, dass sich qualitative und quantitative Studien nicht durchgängig auf dieselben Sachverhalte beziehen,
3. es beinhaltet ein *Konzept der Hypothesenprüfung*, das einem nomothetischen Wissenschaftsverständnis entstammt und zur empirischen Untersuchung von Strukturen begrenzter Reichweite nur bedingt geeignet ist.

Eine Untersuchung der Verallgemeinerbarkeit und Geltungsreichweite qualitativer Befunde durch quantitative Forschung lässt sich methodologisch sinnvoll erst bei einer Berücksichtigung dieser drei Einwände durchführen.

10.2.3.1 ad 1. Die relative Bedeutung von qualitativer und quantitativer Forschung

Bereits in den 1950er Jahren haben Allen BARTON und Paul LAZARSFELD in einem später häufig zitierten Aufsatz vorgeschlagen, dass eine qualitative, explorative Vorstudie zur *Generierung von Hypothesen* genutzt werden sollte, die dann in einer darauf folgenden quantitativen Hauptuntersuchung nach den Regeln des hypothetiko-deduktiven Modells *geprüft* werden (BARTON, LAZARSFELD 1955/1984). Dieses „Phasenmodell" der Methodenkombination war ursprünglich eine Reaktion auf einen tiefgehenden Zweifel an der Validität von qualitativen Methoden und Forschungsergebnissen. So kritisieren die Barton und Lazarsfeld, dass qualitative Forscher bei der Beschreibung ihrer Forschungsprozesse in der Regel relativ unsystematisch und unpräzise vorgehen. Weil aber die Verdienste qualitativer Verfahren bei der *Exploration* von bislang theoretisch wenig durchdrungenen Zusammenhängen unbestritten seien – qualitative Forschung erlaube es oft, überraschende Beobachtungen zu machen, Sachverhalte zu problematisieren und zu neuen Erklärungen anzuregen – schreiben beide Autoren ihnen eine Hilfsfunktion in einem ansonsten hypothetiko-deduktiven Design zu: „*Qualitatives Datenmaterial eignet sich besonders für die exploratorische Phase eines Forschungsprojekts.*"(BARTON, LAZARSFELD 1955/1984, S. 82).

Vor allem die deutsche quantitative Methodenliteratur folgt oftmals dieser Argumentation, wobei die Funktion qualitativer Methoden noch weiter reduziert wird. Hierunter versteht man dann ein Vorgehen, bei dem sich die Forscher „*in mehr oder weniger impressionistischer Form*" durch „*Ideen, Gespräche und Explorationen, die helfen sollen, das Problem zu strukturieren*" (FRIEDRICHS 1973/1980, S.52) ein Bild über den Gegenstandsbereich machen. Im Hintergrund steht die Annahme, dass qualitative Forschungsergebnisse so stark von subjektiven Einflüssen und Zufälligkeiten abhängig seien, dass keine methodischen Standards für sie festgelegt werden könnten (vgl. auch MAYNTZ, HOLM, HÜBNER 1969, S. 92; SCHNELL, HILL, ESSER 1999, S.335). Hier aber zeigt sich ein Widerspruch: Wenn Methodenlehrbücher die Hypothesengenerierung durch qualitative Studien einerseits empfehlen, deren Methodisierbarkeit aber andererseits für unmöglich halten und ihren Ergebnissen kaum Vertrauen entgegenbringen (MAYNTZ, HOLM, HÜBNER 1969, S. 93; FRIEDRICHS 1973/1980, S. 53ff.), argumentieren sie inkonsistent: wenn qualitative Forschung aus *unsystematischen* Verfahren besteht, für die „*Gütekriterien kaum formulierbar*" seien (SCHNELL, HILL, ESSER 1999, S.335) und die zu *beliebigen Interpretationen* (MAYNTZ, HOLM, HÜBNER 1969, S.93) führen, bleibt unverständlich, wieso dieselben Autoren überhaupt solche Verfahren zur Hypothesengenerierung empfehlen. Auch explorative Vorstudien lassen sich forschungsmethodisch kaum begründen, wenn sie nur zur Entwicklung *beliebiger Hypothesen* führen. Unter pragmatischen Gesichtspunkten bliebe dann unklar, warum man sich überhaupt der Mühe unterziehen sollte, Feldbeobachtungen und Interviews durchzuführen, wenn daraus ohnehin nur beliebige Hypothesen resultieren und nicht Hypothesen, die in irgendeiner Form solchen Hypothesen überlegen sind, die ohne den Kontakt zum empirischen Feld, durch Spekulation, durch den Blick in eine Kristallkugel o.ä. entstanden sind.

Die zentrale wissenschaftstheoretische Schwachstelle dieser Argumentation besteht darin, dass die Frage nach einer (zumindest partiellen) Rationalisierbarkeit und Methodisierbarkeit des *context of discovery* nicht zugelassen wird. Dabei ist die Vernachlässigung des Entdeckungskontexts auch unter einer einheitswissenschaftlichen Perspektive angreifbar: gerade die Naturwissenschaften liefern genügend Beispiele dafür, wie eine methodisch kontrollierte Exploration von Phänomenen im Untersuchungsfeld einer quantitativen Messung von Merkmalen dieser Phänomene notwendigerweise vorausgehen muss – in der analytischen Chemie etwa hat die quantitative Analyse der untersuchten Substanzen deren qualitative Analyse regelmäßig zur Voraussetzung, in der Evolutionsbiologie müssen zuerst Taxonomien von Fossilien erstellt werden, bevor eine Theorie über deren Abstammungsbeziehungen formuliert werden kann usw. Auch die aktuelle und bereits seit mehr als 30 Jahren laufende wissenschaftsphilosophische Diskussion über Fragen der Methodisierbarkeit und Rationalisierbarkeit des *context of discovery* und den Stellenwert 'rationaler Heuristiken' im Forschungsprozess (vgl. etwa HANSON 1958/1965; NERSESSIAN 1984, 1989; DANNENBERG 1989, ein Überblick bei KELLE 1997) wird in der quantitativ orientierten Methodenliteratur nicht rezipiert. Im Gegensatz zu neueren Methodenlehrbüchern trugen aber BARTON und LAZARSFELD dem potentiellen Gebrauch solcher rationaler Heuristiken zumindest implizit Rechnung, indem sie eine methodologische Fortentwicklung qualitativer

Methoden, insbesondere die Formulierung von Qualitätsstandards und die Entwicklung von elaborierten Verfahren methodischer Kontrolle explizit einforderten.

Nun ist die Kritik von BARTON und LAZARSFELD am unsystematischen Vorgehen qualitativer Forscher zum Teil auf den damaligen Stand qualitativer Methodenentwicklung zurückzuführen – zur Zeit der ersten Veröffentlichung ihres Artikels im Jahre 1955 war die diesbezügliche Debatte in der qualitativen Tradition relativ unentwickelt (vgl. hierzu auch Abschnitt 2.1.2). Der Vorwurf, qualitative Analyse sei eher *„Kunst"* als *„Wissenschaft"* (BARTON, LAZARSFELD 1984, S. 52f), lässt sich angesichts der seitdem stattgefundenen Entwicklungen der Interviewführung, der technischen Datenaufzeichnung und -archivierung (vgl. KELLE 2004) der methodisch kontrollierten Analyse qualitativen Datenmaterials (vgl. etwa STRAUSS, CORBIN 1990; MILES, HUBERMAN 1994; FLICK 1996; KELLE, KLUGE 1999 u.v.a.) oder der Diskussion von Qualitätsstandards (vgl. u.a. SEALE 1999; STEINKE 1999) in dieser Schärfe nicht mehr aufrechterhalten. Auch wenn noch vieles zu tun bleibt, sind die Fortschritte der qualitativen Forschungstradition hinsichtlich der Methodisierung des Vorgehens und der Entwicklung von Standards guter wissenschaftlicher Praxis unübersehbar.

Wie bereits ausführlich gezeigt wurde, sind Verfahren einer empirisch begründeten Entwicklung von Kategorien, Typologien und theoretischer Aussagen für die Sozialwissenschaften wegen der Bedeutung von Strukturen begrenzter Reichweite unverzichtbar. In der Regel ist es derartig aufwendig, mit solchen Methoden auf systematische Weise einen Zugang zu den relevanten Wissensbeständen des untersuchten Handlungsfeldes zu erlangen, dass es hier kaum gerechtfertigt sein kann, von qualitativen „Vorstudien" zu sprechen: die Durchführung von zwanzig oder dreißig qualitativen Interviews zur Exploration von Handlungsregeln und Wissensbeständen des Feldes kann einen höheren personellen und zeitlichen Aufwand erfordern als eine Datenerhebung bei mehreren tausend Befragten mit standardisierten Instrumenten; eine methodisch kontrollierte empirisch begründete Entwicklung von Kategorien und Typologien ist oftmals aufwendiger als die Analyse standardisierter Daten mit üblichen statistischen Verfahren.

10.2.3.2 ad 2. Divergierende Gegenstandsbezüge qualitativer und quantitativer Forschung

Ein zweiter ernst zu nehmender Einwand gegen die quantitative Prüfung qualitativ ermittelter Hypothesen weist auf den Umstand hin, dass qualitative und quantitative Methoden sich in der Praxis methodenintegrativer Designs zwar oft auf dieselben Gegenstände beziehen, aber auch genutzt werden können, um *unterschiedliche Aspekte derselben Phänomene* bzw. auch *unterschiedliche Phänomene* zu analysieren, deren Untersuchung dann zu einem umfassenderen, komplementären Bild des Gegenstandsbereichs genutzt werden kann (vgl. KELLE, ERZBERGER 1999, 2000, 2001). Dies muss bei dem Versuch, die Geltungsreichweite und Verallgemeinerbarkeit qualitativer Forschungsergebnisse quantitativ zu prüfen, im Auge behalten werden.

Hierzu ein empirisches Beispiel: die schon erwähnte anhand qualitativer Daten entwickelte Typologie berufsbiographischer Gestaltungsmodi (BGM) wurde in einer weiteren Welle des 989 Teilnehmer umfassenden quantitativen Panels empirisch untersucht (SCHAEPER, WITZEL 2001). Hierbei wurden, um wesentliche Dimensionen der berufsbiographischen Gestaltungsmodi zu erfassen, gängige standardisierte Skalen zur Messung von Arbeits-, Berufs- und Weiterbildungsorientierungen herangezogen, modifiziert und mit zahlreichen Items erweitert. Mit Hilfe von Clusteranalysen wurde dann eine Typologie „*berufsbiographischer Orientierungsmuster*" entwickelt, die der qualitativen Typologie der BGM in zahlreichen Punkten entsprach, aber auch einige bedeutsame Unterschiede zu ihr aufwies.

So konnten drei der berufsbiographischen Gestaltungsmodi, nämlich „*Betriebsidentifizierung*", „*Lohnarbeiterhabitus*" und „*Laufbahnorientierung*" sehr gut auch im quantitativen Datenmaterial reproduziert werden. Die berufsbiographischen Gestaltungsmodi „*Chancenoptimierung*" verschmolzen in der Clusteranalyse allerdings mit den beiden Gestaltungsmodi „*Persönlichkeitsgestaltung*" und „*Selbständigenhabitus*", welche sowohl in der qualitativen als auch in der quantitativen Stichprobe relativ selten vorkommen, zu dem Gesamttypus „*chancenoptimierende Persönlichkeitsgestaltung*". Hier zeigt sich, wie die Forscher betonten, eine Eigenart des verwendeten quantitativen Aggregationsverfahrens, das „*unter der Vorgabe ausreichend besetzter Klassen kleine Gruppen nicht „entdeckt" bzw. differenziert*" (ebd., S. 245). Die auch im quantitativen Datenmaterial fest gestellte Neigung von Angehörigen des Typus „*chancenoptimierende Persönlichkeitsgestaltung*", ihre Bildungskarriere in Form eines Studiums fortzuführen, bestätigt wiederum die aus den qualitativen Daten entwickelten Annahmen.

Weiterhin wurden durch die Clusteranalyse drei zusätzliche Typen berufsbiographischer Orientierungsmuster gebildet: einerseits ein Durchschnittstypus, der sich nur hinsichtlich der hohen Bedeutung von Arbeitsplatzsicherheit von den anderen Gruppen unterschied („*Sicherheitsorientierte*") und zwei Extremtypen, bei denen fast alle Aspekte entweder negativ („*anspruchslose Notwendigkeitsorientierte*") oder stark positiv ausgeprägt waren („*anspruchsvolle ganzheitlich Orientierte*"). Für diesen Umstand kann die statistische Aggregationsmethode verantwortlich gemacht werden: „*So ist die Neigung des angewandten clusteranalytischen Verfahrens in Rechnung zu stellen, bei ausreichender Fallzahl zum einen extreme Gruppen (...) und zum anderen ein Durchschnittscluster zu bilden, für die es keine Entsprechung in der qualitativen Typologie gibt*" (ebd., S. 246). Zudem gingen bei der Clusteranalyse die einzelnen Dimensionen, die den jeweiligen Merkmalsraum für den Typus aufspannen, mit gleichem Gewicht ein, während bei der qualitativen Typenbildung die Dimensionen der Biographiegestaltung eine unterschiedliche Bedeutsamkeit für den jeweiligen Typus besaßen.

Während also die Gemeinsamkeiten der qualitativen und der quantitativen Typologie (die drei Gestaltungsmodi „*Betriebsidentifizierung*", „*Lohnarbeiterhabitus*" und „*Laufbahnorientierung*") durchaus als Validierung der qualitativen Ergebnisse durch das standardisierte Datenmaterial betrachtet werden können, so deuten einige der Unterschiede in den Typologien hier eher auf eine methodenbedingte Komplementarität von Befunden hin. Kleine Gruppen, wie sie etwa durch den berufsbiographischen Gestaltungsmodus „Persönlichkeitsgestaltung" repräsentiert werden, lassen sich durch das Aggregationsverfahren der Clusteranalyse nur schlecht abbilden – sie werden mit großer Wahrscheinlichkeit anderen Clustern zugeordnet. Da es sich auch bei zahlenmäßig kleinen Gruppen um Vertreter von „Akteuren sozialen Wandels" handeln kann, hatte die qualitative Methode hier eine wichtige Funktion zur Identifikation von kausalen Pfaden, die bei bestimmten quantitativen Analyseverfahren unentdeckt bleiben können.

Bei der Betrachtung der beiden in der quantitativen Untersuchung gefundenen Extremgruppen („*anspruchslose Notwendigkeitsorientierte*" und „*anspruchsvolle ganzheitlich Orientierte*") müssen noch weitere methodenspezifische Unterschiede berücksichtigt werden: in qualitativen Interviews haben die Interviewten ihre eigenen Relevanzsetzungen in Erzählungen entfaltet, die jeweils einen engen Bezug auf konkretes berufsbiographisches Handeln aufwiesen. In quantitativen Interviews hingegen reagieren die Befragten auf vorbereitetes Itemmaterial, in dem die subjektive Wichtigkeit von bestimmten Aspekten der Berufstätigkeit abgefragt wird. Erst in Auseinandersetzung mit solchen Items können sich aber überhaupt Gruppen herausbilden, die alle oder die meisten im Material vorgegebenen Aspekte von berufsbiographischen Orientierungen als wichtig („*anspruchsvolle ganzheitlich Orientierte*") oder als unwichtig („*anspruchslose Notwendigkeitsorientierte*") einstufen.

Stark narratives Interviewmaterial ist handlungsnäher als Items, mit deren Hilfe globale Einstellungen gemessen werden. Wegen dieses wichtigen methodenspezifischen Unterschieds betonen die Autoren auch ausdrücklich die konzeptionellen Unterschiede zwischen beiden Typologien: während sich die aus dem qualitativen Datenmaterial entwickelten „berufsbiographischen Gestaltungsmodi" sowohl auf biographische Handlungsziele als auch auf konkrete berufsbiographische Handlungen und Entscheidungen an Übergängen im Lebenslauf beziehen, erfasst die quantitative Typologie nur „berufsbiographische Orientierungsmuster", die möglicherweise nicht in dem Maße handlungsrelevant werden wie die „berufsbiographischen Gestaltungsmodi".

Bei dem Versuch einer quantitativen Absicherung und Verallgemeinerung von Kategorien, Typologien und Zusammenhangsaussagen, die in einer qualitativen Studie entwickelt wurden, muss also stets darauf geachtet werden, ob sich die qualitativen und quantitativen Forschungsergebnisse tatsächlich auf dieselben Gegenstände beziehen. Ist dies nicht der Fall, so liegen *komplementäre Ergebnisse* vor, die nicht als divergent interpretiert werden dürfen, weil sonst valide Kategorien, Konzepte und theoretische Aussagen aus der qualitativen Untersuchung unzulässigerweise zurückgewiesen werden.

10.2.3.3 ad 3. Hypothesenprüfung als Untersuchung von Geltungsreichweiten

Bei einer Kombination qualitativer und quantitativer Methoden, die nach dem BARTON-LAZARSFELDschen Phasenmodell erfolgt, kann schließlich ein weiteres Problem auftreten: oft lässt sich für Hypothesen, die anhand des qualitativen Teils einer Studie entwickelt wurden, bereits deshalb keine empirische Evidenz bei einer quantitativen „Überprüfung" finden, weil sich die untersuchten Phänomene selber im Zeitverlauf ändern.

Auch dies lässt sich anhand eines Details der hier dargestellten Studie exemplarisch zeigen: die Aufstellung einer Kreuztabelle, mit deren Hilfe Interviewte, die sowohl an der qualitativen als auch an der quantitativen Untersuchung teilgenommen hatten, beiden Typologien zugeordnet wurden, führte zu zahlreichen nicht übereinstimmenden Klassifikationen: so wurden etwa etliche der Befragten, die anhand des qualitativen Datenmaterials als dem berufsbiographischen Gestaltungsmuster „*Chancenoptimierung*" zugehörig eingeschätzt wurden, in den standardisierten Daten anderen berufsbiographischen Orientierungsmustern zugeordnet, etwa den Mustern „*Laufbahnorientierung*" oder „*Sicherheitsorientierung*".

Diese Divergenzen lassen sich den Untersuchern zufolge auf zwei Umstände zurückführen: einerseits darauf, dass sich die qualitative Typologie eher auf berufsbiographische *Handlungen*, die quantitative Typologie dahingegen auf berufsbiographische *Orientierungen* bezog, und andererseits darauf, dass bereits die *zeitliche Lücke* zwischen der letzten Befragung des qualitativen Panels im Jahr 1994 und der 1997 und 1998 durchgeführten

Welle der standardisierten Befragung, aufgrund derer die Typologie berufsbiographischer Orientierungsmuster entwickelt wurde, zu unterschiedlichen Klassifikationen Anlass geben kann. Schon in den ersten drei Wellen des qualitativen Interviewpanels hatten etliche Befragte mehrfach zwischen berufsbiographischen Gestaltungsmodi hin- und hergewechselt. Anhand des ausführlichen qualitativen Datenmaterials ließ sich zeigen, dass es sich bei vielen dieser Wechsel um Folgen von Selbstsozialisationsprozessen handelt, in deren Verlauf die Akteure sich beruflichen Gelegenheitsstrukturen anpassten und neue berufsbiographische Handlungsstrategien entwickelten.

Bei dem Versuch, qualitative Befunde anhand größerer Stichproben in quantitativen Studien abzusichern und zu verallgemeinern, können weiterhin nicht nur die Veränderungen von Handlungsmustern bei individuellen Akteuren Probleme bereiten, sondern auch deren interindividuelle Pluralisierung und deren Wandel auf der Makroebene. Mit dem Wandel sozialpolitischer Kontextbedingungen (bspw. von Veränderungen im Berufsbildungssystem bei der Ersetzung des „Maschinenschlossers" durch den „Industriemechaniker") können sich etwa berufskulturelle Handlungsregeln und tradierte Handlungsorientierungen ändern.

Hiermit wird aber ein grundlegendes Problem der Prüfung sozialwissenschaftlicher Hypothesen virulent. Klassische Konzepte der Hypothesentestung beruhen sowohl in ihren deterministischen als auch in statistischen Spielarten auf dem Grundgedanken, dass raumzeitlich universell gültige Gesetzeshypothesen geprüft werden: Bei der Überprüfung einer *deterministischen Hypothese* kann ein Allsatz dadurch falsifiziert werden, dass ein einzelnes Gegenbeispiel vorgewiesen wird. Bei den auf der Grundlage der Arbeiten von FISHER (1925/1970) sowie von NEYMAN und PEARSON (1933, 1967) entwickelten Konzepten der *statistischen* Hypothesentestung wird eine Hypothese (bspw. über einen statistischen Zusammenhang zwischen zwei Variablen) dann zurückgewiesen, wenn die Wahrscheinlichkeit, dass empirisch beobachtete Werte auch ohne die Geltung dieser Hypothese zustande gekommen wären, einen bestimmten Grenzwert überschreitet. Dem liegt ein Modell von Stichprobenziehung zugrunde, wonach es prinzipiell möglich sein muss, Stichproben durch (hypothetisch angenommene) unendlich viele Ziehungen aus einer (so v.a. FISHER: ebenfalls hypothetischen, unendlich großen) Population zu ziehen[77]:

"From a limited experience, for example, of individuals of a species, or of the weather of a locality we may obtain some idea of the infinite hypothetical population from which our sample is drawn, and so of the probable nature of future samples to which our conclusions are to be applied." (FISHER 1925/1970, S. 41)

Diese Annahme ist notwendig, damit beobachtete Stichprobenstatistiken als vertrauenswürdige Schätzwerte für die Parameter der Population dienen können:

"For a given population we may calculate the probability with which any given sample will occur, and if we can solve the purely mathematical problem presented, we can calculate the probability of occurence of any given statistic calculated from such a sample." (FISHER 1925/1970; S.9)

---

77 Vergleiche hierzu auch HEMPELs Verständnis statistischer Gesetzmäßigkeiten, die sich (als „nomologische Gesetzmäßigkeiten") auf eine „*class of cases that might be said to be potentially infinite*" beziehen sollten (HEMPEL 1965, S.377).

Um den Zusammenhang zwischen bestimmten Stichprobenstatistiken einerseits und den betreffenden Parametern der entsprechenden Population andererseits zu einem „rein mathematischen Problem" zu machen, muss unterstellt werden, dass in einer wohldefinierten Population eine stabile Verteilung von Trägern bestimmter Merkmale existiert. Werden unter dieser Annahme (prinzipiell unendlich viele) Stichproben aus einer (prinzipiell unendlichen) Population gezogen, folgt die Wahrscheinlichkeit von Stichprobenstatistiken, gegeben die entsprechenden Populationsparameter, einer Stichprobenkennwerteverteilung, deren Gestalt sich auf der Grundlage bestimmter Verteilungsannahmen festlegen läßt. Die hierfür grundlegenden mathematischen Modelle wurden entwickelt anhand der in der Wahrscheinlichkeitstheorie bekannten Zufallsexperimente, bei denen die betrachteten Populationen wohldefiniert und prinzipiell unendlich sind und der Anteil bestimmter Merkmalsausprägungen als stabil angenommen werden kann. Zudem ist demnach eine bestimmte Folge von „Ziehungen" bzw. Realisierungen dieser Zufallsexperimente prinzipiell beliebig oft wiederholbar.

Der Begriff der „Population", wie er im Rahmen der verschiedenen Theorien inferenzstatistischen Schließens Anwendung findet, darf also nicht verwechselt werden mit dem Begriff der Population, wie ihn Bevölkerungswissenschaft oder Soziologie verwenden. Letzterer bezieht sich auf eine endliche, abzählbare Ansammlung von Individuen, die zu einem bestimmten Zeitpunkt eine Anzahl bestimmter Merkmale erfüllen. Der Begriff der Population im inferenzstatistischen Sinne betrifft dahingegen eine hypothetische Abfolge von Vorgängen, die derselben Kausalmatrix unterliegen. Hier muss man also die äußerst sinnvolle, aber nur selten getroffene Unterscheidung zwischen einer *Befragungspopulation* einerseits, welche diejenigen Personen umfasst, die prinzipiell an einer Befragung teilnehmen könnten, und der *Inferenzpopulation* der Befragung andererseits (vgl. SCHNELL 1997) im Auge behalten.

Werden nun Strukturen, deren Geltung räumlich und zeitlich begrenzt sind, durch eine qualitative Studie beschrieben, deren Ergebnisse danach als statistische Hypothesen in eine quantitative Untersuchung einfließen, so kann die Zurückweisung solcher Hypothesen *erstens* bedeuten, dass in der qualitativen Studie Fehler gemacht wurden, oder *zweitens*, dass die Befragungspopulation nicht (mehr) mit der anhand qualitativer Forschungsergebnisse hypothetisch entwickelten Inferenzpopulation identisch ist, etwa weil sich bestimmte Handlungsmuster und Handlungsregeln geändert haben oder weil die an einer kleineren Anzahl von Fällen gewonnenen Einsichten und Zusammenhänge nur in einem sehr begrenzten Handlungsfeld Gültigkeit haben.

Die Redeweise, dass mit qualitativen Methoden Hypothesen „nur generiert" und anschließend mit quantitativen Verfahren mehr oder weniger streng „getestet" würden, ist deshalb missverständlich. Denn von einer methodisch kontrollierten qualitativen Studie, bei der Kategorien, Typen und theoretische Zusammenhänge anhand einer systematischen Kontrastierung sorgfältig ausgewählter Fälle entwickelt werden (vgl. KELLE, KLUGE 1999) kann man einerseits erwarten, dass die Gültigkeit der qualitativen Ergebnisse zumindest für die untersuchten Fälle bereits abgesichert ist. Wenn sich dann im qualitativen Material gefundene Zusammenhänge in einer sehr viel umfangreicheren Stichprobe nicht replizieren lassen, bedeutet dies andererseits nicht unbedingt, dass die Ergebnisse des qualitativen Untersuchungsteils fehlerhaft sind. Es kann vielmehr auch eine Folge des Umstands sein, dass die dort gefundenen Strukturen eine zeitlich und räumlich so begrenzte Reichweite besitzen, dass sie in einer umfangreichen Stichprobe nicht mehr beschrieben werden können. Anstatt von einer quantitativen Hypothesenprüfung muss man hier also angemessener von einer *Überprüfung der Geltungsreichweite* qualitativer Befunde sprechen.

10.2.4 Methodenkombination zur Auswahl von Fällen und zur Fallkontrastierung in qualitativen Studien

Doch kann Methodenkombination nicht nur dafür eingesetzt werden, um die *Verallgemeinerbarkeit* qualitativer Forschungsergebnisse durch eine Untersuchung ihrer Geltungsreichweite *nachträglich* zu prüfen, sondern auch, um die *Verallgemeinerungsfähigkeit* der Daten und Befunde von *vornherein* zu sichern, indem die qualitative Fallauswahl und Fallkontrastierung durch quantitative Untersuchungen unterstützt wird, um die Entdeckung der für ein Handlungsfeld relevanten Handlungsorientierungen, Handlungsbedingungen, Handlungsregeln und Handlungsmuster zu erleichtern.

Weil die Sammlung unstrukturierter, qualitativer Daten aufwändig ist und nur die Untersuchung einer begrenzten Anzahl von Fällen zulässt, ist eine systematische Fallauswahl für die qualitative Sozialforschung methodologisch von zentraler Bedeutung. Verfahren der *Zufallsauswahl*, deren Brauchbarkeit in der quantitativen Forschung unbestritten ist, weil mit ihrer Hilfe die Verteilung von Merkmalsausprägungen bzw. von deren Kombinationen in einer Population durch eine Stichprobe mit berechenbaren Fehlerbandbreiten und Konfidenzintervallen erfasst werden kann, sind aber für sehr kleine Stichproben problematisch, weil die Wahrscheinlichkeit von Stichprobenfehlern bzw. „Lotterieschäden" mit einer sinkenden Stichprobengröße stark zunimmt (zu einer inferenzstatistischen Behandlung dieses Problems vgl. KELLE, PREIN 1994, 1995; PREIN, KLUGE, KELLE 1993). Hier sind deshalb Verfahren der *bewussten Stichprobenziehung* unverzichtbar, bei denen zwar nicht die Verteilungen *aller möglichen* Merkmalsausprägungen aus der Population die Stichprobenstatistiken in vollem Umfang und mit berechenbarer Wahrscheinlichkeit abgebildet werden, aber dennoch die Variation und Heterogenität des Untersuchungsfeldes berücksichtigt wird, indem man bspw. sicherstellt, dass relevante Kombinationen von Handlungsbedingungen überhaupt (wenn auch dysproportional zu ihrer Verteilung in der Grundgesamtheit) Berücksichtigung finden.

Die in der qualitativen Forschung notwendige Fallauswahl kann dabei entweder *ex ante* erfolgen, d.h. aufgrund eines vorab formulierten *qualitativen Stichprobenplans*, oder aber durch eine während des Forschungsprozesses sukzessiv vorgenommene Fallkontrastierung, die gesteuert wird durch Kriterien und Kategorien, die im Laufe der qualitativen Analyse des Datenmaterials erst entwickelt werden:

1. Bei der *Entwicklung eines qualitativen Stichprobenplans ex ante* wird allgemeines Theoriewissen einerseits und gegenstandsspezifisches lokales Wissen andererseits als Ressource genutzt, um Kombinationen von Handlungsbedingungen zu identifizieren, die für das Untersuchungsfeld charakteristisch sind. Merkmale und Eigenschaften der Akteure (in den hier dargestellten Untersuchungen etwa Geschlecht, Beruf, Ausbildung) und situativen Kontexte (etwa die Größe eines Betriebes), von denen man annehmen kann, dass sie einen Einfluss auf das untersuchte Handeln haben, können dabei bspw. als Kriterien der qualitativen Samplekonstruktion und Fallkontrastierung dienen (zur Konstruktion solcher Stichprobenpläne vgl. ausführlich KELLE, KLUGE

1999, S. 38 ff.; KLUGE 2001). Hierbei kann es oft sinnvoll sein, die Untersuchungspopulation gezielt einzugrenzen, damit nicht aufgrund einer Vielzahl von Kombinationsmöglichkeiten zu wenige Fälle für Fallkontrastierungen in den einzelnen Zellen des Stichprobenplans zur Verfügung stehen und das qualitative Sample aus den Fugen gerät[78].

2. In der qualitativen Forschungstradition wurden Verfahren sukzessiver Fallkontrastierung beschrieben, bei denen die Kriterien des Fallvergleichs erst im Laufe des Forschungsprozesses entwickelt werden, wie die Analytische Induktion oder das *Theoretical sampling* (hierzu ausführlich Kap. 7).

Die Effizienz und Effektivität sowohl des Fallvergleichs anhand eines festgelegten Stichprobenplans als auch der sukzessiven Fallkontrastierung können durch einen Einbezug quantitativer Methoden erheblich gesteigert werden: Quantitative Daten ermöglichen es nämlich *erstens*, einen statistischen Zusammenhang zwischen Handlungsbedingungen und Handlungsmustern herzustellen und erlauben damit die Festlegung von Kriterien der Fallauswahl[79]. Quantitative Studien können *zweitens* einen Stichprobenrahmen zur Verfügung stellen, der die Suche und Auswahl von Interviewpartnern oder Situationen im Rahmen einer qualitativen Studie auch unter forschungspraktischen Gesichtspunkten erleichtert.

10.2.4.1 Methodenkombination bei der Entwicklung qualitativer Stichprobenpläne

Eine quantitative Voruntersuchung kann dazu verwendet werden, ein dysproportional geschichtetes qualitatives Sample so aus einer größeren Stichprobe zu ziehen, dass Mitglieder der kleinen Stichprobe bestimmte Merkmale der größeren (allerdings nicht in derselben numerischen Relation) aufweisen, wie das folgende Beispiel zeigt:

In einer Studie über sozialen Wandel und weibliche Erwerbsverläufe (BORN 2000; BORN, KRÜGER, LORENZ-MEYER 1996) wurde eine umfangreiche Stichprobe von Frauen[80], die ihre Berufsausbildung als Facharbeiter bzw. Angestellte in 10 typischen Frauenberufen

---

[78] Eine Kombination von drei Merkmalen mit jeweils zwei Ausprägungen führt schließlich bereits zu $2^3 = 8$ Kombinationsmöglichkeiten, bei 4 Merkmalen wären es 16 Möglichkeiten usw. So konnten, um ein einfaches Beispiel zu nehmen, bei der bereits erwähnten Studie über junge Facharbeiter und Angestellte bei der Fallauswahl keineswegs alle Ausbildungsberufe berücksichtigt werden. Vielmehr mussten einige wenige Berufe bestimmt werden, die typische Kombinationen von externen situativen Handlungsbedingungen repräsentieren: so wurden zwei gewerblich-technische Berufe, deren Ausbildung zumeist in Kleinbetrieben stattfindet, und von denen einer sehr häufig von Männern, der andere von Frauen gewählt wird (*Kfz-Mechaniker* und *Friseurinnen*) kontrastiert mit einem gewerblich-technischen Beruf, dessen Ausbildung vor allem in Großbetrieben erfolgt (*Maschinenschlosser*) und verschiedenen kaufmännischen Berufen, die wiederum jeweils eher von Frauen bzw. Männern bevorzugt werden (*Bankkaufleute, Bürokaufleute* und *Einzelhandelskaufleute*). Durch diese Beschränkung hinsichtlich der Zahl der betrachteten Berufe konnte ein qualitativer Stichprobenplan generiert werden, in dem Handlungsbedingungen systematisch variiert wurden und der dennoch hinsichtlich der betrachteten Fallzahlen beherrschbar blieb.

[79] Hierdurch lässt sich etwa der Anteil an Personen feststellen, die unter bestimmten Bedingungen ihre Erwerbskarriere fortführen oder unterbrechen, die bestimmte Weiterbildungsbemühungen an eine Berufsausbildung anschließen, die auf andere Berufsfelder ausweichen u.v.a.m. Durch exploratorische statistische Methoden (etwa Faktoren-, Cluster- oder Korrespondenzanalysen) lassen sich zudem neue Kombinationen von bereits bekannten Handlungsbedingungen identifizieren, die besonders häufig oder besonders selten zu bestimmten Handlungen führen.

[80] Der Stichprobenumfang betrug n = 2130 bei einem Rücklauf von ca. 70%.

abgeschlossen hatten, mit einer standardisierten postalischen Befragung untersucht. Für die quantitative Analyse wurden folgende vier idealtypische berufliche Verlaufsmuster von berufstätigen Frauen postuliert (KLUGE 2001, S. 60): erstens Frauen, die während ihrer Erwerbsbiographie durchgängig in ihrem gelernten Beruf gearbeitet hatten, zweitens solche Befragte, die während ihrer gesamten Erwerbsbiographie vor allem ausbildungsfremde Tätigkeiten ausgeübt hatten, drittens Personen, die einen Wechsel von Arbeit im erlernten Beruf zu Tätigkeit in anderen Berufsfeldern aufweisen (wobei dieser Wechsel im Durchschnitt nach etwa acht Jahren erfolgte) und viertens Frauen, die ein „unruhiges Muster" häufiger und schwer erklärbarer Statuswechsel aufwiesen. Anschließend wurden mit Hilfe von *„Optimal-Matching"* Techniken (ERZBERGER 2001) jene Fälle in der quantitativen Stichprobe identifiziert, die diesen Verlaufstypen mehr oder weniger gut entsprachen. Diese Fälle stellten dann einen Stichprobenrahmen für die qualitative Befragung zur Verfügung, wobei solche Interviewpartnerinnen ausgewählt wurden, die den idealtypischen Verläufen besonders gut entsprachen als auch solche, die sich mehr oder weniger deutlich von dem jeweiligen Typus abhoben.

Das Ziel qualitativer Stichprobenpläne besteht, wie bereits erläutert, nicht in der Herstellung eines im klassischen Sinne (d.h. bezogen auf die *statistische Verteilung von Merkmalen*) „repräsentativen" Samples, sondern darin, Fallkontrastierungen zu ermöglichen, mit denen Handlungsmöglichkeiten unter variierenden Bedingungen beschreibbar werden. Hierzu ist es oft sinnvoll, „Ausreißern" bzw. extremen Fällen besondere Aufmerksamkeit zu schenken: insbesondere Akteure, die auf bestimmte Strukturbedingungen in ungewöhnlicher Weise reagieren, sind unter einer akteurstheoretischen Perspektive oft von besonderem Interesse, weil sie potentielle Handlungsmöglichkeiten und beginnenden sozialen Wandel aufzeigen. Gerade Extremfälle, die auch in einer umfangreichen Stichprobe nur in Einzelfällen auftreten, sind deshalb für eine qualitative Studie oft besonders interessant. Auch hier zeigen sich forschungspragmatische Vorteile der Methodenkombination: so wird natürlich die Aufgabe, weibliche Kfz-Mechaniker als Interviewpartner zu gewinnen, durch einen Stichprobenrahmen, der durch eine umfangreiche quantitative Studie bereits zur Verfügung steht, erheblich erleichtert.

In manchen qualitativen Studien konzentriert sich das Interesse der Untersucher allerdings so stark auf Personen in „extremen Lebenslagen", dass Vertreter von „Modalkategorien", das heißt häufig auftretende Durchschnittsfälle, vernachlässigt werden (vgl. KLUGE 2001, S.56). Hier kann eine Kombination verschiedener Ziehungsverfahren sinnvoll sein, indem etwa ein Teil des qualitativen Samples durch eine bewusste Auswahl, ein anderer Teil durch eine Zufallsziehung erhoben wird (vgl. etwa SCHUMANN u.a. 1996, S. 380 f.). Auch hier geht es nicht um Repräsentativität, sondern darum, die gesamte Bandbreite der Handlungsbedingungen und Handlungsmöglichkeiten auszuloten und zu beschreiben, ohne den Anspruch zu erheben, deren zahlenmäßige Relation in einer größeren Population zu erfassen.

In manchen Fällen jedoch erweisen sich Handlungsmuster und -bedingungen im Untersuchungsfeld als derart heterogen, dass ein qualitativer Stichprobenplan mit einer hinreichenden Zellenbesetzung nicht mehr zu realisieren ist. In diesen Fällen können Ergebnisse aus quantitativen Untersuchungen wiederum dafür genutzt werden, um das untersuchte Handlungsfeld und die Forschungsfragestellung so *einzugrenzen*, so dass die dort herrschende Pluralität von Handlungsmustern für eine qualitative Studie beherrschbar wird.

10.2.4.2 Methodenkombination bei der sukzessiven Fallkontrastierung im qualitativen Forschungsprozess

Durch den sukzessiven Aufbau eines qualitativen Samples *während* der Datenerhebung und -analyse kann eine empirisch begründete Entwicklung von Kategorien, Typologien und theoretischen Aussagen oft in besonderer Weise unterstützt werden. Die Validitätsbedrohungen und Probleme eines solchen Vorgehens wurden bereits im siebten Kapitel (v.a. anhand der von ZNANIECKI, LINDESMITH und CRESSEY entwickelten Analytischen Induktion), diskutiert. So können durch eine einseitige und beschränkte Fallauswahl Schlussfolgerungen, die aus einem systematischen Fallvergleich gezogen werden können, leicht in alle möglichen Richtungen manipuliert werden. So sind LINDESMITH und CRESSEY zu Recht dafür kritisiert worden, dass sie nur solche Kontrastfälle in die Betrachtung einbezogen hatten, bei denen der untersuchte Sachverhalt unabhängig von der postulierten Ursache auftritt, nicht aber solche Fälle, in denen Sachverhalte, die man als Folge der postulierten Kausalbedingungen erwartet, *nicht auftreten*. Dieses Verfahren kann also das selbst gestellte Ziel, Kausalbeziehungen durch eine Kontrastierung von Fällen zu analysieren, nur zum Teil erreichen.[81]

Durch einen Einbezug quantitativer Methoden lassen sich solche forschungspraktischen Probleme in vielen Fällen lösen, in anderen Fällen zumindest besser beherrschen: ein durch eine quantitative Studie verfügbarer Stichprobenrahmen gibt nicht nur einen Überblick über potentielle kontrastierende Fälle, sondern eröffnet auch einen direkten Feldzugang zu entsprechenden Interviewpartnern. So konnten in der Studie über die Erwerbsbiographien junger Facharbeiter und Angestellter etwa Angehörige bestimmter Berufsgruppen, die weitere Bildungsbemühungen unternahmen, systematisch kontrastiert werden mit solchen Interviewpartnern, bei denen dies nicht der Fall war. Und in der empirischen Untersuchung des Zusammenhangs zwischen erwerbsbiographischen Verläufen und der Delinquenzentwicklung von Jugendlichen war es möglich, Datenmaterial aus qualitativen Interviews mit beruflich erfolgreichen und erfolglosen Jugendlichen mit und ohne Delinquenzverhalten sukzessive in einen systematischen Fallvergleich einzubeziehen.

Methodenkombination ermöglicht es damit, dass die Validitätsbedrohungen, die sich aus einer einseitigen Fallauswahl und beschränkten Fallbasis für die Anwendung der von MILL beschriebenen Komparationsmethoden oder daraus abgeleiteten Verfahren ergeben, beherrschbar werden und dass damit etliche der im siebten Kapitel bereits beschriebenen Probleme der Analytischen Induktion oder der Qualitativen Komparativen Analyse vermieden werden können. Durch die Kombination komparativer Verfahren mit explorativen Strategien der (sukzessiv oder auf der Grundlage eines systematischen Stichprobenplans erfolgenden) Fallkontrastierung können Kausalbeziehungen auf methodisch kontrollierte Weise exploriert und Kausalaussagen einer ersten empirischen Prüfung und weiteren Modifikation unterzogen werden: Immer dann, wenn Fälle gefunden werden, in denen bestimmte Handlungsbedingungen (z.B. „*direkter problemloser Einstieg in das Berufsbildungssystem*

---

[81] Allerdings darf bei aller berechtigten Kritik nicht übersehen werden, dass die Forderung, solche kontrastierenden Fälle zu identifizieren, wie schon erläutert, allein aus forschungspragmatischen Gründen kaum zu erfüllen gewesen wäre, weil beide Autoren hochgradig kriminalisierbares Verhalten untersuchten. So wäre es wohl weder für LINDESMITH möglich gewesen, Personen zu identifizieren, die nach einer kurzen Phase intensiven Morphingebrauchs *nicht* süchtig wurden noch auch für CRESSEY, solche Interviewpartner ausfindig zu machen, die schon einmal im Leben nicht mitteilungsfähige finanzielle Probleme (durch Spielschulden, Besuch von Prostituierten o.ä.) gehabt hatten, aber keine Unterschlagung begangen hatten.

im angestrebten Wunschberuf") vorliegen, aber eine durch eine Kausalhypothese antizipierte Wirkung nicht auftritt (*„keine oder zumindest keine hohe Delinquenzbelastung"*), kann (unter Anwendung von Mills „Methode der Differenz") versucht werden, zusätzliche Bedingungen zu identifizieren, die diese kontrastierenden Fälle von den bislang untersuchten unterscheiden. Dieser Prozess der Fallkontrastierung lässt sich solange fortführen, bis keine widersprechende Evidenz im untersuchten Handlungsfeld mehr aufgefunden werden kann, also bis zu dem Punkt, der von GLASER und STRAUSS als „theoretische Sättigung" bezeichnet wird. Wenn man dann zusätzlich die Möglichkeit, die Geltungsreichweite der auf diese Weise entwickelten theoretischen Aussagen durch quantitative Methoden zu untersuchen (vgl. den letzten Abschnitt) nicht durch einen monomethodischen Purismus ausschließt, braucht man das rein forschungspragmatisch begründbare Abbruchkriterium der theoretischen Sättigung zudem nicht methodologisch zu überfrachten: denn unter einer akteursorientierten handlungstheoretischen Perspektive kann theoretische Sättigung nie endgültig erreicht werden, weil beständig neue, bislang nicht einbezogene Muster von Handlungsregeln oder Handlungsorientierungen durch akteursinduzierten sozialen Wandel entstehen können.

10.2.5 Methodenkombination zur Aufdeckung von Methodenartefakten in quantitativen Studien

Die Kombination qualitativer und quantitativer Methoden kann weiterhin dazu genutzt werden, um typische Methodenartefakte standardisierter Instrumente quantitativer Sozialforschung aufzudecken. So lassen sich bspw. qualitative Pretestinterviews nutzen, um Probleme der Inhaltsvalidität eines quantitativen Erhebungsinstruments zu untersuchen (vgl. SUDMAN, BRADBURN, SCHWARZ 1996, S. 15 ff.). In einem qualitativen *pretest* von Instrumenten zur Messung politischer Einstellungsmuster kann bspw. geprüft werden, ob Befragte Zugang zu den von Fragebogenkonstrukteuren als bekannt unterstellten Sprachspielen der politischen Wissenschaft, der schulischen Staatsbürgerkunde o.ä. haben, oder ob sie mehr oder weniger kreative Assoziationen zu den verwendeten Begriffen[82] entwickeln (KURZ u.a. 1999). Probleme standardisierter Befragung, die durch Wissenslücken entstehen, bilden aber nur einen kleinen Teil jener Validitätsbedrohungen, denen standardisierte Befragungen ausgesetzt sind. Denn bei einer sozialwissenschaftlichen Befragung beteiligen sich Interviewer und Befragter an umfassenden interaktiven Prozessen, in denen sie jeweils eigene Handlungsziele verfolgen und das Handeln des jeweils Anderen interessengeleitet einschätzen, bewerten und ihre Handlungen aufeinander abstimmen müssen. Wie in jeder sozialen Interaktion kann es dabei nicht nur zu Missverständnissen und Koordinationsproblemen kommen – die Akteure können bei dem Versuch, ihre eigenen Ziele durchzusetzen ihre Interaktionspartner über Absichten im Unklaren halten, bestimmte Sachverhalte verschleiern oder verschweigen, Informationen zurückhalten, falsche Informationen erfinden usw. Sowohl die im sozialen Alltagsleben häufigen unbeabsichtigten Missverständnisse, als

---

82 In dieser Untersuchung von KURZ und Kollegen offenbarten Antworten in qualitativen Interviews eine breite Bedeutungspalette, die bspw. der Begriff *„repräsentative Demokratie"* für Befragte jenseits seines vermeintlich normierten, politikwissenschaftlichen Sinns aufweisen kann, von *„Schwierig, was soll ich sagen, wenn man sie vorzeigen kann, wenn andere Länder sagen: Da schau mal her."* bis hin zu *„Daß unterschiedliche Meinungen gelten, diese auch vertreten werden können, daß man Demokratie praktiziert und wirklich dahintersteht, das ist repräsentativ."* (KURZ u.a. 1999, S. 93)

auch jene bewussten Täuschungen und Auslassungen, stellen Bedrohungen der *Gültigkeit* und *Zuverlässigkeit* sozialwissenschaftlicher Umfragedaten, die in der Literatur unter den Überschriften „Frageeffekte", „Interviewereffekte", „soziale Erwünschtheit" u.ä. diskutiert werden. Durch solche Validitätsbedrohungen können die Ergebnisse einer standardisierten Befragung sehr stark in die Irre führen, wenn nicht lokales Handlungswissen der Akteure mit den Mitteln der interpretativen Sozialforschung analysiert wird, wie die folgenden zwei Beispiele verdeutlichen können, die über die Möglichkeiten einfacher qualitativer *pretests* weit hinausweisen.

In einer empirischen Studie, bei der qualitative und quantitative Methoden kombiniert wurden, um die Qualität von Pflegedienstleistungen aus Sicht der Bewohner stationärer Pflegeeinrichtungen zu untersuchen (KELLE, NIGGEMANN 2002), wurden in Pflegeeinrichtungen mit unterschiedlicher Bettenzahl und Trägerschaft in ganz Deutschland qualitative Leitfadeninterviews sowie eine Befragung mit einem standardisierten Fragebogen durchgeführt. Ein Teil der standardisierten *face-to-face* Interviews wurden auf Tonträger aufgezeichnet und transkribiert, so dass also drei verschiedene Datenquellen zur Verfügung standen:

1. Vollständig transkribierte qualitative Leitfadeninterviews (n = 40), die mit Hilfe eines während der Auswertung sukzessive konstruierten Kategorienschemas EDV-gestützt verschlagwortet und einer thematisch vergleichenden, synoptischen Analyse unterzogen wurden,
2. quantitative Daten, die mit Hilfe von standardisierten Fragebögen erhoben worden waren (n = 244) und mit Hilfe üblicher statistischer Methoden ausgewertet wurden,
3. und Interaktionsprotokolle der standardisierten Befragung (n = 60), die mit qualitativen Methoden analysiert wurden.

Erst durch die Kombination dieser verschiedenen Methoden konnte aufgedeckt werden, dass die standardisierte Befragung bezogen auf Variablen, mit der die Zufriedenheit der Heimbewohner mit bestimmten Dienstleistungen gemessen werden sollten, ein hochgradig verzerrtes Bild wiedergaben. Hier wählten etwa drei Viertel der Teilnehmer bei der Frage „*Sind Sie mit der pflegerischen Versorgung durch die Schwestern und Pfleger zufrieden*" die Antwortkategorien „immer" oder „meistens". Nur eine äußerst kleine Gruppe bezeichnete sich als nur „gelegentlich" oder „selten" zufrieden und kein Befragter antwortete mit „nie zufrieden" (vgl. Grafik 10.1). Dieses Bild entspricht einer auch ansonsten in der Literatur häufig beschriebenen Tendenz von Krankenhauspatienten und Heimbewohnern, sich über Dienstleistungen in der Institution in positiver Weise zu äußern (vgl. KRENTZ, O-LANDT 1999; ANDERSEN, SCHWARZE 1999), die sich durchgehend bei allen Items zeigte, in denen nach einer globalen Zufriedenheit gefragt wurde.

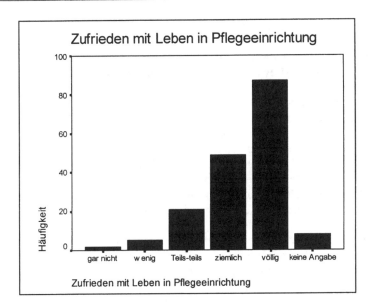

Grafik 10.1: Ergebnisse der quantitativen Befragung mit n = 244 Heimbewohnern

Auch solchen Aussagen, die bewusst überzogen formuliert waren, um negative Bewertungen zu provozieren, etwa *"Die Pflege ist tadellos und die Schwestern sind stets ausgesprochen freundlich zu mir"*, stimmten mehr als 50 % der Befragten zu. Allerdings war der Anteil der Antwortverweigerer bei diesem Item auch besonders hoch, was bereits die Vermutung nahe legt, dass viele der Interviewpartner lieber eine Antwort auf diese Frage verweigerten als explizite Kritik am Pflegepersonal zu äußern. In den transkribierten Interviewprotokollen zeigte sich allerdings, dass im Laufe des Interviews immer wieder quasi nebenbei problematische Aspekte der Pflegesituation thematisiert wurden: *"Ich kann nicht immer jemanden rufen zum Waschen, da mach ich halt so gut wie's geht..."* berichtet etwa eine 94-jährige Bewohnerin, die sich bei der Frage nach der Zufriedenheit mit der pflegerischen Vorsorgung für die Antwortkategorie „völlig" entschieden hatte, und im Kontext einer anderen Frage beklagt sie sich, das Pflegepersonal *„habe ... halt immer wenig Zeit..."*. Solche und ähnliche Reaktionen der Bewohner, die bei der Beschränkung auf die Methode der standardisierten Befragung in den Daten gar nicht aufgetaucht wären, konnten in den Interaktionsprotokollen zahlreicher standardisierter Interviews dokumentiert werden, in denen sich die Interviewten aber durchgängig positiv äußerten bei der Beantwortung von Items, bei denen die Bewertung von Dienstleistungen durch vorgegebene Antwortkategorien erfolgen sollte.

In den verschrifteten Interaktionsprotokollen ließ sich auch sehen, dass ein solches Antwortverhalten bei einem Teil der Befragten offensichtlich motiviert war durch Sanktionsängste. So gab eine 89jährige Bewohnerin den Kommentar: *„... Am Anfang war es besser, aber jetzt herrscht Personalmangel, aber ich möchte nicht, dass Sie das aufschreiben (...)"*. Und eine 90jährige Befragte, die im standardisierten Interview die Pflege als *„völlig tadellos"* und die Schwestern als *„immer ausgesprochen freundlich"* bewertet hatte, sagte *„Die Frage ist riskant, darüber spricht man nicht gern. Die Leute werden doch bestraft, die* *hier die Wahrheit sagen"*, und brach das Interview danach ab. Eine solche Furcht vor Sanktionen bei offener Kritik macht deutlich, wie stark die subjektiv empfundene Abhängigkeit des Bewohners vom Pflegepersonal und seine daraus resultierende Vulnerabilität sein kann. Standardisierte Daten zur Bewohnerzufriedenheit in stationären Altenpflegeeinrichtungen vermitteln deshalb offensichtlich ein zu positives, geschöntes Bild. Die Erhebung qualitativen Datenmaterials durch die Protokollierung und Aufzeichnung von quasi nebenbei erfolgten Bemerkungen ermöglichte es dahingegen, den mangelhaften Informationsgehalt und die beschränkte Qualität solcher Daten zu erkennen.

Weiterhin lassen sich anhand von teilweise sehr umfangreichen *qualitativen Leitfadeninterviews*, die mit Heimbewohnern in der ersten Phase der Untersuchung geführt wurden, Methodenprobleme darstellen, die die Qualität von Interviewdaten mit dauerhaft institutionalisierten Personen beeinträchtigen können: *verdeckte Verweigerung, mangelndes Vertrauen in Anonymitätszusagen* und eine starke *Tendenz zu sozial erwünschtem Antwortverhalten*.

Befragte, die von der Heimleitung oder vom Pflegepersonal für ein qualitatives Leitfadeninterview vorgeschlagen wurden, verweigerten nur in äußerst seltenen Fällen direkt eine Teilnahme. Dennoch war häufig eine Einstellung zu bemerken, die sich als „verdeckte Verweigerung" bezeichnen lässt, und für die sich oft erst im Laufe eines qualitativen Leitfadeninterviews, manchmal erst durch intensiveres Nachfragen, Hinweise finden ließen. Manche der Interviewpartner hätten wohl von sich aus an einer Befragung nicht teilgenommen, schätzen die Situation aber offensichtlich so ein, dass ihnen kaum eine andere Wahl blieb:

Befr. Gestern wurde ich noch mal darauf hingewiesen, dass ich heute Damenbesuch kriege, und da hab ich gesagt, lass sie bleiben, wo sie ist.
Int: Ja. Aber warum?
Befr: (Überlegt). Weil ich doch vor zwei Jahren schon einmal verhört... Mit meinem Arzt verhört worden bin. Unter denselben Bedingungen wie heute.
Int: Ja?
B: So ziemlich.

Interviews.12.04.01A01 (622/634)

Dieser während des gesamten Interviews desinteressiert wirkende Bewohner wurde also in gewisser Weise gegen seinen Willen interviewt. Der Situationsdefinition des Interviewers „wissenschaftliche Befragung" setzt er eine Situationsdefinition entgegen, wie sie für Befragungen in „totalen Institutionen" eher gebräuchlich ist.

Die Befürchtungen von Befragten, dass ihr Antwortverhalten negativ sanktioniert wird, kann dabei durch die Anwesenheit von Mitgliedern der Heimleitung oder des Personals hervorgerufen bzw. verstärkt werden. Als während eines Interviews in einer kleinen, ländlichen Einrichtung in privater Trägerschaft die Heimleiterin[83] mit der Bemerkung, dass *„sie sich gerne etwas beteiligen"* wolle, das Zimmer betrat, leiteten die befragten Bewohnerinnen das Gespräch offensichtlich um auf unverfängliche und unproblematische Themen,

---

83   Im Verlauf des weiteren Gespräches betonte die nun anwesende Heimleiterin, dass sie *„noch zur alten Garde"* gehöre und schilderte sich als eine Person, die *„ein bisschen sehr pingelig"* ist, dass in ihrem Haus *„Sauberkeit herrscht, Ordnung und dass man Alten gegenüber höflich und nett zu sein hat. So wie es halt war"*.

10.2 Methodenkombination in der Forschungspraxis: fünf empirische Beispiele

die kaum noch einen Bezug zu der Einrichtung und zu ihrer persönlichen Situation erkennen ließen. Das Gespräch wurde kurz darauf durch eine weitere Intervention des Pflegepersonals (mit dem Hinweis „*das Essen sei nun angerichtet*") beendet. Die Befragten lehnten dann den von der Interviewerin angebotenen zukünftigen ab und verweigerten sogar die Annahme einer Visitenkarte mit der Begründung, dass die Heimleitung misstrauisch werden würde, wenn die Bewohnerin sich ein weiteres Mal interviewen ließe. Diesem Ärger wolle man aus dem Weg gehen.

Wie stark die Furcht vor einer möglichen Weitergabe von Informationen an Dritte war und wie wenig die Befragten den in jedem Interview mehrfach wiederholten Vertraulichkeitszusagen Glauben schenkten, macht das folgende Beispiel deutlich.

I: (...) Denken die alten Menschen, dass ich hinterher mit dem Aufzeichnungsgerät irgendwohin gehe?
      (...)
B.:   Ja, die haben kein Vertrauen. Gibt es hier auch einige, die haben kein Vertrauen, überhaupt wo Sie jetzt das Dingen da haben, nech. Was könnte passieren? Vielleicht wird es dem Chef wieder vorgespielt, dann weiß der ganz genau was die gesagt haben, und so denken die. So ist es.

Interview 26.03.01 F01 (775/786)

Insgesamt waren Antworten auf Fragen zur Qualität von Dienstleistungen in den untersuchten Einrichtungen ganz offensichtlich von einer Tendenz zu *sozial erwünschtem Antwortverhalten* beeinflusst. Bei der Verwendung eines standardisierten Instruments, bei dem der Befragte sich zwischen mehreren vorgegebenen Antwortalternativen entscheiden soll, bleiben solche Tendenzen leicht unentdeckt, können aber bei einer sorgsamen Aufzeichnung und Transkription des Interviews sichtbar werden, wie im folgenden Interviewausschnitt deutlich wird.

I: (...) So, eine Frage hab ich noch. "Was denken Sie, woran hapert es in der Pflege"?
B: Was ich denke?
I: Ja, woran hapert es? Hapert es "*an der Zeit*" in der Pflege?
B: Müsste ich eigentlich sagen, nich.
I: Meinen Sie, daran haperts?
B: Das wollte ich nicht sagen.
[...]
I: Ob es in der Pflege an etwas hapert. Oder hapert es "*an gar nichts*"?
B: Manchmal ist alles zu laut, mal, ja was soll ich denn noch sagen?
I: Hapert es vielleicht auch "*an einem netten Gespräch miteinander*"?
B: Manchmal auch.
I: Gut. Oder hapert es daran, dass "*die Pflegekräfte so oft wechseln*"?
B: Gedeckt?
I: Nein, wechseln. Dass die "*so oft wechseln*"? Oder eher nicht?
B: Könnte man halb ja und halb nein sagen?
I: Halb ja, halb nein?

B: Ja, ich weiß auch nicht. (lacht) Wie die das sehen wollen, nich. Wie man das sagen soll.

Standardisiertes Interview 234, Transkript 320 – 353

Dieser Interviewpartner zeigte sich sichtlich verunsichert durch eine Interviewstrategie, bei der der Interviewer, streng den Regeln standardisierter Befragung folgend, die einzelne Antwortalternativen in neutraler Weise nacheinander präsentierte. In dem Ausschnitt des Interaktionsprotokolls lassen sich dementsprechend zahlreiche Andeutungen finden, dass der Interviewte Hilfestellungen erwartet, welches nun die „richtigen" Antworten sind („...*ja was soll ich denn noch sagen*" ... „*könnte man halb ja und halb nein sagen?*"). Am Ende dieses Textausschnitts bringt der Befragte schließlich offen seinen Wunsch zum Ausdruck, dass der Interaktionspartner genaue Rollenerwartungen konkretisiert, deren Befolgung ihn als guten, kooperationswilligen Interviewten ausweisen würde und macht explizit deutlich, dass er im Sinne sozialer Erwünschtheit antworten möchte: „*Wie die das sehen wollen, nich. Wie man das sagen soll.*"

Verzerrungen und Methodenartefakte, denen Befragungen mit dauerhaft institutionalisierten ältere Menschen unterliegen, bleiben bei der Anwendung standardisierter Instrumente eher unentdeckt als bei einer kunstgerechten Anwendung qualitativer Verfahren, die es ermöglicht, den Informationsgehalt standardisierter Daten besser einzuschätzen. Weiterhin wurde in dieser Studie deutlich, dass eine qualitative Interviewmethodik, die narrative Anreize verwendet und damit die Entstehung einer vertrauensvollen Beziehung zwischen Interviewern und Befragten fördert, die negativen Wirkungen sozial erwünschten Antwortverhaltens in vielen Fällen durchbrechen und eine anfängliche Reserviertheit überwinden kann (vgl. auch KELLE, NIGGEMANN 2001, S. 120 ff.).

Die folgenden Ergebnisse aus einer Studie über das Bildungs- und dem Beschäftigungssystem in Ostdeutschland vor und nach der „Wende" (SACKMANN, WEYMANN, WINGENS 2000) machen gleichfalls deutlich, dass qualitative Daten soziale Prozesse aufdecken können, die in quantitativen Untersuchungen verdeckt bleiben und dabei Methodenprobleme standardisierter Befragung beschreibbar machen. Um ein Bild von der Statuspassage zwischen Bildungssystem und Arbeitsmarkt in der DDR vor der gesellschaftlichen Transformation sowie in der Wende- und Nachwendezeit zu erhalten, wurden in mehreren Wellen quantitative und qualitative Befragungen von Lehr- und Hochschulabsolventen durchgeführt.[84] Im Rahmen dieser Studie hat WINGENS 1999 anhand von Daten über Hochschulabsolventen, die die Hochschule 1985 verlassen hatte, den Übergang zwischen Bildungs- und Beschäftigungssystem im planwirtschaftlichen System der DDR, analysiert.

Die DDR verfügte – zumindest wurde dies von offizieller Seite in den 1970er und 80er Jahren so dargestellt und propagiert – über hochgradig institutionalisierte Übergangsstrukturen zwischen Bildungs- und Beschäftigungssystem. Eine vertikale Bedarfsplanung sollte hier (ausgehend von zentralen Vorgaben der beim „Ministerrat" angesiedelten staatlichen Plankommission) unter Verwendung von Informationen über die vorhandenen Ressourcen,

---

84 Bei der quantitativen postalischen Befragung wurde eine Zufallsstichprobe (n =3705) aus drei Absolventenkohorten ostdeutscher Facharbeiter und Hochschulabsolventen (Beendigung der Ausbildung bzw. des Studiums 1985, 1990 und 1995) mehrfach zu ihrer Erwerbsbiographie befragt. Ein hieraus gezogenes qualitatives Subsample umfasste 67 Personen der Abschlussjahrgänge 1985 und 1990, von denen 47 ein zweites Mal befragt werden konnten.

die von unteren Planungsebenen erhoben wurden, die Bereitstellung von Arbeitskräften mit den erforderlichen Qualifikationen sicherstellen. Dieses Konzept erforderte ein striktes dirigistisches Steuerungssystem in Verbindung mit pädagogischen Maßnahmen, die eine „Erziehung zur bewussten Berufswahl" bewirken sollten, um die individuellen Qualifizierungsinteressen der Akteure mit dem vermuteten „gesellschaftlichen Bedarf" und dem vorhandenem Angebot an Ausbildungsplätzen und Studienplätzen auszubalancieren. Für Hochschulabsolventen wurde der Übergang in das Beschäftigungssystem durch die sog. „Absolventenvermittlungen" organisiert, Vermittlungsstellen an den Hochschulen, durch welche Akademiker nach ihrem Examen bestimmten Arbeitsstellen zugewiesen werden sollten.

Die quantitativen Daten dieses Projekts vermittelten auf den ersten Blick den Eindruck, dass dieses umfassende Planungs- und Lenkungssystem qualifizierter Arbeitskraft gut funktioniert hat. Befragt nach den Informationsquellen für ihre erste Arbeitsstelle nannten 60,4% jener Befragten die staatliche Absolventenvermittlung, nur 17,3% gaben persönliche Netzwerke an. Weitere 5,6% berichteten, sie hätten ihre erste Stelle auf dem Wege der Blindbewerbung erhalten, 18,2% waren als Facharbeiter von ihren Betrieben zum Studium delegiert worden.

Die Analyse der qualitativen Daten zeigte allerdings, *„dass der Schein individueller Passivität und Fremdsteuerung trügt: unter der 'Vermittlungsoberfläche' verbarg sich ein erhebliches individuelles Gestaltungspotential berufsbiographischer Verläufe"* (WINGENS 1999, S.268). In etlichen Fällen wurde auch ein bestehender Kontakt zu Betrieben strategisch genutzt, um durch eine scheinbare Delegierung *ex post* jenes Vermittlungsverfahren zu umgehen, welches durch Absolventenvermittlungen der Hochschulen gesteuert werden sollte. Dieses Vermittlungsverfahren ließ zudem erhebliche Handlungsspielräume, die von vielen Akteuren kreativ genutzt wurden, ohne dass hierbei staatliche Steuerungsinstanzen sanktionierend eingegriffen hätten. So diente das offizielle Vermittlungsverfahren vielfach nur noch einer *ex post* Legitimation für eine individuelle Arbeitsplatzsuche:

> „So hatte z.B. ein Hochschulabsolvent die Liste und damit das Informationsmonopol dieser Institution unterlaufen, indem er sich beim „Rat des Kreises" über die regionale Stellensituation informiert und eine Arbeitsstelle ausgesucht hatte, und der „Rat des Kreises" daraufhin eine bereits entsprechend spezifizierte Nachfrageliste an die Absolventenvermittlung gab. Erfolgte in diesem Fall die Umgehung der Absolventenvermittlung noch durch Rückgriff auf eine andere staatliche Planungs- und Koordinierungsbehörde, so realisierten andere Akademiker ihren Berufseinstieg in völliger Eigenregie und unterliefen die staatlichen Planungs- und Vermittlungsinstanzen komplett." (ebd., S.269)

Für sich genommen produzierten hier also quantitative Daten ein oberflächliches Bild sozialer Wirklichkeit: es wurde der (verzerrte) Eindruck einer umfassenden sozialtechnologischen Steuerung des Arbeitsmarktes reproduziert, welcher einer offiziellen Semantik im „real existierenden Sozialismus" entsprach, während findige Akteure die sozialtechnologischen Kontrollstrategien nicht nur unterlaufen, sondern sogar für die eigenen Handlungsziele durch die Entwicklung kausaler Pfade instrumentalisieren konnten, die erst durch qualitative Daten aufgedeckt werden konnten.

Aus *methodologischer Sicht* würde man in den beiden eben referierten Beispielen von einer Triangulation qualitativer und quantitativer Verfahren sprechen, die zur Aufdeckung von Methodenartefakten standardisierter Befragung führt. Aus *handlungstheoretischer*

Sicht erfüllten hier qualitative Methoden eine ähnliche Funktion wie in der Studie über berufliche Verläufe junger Facharbeiter und Angestellter oder in der Untersuchung über die Zusammenhänge zwischen Erwerbsbiographie und Delinquenzverhalten im Jugendalter: sie dienten dazu, zusätzliche Handlungsbedingungen und kausale Pfade zu beschreiben, mit deren Hilfe „Tiefenerklärungen" für die Variation der abhängigen Variablen formuliert werden konnten. Nur wurden in den zuletzt beschriebenen Forschungsprojekten nicht schwer interpretierbare statistische Befunde oder unaufgeklärte Varianz erklärt, sondern *Operationalisierungsprobleme* sichtbar gemacht. Offensichtlich waren die gemessenen abhängigen Variablen nicht geeignet zur Erfassung der interessierenden Phänomene, d.h. der Pflegequalität aus der Sicht von Heimbewohnern bzw. der Berufseinmündung von Akademikern in der ehemaligen DDR. Sie bildeten vielmehr ein kontextspezifisches Antwortverhalten der Befragten in standardisierten Befragungen ab. Die qualitativen Untersuchungen lieferten wiederum Zugang zu lokalem Handlungswissen, mit dem die Bedeutung bestimmter statistischer Aggregatphänomene (in diesen Fällen: die Tatsache, dass mehr als die Hälfte der Befragten in einem Fragebogen angaben, ihre erste Arbeitsstelle durch die staatliche Absolventenvermittlung erhalten zu haben, oder die Tatsache, dass der überwiegende Teil der befragten Heimbewohner positive Urteile über die Qualität von Dienstleistungen abgaben) richtig eingeschätzt werden konnte.

10.2.6 Methodenkombination zur Aufdeckung von Methodenartefakten in qualitativen Studien

Methodenkombination kann auch zur Aufdeckung von Methodenartefakten quantitativer Studien führen. Ebenso wie der Rückgriff auf die Gewohnheitsheuristik des Alltagswissens bei der Konstruktion quantitativer Instrumente kann auch die Rekonstruktion von Handlungsbedingungen anhand qualitativer Interviews zu unvollständigen Handlungserklärungen führen, weil die Akteure im Feld oft „strukturell kurzsichtig" sind: sie vergleichen ihre eigenen externen Handlungsbedingungen nicht mit anderen möglichen Handlungskontexten, die erst durch den Einbezug einer statistischen Aggregatebene in den Blick kommen.

Das folgende Beispiel hierfür ist einer Studie über Erwerbs- und Familienbiographien von Frauen entnommen, die eine Berufsausbildung Ende der 1940er Jahre in einem von fünf gewerblich-technischen und kaufmännischen Berufen abgeschlossen hatten (es handelte sich um *Friseurinnen, Kinderpflegerinnen, Schneiderinnen, Verkäuferinnen* und *kaufmännische Angestellte*, vgl. BORN, KRÜGER, LORENZ-MEYER 1996; ERZBERGER 1998; KRÜGER, BORN, KELLE 1989). Mit Hilfe einer standardisierten postalischen Befragung wurden Informationen zu individuellen Erwerbsverläufen und zu Familienereignissen erhoben. Mit einer Teilstichprobe des quantitativen Samples wurden leitfadengestützte qualitative Interviews durchgeführt, deren Ziel in der Exploration der subjektiven Perspektive auf die Berufsbiographie bestand, und in einer späteren Untersuchung wurden qualitative Interviews mit einem Teil der Ehemänner der Frauen des qualitativen Subsamples durchgeführt[85].

Multivariate Analysen der quantitativen Daten zeigten einen deutlichen Einfluss des gelernten Erstberufs auf die Erwerbsbiographie unabhängig von familienbezogenen Variab-

---

85 Die Nettostichprobe der standardisierten Befragung umfasste 220 Fälle; an der qualitativen Befragung nahmen 52 der Frauen und 37 ihrer Ehemänner teil.

len, mit deren Hilfe weibliche Erwerbsbiographien oftmals ausschließlich erklärt werden (vgl. KRÜGER, BORN, KELLE 1989; BORN, KRÜGER, LORENZ-MEYER 1996, S. 192): die kaufmännischen Angestellten arbeiteten (unabhängig von der Anzahl ihrer Kinder) durchschnittlich länger als die Angehörigen der anderen Berufsgruppen; die Schneiderinnen und Verkäuferinnen waren in ihrem Lebensverlauf im Durchschnitt eine längere Zeit in anderen Berufsfeldern tätig, während Friseurinnen überdurchschnittlich häufig ihren gelernten Erstberuf nach einigen Jahren verließen und dann nicht wieder in das Erwerbssystem zurückkehrten. Diese Verlaufsmuster lassen sich einerseits als Folge berufsspezifisch unterschiedlicher Arbeitsmarktbedingungen in den 1950er und 60er Jahren betrachten, andererseits waren sie die Folge der differierenden Chancen für eine Vereinbarkeit von Erwerbs- und Familienarbeit, die sich mit unterschiedlichen Berufen verbanden (BORN, KRÜGER, LORENZ-MEYER 1996, S 207; BORN 1993).

Diese Aspekte blieben in den qualitativen Interviews, in denen die Befragten über die Entscheidungsgründe für weibliche Erwerbstätigkeit reflektierten, vollständig unerwähnt:

„Frauen wie Männer konstatieren, daß die Aufnahme oder Fortführung einer Erwerbsarbeit von Aushandlungsprozessen zwischen den Partnern abhing und letztendlich der männliche Partner als die bestimmende Größe zur Ermöglichung oder Verhinderung von Erwerbsarbeit angesehen werden muß." (ERZBERGER 1998, S. 190)

Dass die mit dem jeweiligem Erstberuf verbundenen Arbeitsmarkt- und Vereinbarkeitschancen aber dennoch entscheidende Einflussgrößen darstellten, wurde durch weitere Befunde aus dem qualitativen Datenmaterial deutlich: Nur jene Frauen, deren Beruf einen angemessenen (Zu)Verdienst zum Haushaltseinkommen erlaubte und eine Berufstätigkeit neben der Familienarbeit zuließ, konnten sich mit ihrem Wunsch nach Erwerbstätigkeit durchsetzen (vgl. BORN, KRÜGER, LORENZ-MEYER 1996, S. 216 ff.). Die mit ihrem gelernten Erstberuf verbundenen Arbeitsmarkt- und Vereinbarkeitschancen statteten die Akteure mit unterschiedlichen Ressourcen aus, um den Wunsch nach einer Berufstätigkeit argumentativ zu stützen (seitens der Frauen) oder (seitens der Männer) diesem Ansinnen entgegenzutreten. In dem Moment, in dem die mikropolitischen Strategien der Akteure in ehepartnerlichen Aushandlungsprozessen genauer in den Blick genommen wurden, erwiesen sich qualitative und quantitative Befunde, die anfänglich nicht zusammenpassen wollten, als komplementär.

Auch hier lieferte also das qualitative Material entscheidende Informationen über kausale Pfade, durch die soziale Makrophänomene entstehen. Auf der Grundlage unterschiedlicher Datentypen lassen sich jedoch, so macht dieses Beispiel auch deutlich, verschiedene kausale Handlungsbedingungen identifizieren, die bestimmte Ereignisse im Lebenslauf gemeinsam beeinflussen: der kausale Einfluss des Erstberufs wird dabei nur durch eine Analyse statistischer Aggregatdaten sichtbar, die individuellen Akteure rekurrieren in der Erklärung ihres eigenen Handelns auf andere Handlungsbedingungen, nämlich auf Familienereignisse bzw. auf innerfamiliale Verhandlungen. „*Sowohl die faktische Bedeutung der berufsdifferenten Arbeitsmarktchancen als auch deren normative Implikationen bleiben den Frauen verborgen, verdeckt in innerfamilialer Aushandlung*" (ebd., S.221), was die Autoren als eine Folge der „near sightedness" der Akteure, der Beschränkung ihrer Wahrnehmung auf „*singuläre Erfahrungszusammenhänge*" (ebd., S.191) betrachten. In einer kausalen Terminologie formuliert bedeutet es: Was aus Sicht des Soziologen eine relevante kausale Handlungsbedingung darstellt, nämlich die mit einem bestimmten Beruf verbundenen Arbeitsmarkt- und Vereinbarkeitschancen, ist aus der Perspektive der individuellen Akteure eine echte Hintergrundbedingung, die nicht reflektiert wird, weil keine eigenen Erfahrungen über deren Variation gemacht werden konnten. Die mit verschiedenen Berufen verbundenen unterschiedlichen Chancen auf eine langdauernde Erwerbsbeteiligung geraten hier nicht in das Blickfeld vieler Akteure, weil die Akteure, im Gegensatz zu professionellen Sozialforschern, in der Regel nicht systematische Vergleiche zwischen Angehörigen verschiedener Berufsgruppen anstellen[86]. Deshalb können aus qualitativen Interviews, die der Rekonstruktion von Handlungsorientierungen und Situationsdefinitionen individueller Akteure dienen, keine Informationen über diese relevanten kausalen Handlungsbedingungen bezogen werden. Eine Beschränkung auf ein qualitatives Monomethodendesign hätte hier also nicht zu gültigen Ergebnissen führen können, während die Einbeziehung statistischer Informationen ein angemessenes Verständnis der soziologisch relevanten kausalen Prozesse erlaubt. Methodenkombination ermöglicht also die Aufdeckung von Validitätsbedrohungen und Methodenproblemen (monomethodischer) qualitativer Studien, in denen man sich zu sehr auf die Binnenperspektive der Akteure verlässt.

10.3 Zusammenfassung: Methodenkombination zum Ausgleich von Schwächen monomethodischer Forschung

Anhand dieser verschiedenen empirischen Beispiele wird deutlich, wie qualitative und quantitative Methoden sinnvoll kombiniert werden können, um Methodenprobleme und Validitätsbedrohungen beider Methodentraditionen zu beschreiben und zu bearbeiten, die durch Strukturen begrenzter Reichweite erzeugt werden und zwei Problemkreisen entstammen:

1. Dies sind erstens Probleme, die entstehen, weil soziologisch relevante Handlungsbedingungen nicht oder nur ungenügend in sozialwissenschaftlichen Handlungserklärungen berücksichtigt werden. Ein mangelhafter Zugang zu Wissensbeständen des untersuchten Handlungsfeldes kann dazu führen, dass bei der Hypothesenformulierung, der Variablendefinition und Instrumentenkonstruktion in quantitativen Monomethodendesigns zentrale Handlungsbedingungen nicht berücksichtigt werden können. Die verwendeten Modelle weisen dann oft nur eine geringe Varianzaufklärung auf, statistische Zusammenhänge sind nur schwer oder gar nicht interpretierbar, kausale Modelle werden fehlspezifiziert und geben zu fehlerhaften kausalen Schlussfolgerungen Anlass. Aber auch qualitative Monomethodendesigns reichen oft nicht aus, um soziologisch relevante Bedingungen sozialen Handelns hinreichend zu erfassen. Dies kann etwa dann der Fall sein, wenn eine Engführung auf die Binnensicht der Akteure im Untersuchungsfeld dazu führt, dass bestimmte situative Handlungsbedingungen nicht in den Blick geraten, die erst durch eine Analyse von statistischen Aggregatzusammenhängen beschreibbar werden.

---

86 Man benötigt also keine Konzepte wie „falsches Bewusstsein" oder „Verdrängung", um die „strukturelle Kurzsichtigkeit" sozialer Akteure zu verstehen – es reicht aus, dass man sich vor Augen hält, dass Menschen oft nicht verschiedene Handlungskontexte in ihren Auswirkungen auf ihr eigenes Handeln systematisch miteinander vergleichen (können).

10.3 Zusammenfassung

2. Es handelt sich zweitens um solche Probleme, die in qualitativen Monomethodendesigns dadurch entstehen können, dass qualitative Stichproben aus forschungspragmatischen Gründen immer nur einen beschränkten Umfang haben können. Aus diesem Grund kann es einerseits schwierig werden, jene Fälle einzubeziehen, die zur Identifikation von Wissensbeständen über relevante situative Handlungsbedingungen, Handlungsregeln und Handlungsorientierungen tatsächlich geeignet sind. Dieser Umstand hat andererseits zur Folge, dass die Verallgemeinerungsfähigkeit und Geltungsreichweite vieler qualitativer Befunde, die anhand beschränkter Fallzahlen und in begrenzten Handlungsfeldern gewonnen wurden, ungeklärt bleiben muss.

Wie die Beispiele deutlich machen konnten, kann die Kombination von qualitativen und quantitativen Methoden und Forschungsergebnissen dort, wo der Einsatz monomethodischer Designs entweder fehlerhafte oder unvollständige soziologische Erklärungen erbringen würde, zu einem adäquaten Verständnis der untersuchten sozialen Prozesse und Strukturen führen. Die im Laufe dieses Kapitels noch einmal aufgeworfene, aus der Diskussion um das Triangulationskonzept stammende Frage, ob qualitative und quantitative Methoden eher zur *wechselseitigen Validierung* oder zu einer *gegenseitigen Ergänzung* von Forschungsergebnissen dienen sollten, erweist sich also als empirie- und forschungsfern. Diese beiden Möglichkeiten bilden keinen Gegensatz bei der Methodenkombination: qualitative und quantitative Ergebnisse erscheinen vielmehr oft in einem anderen Licht, wenn sie mit Resultaten kontrastiert werden, die mit Hilfe der jeweils anderen Methodentradition gewonnen wurden. Die Erhebung und Analyse von qualitativen Daten parallel zum Einsatz standardisierter Instrumente kann etwa aufzeigen, dass die gemessenen Variablen nicht das messen, was sie messen sollen (nach der gängigen Terminologie quantitativer Forschung also keine validen Indikatoren darstellen), dafür aber Hinweise auf Sachverhalte und Zusammenhänge geben können, die im ursprünglichen Design nicht bedacht wurden. Schlussfolgerungen, die aus Ergebnissen monomethodischer Forschung anfangs gezogen wurden, erweisen sich beim Einbezug zusätzlicher Methoden als fehlerhaft und die Methodenkombination führt dann zu einem umfassenderen und damit gleichzeitig valideren Bild des Gegenstandsbereichs. Qualitative und quantitative Methoden liefern oft Informationen, die überraschende und unverständliche Befunde des jeweils anderen Methodenstrangs zu erklären vermögen oder die fehlerhafte Interpretationen von Befunden korrigieren helfen.

Es bleibt die Frage, warum die *Methodologie und Methodendiskussion der empirischen Sozialforschung* dem Umstand, dass Stärken und Schwächen qualitativer und quantitativer Forschung durch Methodenkombination in der Forschungspraxis korrigiert werden kann, so wenig Rechnung trägt. Abgesehen von den bereits diskutierten Ansätzen zu *Mixed Methods Designs* und zur Triangulation verlaufen die sozialwissenschaftliche Methodendiskussion, die Methodenentwicklung und die Vermittlung von Methoden in der universitären Lehre im Allgemeinen in getrennten Bahnen. Die Debatte über *Mixed Methods Designs* leidet, wie bereits im zweiten Kapitel erläutert, zusätzlich unter dem Manko, dass bislang kaum einheitliche konzeptuelle Grundlagen für Methodenkombination existieren, vielmehr eine begriffliche Konfusion über Designformen vorherrscht.

Eine Forschungspraxis, in der die Kombination qualitativer und quantitativer Methoden zunehmend geübt wird, benötigt dringend eine Alternative zu jenen methodologischen Programmen qualitativer und quantitativer Sozialforschung, deren Grenzen und Probleme in den vorangegangenen Kapiteln ausführlich gezeigt und diskutiert wurden. Erforderlich ist ein *methodenintegratives methodologisches Programm*, welches die Stärken und Schwächen qualitativer und quantitativer Verfahren klar benennt und zeigt, in welchen Gegenstandsbereichen und zur Beantwortung welcher Fragestellungen welche Methoden am besten geeignet sind.

11 Ein integratives methodologisches Programm empirischer Sozialforschung

In diesem Kapitel soll ein *integratives methodologisches Programm* skizziert werden, das die in Kapitel 4 bis 9 entwickelten konzeptuellen Überlegungen zusammenführt mit den im letzten Kapitel dargestellten forschungspraktischen Erfahrungen.

Mit dem Begriff „methodologisches Programm" wird das ursprünglich von Imre LAKATOS vorgeschlagene Konzept wissenschaftlicher Forschungsprogramme (LAKATOS 1982, vgl. auch Kapitel 3) übertragen auf die sozialwissenschaftliche Methodologie. Hierzu wird im ersten Abschnitt dieses Kapitels der *harte Kern* mit den wichtigsten konzeptuellen Elementen des Programms vorgestellt: dies ist *erstens* ein *nicht-nomothetischer Kausalitätsbegriff*, der der Existenz von Strukturen begrenzter Reichweite bzw. raum-zeitlich begrenzter Kausalbeziehungen im Gegenstandsbereich der Sozialwissenschaften Rechnung trägt. Ein integratives methodologisches Programm muss *zweitens* den Dualismus zwischen Sinnverstehen und kausaler Erklärung überwinden und ein *Konzept der „verstehenden Erklärung"* enthalten. Es erfordert *drittens* ein *differenziertes Verständnis der unterschiedlichen Funktionen sozialwissenschaftlicher Theorien* für die Entwicklung und Überprüfung von Handlungserklärungen. Und es benötigt *viertens* ein *Modell des sozialwissenschaftlicher Forschungsprozesses*, das sich unterscheidet sowohl vom hypothetiko-deduktiven Modell als auch von induktivistischen Konzepten.

Methodenintegrative Forschung erfordert ein Verständnis von Methoden als Werkzeugen der Erkenntnisgewinnung, die für verschiedene Fragestellungen und differierende Gegenstandsbereiche jeweils unterschiedlich gut geeignet sind. Dies verlangt keinesfalls zwingend einen Einsatz von *Mixed Methods Designs* in jedem Forschungsvorhaben. Methodenintegrative Forschung kann vielmehr auch in der Form von (qualitativen oder quantitativen) *Monomethodendesigns* erfolgen, solange zur Beantwortung der jeweiligen Fragestellung die adäquaten Verfahren eingesetzt werden und bei Bedarf Informationen berücksichtigt werden, die im Kontext der jeweils anderen Methodentradition gewonnen wurden. Von solcher methodenintegrativen Forschung im weiteren Sinne lässt sich der Einsatz *methodenintegrativer Forschungsdesigns* unterscheiden, die im zweiten Teil dieses Kapitels behandelt werden.

11.1 Der harte Kern und seine konzeptuellen Bausteine

Die bereits im zweiten Kapitel diskutierten Probleme der *Mixed Methods Bewegung* verdeutlichen, dass Methodenintegration nur auf forschungspragmatischer Grundlage, ohne sorgfältige Theoriearbeit, in Unübersichtlichkeit oder sogar in begriffliche Konfusion münden kann. Weil sich die methodologischen Programme der qualitativen und quantitativen Sozialforschung in jahrzehntelanger Isolation voneinander entwickelt haben, kann die Überwindung der Trennung zwischen beiden Traditionen nicht gelingen ohne eine genaue Klärung ihrer konzeptuellen Grundlagen, wie sie im vierten bis neunten Kapitel für die Begriffe „Erklärung", „Verstehen" und „Kausalität" vorgenommen wurde.

Diese Analysen bieten die Grundlage für die Formulierung konzeptueller Elemente des harten Kerns eines integrativen methodologischen Programms, die im Folgenden dargestellt werden, nämlich

1. ein *nicht-nomothetisches Kausalitätskonzept*, mit dessen Hilfe Strukturen begrenzter Reichweite als lokale Kausalstrukturen beschreibbar werden;
2. einen Begriff *verstehender Erklärung*, der die Dichotomie zwischen einheitswissenschaftlichem Verständnis von Kausalerklärung einerseits und methodendualistischen Konzeptionen sozialwissenschaftlichen *Sinnverstehens* andererseits überwindet;
3. ein Konzept von *theoriegeleiteter* und gleichzeitig *empirisch begründeter Theoriebildung*, welches einen Dualismus zwischen hypothesengeleiteter und explorativer Forschung vermeidet;
4. und ein *Modell des sozialwissenschaftlichen Forschungsprozesses*, das sowohl die Grenzen des hypothetiko-deduktiven Modells als auch die Schwächen des Induktivismus vermeidet.

Ein methodenintegratives Programm *beschreibt* kausale Strukturen begrenzter Reichweite durch statistische Analysen von Zusammenhängen zwischen Handlungsbedingungen und Handlungen und greift für diesen Zweck auf quantitative Verfahren zurück. Es *versteht* und *erklärt* solche Kausalstrukturen durch die Konstruktion von *idealisierten Akteurstypen*, die soziologisch relevante Handlungsbedingungen beschreiben. Diese Konstruktion kann nur sinnvoll erfolgen, wenn theoretische Konzepte großer Reichweite mit kulturspezifischen, ggfs. lokalen Wissensbeständen verbunden werden, für deren Beschreibung oft qualitative Methoden eingesetzt werden müssen.

11.1.1 Kausalität in lokalen Handlungsfeldern

Im Folgenden soll noch einmal kurz an wesentliche Argumente aus der Diskussion um das Kausalitätskonzept erinnert werden. Wie sich anhand von MACKIEs Konzept der INUS-Bedingungen und anhand der Begriffe probabilistischer Kausalität, *common causes* und von *Simpsons Paradoxon* gezeigt hat, kann eine systematische Erörterung der logischen Struktur und der erkenntnistheoretischen Grundlagenprobleme des Kausalitätsbegriffs forschungspraktisch äußerst fruchtbar sein, weil sich hiermit klassische und häufige Methodenprobleme sozialwissenschaftlicher Empirie forschungslogisch besser verstehen und in einen handlungstheoretischen Bezugsrahmen einordnen lassen. Eine Vermeidung der Kausalitätskategorie blockiert dahingegen die Methodendebatte und Methodenentwicklung, weil der Kausalitätsbegriff ein unverzichtbares Werkzeug darstellt, um Zusammenhänge zwischen sozialem Handeln und seinen Bedingungen zu beschreiben, darzustellen und zu analysieren. Kausalität ist nicht inkompatibel mit *agency*, beides sind vielmehr einander ergänzende Konzepte, um die in gewissen Grenzen selbständigen Entscheidungen sozialer Akteure zu untersuchen. Hierzu muss der Kausalitätsbegriff allerdings von einer Engführung auf universelle nomologische Kausalbeziehungen befreit werden und ein nichtnomothetisches Konzept von Kausalität explizit in die Methodenlehre eingeführt werden.

11.1.1.1 Die Unverzichtbarkeit eines sozialwissenschaftlichen Kausalitätskonzepts

Die Diskussion handlungsphilosophischer Aspekte des Kausalitätsbegriffs im fünften und sechsten Kapitel hat deutlich gemacht, dass sich Kausalität mit philosophischen Argumenten (etwa dem Argument, dass zwischen Handlungsgründen und Handlungen keine äußere, kausale, sondern nur eine innere, sprachlogische Beziehung bestünde) nicht grundsätzlich aus der Analyse, Beschreibung und Erklärung sozialen Handelns ausschließen lässt. Überhaupt würde der Verzicht auf eine kausale Interpretation empirischer Zusammenhänge wesentlich weiterreichende Folgen haben, als es der Verzicht auf den Gebrauch des Wortes in methodologischen Diskussionen vermuten lässt. Denn Kausalität ist auch als ein abstraktes philosophisches Konstrukt letztendlich nur eine Weiterentwicklung einer handlungspraktischen Kategorie. Jedes alltägliche menschliche Handeln, unabhängig davon, ob es sich auf physische Objekte oder auf andere Akteure richtet, erfordert ein zumindest implizites Vertrauen darauf, dass von den Handlungen Wirkungen auf die Umwelt ausgehen. In der Erkenntnistheorie geläufige Verfahren der philosophischen Analyse des Kausalitätsbegriffs (etwa der „irreale Konditionalsatz"), werden – routinemäßig oder auch reflektiert – auch vom Alltagsmenschen eingesetzt. Und auch Sozialwissenschaftler, die sich explizit gegen ein kausales Verständnis sozialer Prozesse wenden, greifen bei der Darstellung empirischer Sachverhalte nahezu zwangsläufig auf eine Ursache-Wirkungsterminologie zurück, wie in Kapitel 6 gezeigt wurde. Ein Verzicht auf kausale Terminologie, dort wo er möglich erscheint, etwa durch eine Selbstbeschränkung der quantitativen empirischer Sozialforschung auf eine technisch ausgefeilte Deskription von statistischen Zusammenhängen hätte zudem weit reichende wissenschaftspolitische Folgen, indem die kausale Interpretation statistischer Zusammenhänge dem vorwissenschaftlichen Alltagsverstand überlassen bliebe. Demgegenüber kann ein Rückgriff auf erkenntnistheoretische Fragestellungen und Diskussionen um Kausalität, wie sie etwa MACKIE mit seinem Modell der INUS-Bedingungen leistet, helfen, typische Probleme sozialwissenschaftlicher Kausalität besser zu verstehen, insbesondere die Probleme der *variierenden Hintergrundbedingungen* und der *Pluralität von kausalen Pfaden*.

11.1.1.2 „Kausalität" und „Agency" widersprechen sich nicht

Soziales Handeln kann als beeinflusst, bewirkt oder verursacht angesehen werden, ohne dass hiermit ein deterministisches Verständnis menschlichen Handelns bzw. ein Gegensatz zwischen einem „kausalen Determinismus" und „menschlicher Willensfreiheit" konstruiert werden muss. Drei Arten von INUS-Bedingungen spielen für die Analyse und Erklärung sozialen Handelns eine wesentliche Rolle: das sind *erstens externe situative Bedingungen* („*weil-Motive*" (SCHÜTZ) bzw. Handlungsoptionen, Opportunitäten, *constraints* usw.) als *causa quod* des Handelns; *zweitens* die *Ziele der Handelnden* (bzw. „*um-zu-Motive*", „Nutzenargumente" bzw. „Bewertungen von Handlungskonsequenzen", „Einstellungen"...) als *causa ut*; und *drittens* soziokulturell kontingente *Handlungsregeln bzw. -maximen*, mit denen Handlungsstrategien bei gegebenen Handlungsbedingungen und -zielen festgelegt werden können.

Diese drei Arten von INUS-Bedingungen sind zwar in jeder Handlung gegeben, werden aber in alltäglichen Sprachspielen i.d.R. nicht vollständig expliziert: oftmals wird hier nur entweder auf externe Handlungsbedingungen oder nur auf die Ziele des Akteurs verwiesen, weil sich das jeweils andere für den Zuhörer in trivialer Weise ergibt. Abhängig davon, welche INUS-Bedingungen zur Erläuterung einer Handlung herangezogen werden, werden andere zu unthematisierten Hintergrundbedingungen. Somit erfolgt die Erklärung einer Handlung in vielen nichtwissenschaftlichen Sprachspielen entweder nur unter Verweis auf Ziele des Handelnden oder auf seine Handlungbedingungen, weil sich das jeweils andere für einen kompetenten Zuhörer i.a. von selber versteht. Insbesondere der dritte Typus von INUS-Bedingungen des Handelns, nämlich *Handlungsregeln* bzw. jene *Handlungsmaximen*, die einen Zusammenhang herstellen zwischen Handlungszielen der Akteure und Merkmalen der Situation, stellen in den auf lokale Handlungsfelder bezogenen Sprachspielen des Alltags invariante und deswegen unthematisierte Hintergrundbedingungen dar, deren Geltung von allen Akteuren in der Regel stillschweigend unterstellt wird. Empirische Sozialforscher aber, die soziales Handeln nicht bereits immer schon qua Mitgliedschaft verstehen, sondern sich oft erst von außen erschließen müssen, müssen gerade diese INUS-Bedingungen thematisieren und in den Blick rücken, wenn sie sich nicht den Risiken der Gewohnheitsheuristik des Alltagswissens aussetzen wollen.

Diese Risiken sind die direkte Folge einer akteursinduzierten Veränderung von Handlungsbedingungen, die zur Pluralisierung und zum Wandel von Lebens- und Praxisformen führt: Unter einer handlungstheoretischen Perspektive, die der Existenz lokaler Wissensbestände und der kreativen Kompetenz der Handelnden Rechnung trägt, muss davon ausgegangen werden, dass soziale Akteure prinzipiell in der Lage sind, bislang stabile und invariante Hintergrundbedingungen des Handelns (die zuvor zu Recht als kausal irrelevant betrachtet wurden) in ihren Relevanzhorizont zu rücken, zu beeinflussen und zu verändern. Dabei können Akteure *erstens* die *externen Handlungsbedingungen* beeinflussen, d.h. die Opportunitäten und Restriktionen, die ihre Handlungsspielräume festlegen. *Zweitens* können sie ihre eigenen *Handlungsziele* modifizieren oder aufgeben und *drittens* können sie durch eine Modifikation bzw. die innovative Entwicklung von Handlungsregeln bislang nicht relevante Hintergrundbedingungen in den Aufmerksamkeitsfokus rücken: dann werden Handlungsmöglichkeiten, die in einer gegebenen Situation liegen, erweitert und zuvor nicht erreichbare Ziele auch bei unveränderten externen situativen Bedingungen durch die *Entwicklung neuer kausaler Pfade* erreicht.

11.1.1.3 Sozialwissenschaftlich relevante Kausalbeziehungen sind soziohistorisch kontingente Strukturen begrenzter Reichweite

Veränderungen von Handlungsbedingungen auf der Mikroebene individuellen Handelns werden unter einer akteurstheoretischen Perspektive auch auf die Makroebene sozialer Aggregate übertragen: wenn die neuen Handlungsregeln von anderen sozialen Akteuren akzeptiert und übernommen werden, kann der Wandel lokaler Handlungsregeln als umfassende soziale Innovation wirksam werden und damit die Handlungsbedingungen zahlreicher Akteure ändern. Ob und in welchem Umfang das geschieht, ist natürlich stets abhängig von den vorhandenen Machtressourcen der Beteiligten. Im Gegenstandsbereich der Sozialwissenschaften können sich Kausalbeziehungen verändern, weil Lösungen, die kompetente Akteure für ihre Handlungsprobleme finden, zu sozialen Praktiken verallgemeinert werden können und auf diese Weise neue Kausalstrukturen begrenzter Reichweite entstehen können. Aus diesem Grund unterscheiden sich sozialwissenschaftliche Kausalaussagen nicht hinsichtlich ihrer *logischen Grundstruktur*, sondern nur hinsichtlich ihrer *Geltungsreichweite* von kausalen Aussagen in den Naturwissenschaften, weil sie nicht raumzeitlich universelle Gesetzmäßigkeiten, sondern kausale Zusammenhänge in mehr oder weniger lokalen Handlungsfeldern beschreiben.

11.1.2 Verstehendes Erklären sozialen Handelns

Des Weiteren erfordert ein integratives methodologisches Programm ein Konzept der Erklärung und des Sinnverstehens, das eine Dichotomie zwischen diesen beiden Begriffen konsequent vermeidet. Auch hierzu noch einmal ein Rückblick auf die im vierten und fünften Kapitel vorgetragenen handlungsphilosophischen und erkenntnistheoretischen Argumente zu Erklären und Verstehen:

Die Annahme eines fundamentalen Gegensatzes zwischen wissenschaftlicher Erklärung und Sinnverstehen beruht auf einem philosophiegeschichtlich überholten Verständnis dieser Begriffe. Grundkonzepte sozialwissenschaftlichen Verstehens, wie sie mit „praktischen Syllogismen" beschreibbar sind, besitzen keine andere logische Struktur und keinen anderen formalen Aufbau der Argumentation als naturwissenschaftliche Erklärungen nach dem HEMPEL-OPPENHEIM Schema. (Streitig kann nur die Frage sein, ob sozialwissenschaftliche Handlungserklärungen in einer ähnlichen Weise auf raum-zeitlich universell gültige und gleichzeitig empirisch gehaltvolle Gesetzmäßigkeiten zurückgreifen können wie physikalische Erklärungen.) Verstehen und Erklären greifen auf dieselbe Form der Schlussfolgerung zurück, den von PEIRCE beschriebenen „hypothetischen Schluss" bzw. den „Schluss auf die beste Erklärung", welcher letztendlich auch in den von HEMPEL und OPPENHEIM herangezogenen naturwissenschaftlichen Beispielen verwendet wird. Bei einer hypothetischen Schlussfolgerung wird – im Unterschied zu einer strikten Deduktion – unter Zuhilfenahme einer als gültig unterstellten Regel vom Bestehen eines Sachverhaltes *ex post* auf dessen Antezedensbedingungen geschlossen. Sozialwissenschaftliche Handlungserklärungen sind dabei solche hypothetischen Schlussfolgerungen, die soziale Handlungen einerseits durch Handlungsziele und externe situative Handlungsbedingungen der Akteure (als Antezedensbedingungen i.S. HEMPEL und OPPENHEIMS) und andererseits unter Rückgriff auf allgemeinere Regeln erklären, welche diejenigen Handlungen beschreiben, die in dem betreffenden kulturellen Kontext unter gegebenen Handlungsbedingungen als sinnvoll bzw. „rational" angesehen werden.

Dass Verstehen immer einen Rückgriff auf umfassendere Regeln erfordert, hatten bereits jene Neukantianer und Historizisten, die den Dualismus von geisteswissenschaftlichem Verstehen und naturwissenschaftlicher Erklärung ursprünglich vorgeschlagen hatten, in Rechnung gestellt – diese Autoren hatten nämlich argumentiert, dass ein kulturwissenschaftlicher Interpret ebenso wie diejenigen, deren kulturelle Hervorbringungen er interpretiert, mit dem „allgemeinen menschlichen Geist" über einen Zugang zu gemeinsamen Grundlagen des Verstehens verfügt. Moderne nichtidealistische (phänomenologische, interaktionistische, sozialkonstruktivistische usw.) Konzeptionen soziologischen Sinnverstehens haben hier Begriffe eingeführt wie „Lebenswelt", „Lebensform" oder „Alltagswissen", um auf jene allgemeinen Grundlagen des Verstehens Bezug zu nehmen, die die Interpretation sozialen Handelns erst ermöglichen – letztlich geht es hier immer um Handlungsregeln, nach denen Akteure (nach Maßgabe ihrer jeweiligen Ziele, Absichten und gegebener externer Bedingungen) handeln.

Solche Handlungsregeln sind Strukturen, die durch akteursinduzierten sozialen Wandel prinzipiell verändert werden können, und deshalb ist *individuelles Fallverstehen* für die sozialwissenschaftliche Forschung und Theorieentwicklung aus zwei Gründen ausreichend: *erstens* gewinnen sozialwissenschaftliche Handlungserklärungen erst dadurch Erklärungskraft, dass sie sich nicht auf individuelle, sondern auf *kollektive Explananda* beziehen. Und *zweitens* können sich sozialwissenschaftliche Handlungserklärungen immer nur auf einen Teil der faktisch wirksamen INUS-Bedingungen und kausalen Pfade beziehen, weshalb ihre erklärenden Argumente nicht konkrete individuelle Akteure, sondern *idealisierte Akteurstypen* bzw. allgemeinere *Handlungsmodelle* beschreiben müssen. Diese beiden Punkte sollen im Folgenden noch einmal kurz erläutert werden.

11.1.2.1 Sozialwissenschaftliche Handlungserklärungen gewinnen dadurch Erklärungskraft, dass sie sich auf kollektive Explananda beziehen

Formal lässt sich eine Handlungserklärung, wie erläutert, problemlos nach dem HEMPEL-OPPENHEIM Schema beschreiben – unter einer akteurstheoretischen Perspektive können allerdings die im Explanans enthaltenen Handlungsregeln nicht raumzeitlich universell gültige Gesetzmäßigkeiten darstellen, sondern soziohistorisch kontingente Strukturen. Solche Strukturen können in gegebenen Kulturen umfassende Geltung besitzen oder sich auch nur auf eng umgrenzte Handlungsfelder beziehen. Sie können lange Zeit stabil sein oder sich rasch wandeln und nach kurzer Zeit wieder verschwinden. Gesellschaftliche Modernisierung und Pluralisierung, sozialer Wandel und subkulturelle Fragmentierung lässt sich verstehen als eine Reduktion der Dauer und der Reichweite solcher Strukturen, die dazu führt, dass Forscher zur Formulierung von Handlungserklärungen nicht mehr ohne weiteres und unproblematisch auf kulturell zugängliche Wissensbestände über allgemein akzeptierte Handlungsregeln zurückgreifen können.

Dies führt für solche hermeneutischen Ansätze, die einen Schwerpunkt auf das Verstehen von Einzelfällen bzw. der Rekonstruktion von „Fallstrukturgesetzen" anhand von biographischen Interviews oder von einzelnen Interaktionssequenzen legen, zu besonderen Problemen. Denn ein durch sozialen Wandel ausgelöster Bedeutungsverlust oder eine Pluralisierung von Handlungsstrukturen bringt das Risiko mit sich, dass der Interpret nur ungenügendes Wissen über Regeln des untersuchten Handlungsfeldes hat und deshalb individuelles Handeln falsch interpretiert. Weiterhin muss es angesichts einer solchen Pluralisierung oft unklar bleiben, welche Geltungsreichweite Befunde besitzen, die aufgrund von Einzelfällen gewonnen wurden: handelt es sich bei den in solchen Fällen beobachteten Strukturen des Handelns um weit verbreitete, „typische" Muster, um Extremfälle, um bestimmte subkulturelle Sonderformen des Handelns, um innovative oder aber um verschwindende Handlungstypen?

Einzelfallorientierte Methoden reichen zur Untersuchung eines Gegenstandsbereichs, der durch Strukturen begrenzter Reichweite geprägt wird, nicht aus. Die (bereits von den soziologischen Klassikern verwendete) „Makro-Mikro-Makro Erklärung" weist nun gegenüber der verstehenden Erklärung *individuellen* Handelns einen eindeutigen Vorteil auf – bereits ihr Explanandum beschreibt *Verteilungen von Handlungstypen auf der Aggregatebene* und liefert dabei verlässlichere Informationen über makrosozietäre Phänomene, als es die Analyse von Einzelfällen vermag. Bestimmte Handlungs- und Akteurstypen[87] werden nämlich überhaupt erst auf einer statistischen Aggregatebene sichtbar und abgrenzbar.

Aber nicht nur die Explananda solcher „Makro-Mikro-Makro" Erklärungen, sondern auch deren Explanantia beziehen Wissen über kollektive Sachverhalte mit ein. Dieser Umstand wird leicht durch die Tatsache verdeckt, dass die erklärenden Argumente *prima facie* nur auf der Mikroebene individuellen Handelns und Erlebens angesiedelt zu sein scheinen, weil zur Erklärung der Makrophänomene auf Ziele und Situationsinterpretationen von Akteuren verwiesen wird. Bei näherem Hinsehen zeigt sich aber: Bei einer solchen Erklärung werden Makrophänomene nicht durch die Motive und Handlungsstrategien *individueller* empirischer Akteure (bzw. durch deren statistisch feststellbare Verteilung), sondern durch allgemeinere Modelle sozialen Handelns, beziehungsweise, in WEBERscher Terminologie, durch *Idealtypen*, erklärt. Der soziologische Untersucher konstruiert hier, ausgehend von vereinfachenden Annahmen, mehr oder weniger abstrakte Modelle, welche beschreiben, was idealisierte, zweckrational handelnde Akteure mit bestimmten, ihnen unterstellten Handlungszielen unter bestimmten situativen Bedingungen vernünftigerweise getan hätten. Damit wird der Blick aber letztendlich nicht auf individuelle, sondern auf kollektive Phänomene gelenkt, nämlich auf die in einem bestimmten Handlungsfeld akzeptierten Handlungsziele, auf typische Arten der Situationswahrnehmung und die dort geltenden Handlungsmaximen. Die von Entscheidungstheoretikern diskutierten „Makro-Mikro-Makro Erklärungen" lassen sich also mit gewissem Recht auch als „Makro-Meso-Makro" Erklärungen bezeichnen, weil hierdurch Makrophänomene nicht durch konkrete individuelle Prozesse auf der Mikroebene, sondern durch Strukturen auf der Mesoebene kultureller Regeln und Praktiken erklärt werden.

11.1.2.2 Sozialwissenschaftliche Handlungserklärungen beziehen sich immer nur auf einen Teil der faktisch wirksamen INUS-Bedingungen

Die Erklärung von Makrophänomenen durch Akteursmodelle, zu deren Konstruktion auf kulturell vermittelte Wissens- und Regelbestände zurückgegriffen wird, bietet den Vorteil, dass hierfür nicht *alle möglichen* INUS-Bedingungen, die das untersuchte Handeln beeinflussen (können), empirisch in den Blick genommen werden müssen. Dieser Umstand ist seit den Arbeiten der Klassiker genutzt worden: DURKHEIMs soziologische Erklärung von Suizidraten erfordert nicht primär die Kenntnis der empirischen Verteilung der den Suizid disponierenden psychischen Zustände in der Bevölkerung, sondern nur das Wissen über charakteristische Reaktionsweisen einer relativ kleinen Gruppe von Menschen auf bestimmte Handlungsbedingungen. Und um die Entwicklung des „kapitalistischen Geistes"

---

[87] wie sie etwa, um auf die verwendeten Beispiele aus den soziologischen Klassikern zurückzukommen, die Gruppe der wohlhabenden protestantischen Kaufleute des 17. Jahrhunderts bei WEBER, oder die Suizidenten unter den Bedingungen gesellschaftlicher Anomie bei DURKHEIM darstellen.

aus der Askese frommer protestantischer Kaufleute zu erklären, ist das Wissen über die genaue Verteilung von Frömmigkeitsformen und Glaubensüberzeugungen nicht notwendig. Auch in der aktuellen Soziologie des Lebenslaufs bezieht man, um bspw. den Zusammenhang zwischen steigender Bildungspartizipation von Frauen und ihrem Alters bei der Geburt des ersten Kindes zu erklären, nicht alle potentiellen Gründe in die Betrachtung mit ein, die einzelne Paare in ihrer Entscheidung für oder gegen Elternschaft beeinflussen. In all diesen Fällen geht es nicht darum, die Gesamtheit jener Orientierungen und Handlungsmuster der individuellen empirischen Akteure zu kennen, welche zu bestimmten Handlungsweisen führen mögen, sondern darum, einen Akteur sozialen Wandels zu identifizieren, der empirisch möglicherweise nicht sehr häufig auftritt.

Die gesamte „HUMEsche Ursache" einer Handlung, das heißt das komplexe Geflecht aller INUS-Bedingungen, das diese Handlung immer und unter allen möglichen Umständen bewirkt, ist unter einer soziologischen Perspektive nicht relevant. Der Versuch, bei der Analyse der Bedingungen von Fertilität, von Heirats- und Scheidungsverhalten oder von erwerbsbiographisch relevantem Handeln stets die „gesamte Situation" der individuellen Akteure zu berücksichtigen und das Handeln in jedem Einzelfall als die Folge eines komplexen Zusammenspiels einer umfangreichen Menge von sozialen, psychologischen, medizinisch-biologischen und geographischen Faktoren darzustellen würde jede theoretische Modellbildung und empirische Forschung überfordern. Deshalb werden immer nur einzelne (oder kombinierte) INUS-Bedingungen, die auch isoliert voneinander betrachtet werden müssen, in das Zentrum des Interesses rücken bzw. thematisiert werden können.

Das führt aber dazu, dass dann, wenn ein wesentlicher Teil der INUS-Bedingungen im Untersuchungsfeld variiert, eine Betrachtung größerer Fallzahlen unumgänglich wird, weil die Wirkung relevanter INUS-Bedingungen in vielen Einzelfällen durch andere Bedingungen (welche sinnvollerweise aus der Betrachtung ausgeschlossen wurden) aufgehoben wird. Der Einfluss einzelner INUS-Bedingungen lässt sich in einem solchen Fall nur dadurch feststellen, dass geprüft wird, ob die *Häufigkeit* des betrachteten Phänomens oder Ereignisses durch das Vorliegen einer bestimmten Bedingung erhöht oder vermindert wird. Die mit statistischen Methoden gegebene Möglichkeit, nur einen Teil von INUS-Bedingungen zu berücksichtigen, ist für die Formulierung sozialwissenschaftlicher Erklärungen also hilfreich, wenn nicht unerlässlich.

Das bedeutet auch, dass die Suche nach zusätzlichen weiteren Variablen zur Aufklärung bislang unerklärter Varianz nur bis zu einem gewissen Grad sinnvoll und darüber hinaus kontraproduktiv wird – die Zahl der betrachteten INUS-Bedingungen bzw. erklärenden Variablen muss bei einer Analyse sozialwissenschaftlicher Kausalzusammenhänge stets begrenzt werden. Dass sozialwissenschaftliche Handlungserklärungen nicht *individuelles Handeln* vollständig, d.h. durch alle wirksamen Einflüsse erklären kann, hat bereits soziologische Klassiker beschäftigt. Ob gesellschaftliche Anomie bei einzelnen Gesellschaftsmitgliedern jene Gefühlszustände, Handlungsorientierungen und Verhaltensweisen bewirkt, die DURKHEIM zufolge den Suizid auslösen können, ist abhängig von zusätzlichen, mitunter stark variierenden Bedingungen. Weil zudem die große Anzahl voneinander unabhängiger Bedingungen, die individuelle Suizide auslösen können, wie das „*Temperament*" des Selbstmörders, sein „*Charakter*", „*Ereignisse seines privaten Lebens und in seiner persönlichen Entwicklung*" (DURKHEIM 1897/1973, S.30) theoretisch nicht beherrschbar sind, muss eine soziologische Analyse sich bewusst auf die Erklärung der statistischen Selbstmord*rate* (und nicht auf individuelle Selbstmorde) und auf eine begrenzte Anzahl von Einflüssen, denen diese unterliegt, beschränken. Oder, um ein Beispiel aus einem aktuellen Forschungsfeld heranzuziehen: ob die Geburt eines ersten Kindes zeitlich verschoben wird, hängt nicht nur ab vom beruflichen Status der Mutter, sondern von zahlreichen anderen individuellen, situativen und übersituativen Bedingungen, wie der Verfügbarkeit eines geeigneten Partners, dem Zustand der Paarbeziehung, Merkmalen der Biographie der Partner, biologischen Faktoren u.v.a.m.

Die Erklärung von Aggregatphänomenen durch Akteursmodelle kann die Vielzahl soziologisch irrelevanter Handlungsbedingungen außer Acht lassen, wirft aber ein anderes Problem auf: um bspw. den probabilistischen Kausalzusammenhang zwischen der Handlungsbedingung „Bildungsstatus" und der Variable „Alter bei der Geburt des ersten Kindes" durch ein allgemeines Handlungsmodell zu erklären, müssen zusätzliche INUS-Bedingungen einbezogen werden – etwa Handlungsziele und -orientierungen, die den Akteuren sinnvoll unterstellt werden können, wie der Wunsch nach der Fortführung einer Berufskarriere, der Wunsch, Kinder großzuziehen oder die Art, wie diese ihre externen, situativen Handlungsbedingungen (als Ressourcen oder Einschränkungen) wahrnehmen. Von Seiten der sozialwissenschaftlichen Methodenlehre lassen sich zwei Strategien formulieren, wie solche zusätzlichen INUS-Bedingungen gefunden werden können: entweder durch die Einführung zusätzlicher theoretische Annahmen oder durch die Erhebung weiterer empirische Informationen. Die strikte und fortdauernde Trennung zwischen der qualitativen und der quantitativen Forschungstradition hat dazu geführt, dass die Wahl zwischen diesen beiden Möglichkeiten oft als Entscheidung zwischen zwei einander ausschließenden Alternativen betrachtet wird: das hypothetiko-deduktive Modell der quantitativen Tradition erfordert, dass die Formulierung von Hypothesen über potentielle INUS-Bedingungen allein auf der Grundlage von bereits vorliegenden oder noch zu entwickelnden Theorien erfolgt. Aus der qualitativen Forschungstradition dahingegen stammt die Auffassung, dass theoretische Aussagen durch eine systematische Analyse und den Vergleich von empirischen Daten konstruiert werden können.

Als ein wesentliches Motiv für Methodenkombination kann die Einsicht dienen, dass empirisch gehaltvolle Handlungserklärungen in der Regel weder allein aus allgemeineren soziologischen Theorien abgeleitet werden können noch unmittelbar aus der empirischen Analyse qualitativer Daten „emergieren". Notwendig ist vielmehr ein Zusammenwirken zwischen theoretischem Vorwissen und empirischen Daten, wie es im Folgenden beschrieben werden soll.

11.1.3 Die theoriegeleitete und empirisch begründete Konstruktion von Handlungserklärungen

Wissen über kulturspezifische Handlungsregeln, denen die idealtypischen Akteure sozialwissenschaftlicher Explanantia folgen, lässt sich nicht direkt und ausschließlich aus allgemeinen soziologischen Theorien ableiten. Dieser Sachverhalt wurde im vierten Kapitel anhand entscheidungstheoretisch begründeter Erklärungen erläutert. Diese enthalten stets eine Reihe von Zusatzannahmen bzw. Brückenhypothesen, die sich nicht direkt aus dem Theoriekern von Entscheidungstheorien ableiten lassen. Dieser Umstand wird leicht übersehen, weil man bei der Formulierung von Brückenhypothesen oft auf implizite Alltagswissensbestände zurückgreifen kann. Auch andere „Großtheorien" aus der Allgemeinen Soziologie enthalten i.d.R. keine Aussagen über soziohistorisch kontingente Strukturen und lokale kausale Zusammenhänge. Um Handlungserklärungen in Untersuchungsfeldern zu konstruieren, zu deren Wissensbeständen Forscher *prima facie* keinen Zugang haben, muss nicht nur eine Methodologie empirisch begründeter Theorienevaluation, wie sie das hypothetiko-deduktive Programm darstellt, sondern eine *Methodologie empirisch begründeter Theorienkonstruktion* (vgl. KELLE 1997a) zur Verfügung stehen.

Eine solche Methodologie darf aber die Bedeutung theoretischen Vorwissens im Forschungsprozess nicht ausblenden, wie dies etwa in bestimmten Fassungen der „*Grounded Theory*" (vgl. insbesondere GLASER, STRAUSS 1967; GLASER 1978, GLASER 1992) der Fall ist, welche die Diskussion in der qualitativen Forschung seit den 1960er Jahren stark beeinflusst haben. Diese Arbeiten haben einem „induktivistischen Selbstmissverständnis" Vorschub geleistet (ausführlich hierzu KELLE 1997a; KELLE, KLUGE 1999, S. 16 ff.; KELLE u.a. 2003), wonach es die Berücksichtigung der Akteursperspektive erfordern würde, dass zu Beginn des Forschungsprozesses jegliches theoretische Vorwissen beiseite gelassen bzw. eingeklammert werde[88]. Demgegenüber gehört es zu den wenigen Aussagen, in denen fast alle modernen erkenntnistheoretischen Schulen übereinstimmen, dass es „*keine Wahrnehmung geben (kann), die nicht von (theoretischen) Erwartungen durchsetzt ist*" (LAKATOS 1982, S. 14). Die Undurchführbarkeit einer induktivistischen Forschungsstrategie lässt sich aber nicht nur mit erkenntnistheoretischen Argumenten aufzeigen, sondern auch in der Forschungspraxis feststellen. Novizen in der qualitativen Sozialforschung reagieren auf die Aufforderung, alles Vorwissen einzuklammern und theoretische Konzepte nur aus dem Datenmaterial „emergieren" zu lassen, oft damit, dass sie in „Daten ertrinken" und sich in einer Beschreibung von Details verlieren (vgl. KELLE u.a. 2003), wohingegen erfahrene Sozialforscher dann oft *ad hoc* und notfalls unter der Hand ihr theoretisches Vorwissen einführen.

Eine Methodologie empirisch begründeter Theorienkonstruktion muss also berücksichtigen, dass die Entwicklung neuer Theorien immer auf der Grundlage bereits bestehenden Theoriewissens erfolgen muss, welches erweitert, auf andere Gegenstandsbereiche übertragen, ggfs. in Teilen verworfen, modifiziert, revidiert oder neu kombiniert werden muss. Die falsche Alternative zwischen einer strikt hypothetiko-deduktiven Forschungsstrategie und dem induktivistischen Modell des theoriefreien „Emergierens" lässt sich nur dann vermeiden, wenn systematisch zwischen *verschiedenen Arten von Theorien* unterschieden wird, die im sozialwissenschaftlichen Forschungsprozess Verwendung finden (vgl. KELLE, KLUGE 1999, S. 27 ff.). Bei einer explorativen und theoriegenerierenden Forschungsstrategie kann auf theoretisches Vorwissen nicht verzichtet werden, allerdings müssen hier andere *Typen theoretischer Aussagen* eingesetzt werden als bei einer Untersuchung, die der Theorienprüfung dienen soll.

Eine Differenzierung zwischen verschiedenen Typen sozialwissenschaftlicher Theorieaussagen ist in der Vergangenheit mehrfach vorgeschlagen worden, wobei sich die Autoren trotz teilweise divergierender wissenschaftstheoretischer und methodologischer Ausgangspositionen auf ähnliche Aspekte konzentriert haben:

---

88 Interessanterweise (und sicherlich gegen die ursprünglichen Intentionen der Verfasser) zeigt ein solches induktivistisches Konzept des Forschungsprozesses, dem zufolge Forscher möglichst „unvoreingenommen" von theoretischen Vorüberlegungen an die empirische Welt herantreten müssen, eine große Nähe zu den von interpretativen Soziologen kritisierten erkenntnistheoretischen Positionen des „Positivismus" (vgl. KELLE 1997, S. 115 ff.).

11.1 Der harte Kern und seine konzeptuellen Bausteine

1. Mit dem später häufig zitierten Konzept der *middle range theories* wollte bereits MERTON 1949 dem Umstand Rechnung tragen, dass sich bisherige Hoffnungen auf eine einheitliche soziologische Theorie, welche alle Aspekte sozialen Handelns, sozialer Struktur und sozialen Wandelns erklären könnte, nicht erfüllt hatten. MERTON wies darauf hin, dass sozialwissenschaftliche *grand theories* nicht logisch konsistente, fest geknüpfte Netzwerke von Propositionen, sondern nur allgemeine theoretische Orientierungen repräsentierten, die i.d.R. keine logisch stringente Ableitung von Aussagen über empirische Sachverhalte ermöglichten. Aus diesem Grund wäre es kaum möglich, allein durch *grand Theories* theoriegeleitete empirische Forschung in die „*observable worlds of culture and society*" zu begründen (MERTON 1994). Von diesem Problem seien *middle range theories* (bspw. Theorien über abweichendes Verhalten, über soziale Wahrnehmung oder über Interdependenzen zwischen sozialen Institutionen) nicht in ähnlicher Weise belastet, weil sie sich nicht auf die Gesamtheit sozialer Lebensäußerungen, sondern nur auf begrenzte Gegenstandsbereiche bezögen. Theorien mittlerer Reichweite lägen "*between the minor but necessary working hypotheses that evolve in abundance during day-to-day research and the all-inclusive systematic efforts to develop a unified theory that will explain all the uniformities of social behaviour, social organization and social change*" (MERTON 1949/1968, S.39). Auch wenn sich Theorien mittlerer Reichweite nicht direkt aus Großtheorien ableiten ließen, so seien doch deren allgemein gehaltenen und auch manchmal recht vagen Begriffe (bspw. der Begriff der „sozialen Rolle") keinesfalls unbrauchbar. Anstatt spezifische Relationen zwischen konkreten Variablen fest zu legen, würden sie aber nur „Variablentypen" definieren „*which are somehow to be taken into account*" (ebd., S.142), die dann allerdings unter bestimmten Bedingungen zu spezifischeren Konzepten mittlerer Reichweite weiterentwickelt werden könnten.

2. Ähnliche Überlegungen liegen der Unterscheidung BLUMERs zwischen *definitiven* und *sensibilisierenden Konzepten* zugrunde. Weil die Beschreibung sozialer Sachverhalte die Kenntnis begrenzter Kontexte erfordere, die dem Handeln der Akteure Bedeutung verleihen, könnten viele soziologische Begriffe, so BLUMER, a priori keine „definitiven", d.h. scharf umrissenen und präzise operationalisierten Konzepte sein. Viele unscharfe Begriffe zur Kennzeichnung sozialer Verhaltensweisen könnten aber in der sozialen Lebenspraxis eine genauer umrissene Bedeutung gewinnen. Das, was etwa der Begriff „Assimilation" bedeute, ließe sich nicht vor einer empirischen Untersuchung anhand abstrakter Definitionen umfassend klären, sondern nur durch das Studium von Assimilierungsprozessen konkreter Bevölkerungsgruppen. Sozialforscher müssten sich die zu einer präzisen Beschreibung erforderlichen begrifflichen Kontexte erst im empirischen Feld erschließen, anstatt die begriffliche Vagheit sozialer Beschreibungen durch Standardisierungsmethoden „heilen" zu wollen. Eine anfängliche Unbestimmtheit soziologischer Konzepte stelle dabei nicht ein Hindernis bei der Erforschung sozialer Realität dar, sondern eine Voraussetzungen hierfür. *Sensibilisierende Konzepte* würden zahlreiche Untersuchungsbereiche erst erschließen können und müssten dann in Auseinandersetzung mit der empirischen Welt präzisiert werden.

3. GLASER und STRAUSS unterschieden zwei Formen von Theorien mittlerer Reichweite, die durch ihre Methode empirisch begründeter Theoriebildung gewonnen werden könnten: während sich *gegenstandsbezogene Theorien* auf ein „*substantive area of sociological inquiry, such as patient care, race relations, professional education, delin-*

quency, or research organizations" beziehen, betreffen formale Theorien ein formales oder konzeptuelles Gebiet soziologischer Forschung, wie *„stigma, deviant behavior, formal organization, socialization, status congruency, authority and power, reward systems, or social mobility"* (GLASER, STRAUSS 1967, S. 32).

4. WAGNER und BERGER (1985) zufolge lassen sich drei verschiedenen Arten soziologischer Theorieaussagen unterscheiden: *„orienting strategies"* seien Metatheorien, die einen Gegenstandsbereich definieren und Grundregeln der Theoriebildung festlegen *„about what concepts it (the theory) should include, about how this concepts should be linked and about how theory should be studied"* (WAGNER, BERGER 1985, S. 700). *Orienting strategies* könnten Regeln darüber fest, was als wahr oder falsch gelten kann, und könnten deshalb mit empirischen Argumenten weder gestützt noch bestritten werden. Sie repräsentierten also das, was in wissenschaftsphilosophischer Terminologie als Paradigma i.S. KUHNs bzw. als harter Kern wissenschaftlicher Forschungsprogramme i.s. von LAKATOS bezeichnet wird – ein Netzwerk nicht empirisch direkt prüfbarer Annahmen, mit dessen Hilfe der Untersuchungsbereich begrifflich strukturiert wird und mit dem die zu untersuchenden Probleme festgelegt werden. Diesen *orienting strategies* stehen einerseits *„unit theories"* gegenüber, d.s. Theorien mittlerer Reichweite, die einen spezifischen Wirklichkeitsausschnitt erklären und andererseits *„theoretical research programmes"*, Verknüpfungen von Einzeltheorien, die zusammen genommen ein Forschungsprogramm begründen. Im Gegensatz zu *orienting strategies* können diese beiden Formen soziologischer Theorien durch empirische Forschung begründet, revidiert, modifiziert und weiterentwickelt werden; sie entsprächen also weitgehend dem, was LAKATOS den „Schutzgürtel" eines Forschungsprogramms nennt.[89]

Für diese verschiedenen Unterscheidungen zwischen *grand* und *middle range theories*, zwischen *definitiven* und *sensibilisierenden Konzepten*, zwischen *substantive* und *formal theories* oder zwischen *orienting strategies* und *unit theories* sind zwei Merkmale theoretischer Aussagen von Bedeutung: einerseits deren *Geltungsreichweite* und andererseits deren *empirischer Gehalt*. Kombiniert man diese beiden Dimensionen miteinander, lassen sich zwei Typen theoretischer Aussagen unterscheiden, die eine jeweils spezifische Funktion für sozialwissenschaftliche Forschung und Theoriebildung aufweisen:

1. *Empirisch gehaltvolle* und gut operationalisierbare, präzise Konzepte bzw. deren Verknüpfungen zu Aussagen *mit einem raum-zeitlich beschränkten Geltungsbereich*,
2. Konzepte und Aussagen mit einem sehr großem, teilweise *universellen Geltungsbereich, aber geringem empirischem Gehalt*.

Eine hypothetiko-deduktive, theorienprüfende Forschungsstrategie erfordert Aussagen des ersten Typs, d.h. Hypothesen in der Art *„Je niedriger das Qualifikationsniveau des Bildungsabschlusses, desto mehr aversive Einstellungen gegenüber Angehörigen fremder Ethnien werden geäußert"*, die an der empirischen Realität scheitern (d.h. „falsifiziert" werden) können. Solchen Aussagen stehen in den Sozialwissenschaften jedoch eine große Menge von Konzepten und Sätzen gegenüber, die im Kontext soziologischer Großtheorien auf hohem

---

89   Ähnliche Differenzierungen schlagen ALEXANDER (1982), TURNER (1987, 1988, 1990) oder FARARO (1989) vor.

Abstraktionsniveau entwickelt wurden, und die (wie etwa die Kernaussagen entscheidungstheoretischer Ansätze) nur schwer mit der empirischen Realität in Konflikt geraten können.

Diese Zweiteilung der sozialwissenschaftlichen Theorienlandschaft in Propositionen mit hohem empirischem Gehalt und beschränkter Geltungsreichweite einerseits und theoretische Sätze mit niedrigem Gehalt und umfassenden Geltungsbereich andererseits stellt unter einem akteurstheoretischen Blickwinkel die logisch notwendige Konsequenz des Umstands dar, dass sozialwissenschaftliche Gegenstandsbereiche immer bis zu einem gewissen Ausmaß durch Strukturen begrenzter Reichweite geprägt werden, so dass es nicht möglich ist, *universelle* Aussagen über soziale Sachverhalte mit hohem empirischen Gehalt bzw. hohem Falsifizierbarkeitsgrad zu formulieren. Theoretische Sätze mit großem oder auch universellem Geltungsbereich sind jedoch keineswegs überflüssig für die sozialwissenschaftliche Theoriebildung: im Rahmen explorativer empirischer Forschung sind sie vielmehr als *Heuristiken* für eine empirisch begründete Konstruktion von Handlungserklärungen unersetzbar. Abstrakte und empirisch gehaltlose theoretische Konzepte aus Großtheorien können nämlich *erstens* theoretische Perspektiven und begriffliche Werkzeuge zur Verfügung stellen, mit deren Hilfe soziologisch relevante Handlungsmuster und Handlungsbedingungen beschreibbar werden und repräsentieren damit „Linsen" (LAUDAN 1977, S.15), durch die bestimmte Aspekte der empirischen Realität erst beobachtbar und darstellbar werden. Solche Konzepte sind *zweitens* hinreichend „offen", so dass eine große Anzahl unterschiedlicher Phänomene mit ihrer Hilfe analysiert werden können und keine Gefahr besteht, dass die Entdeckung der für das Untersuchungsfeld relevanten Handlungsbedingungen und Handlungsmuster durch zu eng formulierte Forscherhypothesen behindert wird.

Der vermeintliche Widerspruch zwischen einer theoriegeleiteten und einer empirisch begründeten Entwicklung von Hypothesen lässt sich also auflösen, wenn man *erstens* zwischen unterschiedlichen Formen sozialwissenschaftlicher Theorieaussagen unterscheidet, und wenn *zweitens* expliziert wird, für welche Zwecke diese verschiedenen Formen im Forschungsprozess genutzt werden können. *Empirisch gehaltvolle Theoriekonzepte* sind brauchbar für eine hypothetiko-deduktive, hypothesenprüfende Forschungsstrategie, während heuristische Konzepte aus unterschiedlichen Theorietraditionen mit geringem empirischem Gehalt wie „*Rollenerwartungen*", „*Situationsdefinitionen*", „*Handlungsalternativen*" usw. im Rahmen explorativer Forschung als theoretisches Raster verwendet werden, welches dann anhand empirischer Beobachtungen zunehmend „aufgefüllt" wird. Hierbei lassen sich, abhängig von der jeweiligen theoretischen Orientierung der Untersucher und der Fragestellung der Untersuchung, zentrale Begriffe und Annahmen unterschiedlicher soziologischer Großtheorien als Heuristiken einsetzen[90].

---

90 So kann, wenn bspw. die *Situation pflegender Angehöriger* den Forschungsgegenstand bildet, aus einer *entscheidungstheoretischen Perspektive* untersucht werden, welches die *Ziele* der Pflegepersonen sind, welche *Handlungskonsequenzen* sie erwarten und welche *Opportunitäten* und *Restriktionen* die Situation enthält. Wird dahingegen ein *interaktionistischer* Ansatz als Heuristik verwendet, so wird der Fokus der Untersuchung auf den *Situationsdefinitionen* der Beteiligten und auf den *Interaktionsprozessen* liegen, durch die diese Situationsdefinitionen entstehen, ausgehandelt, bekräftigt, unterstützt, bekämpft, modifiziert oder verworfen werden. Bei der Verwendung einer *rollentheoretischen Heuristik* würde man sich auf die Untersuchung von *sozialen Normen* konzentrieren, auf die von den Beteiligten akzeptiert werden, auf ihre darauf beruhenden *gegenseitigen Erwartungen* und schließlich die *Sanktionen*, die eingesetzt werden, um Normen und Erwartungen durchzusetzen. In allen diesen Fällen dienen abstrakte und empirisch wenig gehaltvolle Konzepte aus Entscheidungstheorien, interaktionistischen Ansätzen, Rollentheorien usw. als sensibilisierende bzw. „heuristisch-analytische" Konzepte mit dem Ziel der Entwicklung empirisch gehaltvoller, bereichsspezifischer Aussagen.

Zusätzlich zu diesen Dimensionen der „Geltungsreichweite" und des „empirischen Gehalts" spielen weiterhin der *Explikationsgrad* und die *Herkunft des theoretischen Vorwissens* eine wichtige Rolle bei einer empirisch begründeten Hypothesengenerierung.

1. Während bei einem hypothesenprüfenden Vorgehen die *Erwartungen* des Forschers mit Hilfe einer vorliegenden Theorie weitgehend *expliziert* werden sollen, ist es im Kontext explorativer Forschung wünschenswert, dass Forschern im Untersuchungsfeld ungewöhnliche Dinge zustoßen, dass sie Zeugen nicht erwarteter Ereignisse werden, dass ihre Informanten und Interviewpartner überraschende Mitteilungen machen usw. Sozialforscher müssen dabei allerdings über einen mehr oder weniger großen Theorienfundus verfügen, mit dessen Hilfe sie solche unerwarteten Befunde theoretisch einordnen können. So können bestimmte, erst im Feld wahrgenommene Phänomene bspw. als „Rollenkonflikte" oder „Stigmatisierungsprozesse" eingeordnet werden, auch wenn die explizite Erwartung, diese Phänomene zu beobachten, nicht zuvor formuliert wurde. Obwohl also stets jener Teil des theoretischen Vorwissens expliziert werden sollte, der die empirische Untersuchung in Form eines heuristisch-analytischen Rahmens strukturiert, geht die Forderung nach einer Explikation *aller* theoretischen Konzepte, die bei der Entdeckung bislang unbekannter Sachverhalte Verwendung finden könnten, vor der empirischen Untersuchung an den Erfordernissen explorativer Forschung vorbei – denn je umfassender der vorhandene Theorienfundus ist (d.h. je kompetenter die Sozialforscher), desto schwieriger wird es, diesen Wissensvorrat vor einem ersten Feldkontakt auszubreiten.
2. Des Weiteren ist die Unterscheidung zwischen *Forscherwissen* und *Akteurswissen* von großer Bedeutung für explorative, qualitative Forschung, wobei sich allerdings ein besonderer *Zirkel* auftut: Zugang zu finden zu dem Wissen der Akteure ist einerseits ein wesentliches *Ziel* der Forschungsbemühungen, andererseits aber auch deren *Voraussetzung*, denn die Forscher müssen über alltagsweltliche Sprech- und Verstehenskompetenzen verfügen, weil sie sonst gar nicht in der Lage wären, Handlungen und Äußerungen der Akteure im Feld zu verstehen. In der Regel muss im Forschungsprozess genügend Zeit zur Verfügung stehen, um aufbauend auf einer bereits vorhandenen Verstehenskompetenz Konzepte und Begriffe zu klären, die nur in dem untersuchten Handlungskontext verstehbar sind.

Bei einer empirisch begründeten Entwicklung von Handlungserklärungen und Akteursmodellen können die skizzierten vier Dimensionen des Vorwissens in unterschiedlicher Weise zum Tragen kommen: das Vorwissen kann mehr oder weniger explizit und theoretisch abstrakt sein, Alltags- und Theoriewissen können miteinander verknüpft werden. Die Notwendigkeit, auch bei einer explorativen Studie theoriegeleitet vorzugehen, bedeutet also keineswegs, dass bereits vor der Erhebung von Daten empirisch gehaltvolle, präzise Hypothesen formuliert werden müssten. Im Rahmen qualitativer Forschung kann ein solches Vorgehen sogar kontraproduktiv sein, weil hierdurch die Entdeckung neuer Phänomene behindert werden kann. In einer theoriegeleiteten qualitativen Studie dienen vielmehr einerseits Alltagswissensbestände und andererseits empirisch wenig gehaltvolle theoretische Konzepte als Ausgangspunkt. Im Idealfall eröffnet eine solche Kombination von Theorie und Alltagswissen einen Zugang zu den Wissensbeständen der Akteure im Feld über relevante Handlungsbedingungen, Handlungsorientierungen und Handlungsregeln. Die Verwendung impliziter und expliziter soziologischer Theoriekonzepte hilft dabei, das im Forschungsprozess langsam wachsende empirisch gehaltvolle Wissen auf eine abstraktere Ebene zu heben, d.h. die untersuchten Situationen und Handlungen in einen theoretischen Rahmen einzuordnen und auf diese Weise zu erklären. Das Ziel eines solchen Forschungsprozesses ist dann erreicht, wenn durch eine Verbindung des theoretischen Vorwissens mit den im Untersuchungsfeld gewonnenen Informationen empirisch gehaltvolle Akteursmodelle formuliert werden können.

Die Ausgangsfrage, wie sich jene INUS-Bedingungen des Handelns identifizieren lassen, deren Kenntnis zur Konstruktion von Akteursmodellen bzw. sozialwissenschaftlichen Handlungserklärungen notwendig ist, lässt sich also folgendermaßen beantworten: *theoretische Aussagen*, die zwar universell, nicht jedoch empirisch gehaltvoll sind, müssen im Forschungsprozess verknüpft werden mit *gegenstandsbezogenen empirischen Aussagen*, die zwar empirisch gehaltvoll (d.h. deren Geltung in einem eingegrenzten Handlungsfeld prüfbar ist), die nicht jedoch universell sind. Kategorien und Theoreme, die aus soziologischen Theorien mit großer Geltungsreichweite abgeleitet werden können, bilden dabei einen *heuristisch-analytischen Rahmen*, welcher allgemeinere Typen von INUS-Bedingungen festlegt, auf die der Blick des Untersuchers systematisch gelenkt wird („*Situationsdefinitionen*", „*Nutzenargumente*", „*Rollenerwartungen*" u.a.m.). Diese allgemeinen (und vorerst weitgehend empirisch gehaltlosen) INUS-Bedingungen können dann dadurch mit empirischem Gehalt gefüllt werden, dass Forscher sich auf der Grundlage ihrer alltagsweltlichen Verstehenskompetenz einen Zugang zu Wissensbeständen des Handlungsfeldes verschaffen und empirische Informationen sammeln, die eingefügt werden in den heuristisch-analytischen Rahmen, der während der Untersuchung durchaus weiter modifiziert werden kann.

11.1.4 Der Ablauf des sozialwissenschaftlichen Forschungsprozesses

Durch eine Differenzierung zwischen empirisch gehaltvollen Aussagen, die Handeln in begrenzten Handlungsfeldern erklären, einerseits, und heuristisch-analytischen Aussagen mit universellem Geltungsbereich andererseits, kann also der Widerspruch zwischen theoriegeleiteter und explorativer Forschung leicht aufgelöst werden und jene kritische Einwände gegen Methoden empirischer Theoriekonstruktion beantwortet werden, mit denen (zu Recht) darauf verwiesen wird, dass empirische Daten nicht theoretisch voraussetzungslos erhoben und ausgewertet werden können. Aus diesem heute allgemein anerkannten erkenntnistheoretischen Postulat folgt nämlich nicht, dass jede empirische Untersuchung mit scharf umrissenen, empirisch gehaltvollen Aussagen beginnen muss – sozialwissenschaftliche Fragestellungen beruhen vielmehr oft auf allgemeineren Zusammenhangsvermutungen, auf Hypothesen, die sich auf – mehr oder weniger unscharfe und umfangreiche – *Klassen von möglichen gehaltvollen Aussagen* beziehen[91]. Der berechtigte Einwand gegen den In-

---

91   Zur Verdeutlichung dieses Umstands kann bspw. das von OPP in einer Kritik an GLASER und STRAUSS angeführte Beispiel eines Forscherteams dienen, welches das Phänomen der Jugendkriminalität mit einem offenen Forschungsdesign, (d.h. unter Verzicht auf explizite Hypothesenformulierung) untersucht (OPP 1987, S.64f.). Diese Forscher können, wie OPP zu Recht betont, keinesfalls auf die implizite Verwendung theoretischer Vorannahmen verzichten. Ihre Untersuchung wird sich zwangsläufig auf „*Sachverhalte, die sie als relevant für die Entstehung von Jugendkriminalität ansehen*" (ebd., S.64) richten. Solche Sachverhalte, wie Lebenszufriedenheit, Einkommen, Wohnsituation oder deviantes Verhalten in der Schule können bspw.

duktivismus betrifft also gar nicht die Möglichkeit empirisch begründeter Theoriebildung generell, sondern nur die (tatsächlich naive) Vorstellung, Theorien könnten „induktiv", d.h. allein aufgrund empirischer Daten und *ohne theoretisches Vorwissen*, entwickelt werden.

Ein methodenintegratives Programm öffnet die sozialwissenschaftliche Methodologie damit für Diskussionen, die in den vergangenen Jahrzehnten in der Wissenschaftsphilosophie auch analytischer und kritisch-rationaler Richtung über die Methodisierbarkeit des *context of discovery* und den Stellenwert „*rationaler Heuristiken*" geführt wurden (vgl. etwa FISCHER 1983; DANNEBERG 1989; KELLE 1997a). Diese Diskussionen haben deutlich gemacht, dass die Entwicklung von Theorien und Hypothesen im *context of discovery* nicht eine eigene abgrenzbare Phase des Forschung darstellt, in der unsystematisch spontane Einfälle und unkontrollierbare Einsichten entstehen, eine Sichtweise, wie sie manchmal von Darstellungen des sozialwissenschaftlichen Forschungsprozesses in Methodenlehrbüchern vermittelt wird, in denen strikt zwischen einem „*Entdeckungs-*" und einem „*Begründungszusammenhang*" unterschieden wird (vgl. etwa FRIEDRICHS 1973/1980, S.52). Bereits Hans REICHENBACH, der diese Unterscheidung in seiner 1938 erschienenen Monographie „*Experience and Prediction*" vorgeschlagen hatte, wollte nämlich hiermit nicht den zeitlichen Ablauf der einzelnen Schritte von Hypothesenformulierung und -überprüfung bei wissenschaftlichen Untersuchungen beschreiben, sondern nur differenzieren zwischen den Denkvorgängen von Forschern zu einem konkreten Zeitpunkt (dem *context of discovery*) einerseits und der überzeitlichen logischen Struktur von Aussagensystemen (wie sie nur im *context of justification* rekonstruierbar wird) andererseits. Mit der Unterscheidung wollte Reichenbach vor allem darauf aufmerksam machen, dass nur die Satzaussagen einer Theorie und deren Implikationen, nicht aber die tatsächlichen kognitiven Vorgänge, die zu ihrer Formulierung geführt haben, einer direkten Analyse zugänglich sind. Bei der logischen Rekonstruktion und Bewertung von wissenschaftlichen Erkenntnissen müsse nicht der Entstehungsvorgang, sondern die Begründung von Hypothesen im Zentrum der Aufmerksamkeit stehen, eine Auffassung, die in ähnlicher Form auch Karl POPPER formuliert hatte, als er schrieb, dass an der Frage, wie es vor sich geht, das *„jemand etwas Neues einfällt (...) wohl die empirische Psychologie Interesse (hat)* (...) *nicht aber die Erkenntnislogik*" (POPPER 1934/1989b, S.223).

POPPER und REICHENBACH verweisen natürlich mit einiger Berechtigung darauf, dass die flüchtigen kognitiven Zustände, die Wissenschaftler beim Aufstellen von Theorien durchleben, im Einzelnen einer wissenschaftstheoretischen Analyse nicht zugänglich sind. Es ist allerdings eine ganz andere Frage, ob die Formulierung wissenschaftlicher Hypothesen tatsächlich spontanen Eingebungen zu verdanken ist und ob Forscher hierbei (zumindest partiell) systematisch und methodisch rational vorgehen. Vertreter der Auffassung, dass sich neue Hypothesen vor allem spontanen Eingebungen verdanken, können sich dabei zumindest nicht auf REICHENBACHs Differenzierung zwischen *context of discovery* und

---

in einen qualitativen Interviewleitfaden mit einfließen und die Untersucher werden vermutlich nicht nach Merkmalen wie „*Schuhgröße oder nach der Haarfarbe*" (ebd.) fragen. Bezeichnet man solche impliziten Vorannahmen als „Hypothesen", kann man allerdings die Tatsache übersehen, dass es sich hier um eine andere Art von Annahmen handelt als die präzise ausformulierten und operationalisierten Hypothesen, die bei einem streng hypothetiko-deduktiven Vorgehen aufgestellt werden. Die Hypothese, dass ein (noch nicht genau spezifizierter) theoretisch relevanter Zusammenhang zwischen Schullaufbahn und jugendlicher Delinquenz besteht, besitzt einen anderen logischen und empirischen Stellenwert als die Hypothese, dass geringer Schulerfolg (messbar an Hand von Schulnoten) zu erhöhter Delinquenz (messbar an Hand der Häufigkeit gerichtskundigen abweichenden Verhaltens) führt.

context of justification berufen, denn dieser Wissenschaftstheoretiker stand Schilderungen von Wissenschaftlern, die ihre eigenen Entdeckungen als Folge „glücklichen Ratens" und „mystischer Eingebung" betrachteten, skeptisch gegenüber. Insgesamt betrachtete REICHENBACH die Entdeckung theoretischer Aussagen als einen rationalen Vorgang, auch wenn die begleitenden kognitiven Vorgänge (aus rein praktischen Gründen) der logischen Analyse nicht unmittelbar zugänglich seien (vgl. CURD 1980, S.210).

Tatsächlich ist Quellenmaterial verfügbar über den *context of discovery* von etlichen wissenschaftlichen Entdeckungen, deren wissenschaftshistorische Analyse (z.B. HANSON 1958/1965; NERSESSIAN 1984, 1989; DANNENBERG 1989) deutlich macht, wie unrealistisch die Trennung des Forschungsprozesses in eine Phase intuitiver Theoriegenerierung einerseits und methodisch kontrollierter Theorieprüfung andererseits ist[92]. Wissenschaftshistorische Untersuchungen (z.B. NERSESSIAN 1984, 1989) haben weiterhin gezeigt, dass die Ansicht, neue Theorien würden als blitzartige Einsichten entstehen, sich einerseits auf die zahlreichen methodischen Schwierigkeiten zurückführen lässt, den Prozess wissenschaftlicher Entdeckung anhand entsprechender Quellen nachzuzeichnen und andererseits von der Existenz unverbürgter und teilweise offensichtlich unzutreffender Anekdoten aus der Wissenschaftsgeschichte herrührt (vgl. etwa NICKLES 1980). „Entdeckung" und „Überprüfung" wissenschaftlicher Theorien können nicht als streng getrennte Vorgänge aufgefasst werden, denn zahlreiche erfolgreiche Theorien entstanden nicht am Schreibtisch des Theoretikers als geniale Entwürfe in einem inspirativen Akt, sondern in einem sukzessiven und langwierigen Prozess. Ihre zahlreichen Umformungen waren jeweils begleitet von logischen Schlussfolgerungen und von der Erhebung empirischer Daten und keineswegs nur von spontanen Regungen der Intuition beeinflusst[93]. Wissenschaftliche Entdeckungen nehmen demnach ihren Ausgangspunkt von bekannten Tatsachen, die oft im Widerspruch zu allgemein akzeptierten Theorien stehen und stellen die Verbindung dieser Tatsachen zu einer neuen Theorie her.[94] Auch wenn Intuition und Kreativität dabei eine wichtige Rolle spielt,

---

92 Anhand von KEPLERS Entdeckung der Gesetze der Planetenbahnen macht etwa HANSON deutlich, wie wissenschaftliche Theorien nicht durch einen plötzlichen Einfall entstehen, sondern durch einen langsamen (mehrere Jahrzehnte dauernden!) Prozess der Anpassung von Theorie und Daten, bei der Planetenbahnen in mehreren Schritten (über die Annahme „ovoider" Bahnen) der Ellipsenform angenähert wurde. Zahlreiche der in diesem Prozess angestellten Überlegungen und Schlussfolgerungen sind streng rational, methodisch kontrolliert und nachvollziehbar. Obwohl Kreativität und Intuition in diesem Prozess immer wieder eine wichtige Rolle spielte, sei die Aufstellung neuer Hypothesen nicht willkürlich, sondern stets in einer bestimmten Weise rational begründet: *„Kepler never modified a projected explanation capriciously; he always had a sound reason for every modification he made"* (HANSON 1958/1965, S.84).

93 Auch POPPER hat diesen Aspekt der wissenschaftlichen Theorienproduktion durchaus gesehen. Zwar hat er mehrfach betont, dass es *„eine logische, rational nachkonstruierbare Methode, etwas Neues zu entdecken, nicht gibt"*, weil *„jede Entdeckung (...) eine 'schöpferische Intuition'"* (POPPER 1934/1989, S.11) darstellt. Auf den letzten Seiten seiner *„Logik der Forschung"* referiert er aber ein Konzept „*quasi-induktiven Erkenntnisfortschritts*", wonach die Entwicklung neuer Hypothesen, die Konstruktion neuer und die Veränderung alter Theorien die Beachtung bestimmter generativer Regeln erfordert. Diese Regeln beinhalten die Anknüpfung an den Problemen, die bisherige Theorien erzeugen, die Beibehaltung des erreichten Standes der theoretischen Aufklärung eines Gegenstandsbereiches, die Bemühung um empirische Gehaltsvermehrung sowie die Vermeidung von Immunisierungsstrategien und ad-hoc-Anpassungen. POPPER formuliert methodologische Regeln für den Übergang von einer gescheiterten Theorie zu einer Nachfolgerin und zeigt damit auf, dass die Hypothesengenerierung und Theoriekonstruktion zumindest partiell einen rationalen und regelgeleiteten Prozess darstellt (vgl. KELLE 1997a; S.144f.).

94 Die Aufstellung einer neuen Theorie beruht auf der Fähigkeit, einen logischen Zusammenhang zwischen bekannten Tatsachen einerseits und einer potentiellen Erklärung andererseits herzustellen, wie bereits REICHENBACH es sah: *„Warum war Einsteins Gravitationstheorie eine große Entdeckung, noch ehe sie durch*

so ist der *context of discovery* dennoch nicht frei von logischen Schlussfolgerungen und rationalen Erwägungen, denn der Forscher muss ausgehend von einem empirischen Phänomen auf eine Hypothese schließen, die eine sinnvolle Erklärung für dieses Phänomen bietet.[95]

Das Induktionsprinzip ist allerdings ungeeignet, um die empirisch begründete Konstruktion von Theorien zu erklären – Theorien werden nicht dadurch entwickelt, dass Beobachtungen zusammengefasst werden[96], sondern auf der Grundlage der von PEIRCE beschriebenen *hypothetischen Schlussfolgerungen*, mit deren Hilfe empirische Sachverhalte dadurch erklärt werden, dass eine Regel herangezogen wird, deren Geltung die Tatsache als selbstverständlich erscheinen lassen würde. Hypothetische Schlussfolgerungen bzw. „Schlussfolgerungen auf die beste Erklärung" stellen zwar oft riskante Schlüsse dar und sind dennoch nicht willkürlich, weil sie spezifischen Einschränkungen unterliegen:

1. Die neu entwickelten Erklärungen müssen zwar originell sein, ihre Originalität wird jedoch durch die zu erklärenden Fakten begrenzt. *"It is not pure, ontological originality in the relation to the ideas and perceptual facts at hand. Hypotheses can be original, but only if they still may explain the facts in question."* (ANDERSON 1987, S.44).
2. Hypothetische Schlussfolgerungen generieren kein Wissen *ex nihilo*, jede neue Einsicht vereinigt vielmehr „*something old and something hitherto unknown*" (PEIRCE, 7.536), denn die „*verschiedenen Elemente der Hypothese*" müssen „*schon vorher in unserem Verstande*" vorliegen (PEIRCE, 5.181).

Neue Erklärungen und neue theoretische Konzepte entstehen also aus einer Kombination von bereits bestehendem Theoriewissen und neuer Erfahrung – „*(...) that is to say, we put old ideas together in a new way and this reorganization itself constitutes a new idea*" (ANDERSON 1987, S. 47). Dieser Vorgang ist PEIRCE zufolge zwar ohne einen kreativen Umgang mit Daten und Theorien gar nicht denkbar (PEIRCE, 6.458) – dieser findet aber nicht im luftleeren Raum statt, sondern auf der Grundlage empirischer Daten und theoretischer Wissensbestände, die zu neuen sinnvollen Mustern zusammenfügt werden müssen.

Die weiter oben beschriebene Verwendung heuristisch-analytischer Rahmenkonzepte zur Strukturierung empirischer Daten stellt ein gutes Beispiel für einen solchen Vorgang dar, bei dem empirisch gehaltvolle theoretische Aussagen auf der Grundlage theoretischen Vorwissens *und* empirischer Daten konstruiert werden. Hierdurch lässt sich ein realistische-

---

astronomische Beobachtungen bestätigt wurde? Weil Einstein sah – was seine Vorgänger nicht gesehen hatten – daß die bekannten Tatsachen auf eine solche Theorie hinwiesen." (REICHENBACH 1938/1983, S.236)

95 Die Auffassung, wonach die Entdeckung von Hypothesen nur als intuitive Eingebung zu erklären sei, verdunkelt demgegenüber eher die Beziehung zwischen Daten und Theorie, weil hier übersehen wird, dass es nur sinnvoll sein kann, eine Hypothese in Erwägung zu ziehen, wenn sie ein in Frage stehendes Phänomen erklärt: „*The hypothesis cannot be admitted, even as a tentative conjecture, unless it would account for the phenomena posing the difficulty - or at least some of them.*" (HANSON 1958/1965, S.86)

96 Die Tatsache, dass ein konkaver Spiegel im Sonnenlicht ein Spektrum zeigt, ist nicht dadurch erklärt, dass gesagt wird, dass alle konkaven Spiegel dies tun; sondern nur dann, wenn man verstanden hat, *warum* konkave Spiegel im Sonnenlicht Spektren zeigen (HANSON 1958/1965, S.71). Oder, um ein Beispiel aus den empirischen Sozialwissenschaften zu verwenden: eine Erklärung für die Tatsache, dass Frauen mit höherem Bildungsabschluss in einer bestimmten Untersuchungsgruppe dazu neigen, die Geburt ihres ersten Kindes aufzuschieben, wird nicht dadurch gegeben, indem festgestellt wird, dass ganz allgemein Frauen mit höheren Bildungsabschluss ihre Kinder später im Lebenslauf bekommen. Man muss vielmehr erklären können, *warum* die betreffenden so handeln, wie sie es tun.

res und umfassenderes Verständnis des Ablaufes des sozialwissenschaftlichen Forschungsprozesses begründen als durch das HD-Modell – die Theorienprüfung bildet dabei nur einen Teil des gesamten Forschungsprozesses, der idealerweise stets von neuem einen Zyklus mit den folgenden Phasen durchläuft:

1. die Phase der systematischen empirischen *Beschreibung sozialwissenschaftlicher Explananda*,
2. die Phase der *Formulierung der Explanantia durch hypothetische Schlussfolgerungen* auf der Grundlage theoretischen Vorwissens einerseits und empirischer Informationen andererseits,
3. die Phase der *Überprüfung der Geltungsreichweite* der Explanantia durch zusätzliches empirisches Material.

In jeder dieser Phasen, die oft auf verschiedene Studien und Forschungsprojekte in längeren Zeiträumen verteilt werden müssen, muss theoretisches Vorwissen sinnvoll zu empirischen Beobachtungen in Beziehung gesetzt werden:

Sozialwissenschaftliche Fragestellungen, die sich auf kollektive Explananda beziehen, erfordern bereits in der ersten Phase des Forschungsprozesses, der *Identifizierung und Beschreibung der Explananda*, die Erhebung und Auswertung empirischer Informationen, etwa statistischer Daten.

Die zweite Phase, die *Konstruktion des Explanans*, verlangt als erstes die Auswahl angemessener Theorieansätze, mit deren Hilfe solche Phänomene identifiziert und kategorisiert werden können, die das Explanandum erklären können. Indem ein heuristischer Theorierahmen, durch den ein zuerst weitgehend empirisch gehaltloses Akteursmodell formuliert wird, auf empirisch beobachtbares Handeln bezogen wird, lassen sich Akteursmodelle begrenzter Reichweite entwickeln, die die Explanantia einer sozialwissenschaftlichen Handlungserklärung bilden. Diese durch einen heuristischen Theorierahmen angeleitete Beschreibung empirischer Sachverhalte sollte (abhängig davon, in welchem Umfang die Forscher bereits Zugang zum Handlungswissen des Feldes haben), durch qualitative Forschung erfolgen, um Fehlschlüsse des Alltagswissens zu vermeiden.

Speziell in dieser Phase des Forschungsprozesses sind oft riskante hypothetische Schlussfolgerungen unvermeidbar, weil ggfs. Handlungsmuster, -orientierungen und -regeln, die anhand nur weniger Fälle identifiziert wurden, zur Erklärung von Aggregatphänomenen mit einer größeren Geltungsreichweite herangezogen werden. Hypothetische Schlussfolgerungen sind nun, so PEIRCE, Akte „*extrem fehlbare(r) Einsicht*" (PEIRCE 1903, 5.181), die immer nur etwas vermuten, „*was der Fall sein mag*", und müssen deshalb oft ergänzt werden durch Deduktionen – aus den hypothetisch erschlossenen Erklärungen werden dann empirisch direkt prüfbare Aussagen deduziert – und Induktionen, d.h. der Verallgemeinerung empirischer Daten zur Überprüfung dieser Hypothesen (PEIRCE, 5.171). Hiermit würde die *dritte Phase* des Forschungsprozesses erreicht: *die Überprüfung der Geltungsreichweite der Explanantia durch zusätzliches empirisches Material*.

Dies wird prinzipiell auf verschiedenen Wegen, durch qualitative und quantitative Methoden, erfolgen können und müssen:

1. im Rahmen *qualitativer Studien* durch eine systematische Fallauswahl und sukzessive Fallkontrastierung in Stichproben, die groß genug sind, um die faktisch vorhandene

Heterogenität von Handlungsorientierungen, Handlungsregeln und Handlungsmustern im Untersuchungsfeld auch zu erfassen, und die bis zu einem Punkt der „*theoretischen Sättigung*" fortgeführt wird.[97]

2. Weiterhin können *quantitative Methoden* eingesetzt werden, um nach den Regeln des hypothetiko-deduktiven Modells die anhand einer beschränkten Fallauswahl entwickelten Erklärungen anhand umfangreicherer Datensätze zu prüfen.

Diese drei Phasen des empirischen Forschungsprozesses – die *Identifizierung der Explananda*, die Konstruktion der Explanantia und die Prüfung von deren Geltungsreichweite – werden oftmals nicht in einem einzelnen Forschungsprojekt zusammengeführt werden können. Viele Studien können nur einen dieser Schritte umsetzen, wobei die Validität ihrer Ergebnisse aber davon abhängt, dass sie eingebettet sind in einen umfassenderen Diskussions- und Forschungskontext, der bspw. Untersuchern, die eine monomethodische qualitative Studie durchführen einen Zugang zu Wissen über die statistische Verteilung der untersuchten Phänomene erlaubt, damit deren Relevanz eingeschätzt werden kann. Weil aber solche Informationen durch andere Forschungsvorhaben, durch die amtliche Statistik usw. zur Verfügung gestellt werden können, sind hierfür oft nicht eigene Erhebungen erforderlich.

Ein integratives methodologisches Programm vermeidet also die Mängel des hypothetiko-deduktiven und des induktivistischen Ablaufmodells sozialwissenschaftlicher Forschung, indem es berücksichtigt, dass im gesamten Untersuchungsprozess sowohl Methodologien der Theorienprüfung als auch Methodologien empirisch begründeter Theorienbildung benötigt werden.

11.2 Quantitative und qualitative Methoden in integrativen Designs

Verfahren aus beiden Methodentraditionen können in einer methodenintegrativen Sozialforschung jeweils unterschiedliche und komplementäre Aufgaben erfüllen.

Quantitative Methoden können dazu verwendet werden, um die Variation von Handlungsmustern auf einer gesellschaftlichen Makroebene zu gegebenen Zeitpunkten und über die Zeit hinweg in ihrem Wandel zu beschreiben. Sie sind vor allem deshalb unverzichtbar, weil sie Informationen liefern können über „partielle" bzw. „schwache" Kausaleinflüsse, indem sie aus einem komplexen Bedingungsgefüge einzelne, kausal relevante Bedingungen isolieren und deren (beschränkten) kausalen Einfluss auf das untersuchte Phänomen quantifizieren. Auf diese Weise können die empirischen Sozialwissenschaften dem Umstand gerecht werden, dass soziale Akteure in ihrem Handeln von sozialstrukturellen Handlungsbedingungen mehr oder weniger stark beeinflusst, nicht aber vollständig determiniert werden. Auf dieser Grundlage kann die *quantitative Sozialforschung* im Wesentlichen *zwei Aufgaben* erfüllen: sie kann einerseits empirische Evidenz liefern für vorab formulierte (Zusammenhangs)hypothesen und sie kann Explananda für sozialwissenschaftliche Hand-

---

97 Allerdings darf hierbei nicht, wie bereits erläutert, übersehen werden, dass unter einer akteurstheoretischen Perspektive, die mit kreativen und sozial innovativen Akteuren rechnet, theoretische Sättigung prinzipiell nie *endgültig* erreichbar ist – es können immer nur vorläufige, für bestimmte raumzeitlich begrenzte Handlungsfelder gültige Handlungserklärungen bzw. Kausalaussagen formuliert werden. Die Geltungsreichweite dieser Kausalaussagen ist dabei abhängig von der Heterogenität und Wandelbarkeit der Bedingungen sozialen Handelns.

11.2 Quantitative und qualitative Methoden in integrativen Designs

lungserklärungen liefern. Von besonderem Interesse für ein integratives methodologisches Programm sind hierbei *erstens* anomale und *schwer erklärbare Befunde* quantitativer Studien und *zweitens Varianzanteile*, die durch bislang in die Modelle aufgenommenen unabhängigen Variablen nicht erklärt werden können.

1. Anomale und schwer erklärbare Befunde können sowohl bei hypothesenprüfenden als auch bei deskriptiven quantitativen Untersuchungen auftreten: bei hypothesenprüfenden Untersuchungen wird dann, wenn theoretisch begründete Erwartungen oder Hypothesen nicht durch das empirische Material bestätigt werden können, die Frage aufgeworfen, wie diese Befunde zu erklären sind – die im 20. Kapitel dargestellte Untersuchung über den Zusammenhang zwischen Ausbildungserfolg, Einstieg in die Erwerbsbiographie und delinquentem Handeln bei Haupt- und Sonderschülern liefert ein gutes Beispiel hierfür. Aber auch ohne eine Strategie der gezielten Hypothesenprüfung zu verfolgen, entdeckt man oft erklärungsbedürftige und überraschende Zusammenhänge in statistischem Datenmaterial, wie die empirische Untersuchung über die Tendenzen junger Facharbeiter zur Weiterbildung zeigt.
2. Auch die durch die bislang verwendeten statistischen Modelle unaufgeklärte Varianz kann zu einer Suche nach sozialwissenschaftlichen Explananda anregen. Der (technisch so bezeichnete) „Fehleranteil" an der Streuung der abhängigen Variablen kann zwar Folge einer Fehlspezifikationen von Modellen oder von Messfehlern sein. Unter einer akteurstheoretischen Perspektive muss aber davon ausgegangen werden, dass sich hierin auch Handlungs- und Entscheidungsspielräume[98] sozialer Akteure und bislang unbekannte Handlungsgründe ausdrücken können. Manche dieser zusätzlichen Handlungsgründe sind aus sozialwissenschaftlicher Sicht irrelevant und damit vernachlässigbar, andere repräsentieren jedoch bislang unbekannte kausale Pfade oder neue INUS-Bedingungen, die in sozialwissenschaftliche Erklärungsmodelle mit einbezogen werden müssen. Die Verwendung probabilistischer Konzepte schwacher Kausalität kann deshalb oft nur ein erster Schritt der Erklärung von statistischen Zusammenhängen sein. Oder mit anderen Worten: die Verwendung eines statistischen Instrumentariums, welches *Abweichungen von postulierten Kausalzusammenhängen* in bestimmten Grenzen als Fehler oder unerklärte Varianz toleriert und damit die Modellierung nicht-deterministischer Zusammenhänge erlaubt, ist für die Formulierung sozialwissenschaftlicher Handlungserklärungen zwar eine oft notwendige Voraussetzung. Unerklärte Varianz stellt aber nicht schon selber eine Erklärung dar, sondern liefert oft nur weitere erklärungsbedürftige Sachverhalte bzw. sozialwissenschaftliche Explananda.

---

98 Die Verwendung stochastischer Modelle (die einen bestimmten Begriff des Zufalls voraussetzen) für die Beschreibung von Phänomenen, bei denen die (begrenzte) Entscheidungsfreiheit von Akteuren berücksichtigt wird, darf keinesfalls ontologisch missverstanden werden in dem Sinn, dass „freie Entscheidungen" etwas Ähnliches wie „zufällige Entscheidungen" darstellen, dass mithin regellose Prozesse untersucht würden. Das Konzept des Zufalls dient hier vielmehr als ein Lückenbüßer für das unvollständige Wissen eines sozialwissenschaftlichen Untersuchers über die (manchmal sehr zahlreichen und unterschiedlichen) faktischen Handlungsgründe der Akteure (vgl. hierzu auch Kapitel 8). Autonomes Handeln ist nur selten im strengen Sinne „zufällig" – ein Handelnder ist gerade bei einer freien Entscheidung oft gut in der Lage, seine Handlungsweisen zu begründen. Dadurch wird dieses Handeln aber rational rekonstruierbar, das heißt jene Regeln, denen es folgt, werden prinzipiell beschreibbar und nachvollziehbar (und das sogar dann, wenn der Handelnde diese Regeln nur für diesen einen Fall selber entwickelt hat).

Mit Hilfe *qualitativer Methoden* können demgegenüber Handlungsorientierungen und Handlungsregeln entdeckt und damit „generative Prozesse" *identifiziert* und beschrieben werden, mit deren Hilfe Zusammenhänge auf der Makroebene erklärbar werden. In methodenintegrativen Designs können qualitative Studien insbesondere dazu dienen, um

1. INUS-Bedingungen zu identifizieren, die intervenierende Variablen darstellen und kausale Pfade beschreiben, welche schwer interpretierbare Zusammenhänge auf der Aggregatebene (wie etwa die Tendenz der jungen Maschinenschlosser zur Weiterbildung) durch eine handlungstheoretische Tiefenerklärung verständlich machen,
2. Variablen zu finden, die bislang unaufgeklärte Varianz erklären können, wie dies bei der Entwicklung von „berufsbiographischen Gestaltungs- bzw. Orientierungsmustern" junger Facharbeiter der Fall war, mit deren Hilfe ein Teil der Variation ihrer erwerbsbiographischen Verläufe aufgeklärt werden konnte,
3. Variablen zu entdecken, die eine fehlerhafte kausale Interpretation statistischer Assoziationen korrigieren helfen. So können qualitative Untersuchungen Informationen liefern, mit deren Hilfe *common causes* entdeckt und angemessen in kausale statistische Modelle einbezogen werden. Hierdurch kann die Anwendung von experimentellen, quasi-experimentellen und statistischen Kontrollprozeduren auf der Grundlage von lokalem Wissen über das untersuchte Handlungsfeld erfolgen und „Pseudokontrollen" (LIEBERSON 1985) können vermieden werden. Schließlich können qualitative Untersuchungen, wie sich anhand der Studie über Hochschulabsolventen in der DDR oder in der Untersuchung zum Antwortverhalten von Heimbewohnern in standardisierten Befragungen gezeigt hat, auch dazu genutzt werden, um die Bedeutung der in quantitativen Studien verwendeten Variablen besser einzuschätzen und Methodenartefakte aufzudecken.
4. Schließlich können qualitative Studien dazu verwendet werden, um zusätzliche abhängige Variablen zu identifizieren. Diese Möglichkeit lässt sich vor allem in der sozialwissenschaftlichen Evaluations- und Interventionsforschung nutzbar machen, um nicht-intendierte Folgen sozialpolitischer Interventionen zu beschreiben, die durch neue kausale Handlungspfade zustande kommen, welche die von Interventionen betroffenen Akteuren entwickeln, um bspw. den für sie unerwünschten Folgen sozialtechnologischer Zumutungen entgegenzuwirken.

Die empirisch begründete Entwicklung und Überprüfung sozialwissenschaftlicher Erklärungen ist ein mehrschrittiges Verfahren, bei dem Theoriebildung und quantitative sowie qualitative Forschung aufeinander bezogen werden. Hierbei müssen beide Methodentraditionen nicht unbedingt in einer einzelnen Untersuchung verbunden werden. Monomethodische Studien dürfen auch im Kontext eines methodenintegrativen Programms sinnvoll durchgeführt werden, wenn sich solche Studien als Teil eines sehr viel umfassenderen Prozesses der Wissenskumulation betrachten lassen, bei dem sowohl auf Informationen über Zusammenhänge auf der statistischen Makroebene als auch auf Wissen über kulturelle Handlungsregeln zurückgegriffen wird. Dies ist sowohl bei monomethodischen qualitativen Studien möglich, bei denen die Fallauswahl auf der Basis solider Kenntnisse über die untersuchten Handlungsmuster erfolgt, als auch bei quantitativen Studien, die sich bei der Konstruktion von Erklärungshypothesen auf *gesichertes* und *allgemein zugängliches* (alltagsweltliches) Wissen über das Feld stützen. Von einer solchen *methodenintegrativen For-*

schung im weiteren Sinne müssen aber *methodenintegrative Designs im engeren Sinne* unterschieden werden, bei denen qualitative und quantitative Methoden in einem einzelnen Forschungsprojekt verbunden werden. Das Ziel solcher Designs besteht in einem Ausgleich der Stärken und Schwächen beider Methodentraditionen und in der wechselseitigen Bearbeitung und Lösung von Methodenproblemen und Validitätsbedrohungen. Im Folgenden sollen die Funktionen von vier verschiedenen methodenintegrativen Designs beschrieben werden, bei denen qualitative und quantitative Untersuchungen nacheinander, in einer *sequentiellen* Abfolge, oder nebeneinander, in einem *parallelen* Design, eingesetzt werden.

11.2.1 Sequentielles qualitativ-quantitatives Design

Die bekannteste, in der Methodenliteratur bereits in den 1950er Jahren beschriebene und am wenigsten umstrittene Form der Methodenkombination besteht darin, dass qualitative Verfahren zur Entwicklung von Kategorien und theoretischen Aussagen verwendet werden, die in einer anschließenden quantitativen Studie auf ihre Verallgemeinerbarkeit hin untersucht werden. Bei einem solchen Design können Forschungsergebnisse der qualitativen Studie zur Identifikation relevanter Variablen, zur Operationalisierung von Konzepten auf empirischer Grundlage, zur Entwicklung von Messinstrumenten und zur Formulierung von empirisch gehaltvollen Hypothesen für die quantitative Studie dienen, welche dann diese Konzepte, Variablen und Messinstrumente bei der Untersuchung einer umfangreicheren Stichprobe verwendet und dabei die Geltungsreichweite und die Geltungsgrenzen der in der qualitativen Teilstudie entwickelten theoretischen Annahmen und Handlungserklärungen untersucht.

Auf der Grundlage der methodologischen Prämisse, dass nicht universelle Regelmäßigkeiten und Gesetze, sondern Strukturen begrenzter Reichweite analysiert werden, muss allerdings auf mehrere Aspekte eines solchen sequentiell qualitativ-quantitativen Designs hingewiesen werden, die in der quantitativen Methodenliteratur, die dieses Design gelegentlich beschreibt, nicht berücksichtigt werden (vgl. hierzu ausführlich Abschnitt 10.2.3):

1. Die qualitative Untersuchung darf sich keineswegs auf eine unsystematische „Vorstudie" beschränken, bei der sich Forscher ein wenig im Feld „umsehen", denn hierdurch würde das Potential einer Methodologie empirisch begründeter Theoriebildung verschenkt. Weil eine methodisch kontrollierte und systematische Erhebung und Auswertung qualitativer Daten bei einer adäquaten Fallauswahl und –kontrastierung erhebliche personelle und zeitliche Ressourcen bindet, wird der qualitative Anteil eines solchen sequentiellen Designs oft aufwendiger sein als die anschließende quantitative Phase.
2. Methoden konstituieren immer bis zu einem gewissen Grad den untersuchten Gegenstand mit. Wie sich anhand der im 10. Kapitel präsentierten forschungspraktischen Beispiele zeigen ließ, läßt sich hieraus zwar kein grundsätzlicher Methodendualismus ableiten in dem Sinne, dass qualitative und quantitative Methoden immer und grundsätzlich verschiedene Phänomene beschreiben. Dennoch muss besondere Sorgfalt darauf verwendet werden, dass durch die qualitative und die quantitative Untersuchung nicht unbemerkt grundsätzlich verschiedene Gegenstandsbereiche in den Blick geraten.

3. Im Unterschied zu den in der statistischen Literatur beschriebenen klassischen Modellen des Hypothesentests, wie sie etwa FISHER oder NEYMAN und PEARSON entwickelt haben, mit deren Hilfe universell gültige Aussage in prinzipiell infiniten Populationen geprüft werden können, geht es bei einem sequentiellem qualitativ-quantitativem Design nicht um die Verwerfung oder Annahme statistischer Hypothesen, sondern um die Untersuchung der Geltungsreichweite von Aussagen, deren Gültigkeit bereits im Kontext des qualitativen Untersuchungsteils (durch entsprechende Verfahren methodischer Kontrolle aus der qualitativen Tradition) in einem kleineren Untersuchungsbereich aufgewiesen worden sein sollte. Angesichts der Bedeutung von Strukturen begrenzter Reichweite dient der quantitative Untersuchungsteil dann nicht der „Testung" einer universellen Theorie, sondern der Prüfung der Geltungsreichweite von Konzepten mit raumzeitlich begrenztem Geltungsanspruch.

11.2.2 Sequentielles quantitativ-qualitatives Design

Mit diesem Design wird das soeben beschriebene Modell quasi umgedreht. In einem sequentiellen quantitativ-qualitativen Design kann die initiale quantitative Studie zwei Zielen dienen:

1. der Identifikation von (ggfs. schwer interpretierbaren) statistischen Zusammenhängen und unaufgeklärten Varianzen, die als Explananda die Suche nach sozialwissenschaftlichen Erklärungen anregen sollen, und
2. der Identifikation von Kriterien für die Fallauswahl für den qualitativen Anteil der Studie und der Entwicklung eines Stichprobenrahmens für diesen Zweck.

Der qualitative Untersuchungsteil kann in einem solchen Design vor allem der Exploration unbekannter INUS-Bedingungen dienen, die eine Interpretation der statistischen Befunde oder die Aufklärung unerklärter Varianz der abhängigen Variablen erlauben und zur Entdeckung von *common causes* führen kann, die bislang unentdeckte Drittvariablen repräsentieren. Die systematische Fallauswahl und Fallkontrastierung, die hierzu nötig ist, kann in einem sequentiellen quantitativ-qualitativen Design durch die initiale quantitative Studie vorbereitet werden. Hierdurch werden Informationen erhoben, die im qualitativen Untersuchungsteil mit Hilfe komparativer Methoden für das Sampling genutzt werden können, das prinzipiell auf zwei Wegen erfolgen kann: durch die *Konstruktion eines qualitativen ex-ante Stichprobenplans* oder durch eine *sukzessive Fallkontrastierung im laufenden Forschungsprozess*.

1. Bei der *Konstruktion eines qualitativen ex-ante Stichprobenplans* kann bereits vorhandenes Wissen über den untersuchten Gegenstandsbereich genutzt werden, um eine maximale Heterogenität der untersuchten Handlungsbedingungen und Handlungsmuster zu erreichen.
2. Bei der *sukzessiven Fallkontrastierung* kann das Sample durch eine Suche nach weiteren kontrastierenden Fällen parallel zur Analyse des qualitativen Datenmaterials erweitert werden.

Die initiale quantitative Studie kann dabei Informationen liefern über die Häufigkeit, mit der bestimmte Handlungen und Handlungsmuster auftreten, über die Variation von Handlungsbedingungen, und über die Kovariation zwischen Handlungsbedingungen und Handlungsmustern, die die Auswahl relevanter Fälle vor und während der qualitativen Datenerhebung anleiten können. So kann die in einer initialen quantitativen Studie gemachte Beobachtung, dass Akteure mit bestimmten Handlungsbedingungen (bspw. Absolventen bestimmter Berufsausbildungen) häufiger bestimmte Handlungsmuster (bspw. einen erwerbsbiographisch früheren Wechsel in andere Berufsfelder) im qualitativen Untersuchungsabschnitt zur Suche nach solchen Interviewpartnern genutzt werden, die die zu erklärenden Merkmalskombinationen aufweisen (d.h. Angehörige des betreffenden Berufs, die in ein anderes Berufsfeld wechseln), aber auch zur Definition kontrastierender Fälle (etwa: Absolventen, die sehr lange Zeit und ohne Unterbrechungen in ihrem ursprünglichen Beruf bleiben).

Ein sequentielles quantitativ-qualitatives Design kann noch für einen weiteren Zweck genutzt werden. Qualitative Studien, die notwendigerweise stets mit beschränkten Fallzahlen operieren müssen, können leicht zu nicht validen Ergebnissen führen, wenn das Untersuchungsfeld zu heterogen ist, d.h. wenn die relevanten Handlungsmuster und Handlungsbedingungen so stark variieren, dass sie nicht mehr durch eine beschränkte Fallzahl abgebildet werden können[99]. Informationen, die eine initiale quantitative Studie über die Verteilung und die Kovariation von Handlungen und Handlungsmustern liefern, können aber dazu verwendet werden, das untersuchte Handlungsfeld bzw. die Fragestellung der qualitativen Studie so einzugrenzen, dass sie empirisch beherrschbar bleibt.

11.2.3 Paralleles qualitativ-quantitatives Design

Ein paralleles qualitativ-quantitatives Design, in dem die qualitative und die quantitative Untersuchung zur selben Zeit durchgeführt werden, kann einige Funktionen der beiden beschriebenen sequentiellen Designs, oft allerdings nur in eingeschränkter Weise, erfüllen:

So kann auch hier die qualitative Teilstudie dazu verwendet werden, um empirisch begründet Erklärungen zu entwickeln für schwer interpretierbare statistische Zusammenhänge und um Variablen zu identifizieren, die eine Grundlage für die weitere Aufklärung der in der quantitativen Teilstudie gemessenen Varianz der abhängigen Variablen bieten können. Allerdings hat ein paralleles gegenüber einem sequentiellen Design den Nachteil, dass hier die qualitative Fallauswahl und Datenerhebung nicht systematisch von einer Fragestellung her erfolgen kann, die auf der Grundlage quantitativer Daten und Ergebnisse (z. Bsp. ungewöhnlicher statistischer Befunde) entwickelt wurde – es ist also gut möglich, dass erklärungsbedürftige Befunde aus den quantitativen Daten sich auch nicht durch eine Analyse der qualitativen Daten weiter erhellen lassen, weil die entsprechenden Fälle, die die hierzu notwendigen Informationen liefern könnten, bei der qualitativen Fallauswahl (noch) nicht berücksichtigt werden konnten.

---

99   Hierbei darf allerdings auch nicht aus den Augen verloren werden, dass im Rahmen eines integrativen methodologischen Programms das Ziel qualitativer Forschung weniger in der *Erklärung von Einzelfällen*, sondern in der *Rekonstruktion handlungsleitender kultureller Wissensbestände* über *Handlungsmöglichkeiten unter gegebenen Bedingungen zur empirisch begründeten Konstruktion von Handlungstypen* besteht. Hierzu reicht oft die Befragung einer relativ kleinen Zahl von Personen aus.

Der große Vorteil eines parallelen qualitativ-quantitativen Designs besteht demgegenüber darin, dass, weil hierdurch dieselben Personen zum selben Zeitpunkt mit unterschiedlichen Verfahren befragt werden, Methodenartefakte und Messprobleme des qualitativen und des quantitativen Untersuchungsstrangs identifiziert und beschrieben werden können. Die in Kapitel 10 referierte Untersuchung über das Befragungsverhalten von dauerhaft institutionalisierten älteren Menschen liefert hierfür ein gutes Beispiel. Erst mit Hilfe qualitativer Leitfadeninterviews, die die Möglichkeit für eine narrative Selbstpräsentation der Befragten und für den Aufbau eines Vertrauensverhältnisses zwischen den Interviewpartnern lieferte, wurde es möglich, jene Verzerrungen aufzudecken, die durch eine vor allem in der standardisierten Befragung wirksame Tendenz zu sozial erwünschtem Antwortverhalten zustande kamen.

11.2.4 Integriertes qualitativ-quantitatives Paneldesign

Eine Kombination von qualitativen und quantitativen Längschnittdesigns ermöglicht es, die Vorteile der verschiedenen sequentiellen und parallelen Designs in einem *integrierten qualitativ-quantitativem Paneldesign*, wie es im Kontext der soziologischen Lebenslaufforschung[100] seit den 1990er Jahren häufiger eingesetzt wird (KELLE 2001; KLUGE, KELLE 2001), miteinander zu verbinden.

Grafik 1 stellt ein solches quantitativ-qualitatives Paneldesign exemplarisch und idealtypisch für ein Handlungsfeld dar, in welchem die sozialwissenschaftlichen Untersucher zu Beginn nur einen sehr beschränkten Zugang zu typischen Handlungsorientierungen und Deutungsmustern der Akteure haben. Das Panel beginnt mit einer quantitativen Teilstudie, die der Identifikation von Zusammenhängen zwischen sozialstrukturellen Handlungsbedingungen (wie sie durch soziodemographische Merkmale wie Geschlecht, formaler Bildungsabschluss, Schichtzugehörigkeit usw. abgebildet werden können) und sozialem Handeln (wie es sich in Statusübergängen wie Heirat, Geburt eines Kindes, Wechsel des Arbeitsplatzes usw. ausdrückt) dient. Im nächsten Schritt können dann anhand einer Teilstichprobe des quantitativen Samples mit Hilfe qualitativer Methoden jene Entscheidungsprozesse und kausalen Pfade rekonstruiert werden, die eine Erklärung statistischer Zusammenhänge ermöglichen.

---

100 Solche Designs wurden umfassend eingesetzt und in ihren methodologischen Implikationen analysiert im Sonderforschungsbereich 186 „Statuspassagen und Risikolagen im Lebensverlauf" der Universität Bremen (vgl. Seite 218) bei der Untersuchung von Statusübergängen vom Ausbildungs- in das Erwerbssystem, zwischen Reproduktions- und Erwerbsarbeit und zwischen Erwerbssystem und sozialer Sicherung (vgl. u.a. WEYMANN, HEINZ 1996; HEINZ 2000; SACKMANN, WINGENS 2001; LEISERING, MÜLLER, SCHUMANN 2001; BORN, KRÜGER 2001). Um hierbei die gesellschaftliche und auch die individuelle Dynamik von Lebenslaufstrukturen angemessen zu erfassen, wurden empirische Studien als Panelstudien angelegt, in deren Verlauf strukturierte qualitative „Mikropanels" aufgebaut und mit standardisierten „Makropanels" synchronisiert wurden, so dass die Forschungsergebnisse aus beiden Methodensträngen systematisch aufeinander bezogen werden konnten (vgl. auch KLUGE, KELLE 2001; KELLE 2001).

11.2 Quantitative und qualitative Methoden in integrativen Designs

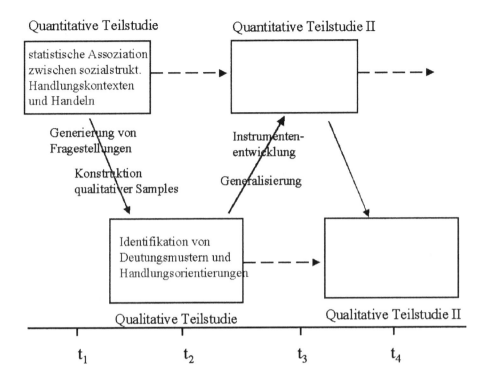

Grafik 1: Integration qualitativer und quantitativer Methoden in einem gemeinsamen Paneldesign

Die Ziehung der qualitativen Stichprobe geschieht dabei auf der Grundlage von Ergebnissen der quantitativen Datenanalyse, mit deren Hilfe für die Fragestellung des gesamten Projektes relevante Subgruppen identifiziert werden, über deren Handlungsorientierungen, Situationsdefinitionen und Handlungsregeln die qualitative Untersuchung Aufschluss erbringen soll. Die quantitative Teilstudie ermöglicht also eine strategische Platzierung des qualitativen Samples, dessen Teilnehmer mit qualitativen Interviewmethoden befragt werden, um charakteristische Handlungsorientierungen und Situationsdefinitionen zu identifizieren, die zu deskriptiven Typologien zusammengefasst werden können. Diese Typologien und weitere, auf der Grundlage des qualitativen Datenmaterials entwickelte Handlungserklärungen können nun anhand einer größeren Stichprobe im Hinblick auf ihre Geltungsreichweite und Verallgemeinerbarkeit untersucht werden. Hierzu können bspw. in einer zweiten Welle des quantitativen Panels zusätzliche Items in ein standardisiertes Fragebogeninstrumentarium aufgenommen werden, die aufgrund qualitativer Forschungsergebnisse formuliert wurden und die sich auf Handlungsorientierungen und Situationsdefinitionen der Akteure beziehen (vgl. hierzu vor allem das Beispiel aus 10.2.). Während in der ersten Welle des quantitativen Panels also vor allem soziodemographische Informationen und mit standardisierten Items leicht zu erfassende Handlungen (wie Ausbildungen, Berufswechsel usw.) erhoben werden, werden dann in der zweiten Welle Handlungsgründe und Deutungsmuster der Akteure einbezogen. Die quantitativen Analysen dieser zweiten Welle können wiederum Anlass geben zur Formulierung von inhaltlichen und methodischen Fragestellungen, die anhand der zweiten Welle des qualitativen Panels untersucht werden usw.

11.3 Zusammenfassung: Die Entwicklung und Überprüfung sozialwissenschaftlicher Erklärungen mit einem integrativen Methodenprogramm

Ein integratives methodologisches Programm muss den Kausalitätsbegriff von einer Engführung auf nomothetische Ursache-Wirkungsbeziehungen befreien, um soziohistorisch kontingente Kausalbeziehungen erklärbar zu machen. Unter dieser akteurstheoretisch begründeten methodologischen Perspektive besteht eine zentrale Aufgabe empirischer Sozialforschung darin, valide Kausalerklärungen sozialen Handelns empirisch begründet zu konstruieren und zu überprüfen.

Diese Aufgabe zerfällt in mehrere Phasen, bei denen Theoriearbeit und qualitative und quantitative Forschung Hand in Hand gehen müssen: hierbei müssen erstens soziologisch relevante Handlungsmuster auf einer statistischen Aggregatebene hinsichtlich ihrer Verteilung *beschrieben* werden, und diese Handlungsmuster müssen zweitens *verstehend erklärt* werden, indem ihre soziologisch relevanten INUS-Bedingungen identifiziert werden – eine Aufgabe, die sich in vielen Fällen ohne den Einsatz qualitativer Methoden nicht bewältigen lässt. Die so entwickelten Erklärungen müssen drittens hinsichtlich ihrer Geltungsreichweite untersucht werden.

Strukturen begrenzter Reichweite und ihr Wandel bringen dabei eine Reihe von Schwierigkeiten für Theoriebildung und empirische Forschung mit sich, mit denen sich methodenintegrative Sozialforschung auseinandersetzen muss:

1. Nur ein begrenzter Teil jener INUS-Bedingungen, die eine bestimmte Handlungsweise nach sich ziehen, ist sozialwissenschaftlich relevant.
2. Es wird immer nur ein Teil der Akteure von den interessierenden INUS-Bedingungen beeinflusst, weil diese in der Regel durch eine ganze Reihe weiterer (unspezifizierter und oft auch unspezifizierbarer) Bedingungen in ihrer Wirkung gehemmt werden können.
3. INUS-Bedingungen des Handelns, die lange Zeit hindurch kausal irrelevante bzw. invariante Hintergrundbedingungen darstellten, können im Zuge akteursinduzierten sozialen Wandels kausal wirksam werden, d.h. die betrachten Netzwerke von Kausalbeziehungen können sich ändern.

Die Tatsache, dass nur ein Teil der wirksamen INUS-Bedingungen relevant und zudem in ihrer Wirkung auf das Handeln der Akteure zumeist begrenzt sind, führt dazu, dass sich sozialwissenschaftliche Forschung nicht auf eine Beschreibung und Erklärung individuellen Handelns beschränken darf – vielmehr muss stets die Verteilung der relevanten Handlungen, ihrer INUS-Bedingungen und deren Korrelationen untereinander auf einer statistischen Aggregatebene in den Blick genommen werden.

Quantitative Methoden sind deshalb bereits für eine Formulierung der Explananda sozialwissenschaftlicher Handlungserklärungen erforderlich. Auch die Konstruktion der erklärenden Argumente einer Handlungserklärung muss unter Bezug auf kollektive Sachverhalte erfolgen: hierzu müssen allgemeine Akteursmodelle konstruiert werden, die sich nicht allein aus allgemeinen soziologischen Theorien ableiten lassen, sondern zusätzliches Wissen erfordern über die in einem spezifischen Handlungsfeld allgemein verbreiteten Handlungsorientierungen und Muster von Situationswahrnehmungen sowie über die dort akzeptierten und bekannten Handlungsregeln, die oft erst durch qualitative Methoden exploriert werden können. Qualitative Forschung, die diese Aufgabe wahrnimmt, zielt nicht primär auf eine *ex post* Interpretation individuellen Handelns. Denn die Handlungsstrategien der Akteure und deren kausale Pfade sind nur dann von Bedeutung, wenn sie hinreichend allgemein sind, um kollektive Explananda zu erklären bzw. verständlich zu machen. Die Rekonstruktion von situationsübergreifenden Handlungsorientierungen und Handlungsregeln, denen das Ziel der qualitativen Forschungsbemühungen gelten muss, kann aber oft nur durch eine Beobachtung und Befragung einzelner Akteure im Handlungsfeld erfolgen. Das hierbei immer gegebene Risiko, angesichts der in solchen Untersuchungen stets beschränkten Fallzahlen marginale Handlungsmuster, -strategien und -regeln zu erfassen, lässt sich verringern durch adäquate Strategien der Fallauswahl. Informationen aus quantitativen Studien können dann helfen, die Heterogenität des Handlungsfeldes in einem qualitativen Sample tatsächlich abzubilden und ggfs. Untersuchungsfeld und Fragestellung einzuschränken, wenn die dort anzutreffende Heterogenität in einer qualitativen Studie nicht mehr beherrschbar ist. Weiterhin ist es in vielen Fällen sinnvoll, die anhand kleiner Stichproben in begrenzten Untersuchungsfeldern entwickelten Handlungserklärungen durch quantitative Studien mit großen Stichproben hinsichtlich ihrer Geltungsreichweite weiter zu untersuchen.

Insgesamt muss dabei unterschieden werden zwischen methodenintegrativer Forschung im weiteren und im engeren Sinne:

Methodenintegrative Forschung *im weiteren Sinne* umfasst monomethodische Forschungsprojekte, die bei der Formulierung der Fragestellung, der Gestaltung des Designs, der Konstruktion der Untersuchungsinstrumente, der Datenauswertung und der Theoriebildung immer wieder gezielt auf Informationen zurückgreifen, die im Kontext der jeweils anderen Methodentradition gewonnen wurden. Hierzu gehören zahlreiche qualitative Forschungsvorhaben, die für die Formulierung des Explanandums ihrer Fragestellung, für die Konstruktion eines Stichprobenplans und für die Interpretation ihrer Daten auf valide statistische Informationen zugreifen. Oder es handelt sich um quantitative Projekte, die zur Interpretation statistischer Zusammenhänge *lege artis* gewonnene „dichte Beschreibungen" aus qualitativen Studien einsetzen. Solange Sozialwissenschaftler in ihren empirischen Forschungen Wissen nutzen, das durch verschiedene methodische Zugänge erworben wurde und die Validität dieser Informationen unter Kenntnis von Qualitätsstandards einschätzen können, die der jeweiligen Forschungstradition angemessen sind, ist es gerechtfertigt, von einem methodenintegrativen Vorgehen zu sprechen. Dem entspricht ein Verständnis empirischer Forschung, die stets in einen umfassenderen Prozess der Erkenntnisgewinnung eingebunden ist, der aus immer wiederkehrenden Zyklen der Formulierung der Explananda, der theoretisch geleiteten und empirisch begründeten Konstruktion der erklärenden Argumente und der Überprüfung von deren Geltungsreichweite besteht.

Methodenintegrative Forschung *im engeren Sinne* bedeutet die Kombination qualitativer und quantitativer Methoden zu *methodenintegrativen Designs*, in denen die verschiedenen Verfahren jeweils zur wechselseitigen Ergänzung ihrer Schwächen und Stärken eingesetzt werden, wobei die zentrale Stärke quantitativer Methoden darin besteht, dass mit ihrer Hilfe einzelne Bedingungen aus einem hochgradig komplexen Kausalgefüge von INUS-Bedingungen isoliert werden können. Während der Vorteil quantitativer Methoden also darin besteht, dass sie zur Analyse „schwacher" oder „probabilistischer" Kausalbeziehungen geeignet sind, besteht die Stärke der qualitativen Methodentradition darin, dass sie Verfahren zur Verfügung stellt, mit deren Hilfe bislang unbekannte, aber potentiell relevante INUS-Bedingungen entdeckt werden können.

In integrativen Designs werden also Strukturen begrenzter Reichweite durch quantitative Methoden als probabilistische Kausalstrukturen beschrieben. Ihre Erklärung erfordert die Verbindung qualitativer und quantitativer Methoden zur empirisch begründeten Konstruktion von allgemeinen Akteurs- und Handlungsmodellen, deren faktische Geltungsreichweite wiederum durch quantitative Methoden geprüft werden kann.

12 Empirische Sozialforschung jenseits des Methodendualismus – einige Thesen

In diesem Abschlusskapitel sollen die wesentlichen Argumente noch einmal thesenhaft zusammengefasst und einige weiterführende wissenschaftspolitische Konsequenzen angedeutet werden:

So hat sich im Gang der Untersuchung *erstens* gezeigt, dass der Methodendualismus in der empirischen Sozialforschung nicht nur ein Resultat wissenschaftspolitischer Entwicklungen ist, sondern sich auch verstehen lässt als Folge inhaltlicher Anforderungen des Gegenstandsbereichs, die sich der Existenz von Strukturen mit raum-zeitlich begrenzter Geltungsreichweite verdanken. Strukturen begrenzter Reichweite, so die *zweite These*, bewirken die Existenz bestimmter sozialer Phänomene, die sich nur mit quantitativen Verfahren untersuchen lassen, bringen aber auch solche sozialen Sachverhalte hervor, deren Beschreibung unbedingt qualitative Verfahren erfordern. *Drittens* lässt sich festhalten, dass Strukturen begrenzter Reichweite im Kontext beider Methodentraditionen jeweils spezifische Methodenprobleme und Validitätsbedrohungen erzeugen, die aber *viertens* im Rahmen eines integrativen methodologischen Programms in konkreten Forschungsprojekten aufgedeckt, bearbeitet und zumindest teilweise gelöst werden können. Die abschließende *fünfte These* geht auf wissenschaftspolitische Konsequenzen ein: Ein akteurstheoretischer Ansatz und ein integratives methodologisches Programm unterstützen ein nicht-hierarchisches Verhältnis zwischen sozialwissenschaftlichen Experten und Laien, das der empirischen Sozialforschung in einer offenen Gesellschaft angemessen ist.

1. Der Methodendualismus ist die Folge spezifischer Anforderungen des Gegenstandsbereichs der empirischen Sozialwissenschaften

Der Methodenstreit zwischen der quantitativen und der qualitativen Methodentradition ist bereits vor längerer Zeit in eine Sackgasse geraten, weil beide Traditionen Ziele und Kriterien entwickelt haben, die zwar gleichermaßen legitim sind, sich aber in der Forschungspraxis nicht ohne weiteres miteinander in Einklang bringen lassen: während die quantitative Tradition die Theoriegeleitetheit empirischer Forschung, die Intersubjektivität der Datenerhebung und Datenauswertung sowie die Verallgemeinerbarkeit von Befunden zu den zentralen Kriterien für gute Forschungspraxis erklärt und auf dieser Grundlage ein möglichst standardisiertes Vorgehen für notwendig hält, betont die qualitative Tradition die Bedeutung der Sinndeutungs- und Sinnsetzungsprozesse der Akteure und die Notwendigkeit, die zugrunde liegenden Wissensbestände zu erforschen, was eine offene, explorative Forschungsstrategie erfordert. In dem Maße, wie diese unterschiedlichen Forschungsziele und die hieraus abgeleiteten Standards zur Grundlage konkurrierender methodologischer Programme gemacht wurden, kam der Austausch von Argumenten zum Stillstand, weil die

Maßstäbe und Ansprüche der jeweiligen Gegenseite an gute Forschung zunehmend ignoriert oder zurückgewiesen wurden.

Der gegenwärtige Stillstand der Methodendiskussion hat nachteilige Wirkungen nach innen und nach außen: auf der einen Seite werden die Chancen, die eine wechselseitige Kritik für eine Fortentwicklung und Verbesserung methodischer Instrumentarien bieten kann, nicht genutzt. Auf der anderen Seite ist es nach außen nur schwer vermittelbar, wieso sich Sozialwissenschafter seit mehr als 80 Jahren nicht darüber einigen können, welches die angemessenen Methoden zur Erforschung der Phänomene in ihrem Gegenstandsbereich sind.

Aus dieser Sackgasse lässt sich die Methodendiskussion nur befreien, wenn die bisherige Konzentration auf methodologische und epistemologische Gesichtspunkte und Konzepte aufgelöst wird zugunsten einer stärkeren Einbeziehung von Argumenten, die den *sozialwissenschaftlichen Gegenstandsbereich* betreffen. Die Methodendiskussion muss, mit anderen Worten, näher herangeführt werden an theoretische Entwicklungen und empirische Forschungsergebnisse der Sozialwissenschaften. Hierzu müssen nun aber begriffliche Schnittstellen vorhanden sein, mit deren Hilfe theoretische, empirische und methodologische Diskurse aufeinander bezogen und füreinander anschlussfähig gemacht werden können. In dieser Arbeit wurde hierzu ein formaler Begriff von „Struktur", verstanden als Grad der Ordnung des untersuchten Gegenstandsbereichs, verwendet. Mit Hilfe eines solchen Strukturbegriffs lassen sich sozialwissenschaftliche Theorieansätze anordnen auf einem Kontinuum zwischen der Annahme einer vollständigen Strukturiertheit sozialen Handelns durch ahistorische Gesetze einerseits und dem Postulat der Situativität sozialen Handelns, dessen Strukturen nur in einzelnen Interaktionssituationen konstituiert werden andererseits. Beide Extrempositionen werden nun zwar in manchen Theorie- und Methodendebatten vertreten, haben aber kaum eine Bedeutung für die empirische Forschungspraxis. Hier sucht man nicht vor allem nach universellen Gesetzmäßigkeiten oder nach Regeln, die nur situative Geltung haben; vielmehr werden Strukturen raumzeitlich begrenzter Reichweite empirisch erforscht, die wie die im dritten Kapitel diskutierten Strukturen des Lebenslauf relativ lange Zeit stabil sein können, aber auch raschem sozialen Wandel unterliegen oder innerhalb einer bestehenden Gesellschaft eine (mehr oder weniger begrenzte) Heterogenität und Pluralität aufweisen können.

Das Konzept der Strukturen begrenzter Reichweite bietet den Vorteil, dass es etliche Anknüpfungspunkte bietet zu handlungstheoretischen Diskussionen zum Verhältnis zwischen sozialen Strukturen und sozialem Handeln und zwischen Mikro- und Makroebene, wie sie im Kontext verschiedener mikrosoziologischer Ansätze mit unterschiedlichem Theoriehintergrund gegenwärtig geführt werden. In diesen Diskussionen wird die Beziehung zwischen Handeln und sozialen Strukturen als wechselseitiges Konstitutionsverhältnis beschrieben: Strukturen auf der makrosozietären Ebene entstehen und verändern sich durch eine Aggregation individueller Handlungen, die selber wiederum durch diese Strukturen beeinflusst (allerdings nicht determiniert werden). Vor allem solche handlungstheoretischen Ansätze, die *agency*, das heißt die Fähigkeit sozialer Akteure, selbständige Entscheidungen zu treffen, theoretisch in Rechnung stellen, können sowohl die relative *Stabilität sozialer Strukturen* als auch die *Heterogenität und Pluralität von Handlungsmustern* und die Existenz *sozialen Wandels* erklären: Soziale Strukturen können über längere Zeit äußerst stabil sein, weil sie von mehr oder weniger kreativen Akteuren auch angesichts sich wandelnder situativer Gegebenheiten im Ablauf routinisierten Handelns reproduziert werden. Unter makrosozietären Bedingungen, die die Akteure (etwa in bestimmten kritischen Übergangssituationen im Lebenslauf) mit Handlungsproblemen konfrontieren, können neue Handlungsmuster entstehen, welche zu neuen (und wiederum stabilen) Strukturen sozialen Handelns werden und dadurch langfristigen sozialen Wandel anstoßen. Zwar findet sozialer Wandel nicht unablässig statt, da strukturtransformatives Handeln die Nutzung von sozial ungleich verteilten Handlungsspielräumen bzw. Machtressourcen erfordert. Unter einer handlungstheoretischen Perspektive, die sozialen Akteuren Handlungskompetenz bzw. *agency* unterstellt, muss mit der Möglichkeit des *akteursinduzierten sozialen Wandels* und der *Pluralisierung von Strukturen* jedoch stets gerechnet werden.

Eine Reflektion der *methodologischen Konsequenzen* dieser theoretischen Konzepte, die in Theoriedebatten nur gelegentlich und kursorisch, in Methodendebatten der empirischen Sozialforschung in der Regel gar nicht erfolgt, macht deutlich, dass die empirische Untersuchung von Strukturen begrenzter Reichweite gleichermaßen die Anwendung qualitativer *und* quantitativer Methoden erfordert.

2. Strukturen begrenzter Reichweite führen sowohl zu sozialen Phänomene, die sich nur mit quantitativen Verfahren untersuchen lassen, als auch zu Sachverhalten, deren Beschreibung unbedingt qualitative Verfahren erfordert.

In Untersuchungsfeldern, die geprägt sind durch Strukturen begrenzter Reichweite, sind einerseits Methoden unerlässlich, mit deren Hilfe die gesamte Vielfalt der vorhandenen heterogenen und pluralen Strukturen dargestellt und deren Veränderungen im Zeitverlauf beschrieben werden können, was in der Regel nur im statistischen Aggregat, durch die Erhebung und Beschreibung von umfangreichen Datenmengen gelingen kann. Auch auf die mit statistischen Verfahren gegebene Möglichkeit, schwache Kausalität als probabilistische Beziehung zwischen verschiedenen Variablen darzustellen, kann nicht verzichtet werden, wenn man ausgehend von einer akteurstheoretischen Perspektive annimmt, dass Akteure auf externe strukturelle Handlungsbedingungen nicht vollständig konform reagieren, sondern Handlungsspielräume nutzen.

Gleichzeitig erfordert die Pluralität von Handlungsmustern und akteursinduzierter Wandel aber auch die Anwendung von qualitativen Forschungsmethoden. Denn unter einer akteurstheoretischen Perspektive muss man stets die Möglichkeit im Auge behalten, dass bislang irrelevante Hintergrundbedingungen sozialen Handelns kausal relevant werden, weil kompetente Akteure im Untersuchungsfeld ihre Handlungsziele modifizieren, weil sie externe Handlungsbedingungen verändern oder neue, innovative Handlungsregeln entwerfen. Werden solche Veränderungen von anderen Akteuren übernommen und verallgemeinert, verlieren statistische Kausalmodelle, die nur die bislang bekannten Handlungsbedingungen einbeziehen, ihre Erklärungskraft und neue erklärungshaltige Modelle können nur entwickelt werden, wenn die durch akteurinduzierten Wandel veränderten Handlungsbedingungen durch explorative qualitative Verfahren identifiziert werden können.

Quantitative und qualitative Verfahren übernehmen also jeweils unterschiedliche Funktionen bei der Untersuchung der kausalen Bedingungen sozialen Handelns: mit qualitativen Verfahren lassen sich INUS-Bedingungen des Handelns entdecken, voneinander abgrenzen und beschreiben. Quantitative Methoden ermöglichen es, durch Analysen auf einer statistischen Aggregatebene den relativen Einfluss zu analysieren, den bereits bekannte Handlungsbedingungen durchschnittlich auf das untersuchte Handeln ausüben.

3. Strukturen begrenzter Reichweite erzeugen im Kontext beider Methodentraditionen jeweils spezifische Methodenprobleme und Validitätsbedrohungen

Beiden Methodentraditionen fehlt oft das notwendige Werkzeug, um alle jene Methodenprobleme und Validitätsbedrohungen zu bearbeiten, die durch eine Pluralität von Handlungsmustern und akteursorientierten sozialen Wandel erzeugt werden.

So stößt das hypothetiko-deduktive Modell quantitativer Sozialforschung deshalb auf Grenzen, weil empirisch gehaltvolle Hypothesen über die Ursachen spezifischer sozialer Handlungen sich oft nicht direkt aus allgemeinen sozialwissenschaftlichen Theorien ableiten lassen, ohne dass Brückenhypothesen aus kulturspezifischen Wissensbeständen in die Erklärung eingefügt werden. Die in den Sozialwissenschaften vorhandene Tendenz, solche Brückenhypothesen mit Hilfe einer Gewohnheitsheuristik des Alltagswissens zu konstruieren, ist nur solange unproblematisch, wie Sozialforscher Zugang zu den Wissensbeständen des Untersuchungsfeldes haben, dass zudem durch relativ einheitliche situative Handlungsbedingungen und durch eine begrenzte Menge von kulturell akzeptierten Handlungszielen und Handlungsregeln gekennzeichnet sein muss. Wenn sich diese aber durch akteursinduzierten sozialen Wandel vervielfältigen und wandeln, greifen Sozialforscher bei der Formulierung von *ex ante* Hypothesen ins Leere.

Qualitative Forschung wiederum hat in Gegenstandsbereichen, die durch eine große Pluralität und den Wandel von Handlungsstrukturen gekennzeichnet sind, besonders wegen der in solchen Studien notwendigerweise beschränkten Fallzahlen mit Validitätsbedrohungen zu kämpfen: Zwar kann auch eine begrenzte Datenbasis, wie sie etwa in Interviewstudien mit wenigen Personen aufgebaut wird, ausreichend sein, um für das Untersuchungsfeld relevante Wissensbestände zu explorieren. In dem Maße jedoch, wie sich Handlungsoptionen, Handlungsziele und Handlungsmaximen vervielfältigen, muss man davon ausgehen, dass nicht nur die Anwendung der Gewohnheitsheuristik des Alltagswissens, sondern auch die Verwendung explorativer Forschungsmethoden mit Risiken verbunden ist – nicht nur die durch Alltagswissen stillschweigend vorausgesetzten, sondern auch die in qualitativen Untersuchungen gefundenen Handlungsbedingungen und kausalen Pfade weisen dann möglicherweise eine nur beschränkte Geltungsreichweite auf. In der qualitativen Sozialforschung verdienen also die Fallauswahl und Fallkontrastierung und darüber hinaus Fragen nach der Geltungsreichweite und Verallgemeinerbarkeit von qualitativen Forschungsergebnissen eine besondere Aufmerksamkeit.

4. Schwächen qualitativer und quantitativer Sozialforschung lassen sich im Kontext eines integrativen methodologischen Programms oftmals durch die Stärken der jeweils anderen Methodentradition ausgleichen

Strukturen begrenzter Reichweite bringen also für die qualitative Sozialforschung ebenso spezifische Methodenprobleme und Validitätsbedrohungen mit sich wie für die hypothetiko-deduktive, quantitative Sozialforschung, die aber einen Ausgleich finden können durch jene Stärken, die die jeweils andere Tradition bietet: die Probleme der Gewohnheitsheuristik des Alltagswissens lassen sich vermeiden, wenn quantitativ orientierte Sozialforscher sich vor der Entwicklung präziser Hypothesen und der Konstruktion standardisierter Instrumente einen Zugang zu lokalen Wissensbeständen im untersuchten Handlungsfeld verschaffen. Bei der Anwendung qualitativer Methoden können quantitative Vorstudien einen adäquaten Stichprobenrahmen zur Verfügung stellen, um bei der Fallauswahl und Fallkontrastierung die Heterogenität des Untersuchungsfeldes zu berücksichtigen. Weiterhin kann die Geltungsreichweite und Verallgemeinerbarkeit der in qualitativen Studien ermittelten Befunde durch quantitative Studien anhand größerer Fallzahlen untersucht werden.

Eine Kombination von qualitativen und quantitativen Methoden kann schließlich auch zur Lösung von Validitätsbedrohungen quantitativer Kausalanalysen beitragen, die in der Methodenliteratur extensiv diskutiert werden. Qualitative Forschung kann zur Identifikation von Variablen führen, die bislang unerklärte Varianz aufklären oder für zur Entdeckung von *common causes* dienen und damit Methodenprobleme sozialwissenschaftlicher Kausalanalyse lösen, die auch durch elaborierte experimentelle und statistische Kontrollprozeduren nicht beherrschbar sind.

Qualitative und quantitative Methoden können sich also in ihren wechselseitigen Stärken und Schwächen ergänzen, keinesfalls aber gegenseitig ersetzen. Dem Umstand, dass insbesondere in solchen Gegenstandsbereichen, die durch eine Pluralität von kausalen Pfaden und akteursinduzierten sozialen Wandel gekennzeichnet sind, weder auf qualitative, noch auf quantitative Methoden verzichtet werden kann, muss durch ein integratives methodologisches Programm Rechnung getragen werden. Ein solches Programm erfordert nun nicht, dass jede empirische Untersuchung mit Hilfe eines methodenintegrativen Designs durchgeführt wird. Vielmehr reichen für viele Untersuchungsbereiche und Fragestellungen monomethodische Untersuchungen aus, wenn gezielt auf Wissen zurückgegriffen werden kann, welches durch die Anwendung von Verfahren der jeweils anderen Tradition in anderen Studien zustande gekommen ist. Im Kontext eines integrativen methodologischen Programms wird man eine qualitative Studie bspw. so anlegen, dass vorhandenes statistisches Wissen über die Verteilung von Handlungsmustern und relevanten Handlungsbedingungen im Untersuchungsfeld für die Fallauswahl genutzt wird. Nur für manche Untersuchungsgegenstände und Fragestellungen wird der Einsatz aufwendiger methodenintegrative Designs notwendig sein, in denen qualitative und quantitative Methoden direkt miteinander verknüpft werden. Hierbei werden Strukturen begrenzter Reichweite durch quantitative Methoden als probabilistische Kausalstrukturen sichtbar gemacht und beschrieben und dann durch eine theoretisch geleitete und empirisch begründete Konstruktion von Akteursmodellen auf der Basis qualitativer Forschung und qualitativer Daten erklärt.

LAKATOS hat darauf hingewiesen, dass die Brauchbarkeit eines gegenstandsbezogenen, inhaltlichen Forschungsprogramms zwar argumentativ begründet werden kann, sich aber erst bei einer längeren Anwendung in der Praxis zeigt. Dies gilt natürlich für methodologische Programme ebenso. So konnte anhand der im 10. Kapitel präsentierten Beispiele gezeigt werden, wie durch eine Kombination von qualitativen und quantitativen Methoden sozialwissenschaftliche Handlungserklärungen entwickelt und validiert werden. Die Integration qualitativer und quantitativer Methoden ist in der Forschungspraxis durchführbar, sie zeitigt brauchbare empirische Ergebnisse und sie hat in vielen Fällen die sozialwissenschaftliche Theorieentwicklung nachhaltig befördert, wie in zahlreichen klassischen und neueren methodenintegrativen Studien deutlich wird. Ein integratives methodologisches Programm formuliert nicht uneinholbare Forderungen, sondern erlaubt vielmehr die rationale Rekonstruktion empirischer Forschung, die bereits gegenwärtig methodenintegrative Designs einsetzt.

5. Ein akteurstheoretischer Ansatz und ein integratives methodologisches Programm fördern ein nicht-hierarchisches Verhältnis zwischen sozialwissenschaftlichen Experten und Laien

Die auf einer akteurstheoretischen Grundlage entwickelten Überlegungen zu klassischen Methodenproblemen qualitativer und quantitativer Sozialforschung machen auch deutlich, warum oft ein sehr großer methodischer und empirischer Aufwand betrieben werden muss, um zuverlässige Daten und valide Ergebnisse zu produzieren. Die äußerst wandlungsfähigen Gegenstände der Sozialwissenschaften stellen Theorieentwicklung und empirische Forschung vor große Herausforderungen, weil es hier weitaus schwieriger ist, kumulatives theoretisches Wissen anzuhäufen als in vielen anderen empirischen Wissenschaften. Weil sozialwissenschaftliche Theorien mittlerer Reichweite in ihrem Geltungsbereich beschränkt sein müssen, wenn sie empirisch gehaltvoll sein sollen, müssen Phasen der Theorieentwicklung und Datensammlung immer wieder von neuem durchlaufen werden. Jede für ein spezifisches Handlungsfeld gültige Theorie kann „veralten", wenn es den Akteuren dort gelingt, ihre Handlungsspielräume zu nutzen, um Handlungsbedingungen zu ändern und auf diese Weise neue kulturelle Praktiken, Lebensformen und Handlungsregeln zu etablieren. Die Grundlage für alle empirischen Forschungsbemühungen in den Sozialwissenschaften ist zwar durch die unbestreitbare Tatsache, dass Menschen ihr Zusammenleben immer durch soziale Ordnungen strukturieren, immer gegeben. Die Tatsache unvorhersagbaren sozialen Wandels erzeugt aber gleichzeitig große methodologische und theoretische Herausforderungen, denn unter einer akteurstheoretischen Perspektive können sozialwissenschaftliche Theorien immer nur eine begrenzte Geltung beanspruchen.

Nun ist die prinzipielle Unabschließbarkeit des Prozesses wissenschaftlicher Erkenntnisgewinnung, der nicht „vollständiges" und „sicheres" Wissen, keine „Letztgewissheiten" oder „Letztbegründungen" liefert, sondern nur ein *„Gebrauchswerkzeug beschränkter Intelligenzen (ist) zur Gewinnung nicht der wirklich und wahrhaftig bestmöglichen (...) sondern der besterreichbaren Antwort – der besten Antwort, deren wir uns unter vorhandenen Bedingungen versichern können ..."* (RESCHER 1987, S.21), ein durchgängiger Topos erkenntnistheoretischer Debatten der letzten 100 Jahre. Karl POPPER hat diese Situation eindrücklich mit der folgenden Metapher eingefangen:

> „So ist die empirische Basis der objektiven Wissenschaft nichts ‚Absolutes'; die Wissenschaft baut nicht auf Felsengrund. Es ist eher ein Sumpfland, über dem sich die kühne Konstruktion ihrer Theorien erhebt; sie ist ein Pfeilerbau, dessen Pfeiler sich von oben her in den Sumpf senken – aber nicht bis zu einem natürlichen ‚gegebenen' Grund. Denn nicht deshalb hört man auf, die Pfeiler tiefer hineinzutreiben, weil man auf eine feste Schicht gestoßen ist: wenn man hofft, dass sie das Gebäude tragen werden, beschließt man, sich vorläufig mit der Festigkeit der Pfeiler zu begnügen." (POPPER 1934/1989, S. 75f.)

Unter einer akteurstheoretischen Perspektive muss dieses Bild eine besondere sozialwissenschaftliche Interpretation erfahren: akteursinduzierter Wandel führt dazu, dass sich das „Sumpfland", d.h. der sozialwissenschaftliche Gegenstandsbereich, im Zeitverlauf selbst ändert. Einstmals fest gegründete Theorien können ins Wanken geraten und zusammenbrechen, nicht weil ihre Pfeiler immer schon zu schwach waren, sondern weil der Boden, auf dem sie standen, sich abgesenkt hat.

Der kritische Rationalismus hat die Bedeutung menschlicher Kreativität und die Unvorhersagbarkeit von Innovationen zu einem Kernargument wissenschaftstheoretischer Reflektion und zur Grundlage der Kritik an allumfassenden geschichtsphilosophischen Entwürfen gemacht. Dass viele seiner Vertreter aber an einem Modell universeller nomothetischer Erklärung für die Sozialwissenschaften festhalten, führt zu theoretischer Inkongruenz. Wenn nämlich die Wissenschaftlern selbstverständlich unterstellte Fähigkeit, neue kreative Lösungen für Handlungsprobleme zu finden, auch allen anderen Gesellschaftsmitgliedern in ihrem Alltag zugestanden wird, lässt sich die Vorstellung kaum aufrechterhalten, soziales Handeln sei mit Hilfe universeller makro- oder mikrosoziologisch fundierter Theorien, ohne die Verwendung lokalen, kulturspezifischen Wissens im Sinne des Hempel-Oppenheim Schemas erklärbar und damit auch vorhersagbar.

Die Alternative zu der nicht unproblematischen Vorstellung von Sozialwissenschaftlern, die soziales Handeln auf der Grundlage universeller Theorien voraussagen, besteht darin, die Idee des *piecemeal social engineering*, wie sie POPPER in seiner „*Offenen Gesellschaft und ihre Feinde*" entwickelt hat, ernst zu nehmen. Das würde bedeuten, dass Sozialwissenschaftler in einer offenen Gesellschaft in prinzipiell derselben Lage sind wie andere Akteure auch: sie versuchen soziales Handeln auf der Grundlage ihres Vorwissens, das heißt mit Hilfe ihres Theoriewissens in Verbindung mit spezifischen Kenntnissen über gesellschaftliche Handlungsregeln zu verstehen und zu erklären, um konkrete und allgemeinere Problemlösungen zu finden. In manchen Bereichen ist das Vorwissen der Sozialwissenschaftler dem Wissen der Laien überlegen, bspw. bei der Identifizierung von gesellschaftlichen Handlungsproblemen, die erst mit Hilfe methodischer Instrumentarien der empirischen Sozialforschung überhaupt beschrieben und in ihrer Bedeutung rational eingeschätzt werden können – eine sozialpolitisch verantwortbare Bearbeitung von sozialer Ungleichheit und Benachteiligung etwa verlangt nicht vor allem dramatische und aufrüttelnde Einzelfallschilderungen, sondern umfassende statistische Informationen. Das Wissen von Sozialwissenschaftlern kann aber auch, vor allem dort, wo es um lokales Wissen über Handlungsregeln geht, dem Wissen der Laien im untersuchten Handlungsfeld unterlegen sein und muss dann erst durch empirische Forschung ergänzt werden.

Die sozialwissenschaftliche Methodendiskussion muss stärker als bisher dem bislang vor allem in Theoriedebatten thematisierten Umstand Rechnung tragen, dass sozialwissenschaftliche und lokale gesellschaftliche Wissensproduktion eng miteinander verknüpft sind und von konkreten Handlungsproblemen ausgehen, ein Umstand, den HOLMWOOD und STEWART mit den folgenden Worten ansprechen:

> „Science and Social Science as human undertakings are the creative production of real resources. Human freedom does not lie in the application of knowledge, but in the production of knowledge. (…) Many of the problems (…) unite social scientists and lay actors in the specific incompetence that problems represent (…) Crises in sociology, politics and economics, for example, are matched by problems of public policy and social behaviour. (…) We wish to turn social science to problems of social understanding from which the only escape would be practical

solutions which increased our capacity to understand and intervene in the world." (HOLMWOOD, STEWART 1991, S. 179)

Sozialwissenschaftler können in ihrer Lösungskompetenz für soziale Handlungsprobleme den Laien im Handlungsfeld gegenüber gleichzeitig überlegen und unterlegen sein. Deshalb besteht eine ihrer zentralen Aufgaben darin, Wissenstransfer anzuregen, indem bspw. Lösungen aus anderen, ähnlich gelagerten Handlungsfeldern auf neue Handlungsprobleme übertragen werden oder indem Wissen zur Verfügung gestellt wird über Strategien, die sich anderswo als Holzwege erwiesen haben. Das Wissen von Sozialwissenschaftlern ist nicht universell und nomologisch wie das Wissen von Physikern, aber auch nicht vor allem kasuistisch und speziell wie bspw. das Wissen von Psychotherapeuten. Es liegt zwischen diesen beiden Polen, bezieht sich auf Strukturen begrenzter Reichweite und erfordert eine beständige Fortentwicklung für ein *social engineering*, dass von der Einsicht getragen ist, dass es nicht den *einen Weg* und die *eine Lösung*, sondern nur immer wieder neue Lösungen geben kann für jene Probleme, die auf der Basis alter Lösungsversuche entstanden sind. Auf diese Weise wirkt die empirische Sozialwissenschaft in einer offenen Gesellschaft daran mit, das prinzipiell unabgeschlossene Universum unserer Handlungs- und Verständnismöglichkeiten zu beschreiben und zu erweitern.

Literatur

ABEL, B. (1983): *Grundlagen der Erklärung menschlichen Handelns.* Tübingen: Mohr.
ABEL, TH. (1948): The Operation called Verstehen. In: American Journal of Sociology, 54, S. 211-218.
ACHINSTEIN, P. (1992): "Inference to the Best Explanation: Or, Who Won the Mill-Whewell Debate?" In: *Studies in the History and Philosophy of Science* 23. S. 349-364.
ADORNO, T.W.; DAHRENDORF, R.; PILOT, H.; ALBERT, H.; HABERMAS, J.; POPPER, K.R. (Hg.) (1969/1976): *Der Positivismusstreit in der deutschen Soziologie.* Darmstadt: Luchterhand.
ALBERT, H. (1957/1980): Theorie und Prognose in den Sozialwissenschaften. In: TOPITSCH, E. (Hg.): *Logik der Sozialwissenschaften.* Königstein/Ts: Verlagsgruppe Athenäum, Hain, Scriptor, Hanstein. S. 126-143.
ALBERT, H. (1969/1976): Kleines, verwundertes Nachwort zu einer großen Einleigung. In: ADORNO, T.W.; DAHRENDORF, R.; PILOT, H.; ALBERT, H.; HABERMAS, J.; POPPER, K.R. (Hg.): *Der Positivismusstreit in der deutschen Soziologie.* Darmstadt: Luchterhand. S. 335-340.
ALBRECHT, A.; MAGUEIJO, J. (1999): A time varying speed of light as a solution to cosmological puzzles. In: *Physical Review* D59:043516 [astro-ph/9811018]
ALEXANDER, J.C. (1982): *Theoretical Logic in Sociology I: Positivism, Presuppositions and current Controversies.* London: Routledge & Kegan Paul.
ALEXANDER, J.C.; GIESEN, B. (1987): From Reduction to Linkage. The Long View of the Micro-Macro Link. In: ALEXANDER, J.C.; GIESEN, B.; MÜNCH, R.; SMELSER N.J. (Hg.): *The Micro-Macro Link.* Berkeley: University of California Press. S. 1-42.
ANDERSEN, H. H.; SCHWARZE, J. (1999): *Methodische und inhaltliche Aspekte einer standardisierten Versichertenbefragung, Die Novitas-Befragung 1998. Der Versicherten-Report.* Berlin: Berliner Zentrum Public Health, 99-2.
ANDERSON, D. R. (1987): Creativity and the Philosophy of C.S. Peirce. Dordrecht: Martinus Nijhoff.
ANDERSON, N. (1923/1975): The Hobo: The Sociology of the Homeless Man. Chicago: University of Chicago Press.
ANDREß, H.-J.; HAGENAARS, J.A.; KÜHNEL, St. (1996): *Analyse von Tabellen und kategorialen Daten. Log-lineare Modelle, latente Klassenanalyse, logistische Regression und GSK-Ansatz.* Berlin: Springer.
ANGELL, R.C. (1936): The family encounters the depression. New York, Chicago etc.: C. Scribner's sons
ANSCOMBE, G.E.M. (1957/1986): Absicht. Freiburg, München: Alber.
ARBEITSGRUPPE BIELEFELDER SOZIOLOGEN (Hg.): *Alltagswissen, Interaktion und gesellschaftliche Wirklichkeit.* Opladen: Westdeutscher Verlag.
ARJAS, E. (2001): Causal analysis and statistics: a social science perspective. In: *European Sociological Review,* 17 (1), S. 59-64.
ARMINGER, G. (1995): Specification and Estimation of Mean Structures: Regression Models. In: ARMINGER, G.; CLOGG, C.C.; SOBEL, M.E. (Hg.): *Handbook of Statistical Modeling for the Social and Behavioral Sciences.* New York: Plenum Press. S. 77-184.
BAIN, R. (1929): The Validity of Life Histories and Diaries. In: Journal of Educational Sociology, 3, S. 150-164.
BARNES, B. (2000): *Understanding Agency. Social Theory and Responsible Action.* London: Sage.
BARTON, A.H.; LAZARSFELD, P.F. (1955/1984): Einige Funktionen von qualitativer Analyse in der Sozialforschung. In: HOPF, C.; WEINGARTEN, E. (Hg.): Qualitative Sozialforschung. Stuttgart: Klett-Cotta, S. 41-89.

BECK, U. (1986): *Risikogesellschaft. Auf dem Weg in eine andere Moderne.* Suhrkamp: Frankfurt/M.
BECK, U.; BECK-GERNSHEIM, E. (1993): Nicht Autonomie, sondern Bastelbiographie. Anmerkungen zur Individualisierungsdiskussion am Beispiel des Aufsatzes von Günter Burkart. In: *Zeitschrift für Soziologie,* 22, S. 178-187.
BECKER, G.S. (1974): A theory of marriage. In: SCHULTZ, T.W. (Hg.): *Economics of the Family. Marriage, Children and Human Capital.* Chicago: University of Chicago press. S. 299-344.
BECKER, G.S. (1981): *A treatise on the family.* Cambridge: Harvard University Press.
BECKER, R. (2000): Klassenlage und Bildungsentscheidungen. Eine empirische Anwendung der Wert-Erwartungstheorie. In: *Kölner Zeitschrift für Soziologie und Sozialpsychologie,* 52 (3), S. 450-474.
BECKERMAN, A. (1985): Handlungen und Handlungserklärungen. In: BECKERMAN, A. (Hg.): *Analytische Handlungstheorie. Bd 2: Handlungserklärungen.* Frankfurt/M.: Suhrkamp. S. 7-84.
BERTAUX, D. (1981): Introduction. In: Ders.: Biography and society. The Life History Approach in the Social Sciences. London and Beverly Hills, S. 5-15.
BILLIE-BRAHE, U; WANG, A.G. (1985): Attempted suicide in Denmark. In: *Social Psychiatry,* 20; S. 163-170.
BJARNASON, Th. (1994): The Influence of Social Support, Suggestion and Depression on Suicidal Behavior among Icelandic Youth. In: *Acta Sociologica,* 37, S. 195-206.
BHASKAR, R. (1979): *The Possibility of Naturalism.* Brighton: Harvester.
BLAIKIE, N. (1991): A critique of the use of triangulation in social research. In: *Quality and Quantity,* 25, S. 115-136.
BLALOCK, H.M. (1961): Correlation and Causality: The Multivariate Case. In: *Social Forces,* 39, S. 246-251.
BLALOCK, H.M. (1962): Spuriousness vs. Intervening Variables: The Problem of Temporal Sequences. In: *Social Forces,* 40, S. 330-336.
BLALOCK, H.M. (1964): Causal Inferences in Nonexperimental Research. Chapel Hill: University of North Carolina Press.
BLALOCK, H.M. (1984): *Basic Dilemmas in the Social Sciences.* Beverly Hills, Ca.: Sage.
BLALOCK, H.M. (1985): *Causal Models in the Social Sciences.* New York: Aldine.
BLAU, P.M. (1975): Introduction: Parallels and Contrasts in Structural Inquiries. In. BLAU, P.M. (Hg.): *Approaches to the study of social structure.* New York: The Free Press. S. 1-20.
BLIND, A. (1953): Probleme und Eigentümlichkeiten sozialstatistischer Erkenntnis. In: *Allgemeines Statistisches Archiv,* 37, S. 301-313.
BLOOR, M. (1976): Bishop Berkeley and the adenotonsillectomy dilemma. In: *Sociology,* 10 (1), S. 43-61.
BLOSSFELD, H.P. (1993): Changes in Educational Opportunities in the Federal Republic of Germany. In: SHAVIT, Y.; BLOSSFELD, H. P. (Hg.) *Persistent Inequality.* Boulder, Col.: Westview.
BLOSSFELD, H.P., HUININK, J. (1989): Die Verbesserung der Bildungs- und Berufschancen von Frauen und ihr Einfluß auf die Familienbildung. In: *Zeitschrift für Bevölkerungswissenschaft,* 15, S. 383-404.
BLOSSFELD, H.P.; HUININK, J.; ROHWER, G. (1993): Wirkt sich das steigende Bildungsniveau der Frauen tatsächlich negativ auf den Prozeß der Familienbildung aus?. In: DIECKMANN, A.; WEICK, St. (Hg.): *Der Familienzyklus als sozialer Prozeß.* Berlin: Duncker und Humblot. S. 216-233.
BLOSSFELD, H.P.; JAENICHEN, U. (1993): Bildungsexpansion und Familienbildung. In: DIECKMANN, A.; WEICK, St. (Hg.): *Der Familienzyklus als sozialer Prozeß.* Berlin: Duncker und Humblot. S. 165-193.
BLOSSFELD, H.P.; PREIN, G. (1998): *Rational Choice Theory and Large-Scale Data Analysis.* Boulder, Co.: Westview Press.
BLOSSFELD, H.P.; ROHWER, G. (1995): *Techniques of Event History Modelling. New Approaches to Causal Analysis.* Mahwah, N.J.: Lawrence Erlbaum.

BLOSSFELD, H.P.; SHAVIT, Y. (1993): Dauerhafte Ungleichheiten. Zur Veränderung des Einflusses der sozialen Herkunft auf die Bildungschancen in dreizehn industrialisierten Ländern. In: *Zeitschrift für Pädagogik, 39;* S. 25-52.

BLUMER, H. (1928): *Method in Social Psychology.* University of Chicago: Unveröf. Dissertation.

BLUMER, H. (1931): Science without concepts. In: American Journal of Sociology., 36, S. 513-515.

BLUMER, H. (1939): Critiques of Research in the Social Sciences 1: An Appraisal of Thomas' and Znaniecki's 'The Polish Peasant in Europe and America'. New York: The Social Science Research Council.

BLUMER, H. (1940): The Problem of the Concept in Social Psychology. In: American Journal of Sociology, 45, S.707-719.

BLUMER, H. (1954): What is wrong with Social Theory?. In: American Sociological Review, S. 3-10.

BLUMER, H. (1969/1981): Der methodologische Standort des symbolischen Interaktionismus. In: Arbeitsgruppe Bielefelder Soziologen (Hrsg.): Alltagswissen, Interaktion und gesellschaftliche Wirklichkeit. Opladen: Westdeutscher Verlag, S. 80-146.

BOCHENSKI. J.M. (1965): *Die zeitgenössischen Denkmethoden.* Bern: Huber.

BOHNSACK, R. (1991): *Rekonstruktive Sozialforschung. Einführung in Methodologie und Praxis qualitativer Forschung.* Opladen: Leske und Budrich.

BORN, C. (1993): Das Einkommen im ehepartnerlichen Aushandlungsprozeß: Argumentationsfigur zwischen Innovation und Restauration. In: BORN, C.; KRÜGER, H. (Hg.): *Erwerbsverläufe von Ehepartnern und die Modernisierung weiblicher Lebensläufe.* Weinheim: DSV. S. 71-88.

BORN, C. (2000): Erstausbildung und weiblicher Lebenslauf. Was (nicht nur) junge Frauen bezüglich der Berufswahl wissen sollten. In: HEINZ, W.R. (Hg.): *Übergänge: Individualisierung, Flexibilisierung und Institutionalisierung des Lebensverlaufs. 3. Beiheft der Zeitschrift für Soziologie der Erziehung und Sozialisation.* Weinheim: Juventa. S. 50-65.

BORN, C.; KRÜGER, H. LORENZ-MEYER, D. (1996): *Der unentdeckte Wandel. Annäherung an das Verhältnis von Struktur und Norm im weiblichen Lebenslauf.* Berlin: edition sigma.

BORN, C.; KRÜGER, H. (HG.) (2001): *Individualisierung und Verflechtung. Geschlecht und Generation im Lebenslaufregime.* (Statuspassagen und Lebenslauf, Band 3) Weinheim und München, Juventa.

BORTZ, J.; DÖRING, N. (1995): *Forschungsmethoden und Evaluation für Sozialwissenschaftler.* Berlin: Springer.

BOUDON, R. (1979): L'inégalité des chances. Paris: Armand Colin.

BOURDIEU, P. (1966): L'École conservatrice. Les inégalités devant l'école et devant la culture. In: *Revue Franҫaise de sociologie,* 7, S. 37-347.

BRAUNS, H. (1999): Soziale Herkunft und Bildungserfolg in Frankreich. In: *Zeitschrift für Soziologie,* 28 (3), S. 197-218.

BREAULT, K.D. (1986): Suicide in America: A Test of Durkheim's Theory of Religious and Family Integration, 1933-1980. In: *American Journal of Sociology,* 92, S. 628-656.

BREWER, J.; HUNTER, A. (1989): *Multimethod Research: A Synthesis of Styles.* Newbury Park, Ca.: Sage.

BRUSH, S.G. (1976): *The Kind of Motion we call Heat.* Amsterdam: North Holland.

BRYMAN, A. (1988): *Quantity and Quality in Social Research.* London: Routledge & Kegan Paul.

BUCHMANN, M.; SACCHI, St.(1995): Zur Differenzierung von Lebensverläufen. In: BERGER, P.A.; SOPP, P. (Hg.): *Sozialstruktur und Lebenslauf.* Opladen: Leske und Budrich. S. 49-64.

BUDE, H. (1982): Text und soziale Realität. Zu dem von Oevermann formulierten Konzept einer objektiven Hermeneutik. In: *Zeitschrift für Sozialisationsforschung und Erziehungssoziologie,* 2, S. 126-134.

BÜHLER-NIEDERBERGER, D. (1991): Analytische Induktion. In: FLICK, U.; VOON KARDORFF, E.; KEUPP, H.; VON ROSENSTIEL, L.; WOLFF, ST. (1991). *Handbuch Qualitative Sozialforschung.* München: PVU. S. 446-450.

BUHR, P.; HAGEN, C. (2001): Die subjektive Bedeutung von Sozialhilfeverläufen. In: KLUGE, S.; KELLE, U. (2001) (Hg.): *Methodeninnovation in der Lebenslaufforschung. Integration qualitativer und quantitativer Verfahren in der Lebenslauf- und Biographieforschung.* Weinheim: Juventa. S. 189-216.
BULMER, M. (1984): *The Chicago School of Sociology.* Chicago: University of Chicago Press.
BUNGE, M. (1987): *Kausalität: Geschichte und Probleme.* Tübingen: Mohr.
BURGESS, E.W. (1929): Basic Social Data. In: SMITH, T.V.; WHITE, L.D. (Hg.): Chicago: An Experiment in Social Science Research. Chicago. University of Chicago Press. S. 47-66.
BURGESS, E.W. (1945): Sociological Research Methods. In: *American Journal of Sociology*, 50, S. 474-482.
BURKART, G. (1993): Individualisierung und Elternschaft – Das Beispiel USA. In: *Zeitschrift für Soziologie*, 22, S. 159-177.
BURKART, G. (1998): Individualisierung und Elternschaft. Eine empirische Überprüfung der Individualisierungsthese am Beispiel USA und ein Systematisierungsvorschlag. In: FRIEDRICHS, J. (Hg.): *Die Individualisierungsthese.* Opladen: Leske + Budrich. S.107-142.
CAIN, L.D. (1964): Life Course and Social Structure. In: FARIS, R.E.L. (Hg.): *Handbook of Modern Sociology.* Chicago: Rand Mc Nally. S. 272-309.
CAMPBELL, D.T.; FISKE, D.W. (1959): Convergent and Discriminant Validation by the Multitrait-Multimethod Matrix. In: *Psychological Bulletin*, Vol. 56, S. 81-105.
CAMPBELL, D.T.; STANLEY, J.C. (1963): *Experimental and Quasi-Experimental Designs for Research.* Dallas: Houghton Mifflin.
CAMPBELL, R. (1859): On a Test of Ascertaining whether an Observed Degree of Uniformity, or the Reverse, in Tables of Statistics is to be Looked upon as Remarkable. In: *Philosophical Magazine*, 18, S. 359-368.
CARACELLI, V.J.; GREENE, J.C. (1993): Data analysis strategies for mixed-method evaluation designs. In: *Educational Evaluation and Policy Analysis*, 15 (2), S. 195-207.
CARTWRIGHT, N. (1979): Causal Laws and Effective Strategies. In: *Nous*, 13, S. 419-437.
CICOUREL, A.V. (1964/1974): Methode und Messung in der Soziologie. Frankfurt/M.: Suhrkamp.
CLOGG, C. C.; HARITOU, A. (1997): The regression method of causal inference and a dilemma confronting this method. In: MCKIM, V. R.; TURNER, S.P. (Hg.): *Causality in Crisis?* Notre Dame, Ind.: University of Notre Dame Press. S. 83-112.
COHEN, A.P. (1984). Informants. In: ELLEN, R.F. (Hg) (1984): Ethnographic Research: a guide to general conduct. S. 223-229
COLEMAN, J.S. (1976): Liberty and equality in school desegregation. In: *Social Policy*, 6, S. 9-13.
COLEMAN (1977): Population stability and equal rights. In: *Society*, 14, S. 34-35.
COLEMAN, J.S. (1991): *Grundlagen der Sozialtheorie. Bd. 1: Handlungen und Handlungssysteme.* München: Oldenbourg.
COLEMAN, J.S.; CAMPBELL, E.Q.; HOBSON, C.J.; MCPARTLAND, J.; MOOD, A.M.; WEINFELD, F.D.; YORK, R.L. (1966): *Equality of Educational Opportunity.* Washington, DC.: US Government Printing Office.
COLEMAN, J.S.; FARARO, T.J. (1992): *Rational Choice Theory. Advocacy and Critique.* Newbury Park: Sage.
COLLINGWOOD, R.G. (1937/1938): On the So-called Idea of Causation. In: *Proceedings of the Aristotelian Society*, 38, S. 85-112.
COLLINS, R. (1987): Interaction Ritual Chains, Power and Property: The Micro-Macro Connection as an Empirically Based Theoretical Problem. In: ALEXANDER, J.C.; GIESEN, B.; MÜNCH, R.; SMELSER N.J. (Hg.): *The Micro-Macro Link.* Berkeley: University of California Press. S. 193-206.
COOK, Th.D.; CAMPBELL, D.T. (1979): *Quasi-Experimentation. Design & Analysis Issues for Field Settings.* Chicago: Rand Mc Nally.
CORSARO, W.A. (1992): Interpretive Reproduction in children's peer culture. In: *Social Psychology Quarterly*, 55, S. 160-177.

Cox, D. R.; Wermuth, N. (2001): Some statistical aspects of causality. In: *European Sociological Review,* 17 (1), S. 65-74.
Cox, D. R.; Wermuth, N. (2003). Causality: a statistical view. [http://psystat.sowi.uni-mainz.de/wermuth/pdfs/papcaus.pdf]
Cressey, D. R. (1950): The Criminal Violation of Financial Trust. In: American Sociological Review, 15, S. 738-743.
Cressey, D. R. (1953/1971): Other People's Money. A study in the Social Psychology of Embezzlement. Belmont: Wadsworth.
Cressey, P.G. (1983): The methodology of the taxi-dance hall: an early account of Chicago ethnography from the 1920's. In: *Urban Life,* 12, S. 109-119.
Creswell, J.W. (1994): *Research Design. Qualitative and Quantitative Approaches.* Thousand Oaks: Sage.
Creswell, J.W.; Plano Clark, V.L.; Gutmann, M.L.; Hanson, W.E. (2003): Advanced mixed methods research designs. In: Tashakkori, A.; Teddlie, C. (Hg.): *Handbook of Mixed Methods in Social and Behavioral Sciences.* Thousand Oaks, Ca.: Sage. S. 209-240.
Curd, M.V. (1980): The logic of discovery: an analysis of three approaches. In: Nickles, T. (Hg.): Scientific Discovery, Logic and Rationality (Boston Studies in the Philosophy of Science, Vol. LVI). Reidel: Dordrecht, S. 201-219.
Dahrendorf, R. (1958/1973): *Homo sociologicus. Ein Versuch zur Geschichte, Bedeutung und Kritik der Kategorie der sozialen Rolle.* Opladen: Westdeutscher Verlag.
Danneberg, Lutz (1989): Methodologien. Struktur, Aufbau und Evaluation. Berlin: Duncker und Humblot.
Datta, L. (1994): Paradigm wars: A basis for peaceful coexistence and beyond. In: Reichardt, C.S.; Rallis, S.F. (Hg.): *The Qualitative-quantitative Debate: New Perspectives.* (New Directions for Program Evaluation 61). San Francisco: Jossey-Bass. S. 53-70.
Davidson, D. (1990): Handlung und Ereignis. Frankfurt/M.: Suhrkamp.
Davis, J.A. (1985): *The Logic of Causal Order.* Beverly Hills, Ca.: Sage.
Davis, W.A. (1988): Probabilistic theories of causation. In. Fetzer, J.H. (Hg.): *Probability and Causality. Essays in Honor of Wesley C. Salmon.* Dordrecht: Reidel. S. 133-160.
Deegan, M. J. (2001): The Chicago School of Ethnography. In: Atkinson, P.; Coffey, A.; Delamont, S.; Lofland, L. (Hg.): *Handbook of Ethnography.* London: Sage. S. 11-25.
Denzin, N. K. (1978): *The Research Act. A Theoretical Introduction to Sociological Methods.* New York: McGraw Hill.
Denzin, N.K. (1989): *Interpretive Interactionism. (Applied Social Research Methods, Vol. 16).* Newbury Park: Sage.
Denzin, N.K.; Lincoln, Y.S. (Hg.) (2000): *Handbook of Qualitative Research.* Thousand Oaks: Sage.
Dewey, J. D. (1926): *Experience and Nature.* Chicago: Open Court.
Dewey, J.D. (1929/1998): *Die Suche nach Gewissheit. Eine Untersuchung des Verhältnisses von Erkenntnis und Handeln.* Frankfurt/M: Suhrkamp.
Diekmann, A. (1996): Zeitpunkt der Erstheirat und Streuung des Heiratsalters. In: Behrens, J.; Voges, W. (Hg.): *Kritische Übergänge. Statuspassagen und sozialpolitische Institutionalisierung.* Frankfurt, New York: Campus, S. 154-168.
Dietz, G.-U.; Matt, E.; Schumann, K.F.; Seus, L. (1997): „Lehre tut viel...". Berufsbildung, Lebensplanung und Delinquenz bei Arbeiterjugendlichen. Münster: Votum.
Dilthey, W. (1924): Gesammelte Schriften. Die geistige Welt. Einleitung in die Philosophie des Lebens, 5.Bd. Leipzig, Berlin (darin: Die Entstehung der Hermeneutik (1900)).
Dray, W. (1957/1970): *Laws and Explanation in History.* Oxford: Oxford University Press.
Dray, W. (1963/1978): Überlegungen zur historischen Erklärung von Handlungen. In: Acham, K. (Hg.): *Methodologische Probleme der Sozialwissenschaften.* Darmstadt: Wissenschaftliche Buchgesellschaft. S. 151-185.
Drobisch, M.W. (1867): *Die moralische Statistik und die menschliche Willensfreiheit. Eine Untersuchung.* Leipzig.

DURKHEIM, E. (1895/1970): *Die Regeln der soziologischen Methode*. Neuwied und Berlin: Luchterhand.
DURKHEIM, E. (1897/1973): *Der Selbstmord*. Neuwied und Berlin: Luchterhand.
DURKHEIM, E. (1914/1976): *Die elementaren Formen des religiösen Lebens*. Neuwied und Berlin: Luchterhand
ECARIUS, J. (1996): *Individualisierung und soziale Reproduktion im Lebensverlauf. Konzepte der Lebenslaufforschung*. Opladen: Leske und Budrich.
EISENSTADT, S.N.; HELLE, H.J. (Hg.) (1985): *Macro-Sociological Theory. Perspectives on Sociological Theory. Volume 1*. Beverly Hills: Sage.
ELDER, G.H. (1978): Family History and the Life Course. In: HAREVEN, T.K. (Hg.): *Transitions*. New York: Academic Press. S. 17-64.
ELDER, G.H. (1995): The Life Course Paradigm: Social Change and Individual Development. In: Moen, P; Elder, G.H.; Lüscher, K. (Hg.): *Examining Lifes in Context. Perspectives on the Ecology of Human Development*. Washington: APA, S. 101-140.
ELDER, G.H.; O'RAND, A.(1995): Adult lives in a changing society. In: COOK, K.S.; FINE, G.A.; HOUSE, J.S. (Hg.): Sociological Perspectives on Social Psychology. Needham Heights, Ma.: Allyn & Bacon. S. 452-475.
EMIRBAYER, M.; MISCHE, A. (1998): What is agency? In: *American Journal of Sociology,* 103 (4), S. 962-1023.
ENDRUWEIT, G. (1982): Soziologie und Krise. Vorbemerkungen der neuen 'Soziologie'-Redaktion. In: *Soziologie*, 1982 (1).
ENGEL, U. (1998): Stellungnahme der Sektion „Methoden". In: *Soziologie* (Mitteilungsblatt der Deutschen Gesellschaft für Soziologie). S. 42-44.
ENGEL, U.; STROHE, H.G. (Hg.) (1997): *Hierarchische und dynamische Modellierung. Grundlagen und Anwendungen komplexer Strukturgleichungsmodelle*. Hamburg: Kovac.
ERZBERGER, C. (1998): *Zahlen und Wörter. Die Verbindung quantitativer und qualitativer Daten und Methoden im Forschungsprozeß*. Weinheim. DSV.
ERZBERGER, C. (2001): Über die Notwendigkeit qualitativer Forschung: Das Beispiel der Alleinerziehungszeiten in quantitativen Daten. In: KLUGE, S.; KELLE, U. (2001) (Hg.): *Methodeninnovation in der Lebenslaufforschung. Integration qualitativer und quantitativer Verfahren in der Lebenslauf- und Biographieforschung*. Weinheim: Juventa. S. 169-188.
ERZBERGER, C.; PREIN, G. (1997). Triangulation: Validity and empirically based hypothesis construction. In: Quality & Quantity, 2, 141-154.
ESSER, H. (1989): Gesellschaftliche „Individualisierung" und das Schicksal der (Bindestrich) soziologie. In: Markefka, M.; Nave-Herz, R. (Hg.): *Handbuch zur Familien- und Jugendforschung. Bd. II: Jugendforschung*. Neuwied: Luchterhand, S. 197-215.
ESSER, H. (1991): *Alltagshandeln und Verstehen. Zum Verhältnis von erklärender und verstehender Soziologie am Beispiel von Alfred Schütz und „Rational Choice"*. Tübingen: J.C.B. Mohr.
ESSER, H. (1993): *Soziologie. Allgemeine Grundlagen*. Frankfurt, New York: Campus.
ESSER, H. (1995): *Strukturen des sozialen Handelns*. Unveröff. Manuskript. Frankfurt a. M.
ESSER, H. (1998): Why are bridge hypotheses necessary? In: BLOSSFELD, H.P.; PREIN, G. (1998): *Rational Choice Theory and Large-Scale Data Analysis*. Boulder, Co.: Westview Press. S. 94-111.
FARARO, T.J. (1989): The spirit of unification in sociological theory. In: *Sociological Theory*, 7, S. 175-190.
FESTINGER, L.; RIECKEN, H.W.; SCHACHTER, S. (1956): *When Prophecy Fails*. Minneapolis, Mi.: University of Minnesota Press.
FETZER, J.H. (1988): *Propability and Causality. Essays in Honor of Wesley C. Salmon*. Dordrecht: D. Reidel.
FIELDING, N.G. (2003): The resurgence, legitimation and institutionalisation of qualitative method. In: BERGMANN, M.M.; EBERLE, T. (Hg.): *Qualitative inquiry: research, archiving and reuse*. Bern: Swiss Academy of Humanities and Social Sciences.

FIELDING, N.G.; FIELDING, J.L. (1986): *Linking Data. (Qualitative Research Methods, Vol.4)*. London: Sage.
FIELDING, N.G.; LEE, R.M. (2002): New patterns in the adoption and use of qualitative software. In: Field Methods, 14 (2), S. 206-225.
FILSTEAD, W.J. (1970/1979): Soziale Welten aus erster Hand. In: Gerdes, Klaus (Hg.): Explorative Sozialforschung. Stuttgart, Enke, S. S. 29-40.
FINNEY, D. (1964): Sir Ronald Fisher's Contributions to Biometric Statistics. In: *Biometrica*, 20, S. 322-329.
FISCHER, K. (1983): Rationale Heuristik. In: Zeitschrift für allgemeine Wissenschaftstheorie, 14, S. 234-272.
FISHER, R.A. (1925/1970): *Statistical Methods for Research Workers*. Edinburgh: Oliver and Boyd.
FISHER, R.A. (1935/1966): *The Design of Experiments*. Edinburgh: Oliver and Boyd.
FISHER, R.A. (1956): *Statistical Methods and Scientific Inference*. Edinburgh: Oliver and Boyd.
FLASKÄMPER, P. (1929): Das Problem der „Gleichartigkeit" in der Statistik. In: *Allgemeines Statistisches Archiv*, 19, S. 205-234.
FLASKÄMPER, P. (1934): Die Bedeutung der Zahl für die Sozialwissenschaften. In: *Allgemeines Statistisches Archiv*, 23, S. 58-71.
FLECK, CHRISTIAN (1992): Vom "Neuanfang" zur Disziplin? Überlegungen zur deutschsprachigen qualitativen Sozialforschung anläßlich einiger neuer Lehrbücher. In: Kölner Zeitschrift für Soziologie und Sozialpsychologie, 44 (4), S. 747-765.
FLICK, U. (1992): Triangulation Revisited: Strategy of Validation or Alternative? In: *Journal for the Theory of Social Behaviour*, 22, S. 175-197.
FLICK, U. (1996): *Qualitative Forschung. Theorie, Methoden, Anwendung in Psychologie und Sozialwissenschaften*. Hamburg: rowohlt.
FLICK, U. (1998): *An Introduction to Qualitative Research*. Thousand Oaks: Sage.
FLICK, U.; VON KARDORFF, E.; STEINKE, I. (2002): *Qualitative Forschung. Ein Handbuch*. Reinbek: Rowohlt.
FRANK, Ph. (1988): *Das Kausalgesetz und seine Grenzen (Wiener Kreis: Schriften zum logischen Positivismus*. Frankfurt/M: stw.
FREEDMAN, D.A. (1991): Statistical Models and Shoe Leather. In: *Sociological Methodology*, 21, S. 291-313.
FREEDMAN, D.A. (1992): A rejoinder on models, metaphors and fables. In: SHAFFER, J.P. (Hg.): *The Role of Models in Nonexperimental Social Science: Two Debates*. Washington, DC.: Americal Educational Research Association and American Statistical Association.
FREEDMAN, D.A. (1997): From association to causation via regression. In: McKIM, V. R.; TURNER, S.P. (Hg.): *Causality in Crisis?* Notre Dame, Ind.: University of Notre Dame Press. S. 113-161.
FRETER, H.-J.; HOLLSTEIN, B.; WERLE, M. (1991): Integration qualitativer und quantitativer Verfahrensweisen - Methodologie und Forschungspraxis. In: ZUMA-Nachrichten, Nr. 29, S. 98-114.
FRIEDRICHS, J. (1973/1980): *Methoden empirischer Sozialforschung*. Opladen: Westdeutscher Verlag.
FRIEDRICHS, J. (Hg.) (1998): *Die Individualisierungsthese*. Opladen: Leske + Budrich.
FÜRSTENBERG, F. (1995): *Soziale Handlungsfelder. Strukturen und Orientierungen*. Opladen: Westdeutscher Verlag.
GAGE, N. (1989): The paradigm wars and their aftermath: A"historical" sketch of research and teaching since 1989. In: Educational Researcher, 18 (7), S. 4-10.
GEERTZ, C. (1983): *Dichte Beschreibung. Beiträge zum Verstehen kultureller Systeme*. Frankfurt/M.: stw.
GEIßLER, R. (1996): *Die Sozialstruktur Deutschlands. Zur gesellschaftlichen Entwicklung mit einer Zwischenbilanz zur Vereinigung*. Opladen: Westdeutscher Verlag.
GERDES, K. (1979) (Hg.): Explorative Sozialforschung. Stuttgart, Enke.
GERHARDT, U. (1985): Erzähldaten und Hypothesenkonstruktion: Überlegungen zum Gültigkeitsproblem in der biographischen Sozialforschung. In: Kölner Zeitschrift für Soziologie und Sozialpsychologie, 37, S. 230-256.

GERHARDT, U. (1986): *Patientenkarrieren. Eine medizinsoziologische Studie.* Frankfurt/M.: Suhrkamp.
GERHARDT, U. (1991): *Typenbildung.* In: FLICK, U.; VON KARDORFF, E.; KEUPP, H.; VON ROSENSTIEL, L.; WOLFF, St (1991): *Handbuch Qualitative Sozialforschung.* Weinheim: PVU. S. 435-439.
GERHARDT, U. (1999): *Herz und Handlungsrationalität. Biographische Verläufe nach koronarer Bypass-Operation zwischen Beruf und Berentung. Eine idealtypenanalytische Studie.* Frankfurt/M.: Suhrkamp.
GIDDENS, A. (1984): Interpretative Soziologie. Eine kritische Einführung. Frankfurt, New York: Campus.
GIDDENS, A. (1988): *Die Konstitution der Gesellschaft. Grundzüge einer Theorie der Strukturierung.* Frankfurt/M.: Suhrkamp
GIERE, R. (1980): Causal Systems and Statistical Hypotheses. In: COHEN, L.J.; HESSE, M. (Hg.) *Applications of Inductive Logic.* Oxford: Clarendon. S. 251-270.
GIGERENZER, G.; SWIJTINK, Z.; PORTER, T.; DASTON, L.; BEATTY, J.; KRÜGER, L. (1999): *Das Reich des Zufalls. Wissen zwischen Wahrscheinlichkeiten, Häufigkeiten und Unschärfen.* Heidelberg. Berlin: Spektrum.
GILLISPIE, C.C. (1963): Intellectual Factors in the Background of Analysis by Probabilities. In: CROMBIE, A.C. (Hg.): *Scientific Change.* New York: Basic Books. S. 431-453.
GLASER, B. (1978): Theoretical Sensitivity. Advances in the Methodology of Grounded Theory. Mill Valley: The Sociology Press.
GLASER, B. (1992): *Emergence vs. Forcing. Basics of Grounded Theory Analysis.* Mill Valley, Ca.: Sociology Press.
GLASER, B.; STRAUSS, A. (1967): *The Discovery of Grounded Theory. Strategies for qualitative Research.* New York: Aldine.
GLIK, D.C.; PARKER, K; MULIGANDE, G.; HATEGIKAMANA, P. (1986/87): Integrating qualitative and quantitative survey techniques. In: *International Quarterly of Community Health Education,* 7 (3), S. 181-200.
GOLDTHORPE, J.H. (1996): Class Analysis and the Reorientation of Class Theory: The Case of Persisting Differentials in Educational Attainment. In: *British Journal of Sociology,* 45, S. 481-506.
GOLDTHORPE, J. H. (2000): *Numbers, Narratives and the Integration of Research and Theory.* Oxford: Oxford University Press.
GOLDTHORPE, J. H. (2001): Causation, Statistics, and Sociology. In: *European Sociological Review,* 17 (1), S. 1-20.
GOODMAN, N. (1947): The problem of counterfactual conditionals. In: *The Journal of Philosophy.* 44, S. 113-128.
GOULD, M.S.; WALLENSTEIN, S.; KLEINMANN, M.H.; O'CARROL, P.; MERCY, J. (1990): Suicide Clusters: An Examination of Age-specific Effects. In: *American Journal of Public Health,* 81, S. 870-874.
GOULDNER, A.W. (1974): *Die westliche Soziologie in der Krise.* Reinbek: Rowohlt.
GREENE, J.C.; CARACELLI, V.J. (Hg.) (1997): *Advances in Mixed-method Evaluation: The Challenges and Benefits of Integrating Diverse Paradigms.* (New Directions for Evaluation, No. 74). San Francisco: Jossey-Bass.
GREENE, J.C.; CARACELLI, V.J.; GRAHAM, W.F. (1989): Toward a conceptual framework for mixed-method evaluation designs. In: *Educational Evaluation and Policy Analysis,* 11, S. 255-274.
GUBA, E. G. (1987): What have we learned about naturalistic evaluation? In: *Evaluation Practice,* 8 (1), 23-42.
GUBA, E. G. (1990): *The Paradigm Dialog.* Newbury Park, CA: Sage.
GUBA, E. G.; LINCOLN, Y. S. (1981): Effective evaluation: Improving the usefulness of evaluation results through responsive and naturalistic approaches. San Francisco: Jossey-Bass.
GUBA, E. G.; LINCOLN, Y. S. (1988): Do inquiry paradigms imply inquiry methodologies? In: Fetterman, D. M. (Hg.): *Qualitative approaches to evaluation in education: The silent scientific revolution.* NY: Praeger. S. 88-115.

GUBA, E. G.; LINCOLN, Y. S. (1994): Competing paradigms in qualitative research. In: Denzin, N.K.; Lincoln, Y.S. (Hg.): *Handbook of Qualitative Research.* Thousand Oaks: Sage. S. 105-117.

GUBA, E.G. (1978): *Toward a methodology of naturalistic enquiry in educational evaluation.* (CSE monograph series in evaluation 8. Center for the Study of Evaluation.) Los Angeles: University of California.

GUTTMAN, L. (1941): Mathematical and Tabulation Techniques. In: Social Science Research Council (Hg.) The Prediction of Personal Adjustment. New York.

HACKING, I. (1997): *Representing and Intervening.* Cambridge: Cambridge University Press.

HAGE, J; MEEKER, B.F. (1988): *Social Causality.* Boston: Unwin Hyman.

HAGENAARS, J.A. (1990): *Categorical Longitudinal Data. Log-linear Panel, Trend, and Cohort Analysis.* Newbury Park: Sage.

HAMMERSLEY, M. (1989): *The Dilemma of Qualitative Method. Herbert Blumer and the Chicago Tradition.* London: Routledge.

HAMMERSLEY, M. (1995): *The Politics of Social Research.* London: Sage.

HAMMERSLEY, M. (2000): Ethnography and the disputes over validity. Vortrag auf der Tagung der Sektion Methoden der DGS über "Standards und Strategien zur Sicherung von Qualität und Validität in der qualitativen Sozialforschung" in Mannheim, Dezember 2000.

HAMMERSLEY, M.; ATKINSON, P. (1983): *Ethnography. Principles in Practice.* London: Tavistock.

HANSON, N.R. (1958/1965): Patterns of Discovery. An Inquiry Into the Conceptual Foundations of Science. Cambridge: Cambridge University Press.

HARVEY, L. (1987): *Myths of the Chicago School of Sociology.* Aldershot: Gower.

HAUSMAN, D. (1986): Causation and Experimentation. In: *American Philosophical Quarterly,* 23, S. 143-154.

HEINZ, W.R. (1988): Selbstsozialisation und Arbeitsmarkt. Jugendliche zwischen Modernisierungsversprechen und Beschäftigungsrisiken. In: *Das Argument,* 168, S. 198-207.

HEINZ, W.R. (1991) (Hg.): *Theoretical Advances in Life Course Research (Status Passages and the Life Course, Vol 1.)* Weinheim: Deutscher Studien Verlag.

HEINZ, W.R. (1992): Introduction: Institutional Gatekeeping and Biographical Agency. In: HEINZ, WALTER R. (Hg.): Institutions and Gatekeeping in the Life Course. *(Status Passages and the Life Course, Vol II.)* Weinheim: Deutscher Studienverlag, S. 9-30.

HEINZ, W. R. (1996): Youth transitions in cross-cultural perspective: school-to-work in Germany. In: GALAWAY, B.; HUDSON, J. (eds.): *Youth in Transition. Perspectives on Research and Policy.* Toronto: Thompson Educational Publishing.

HEINZ, W.R. (2000): Selbstsozialisation im Lebenslauf: Umrisse einer Theorie biographischen Handelns. HOERNING, E.M. (Hg.): *Biographische Sozialisation.* Stuttgart: Lucius & Lucius. S. 165-186.

HEINZ, W.R. (2002): Socialization theory is dead – long live the life course? The transformation of a concept. In: *Advances in Life Course Research,* 7, S. 41-64.

HEINZ, W.R.; WITZEL, A. (1995): Das Verantwortungsdilemma in der beruflichen Sozialisation, In: HOFF, E.-H.; LAPPE, L. (Hg.): *Verantwortung im Arbeitsleben.* Heidelberg: Asanger. S. 99-113.

HEINZ, W.R.; KELLE, U.; WITZEL, A.; ZINN, J. (1998): Vocational training and career development in Germany – Results from a longitudinal study. In: *International Journal for Behavioral Development,* 22, S. 77-101.

HEISE, D. (1975): *Causal Analysis.* New York: John Wiley and Sons.

HELLE, H.J.; EISENSTADT, S.N. (Hg.) (1985): *Micro-Sociological Theory. Perspectives on Sociological Theory. Volume 2.* Beverly Hills: Sage.

HEMPEL, C. G.; OPPENHEIM, P. (1948): Studies in the Logic of Explanation. In: Philosophy of Science, 15, S. 135-175.

HEMPEL, C.G. (1942): The Function of General Laws in History. In: The Journal of Philosophy, 39, S. 35-48.

HEMPEL, C.G. (1963/1978): Gründe und übergeordnete Gesetze in der historischen Erklärung. In. ACHAM, K. (Hg.): *Methodologische Probleme der Sozialwissenschaften.* Darmstadt: Wissenschaftliche Buchgesellschaft. S. 128-150.

HEMPEL, C.G. (1965): *Aspects of Scientific Explanation and other Essays in the Philosophy of Science*. New York: The Free Press.
HEMPEL, C.G. (1970): Erklärung in Naturwissenschaft und Geschichte. In: In: KRÜGER, L. (Hg.): *Erkenntnisprobleme der Naturwissenschaften. Texte zur Einführung in die Philosophie der Wissenschaft*. Köln: Kiepenheuer & Witsch, S. 215-238.
HENZ, U. (1997): Der Beitrag von Schulformwechseln zur Offenheit des allgemeinbildenden Schulsystems. In: *Zeitschrift für Soziologie*, 26, S. 53-59.
HENZ, U.; MAAS, I. (1995): Chancengleichheit durch die Bildungsexpansion? In: *Kölner Zeitschrift für Soziologie und Sozialpsychologie 47*, S. 605-633.
HESSLOW, G. (1976): Two Notes on the Probabilistic Approach to Causality. In: *Philosophy of Science*, 43, S. 290-292.
HILL, M. (1973): *A Sociology of Religion*. New York: Basic Books.
HOLLAND, P. (1986): Statistics and causal inference. In: *Journal of the Americal Statistical Association*, 81, S. 945-960.
HOLLAND, P. (1988): Causal Inference, Path Analysis, and Recursive Structural Equation Models, *Sociological Methodology*, 18, S. 449-484.
HOLMWOOD, J.; STEWART, A. (1991): *Explanation and Social Theory*. Houndsmill, Basingstoke: MacMillan.
HOPF, C. (1998): Einrichtung der Arbeitsgruppe "Methoden der Empirischen Sozialforschung. In: *Soziologie* (Mitteilungsblatt der Deutschen Gesellschaft für Soziologie), 3, 98, S. 40-42.
HOWSON, C. (1995): Theories of Probability. In: *British Journal of the Philosophy of Science*, 46, S. 1-32.
HUGENTOBLER, M.K.; ISRAEL, B.A.; SCHURMAN, S.J. (1992): An action research approach to workplace health: Integrating methods. In: *Health Education Quarterly*, 19 (1), S. 55-76.
HUININK, J.; WAGNER, M. (1998): Individualisierung und Pluralisierung von Lebensformen. In: FRIEDRICHS, J. (Hg.): *Die Individualisierungsthese*. Opladen: Leske + Budrich. S. 85-106.
HUME, D. (1739/1964): A Treatise on Human Nature: Being an Attempt to Introduce the Experimental Method of Reasoning into Moral Subjects. Aalen: Scientia Verlag.
HUME, D. (1740/1980): *Abriß eines neuen Buches, betitelt: Ein Traktat über die menschliche Natur* (Originaltitel *Abstract of 'A Treatise on Human Nature'*). Aalen: Scientia Verlag.
IMHOF, A. E. (1984): Von der unsicheren zur sicheren Lebenszeit. In: *Vierteljahresschrift für Sozial- und Wirtschaftsgeschichte*, 71, S. 175-198.
IRZIK, G. (1996): Can Causes be reduced to correlations?. In: *British Journal for the Philosophy of Science*, 47, S. 249-270.
IRZIK, G.; MEYER, E. (1987): Causal Modelling: New Directions for Statistical Explanation. *Philosophy of Science*, 54, S. 495-514.
JAGODZINSKI, W. (1998): *Das diagnostische Potential von Analysen zum religiösen Wandel*. In: FRIEDRICHS, J.; LEPSIUS, M.R.; MAYER, K.U. (Hg.): *Die Diagnosefähigkeit der Soziologie* (Sonderheft 38 der *Kölner Zeitschrift für Soziologie und Sozialpsychologie)*. Opladen: Westdeutscher Verlag. S. 237-255.
JAHODA, M., LAZARSFELD, P. F., & ZEISEL, H. (1933/1982). Die Arbeitslosen von Marienthal. Frankfurt, Germany: Suhrkamp.
JAMES, L.R.; MULAIK, S.A.; BRETT, J.M. (1982): *Causal Analysis: Assumptions, models, and data*. Beverly Hills, Ca.: Sage.
JEVONS, W.S. (1874): *The Principles of Science*. London: Macmillan.
JOAS, H. (1996): *Die Kreativität des Handelns*. Frankfurt/M.: stw.
JOHNSON, B.; TURNER, L.A. (2003): Data Collection Strategies in Mixed Methods Research. In: TASHAKKORI, A.; TEDDLIE, C. (Hg.): *Handbook of Mixed Methods in Social and Behavioral Sciences*. Thousand Oaks, Ca.: Sage. S. 297-319.
KELLE, U. (1995): *Computer-Aided Qualitative Data Analysis. Theory, Methods and Practice*. London: Sage.

KELLE, U. (1997a): *Empirisch begründete Theoriebildung. Logik und Methodologie interpretativer Sozialforschung.* Weinheim: DSV.

KELLE, U. (1997b): Theory Building in Qualitative Research and Computer Programs for the Management of Textual Data. In: *Sociological Research Online,* 2, www.socresonline.org.uk

KELLE, U. (2001): Die Integration qualitativer und quantitativer Methoden in der Biographie- und Lebenslaufforschung. In: *BIOS,* 2001 (2), S. 60-87.

KELLE, U. (2003): Abduktion und Interpretation – die Bedeutung einer „Logik der Entdeckung" für die hermeneutische Sozialforschung. In: ZIEBERTZ, HANS-GEORG; HEIL, ST.; PROKOPF, A. (Hg.), *Abduktion in Handlungswissenschaften. Religionspädagogisch-empirische Theoriebildung im interdisziplinären Dialog.* Münster, S. 111-126.

KELLE, U. (2004): Computer Assisted Qualitative Data Analysis. In: SILVERMAN, D.; GOBO, G.; SEALE, C., GUBRIUM, J.F. (Hrsg.): *Qualitative Research Practice,* Kapitel 18. London: Sage. S. 473-490.

KELLE, U.; ERZBERGER, C. (1999): Integration qualitativer und quantitativer Methoden: methodologische Modelle und ihre Bedeutung für die Forschungspraxis. In: Kölner Zeitschrift für Soziologie und Sozialpsychologie, 51, S. 509-531.

KELLE, U., ERZBERGER, C. (2000): Integration qualitativer und quantitativer Methoden. In: FLICK, U.; KARDORFF, E.; STEINKE, I. (Hg.): *Handbuch qualitativer Sozialforschung.* Reinbek bei Hamburg: Rowohlt, S. 299-308.

KELLE, U., ERZBERGER, C. (2001): Die Integration qualitativer und quantitativer Forschungsergebnisse. In: KLUGE, S.; KELLE, U. (Hg.): *Methodeninnovation in der Lebenslaufforschung: Integration qualitativer und quantitative Verfahren in der Lebenslauf und Biographieforschung.* Weinheim und München: Juventa, S. 89-133.

KELLE, U.; KLUGE, S. (1999): *Vom Einzelfall zum Typus. Fallvergleich und Fallkontrastierung in der qualitativen Sozialforschung.* Opladen: Leske + Budrich.

KELLE, U.; LÜDEMANN, C. (1995): „Grau, teurer Freund ist alle Theorie..." Rational Choice und das Problem der Brückenannahmen. In: *Kölner Zeitschrift für Soziologie und Sozialpsychologie,* 47, S. 249-267.

KELLE, U.; LÜDEMANN, C. (1996): Theoriereiche Brückenannahmen? In: *Kölner Zeitschrift für Soziologie und Sozialpsychologie,* 48, S. 542-546.

KELLE, U.; LÜDEMANN, C. (1998): Bridge Assumption in Rational Choice Theory: Methodological Problems and Possible Solutions. In: BLOSSFELD, H.-P.; PREIN, G. (Hg.): *Rational Choice Theory and Large-Scale Data Analysis.* Boulder, Co.: Westview Press. S. 112-125.

KELLE, U.; NIGGEMANN, C. (2002): „Weil ich vor zwei Jahren schon einmal verhört worden bin..." – Methodische Probleme bei der Befragung von Heimbewohnern. In: MOTEL-KLINGEBIEL, A.; KELLE, U. (Hg.): *Perspektiven der empirischen Alter(n)ssoziologie.* Opladen: Leske und Budrich. S. 99-131.

KELLE, U.; PREIN, G. (1994): Estimation of Beta-error in Multivariate Modelling with Small Samples. In: Faulbaum, Frank (Hg.): *SOFTSTAT '93 - Advances in Statistical Software 4.* Stuttgart: Gustav Fischer Verlag. S. 559-566.

KELLE, U.; PREIN, G. (1995): *Threats for validity* bei der vergleichenden Analyse von Datensätzen. Ein Vorschlag zur Lösung inferenzstatistischer Probleme. In: *Angewandte Sozialforschung,* 19 (3), S. 239-248.

KELLE, U.; ZINN, J. (1998): School-to-work Transition and occupational careers: Results from a Longitudinal Study in Germany. In: LANGE, T. (Hrsg.): *Understanding the School-to-work Transition: An International Perspective.* New York: Nova Science Publishers, S. 71-89.

KELLE, U.; MARX, J.; PENGEL, S.; UHLHORN, K.; WITT, I. (2003): Die Rolle theoretischer Heuristiken im qualitativen Forschungsprozeß – ein Werkstattbericht. In: OTTO, H.-U.; OELERICH, G.; MICHEEL, H.-G. (Hg.): *Empirische Forschung und Soziale Arbeit. Ein Lehr- und Arbeitsbuch.* Neuwied und Kriftel: Luchterhand, S. 112-130.

KENDALL, P.L.; LAZARSFELD, P.F. (1950): Problems of Survey Analysis. In: MERTON, R.K.; LAZARSFELD, P.F. (Hg.): *Continuities in Social Research: Studies in the Scope and Method of „The American Soldier"*. Glencoe, Il.: Free Press.

KENNY, D.A. (1979): *Correlation and Causality*. New York: John Wiley & Sons.

KERLINGER, F. N. (1979): Behavioral Research. New York: Rinehart, Holt and Winston.

KLUGE, S. (2001): Strategien zur Integration qualitativer und quantitativer Erhebungs- und Auswertungsverfahren. Ein methodischer und methodologischer Bericht aus dem Sonderforschungsbereich 186 „Statuspassagen und Risikolagen im Lebensverlauf. In: KLUGE, S.; KELLE, U. (2001) (Hg.): *Methodeninnovation in der Lebenslaufforschung. Integration qualitativer und quantitativer Verfahren in der Lebenslauf- und Biographieforschung*. Weinheim: Juventa. S. 37-88.

KLUGE, S.; KELLE, U. (2001) (Hg.): *Methodeninnovation in der Lebenslaufforschung. Integration qualitativer und quantitativer Verfahren in der Lebenslauf- und Biographieforschung*. (Statuspassagen und Lebenslauf, Band 4). Weinheim und München: Juventa.

KOHLI, M. (1988): Normalbiographie und Individualität. In: BROSE, H.G.; HILDENBRAND, B. (Hg.): *Vom Ende des Individuums zur Individualität ohne Ende*. Opladen: Leske und Budrich. S. 33-54.

KOHLI, M. (1985): Die Institutionalisierung des Lebenslaufs. In: *Kölner Zeitschrift für Soziologie und Sozialpsychologie*, 37, S. 1-29.

KRENTZ, H.; OLANDT H. (1999) Zufriedenheit mit Klinik steigt im Alter. In: *Gesundheit und Gesellschaft*, 2 (12), S. 20-21.

KROMREY, H. (1998): *Empirische Sozialforschung: Modelle und Methoden der Datenerhebung und Datenauswertung*. Opladen: Leske und Budrich.

KRÜGER, H.; BORN, C.; KELLE, U. (1989): *Sequenzmuster in unterbrochenen Erwerbskarrieren von Frauen*. Universität Bremen, Sfb 186: Arbeitspapier Nr. 7.

KRYSMANSKI, H.J.; MARWEDEL, P. (Hg.) (1975): *Die Krise in der Soziologie*. Köln: Akademie Verlag.

KUHN, T.S. (1962/1989): Die Struktur wissenschaftlicher Revolutionen. Frankfurt/M.: stw.

KUNZ, V. (1997): *Theorie rationalen Handelns. Konzepte und Anwendungsprobleme*. Opladen: Leske + Budrich.

KURZ, K.; PRÜFER, P.; REXROTH, M. (1999): Zur Validität von Fragen in standardisierten Erhebungen. Ergebnisse des Einsatzes eines kognitiven Pretestinterviews. In: *ZUMA-Nachrichten*, 23, S. 83-107.

LAKATOS, I. (1982): Die Methodologie der wissenschaftlichen Forschungsprogramme. Philosophische Schriften, Bd.1 Wiesbaden: Vieweg.

LAKATOS, I.; MUSGRAVE, A. (Hg.) (1974): Kritizismus und Erkenntnisfortschritt. Braunschweig: Vieweg.

LAMNEK, S. (1995): *Qualitative Sozialforschung. Bd. 1: Methodologie*. Weinheim: Beltz, PVU.

LAMNEK, S. (2000): Sozialforschung in Theorie und Praxis. Zum Verhältnis von quantitativer und qualitativer Forschung. In: CLEMENS, W.; STRÜBING, J. (Hg.): *Empirische Sozialforschung und gesellschaftliche Praxis. Bedingungen und Formen angewandter Forschung in den Sozialwissenschaften*. Opladen: Leske und Budrich, S. 23-46.

LAPLACE, P.S. DE (1820/1995): *Philosophical Essay on Probabilities* (englische Übersetzung von *Essai Philosophique sur les Probabilités*). New York: Springer.

LAUDAN, L. (1977): Progress and its Problems. Towards a Theory of Scientific Growth. London and Henley: Routledge & Kegan Paul.

LAUTMANN, R. (1986): Was nützt der Soziologie die Nutzenanalyse? In: *Soziologische Revue*, S. 219-226.

LAUTMANN, R. (1998): Empirische Sozialforschung – hart oder/und weich? In: *Soziologie* (Mitteilungsblatt der Deutschen Gesellschaft für Soziologie), 3, 98, S. 40-42.

LAZARSFELD, P.F. (1955): Interpretation of Statistical Relations as Research Operation. In: LAZARSFELD, P.F.; ROSENBERG, M. (Hg.): *The Language of Social Research*. New York: John Wiley and Sons. S. 115-125.

LEE, R.M. (2002): *Recording Technologies and the Interview in Sociology, 1920-2000*. Unveröffentlichtes Manuskript.

LEIBER, Th (1996): Kosmos, Kausalitaet und Chaos : naturphilosophische, erkenntnistheoretische und wissenschaftstheoretische PerspektivenWuerzburg: ERGON-Verl.
LEISERING, L.; MÜLLER, R.; SCHUMANN, K.F. (Hg.) (2001): *Institutionen und Lebensläufe im Wandel. Institutionelle Regulierungen von Lebensläufen.* (Statuspassagen und Lebenslauf, Band 2). Weinheim und München, Juventa.
LEISERING, L.; LEIBFRIED, ST. (1999): *Time and Poverty in Western Welfare States. United germany in Perspective.* Cambridge: Cambridge University Press.
LENSSEN, M; AUFENANGER, St. (1986): Zur Rekonstruktion von Interaktionsstrukturen. Neue Wege der Fernsehanalyse. In: NAGLER, K.; REICHERTZ, J. (1986): Kontaktanzeigen – auf der Suche nach dem anderen, den man nicht kennen will. In: AUFENANGER, St.; LENSSEN, M. (Hg.): Handlung und Sinnstruktur: Bedeutung und Anwendung der objektiven Hermeneutik. München: Kindt. S. 123-204.
LEPSIUS, M.R. (2003): Die Soziologie ist eine Dauerkrise. Ein Gespräch mit Georg Vobruba. In: *Soziologie* (Forum der Deutschen Gesellschaft für Soziologie), 2003 (3), S. 20-30.
LEXIS, W. (1877): *Zur Theorie der Massenerscheinungen in der modernen Gesellschaft.* Freiburg: Wagner'sche Buchhandlung.
LEXIS, W. (1903): *Abhandlungen zur Theorie der Bevölkerungs- und Moralstatistik.* Jena: Gustav Fischer.
LIEBERSON, S. (1992/2000): Small N's and big conclusions: an examination of the reasoning in comparative studies based on a small number of cases. In: GOMM, R.; HAMMERSLEY, M.; FOSTER, P. (Hg.): *Case Study Method. Key Issues, Key Texts.* London: Sage. S. 208-222.
LIEBERSON, S. (1985): *Making it count. The Improvement of Social Research and Theory.* Berkeley: University of California Press.
LIEBERSON, S.; LYNN, F.B. (2002): Barking up the wrong branch: Scientific alternatives to the current model of sociological science. In: *Annual Review of Sociology*, 28, S. 1-19.
LINCOLN, Y. S.; GUBA, E. G. (1985): *Naturalistic inquiry.* Beverly Hills, CA: Sage Publications, Inc
LINCOLN, Y. S.; GUBA, E. G. (2000): Paradigmatic controversies, contradictions, and emerging confluences. In: In: DENZIN, N.K.; LINCOLN, Y.S. (Hg.): *Handbook of Qualitative Research.* Thousand Oaks: Sage. S. 163-188.
LINDENBERG, S. (1981): Erklärung als Modellbau: Zur soziologischen Nutzung von Nutzentheorien. In: SCHULTE, W. (Hg.): *Soziologie in der Gesellschaft.* Bremen: Universität Bremen. S. 20-35.
LINDENBERG, S. (1984): Normen und die Allokation sozialer Wertschätzung. In: TODT, H. (Hrsg.): *Normengeleitetes Verhalten in den Sozialwissenschaften.* Berlin: Duncker und Humblot. S. 169-191.
LINDENBERG, S. (1991): Die Methode der abnehmenden Abstraktion: Theoriegesteuerte Analyse und empirischer Gehalt. In: ESSER, H.; TROITZSCH, K.G. (Hg.): *Modellierung sozialer Prozesse.* Bonn: Informationszentrum Sozialwissenschaften. S. 29-78.
LINDENBERG, S. (1992): The Method of Decreasing Abstraction. In: COLEMAN, J.S.; FARARO, T.J. (1992): *Rational Choice Theory. Advocacy and Critique.* Newbury Park: Sage. S. 3-20.
LINDENBERG, S. (1996a): Die Relevanz theoriereicher Brückenannahmen. In: *Kölner Zeitschrift für Soziologie und Sozialpsychologie*, 48 (1), S. 126-140.
LINDENBERG, S. (1996b): Theoriegesteuerte Konkretisierung der Nutzentheorie. Eine Replik auf Kelle/Lüdemann und Opp/Friedrichs. In: *Kölner Zeitschrift für Soziologie und Sozialpsychologie*, 48 (3), S. 560-565.
LINDENBERG, S.; WIPPLER, R. (1978): Theorienvergleich. Elemente der Rekonstruktion, In: HONDRICH, K.O.; MATTES, J. (Hg.): *Theorievergleich in den Sozialwissenschaften.* Darmstadt: Luchterhand. S. 219-231.
LINDESMITH, A.R. (1947/1968): Addiction and Opiates. Chicago: Aldine (erstmals erschienen 1947).
LUCKMANN, T. (1973): Philosophie, Sozialwissenschaft und Alltagsleben. In: *Soziale Welt*, 24, S. 137-168.
LUNDBERG, G.A. (1929/1942): Social research: a Study in Methods of Gathering Data. New York: Longmans, Green (erstmals erschienen).

MACIVER, R.M. (1931): Is sociology a natural science? In: *Publications of the Americal Sociological Society*, 25, S. 25-35.
MACIVER, R.M. (1942): *Social Causation*. Boston, Ma.: Ginn and Company.
MACKIE, J.L. (1974): The Cement of the Universe. A Study of Causation. Oxford: Clarendon Press.
MAGUEIJO, J. (2003): New varying speed of light theories. In: *Report on Progress in Physics*, 66 (Nov 2003), S. 2025-2068.
MARINI, M.M. (1978): The Transition to Adulthood: Sex Differences in Educational Attainment and Age of Marriage. In: *American Sociological Review*, 43, S. 483-507.
MARINI, M.M.; SINGER, B. (1988): Causality in the Social Sciences, *Sociological Methodology*, 18, S. 347-409.
MASTERMAN, M. (1974): Die Natur eines Paradigmas. In: LAKATOS, I.; MUSGRAVE, A. (Hg.): Kritik und Erkenntnisfortschritt. Braunschweig: Vieweg. S. 59-88.
MATTHEWS, F.H. (1977): *Quest for an American Sociology: Robert E. Park and the Chicago School*. Montreal: McGill-Queen's University Press.
MAXWELL, J.A.; LOOMIS, D.M. (2003): Mixed methods design: an alternative approach. In: TASHAKKORI, A.; TEDDLIE, C. (Hg.): *Handbook of Mixed Methods in Social and Behavioral Sciences*. Thousand Oaks, Ca.: Sage. S. 241-271.
MAYER, K.U. (1998): Causality, Comparisons and Bad Practices in Empirical Social Research. A Comment on Stanley Lieberson's Chapter. In: BLOSSFELD, H.P.; PREIN, G. (1998): *Rational Choice Theory and Large-Scale Data Analysis*. Boulder, Co.: Westview.
MAYER, K.U. (Hg.) (1990): *Lebensverläufe und Sozialer Wandel (Sonderheft 31 der Kölner Zeitschrift für Soziologie und Sozialpsychologie*. Opladen: Westdeutscher Verlag.
MAYER, K. U., BLOSSFELD, H.-P. (1990): Die gesellschaftliche Konstruktion sozialer Ungleichheit im Lebensverlauf. In: BERGER, P.A., HRADIL, S. (Hg.): *Lebenslagen, Lebensläufe, Lebensstile* (Soziale Welt Sonderband 7). Göttingen: Schwartz. S. 297-318.
MAYER, K.U.; MÜLLER, W. (1989): Lebensverläufe im Wohlfahrtsstaat. In: WEYMANN, A. (Hg.): *Handlungsspielräume.Untersuchungen zur Individualisierung und Institutionalisierung von Lebensläufen in der Moderne*. Stuttgart: Enke. S. 41-60.
MAYNTZ, R. (1966): Sozialstruktur. In: *Evangelisches Staatslexikon*. Stuttgart, Berlin.
MAYNTZ, R., HOLM, K.; HÜBNER, P. (1969): *Einführung in die Methoden der empirischen Sozialforschung*. Köln: Westdeutscher Verlag.
MCKIM, V. R.; TURNER, S.P. (Hg.) (1997): *Causality in Crisis?* Notre Dame, Ind.: University of Notre Dame Press.
MEAD, G.H. (1934/1973): *Geist, Identität und Gesellschaft*. Frankfurt/M.: Suhrkamp.
MENGES, G. (1972): *Grundriß der Statistik. Teil 1: Theorie*. Opladen: Westdeutscher Verlag.
MERKENS, H. (2000): Auswahlverfahren, Sampling, Fallkonstruktion. In: FLICK, U; VON KARDORFF, E.; STEINKE, I. (Hg.): *Qualitative Forschung. Ein Handbuch*. Reinbek: Rowohlt. S. 286-299.
MERTENS, D.M. (1998): *Research Methods in Education and Psychology: Integrating Diversity with Quantitative and Qualitative Approaches*. Thousand Oaks, CA: Sage.
MERTENS, D.M. (1999): Inclusive evaluation: Implications of transformative theory for evaluation. In: *American Journal of Evaluation*, 20(1), S. 1-14.
MERTON, R. K. (1949/1968): Social Theory and Social Structure. New York: The Free Press.
MERTON, ROBERT (1994): A Life of Learning. Charles Homer Haskins Lecture for 1994. American Council of Learned Societies. Occasional Paper No. 25. [http://www.acls.org/op25partII.htm, 04.06.04, 12:55]
MILES, M.B., HUBERMAN, A.M. (1994) Qualitative Data Analysis: An expanded sourcebook. London: Sage.
MILL, J.St (1843/1973): *A system of logic. Ratiocinative and Inductive. Being a connected view of the principles of evidence and the methods of scientific investigation*. Toronto and Buffalo: University of Toronto Press.
MILLS, C.W. (1963): *Power, Politics and People. The Collected Essays of C. Wright Mills*. New York: Ballantine books.

MISCHEL, T. (1963/1981): Psychologie und Erklärungen menschlichen Verhaltens. In: MISCHEL, T.: Psychologische Erklärungen. Gesammelte Aufsätze. Frankfurt: Suhrkamp.

MOLLENKOPF, H.; BAAS, ST. (2002): Konzepte, Strategien und Methoden zur Erfassung der Mobilität älterer Menschen – das Beispiel des Outdoor Mobility Survey und Diary. In: MOTEL-KLINGEBIEL, A.; KELLE, U. (Hg.): *Perspektiven der empirischen Alter(n)ssoziologie*. Opladen: Leske und Budrich. S. 273-298.

MORSE, J.M. (1991): Approaches to qualitative-quantitative methodological triangulation. In: *Nursing Research*, 40 (2), S. 120-133.

MORSE, J.M. (2003): Principles of Mixed Methods and Multimethod Research Design. In: In: TASHAKKORI, A.; TEDDLIE, C. (Hg.): *Handbook of Mixed Methods in Social and Behavioral Sciences*. Thousand Oaks, Ca.: Sage. S. 189-208.

MOUZELIS, N. (1995): *Sociological Theory: What Went Wrong?* London: Routledge & Kegan Paul.

MÜLLER, W. (1998): Sozialstruktur und Wahlverhalten. Eine Widerrede gegen die Individualisierungsthese. In: FRIEDRICHS, J. (Hg.): *Die Individualisierungsthese*. Opladen: Leske + Budrich. S. 249-262.

MÜLLER, W.; HAUN, D. (1994): Bildungsungleichheit im sozialen Wandel. In: *Kölner Zeitschrift für Soziologie und Sozialpsychologie*, 46, S. 1-42.

MÜNCH, R. (1992): Rational Choice Theory. A Critical Assessment of its Explanatory Power. In: COLEMAN, J.S.; FARARO, T.J. (1992): *Rational Choice Theory. Advocacy and Critique*. Newbury Park: Sage. S. 137-160.

MÜNCH, R.; SMELSER, N.J. (1987): Relating the Micro and Macro. In: ALEXANDER, J.C.; GIESEN, B.; MÜNCH, R.; SMELSER N.J. (Hg.): *The Micro-Macro Link*. Berkeley: University of California Press. S. 356-387.

MURPHY, M.T.; WEBB, J.K.; FLAMBAUM, V.V. (2002): Further evidence for a variable fine-structure constant from Keck/HIRES QSO absorbtion spectra.In: *Monthly Notices of the Royal Astronomical Society*, 345 (2), S. 609-638.

NAGEL, E. (1965): Types of causal explanation in science. In: LERNER, D. (Hg.): *Cause and effect. The Hayden Colloquium on Scientific Method and Concept*. New York: The Free Press. S. 11-26.

NAGEL, E. (1972): Probleme der Begriffs- und Theoriebildung in den Sozialwissenschaften. In: ALBERT, H. (Hg.): *Theorie und Realität*. Tübingen: Mohr.

NAGLER, K.; REICHERTZ, J. (1986): Kontaktanzeigen – auf der Suche nach dem anderen, den man nicht kennen will. In: AUFENANGER, ST.; LENSSEN, M. (Hg.): Handlung und Sinnstruktur: Bedeutung und Anwendung der objektiven Hermeneutik. München: Kindt. S. 84-122.

NERSESSIAN, N. J. (1984): Aether/ Or: The Creation of Scientific Concepts. In: Studies in the history and philosophy of science, 15, S. 175-212.

NERSESSIAN, N. J. (1989): Scientific Discovery and Commensurability of Meaning. In: GAVROGLU, K. GOUDAROLIS, Y; NICOLACOPOULOS, P. (Hg.): Imre Lakatos and Theories of Scientific Change. Kluwer Academic Publishers: Dordrecht, Boston, London, 1986. S. 323-334.

NEWMAN, I.; RIDENOUR, C.S.; NEWMAN, C.; DEMARCO, G.M.P. (2003): A typology of research purposes and its relationship to mixed methods. In: TASHAKKORI, A.; TEDDLIE, C. (Hg.): *Handbook of Mixed Methods in Social and Behavioral Sciences*. Thousand Oaks, Ca.: Sage. S. 167-188.

NEYMAN, J. (1976): The Emergence of Mathematical Statistics: A Historical Sketch with Particular Reference to the United States. In: OWEN, D.B. (Hg.): *On the History of Statistics and Probability*. New York: Marcel Decker.

NEYMAN, J; PEARSON, E.S. (1933): On the problem of the most efficient tests of statistical hypotheses. In: *Philosophical Transactions of the Royal Society*, 231, S. 289-337.

NEYMAN, J; PEARSON, E.S. (1967): Joint Statistical Papers. Cambridge: University press.

NICKEL, B.; BERGER, M.; SCHMIDT, P., PLIES, K. (1995): Qualitative Sampling in an Multi-Method Survey. Practical Problems of Method Triangulation in Sexual Behavior Research. In: *Quality & Quantity*, 29, S. 223-240.

OEVERMANN, U. (1982): *Exemplarische Analyse eines Gedichts von Rudolf Alexander Schröder mit den Verfahren der Objektiven Hermeneutik*. Frankfurt/M.: Unveröff. Manuskript.

OEVERMANN, U. (1986): Kontroversen über sinnverstehende Soziologie. Einige wiederkehrende Probleme und Mißverständnisse in der Rezeption der „objektiven Hermeneutik". In: AUFENANGER, St.; LENSSEN, M. (Hg.): Handlung und Sinnstruktur: Bedeutung und Anwendung der objektiven Hermeneutik. München: Kindt. S. 19-83.
OEVERMANN, U.; ALLERT, T.; KONAU, E. (1980): Zur Logik der Interpretation von Interviewtexten. In: HEINZE, TH.; KLUSEMANN, H.-W.; SOEFFNER, H.-G. (Hg.): Interpretationen einer Bildungsgeschichte. Bensheim: päd. extra buchverlag. S. 15-69.
OEVERMANN, U.; ALLERT, T.; KONAU, E.; KRAMBECK, J. (1979): Die Methodologie einer 'objektiven Hermeneutik' und ihre allgemeine forschungslogische Bedeutung in den Sozialwissenschaften. In: SOEFFNER, H.-G.: (Hg.): Interpretative Verfahren in den Sozial- und Textwissenschaften. Stuttgart: Metzler. S. 352-434.
OPP, K.-D. (1970/1976): *Methodologie der Sozialwissenschaften. Einführung in Probleme ihrer Theoriebildung.* Reinbek: Rowohlt.
OPP, K.-D. (1979): *Individualistische Sozialwissenschaft. Arbeitsweise und Probleme individualistisch und kollektivistisch orientierter Sozialwissenschaften.* Stuttgart: Enke.
OPP, K.-D. (1987): Wissenschaftstheoretische Grundlagen der empirischen Sozialforschung. In: ROTH, E. (Hg.): *Sozialwissenschaftliche Methoden.* München: Oldenbourg. S. 47-71.
OPP, K.-D. (1989): Ökonomie und Soziologie – Die gemeinsamen Grundlagen beider Fachdisziplinen. In: Schäfer, H.-B.; Wehrt, K. (Hg.): Die Ökonomisierung der Sozialwissenschaften. Sechs Wortmeldungen. Frankfurt a.M. u.a.: Campus. S. 103-127.
OPP, K.-D. (1991): Processes of Collective Political Action. A Dynamic Model and the Results of a Computer Simulation. In: *Rationality and Society*, 3, S. 215-251.
OPP, K.-D. (1992): Micro-Macro Transitions in Rational Choice Explanations. In: *Analyse und Kritik*, 14; S. 144-151.
OPP, K.-D.; FRIEDRICHS, J. (1996): Brückenannahmen, Produktionsfunktionen und die Messung von Präferenzen. In: *Kölner Zeitschrift für Soziologie und Sozialpsychologie*, 48 (3), S. 546-559.
PAPINEAU, D. (1993): Can we Reduce Causal Direction to Probabilities. In: HULL, D.; FORBES, M.; OKRUHLIK, K. (Hg.): *PSA 1992, Vol 2.* East Lansing: Philosophy of Science Association. S. 238-252.
PAPINEAU, D. (1994): The Virtues of Randomization. In: *British Journal of the Philosophy of Science*, 45, S. 437-450.
PARK, R.E. (1929): Sociology. In: GEE, W. (Hg.): *Research in the Social Sciences: its Fundamental Methods and Objektives.* New York: MacMillan.
PARK, R.E.; BURGESS, E.W. (Hg.) (1921/1969): *Introduction to the Science of Sociology.* Chicago: University of Chicago Press.
PATTON, M.Q. (1990): *Qualitative Evaluation and Research Methods.* Newbury Park, Ca.: Sage.
PEARL, J. (1998): Graphs, Causality and Structural Equation Models. In: *Sociological Methods and Research*, 27, S. 226-284.
PEIRCE, C. S. (1974, 1979): Collected Papers. Herausgegeben von Charles Hartshore, Paul Weiss und Arthur Burks. Cambridge (Mass.): The Belknap Press of Harvard University Press.
PEIRCE, C. S. (1991): Schriften zum Pragmatismus und Pragmatizismus. Herausgegeben von Karl-Otto Apel. Frankfurt/Main: Suhrkamp.
PITMAN, M.A.; MAXWELL, J.A. (1992): Qualitative approaches to evaluation. In: LECOMPTE, M.D.; MILLROY, W.L.; PREISSLE, J. (Hg.): The Handbook of Qualitative Research in Education. San Diego: Academic Press. S. 729-770.
PLATT, J. (1983): The development of „participant observation" method in sociology: origin, myth and history. In: *Journal of the History of Behavioral Sciences*, 19, S. 379-393.
PLATT, J. (1987): The Chicago School and firsthand data. Vortrag gehalten auf der *Annual Conference of CHEIRON (The European Society for the History of Behavioural and Social Sciences).*
POPPER, K.R. (1972): Die Logik der Sozialwissenschaften. In: ADORNO, T.W.; DAHRENDORF, R.; PILOT, H.; ALBERT, H.; HABERMAS, J.; POPPER, K.R. (Hg.): *Der Positivismusstreit in der deutschen Soziologie.* Darmstadt: Luchterhand. S. 103-124.

POPPER, K.R. (1972/1993): *Objektive Erkenntnis. Ein evolutionärer Entwurf.* Hamburg: Hoffmann und Campe.
POPPER, K.R.(1934/1989): Logik der Forschung. 9. verbesserte Auflage. Tübingen: J.C.B. Mohr.
PORTER, T.M. (1981): A Statistical Survey of Gases: Maxwell's Social Physics. In: *Historical Studies in the Physical Sciences*, 12, S. 77-116.
PÖTTER, U.; BLOSSFELD, H.-P. (2001): Causal Inference from Series of Events. In: *European Sociological Review*, 17 (1), S. 21-32.
PREIN, G.; KELLE, U.; KLUGE, S. (1993): *Strategien zur Integration quantitativer und qualitativer Auswertungsverfahren.* Universität Bremen, Sfb 186, Arbeitspapier Nr. 19.
PREIN, G.; SEUS, L. (1999): „Müßiggang ist aller Laster Anfang?" Beziehungen zwischen Erwerbslosigkeit und Delinquenz bei Jugendlichen und jungen Erwachsenen. Ergebnisse einer qualitaiven und quantitativen Längsschnittstudie. In: *Soziale Probleme*, 10, S. 43-74.
PREISENDÖRFER, P. (1985): Das ökonomische Programm in der Soziologie: Kritischen Anmerkungen zur Nutzentheorie, In: *Angewandte Sozialforschung*, S. 61-72.
PRIM, R.; TILLMANN, H. (1983): *Grundlagen einer kritisch-rationalen Sozialwissenschaft.* Heidelberg: UTB
QUETELET, L.A.J. (1835/1838): *Über den Menschen und die Entwicklung seiner Fähigkeiten, oder Versuch einer Physik der Gesellschaft.* Stuttgart: Schweizerbartsche Buchhandlung.
QUETELET, L.A.J. (1847): De l'influence de libre arbitre de l'homme sur les faits sociaux. In: *Bulletin de la Commission Centrale de Statistique* (Belgien), 3, S. 135-155.
RAGIN, Ch. C. (1987): *The Comparative Method. Moving Beyond Qualitative and Quantitative Strategies.* Berkeley: University of California Press.
RAGIN, Ch. C. (2000): *Fuzzy-Set Social Science.* Chicago: The University of Chicago Press.
REICHENBACH, H. (1938/1983): Erfahrung und Prognose (Gesammelte Werke, Bd. 4). Herausgegeben von Andreas Kamlah und Maria Reichenbach. Braunschweig: Vieweg
REICHENBACH, H. (1949): *The Theory of Probability.* Berkeley, Ca.: University of California Press.
REICHERTZ, J. (1986): Probleme qualitativer Sozialforschung. Frankfurt, New York: Campus.
REICHERTZ, J. (1988): Verstehende Soziologie ohne Subjekt. Die objektive Hermeneutik als Metaphysik der Strukturen. In: *Kölner Zeitschrift für Soziologie und Sozialpsychologie*, 40, S. 207-222.
REICHERTZ, J. (1991): Aufklärungsarbeit. Kriminalpolizisten und teilnehmende Beobachter bei der Arbeit. Stuttgart: Enke.
REICHERTZ. J. (1997): Objektive Hermeneutik. In: HITZLER, R.; HONER, A. (Hg.): *Sozialwissenschaftliche Hermeneutik. Eine Einführung.* Opladen: Leske + Budrich. S. 31-56.
REICHERTZ, J. (1999): Gültige Entdeckung des Neuen? Zur Bedeutung der Abduktion in der Qualitativen Sozialforschung. In: *Österreichische Zeitschrift für Soziologie*, 24 (4), S. 98-133.
REICHERTZ. J. (2003): *Die Abduktion in der qualitativen Sozialforschung.* (Qualitative Sozialforschung Bd. 13). Opladen: Leske und Budrich.
RESCHER, N. (1987): Induktion. Zur Rechtfertigung induktiven Schließens. München, Wien: Philosophia.
RICKERT, H. (1902/1929): *Die Grenzen der naturwissenschaftlichen Begriffsbildung.* Tübingen: Mohr.
RINDFUSS, R.; SWICEGOOD, C.; ROSENFELD, R.A. (1987): Disorders in the Life Course. In: *American Sociological Review*, 52, S. 785-801.
ROBINSON, W.S. (1950): Ecological Correlations and the Behavior of Individuals. In: *American Sociological Review*, 15, S. 351-357.
ROBINSON, W.S. (1951): The Logical Structure of Analytic Induction. In: American Sociological Review, 16, S. 812-818.
ROBINSON, W.S.(1952): Rejoinder to Comments on „The Logical Structure of Analytic Induction". In: American Sociological Review, 17, S. 494.
ROETHLISBERGER, F.J.; DICKSON, W.J. (1939): *Management and the worker.* Cambridge, Ma.: Harvard University Press.
RYAN, A. (1970/1973): Die Philosophie der Sozialwissenschaften. München: List.

RYDER, N.B. (1965): The cohort as a concept in the study of social change. In: American Sociological Review, 30, S. 843-861.
SACKMANN, R. (1998): *Konkurrierende Generationen auf dem Arbeitsmarkt. Altersstrukturierung in Arbeitsmarkt und Sozialpolitik.* Opladen: Westdeutscher Verlag.
SACKMANN, R. (1999): Ist ein Ende der Fertilitätskrise in Ostdeutschland absehbar?. In: *Zeitschrift für Bevölkerungswissenschaft,* 24, S. 187-211.
SACKMANN, R.; WEYMANN, A. (1994): *Die Technisierung des Alltags. Generationen und technische Innovationen.* Frankfurt: Campus.
SACKMANN, R.; WEYMANN, A; WINGENS, M. (Hg.) (2000): *Die Generation der Wende.* Opladen: Westdeutscher Verlag.
SACKMANN, R.; WINGENS, M. (2001): Theoretische Konzepte des Lebenslaufs: Übergang, Sequenz, Verlauf. In: SACKMANN, R.; WINGENS, M. (Hrsg.): *Strukturen des Lebenslaufs. Übergang – Sequenz – Verlauf* (Statuspassagen und Lebenslauf, Band 1). München: Juventa. S. 17-48.
SAGER, F.; LEDERMANN, S. (2004): *Qualitative Comparative Analysis und Realistische Evaluation.* Vortrag auf Sitzung der Sektion Qualitative Methoden auf dem 32. Kongress der Deutschen Gesellschaft für Soziologie, München, 6. Oktober 2004.
SARETSKY, G. (1972): The OEO P.C. experiment and the John Henry effect. In: Phi Delta Kappa, 53, S. 579-581.
SCHAEPER, H.; KÜHN, T.; WITZEL, A. (1999): *Diskontinuierliche Erwerbskarrieren und Berufswechsel in den 1990ern: Strukturmuster und biographische Umgangsweisen.* Bremen: unveröff. Ms.
SCHAEPER, H.; WITZEL, A. (2001): Rekonstruktion einer qualitativen Typologie mit standardisierten Daten. In: KLUGE, S.; KELLE, U. (2001) (Hg.): *Methodeninnovation in der Lebenslaufforschung. Integration qualitativer und quantitativer Verfahren in der Lebenslauf- und Biographieforschung.* Weinheim: Juventa. S. 217-259.
SCHNELL, R.(1997): *Nonresponse in Bevölkerungsumfragen. Ausmaß, Entwicklung und Ursachen.* Opladen: Leske + Budrich.
SCHNELL, R.; HILL, P.B.; ESSER, E. (1999): *Methoden der empirischen Sozialforschung.* München: Oldenbourg.
SCHNELL, R.; KOHLER, U. (1998): Eine empirische Untersuchung einer Individualisierungshypothese am Beispiel der Parteipräferenz von 1953-1992. In: FRIEDRICHS, J. (Hg.): *Die Individualisierungsthese.* Opladen: Leske + Budrich. S. 221-248.
SCHÜTZ, A. (1971): Gesammelte Aufsätze. Bd. 1: Das Problem der sozialen Wirklichkeit. Den Haag: Nijhoff.
SCHÜTZ, A. (1974): Der sinnhafte Aufbau der sozialen Welt. Frankfurt/M.: Suhrkamp.
SCHUMANN, K.F.; DIETZ, G.-U.; GEHRMANN, M.; KASPRAS, H.; STRUCK-MÖBBECK, O. (1996): *Private Wege der Wiedervereinigung. Die deutsche Ost-West-Migration vor der Wende.* („Status Passages and the Life Course", Bd. VIII) Weinheim: Deutscher Studien Verlag.
SCHWANDT, T.A. (2000): Three epistemological stances for qualitative inquiry: interpretivism, hermeneutics, and social constructivism. In: DENZIN, N.K.; LINCOLN, Y.S. (Hg.): *Handbook of Qualitative Research.* Thousand Oaks: Sage. S. 189-213.
SEALE, C. (1999): *The Quality of Qualitative Research.* London: Sage.
SEN, A.K. (1986): Prediction and economic theory. In: *Proceedings of the Royal Society of London,* A407, S. 3-23.
SHAVIT, Y.; BLOSSFELD, H. P. (Hg.) (1993): *Persistent Inequality.* Boulder, Col.: Westview.
SHAW, C. R. (1930/1966): The Jack Roller. Chicago: University of Chicago Press.
SHERIF, M.; HARVEY, O.J.; WHITE, B.J.; HOOD, W.R.; SHERIF, C.W. (1961): *Intergroup Conflict and Cooperation: the Robber's Cave Experiment.* Norman, Ok.: University of Oklahoma, Institute of Intergroup Relations.
SIMON, H. A. (1954): Spurious Correlation: A Causal Interpretation. In: *Journal of the American Statistical Association,* 49, S. 467-479.
SIMON, H. A. (1957): *Models of Man.* New York: John Wiley and Sons.

SIMON, H. A. (1968): Causation. In: SILLS, D.L (Hg.): *International Encyclopedia of the Social Sciences.* New York: Macmillan.
SIMON, H. A. 1985: Human nature in politics: the dialogue of psychology with political science. In: *The American Political Science Review,* 79, S. 293-304.
SIMPSON, C. H. (1951): The Interpretation of Interaction in Contingency Tables. In: *Journal of the Royal Statistical Society* B, 13, S. 238-241.
SMELSER, N. J. (1976): *Comparative Methods in the Social Sciences.* Englewood Cliffs, NJ.: Prentice Hall.
SMELSER, N. J., (1992): The Rational Choice Perspective. An Theoretical Assessment, In: *Rationality and Society,* 4, S. 381-410.
SMITH, J.K. (1983): Quantitative vs. qualitative research: an attempt to clarify the issue. In: *Educational Researcher,* 12, S. 6-13.
SMITH, J.K.; HESHUSIUS, L. (1986): Closing down the conversation: the end of the qualitative-quantitative debate among educational researchers. In: *Educational Researcher,* 15 (4), S. 4-12.
SOBEL, M.E. (1995): Causal Inference in the Social and Behavioral Sciences. In: ARMINGER, G.; CLOGG, C.C.; SOBEL, M.E. (Hg.): *Handbook of Statistical Modeling for the Social and Behavioral Sciences.* New York: Plenum Press. S. 1-38.
SOBEL, M.E. (1996): An Introduction to Causal Inference. In: *Sociological Methods and Research,* 24, S. 353-379.
STACK, S. (1982): Suicide: A Decade Review of the Sociological Literature. In: *Deviant Behavior,* 4, S. 41-66.
STACK, S. (1991): The effect of Religiosity on Suicide in Sweden: A Time Series Analysis. In: *Journal for the Scientific Study of Religion,* 30, S. 462-468.
STEGMÜLLER, W. (1973): *Personelle und statistische Wahrscheinlichkeit (Probleme und Resultate der Wissenschaftstheorie und Analytischen Philosophie, Bd. IV).* Berlin: Springer.
STEGMÜLLER, W. (1974): *Wissenschaftliche Begründung und Erklärung (Probleme und Resultate der Wissenschaftstheorie und analytischen Philosophie Bd.1).* Berlin: Springer.
STEGMÜLLER, W. (1987): *Hauptströmungen der Gegenwartsphilosophie: Eine kritische Einführung. Band II.* Stuttgart: Alfred Kröner Verlag.
STEINKE, I. (1999): *Kriterien qualitativer Forschung. Ansätze zur Bewertung qualitativ-empirischer Forschung.* Weinheim: Juventa.
STOVE, D.C. (1973): *Probability and Hume's Inductive Scepticism.* Oxford: Oxford University Press.
STRAUSS, A.; CORBIN, J. (1990): *Basics of Qualitative Research. Grounded Theory Procedures and Techniques.* Newbury Park, Ca.: Sage.
SUDMAN, S.; BRADBURN, N.M.; SCHWARZ, N. (1996): *Thinking about Answers: the Application of Cognitive Processes to Survey Methodology*: San Francisco, Ca.: Jossey Brass.
SUPPE, F. (1974): The Structure of Scientific Theories. Chicago: University of Chicago Press.
SUPPES, P (1970): *A Probabilistic Theory of Causality.* Amsterdam: North Holland.
SUTHERLAND, E. H. (1939): Principles of Criminology. Philadelphia: J. B. Lippincott Company.
TASHAKKORI, A.; TEDDLIE, C. (1998): *Mixed Methodology. Combining Qualitative and Quantitative Approaches.* Thousand Oaks, Ca.: Sage.
TASHAKKORI, A.; TEDDLIE, C. (2003): Major issues and controversies in the use of mixed methods in the social and behavioral sciences. In: TASHAKKORI, A.; TEDDLIE, C. (Hg.): *Handbook of Mixed Methods in Social and Behavioral Sciences.* Thousand Oaks, Ca.: Sage. S. 3-50.
TESCH, T. (1990): *Qualitative Research. Analysis Types and Software Tools.* Basingstoke: The Falmer Press.
THOMAS, W.I.; ZNANIECKI, F. (1918/1958): The Polish Peasant in Europe and America. New York: Dower.
THORNDIKE, E.L. (1927): The Measurement of Intelligence. New York, Columbia University: Bureau of publications.
THURSTONE, L.L.; CHAVE, E.J.(1929): The Measurement of Attitude - A psychophysical Method and Some Experience with a Scale for Measuring Attitude toward the church. Chicago

TOULMIN, ST. (1972/1983): Kritik der kollektiven Vernunft. Frankfurt/Main: Suhrkamp.
TOULMIN, ST. (1974): Ist die Unterscheidung zwischen Normalwissenschaft und revolutionärer Wissenschaft stischhaltig? In: LAKATOS, I.; MUSGRAVE, A. (Hg.): Kritizismus und Erkenntnisfortschritt. Braunschweig: Vieweg. S. 39-47.
TOUMELA, R. (1978): Erklären und Verstehen menschlichen Verhaltens. In: APEL, K.-O. u.a.(Hg.) (1978): Neue Versuche über Erklären und Verstehen. Frankfurt/M.: Suhrkamp. S. 30-58.
TRAPP, M. (1985): Utilitaristische Konzepte in der Soziologie. In: *Zeitschrift für Soziologie*, 15, S. 324-340.
TREVOR-ROPER, H.R. (1968): *The crisis of the seventeenth century. Religion, the Reformation and Social Change.* New York and Evanston: Harper & Row.
TURNER, J.H. (1987): Analytical theorizing. In: GIDDENS, A; TURNER, J.H. (Hg.): *Social Theory Today.* Cambridge: Polity Press. S. 156-194.
TURNER, J.H. (1988): Introduction: Can Sociology be a cumulative science. In: TURNER, J.H. (Hg.): *Theory Building in Sociology. Assessing Theoretical Cumulation.* Newbury Park: Sage. S. 8-18.
TURNER, J.H. (1990): The past, present and future of theory in American sociology. In: RITZER, G. (Hg.): *Frontiers of Social Teory. The New Syntheses.* New York: Columbia University Press. S. 371-391.
TURNER, R. H. (1953): The Quest for Universals in Sociological Research. In: American Sociological Review, 18, S.604-611.
VAN DE GOOR, A.-G.; SIEGERS, J. (1994): Effects of Changes in Constraints on Disability Duration. *Vortrag auf dem XIII. Welt-Kongress für Soziologie 1994 in Bielefeld.*
VAN DEN BROECK, A.; HEUNKS, F. (1994): Political culture: Patterns of political orientations and behaviour. In: ESTER, P.; HALMAN, L.; DE MOOR, R. (Hg.): *The individualizing society. Value change in Europe and North America.* Tilburg: Tilburg University press. S. 67-69.
VAN FRAASEN, B. (1980): *The scientific image.* Oxford: Oxford University Press.
VAN MAANEN, J. (1988): *Tales from the Field. Writing Ethnography.* Chicago: University of Chicago Press.
VIELAND, V.; WHITTLE, B.; GARLAND, A; HICKS, R.; SHAFFER, D. (1991): The Impact of Curriculum-based Suicide Prevention Programs for Teenagers: An 18-month Follow-up. In: *Journal of American Academic Child and Adolescent Psychiatry*, 30, S. 811-815.
VON WRIGHT, G.H. (1974): Erklären und Verstehen. Frankfurt: Athenäum
WAGNER, D.G.; BERGER, J. (1985): Do sociological theories grow? In: *American Journal of Sociology*, 90, S. 697-728).
WEATHERFORD, ROY (1982): *Philosophical Foundations of Probability Theory.* London: Routledge & Kegan Paul.
WEBB, E.J. u.a.(1966): Unobstrusive Measures: Nonreactive Research in the Social Sciences. Chicago: Rand McNally.
WEBER, M (1904/1988): Die „Objektivität" sozialwissenschaftlicher und sozialpolitischer Erkenntnis. In: WEBER, M.: *Gesammelte Aufsätze zur Wissenschaftslehre* (Hrsg. Von J. WINCKELMANN, 7. Auflage). Tübingen: J.C.B. Mohr.
WEBER, M. (1920/1973): *Die protestantische Ethik I. Eine Aufsatzsammlung.* Hamburg: Siebenstern.
WEBER, M. (1921/1976): *Wirtschaft und Gesellschaft. Grundriß der verstehenden Soziologie.* (5. rev. Auflage). Tübingen: J.C.B. Mohr.
WEINGARTEN, E., SACK, F. (1976): Ethnomethodologie. Die methodische Konstruktion der Realität. In: WEINGARTEN, E.; SACK, F.; SCHENKEIN, J. (HG.): *Ethnomethodologie. Beiträge zu einer Soziologie des Alltagshandelns.* Frankfurt/M.: Suhrkamp. S. 7-26.
WEYMANN, A. (1989) (Hg.): *Handlungsspielräume.Untersuchungen zur Individualisierung und Institutionalisierung von Lebensläufen in der Moderne.* Stuttgart: Enke.
WEYMANN, A. (1998): *Sozialer Wandel. Theorien zur Dynamik der modernen Gesellschaft.* Weinheim, München: Juventa.
WEYMANN, A.; HEINZ, W. (1996): *Society and Biography. Interrelationsships between Social Structure, Institutions and the Life Course.* Weinheim: Deutscher Studien Verlag.

WHYTE, W.F. (1943/1981): *Street Corner Society: the Social Structure of an Italian Slum.* Chicago: University of Chicago Press.
WILLIS, P. (1977): *Learning to Labour.* Farnborough: Saxon House.
WILSON, TH. P. (1982): Qualitative "oder" quantitative Methoden in der Sozialforschung. In: *Kölner Zeitschrift für Soziologie und Sozialpsychologie,* 34, S. 487-508.
WILSON, Th.P. (1970/1981): Theorien der Interaktion und Modelle soziologischer Erklärung. In: Arbeitsgruppe Bielefelder Soziologen (Hg.): Alltagswissen, Interaktion und gesellschaftliche Wirklichkeit. Opladen: Westdeutscher Verlag (5. Auflage). S. 54-79.
WINCH, P. (1966): Die Idee der Sozialwissenschaft und ihr Verhältnis zur Philosophie. Frankfurt /Main: Suhrkamp (erstmals erschienen 1958).
WINGENS, M. (1999): Der „gelernte DDR-Bürger": biographischer Modernisierungsrückstand als Transformationsblockade? Planwirtschaftliche Semantik, Gesellschaftsstruktur und Biographie.In: *Soziale Welt,* 50, S. 255-280.
WINSBOROUGH, H.H. (1979): Changes in the Transition to Adulthood. In: RILEY, M.W. (Hg.): *Aging from Birth to Death.* Bouldner. S. 137-152.
WIPPLER, R.; LINDENBERG, S. (1987): Collective Phenomena and Rational Choice. In: ALEXANDER, J.C.; GIESEN, B.; MÜNCH, R.; SMELSER, N. J. (Hg.): *The Micro-Macro Link.* Berkeley: The University of California Press. S. 135-152.
WITTGENSTEIN, L. (1952/1984): *Werkausgabe Band 1: TLP, Tagebücher 1914-1916, Philosophische Untersuchungen.* Frankfurt/M.: stw.
WITTGENSTEIN, L. (1969/1989): *Über Gewißheit* (herausgegeben von G.E.M. ANSCOMBE und G.H. VON WRIGHT). Frankfurt: Suhrkamp.
WITZEL, A.; HELLING, V.; MÖNNICH, I. (1996): Die Statuspassage in den Beruf als Prozeß der Reproduktion sozialer Ungleichheit. In: BOLDER, A.; HEINZ, W. R.; RODAX, K. (Hrsg.): *Die Wiederentdeckung der Ungleichheit. Tendenzen in Bildung für Arbeit.* Opladen: Leske und Budrich.
WITZEL, A.; KÜHN, T. (1999): *Berufsbiographische Gestaltungsmodi. Eine Typologie der Orientierungen und Handlungen beim Übergang in das Erwerbsleben.* Bremen, Sfb 186: Arbeitspapier Nr. 61.
WRIGHT, S. (1921): Correlation and causation. In: *Journal for Agricultural Research,* 20, S. 557-585.
WRIGHT, S. (1934): The method of path coefficients. In: *Annals of Mathematical Statistics,* S. 161-215.
WRIGHT, S. (1960): Path Coefficients and Paths Regressions: Alternative or Complementary Concepts. In: *Biometrics,* 16, S. 189-202.
ZAPF, W. (1989): Sozialstruktur und gesellschaftlicher Wandel in der Bundesrepublik Deutschland. In: WEIDENFELD, W.; ZIMMERMANN, H. (Hg.): *Deutschland-Handbuch.* Bonn, S. 99-124.
ZEISEL, H. (1970): *Die Sprache der Zahlen.* Köln: Kiepenheuer & Witsch.
ZIMBARDO, P.G. (1969): The human choice: Individuation, reason and order versus deindividuation, impulse, and chaos. In: Arnold, W.T.; Levine, D. (Hg.): *Nebraska Symposium on Motivation,* 17, S. 237-307. Lincoln, Ne.: University of Nebraska Press.
ZNANIECKI, F. (1934): *The Method of Sociology.* New York: Rinehart.

Schlagwortregister

Abduktion .... 81, 89ff., 93, 103, 107f., 123ff., 139, 147, 177, 267, 280f.
Agency .... 71, 73, 75, 77f., 294f.
Akteursmodelle 69, 73, 84f., 271, 275ff., 282f., 287, 290ff., 298
Analytische Philosophie 14, 114, 122
Analytische Induktion 22, 31, 142, 152, 165f., 168ff., 175ff., 181, 248, 250
Bernoulli Theorem ➔ Gesetz der großen Zahl
Boole'sche Minimierung ➔ logische Minimierung
Brückenannahmen ➔ Brückenhypothesen
Brückenhypothesen 21, 61, 82, 101ff., 106ff., 137, 139, 146, 222, 230, 271, 296
Chicago School 27, 33
Clusteranalyse 243
Common Causes ➔ Drittvariablenproblem
Context of Discovery .. 128, 241, 278ff.
Covering Law Modell 94, 103
Crucial Cases .... 31, 142, 166f., 179f.
Drittvariablenproblem 23, 151, 158f., 201ff., 205, 210, 212ff., 218, 223, 225, 230, 264, 284, 286, 297
Einheitswissenschaft .. 58, 81, 114, 122, 146, 241
Einstellungsmessung 28
Einzelfallanalyse .. 13, 129, 133ff., 138, 141, 144, 147, 268f.
Empirismus 157
Entdeckungs- / Begründungszusammenhang ➔ Context of Discovery

Entscheidungstheorie 57f., 61, 71ff., 81ff., 100ff., 108ff., 146, 164, 229, 269, 271, 275
Erklärung 17, 128, 263f., 271, 284
- deduktiv-nomologische 19, 35, 58ff., 81ff., 88f., 93ff., 103, 106, 111ff., 123, 126, 129, 136ff., 154, 168, 299
- Makro-Mikro-Makro 21, 83ff., 95, 99ff., 108, 222, 269
- rationale .... 95ff.
- teleologische 220
- verstehende 264, 267, 290
Ethnomethodologie 33
Evaluationsforschung 9
Experiment ➔ Forschungsdesign, experimentelles
Exploration .... 52, 109, 129, 139ff., 144, 148, 151, 166f., 177ff., 222f., 231, 240f., 264, 275ff., 286, 291, 293, 295f.
Fallauswahl, kontrastierende .... 142f., 149, 176, 179, 227, 247, 285f., 296f.
Fallvergleich 166f., 175f., 180ff., 186, 188, 192, 199, 231, 247, 250
Falsifikation 131, 145
Fehler erster und zweiter Art 171
Forschungsdesigns,
- methodenintegrative 15, 47f., 179f., 231f., 242, 261, 284f., 291f., 297
- experimentelle 16, 167, 201, 207f., 217
- quasiexperimentelle .... 208, 223f.
- sequentielle .... 285ff.
- parallele .... 285f., 287ff.
Forschungspraxis 9, 10, 16, 19f., 23, 25, 46, 166, 213, 228, 239, 242, 250, 263, 285, 293f., 297

Forschungsprogramm 57, 62, 71, 101, 191, 228, 261ff., 297
- integratives methodologisches .... 149, 179f., 198, 200f., 210, 227f., 232, 250, 263, 278, 284f., 287, 290ff., 297f.
Gegenstandsbereich sozialwissenschaftlicher Forschung .... 272f., 285f., 294, 296, 298f.
Gegenstandsbezug 9, 16, 18f., 21, 25, 30, 48, 52, 54, 57ff., 62f., 72, 81, 93, 107ff., 111f., 129, 133, 137f., 141, 146, 206, 213, 215, 217ff., 223, 225, 228, 232f., 240f., 244, 263, 267
Gehalt, empirischer 81, 88, 94, 100, 103, 107ff., 123, 137, 146, 154, 229, 271, 274ff., 285, 296, 298
Geltungsreichweite (von Aussagen) 123, 133, 140, 144f., 146ff., 166, 225, 229, 231, 233, 246f., 251, 261, 267, 274ff., 281, 285f., 289ff., 296f., 298
Generalisierbarkeit .... 13, 16, 19, 31, 35, 186, 231, 240, 247, 261, 285, 289, 293, 296f.
Gesetz der großen Zahl 190f., 197
Gesetzmäßigkeiten 111f., 136f., 152, 186, 245
- kausale 167
- statistische 191, 197
- universelle ...59ff., 68ff., 82, 93ff., 99, 101ff., 107, 123f., 137, 139, 153f., 228ff., 267f., 285f., 294
- Quasigesetze 137f.
Granger Kausalität ➔ Kausalität
Grounded Theory 43, 142, 272
„Gründe" und „Ursachen" .... 114ff.
Gütekriterien .... 13, 16, 19, 28, 35, 59, 93, 128, 146f., 175ff., 205, 209, 224, 227f., 232, 240f., 244, 250f., 260f., 282, 285, 293, 296ff.
Handlungserklärung . 76, 95 271f., 281, 284, 287, 288ff., 297
Handlungstheorie 19ff., 34, 63, 68ff., 81, 84, 95ff., 106f., 111, 114, 116ff., 121ff., 135, 137f., 140, 144, 147,
151f., 154, 160, 163f., 166, 168, 177, 180f., 186ff., 193, 195ff., 201, 205f., 208f., 216ff., 222ff., 227, 229, 236ff., 240, 249, 251, 257f., 260, 264ff., 271
Hawthorne Study 46, 209
Hempel-Oppenheim Schema 81ff., 90, 93, 103, 106ff., 122ff., 129, 136, 147, 267f., 299
Hermeneutik 113, 152f., 268
Hypothetiko-Deduktives Modell ...... 35, 58f., 81f., 106ff., 111f., 139, 146, 168, 228, 230f., 241, 263, 271f., 274f., 281f., 296f.
Idealtypus 85ff., 121, 269
Ideographische Methode 113
Induktion,
- enumerative 30
- qualitative .. 123f., 126, 129f., 136, 139, 147
- analytische ➔ Analytische Induktion
Induktionsproblem 61, 197
Inkommensurabilitätsthese .... 41, 39f., 46, 62, 227f.
INUS-Bedingungen 22, 152, 159ff., 165f., 174ff., 181, 184f., 192, 195f., 198ff., 202, 205f., 208, 212, 218, 221, 223, 237, 239, 264ff., 269ff., 277, 283f., 286, 290, 292, 295
Irrealer Konditionalsatz 155, 206, 216, 220, 265
Kausalanalysen 79, 184ff., 218, 236
- statistische 23, 181f., 184, 186, 188f., 194, 203, 213, 219, 260, 283, 297
- qualitative .. 165, 168f., 175f., 178, 181, 250
Kausalaussagen 225, 250, 259
- deterministische
- probabilistische 202, 283, 295
- singuläre 154
- unvollständige / schwache 181, 183f., 185f., 188f., 199f., 282, 292, 295

Schlagwortregister

Kausalität 17, 21f., 31, 70, 79, 115, 151ff. 166, 170ff., 179f., 201, 203, 210, 215
- probabilistische 187ff., 192, 195f., 198f., 203f., 264, 271
- nicht-nomothetische 263ff., 290
- deterministische 157ff., 189, 192, 199, 202, 204, 265, 270
- interventionistische 201, 205ff., 216, 223
- Granger Kausalität 212

Komparative Analyse ➔ Methoden des Vergleichs (nach Mill)
Komplementarität und Konvergenz von Methoden 50, 232, 242, 259
Kontrollvariablenansatz 201, 213, 215, 219, 225, 284
- experimenteller ..... 205f., 208, 218, 223f.
- statistischer .. 205, 211f., 218, 223, 297

Kritischer Rationalismus ... 14, 138, 299
Lazarsfeldsche Tabellenanalyse 211
Lebenslaufforschung 21, 57, 63ff., 70ff., 92, 104, 106, 127, 197, 229, 244, 270, 288
Logik der Situation 57f., 74ff., 83f., 95, 99f., 127, 164, 222, 229
Logische Minimierung 169, 171f., 175
Logisches Verknüpfungs-
argument 114, 117ff., 123, 153
Log-lineare Modelle 212
Marienthalstudie 46
Methoden des Vergleichs (nach MILL) .. 22, 165, 167f., 182, 250f., 286
Methodenartefakte 23, 227, 233, 251, 256f., 284, 288
Methodendualismus 13, 18, 46, 114, 140, 146, 153, 228, 285, 293
Methodenstreit in den Sozialwissenschaften ...... 9, 10, 20, 36, 111f., 227, 293f.
Methodologischer Individualismus ... 71

Middle Range Theories ➔ Theorien Mittlerer Reichweite
Mikro-Makro-Problem 72
Mixed Methods 9f., 15, 23, 25, 39f., 46ff., 52, 54, 79, 228, 233, 261, 263
Multitrait-Multimethod Matrices 49
Multivariate Statistik 212, 220
Naturalistische Feldforschung .... 27, 34, 40, 43 ff.
Negative instances ➔ crucial cases
Neokantianismus 112f., 267
Objektive Hermeneutik 112, 129ff., 138, 140, 145, 147
Objektivität 113, 135
auch ➔ Gütekriterien
Operationalisierungsprobleme 258
Optimal-Matching 249
Paradigma ..25, 38, 52f., 57ff., 153, 228
- interpretatives .... 26, 33, 41f., 44, 54, 58ff.
- „positivistisches" 37, 40ff., 153
- „naturalistisches" 37, 53
- „post-positivistisches" 40f., 153
- „konstruktivistisches" ... 41, 45, 53
- „kritisch theoretisches" 41
- „transformativ-
emanzipatorisches" 41
- normatives 54
„Paradigmenkriege" 14, 26, 47
Partialkorrelation .... 212ff.
Phänomenologie / Phänomenologische Ansätze .... 14, 69f.
Phasenmodell der Methodenintegration .... 240 f., 244
Population 246, 248
Positive statistische Relevanz 189
Pragmatismus 41, 69f., 75ff., 124f., 147, 154, 166, 229
Praktischer Syllogismus 88, 111, 115f., 118, 122f., 146, 267
Problem der Hintergrundbedingungen ➔ Drittvariablenproblem
Propensity-Konzept 194
Protestantismusthese ...... 84ff., 91, 185, 269f.
Proxy-Variablen 163, 221

Pseudokontrollen 205, 216ff., 224, 284
Qualitative Komparative Analyse 151f., 166f., 168, 175f., 181
Quasiexperiment ➔ Forschungsdesign, quasi-experimentelles
Quasigesetze ➔ Gesetzmäßigkeiten
Randomisierung 207, 217, 224
Rational Choice Theorie ➔ Entscheidungstheoretischer Ansatz
Reaktivität 50
Regressionsverfahren 183f., 187
Rekonstruktion, rationale 16, 147, 199f., 298
Repräsentativität 249
Retroduktion ➔ Abduktion
Sampling, qualitatives ...... 22f., 59, 140, 142ff., 148f., 167, 176, 227, 231, 233, 247, 250, 284, 286f., 291, 296f. Vgl. auch ➔ Stichprobenplan, ➔ Fallauswahl, kontrastierende
„Scheinkorrelation" ➔ Scheinkausalität
Scheinkausalität 203, 212, 216
Schluss
- inferenzstatistischer 246
- auf die beste Erklärung ➔ Abduktion
Selektionseffekte 209, 217
Simpsons Paradoxon 205, 213, 215, 224f., 230, 264
Sinnverstehen ➔ Verstehen
Soziale Erwünschtheit 252, 253, 255f., 288
Soziale Tatsache .... 86ff.
Sozialstrukturanalyse 59, 219
Standardisierung (von Daten) 13, 16, 29, 58, 110, 156, 250, 253, 255ff., 273, 284, 293
Stichprobenplan 286, 289
Stichprobentheorie 245, 247
Strukturen 294
- soziale 20, 55, 64, 73, 85f., 140f., 152, 229, 232, 294
- begrenzter Reichweite 19, 21, 55, 57, 63, 69ff., 81, 98f., 102ff., 107ff., 111, 127ff., 133, 146f., 178, 181, 198, 227, 229, 230, 240, 242, 246, 260, 263f., 275, 285f., 292ff., 297, 300
- Dualität von 57, 73f., 127, 229
Strukturfunktionalismus 32, 68, 220
Strukturgleichungsmodelle 212
Symbolischer Interaktionismus .... 33, 69f.
Teilnehmende Beobachtung 27, 120, 139, 142, 148
Theoretical Sampling 142, 179f., 248
Theorien
- Rolle im Forschungsprozess 13, 59, 136f., 219, 263, 276
- als Heuristiken .... 82, 103, 108, 137, 163, 192, 196, 222, 275f., 277, 280f.
- mittlerer Reichweite .. 66, 273, 298
- definitive und sensibilisierende...... Konzepte (BLUMER) 273
- gegenstandsbezogene und formale (GLASER / STAUSS) .... 273f.
Triangulation 25, 40, 49ff., 54, 231, 257, 261
Validität ➔ Gütekriterien
Varianzanalyse 207
Varianzaufklärung 184, 187f., 191, 230f., 237, 260, 283, 286
Verstehen 17, 21, 95, 98f., 111ff., 118, 128, 132, 139, 146, 151ff., 230, 263f., 267f., 293
Wahrscheinlichkeitskonzepte .... 189f.
- klassische 190, 193, 197
- logische 190, 193
- frequentistische .... 190ff.
Wahrscheinlichkeitsmaße 193
Wandel, sozialer 18, 21, 78, 111f., 143, 151, 178, 251, 268, 294ff., 299
Wertfreiheit / Werturteile 37
Zufall 187f., 195
- epistemische Konzeption 191f., 195f., 199
- ontologische Konzeption 191f., 193, 195f., 199

Autorenregister

Abel, B. 122
Abel, Th. 129, 139
Achinstein 89
Adorno 36
Albert 36, 60, 137, 138
Albrecht 61
Alexander 72, 274
Andersen 252
Anderson, D.R. 90, 280
Anderson, N. 27
Andreß 211
Anscombe 114, 115, 116
Angell 30
Arjas 152, 194, 219, 223
Arminger 152, 211
Atkinson 49, 168
Baas 47
Bain 29
Barnes 73
Barton 240, 241, 242
Beck 68
Beck-Gernsheim 68
Becker, G.S. 93
Becker, R. 106
Beckermann 122
Berger 274
Bertaux 29
Billie-Brahe 203
Bjarnason 203
Bhaskar 71
Blaikie 38
Blalock .. 18, 19, 92, 152, 176, 183, 184,
203, 211
Blau 59
Blind 194
Bloor 168
Blossfeld 67, 92, 104, 105, 152, 187,
193, 219, 220
Blumer 27, 29, 30, 31, 32, 141

Bochenski 89
Bohnsack 152
Born 232, 248, 258, 259, 288
Bortz 152, 240,
Boudon 92
Bourdieu 92
Bradburn 251
Brauns 92, 220
Breault 203
Brett 184
Brewer 47
Brush 186
Bryman 47, 49
Buchmann 67
Bude 136
Bühler-Niederberger 32, 168
Buhr 47
Bulmer 33
Bunge 156, 157
Burgess 28, 30, 210, 211
Burkart 68, 70, 104
Cain 64
Campbell, D.T. 49, 208, 209, 211
Caracelli 47
Cartwright 189, 204
Chave 28
Cicourel 33
Clark 47
Clogg 211, 219
Cohen 142
Coleman 72, 74, 83, 84, 85, 99, 100,
224
Collingwood 161, 162
Collins 72
Cook 208, 209, 211
Corbin 152, 165, 242
Corsaro 71
Cox 152, 219
Cressey, D.R. 31

Cressey, P.G. 27, 29
Creswell 45, 46, 47
Curd 279
Dahrendorf 60
Danneberg 109, 241, 278, 279
Datta 47, 228
Davidson 97, 98, 117, 118
Davis, W.A. 158, 189, 202
Deegan 27, 29
Denzin 36, 44, 45, 49, 152
Dewey 41, 125, 154
Dickinson 209
Dickson 46
Diekmann 67, 92, 93, 240
Dietz 235
Dilthey 112, 113
Döring 152, 240
Dray 82, 94, 95, 96
Drobisch 186
Durkheim 85, 87, 185, 270
Ecarius 64, 67
Eisenstadt 72
Elder 65, 70, 76
Emirbayer 75, 76
Endruweit 18
Engel 37, 152, 183, 211
Erzberger 47, 72, 111, 232, 240, 242, 249, 258, 259
Esser 16, 18, 35, 58, 60, 74, 81, 83, 84, 90, 99, 100, 101, 109, 152, 221, 223, 241
Fararo 100, 274
Fetzer 189
Fielding 26, 49, 50
Filstead 34, 43
Finney 207
Fischer 109, 278
Fisher 207, 245
Fiske 49
Flambaum 61
Flaskämper 194
Fleck 142
Flick 36, 49, 50, 152, 242
Frank 156
Freedman 152, 194, 199, 213, 219
Freter 47

Friedrichs 58, 61, 67, 109, 240, 241, 278
Fürstenberg 60
Gage 26
Gallup 28
Geertz 155, 156
Geißler 59
Gerdes 34
Gerhardt 142
Giddens 33, 73, 79, 114, 127
Giere 189
Giesen 72
Gigerenzer 186, 190, 207
Gillispie 186
Glaser 43, 44, 142, 272, 274
Glik 47
Goldthorpe 32, 35, 92, 142, 152, 203, 208, 213, 219, 221, 222, 223
Goodman 155, 206
Gould 203
Gouldner 18
Graham 47
Greene 47
Guba 37, 38, 39, 40, 41, 43, 153
Gutmann 47
Guttman 28
Hacking 156, 205
Hage 152, 224
Hagen 47
Hagenaars 211
Hammersley 18, 26, 27, 29, 31, 36, 43, 44, 45, 49, 141, 168
Hanson 47, 89, 241, 279, 280
Haritou 211, 219
Harvey 33
Haun 92, 220
Heinz 47, 70, 71, 75, 76, 127, 209, 229, 232, 233, 238, 288
Heise 152, 183, 211
Helle 72
Helling 233
Hempel 58, 88, 90, 94, 96, 97, 124, 245
Henz 92, 220
Heshusius 39
Hesslow 204

Heunks 67
Hill 16, 35, 58, 81, 109, 152, 241
Holland 152, 206, 212
Holm 35, 240, 241
Holmwood 299, 300
Hopf 37
Howson 190, 194
Huberman 242
Hübner 35, 240, 241
Hugentobler 47
Huinink 68, 104
Hume 157, 197
Hunter 47
Imhof 65
Irzik 152, 184, 213, 214, 215, 219
Jaenichen 104
Jagodzinski 189
Jahoda 27, 46
James 41, 184
Joas 125
Johnson 47, 228
Kardorff 36
Kelle 27, 31, 47, 61, 90, 100, 101,
   104, 109, 111, 123, 128, 129, 136,
   142, 232, 233, 234, 240, 241, 242,
   246, 247, 248, 252, 256, 258, 259,
   272, 278, 279, 288
Kendall 211
Kenny 187
Kerlinger 58
Kluge 47, 232, 242, 246, 247, 248,
   249, 272, 288
Kohler 67
Kohli 66, 67
Krentz 252
Kromrey 58, 240
Krüger 232, 248, 258, 259, 288
Krysmanski 18
Kühnel 211
Kuhn 25, 38, 62, 238
Kunz 100
Kurz 251
Lakatos 44, 62, 101, 133, 134, 263,
   272
Lamnek 36, 37, 38, 49, 50, 53, 111,
   152

Laplace de 190
Laudan 62, 275
Lautmann 37, 100
Lazarsfeld 46, 152, 203, 211, 240,
   241, 242
Ledermann 168, 177
Lee 26, 27
Leiber 189
Leibfried 232
Leisering 232, 288
Lepsius 18
Lexis 186
Lieberson 152, 168, 205, 206, 213,
   216, 217, 219, 220, 223, 284
Lincoln 36, 37, 38, 40, 41, 43, 152,
   153
Lindenberg 61, 74, 83, 99, 100, 101,
   102, 109, 222
Lindesmith 31
Loomis 45, 46
Lorenz-Meyer 248, 258, 259
Luckmann 18
Lüdemann 61, 100, 101, 104
Lundberg 28, 29
Lynn 205, 223
Maas 92, 220
MacIver 31, 154, 155
Mackie 159, 202, 204, 205
Magueijo 61
Mulaik 184
Marini 64, 194, 199
Marwedel 18
Masterman 62
Matthews 27
Maxwell 45, 46
Mayer 65, 66, 67
Mayntz 35, 60, 240, 241
McKim 219
Meeker 152, 224
Menges 194
Merkens 142
Mertens 38, 41
Merton 61, 66, 273
Meyer 214
Miles 242
Mill 158, 159, 165, 166

Mills 96
Mische 75, 76
Mischel 114, 115, 119
Mollenkopf 47
Mönnich 233
Morse 47
Mouzelis 18
Müller 65, 66, 68, 92, 220, 232, 288
Münch 72, 100
Murphy 61
Nagel 81, 190
Nagler 130
Nersessian 62, 241, 279
Newman 48
Neyman 207, 245
Nickel 47
Nickles 279
Niggemann 47, 252, 256
Oevermann 130, 131, 132, 133, 134, 135
Olandt 252
Opp 58, 61, 72, 83, 90, 100, 109, 203, 277
Oppenheim 94
O'Rand 70
Papineau 207, 208, 213
Park 27
Patton 47, 142
Pearl 152, 184
Pearson 245
Peirce 41, 89, 90, 93, 123, 124, 130, 280, 281
Pitman 45
Platt 27, 28
Plano 47
Popper 136, 278, 279, 298
Porter 186
Pötter 152, 219
Prein ... 47, 104, 232, 235, 236, 237, 247
Preisendörfer 100
Prim 58
Quetelet 186
Ragin 152, 168, 169, 170, 171, 173, 176, 177, 179, 183, 199
Reichenbach 16, 190, 279, 280

Reichertz ... 90, 123, 124, 128, 129, 130, 132, 133, 135, 136
Rescher 298
Rickert 112
Rieker 47
Rindfuss 64
Robinson 31, 168
Roethlisberger 46, 209
Rohwer 104, 105, 152, 187, 193, 219
Rosenfeld 64
Ryan 114
Ryder 65, 66
Sacchi 67
Sack 33
Sackmann 47, 64, 70, 232, 256, 288
Sager 168, 177
Saretsky 210
Schaeper 47, 233, 238, 242, 243
Schnell 16, 35, 58, 67, 81, 109, 152, 241, 246
Schütz 33, 265
Schumann 232, 249, 288
Schwandt 33
Schwarz 251
Schwarze 252
Seale 16, 18, 155, 166, 242
Seipel 47
Sen 221, 223
Seus 235, 236, 237
Shavit 92, 221
Shaw 30
Sherif 46
Siegers 102
Singer 194, 199
Simon 100, 152, 183, 184, 203, 211
Simpson 215
Smelser 72, 86, 100
Smith 38, 39
Sobel 152, 183, 184, 189, 206
Stack 203
Stanley 208, 209
Stegmüller 89, 111, 122, 155, 156, 190, 194, 206
Steinke 36, 242
Stewart 299, 300
Stove 159

Strauss 43, 44, 142, 152, 165, 242, 272, 274
Strohe 152, 183, 211
Sudman 251
Suppe 42
Suppes 189, 203
Swicegood 64
Tashakkori 39, 41, 46, 47, 48, 228
Teddlie 39, 41, 46, 47, 48, 228
Tesch 45
Thomas 28, 30
Thorndike 28
Thurstone 28
Tillmann 58
Toulmin 62
Toumela 119, 121, 154
Trapp 100
Trevor-Roper 91
Turner, J.H. 274
Turner, L.A. 47, 228
Turner, R.H. 31, 168
Turner, S.P. 219
van de Goor 102
van den Broeck 67
van Fraasen 42
van Maanen 45
Vieland 203
von Wright 114, 115, 116, 122, 211
Vobruba 18
Wagner 68, 274
Wang 203
Weatherford 190, 197
Webb 49, 61
Weber 84, 87
Weingarten 33
Wermuth 152, 219
Weymann . 47, 67, 69, 70, 232, 256, 288
Whyte 29, 155
Willis 142
Wilson 33, 58, 60, 78, 79
Winch 114, 115, 120
Wingens 47, 70, 232, 256, 257, 288
Winsborough 65
Wippler 83, 99, 101
Wittgenstein 18, 116
Witzel 47, 233, 238, 242, 243

Zapf 59
Zeisel 46, 211
Zimbardo 46
Zinn 47, 233, 234
Znaniecki 28, 3

Lehrbücher

Heinz Abels
Einführung in die Soziologie
Band 1: Der Blick auf die Gesellschaft
3. Aufl. 2007. 402 S. (Hagener Studientexte zur Soziologie) Br. EUR 24,90
ISBN 978-3-531-43610-4

Band 2: Die Individuen in ihrer Gesellschaft
3. Aufl. 2007. 434 S. (Hagener Studientexte zur Soziologie) Br. EUR 24,90
ISBN 978-3-531-43611-1

Andrea Belliger / David J. Krieger (Hrsg.)
Ritualtheorien
Ein einführendes Handbuch
3. Aufl. 2006. 483 S. Br. EUR 34,90
ISBN 978-3-531-43238-0

Nicole Burzan
Soziale Ungleichheit
Eine Einführung in die zentralen Theorien
3. Aufl. 2007. 200 S. (Hagener Studientexte zur Soziologie) Br. EUR 19,90
ISBN 978-3-531-15458-9

Paul B. Hill / Johannes Kopp
Familiensoziologie
Grundlagen und theoretische Perspektiven
4., überarb. Aufl. 2006. 372 S. (Studienskripten zur Soziologie)
Br. EUR 28,90
ISBN 978-3-531-53734-4

Wieland Jäger / Uwe Schimank (Hrsg.)
Organisationsgesellschaft
Facetten und Perspektiven
2005. 591 S. (Hagener Studientexte zur Soziologie) Br. EUR 26,90
ISBN 978-3-531-14336-1

Hermann Korte
Einführung in die Geschichte der Soziologie
8., überarb. Aufl. 2006. 235 S.
Br. EUR 16,90
ISBN 978-3-531-14774-1

Stefan Moebius / Dirk Quadflieg (Hrsg.)
Kultur. Theorien der Gegenwart
2006. 590 S. Br. EUR 26,90
ISBN 978-3-531-14519-8

Bernhard Schäfers /
Johannes Kopp (Hrsg.)
Grundbegriffe der Soziologie
9., grundl. überarb. und akt. Aufl. 2006.
373 S. Br. EUR 16,90
ISBN 978-3-531-14686-7

Annette Treibel
Einführung in soziologische Theorien der Gegenwart
7., akt. Aufl. 2006. 315 S. Br. EUR 17,90
ISBN 978-3-531-15177-9

Erhältlich im Buchhandel oder beim Verlag.
Änderungen vorbehalten. Stand: Januar 2008.

www.vs-verlag.de

VS VERLAG FÜR SOZIALWISSENSCHAFTEN

Abraham-Lincoln-Straße 46
65189 Wiesbaden
Tel. 0611.7878-722
Fax 0611.7878-400